KB142809

앞서가는 아이들은
어떻게 배우는가

앞서가는
아이들은
어떻게
배우는가

전 세계 학습혁명 현장을
찾아 나선 글로벌 탐사기

알렉스 비어드 지음 | 신동숙 옮김

아날로그

교육의 힘과 더 큰 상상력으로
다시 기적을 이뤄내길!

3년 전 11월의 어느 목요일, 저는 송도국제도시에 있는 한 고등학교 건물 앞에 서 있었습니다. 수십만 명의 학생들이 장장 8시간에 걸쳐 꼼짝 않고 앉아 시험을 보는 수능 시험일이었습니다. 모터사이클을 탄 경찰들이 지각한 학생을 고사장에 데려다준다는 이야기, 시험일에 최적의 컨디션을 유지하려면 어떤 옷을 입고 무엇을 먹어야 하는지를 소개하는 기사가 신문에 실린다는 이야기, 영어 듣기 평가가 진행되는 45분 동안 모든 항공기의 이착륙이 금지된다는 이야기를 들었던 터라, 그 현장을 직접 눈으로 확인하고 싶었습니다.

저는 10년 전 런던의 한 고등학교에서 영어 교사로 사회에 첫발을 내딛었습니다. 그리고 절망적일 정도로 시대에 뒤떨어진 학교 교육의 실상을 목격했습니다. 아이들의 일자리를 가로챌 로봇이 부상하고, 기후 변화는 생존을 위협하고, 세계화가 확대되면서 그 어느 때보다 월등한 감성 지능과 협력이 필요한 상황에 직면했지만, 교사가 학생을 가르치는 데 사용하는 방식은 수천 년 전의 소크라테스 또는 공자에게나 익숙할 법한 것들이었습니다.

그래도 저는 아직 우리에게 희망이 있다고 믿었습니다. 우리가 최신 기술을 적절히 활용하고, 뇌에 관한 최신 지식과 정보를 접목하고, 학교가 미래 사회에 필요한 기술 습득에 집중할 수 있다면, 학습혁명과 지식의 새로운 시대를 불러올 수 있다고 생각했습니다. 그런데 우리 인간의 뇌에는 어떤 능력이 있는 걸까요? 오늘날과 같은 불확실한 시대에 성공하려면 학생들은 무엇을 배워야 할까요? 어떻게 해야 빠짐없이 모든 학생들이 그런 능력을 갖출 수 있을까요? 이런 질문들이 저를 실리콘밸리, 상하이, 헬싱키, 홍콩, 그리고 수능을 치르고 있던 그날의 송도국제도시로 이끌었습니다.

한국의 교육은 극한의 특성으로 규정됩니다. 한국은 인류의 위대한 교육적 성과를 드러내는 장입니다. 6.25전쟁이 끝났을 무렵 한국인 상당수가 문맹이었습니다. 그러던 국가가 21세기 초에 이르면, 인구 1인당 대학졸업자 비율이 전 세계에서 가장 높아지고, 경제는 눈부신 속도로 성장하며, 삼성이나 현대 같은 기업을 중심으로 세계 최고의 첨단 기술을 주도할 것이라고는 그 당시 누구도 예측하지 못했을 것입니다.

2010년에는 15세 학생들이 참가한 국제학업성취도평가에서 최고 순위에 올랐고, 한국의 교육제도는 전 세계의 부러움을 샀습니다. 버락 오바마 대통령이 "미국 학교들은 한국을 본받아야 한다"고 말하기까지 했습니다. 제가 이주호 전 교육부 장관을 만났을 때 그는 그 같은 기적에 대해 "한국은 가진 자원이 아무것도 없습니다. 그저 머리와 노력이 전부입니다"라고 간단히 설명했습니다. 이전까지는 노력에 상응하는 성과가 뒤따랐던 것이지요.

그런데 수능이 있던 그 목요일 아침, 저는 지금까지 그토록 대단한 효력을 보였던 한국의 교육 방식이 더 이상 성공을 보장하지 못한다는 신호를 엿볼 수 있었습니다. 한국의 10대들은 정신 건강의 위기에 처해 있었습니다. 제가 인터뷰했던 한 고등학생은 10대 자살률 통계를 담은 그래프를 제게 보여주었습니다. 한국에서는 수능을 앞둔 몇 년 동안 학생들이 주중에 14시간씩 학교에서 공부하고 주말에도 12시간씩 공부하는 것이 아무렇지도 않은 일이라고 들었습니다. 또한 제가 만났던 대부분의 교사와 부모도 중압감이 크고, 높은 성취도를 요구하는 교육 방식이 지난 40년 동안 국가 발전에 기여했을지 모르지만, 오늘날의 상황에서는 더 이상 적합하지 않은 게 아닐까 걱정하고 있었습니다. 이주호 전 장관은《워싱턴 포스트》에 실린 글에서 이렇게 언급했습니다. "산업화 시대에는 시험 점수가 중요했을지 모르지만, 더 이상은 아니다."

시험이 시작되면서 온 나라가 고요해진 한국에서 그래도 여전히 수능 시험 점수만큼 중요한 것은 아직 없겠다는 생각이 들었습니다. 하지만 분명히 변화의 신호도 나타나고 있었습니다. 한국 명문대들이 수능 시험 점수뿐만 아니라 학생의 비교과 활동 내용도 살피기 시작한 겁니다. 그 주 초반에 저는 미래교실네트워크를 방문했습니다. 미래교실네트워크는 방송국 PD 출신의 교육 혁신가 정찬필 씨가 한국 전역의 교실에서 가르치고 배우는 교육 방식을 바꾸어보겠다는 목표에서 설립한 조직입니다.

'거꾸로 교실'이라 불리는 이 교육 모델은 단순합니다. 교사는 앞에 서서 강의하는 것이 아니라 탐구 질문을 제시하고, 4명씩 짝지은 학생들 스스로 그 문제를 해결하는 것입니다. 학생들은 숙제로 문제를 풀거나 외우거나, 그도 아니면 다 포기하고 잠을 자버리는 대신에 교사가 만든 동영상을 시청

합니다. 그리고 수업 시간에는 모둠별로 활동을 합니다. 제가 만났던 열여섯 살 여학생은 처음에 이런 방식으로 수업을 할 때는 미덥지 못했고 시험 준비할 시간을 낭비하는 것 같아 걱정했지만, 시간이 흐르면서 이 새로운 방식으로 더 많이 배우고, 학교는 더 즐거워졌다고 했습니다. 그 학생은 과학 수업에서 독립적으로 연구 프로젝트를 진행하면서 동네 슈퍼마켓에서 파는 농산물의 세균 수치를 조사했는데, 프레젠테이션 내용이 대학 졸업생의 논문 못지않게 훌륭했습니다.

이런 이야기들은 독자 여러분이 이 책을 통해 엿볼 미래 교육의 아주 작은 한 부분입니다. 한국의 교육 체계는 교사와 학생들의 집념, 배움에 대한 강한 욕구를 바탕으로 하고 있어서 세계 그 어떤 교육 체계보다도 성공의 기초가 확고히 다져져 있습니다. 하지만 이제는 새로운 발상, 더 큰 상상력, 미래에 대한 더 큰 낙관적인 기대가 필요합니다.

이 책에서는 뇌의 학습 과정에 관한 신경과학자들의 설명, 인공지능이 인간의 지능을 어떻게 발전시킬 수 있는지, 비판적 사고에서 기억의 역할, 창의성은 자유를 기반으로 한 외부와의 연결을 통해서만 발달할 수 있다는 점, 모든 걸 다 알아야 하는 게 아니라 배우는 법을 익히는 것이 중요하다는 사실, 가르치는 법이 21세기의 궁극적인 기술이 된다는 사실 등 교육을 둘러싼 전방위적인 이야기들을 살펴보게 될 것입니다.

그 과정에서 핀란드 최고의 교사를 만나고, 캘리포니아 고등학생들이 드론을 처음부터 만드는 과정을 들여다보고, 교사 없이 공부하는 프랑스의 코딩 교육 기관을 돌아보고, 영유아를 대상으로 하는 실험적 공간을 찾아가고, 교사들을 마치 의사들처럼 교육하는 연수 프로그램에 대해 알아보고,

기계는 결코 인간의 두뇌를 따라가지 못한다고 설명하는 로봇 전문가의 의견을 듣게 될 겁니다.

오늘날 교육보다 중요한 문제는 없습니다. 땅, 자원, 살아갈 공간 등 모든 것이 사라져가는 세상에서 우리가 지닌 무한한 자원은 인간의 지적인 능력뿐입니다. 이 시대의 중대한 난관을 헤쳐가면서 조화롭게 살아가는 법을 배우려면, 우리가 가진 지적 능력을 최대한 활용해야 합니다.

인류는 이미 교육에서 세 차례의 위대한 혁명을 이뤘습니다. 그 첫 번째는 인지 혁명입니다. 10만 년 전에 인류의 뇌에 어떤 변화가 생기면서 언어가 등장했고, 그 결과로 생각과 지식을 후손에 전할 수 있게 됐습니다. 두 번째는 약 1만 년 전에 있었던 학교 혁명으로, 읽고 쓰는 새로운 기술을 배우는 기관이 생겨났습니다. 마지막으로 비교적 최근인 500년 전에는 대중 교육 혁명이 있었습니다. 인쇄 기술이 발명되어 글을 읽고 쓰는 능력이 전 세계적으로 엄청나게 발달했습니다.

앞으로도 혁명은 또 일어날 수 있습니다. 지금과 같은 지성의 시대는 배움의 시대이기도 합니다. 우리가 가진 최신 과학 기술과 인간의 뇌에 관해 우리가 아는 모든 지식을 이용하고, 창의성을 중시한 교육 체계를 만들고, 교사의 잠재력을 최대한 발휘할 수 있게 한다면, 다시 한번 놀라운 학습혁명을 이끌어낼 수 있을 것입니다.

특유의 투철한 근면성과 지적인 능력을 신장시키는 검증된 능력을 이용해 창의적이고, 타인을 배려하며, 비판적으로 사고하는 학생들을 키운다는 장대한 새 목표를 세운다면, 한국이 분명 제2의 기적을 이룰 수 있으리라 확신합니다. 그렇게 되면 전 세계 교육혁명의 최전방에 한국 학생들이 당당하게 자리하게 될 것입니다. 독자 여러분이 현재 교사, 학부모, 개혁 지지자 등 어떤 위치에 있든 한국 교육의 미래를 새롭게 밝힐 중요한 발상과 실천 방식을 찾는 데 이 책이 조금이라도 도움이 되기를 바랍니다.

2019년 9월
알렉스 비어드

알렉스 비어드의
미래 교육 오디세이에 동행하며

알렉스로부터 정중한 이메일을 받은 것은 2016년 7월이었습니다. 그는 자신이 현재 사람들을 교육의 미래로 안내해주고자 책을 쓰고 있으며, 주요 사례를 찾아 전 세계를 돌아다니고 있다고 했습니다. 국제학업성취도평가 강국인 한국의 교육 현실과 교육 혁신 사례도 취재 목록에 있는데, 마침 한국을 방문한 적이 있던 독일인 친구에게 당시 거꾸로 교실을 시작으로 교육계에 큰 파장을 일으키고 있던 미래교실네트워크에 관한 이야기를 전해 들었다며, 만나고 싶다고 했습니다.

그해 11월 중순, 훤칠한 키에 딱 영국인스러운 이미지와 말투의 알렉스를 만났습니다. 현직 교사로 시작해 교육 운동 단체 티치 포 올의 상근자로 변신해 지내던 그는 스스로의 갈등을 이기지 못하고 이 집필 여정에 나섰다고 했습니다. 교사로 지낼 때는 자신과 학교가 학생들의 삶에 진정 필요한 교육을 하고 있는지에 대한 답답함이 있었습니다. 그 후 학업 기회에 취약한 학생들을 지원하는 교육 운동 단체에서 새롭게 일을 시작했지만, 이것이 지금 시대 혹은 아이들이 살아갈 미래에 적합한 교육인지에 대한 의구심은 여전히 풀리지 않았습니다. 그래서 그는 결국 안정적인 직업도 버리고, 자신의 궁금증을 풀기 위해 미래 교육 오디세이에 과감하게 뛰어들었습니다.

직접 마주해 듣게 된 그의 갈증과 취재 계획에 저는 깊이 공감했습니다. 당시 제가 처한 상황이 딱 그와 같았기 때문입니다. 저는 20년간 KBS에서 다큐멘터리 연출자로 살아왔습니다. 그런데 2013년 우연한 기회에 국제적인 교육 혁신 컨퍼런스에 참석하고는 미래 교육이라는 새로운 화두를 발견하게 됐습니다. 이것이 계기가 되어 교육 혁신의 구체적인 실현 방법을 찾아 세계를 돌아다녔고, 그 탐색의 결실이 바로 '거꾸로 교실'이라는 과감한 교육 실험이었습니다.

완전 붕괴 상태의 중학교 교실이 교사의 간단한 발상 전환만으로 놀랍게 되살아나는 것을 눈앞에서 확인하는 순간, 제 인생은 완전히 바뀌어버렸습니다. 이 성과와 경험을 교사들에게 널리 알릴 수만 있다면, 끝없는 수렁 같은 한국의 교육 현실에 큰 희망을 만들어낼 수 있겠다는 기대가 생겼습니다. 이는 혁신적인 교사들의 모임인 비영리 법인 미래교실네트워크의 설립으로 이어졌고, 저는 2016년 10월 KBS를 사직하고 단체의 상근자로 새 삶을 시작하게 됐습니다.

제가 교육 분야에 이토록 깊이 뛰어들게 된 것은 상식과 통념이 무너졌기 때문이었습니다. 흔히 많은 이들이 교육에 대해 쉽게 판단하고 의견을 내는 것과 달리 국제적인 시각으로 교육의 바다를 본격적으로 들여다보니, 그곳에는 거센 풍랑과 끝 모를 심연과 무한대의 기회가 공존해 있었습니다. 당시 한국에서 공유되던 서구 교육에 대한 상식이나 선망과는 다르게 실제로는 미국, 영국 심지어 북유럽까지, 세계 전역에 교육에 대한 위기의식이 전염병처럼 퍼져 있었습니다. 그것은 이 엄청난 변화의 시기에 교육이 계속 이대로라면, 개인의 문제를 넘어 사회적으로 공멸할 것이라는 위기감이었습니다.

당시 제가 느끼고 있던 갈증은 한국 사회의 교육 문제가 지닌 본질은 무엇인가에 대한 것이었습니다. 또한 유토피아적 서구 교육에 대한 환상이 왜 생겼는지, 무엇보다 이렇게 위기가 임박한 상황에서 대체 한국의 교육은 어디서부터 해법을 찾아야 하는지에 대해서도 답을 찾고 싶었습니다. 더 나아가 만일 전 세계가 돌파구를 찾지 못하는 상황이라면, 한국이 취해야 할 전략은 어딘가의 모델을 복제하는 것이 아니라 창의적인 솔루션 찾기여야 할 것이라 생각했습니다. 만일 그렇게 된다면, 이는 세계사적인 의미가 있겠다는 희망적인 기대도 함께 품었습니다.

알렉스의 갈증과 오디세이 또한 같은 맥이었을 것입니다. 그의 야심은 "나는 학교를 재해석하고 삐걱거리는 세계의 교육 시스템을 재설계하겠다는 목표를 세웠다"라는 문장에서 드러납니다. 또한 그 실현 방법으로 "바로 '21세기 교육이 어떤 모습이어야 하는가?'를 사람들에게 보여주겠다"고 천명합니다(26쪽).

길을 잃고 헤맬 때 가장 절실한 것은 지도와 나침반입니다. 하지만 태초에 지도가 있지 않았으니, 누군가는 거친 산야를 가로지르고 망망대해를 항해하며 지형을 기록하고, 어디에 어떤 길이 있는지, 어떤 자원을 활용해 살아갈 수 있을지를 알아내기 위한 탐험에 나서야만 했을 것입니다.

알렉스가 한 일이 바로 그것입니다. 실리콘밸리에서 시작해 미국 전역을 훑고, 유럽을 거쳐 한국을 포함한 아시아 교육의 한계와 변화, 가능성을 촘촘히 기록했습니다. 아마도 교육 패러다임 전환에 관심 있는 사람이라면 적어도 한 번은 들어봤을 법한 미국의 하이테크 고등학교, 영국의 스쿨 21, 프랑스의 에꼴 42 같은 교육 기관의 속사정은 물론이고, 최근 떠오르고 있는 'OECD 미래교육 2030' 프로젝트에 대한 배경까지, 그가 지도 위에 그려낸 곳들은 하나같이 흥미롭고, 상상력을 자극합니다.

게다가 알렉스는 사례에 관한 기록과 전달에 그치지 않습니다. 실전 교육 전문가답게 여정을 통해 발굴한 사례 곳곳에 교육학, 뇌과학, 학습과학, 철학의 고전적 이론과 실험 사례들을 해박하게 적용하고 재해석함으로써 새로운 통찰을 불러일으킵니다.

그야말로 오랜 산고 끝에 탄생한 알렉스의 책은 예상보다 훨씬 더 두껍고 방대한 이야기가 담겨 있지만, 단숨에 끝까지 읽어버렸습니다. 그리고 마지막 장을 넘기며 이 역작이 지금 많은 이들에게 절실히 필요한 21세기 교육에 관한 지도가 될 것이라 확신했습니다. 부디 이 책으로 다음 세대를 위한 교육 패러다임에 새로운 전환점이 만들어지기를, 더 나아가 제대로 된 방향 설정과 실행이 들불처럼 일어나기를 기대해봅니다.

정찬필
미래교실네트워크 사무총장, 전 KBS PD

차례

한국의 독자들에게 · 4
추천의 글 · 10
프롤로그 세상은 빠르게 변하는데 왜 교육만 그대로일까? · 18

제1부 | **새롭게 생각하기**

제1장   인공지능 : 인간과 기계의 하이브리드 시대   **35**

어마어마한 가능성이 우리 눈앞에 와 있습니다 · 37 | 인간의 배움은 이제 쓸모없을까? · 40 | 새로움에 대한 반감이 변화를 가로막는다 · 42 | 생각하는 컴퓨터로 학습하는 로켓십 페르자 초등학교 · 48 | 교사는 이제 필요 없어지는 걸까? · 55 | 인간과 기계의 공존 · 60 | 인간 대 컴퓨터 체스 대결이 남긴 교훈 · 65 | 교육 혁신에 대한 관심으로 들끓고 있는 실리콘밸리 · 70

제2장   타고난 학습자 : 인간의 배움에는 상호작용이 필요하다   **77**

로봇도 인간 아이처럼 배울 수 있을까? · 79 | 부유층과 빈곤층 영아 간의 언어 습득 격차 · 83 | 준비된 채 태어나는 요람 속의 과학자 · 85 | 타인의 마음을 인식하는 능력 · 89 | 아이들의 천연 거주지 펜그린 유아교육센터 · 92 | 헤크먼 방정식의 학습 곡선에 담긴 진실 · 101 | 영유아 교육의 중심 템플 대학교 영유아 연구소 · 104 | 세상에서 가장 긴 성장 비디오 · 110

제3장 두뇌 유입 : 뇌의 능력을 최대치로 끌어올리는 방법   **119**

가정 환경 때문에 기회조차 얻지 못하는 아이들 • 121 | IQ 검사와 고정된 지능에 관한 오해 • 125 | 지능은 학습과 경험에 따라 얼마든지 달라진다 • 127 | 관심을 사로잡고 집중하게 하라 • 131 | 모든 아이에게 잠재력이 있다는 사실을 입증한 KSA • 139 | 우리가 집중할 때 머릿속에서 일어나는 일들 • 145 | 집중하고, 생각하고, 기억하라 • 147 | 기대치를 높여라 • 151 | 도움받은 사용자의 역설 • 154 | 동기, 능력, 자극이 균형을 이룰 때 인간은 행동한다 • 157 | 기술에 끌려다닐 것인가, 이용할 것인가? • 160

제2부 | 더 잘하기

제4장 평생학습 : 스스로 배우는 법을 가르쳐야 한다   **165**

충분히 해보기도 전에 멈추지 말라 • 167 | 아무런 준비 없이 사회에 내던져지는 아이들 • 169 | IT 인재 전문교육기관 에꼴 42 • 172 | 아이들이 꿈을 키우는 공간 키자니아 • 180 | 미래는 무엇이든 배우려는 사람 손에 달려 있다 • 190 | 기계의 한없는 은총으로 보살펴지는 모든 것들 • 193 | 섣부른 정책이 아이들의 열정을 앗아간다 • 196 | 교육은 계속해서 업데이트되어야 한다 • 200

제5장 창의력 : 상상은 지식보다 중요하다   **205**

자연에서 창의력을 키우는 몬테소리 학교 • 207 | 창의성은 자유에서 시작된다 • 212 | 아이들이 행복한 나라 핀란드 • 216 | 핀란드 예술 교육의 산실 히덴키벤 종합학교 • 223 | 모든 학교는 예술 학교가 되어야 한다 • 227 | 교육으로 사회를 바꾸고 있는 런던 스쿨 21 • 230 | 상상이 현실이 되는 MIT 미디어랩 • 241 | 인간의 창의력은 상상과 체계성의 결합에서 나온다 • 248

제6장　교육계의 거장들 : 모든 교사는 더 유능해져야 한다　　　　**257**

로봇 교사는 오고 있지 않다 • 259 | 견고한 시스템과 권위 무너뜨리기의 어려움 • 261 | 최고의 교사는 어떻게 가르치는가 • 264 | 어떻게 해야 일대일 수업 같은 효과를 낼 수 있을까? • 273 | 핀란드에서 가장 유명한 선생님 • 274 | 전문가는 만들어지는 것이다 • 285 | 최고의 교사를 양성하는 릴레이 교육대학원 • 287 | 대한민국 교육혁명의 중심 미래교실네트워크 • 297

제3부 | 더 깊이 관심 갖기

제7장　빅데이터 : 점수는 더 잘하기 위한 도구일 뿐이다　　　　**305**

대한민국이 숨을 죽이는 수능시험 보는 날 • 307 | 평균이라는 개념에 맞서야 한다 • 310 | 데이터를 학습 평가에 적용한 국제학업성취도평가 • 313 | 단 한 번의 시험이 인생을 좌우하는 대한민국 입시 지옥 • 320 | 아이들은 3차원의 존재, 데이터는 그중 일부만 보여준다 • 330 | 세계에서 가장 똑똑한 상하이의 아이들 • 332 | 21세기의 새로운 종교, 데이터교 • 340

제8장　진정한 그릿 : 품성 교육이 중심이 되어야 하는 이유　　　　**347**

환경과 편견을 뛰어넘은 KIPP 아카데미 • 349 | 품성을 어떻게 길러줄 것인가 • 356 | 열정과 투지, 그릿으로 한계를 넘다 • 359 | 무한한 가능성의 미래 KIPP 인피니티 • 363 | 좋은 성품을 위한 KIPP의 교육법 • 368 | 마시멜로 자제력 실험이 주는 교훈 • 371 | 품성 교육 특성화 학교 브레이크스루 마그넷 스쿨 • 374 | 마음 챙김, 새로운 교육의 열쇠 • 376 | 품성 교육을 학습의 중심으로 • 386 | 엄격함과 자율성의 균형 찾기 • 391 | 아이들도 자기 결정에 책임을 져야 한다 • 394 | 지키고자 하는 가치와 행동은 한 방향으로 • 397

제9장 **마인드 컨트롤** : 배움의 목적을 다시 생각하다 **401**

스스로 권리를 지켜낸 홍콩의 학생들 · 403 | 진실과 거짓을 구별하는 능력의 중요성 · 408 | 가짜 지식이 아이들을 착각하게 만든다 · 411 | 많은 것을 알아갈수록 모른다는 사실을 더 많이 알게 된다 · 421 | 조슈아 웡, 제국에 반기를 든 소년 · 423 | 어린 철학자들을 키워내는 갤리온스 초등학교 · 433 | 의문을 품고, 질문하고, 비판하며 조금씩 나아간다 · 440

제10장 **오픈 소스** : 누구에게든, 무엇에서든 배울 수 있다 **445**

협력을 최우선으로 생각하는 하이테크 고등학교 · 447 | 급변하는 세계, 교육은 왜 제자리인 가 · 454 | 기업 모델을 적용한 학교 시스템의 성장과 한계 · 458 | 개별 학습과 공동체의 완벽한 조화 서밋 샤스타 고등학교 · 464 | 상향식 교육 체계가 필요하다 · 475 | 글로벌 교육 네트워크 티치 포 올 · 477 | 배움에 대한 배움은 계속되어야 한다 · 480 | 우리는 함께 실패하고, 더 잘 실패해야 한다 · 485

에필로그 전 세계에 부는 학습혁명의 바람 · 488

감사의 글 · 506

옮긴이의 글 · 513

더 읽어볼 책 · 518

미주 · 522

찾아보기 · 548

세상은 빠르게 변하는데
왜 교육만 그대로일까?

히페이오스 콜로노스는 고대 아테네에서 북쪽으로 1.6킬로미터 떨어진 곳이었다. 올리브 나무와 월계수 덩굴이 우거진 언덕 꼭대기에는 포세이돈 신전과 복수의 세 여신이 머물던 신성한 숲이 있었다. 그곳은 오이디푸스의 묘지가 있는 곳이자 위대한 비극 작가 소포클레스가 태어난 장소라고 전해진다. 기원전 385년 지중해성 기후답게 따스했던 어느 저녁에 누군가가 이 언덕에 올랐다면, 에게해 위로 분홍빛이 드리우고 태양 볕에 데워진 땅에서 퍼져 나온 오레가노 향기를 맡으며 서쪽을 내려다보다가 인류 역사상 가장 위대한 발명 중 하나인 '학교'를 힐끗 보게 되었을지 모른다.

이 학교는 아카데미아 숲에 자리했다. 아카데미아는 한때 아테네의 구세주였던 그리스 영웅 아카데모스에서 유래한 이름이다. 그 지역은 도심에서 출발해 죽은 사람들 무덤 옆으로 난 길을 횃불 들고 늦은 밤까지 달려서 프로메테우스 제단 앞에 가장 먼저 도착하는 달리기 경주가 열리는 장소로 알려져 있었다. 또 그곳은 지혜의 여신인 아테네에게 바쳐진 장소이기도 했다.[1] 당시 여행을 많이 다니던 중년의 상류층 남성 플라톤은 땅의 상당 부분을 인수해 지식 추구에 전념하는 새로운 모임인 '아카데미아'를 열었다.

지명을 그대로 가져다 쓴 플라톤의 '아카데미아'는 지금의 매사추세츠 공과대학교MIT나 케임브리지 대학교에 상응하는 지식의 온실이었다. 그곳에서 수학한 많은 동문 중에는 아리스토텔레스처럼 저명한 사람들도 있었다. 아리스토텔레스는 나중에 '리케이온'이라는 학당을 새로 설립하고, 알렉산더 대왕을 직접 가르치기도 했다. 어쨌든 아카데미아에서 나온 생각들은 문명의 발달에 영향을 끼쳤다.

학습 과정은 특정 글에 관한 토론과 사례 연구로 이뤄졌다. 오늘날의 하버드 경영대학원처럼 교사가 학생들과 대화를 나누며 문제를 제시하는 식으로 진행됐는데, 보통은 플라톤이 직접 가르쳤다. 다루는 주제에는 수학과 철학뿐만 아니라, 천체 이동의 과학적 분석부터 가장 이상적인 정부의 운영 형식까지 다양했다. 플라톤은 토론 내용 중 많은 부분을『국가』에 기록했다. 실제 그의 스승이었던 소크라테스가 책에서도 스승으로 등장해 그를 따르던 무리에게 교훈을 전하는데, 그중 잘 알려진 내용 가운데 하나가 동굴의 비유다.[2]

기이한 작은 동굴을 머릿속에 그려보자. 동굴 안 한쪽 바닥에는 벽을 바라볼 수밖에 없는 자세로 목과 다리가 결박된 죄수들 한 무리가 앉아 있다. 이들은 아주 어린 시절부터 이런 자세로 지냈기 때문에 지금껏 살면서 보았던 것이라고는 눈앞에 있는 동굴 벽이 전부다. 이들 뒤편에는 불이 있어 벽에 그림자가 생긴다. 뒤에 있는 조력자들은 다양한 물체를 들어 올려서 벽에 그림자를 드리우고 다양한 소리를 낸다. 죄수들은 그 소리를 그림자들이 내는 소리라고 생각한다. 죄수들은 보이는 것에 의미를 부여하고 눈앞의 그림자를 현실로 이해하기 시작한다. 이것이 죄수들에게는 세상의 전부다.

소크라테스는 이 죄수들 중 한 명이 풀려난다면, 어떤 일이 벌어지겠느냐고 질문한다. 만약 죄수가 몸을 돌려 뒤를 본다면, 처음에는 불에서 나오는 밝은 빛에 눈이 부셔서 물체의 형상을 알아보지 못하거나, 색다른 광경에 감각의 혼란을 느껴 상황을 이해하지 못하고 두려워하며 다시 벽 쪽을 향해 돌아설 것이다. 그렇다면 이번에는 누군가가 강제로 죄수를 환한 동굴 밖으로 끌어냈다고 상상해보자. 아마 그는 기존 관념을 고수하고, 화를 내고, 저항하면서 거의 아무것도 보지 못할 것이다. 평생 벽과 그림자만 바라보던 그에게는 총천연색 세상이 충격적인 환각처럼 느껴질 게 분명하다. 그러나 곧 눈의 감각이 서서히 빛에 익숙해지면 통증도 사라지고, 한없이 아름다운 새로운 현실을 제대로 보게 될 것이다. 그리고 자신의 그런 변화에 깊이 감사하며, 동굴에 있는 나머지 사람들도 데리고 나오려고 할 것이다.

동굴의 비유는 교육에 관한 논의로 해석할 수 있다. 그 시대로부터 2,500여 년이 지난 지금도 앎과 모름을 의미하는 빛과 어둠의 비유는 여전히 익숙하게 와닿는다. 사람들은 스스로를 '빛을 본 적이 있는' 사람들, 즉 지각 있고 의식적이며 이성적인 존재로 여긴다. 그리고 동굴에서 빠져나와 바깥세상에 도달하는 사례가 갈수록 많아진다고 느낀다. 하지만 플라톤은 사람들 대부분이 그런 여정을 완수하지 못할 것으로 확신했다. 플라톤과 아카데미아의 사명은 더 많은 사람들을 햇볕이 내리쬐는 깨달음의 땅으로 인도하는 것이었다. 철학자들에게는 인간적 이해의 한계를 넘고, 세상을 더 완전히 이해하고, 개인과 사회가 어떻게 살아가야 하는지 더 잘 결정하도록 해야 할 임무가 있었다.

그런데 오늘날 우리는 그보다 더 큰 도전에 직면해 있다. 부유한 소수 특권층만이 아니라 '모든' 사람들이 좋은 교육을 받아야 한다고 믿기 때문이다. 그러나 학교 제도를 돌아보면, 인류의 진보를 꾀하는 플라톤의 명민한 사명은 보이지 않고, 안개 긴 밤하늘의 별처럼 어둠 속에 군데군데 존재하는 밝은 지점만을 간신히 유지하려고 애쓰는 병든 관료주의만 보인다.

나고 자라는 환경은 달라도
아이들은 다르지 않다

지금으로부터 10년 전 어느 밝고 화창한 9월 아침, 나는 자전거를 타고 올드 켄트 로드(여담이지만, 올드 켄트 로드는 보드게임 모노폴리의 영국 버전에서 가장 값싼 땅이다)를 달려 영어 교사로 첫 출근을 했다. 내가 부임한 학교는 런던에서 가장 가난하고 가장 다양한 부류의 사람들이 사는 엘리펀트 앤드 캐슬이라는 동네에 있었다. 동네 이름은 옛날 역마차 길에 있던 여인숙 이름을 따서 붙인 것이었다. 이 지역은 크게 에일즈베리와 헤이게이트 주택단지 두 곳으로 나뉘어 있었는데, 미로 같은 보도와 우중충한 계단 길은 어두워지면 접근해서는 안 되는 지역임을 드러내는 상징 같았다.[3] 월워스^{Walworth} 학교도 그런 동네 분위기와 크게 다를 것이 없었다. 내가 참석했던 첫 교사 회의는 열네 살짜리 남학생이 풋볼 경기 후에 칼에 찔려서 죽었다는 섬뜩한 소식으로 시작했다.

그러나 내가 첫 출근했던 날은 월워스가 탈바꿈하기 시작하는 시점이기도 했다. 참고로 이 학교는 지난 10년 동안 큰 변화를 이뤄냈다. 2008년 월워스는 중등교육자격시험^{GCSE}의 국어(영어)와 수학을 포함한 다섯 개 과목에서 A+에서 C 사이를 받은 학생 비율이 영국 전체 학교 중 최하 12퍼센트를 기록했다. 하지만 현재는 학생들의 성적이 국가 평균 수준에 이르는 좋은 학교로 평가받고 있다. 취약 계층 학생들의 성취도 항목은 전국에서 3위,

성적 향상은 상위 20퍼센트를 기록했다. 이런 변화는 학교가 월워스 학교 school에서 월워스 아카데미academy로 전환되면서 시작됐다(당시 영국 정부는 열악한 환경에 있는 시내의 학교에 직접 재정을 지원하고 자치권을 더 허용하는 정책을 시행했는데, 이런 학교를 아카데미라고 불렀다).

첫 출근 날 아침, 나는 초보 교사들이 으레 그렇듯 영락없이 서툰 솜씨와 플라톤적 이상을 품고, 덜덜 떨리는 마음으로 학교에 들어섰다. 겁이 났고 준비도 부족했지만, 3주만 지나면 영화 〈죽은 시인의 사회〉에 나오는 키팅 같은 선생님이 될 것이라고 확신했다. 학창시절과 대학에서 배운 경험 모두가 교육은 간단한 문제라고 이야기하고 있었으니 말이다. 그에 따르면, 교사는 그저 적절한 질문을 던지고 개요를 설명한 후 뒤로 물러나서 학생들의 관심을 집중시키고 토론하면 되는 것이었다.

하지만 현실에서 내 수업은 엉망이었다. 처음에는 저학년 학생들을 맡았는데, 어린아이들은 열의에 넘쳐서 좋았지만 대체 무슨 생각을 하고 있는 건지 헤아리기가 힘들었다. 열한 살인 카이라는 아이는 수업 중에 나한테 와서 자기 신발이 3층 창문 밖으로 떨어졌는데, 주워줄 수 있느냐고 물었다. 그런가 하면 어느 날 쉬는 시간에는 숀과 마르셀이라는 아이들이 교실 양쪽 끝에서 의자를 대포로, 책상을 엄호물로 사용해서 전투를 벌이며 한바탕 소동을 벌이기도 했다. 수업을 시작하기만 하면 책을 잃어버렸다거나 숙제가 없어졌다는 외침이 여기저기서 들렸고, 수업을 피해 화장실에서 신성한 자유를 누리려는 시도가 빈번히 이뤄졌다. 내가 곤란을 겪고 있다는 소식이 퍼지면서 유능한 동료 교사들이 주기적으로 지원하러 불려왔다. 이런 상황에서 내가 아이들에게 무언가를 가르친다는 것은 너무 먼 꿈처럼 느껴졌다.

고학년 학생들을 맡고서도 별로 나아지지 않았다. 간간이 학생들이 독서

나 글쓰기 활동에 참여하는 경우도 있었지만, 고학년 학생들은 무관심하게 창밖을 바라보거나, 경탄스러울 정도로 오해하는 재주를 보이거나, 새로운 유형의 상스러운 욕설을 끝없이 찾아내는 놀라운 능력을 선보였다. 유엔 총회를 방불케 하는 어느 10학년 교실에는 영국, 아일랜드, 중국, 자메이카, 리비아, 콩고, 아프가니스탄, 소말리아, 수단, 나이지리아, 터키, 포르투갈, 베트남 출신 학생 30명이 모여 있었는데, 그만큼 의견 다툼도 많았다. 그들 대다수가 집에서 영어를 전혀 사용하지 않고 있었다.

그런데 나는 그런 상황을 여유롭게 받아들일 수 없었다. 그 학생들이 미래를 좌우할 중등교육자격시험GCSE을 앞두고 있었기 때문이다. 그 반 학생들의 국어 과목 평균은 D, E, F 사이였는데, 자격시험을 통과하려면 18개월 내에 성적을 C학점 이상으로 올려야 했다. 그래서 나는 1년 반 동안 교과 진도의 일부로 셰익스피어의 희곡 둘을 다루기로 했다. 그것이 내 지적 근육을 훈련할 좋은 기회가 될 것으로 기대했다. 학교에서 『로미오와 줄리엣』과 『맥베스』를 지정 도서로 정했고, 나는 몇 주 동안 주말 내내 그 작품들에 대한 개인적인 의견을 정리하면서 보냈다. 쉽지는 않겠지만 학생들이 잘해나갈 것이며, 그렇게 되도록 이끄는 것이 내가 교사가 된 이유가 아니겠느냐고 스스로 다짐했다.

하지만 결과는 좋지 않았다. 『로미오와 줄리엣』의 진도는 좌절감이 느껴질 정도로 느렸다. 프롤로그를 읽고 이해하는 데에만 일주일이 걸렸으며, 결국 희곡 전체 중에서 극히 일부를 읽는 데 그쳤다. 전체적인 줄거리를 파악하기 위해 바즈 루어만 감독이 1996년에 현대적인 감각으로 재탄생시킨 영화 〈로미오와 줄리엣〉을 함께 보기도 했다. 그 결과 학생들은 하나같이 과제물에 권총, 스포츠카, 폭발하는 주유소를 언급했다. 작품을 깊이 이해하면서 성취감을 느끼고 문학에 대한 애정을 갖게 될 것이라는 높은 기대를 품었건만, 과제물은 처음의 낮은 수준에서 전혀 벗어나지 못했다.

나는 내 학창시절을 돌아봤다. 중부 지역에 있는 좋은 초등학교에 다니면서 다정한 선생님들에게 배우고 큰 영감을 얻는 행운을 누렸다. 이후 장학금을 받고 사립학교에 진학했다. 그 학교에는 영국에서 가장 넓은 잔디밭과 제단 뒤쪽으로 고대 프랑스어로 '병풍^{reredos}'이라고 불리는 장식 벽이 있었는데, 이 장식 벽은 값어치가 86억 원쯤 된다고들 했다. 종교 수업 시간에 목사님은 남학생들을 불러 모아 마치 도둑이 훈련하듯 보안 시스템의 레이저빔을 뚫고 제단에 침입하는 놀이를 즐겨 했다. 우리는 선생님을 교수님으로, 교장 선생님을 학장님으로 불렀다. 영어 수업 시간에는 제인 오스틴과 T. S. 엘리엇에 관한 의견을 거창하게 들먹이며 에세이를 써서 모두 A나 A+를 받았는데, 다들 그런 결과를 필연적인 일로 여겼다. 월워스에서 학생들의 실패를 필연적인 결과로 받아들이듯 말이다.

그러나 나는 지금 이 학교에 부임해서 아이들과 함께하고 날마다 이야기를 나누면서 이 아이들과 내가 다녔던 사립학교의 아이들이 근본적으로 다르지 않다는 사실을 금세 깨달았다. 모두들 똑같이 꿈과 우정이 있었으며, 다들 같은 불화를 겪고, 비슷한 10대의 불안을 느꼈다. 이 아이들의 부모 또한 내 부모와 마찬가지로 아이들이 잘되기를, 그리고 행복하기를 간절히 바랐다. 교복을 입고 등교하거나 특별한 환경 조건을 누릴 기회는 없었지만, 그런 세부적인 사항은 피상적인 문제일 뿐이었다.

그제야 나는 깨달았다. 이 학교 아이들은 잠재력과 야망, 그리고 특히 농담과 유희에서 내가 다녔던 사립 기숙학교의 특권층 학생들보다 더 뛰어나다는 사실을. 다만 이 사회가 특혜 받은 계층은 더 잘 뒷받침해주는 반면, 이 아이들은 외면하고 있다는 것을 말이다. 이런 상황은 플라톤의 교육 철학에서 한참 벗어나 있었고, 심지어 키팅 선생님과 비교해도 거리가 너무 멀었다. 내 수업은 점점 엉망이 되어갔다.

지금이 마지막 기회일지 모른다

나는 오늘날의 학교들이 근본적으로는 플라톤 시대와 큰 차이가 없음을 깨닫고 놀랐다. 만일 고대 아테네에 살던 어떤 아이가 시간 여행을 해서 현대로 왔다면, 스마트폰을 보고 얼떨떨해하고 인구가 막대한 거대 도시에 위압감을 느끼며 도로 위를 쌩쌩 달리는 자동차를 보고 깜짝 놀랄지는 모르겠지만, 교사와 학생들이 있는 교실을 알아보는 데에는 전혀 문제가 없을 것이다. 인류가 의학, 신경학, 심리학, 과학 기술 등 여러 분야에서 엄청난 진보를 이루었음에도 유독 교육에서는 혁명적인 발전을 이루지 못하는 것은 왜일까?

지난 2,400년 동안 우리는 획기적인 변화를 목격했다. 세계 인구가 놀랄 정도로 급증했고, 농업, 산업, 기술 분야에서 엄청난 혁명을 이루었으며, 지식을 창조하고 전파하는 방식도 놀라울 만큼 변화했다. 또한 사회 정치 조직이 새롭게 형성되었을 뿐 아니라, 인간의 사고 능력에 관한 비밀도 밝혀졌다. 하지만 이런 변화들은 세계화, 자동화, 기후 변화와 관련한 무수한 문제를 수반했다. 이 문제들을 극복하기 위해서는 인간 고유의 창의력을 한층 더 키우고, 기술을 더 완벽하게 발달시키며, 협력 관계를 근본적으로 개선해 인류 전체의 잠재력을 최대한 발휘해야 한다. 바꿔 말하면, 지금 우리 세대가 추구해야 할 가장 큰 목표는 바로 교육이다.

이처럼 너무나 중요한 교육에 우리는 어떤 방식으로 접근해야 할까? 앞으로 이어질 장에서는 오늘날과 같이 급격히 변하는 세상에서 성공한다는 것은 무슨 의미인지, 아이들이 모두 그런 목표를 달성하게 하려면 우리는 무엇을 해야 하는지를 알아볼 것이다. 플라톤 시대의 주요 관심사는 인간적 지식과 이해의 한계를 넓히는 것이었다. 오늘날에도 물론 그런 탐구를 지속해야겠지만, 그보다 더 중요한 것은 어떻게 하면 '모든' 아이들과 '모든' 사람들이 인간적 발전의 최대치에 접근할 수 있도록 만들 것인가 하는 문제다. 우리의 목표는 고대 도시국가에서처럼 몇몇 철학자들의 성공에 있는 것이 아니라, 철인哲人인 인류가 첨단 기술이 발달한 세계화 문명에 발맞추어 번성해 나가는 데 있다.

10년 전에 처음 교단에 서서 수업을 위태롭게 이끌어나가던 경험이 계기가 되어 나는 학교를 재해석하고 삐걱거리는 세계의 교육 시스템을 재설계하겠다는 목표를 세웠다. 그러고는 참신한 아이디어와 흥미로운 혁신 사례 탐색에 나섰다. 그 과정에서 모든 배움의 가장 중요한 질문인 '왜?'라는 질문을 스스로에게 여러 차례 던졌다. 왜 오늘날의 학교는 고대 아테네의 학교와 그토록 비슷한 걸까? 왜 우리는 그 어떤 것보다 학문적인 성공을 높이 살까? 왜 공부를 재미없어하고 괴로워하는 아이들은 그토록 많은 걸까? 왜 기업들이 이미 내던져버린 산업화 모델을 학교들은 계속해서 따르는 걸까? 이런 질문들을 던지며 나는 단 하나의 목표에 매달렸다. 바로 '21세기 교육은 어떤 모습이어야 하는가?'를 사람들에게 보여주겠다는 결심이었다.

앞으로 이 책에서 우리는 전 세계를 오가게 될 것이다. 실리콘밸리의 지능형 기계에서 서울의 시험 공장까지, 최고의 교사인 핀란드 교사들부터 가장 밝은 학생인 영국 학생들까지, 로봇을 키우는 MIT 교수부터 절대 권력과 맞서 싸우는 홍콩의 학생들까지, 그리고 운동선수처럼 훈련받는 교사들부터 교사 없이 배우는 학생들까지, 매우 다양한 사례를 소개할 예정이다. 나는 각 대륙별로 학교 한 곳 이상을 모두 방문했고, 저명한 신경과학자 및 심리학자들과 이야기를 나눴으며, 널리 이름난 교육자들을 만났다. 그리고 인간의 사고 능력과 최신 과학기술의 한계를 탐색했으며, 심지어 할리우드까지 방문했다. 이 과정에서 나는 세계 곳곳에서 이미 교육에 혁명의 조짐이 보인다는 고무적인 사실을 확인했다.

21세기 교육은
어떤 모습이어야 하는가?

　　　　　　　　이 책에서는 변화를 주도할 세 가지 핵심적인 신념을 제시한다. 따라서 본문도 크게 세 부분으로 나뉘어 있다.

　제1부는 '새롭게 생각해야 한다'는 주장이다. 과학이 인간 두뇌의 내부 작용을 깊이 파고들기 시작하면서 우리에게는 우리가 인식하는 것보다 훨씬 대단한 학습 능력이 있다는 사실이 속속 밝혀지고 있다. 우리는 모두가 말 그대로 '타고난 학습자들'이다. 그러나 인간의 지능은 고정된 것이라는 잘못된 믿음에 빠져 있는 경우가 너무 많다. 그것은 학교를 통해 프로그램되는 기계적인 능력이 아니다. 뇌는 지속적으로 활동하며, 통제를 벗어나서 작용하고, 끊임없는 탐색에 몰두한다. 19세기에 의학이 과학적 혁명을 거쳤듯이 오늘날의 교육도 그런 혁명을 거칠 수 있다. 인간의 발달을 새롭게 생각하는

과정은 기술이 아니라 우리 자신을 업그레이드하는 데 초점을 맞춰야 한다.

　제2부는 '더 잘해야 한다'는 권고다. 지금의 학교들은 정해진 목표를 이뤄내는 데에는 꽤 효과적이다. 생각해보면 그동안 학교들은 윌리엄 커티스 경이 1825년에 영국 의회연설에서 '3R'이라고 이름 붙이기도 했던 읽기reading, 쓰기'riting, 연산rithmetic 영역의 엄격한 훈련을 토대로, 육체노동과 사무직노동에 종사할 인력을 안정적으로 배출해왔다.⁴ 그러나 자동화와 세계화의 흐름에 따라 전통적인 직업이 사라지고 있기 때문에 전통적인 학교 모델도 창조성과 목적을 키우는 방향으로 전환돼야 한다. 장인은 대단히 아름다운 작품을 만들고자 하는 갈망이 있고, 가장 적합한 도구를 사용할 줄 알며, 순조롭게 기술을 습득한다. '더 잘해야 한다'는 말은 이처럼 인간의 창조성을 기초로 시작해야 한다는 것을 뜻한다. 앞으로 우리는 아이들이 스스로를 표현할 방법을 기르고, 세상에서 자신의 위치를 찾을 수 있게 도와야 한다. 이것이야말로 우리가 추구해야 할 교육의 가장 고귀한 목표다.

　제3부는 어째서 더 깊이 '관심을 가져야' 하는지를 설명한다. 교육은 영속적인 활동이며, 과거와 마찬가지로 여전히 인류의 가장 중대한 프로젝트다. 그러나 최근에는 교육이 이런 본연의 인간적인 측면과 단절돼버렸다. 학교들은 효율과 경쟁을 내세우는 생산설비나 경제시장의 체계를 갈수록 많이 도입하고 있다. 그 결과 글을 읽고 쓰는 능력이 급상승하고 성적이 크게 개선됐다. 하지만 아이들은 최고의 자리를 놓고 서로 싸우는 인정사정없는 경쟁에 내몰리고, 학습 범위는 좁아지고, 경제적인 결과만이 교육의 유일한 척도가 돼버렸다. 따라서 앞으로는 학습의 윤리적·인간적 측면을 재발견해야 한다. 첨단기술이 아닌 공동의 가치를 기반으로 하는 교육 체계로 만들고, 기업과 같은 경쟁 체제가 아닌 더불어 사는 생태계로 받아들여

야 한다. 인류와 지구의 행복과 안녕은 우리가 사회적·감정적 지능을 개발할 수 있는가에 달려 있다. 우리가 바라는 미래를 만들기 위해서는 협력하는 법을 배워야 한다.

우리는 비교적 안정적인 기반에서 이런 노력을 시작할 수 있다. 학교에 다니는 학생이 12억 명에 이르는 오늘날보다 학생으로 살기에 더 좋은 시기는 없다. 페루의 수도 리마에서 인도 북부 러크나우까지, 세계 곳곳의 교실에는 열정과 능력을 갖추고 헌신하는 교사 5천만 명 이상이 학생들 앞에 서 있다.[5] 그렇지만 진화하는 세상의 필요에 맞춰 교육 방식을 발 빠르게 조절하지 못하면, 가치관을 잃은 세대를 양산할 위험이 있다. 현재 세계 학생 중 6억 명은 장래에 성공하기 위한 능력은커녕 가장 기본적인 지식조차 제대로 습득하지 못하고 있다.[6]

그런가 하면 경험이 우리를 과거에 옭아매기도 한다. 사람들은 모두들 학교에 대해서라면 자신이 정통하다고 느낀다. 대부분의 사람들은 인생에서 최소 12년을 교실에서 보내는데, 그 정도면 그 유명한 1만 시간의 법칙을 충족하고도 남을 시간이다. 하지만 우리는 잘못된 교육을 받아왔다. 학습 영역은 예술이라 보기도 어렵고, 그렇다고 과학이라고 볼 수도 없다. 그런데도 여전히 통합된 전문성이 부족한 것처럼 느껴지는 것은 아이러니컬하다.

그런 전문성을 통합할 시기는 바로 지금이다. 우리는 새롭게 생각하고, 더 잘하고, 관심을 기울임으로써 교육적인 측면에서 21세기의 깨달음을 불러일으키고, 더 많은 아이들에게 잠재력을 발휘할 환경을 만들어줄 수 있다. 물리학자들이 '모든 것의 이론'을, 철학자들이 '절대적인 마음'을 제시했듯이 교육자들도 인류의 번영에 기여해야 한다. 지혜와 배움은 우리 호모 사피엔스를 조상들과 구별 짓게 하는 가장 기본적인 특징이다. 따라서 우리 인류의 궁극적인 목표는 그 같은 자질을 함양하는 것이어야 한다.

기술적인 혼란, 일자리 없는 미래, 줄어드는 자원, 자율주행차의 시대를 앞둔 지금 이 순간을 기회로 한 발 물러서서 인류의 발전을 중심에 두는 세상을 그려봐야 한다. 그 같은 상상력에 우리의 모든 것이 달려 있다.

지금의 교육 체계는
아이들의 잠재력을 억제한다

1년 뒤, GCSE 준비반 학생들이 졸업 학년인 11학년 진학을 앞두고 있을 때였다. 그 아이들이 첫 시험을 치를 날이 약 6개월 앞으로 다가왔다. 학교를 졸업하면 식스 폼 칼리지six-form college(11학년을 마친 학생들이 다니는 대학 준비 학교. 영국은 6-5-2-3 학제를 택하고 있다. - 옮긴이)를 거쳐 대학에 진학하게 될 터였다.

그날은 『맥베스』 중에서도 아주 까다로운 지문을 다루고 있었다. 파브리스라는 남학생이 자기 의견을 정리하려고 애를 썼다. 콩고에서 태어나 네덜란드 로테르담에서 몇 년을 살다가 런던으로 이주한 그 아이는 문제아였다가 공부에 취미를 붙이기 시작한 아이들 무리 가운데 리더였다.

당시 우리가 논의하던 주제는 무대 연출에 관한 것으로, 연극 연출자 입장에서 "내 눈앞에 보이는 이것은…… 단검인가?"라고 말하는 장면을 어떻게 처리해야 좋을지를 함께 생각해보았다. 나는 학생들에게 "단검을 보여주거나, 아니면 보여주지 않는 것이 멕베스라는 인물을 관객들이 이해하는 데 어떤 영향을 미칠까?"라는 고차원 사고 능력이 필요한 복잡한 질문을 던졌다.

플라톤의 동굴의 비유에 견줄 만한 문제였다. 아미르가 대답하고 싶어서 안달이 난 표정으로 손을 번쩍 들어 올렸다. 아프가니스탄 출신이며 체구가 가냘픈 아미르는 원래 있던 반에서 문제를 일으켜 우리 반으로 옮겨온 학생이었다. 아미르는 고양이들이 흑마술을 쓴다고 진심으로 믿는 색다른 문화적 견해를 가졌던 터라 이 작품에 등장하는 마법과 주술이라는 주제에 푹 빠져 있었다. 그리고 그런 독특한 관점을 발판으로 셰익스피어를 아주 놀랍고 독창적인 방식으로 해석했다. 반면에 파브리스는 여전히 골똘히 생각하는 듯했다.

"아, 알겠어요!" 파브리스가 갑자기 외쳤다.

수업 중에 배움이 이루어지는 과정을 명확하게 목격하는 아주 드문 경험의 순간이었다. 파브리스의 머릿속에서 뇌가 움직이는 소리가 들리는 듯했다. 아이는 그 순간 복잡한 사고를 하는 방법을 새롭게 습득하고 있었다.

"만약에 우리가 단검을 볼 수 있으면, 관객들은 마녀들이 마술을 부려서 맥베스를 속인 거라고 생각할 수도 있잖아요."

"그럼 단검이 보이지 않는다면?" 내가 되물었다.

"단검이 없으면, 그러면 관객이 생각하기에⋯⋯" 파브리스가 생각에 잠겼다. 옆에서는 아미르가 계속 들썩거렸다. 갑자기 뭔가가 떠오른 듯 파브리스의 얼굴이 환해졌다. "그러면 우리는 맥베스가 완전히 미쳤다고 생각할 거예요!"

파브리스는 아미르 쪽으로 고개를 돌리고 최대 라이벌과의 대결에서 득점한 풋볼 선수처럼 보란 듯이 손가락을 입술에 가져다 대는 세레모니를 했다.

그날이 분수령이었다. 파브리스는 그 이후에 GCSE 대비 수업에서 계속해서 A와 B를 받았다. 아미르는 A와 A+를 받았다. 실제 시험일이 다가왔을 때에는 학급의 거의 모든 학생들이 상급 학교로 진학하기 위한 최소 기준인 C학점 이상을 취득했다.

나는 한껏 들떴지만 한편으로는 아쉽기도 했다. 이 아이들의 성공이 아주 좁은 의미에서의 성공일 뿐이었기 때문이다. 상급 학교 진학에 꼭 필요한 시험 점수를 얻었지만, 그것 말고는 더 이상 해줄 수 있는 것이 없었다. 더 열심히 노력하고 조금 더 뛰어난 교사를 만났다면, 더 많이 발전할 수도 있었을 것이다. 그 아이들은 이미 많은 부분에서 뒤처져 있었다. 학교를 8년이나 다니고서도 제대로 글을 쓰거나 책을 읽을 줄 모르는 아이들이 많았다. C학점이 목표 점수이기는 했지만, 사실 이 정도 점수를 받았다고 이 아이들의 삶을 바꿀 준비가 되었다고 보기는 어려웠다.

게다가 나는 어떻게 우리가 이런 진전을 이루었는지 확실히 알 수가 없었다. 내가 가르쳤던 방식에는 땀과 노력 그리고 눈물이 많이 소요됐지만, 전혀 체계적이지 않았다. 경험이 짧아 서툴렀고 교사로서의 지혜가 부족해 시간을 많이 들여야 했다. 수많은 연구를 통해 인간의 마음, 뇌, 몸, 행동, 그리고 행동과학에 대해 더 많이 알게 되었으니, 그보다는 더 나은 접근 방식이 있지 않을까? 지금 우리 사회가 직면한 어려움을 고려할 때 정말로 그래야 하지 않을까?

10학년 학생들을 가르치면서 이뤄냈던 작은 성공으로 나는 21세기 교육이 개인의 삶에 동력을 공급하고 사회에 힘을 불어넣을 것이라는 확신을 갖게 됐다. 그러려면 제대로 된 방식으로 접근할 필요가 있었다. 아이들이 지닌 잠재력에 대해 새롭게 생각하고, 더 좋은 학습 도구를 제공하고, 아이들한 명 한 명 모두를 소중히 생각할 수 있는 방향으로 나아가야 했다. 그렇게내 여정은 시작됐다.

새롭게 생각하기

제1장

인공지능

인간과 기계의 하이브리드 시대

ARTIFICIAL
INTELLIGENCE

"20세기 학습 관행에 21세기 기술을 더하는 것은
가르침의 유효성을 약화시킬 뿐이다."

_경제협력개발기구의 2015년 보고서

어마어마한 가능성이
우리 눈앞에 와 있습니다

　　　　　　　　　　　　　　　브렛 쉴케Brett Schilke는 싱귤래리티 대
학교 마운틴뷰 본교 회의실에서 나와 마주 앉아 미래를 주제로 이야기를 꺼
냈다. 그는 학창시절부터 교육 개혁에 뜻을 뒀다고 한다. "저는 늘 '이걸 왜
배워야 하는지 설명해주세요'라고 묻는 맹랑한 아이였어요. 한번은 무슨 질
문을 하든 늘 똑같은 대답만 해서 저를 완전히 짜증나게 만드는 선생님이
있었지요. 텔레비전 퀴즈쇼 〈누가 백만장자가 되고 싶은가?〉에 나오는 질
문을 해도 마찬가지였던 것 같아요. 그러면 저는 '해줄 말이 고작 그게 다예
요? 그럼 전 이제 그만 가봐도 되나요?'라고 혼잣말을 하곤 했어요."

　　쉴케는 대학을 졸업하자마자, 교육 분야에서 일하기 시작했다. 그는 부끄
러움이라고는 모르는 성격이었다. 캘리포니아에 사는 사람답게 이야기와
말장난을 좋아하고, 누구와도 친숙하게 하이파이브를 할 수 있으며, 남을
격려할 줄 아는 열정적인 모험가이자, 교육자, 연사였다. 사회에 진출한 후

처음에는 시베리아와 트란실바니아에서 문화, 미술, 교육 개발 프로그램을 운영했다. 이후 미국 중서부로 돌아와 교육 비영리단체인 아이디어코[IDEAco]를 공동 설립해서 학생들에게 문제 해결과 3D 프린팅 기술을 가르치는 교육 과정인 시티 X를 비롯한 여러 프로젝트를 진행했다. 그 후로는 싱귤래리티 대학교로 자리를 옮겼다. 싱귤래리티 대학교는 『특이점이 온다[The Singularity is Near]』의 저자이자 미래학의 선구자 레이 커즈와일[Ray Kurzweil]이 "기하급수적으로 발전하는 기술을 활용해 인류의 장대한 문제를 심도 있게 다루도록 지도자들을 교육하고, 동기를 자극하고, 힘을 키우기 위해" 설립한 기관이다.[1]

특이점[Singularity]이란, 인공지능이 인간의 정신보다 수조 배나 더 강력해지면서 인간이 기술과의 융합을 통해 생물학적인 육체와 두뇌의 한계를 뛰어넘을 수 있게 되는 가상의 미래 시점을 지칭하는 용어로, 커즈와일이 처음 제시했다.[2] 멋진 개념이지만 한편으로 무섭기도 하다. 현재 구글에서 인공지능 부문을 이끌고 있는 커즈와일은 인간의 정신력이 강화되어 상상할 수 없을 만큼 엄청난 능력이 생기는 유토피아가 도래할 것으로 예견했지만, 다른 학자들 중에는 초지능을 갖춘 로봇의 위압에 인간이 짓밟힐 것이라고 예측하는 사람들도 있다. 싱귤래리티 대학교는 그 두 가지 방향 중 우리의 미래를 첫 번째 쪽으로 기울이려는 커즈와일의 노력으로 해석할 수 있다.

브렛 셜케는 최근에 싱귤래리티 대학교에서 청소년 및 교사 관련 부문 책임자가 됐다. 그가 맡은 업무는 학습의 미래를 전적으로 파고드는 것으로, 그는 이 일이 일반적인 교육이나 학교 교육과는 구별된다고 세심히 덧붙였다.* 그는 전자레인지로 팝콘을 튀기듯 쉴 새 없이 아이디어를 쏟아 내면서 빠른 속도로 말을 이었다.

"지금 같은 시대를 산다는 게 참 대단하고 흥미진진하지 않습니까? 이 무슨 진부한 이야기인가 싶을 수도 있지만, 오늘은 또 어떤 새로운 일이 가능해질지 전혀 예측조차 할 수 없다는 건, 정말 놀라운 일 아닌가요?" 그는 또렷한 눈망울로 나를 바라봤다. "어마어마한 가능성이 우리 눈앞에 있어요."

그는 기술이 어떻게 이 세계를 바꾸고 있는지, 그에 발맞춰 이 세계와 학교들은 어떻게 변화해나가야 했는지를 설명했다. 실리콘밸리에는 '인간에게 더 큰 가능성이 있다'는 믿음이 널리 퍼져 있는데, 쉴케 역시 그런 믿음을 갖고 있었다. 그는 기계의 도움으로 달성할 수 있는 잠재력을 성취하기 위해 우리가 반드시 힘을 모아 창조하고 배워야 하지만, 아직까지는 역사적인 이유 때문에 그렇게 하지 못하고 있다고 설명했다.

"우리는 산업혁명에 맞게 고안된 교육 시스템을 따르고 있습니다. 현대적인 교육은 산업혁명에서 비롯된 거예요. 산업혁명이 일어나면서 단순한 과업을 반복적으로 수행하는 노동자들이 많이 필요해졌습니다. 그래서 어린아이들을 모아놓고 바른 자세로 앉고 손을 드는 법부터 가르친 거지요."

그는 다소 격앙된 목소리로 말을 이었다.

"당시 교육의 목적은 사람들을 군사화된 집단에 가깝게 만드는 데 있었어요."

맞는 말이었다. 실제로 지금의 교육 체계는 군대식 모델의 영향을 받았다. 1830년대에 매사추세츠주의 교육 행정가였던 호러스 만Horace Mann은 주

---

* 최소한 아리스토텔레스가 살던 시대 이후로, 사람들은 교실 안에서 실제로 일어나는 활동과 이상적인 학습 방식을 구별해서 생각해왔다. 예를 들어 마크 트웨인Mark Twain은 "학교가 자녀의 교육을 방해하도록 내버려 두어서는 안 된다"라는 글을 쓴 적이 있다고 전해진다. 월드뱅크의 〈2017년 세계개발보고서〉는 처음으로 교육 분야를 전적으로 다루었는데, 이 보고서는 아예 '학교 교육과 학습은 다르다'는 생각에서 출발한다.

전체에 도입할 학제를 새롭게 마련했는데, 이 학제는 나중에 미국의 보편적인 무상 교육의 기초가 된다. 그가 이런 교육 모델을 구상하게 된 것은 권력과 군사력을 바탕으로 하는 엄격한 위계질서로 잘 알려진 프러시아를 방문하게 되면서였다. 당시 프러시아에는 프리드리히 대왕이 몇십 년 전에 제정했던 세계 최초의 국가적인 교육 체계가 마련되어 있었다. 호러스 만이 구상한 이 교육 체계는 산업화·기계화·대량 생산화로 더욱 보강되고, 곧 전세계의 보편적인 교육 제도로 자리를 잡았다. 그러다가 컴퓨터와 신기술이 발달하면서 마침내 그런 개념이 흔들리기 시작했다고 쉴케는 설명했다.

인간의 배움은 이제 쓸모없을까?

나는 전 세계적인 학습혁명을 탐색하는 여정의 첫 번째 목적지로 실리콘밸리를 택했다. 그 이유는 샌프란시스코만 일대의 기술인문주의자들의 견해가 미래를 바라보는 일반인들의 시선에 강력한 영향을 끼치고 있어서이기도 했고, 인공지능의 발전으로 인간의 마음과 관련해서 어떤 새로운 사실이 밝혀질지 궁금했기 때문이기도 했다. 일부 학자들이 주장하는 것처럼 이제 인간의 배움은 쓸모없는 것이 될까? 아니면 인간이 컴퓨터를 이용해서 지적인 능력을 상상 불가능한 수준까지 끌어올릴 수 있게 될까?

나는 우리가 수백만 년에 걸쳐 진화해온 인간의 선천적인 능력을 과감히 내려놓고 디지털 시대에 맞는 학습 능력을 새롭게 구상해야 할 상황에 직면했다고 보았다. 이런 상황에서 인간의 두뇌를 더 잘 이해하고 기술을 현명하게 활용하는 법을 배울 수만 있다면, 생각보다 훨씬 큰 잠재력을 발견할 수도 있지 않을까? 쉴케는 이와 관련해 최신 기기에 투자하기보다는 학습에 관한 생각을 근본적으로 바꾸는 것이 급선무라고 했다.

"싱귤래리티 대학교는 교사들을 앞으로 진행될 거대한 기술·사회적 흐름에 대비시키는 데 중점을 둡니다." 그가 설명했다. "가령 3D 프린팅을 교육할 때는 회계사가 되기 위해 필요한 기술과는 다른 것을 가르쳐야 합니다. 3D 프린팅으로 3차원적인 사고 능력을 키움으로써 아이디어를 개념화하는 방법을 가르쳐야 하지요."

이 같은 고차원적인 사고의 중요성을 뒷받침하는 연구들이 갈수록 많이 발표되고 있다. 옥스퍼드 대학교의 미래 전문 연구기관인 옥스퍼드 마틴 스쿨Oxford Martin School의 미래 경제학자 두 사람은 몇 년 전 발표한 연구에서, 현재 인간이 수행하는 직업을 702종으로 추산한 뒤 이 중 절반 정도가 가까운 시일 내에 인공지능으로 대체될 것이라고 결론지었다.[3] 과거에 산업화로 로봇들이 인간의 육체노동을 대체했다면, 컴퓨터화 시대에는 로봇들이 인간의 정신노동을 대체하게 된다. 이런 상황은 학교 교육에 두 가지 도전적인 문제를 제기하는데, 하나는 최신 기술을 학습 과정에 편입하는 문제이고, 다른 하나는 쓸모 있고 유용한 교육의 내용이란 무엇인지를 다시 생각하는 것이다. 나는 이런 문제에 대한 해결책을 가지고 있는 사람이 이 세상에 있다면, 그런 사람은 필시 쉴케처럼 신기술에 관심과 열정이 있는 사람일 것이라는 생각이 들었다.

쉴케는 기술 혁신의 최전선에 있는 싱귤래리티 대학교에서 일에 푹 빠져 지내고 있었다. 그는 허름한 맥도날드가 들어선 공군 기지 내 건물을 가리키며 말했다. "저곳에서는 달 표면 지도를 제작하는 프로젝트가 진행 중입니다. 정말 근사하지요? 그래서 사람들은 저 건물을 맥문^{McMoon}이라고 불러요." 그 부지에는 테슬라, 카네기멜론, 문 익스프레스 같은 유명 첨단 기술 기업들이 모여 있었다. 저 멀리로 미항공우주국의 로켓 엔진 테스트 설비 타워가 보였으며, 최신 하이브리드 자동차와 전기 자동차들이 주차장 여기저기에 주차되어 있었다. 그곳은 이 세상에 존재하는 모든 새로운 것들의 중심이었다. 그 위압감에 도취되어 나는 정신이 멍해지는 듯했다.

우리는 강의실을 둘러보았는데, 쉴케는 신이 나서 그곳에 있는 장난감들에 대해 설명했다. 내가 학생들을 직접 가르칠 때만 해도 최신 기술이란 고작해야 발전을 가로막는 낡아빠진 노트북을 없애는 것을 의미했다. 하지만 이제는 가상현실 강의실, 로봇 교사, 3D 프린터, 나노 재료를 활용한 기기들을 교실에서 활용하게 될 날이 머지않았다. 영화 〈매트릭스〉에서 주인공 네오가 단 몇 초 만에 새로운 지식을 자신의 뇌에 다운로드하던 장면이 떠올랐다. 어쩌면 첨단 기술이 바로 학습혁명의 발단이 될지도 모른다. 만일 그렇다면 그런 교실에서 학교의 미래를 찾을 수도 있을 터였다.

새로움에 대한 반감이
변화를 가로막는다

교육자들은 사람들에게 미래를 대비시키는 일에 전적으로 매진하는 전문가들인데도 의외로 새로운 것을 받아들이기를 주저한다. 현장에서 경험한 일들 때문에 생긴 안 좋은 편견 때문이다. 교사들은 '학교 교육은 교사들이 일임해왔으며, 지금껏 잘해왔지 않느냐'고 생각한다. 1980년대에 내가 다니던 세인트 제임스 초등학교에는 컴퓨터가 단 한 대도 없었다. 1학년 담임 캘커트 선생님은 칠판에 글자와 숫자를 분필로 써가면서 가르쳤다. 학습 도구는 연필, 종이, 책이 전부였다. 우리들은 알파벳 교재 '레터랜드Letterland'로 글쓰기 연습을 하면서 애니 애플Annie Apple부터 지그재그 지브라Zig Zag Zebra까지 이어지는 여러 등장인물을 만났다. 첨단 기술이 개입할 여지는 전혀 없었다. 그리고 지금의 교육자들은 그런 방법이 자신들에게 통했으니 요즘 아이들에게도 통할 것이라고 생각한다.

첨단 기술이 교육을 변화시킬 가능성에 대해서는 다소 신중하게 접근하는 편이 현명하다. 새로움의 광채는 사람들을 최면에 빠뜨리기 쉽다. 예를 들어 1922년에 토머스 에디슨Thomas Edison은 공립학교에 급격한 변화가 나타날 것이라고 예측했다.

나는 활동사진(영화)이 우리 교육 체계를 완전히 뒤바꾸어 놓으리라 믿는다. 몇 년 뒤면 영화가 완전히는 아니더라도 대부분의 교재를 대체할 것이다. 나는 오늘날 쓰이는 교재들은 효율이 평균 약 2퍼센트밖에 안 된다고 본다. …… 영화라는 수단을 사용하면 …… 그 효율을 100퍼센트까지 끌어올릴 수 있다고 본다.[4]

비슷한 사례는 그 후에도 있었다. 1966년에 린든 존슨 대통령은 미국인들의 습관과 행동에 영향을 주는 광고의 힘에 매혹되어 이렇게 말하기도 했다. "불행히도 이 세상에는 수요에 비해 선생님이 턱없이 부족하지만, 그런 부족한 부분은 '교육적인 텔레비전'으로 보충할 수 있을 것이다."[5]

하지만 최소한 내가 아는 교실 환경을 놓고 봤을 때, 그들의 기대와는 달리 영화와 텔레비전을 통한 교육 개혁은 전혀 실현되지 못했다.

그렇더라도 새로운 기술이 교육을 급진적으로 바꿔놓은 사례가 없지는 않다. 가장 대표적인 것은 글을 통한 교육 개혁이다. 지금으로부터 약 5천 년 전, 문자가 발명되면서 예전에는 전혀 불가능했던 방식으로 시공간을 뛰어넘어 지식을 전달하고, 지식을 두뇌 이외의 장소에 저장해둘 수 있게 됐다.

그 옛날에도 기술의 발전을 회의적으로 바라보는 사람들은 있었다. 플라톤의 대화편 「파이드로스Phaedrus」에서 소크라테스는 글이 인간의 기억력을 떨어뜨리고 진정한 사실에서 멀어지게 만든다며 안타까워한다.* 그러나 문자의 발명이 큰 변화를 가져왔다는 사실에는 의심의 여지가 없다. 그 덕에 학습의 질이 어떤 스승을 만나느냐에 좌우되거나, 지식의 전개가 두 사람 사이의 대화로 한정되는 일은 더 이상 없었다. 공간과 시간을 뛰어넘어 발상과 생각을 공유하고, 많은 사람들의 사고를 거치면서 그런 발상을 수정하고, 새로운 사고 구조를 창출해나갈 수 있었다.

생각하는 기계의 등장

교육의 척도 중 하나는 지적 능력이며, 높은 지능이 필요한 체스 게임은 오래전부터 그 시험대 역할을 했다. 냉전시대인 1972년에 소련의 보리스 스파스키Boris Spassky와 미국의 보비 피셔Bobby Fischer의 체스 대결 결과는 미국의

---

* 플라톤의 「파이드로스」에서 이집트의 신 토트는 타모스 왕에게 기억에 도움을 줄 치료법으로 '쓰기'를 제안한다. 타모스 왕은 그 방법의 효과에 의문을 품고, 사람들이 기억해두어야 할 것을 글로 적기 시작하면 더 이상은 각자의 기억력을 활용하지 않고 그저 종이에 적어 둔 것에 의존하려 할 것이라고 주장한다. 그와 비슷한 주장을 펼친 사람 중에는 프랑스 철학자 자크 데리다Jacques Derrida도 있다. 그는 '유해성이 있는 치료법'이라는 역설적인 아이디어에 관한 훌륭한 글을 남겼다.

지성이 소련의 지성을 누른 것 같은 상상을 불러일으켰다.

　그런데 이런 세기의 결전이 치러지던 그 무렵에 미국의 컴퓨터 과학자들은 컴퓨터가 '과연 체스에서 인간을 꺾을 수 있을까?'라는 문제를 놓고 씨름하고 있었다. 사실 1972년에 이미 최소한 아마추어 선수와의 대결에서는 컴퓨터가 승산이 있다는 꽤 확실한 증거가 나와 있었다. 1967년 MIT 학생들은 맥핵 IV$^{Mac Hack IV}$라고 불리는 컴퓨터를 만들어 철학과 교수인 휴버트 드레이퍼스$^{Hubert Dreyfus}$와 대결을 치렀다. 아마추어치고는 체스 실력이 꽤 뛰어났으며 최고의 지성을 자랑하는 학자였던 드레이퍼스는 허울 좋은 기계일 뿐이라며 얕잡아본⁶ 컴퓨터에 패배하고 만다. 그리고 맥핵 IV는 그해에 컴퓨터 최초로 공식 체스 토너먼트에서 우승한다. 그 이후로도 한동안 체스는 인간과 기계 간 지성 대결의 격전지 역할을 했는데, 가장 큰 이목을 끌었던 순간은 컴퓨터가 세계 최고의 그랜드마스터를 꺾었던 때였다.

　1997년, IBM의 연구팀은 수십 년에 걸친 도전 끝에 세계 최고의 체스 선수와 대적할 컴퓨터가 마침내 준비됐다고 판단했다. 이들이 만든 컴퓨터의 이름은 딥 블루$^{Deep Blue}$였다. 참고로 그 바로 전 모델은 딥소트$^{Deep Thought}$였는데, 해당 이름은 잘 알려져 있다시피 더글러스 애덤스$^{Douglas Adams}$의 책 『은하수를 여행하는 히치하이커를 위한 안내서$^{The Hitchhiker's Guide to the Galaxy}$』에 나오는 상상의 컴퓨터에서 따온 것이다. 최초의 생각하는 기계로 불리던 딥 블루는 1997년 그랜드마스터인 가리 카스파로프$^{Gary Kasparov}$와의 대결에서 승리하면서 1972년에 있었던 세기의 승부를 상기시켰다. 카스파로프는 그 한 해 전에 필라델피아에서 있었던 비슷한 유형의 기계와의 대결에서 승리했지만 이번에는 패하고 말았다. 그리고 나중에 뉴욕에서 재대결이 펼쳐졌는데, 경기 과정에서 소프트웨어 개발자들이 규정에 어긋나는 방식으로 딥 블루를 지원했다고 비난받으면서 논쟁을 불러일으키기도 했다.[7] 이 재대결에서 딥 블루는 카스파로프를 $3\frac{1}{2} - 2\frac{1}{2}$로 눌렀다.[8] 이로써 로봇 대 인간의 스코어는 1 대 0이 됐다.

기계가 생각할 수 있다는 건 엄청난 발전이었지만, 잘 따지고 보면 그렇게까지 대단한 일은 아니었다. 생각한다고 해봤자 기계처럼 생각하는 것이 전부였기 때문이다. 그런 의미에서 카스파로프는 나중에 이렇게 말하기도 했다. "딥 블루가 가진 지능이란 설정 기능이 있는 알람시계의 지능과 마찬가지다. 내가 천만 달러짜리 알람시계에 패했다고 생각한들 기분이 덜 나쁜 건 아니지만 말이다."[9] 한편, 체스는 특정한 분야에 국한된 활동이라는 점에도 주목해야 한다. 인간의 지능은 단순히 체스 경기에서 이기기 위해 필요한 것이 아니며, 학교 또한 그랜드마스터를 양성하기 위한 곳이 아니다.

하지만 IBM은 자기들이 어느 편에 서 있는지를 잊었던 것인지 거기서 멈추지 않았다. 그들은 인간성을 바라보는 관점을 공격하는 데 특별한 즐거움을 느끼는 듯했다. 카스파로프를 꺾은 뒤에 새로운 도전 거리를 찾던 중에 미국 텔레비전 퀴즈쇼인 〈제퍼디!〉로 눈을 돌린 것이다. 체스가 아닌 퀴즈를 다루는 새로운 대결에서 기계는 훨씬 더 인간다운 기술을 증명해 보여야 했다. 술집에서 간혹 열리는 퀴즈 맞추기 대결에 나올 법한 쓸모없는 지식을 습득해야 했으며, 언어유희나 말장난을 해석하는 능력도 필수적으로 갖춰야 했다. 개발자들은 인간에 더 가깝게 사고할 수 있는 기계를 개발하는 일에 착수하고, 그 기계에 '왓슨Watson'이라는 이름을 붙였다(이런 친숙한 이름을 붙인 탓에 사람들이 미래를 지배할 이 로봇 군주를 마치 삼촌처럼 친근한 존재로 받아들일 소지가 있었다).

2011년에 엄청난 시청률을 기록했던 대결에서 왓슨은 제퍼디 퀴즈쇼 역대 최고의 우승자 브래드 러터[Brad Rutter]와 켄 제닝스[Ken Jennings]를 모두 눌렀다. 제닝스가 2만 4,000달러, 러터가 2만 1,600달러의 상금을 받은 데 비해 왓슨의 상금은 7만 7,147달러로, 월등한 승리였다. IBM은 최종 우승 상금 100만 달러를 수령해서 자선 단체에 기부했다. 나중에 제닝스는 어떤 글에서 "지난 20세기에 공장 조립 라인에 새로운 로봇이 등장하면서 노동자들의 일자리가 사라진 것과 마찬가지로, 브래드와 나는 생각하는 기계의 새 시대가 열리면서 일자리를 잃은 최초의 지식 산업 노동자가 됐다"라며, "왓슨이 대체할 직업은 필시 여기에서 끝나지 않을 것이다"라고 덧붙였다.[10]

책이 지식을 체계적으로 정리하고, 저장하고, 공유하는 방식을 전환하는 데 일조한 것은 분명하다. 하지만 그렇다고 책 스스로 '생각'하는 능력이 있어 보이지는 않았다. 반면에 컴퓨터는 지식을 사용하고, 적용하고, 심지어 만들어낼 수 있다는 사실이 지난 50여 년을 거치면서 분명해졌다(그런데 이런 능력은 신기하게도 GCSE 국어과에서 요구하는 역량과 맞아 떨어진다). 딥 블루는 카스파로프와의 대결에서 수백만 개의 경우의 수를 살피고 창조적인 사고에서 나온듯한 기습 공격으로 상대를 꺾는 예리한 전략적 능력을 드러냈다. 왓슨은 말장난과 언어유희에 통달했으며, 잘 알려져 있지 않은 지식을 2억 페이지 분량이나 기억 저장소에 저장해 두었다. 물론 이런 컴퓨터들은 좁은 의미의 인공지능에 불과해서 가령 딥 블루나 왓슨 모두 간단한 농담을 던지는 것조차 불가능했지만, 컴퓨터 능력의 폭이 넓어지고 있음은 분명했다. 컴퓨터는 어느 정도는 '생각할 줄 아는' 기계였다.

브렛 쉴케는 인공지능이 앞으로 학습 방식을 한 단계 개선할 것으로 잔뜩 기대했다. 그리고 그런 기대는 혼자만의 생각이 아니었다. 글과 책이 인간의 인지적인 발달에 혁명적인 변화를 주도했다면, 내가 볼 때 컴퓨터도 그와 똑같은 변화를 주도할 준비가 되어 있는 듯했다. 실리콘밸리에는 새로운 컴퓨터 교사에 집중적으로 투자하고 있는 선구적인 학교가 있었다. 그 학교가 싱귤래리티 대학교에서 고작 32킬로미터 떨어진 거리에 있었으므로, 나는 직접 찾아가 확인해보기로 했다.

생각하는 컴퓨터로 학습하는 로켓십 페르자 초등학교

　　　　　　　　　　　　　　화창한 10월의 어느 날 아침이었다. 캘리포니아주 새너제이의 로켓십 페르자 초등학교Rocketship Fuerza Community Prep(이하 로켓십 초등학교) 학생 400명은 학교 운동장에 모두 모여 있었다. 이 학생들은 막 '런치패드The Launchpad' 시간을 끝낸 참이었다. 하루에 한 번씩 진행되는 이 시간에는 교장인 게레로 선생님이 마이크 앞에 서서 그날 수업을 시작하기에 앞서서 전교생이 교육 헌장을 읽고, 환호하고, 합창하는 시간을 갖고, '투지'와 '근성ganas'*의 모범을 보인 학생들에게 상을 준다. 가장 흥미로웠던 부분은 가수 데즈레Des'ree의 노래 〈당신은 그래야만 해요You Gotta

---

* Ganas는 스페인어 단어로, '근성' 정도로 해석할 수 있다. 이 단어는 1988년 영화 〈스탠드 앤드 딜리버〉 덕분에 미국의 여러 학교에서 유행했다. 이 영화는 전설적인 수학 선생님 제이미 에스칼란테의 실화를 바탕으로 한 작품이다. 볼리비아 출신의 제이미 에스칼란테는 LA 동부에 있는 한 고등학교에 수학 교사로 부임한 후 이른바 문제 학생들에게 AP 미적분을 가르쳐서 불리한 조건에 있던 아이들을 큰 성공으로 이끈다. 그가 했던 중요한 말 중에 "학생들은 우리 기대치만큼 발전할 것이다. 근성, 우리에게 필요한 건 오직 근성일 뿐이다"라는 대목이 있다.

^{Be}〉를 함께 부르고, 학부모들을 포함해 그 자리에 참석한 모든 사람들이 테일러 스위프트의 노래 〈떨쳐버려^{Shake it off}〉에 맞춰 춤을 추는 시간이었다.

"학생들에게는 모닝커피 같은 시간이지요." 한 교사가 말했다. 지켜보니 정말 그런 것 같았다. 야생마 팀과 스파르타 팀으로 나뉘어 자리를 떠나는 학생들의 모습에서 활기가 느껴졌다.

로켓십 초등학교는 첨단 기술의 쓰나미를 의식적으로 헤쳐 나가자는 취지 아래 미 서부 해안에 위치한 학교들이 새로운 움직임에 나서기 시작하던 무렵인 2007년에 문을 열었다. 학교 설립 자원의 절반은 소프트웨어 기업가인 존 대너^{John Danner}가 보탰다. 그는 갈수록 커지는 기계 학습이 지닌 잠재력을 발견하고는 학생별로 개별화된 교육 경험을 제공할 기회를 포착했다. 디지털 자원은 반복적으로 사용하는 데 돈이 별로 들지 않는다는 점도 그의 기업가적인 본성과 잘 맞았다. 이들은 대단히 능률적인 이런 학교 모델을 신속히 테스트하고, 앞으로 20년 내에 전국적으로 2,500개 학교에서 250만 명의 학생이 혜택을 누릴 수 있게 확대하는 청사진을 마련했다. 인공지능이 퀴즈쇼에서 사람을 앞설 정도니, 초등학교 학생들에게 수학 문제 푸는 방법은 얼마든지 가르칠 수 있을 터였다.

학교의 공동 설립자인 프레스턴 스미스^{Preston Smith}는 진로 교육 전문가이자, 새너제이 지역에 있는 낙후된 학교들을 크게 성공시킨 경력이 있는 교육계의 슈퍼스타였다. 시내에 자리한 사무실로 찾아가 처음 만났을 때 그는 '생각하는 기계'들이 학교를 어떻게 발전시키고 있는지를 설명했다. "교사들이 가르치기 정말 힘든 부분에서 기술이 중요한 역할을 할 수 있습니다. 수학을 배울 때는 시각적으로 나타내는 것이 중요하고, 연습도 많이 필요합니다. 그런 부분에서 기계의 도움을 받는다면, 교사들은 아이들에게 발음과 글자를 가르치는 것처럼 훨씬 잘할 수 있는 일에 집중할 수 있습니다. 저희들은 기회를 시간적 측면에서 생각합니다. 이런 기술이 있다면 선생님들이 더 효율적으로 일할 수 있게 됩니다. 그리고 학생들은 학습 내용을 더 빨리 습득할 수 있고, 그렇게 되면 창조적인 사고와 더 고차원적인 활동을 할 시간도 벌게 되지요. 그것이 바로 저희가 가장 신경 쓰는 부분입니다."

교사 없는 교실, 러닝 랩

로켓십 초등학교는 첨단 기술, 그중에서도 특히 인공지능이 교육 경험의 일부를 자동화할 것이라고 굳게 믿고 있었다. 그리고 이런 교육적 접근은 학생들이 지능형 기계에게 매일 개인지도를 받는 장소인 '러닝 랩Learning Lab'에 토대를 두고 있었다.

학생들의 아침 식사 시간이 끝난 뒤, 게레토 선생님과 나는 러닝 랩으로 갔다. 러닝 랩은 약 56평쯤 되는 공간으로, 양쪽 벽에 화이트보드가 달려 있는 일종의 대형 강의실이었다. 중앙에는 동그랗게 놓인 책상 뒤로 성인 관리자가 두 명 앉아 있었는데, 그 뒤로는 만 다섯 살짜리 아이 100여 명이 화이트보드가 있는 쪽을 향해 양쪽으로 여섯 줄씩 앉아 있었다. 아이들은 모두 로켓십 초등학교 고유의 보라색 교복을 입고, 노트북 앞에 앉아 대형 헤드폰을 쓰고 있었는데, 그 모습이 마치 미래 우주시대 학교의 꼬맹이 신입생들 같았다. 학생 절반은 연산 교육 웹사이트인 ST 매스ST Math에서 문제를 풀고, 나머지 반은 렉사일Lexile이라 불리는 독해 프로그램으로 공부하고 있었다. 키 180센티미터가 넘는 내가 러닝 랩에 들어갔을 때에도 학생들은 전혀 신경 쓰지 않고 각자의 활동에 열중했다. 자그마한 손으로 키보드를 가볍게 두드리는 소리만 들릴 뿐 놀라울 정도로 조용했다.

나는 아이들이 무엇을 하는지 보고 싶어서 한 여자아이 곁에 쪼그리고 앉았다. 그 아이의 이름은 마사였으며, 컴퓨터 게임을 하고 있었다. 구식 우주왕복선으로 소행성 무리를 통과해 나가는, 1990년대 초에 유행했을 법한 느낌의 게임이었다. 나는 게레토 선생님에게 이에 대해 물었다.

"아이들이 장시간 학습에 집중하기는 힘들어요." 그녀가 말했다. "그래서 프로그램 중간 중간에 보상으로 게임을 할 수 있게 되어 있어요."

벽에는 이 학습실에서 지켜야 할 행동 규칙이 적혀 있었다. 페르자^{FUERZA}는 '앞을 향하고$^{Facing\ forward}$, 전념하고$^{Undivided\ attention}$, 말하는 사람을 응시하고$^{Eyes\ tracking\ the\ speaker}$, 공손하게 대답하고$^{Respectful\ responding}$, 열심히 참여하고 $^{Zealous\ participant}$, 철저하게 한다$^{All\ four\ on\ the\ floor}$'는 단어들의 앞 글자를, 레이저 ^{LAZER}는 '줄 맞춰서$^{Line\ order}$, 손은 양 옆에$^{Arms\ at\ your\ sides}$, 입은 꼭 다물고$^{Zipped\ lips}$, 눈은 앞을 향하고$^{Eyes\ forward}$, 걸을 준비를 한다$^{Ready\ to\ walk}$'는 앞 글자를 딴 것이다. 그리고 동기를 자극하는 이런 문구도 적혀 있었다.

> 만약 여러분이 관심을 갖지 않으면 세상은 달라지지 않아요. 아무것도.
> – 닥터 수스$^{Dr\ Seuss}$ [11]

> 여러분이 할 수 있다고 생각하든 할 수 없다고 생각하든, 여러분의 생각이 옳습니다.
> – 헨리 포드$^{Henry\ Ford}$ [12]

그곳은 긍정적이고 세심한 작업 환경이 갖춰진, 아이들을 위한 학습 공간이었다.

마사가 우주 왕복선을 지상으로 데려다놓자 컴퓨터는 그 다음 문제를 제시했다. 화면 속의 배경은 겨울이었고, 마사는 눈뭉치를 열 개 쌓아뒀다가 친구에게 여덟 개를 던졌다. 눈뭉치는 몇 개가 남았을까? 컴퓨터 스크린은 문제를 네 가지 방식으로 시각화해서 보여줬다. 하나는 1부터 10까지 적힌 숫자판이었다. 마사는 숫자를 1부터 하나씩 재빨리 클릭하다가 8까지 누르고 멈췄다. 클릭할 때마다 화면에 초록색 체크 표시가 나타났다. 그 다음에는 두 줄로 된 표가 나오고 각 줄에 눈뭉치가 다섯 개씩 있었다. 이번에도 첫 번째 줄에 있는 눈뭉치 다섯 개와 두 번째 줄에 있는 눈뭉치 세 개를 하나씩 클릭할 때마다 초록색 체크 표시가 화면에 나타났다. 마사는 어려움 없이 문제를 잘 풀었다. 세 번째로는 '10-8=[ ]'라는 식이 화면에 제시됐다. 마사는 박스 안에 2를 타이핑하고, 이번에도 초록색 체크 표시를 받았다. 그리고 마지막으로는 글로 제시된 문제였다. '가지고 있던 열 개 중에서 여덟 개를 썼으면, 몇 개가 남았나요?' 마사는 '두 개'라고 정답을 타이핑했다.

예전에는 교사들이 이런 문제를 내고 감독했으며, 아이들은 선생님이 내준 문제를 똑같이 풀고, 짝과 문제지를 바꾸어서 일일이 채점해야 했다. 하지만 이런 똑똑한 시스템이 나온 덕분에 아이들은 각자의 수준에 맞는 문제를 필요에 따라 풀 수 있게 됐다. 학생들의 곱셈 실력이 부족한 경우에는 소프트웨어가 데이터 분석으로 그 사실을 파악한 뒤에 곱셈 문제를 다양한 방식으로 연습할 수 있게 한다. 어떤 학생이 문제의 정답을 모두 맞히면 소프트웨어는 난이도를 높여서 더 복잡한 문제를 제시한다. 힌트가 있어야 하거나 약간의 격려가 필요한 경우에는 스크린에 아바타를 이용해서 제시해준다. 굳이 교사가 옆에서 지켜보고 있어야 할 필요가 없으며, 학생들끼리 채점하느라 수고할 필요도 없다. 학생들은 이 학습실에서 매일 70분에서 90분

제1부 | 새롭게 생각하기

을 보낸다. 그 정도면 날마다 상당한 양의 문제를 다루는 셈이다.

프레스턴 선생님 사무실로 돌아왔을 때, 보라색 벽에 걸려 있는 자수로 새긴 슬로건이 눈에 들어왔다. "우리가 가르치는 방식으로 아이가 배우지 못한다면, 배울 수 있는 방식으로 아이를 가르쳐야 한다."

"저희는 학생들이 완벽히 받아들였는지 여부를 중요하게 생각합니다." 프레스턴이 설명했다. "그래서 복합적으로 접근하지요. 우선 교사가 수업시간에 지도합니다. 학생들은 교사에게 직접 설명을 듣게 되는 거지요. 학생들은 수준별 모둠으로 편성되는데, 경우에 따라 모둠별로 따로 학습이 진행되기도 합니다. 그런 다음 학생들은 러닝 랩으로 가서 각자 수준에 맞는 프로그램으로 복습을 하고, 때에 따라서는 랩에서 개별지도를 받기도 합니다. 그래서 학습이 부진한 학생은 한 가지 내용을 하루에 여섯 가지 형식으로 여섯 차례에 걸쳐서 배우게 될 수도 있습니다. 아직은 분석 시스템이 완벽히 갖춰지지 못했지만, 그래도 어찌되었든 어떤 방법이 가장 효과적인지 알아내야 하지요. 일단 아이들을 위한 최적의 방법을 파악하면, 놀라운 효과를 기대할 수 있습니다."

이 같은 최적화 과정은 교육계에서 최근 활발히 논의되고 있는 개별화 학습의 일환으로, 프레스턴도 대단히 관심이 많았다. 개별화 학습이 효력을 발휘하고 있음은 분명했다. 우선 로켓십 공립학교에 소속된 여러 학교들의 학생들은 모두 성적이 좋았다. 그것도 그냥 괜찮은 정도가 아니라 매우 뛰어났다. 이곳 학생들은 동일한 사회경제적 집단에 속하는 다른 학생들과 비교했을 때 수학은 백분위 상위 90퍼센트, 언어는 85퍼센트에 해당했다.

게다가 첨단 기술 덕분에 교사들은 엄청난 시간을 벌 수 있게 됐다. 내가 방문했을 때 러닝 랩에서 4개 학급의 학생 약 100여 명이 학습 활동을 하고 있었는데, 랩에서 진행하는 수업 한 블록(한 시간 반짜리 수업 한 타임)이면, 정식 교사가 필요한 시간을 6시간만큼 버는 셈이었다. 러닝 랩에 근무하는 성인 관리자들은 교사 연수를 받고 있는 젊은 보조 교사들이었다.

학교가 사라지는 날이 올까?

하지만 최적화와 효율성에 관한 논의에는 다소 불안한 구석도 있었다. 로켓십 학교들이 기계 중심의 패러다임 변화를 받아들이는 데 지나치게 앞서가는 건 아닐까? 기술이 아무리 유용하더라도 학생들은 회사 직원이 아니라 어린아이들이니 말이다. 가리 카스파로프는 딥 블루와 대결이 있었던 때로부터 수년이 지난 뒤에, 인공지능에 관심을 갖는 사람들이 결과에는 만족했지만 방법적인 측면에서는 실망했다며 이렇게 지적하기도 했다. "그들은 창의성과 직관력을 가지고 사람처럼 생각하고 체스를 두는 컴퓨터가 아니라, 체스 판에서 둘 수 있는 2억 가지 경우의 수를 1초 만에 계산하고 대량의 정보를 고속 처리하는 맹목적인 기술로 게임에서 이기는 컴퓨터를 만들었다."[13] 오늘날에는 인공지능 기술이 발전하면서 인간의 지적 능력을 기계의 능력에 가까운 것으로 축소해서 생각할 위험이 있다. 이런 비인간적인 측면에서 기계 시대의 불운이 시작되는 것일지도 모른다.

프레스턴은 로켓십 초등학교도 처음에는 기계적인 숫자 계산에 맹목적으로 매달렸다고 인정했다. 소프트웨어 기술자들이 주도하고 학생들은 교실에 있는 상황이다 보니, 학교를 운영하는 것인지 첨단 기술 기업을 만들어가는 것인지 분간하기 힘들 때도 있었다고 한다. 하지만 지금은 인간적인 측면에 훨씬 신경을 많이 쓴다고 했다. 물론 학습 개별화 혹은 최신 기기와 소프트웨어의 활용과 적용을 최우선으로 하지만, 그 외에 재능 계발이나 부

모의 영향력에도 중점을 둔다. 프레스턴은 차량 공유 애플리케이션 우버^{Uber}
와 운전자 친화적인 우버의 경쟁사 리프트^{Lyft}에 비유해 "우리는 지금까지
우버에 가까웠지만 이제부터는 리프트가 되려고 한다"고 말했다. 기술적인
측면에서는 아주 살짝 더 나아진 프로그램, 결정을 내리는 데 도움이 되는
조금 더 믿을 만한 데이터, 약간의 시간 절약 등의 한계이익이 가장 큰 수확
인 셈이었다.

시스템이 아주 유능해져서 언젠가는 감독자가 있는 미디어 학습실에서
모든 교육이 이루어질 수도 있을까? 프레스턴은 그렇지는 않을 것으로 생
각한다. "학교가 모두 사라지고 학생들은 집에서 학습하게 될 것이라는 허
튼소리들을 하는데, 저는 그렇게 보지 않습니다. 그런 방법은 바람직하지
못해요." 그는 씩 웃으며 나를 바라봤다.

"학교에서 아이들은 사회적으로 상호작용하는 방법을 배워야 합니다. 예
컨대 티격태격하다가 친구 얼굴을 쳤다면, 상대 아이가 '아프잖아! 왜 때
려? 기분 나쁘게!'라고 말할 때 어떻게 사과하면 좋을지를 배워야 해요. 사
회에는 아이들이 배워야 할 사회 규범이 있으니까요."

교사는 이제 필요 없어지는 걸까?

프레스턴이 허튼소리라고 말했던 의
견(학교가 사라지고 학생들이 모두 집에서 공부하게 될 것이라는 생각)을 실제로
지지하는 사람은 아무도 없다. 그런 의견은 기계 지능의 세상에 존재하는
다른 것들처럼 자생적으로 생겨난 결과다.

그런데 사실 그런 의견이 주목받게 된 것은 '벽 속의 구멍Hole in the Wall' 실험에 대한 강연으로 테드 상TED Prize을 받은 수가타 미트라Sugata Mitra의 영향이 컸다.[14] 인도의 교육학자인 미트라는 수년 전에 뉴델리의 광대한 슬럼가 외곽에서 근무했다. 그는 다른 영역도 그렇지만, 특히 컴퓨터를 다루는 능력에서 왜 부유한 집안의 아이들이 항상 재능이 있는 것 같고, 가난한 집안의 아이들은 그렇지 못한지를 궁금해했다. 그래서 실험을 해보기로 하고, 슬럼 지역 경계 벽에 인터넷이 연결된 컴퓨터 몇 대를 설치했다.

컴퓨터들이 설치된 터미널은 도난과 장마철의 피해에서 안전하고 어른들에게 방해받지 않을 수 있는 환경으로 조성했다. 미트라가 처음 컴퓨터를 켜자 잔뜩 호기심을 느낀 아이들이 우르르 몰려들었다. 그는 실험에 영향을 주지 않기 위해서 조용히 자리를 떴다. 그가 돌아왔을 때에는 놀라운 상황이 전개되고 있었다. 그는 이렇게 회상한다. "컴퓨터를 켜둔 지 약 여덟 시간 뒤에 아이들이 인터넷을 검색하고, 서로 검색 방법을 알려주는 광경을 목격했다. 그래서 나는 이렇게 말했다. '이건 불가능한 일이야. 세상에 어떻게 이런 일이 일어날 수 있지? 컴퓨터에 대해 아무것도 모르는 아이들인데.'"[15] 그는 이 실험에서 '제대로 된 기술만 받쳐준다면 아이들은 스스로 배운다'는 놀라운 결론을 얻었다.

스스로 학습하는 방법에 관한 새로운 실험

이런 발견을 토대로 미트라는 자기조직화 학습 환경Self Organizing Learning Environment, SOLE을 제안했다. 이 환경을 조성하는 방법은 비교적 간단하다. 학습자들에게 발견의 여정으로 이끌 큰 탐구 질문을 던져주고, 잠자코 뒤에서 있거나 아니면 그가 '할머니식 방법'이라고 이름 붙인 대응 방법을 활용해서 "와, 대단한 걸! 어떻게 한 거야? 다음 페이지는 뭐니? 세상에, 내가 네 나이였다면 이런 건 절대 못했을 거야!" 같은 말을 던져서 약간의 격려를 보탠 뒤에, 뒤로 물러나 알아서 배움이 일어나기를 기다리기만 하면 된다.

미트라는 테드 상을 수상하는 자리에서 소감을 발표하면서 컴퓨터 장비, 할머니들(다른 나라에 사는 사람들 중에 시간이 있어 스카이프 같은 인터넷 통신 프로그램으로 아이들을 도와줄 수 있는 사람들), 그리고 온라인 학습 환경을 갖춘 학교에 대한 새로운 비전을 천명했다. 그의 실험에서 장소는 중요하지 않았다. 컴퓨터 기기와 인터넷만 연결되어 있으면 어떤 아이든지 접근할 수 있었다. 그가 여기서 전하려고 했던 메시지는 '우리에게 익숙한 학교에 작별을 고하고, 인터넷 데이터와 소프트웨어에 접속할 수 있는 환경이라는 새로운 학교를 맞아들이게 될 수도 있다'는 것이었다.

미트라의 테드 강연 〈스스로 교육하는 법에 대한 새로운 실험〉에는 디지털 기술로 이제는 모두가 '모든' 온라인 콘텐츠를 이용할 수 있게 됐으며, 방법적 부분은 재빨리 확충할 수 있고, 교사들이 세계 저 멀리까지 영향력을 끼칠 수 있게 됐다는 중요한 통찰이 포함돼 있다. 그리고 마이크로소프트 직원이었던 살만 칸Salman Khan이 원래 멀리 떨어진 다른 주에 사는 사촌을 가르치기 위해서 만들었던 온라인 수학 자료실 칸 아카데미는 현재 전 세계 학습자 수백만 명이 이용하고 있다.

이 두 가지 프로젝트는 실리콘밸리의 중요한 신화적인 믿음, 즉 기술에는 목적이 있으며, 그 목적은 세계의 문제를 해결하기 위한 것이라는 믿음이 자리 잡는 데 기여했다. '우리는 건강하고, 매력적이고, 기술이 빛을 발하는 유토피아를 꿈꾼다!' 물론 이런 프로젝트들이 교육의 미래를 해결할 유일한 수단은 아니라며 회의적인 시선으로 바라보는 사람들도 있지만, 학습의 새로운 기회가 열리고 있다고 느끼는 사람들도 있다. 이들은 아이들에게 노트북을 주면 아이들이 뭐든지 스스로 배워나갈 것이라고 믿는다.

어른들도 준비해야 한다

LA 통합교육구는 실제로 그런 믿음을 따르기로 결정했다. 그래서 2013년에는 시내 학교에 있는 모든 학생들에게 피어슨 소프트웨어가 설치된 아이패드를 배포하겠다고 발표했다. 미국에서 학교에 도입한 기술 장비 중에 가장 규모가 큰, 거금 13억 달러를 투입하는 야심찬 계획이었다. 하지만 결과는 그리 좋지 못했다.

트럭에 한가득 실린 아이패드가 여러 시범학교에 배달됐지만, 교사들이 아이패드를 수업에 활용할 준비가 되지 않았던 탓에 대다수는 케이스를 뜯지도 않은 채 방치됐다. 그중 모험심과 호기심이 가득한 아이들만 학습 전용으로 쓸 수 있게 차단되어 있던 기능을 풀어냈을 뿐이다. 그래서 결국 이 계획을 주도했던 책임자는 피어슨 소프트웨어를 지속적으로 사용하는 학생이 고작 5퍼센트에 불과해 계약을 철회하기로 했다는 성명을 발표하기에 이른다. 더욱이 계획 추진 1년 전에 LA 통합교육구 교육감이 애플-피어슨과 주고받은 이메일에서 이 기업들과 일하게 된 데 대한 기대감을 드러내는 내용이 있었음이 알려지면서, 입찰 과정의 불공정성에 대한 의혹까지 불거졌다.[16] LA 통합교육구의 이런 큰 실패는 학습에 도움을 주기 위해 모든 학생들에게 태블릿 PC를 지급했던 과거 태국의 사례와 비슷한 면이 있었다. 그때에도 교사 연수가 부족했던 탓에 학생들의 성취도 평가 점수가 전반적으로 하락하는 결과가 나타났다.[17]

그 밖에도 미트라의 벽 속의 구멍 이론을 조사했던 다른 전문가들은 그 이론에 겉보기와 다른 측면이 있다는 사실을 밝혔다. 미트라가 '학교가 더 이상 필요 없는 곳'이 될 것이라고 공언했던 데 반해, 이 실험에 쓰였던 컴퓨터 단말기들은 다른 곳이 아니라 대부분 학교 건물에 설치되어 있었다. 게다가 미트라 스스로도 그런 컴퓨터 기기들이 훌륭한 교사가 지도하는 수업의 일부로 활용될 경우 효과가 훨씬 컸다고 밝힌 바 있다.

기술 혁신에만 치중해 학습의 결정적인 요인은 어떤 도구를 쓰느냐가 아니라 교사들일지 모른다는 사실을 간과하는 경우가 많다. 연결성과 컴퓨터 성능의 개선이 급속히 진행되면서 거꾸로 교실에서 적응성 환경, 블렌디드 러닝, 개별화 학습에 이르기까지 새로운 학습 방식이 대두했지만, 그 효력이 입증되지는 못했다. 40여 개 국가의 학생 수만 명을 조사한 경제협력개발기구OECD의 한 보고서에 따르면, 아이들이 컴퓨터 앞에 앉아 보내는 시간이 길수록 몇 가지 시험 점수가 더 나쁜 것으로 나타났다.[18] 각국 정부는 정작 중요한 교사들에 대해서는 잊어버리고, 새로운 기기만 있으면 생산성이 저절로 높아질 것이라고 기대하는 오류를 범했다. 기술에 집중적으로 투자했던 나라들의 경우 전반적인 시험 성적에서 '분별 가능할 정도의 개선'은 나타나지 않았다. 그래서 그 보고서는, "20세기 학습 관행에 21세기 기술을 더하는 것은 가르침의 유효성을 약화시킬 뿐이다"라고 결론짓는다.

이로써 로봇 대 인간의 현재 스코어는 1 대 1이 됐다.

그렇다고 기술의 잠재력을 완전히 무시하는 건 아니다. 앞서 소개한 OECD의 보고서, 태블릿 PC를 도입했던 태국의 교육 방침, 벽속의 구멍 실험을 통해 확인할 수 있는 점은 컴퓨터가 학습 방식을 완전히 바꾸어놓을 수도 있지만, 그러려면 숙련된 전문가들의 손길이 반드시 필요하다는 사실이다. 실제로 OECD 보고서는 일부의 급진적인 믿음과는 반대로 교사들이 그 어느 때보다도 중요해졌다고 설명한다. 그렇다면 기술을 능숙하게 활용하는 교사들은 어떤 식으로 수업을 이끌어갈까?

나는 로스앤젤레스 해안으로 내려가보기로 마음먹었다. 학교 수업에 아이패드를 도입하는 계획을 책임지고 진행했던 사람은 명성 있는 교육자인 버나뎃 루카스Bernadette Lucas였다. 그녀는 로스앤젤레스 중부에 위치한 멜로즈 초등학교Melrose Elementary School의 교장이다. 애초에 LA 통합교육구에서 13억 달러라는 거금을 투자해서 아이패드를 학교에 도입하기로 했던 것은, 그녀가 교장으로 있던 학교에서 교사들이 아이패드를 이용해서 수업을 대단히 훌륭하게 이끌어나갔던 사례가 있었기 때문이다. 그중에서도 '아이패드 제다이'라고 불릴 만큼 뛰어난 교사가 있었다. 바로 윌리스 선생님이었다.

인간과 기계의 공존

멜로즈 초등학교 부속 유치원생들은 국기에 대한 맹세를 하고 나서 책의 기본 내용을 발표하고(제목과 작가는 기본이고 헌사를 말한 사람은 보너스 점수를 받았다) 아장걸음으로 각자 자리로 돌아가 앉았다. 열린 문틈으로 10월 아침의 따뜻한 빛이 새어 들어왔다.

학생들은 여섯 명씩 모둠을 지어 앉았다. 책상 위에는 색연필, 두꺼운 색도화지, 연필, 자, 그리고 아이패드가 놓여 있었다. 아이들은 아이패드를 켜고 배경 화면에 있는 셀카 사진을 서로 보여주며 즐거워했다. 윌리스 선생님은 프로젝터의 초점을 맞추고서 누가 동영상을 발표하겠느냐고 물었는데, 당연히 모두 발표하고 싶어할 것이라고 믿는 듯했다. 체크무늬 셔츠와

제1부 | 새롭게 생각하기

카키색 바지 차림의 윌리스 선생님은 아이들의 관심을 사로잡는 데 일가견이 있었다. 여러 아이들이 손을 들었다. 그중에 선생님은 우선 세 명을 골랐다. 네이선, 제이드, 에두아르도였다.

네이선은 블루투스로 아이패드를 교실 노트북에 연결하고, 홈 화면에 있는 아이무비iMovie를 열었다. 플레이 버튼을 손으로 누른 뒤에는 자그마한 손으로 두 눈을 가렸다. PC보다 스마트폰과 태블릿을 더 많이 접하며 자란, 이른바 아이젠iGen(아이폰과 제너레이션을 합해 만든 신조어 - 옮긴이) 세대의 아이라도 자기가 만든 것을 남에게 아무렇지도 않게 보여주게 되기까지는 시간이 필요한 듯했다.

화면이 옆으로 넘어가면서 '붉은 암탉'이라고 적힌 첫 페이지가 나오고 녹음된 해설이 나왔다. "이것은" 네이선의 혀 짧은 목소리가 들렸다. "제목입니다." 두 번째 화면이 나오자 네이선은 두 눈을 가린 손가락 사이로 자기가 만든 동영상을 힐끔 쳐다봤다. "그리고 이건 작가의 이름입니다." 장면이 세 번 더 바뀌었다. 발표가 끝날 무렵 네이선은 기쁨에 한껏 들뜬 표정으로 자세를 바르게 고쳐 앉았다. 반 친구들은 열광하며 환호했다. 감탄스러운 광경이었다. 네이선은 만 나이로 고작 다섯 살이며 아직 글을 읽거나 쓸 줄 모르는데도 벌써 동영상 작품을 만든 것이다.

쉬는 시간에 윌리스 선생님은 아이들이 교실에서 아이패드를 어떻게 사용하게 되었는지에 관해 들뜬 목소리로 내게 설명했다. 맨 처음에 그는 수업 시간에 가장 멋진 종이비행기를 만들어보자고 아이들에게 제안했다고 한다. 종이비행기 만드는 방법을 어떻게 배울 수 있을지 학생들에게 질문했는데, 아이들이 가장 먼저 생각해낸 방법은 가족이나 친구들에게 묻는 것이었다. 그래서 그렇게 해봤지만, 가족들이나 친구들은 종이비행기 만드는 법을 잘 몰랐다. 그 다음에는 책을 찾아보기로 했지만, 종이비행기 관련 정보가 나와 있는 책이 좀처럼 눈에 띄지 않았고, 띄더라도 너무 어려워서 따라 하기가 힘들었다.

결국에는 비슷한 또래 친구들에게서 만드는 방법을 배울 수 없을까 생각하다가 아이패드를 이용해서 구글 검색으로 찾아보기로 결정했다. 반 아이들은 종이비행기 만들기를 좋아하는 플로리다에 사는 일곱 살짜리 여학생의 브이로그Vlog(비디오video와 블로그blog의 합성어로, 동영상 위주의 블로그를 뜻한다. - 옮긴이)를 찾아냈다. 윌리스 선생님은 "아주 딱 맞는 내용이었다"고 회상했다. 그 동영상 내용은 아이들이 이해할 수 있는 방식으로 설명되고 있었고, 만드는 게 그다지 복잡하지도 않았다. 여기서 중요한 것은 아이들이 목적을 가지고 시작했으며, 각자 '왜'라는 목적의식이 있었다는 점이다. 아이패드가 그 활동에 최적의 도구였음을 나중에 깨닫게 됐지만, 그런 기술적인 부분은 사실 부차적으로 고려했던 사항이었다.

윌리스 선생님은 네이선에게 이렇게 피드백을 주었다. "이동 촬영 방식으로 제목을 넣은 것이 아주 근사한 걸? 그리고 또렷한 목소리로 설명을 해서 참 좋았어. 다음에는 전체 화면으로 볼 수 있게 프레젠테이션 기능으로 재생하면 어떨까?"

네이선이 고개를 끄덕였다.

다음 차례가 되어 이번에는 에두아르도가 아이무비 재생 버튼을 클릭하자, 제목 좌우로 화면이 천천히 이동했다. 저명한 미국 다큐멘터리 감독 켄 번즈Ken Burns의 이름을 따서 켄번즈 효과라고 불리는 기능을 사용했다는 설명을 윌리스 선생님이 덧붙였다. 그런데 음향이 나오지 않았다.

"에두아르도, 어디 한번 고쳐볼까? 목소리를 녹음하는 버튼이 어디에 있

제1부 | 새롭게 생각하기

지?"

윌리스 선생님이 얼른 다가가서 에두아르도가 버튼을 찾을 수 있게 알려 주었다. 에두아르도는 반 아이들이 지켜보는 중에 화면 해설 내용을 녹음했다. 오류(해설 누락), 피드백(해설이 필요하다는 사실을 인지시킴), 수정(해설을 추가함)으로 이어지는 과정은 채 2분도 걸리지 않았다. 더욱이 그 과정이 프로젝트 스크린으로 모두 재생됐기 때문에 반 아이들 모두 함께 배울 수 있었다. 어떤 아이가 몰랐던 부분을 새롭게 이해하고 배우는 과정을 반 학생들 모두가 지켜볼 수 있는 기회는 흔하지 않다. 그런데 내가 교실을 방문한 지 겨우 20분밖에 안 되었을 때 그런 상황이 벌어졌다. 활용했던 기술이 워낙 확실하고 유용해서였기도 하지만, 교수 과정도 그에 못지않게 투명하고 효과적이었다.

연필과 노트가 없는 교실에서는 무엇을 배울까?

윌리스 선생님처럼 노련한 경력자들의 뛰어난 성과는 학군 전체적으로 모든 학생에게 태블릿 PC를 무상으로 지급하자는 결정이 나오는 데 큰 영향을 끼쳤다. 물론 그런 결정에는 눈부신 IT 기기의 잠재력도 한몫했다. 하지만 기계가 아무리 뛰어나더라도 단순히 기계의 효용성 때문만은 아니었다. 그보다는 누가 그 기계를 사용하는지 그리고 그것으로 무엇을 하는지가 중요했다. 인간과 기계의 이 같은 융합은 혼종성, 즉 하이브리드적 특성으로 설명할 수 있다.

로켓십 초등학교의 러닝 랩에서 기이하게 느껴지는 점이 혹시 있다면 아이패드가 책상 위에 어지럽게 놓여 있는 색도화지와 색연필처럼 자연스러워 보인다는 사실을 들 수 있겠다. 러닝 랩은 사무실보다는 디자인 스튜디오나 IT 스타트업에 가까운 분위기다. 학생들이 아이디어를 내고, 어떤 것이든 타당한 수단을 사용하고, 각자 만든 과제에 대해 사려 깊게, 열린 마음으로 의견을 주고받는다. 만 다섯 살밖에 안 됐다는 점은 중요하지 않다. 학습에 목표를 두기 때문에 기술은 부차적인 문제이며 기술의 쓰임도 투명하다.

지금 교장을 맡고 있는 사람은 니들먼 선생님이다. 그는 교육청 산하 기관에서 있다가 학교로 자리를 옮겼으며, 아이패드 도입 과정을 감독하기 위해 자리를 비운 루카스 선생님의 뒤를 이어 학교를 이끌고 있다. 니들먼 교장은 기본적으로 기술을 사용하는 옳고 그른 방법이 있다고 생각하며, "학교들이 '이 도구를 어떻게 사용할 것인가?'라고 묻기보다는 '우리가 성취하려는 목표는 무엇인가? 도구를 사용하면 목표 달성에 도움이 될 것인가?'를 질문해야 한다"라고 말한다. 또 단순히 아이패드를 학교에 던져주면 학습이 개선될 것이라고 기대하거나 기술적인 측면에 사로잡히지 말고, 교사와 학습 목표 성취에 초점을 맞춰야 한다고 설명한다.

"여기 사람들은 거꾸로 교실flipped classroom에 푹 빠져 있어요." 니들먼 교장이 말했다. 거꾸로 교실은 수업에서 가르칠 내용은 동영상으로 제작해서 학생들이 집에서 혼자서 보게 하고, 수업 시간은 토론과 문제 해결에 할애하는 새로운 교육적 흐름이다. 그가 말을 이었다. "그런데 다들 항상 엉뚱한 쪽에 초점을 맞춰서, 동영상을 어떻게 제작할 것인가 하는 부분에만 온 신경을 기울이고 있어요. 수업 내용을 녹화해서 아이들이 집에서 볼 수 있기만 하면 된다고 생각하는 거지요. 하지만 녹화된 동영상에서 이야기하지 않는 부분이 바로 수업에서 다룰 내용입니다. 교과 진도는 이미 나갔더라도, 그런 동영상과는 다른 무언가를 수업 시간에 할 수 있습니다. 그것이 바로 수업의 영향력이 발휘되는 부분이지요."

그와는 별도로 나는 월리스 선생님 수업을 참관하고 나서 또 다른 것을 깨달았다. 내가 지켜보았던 만 다섯 살짜리 아이들에게 아이패드는 학습의 최초 경로였다. 아이패드는 학생들 책상 위에 항상 놓여 있었다. 아이패드를 제조하는 기업 폭스콘Foxconn의 회장인 궈타이밍은 앞으로 20년 뒤에는 전 직원을 로봇으로 대체하게 되기를 바란다고 공개적으로 밝힌 적이 있다.[19] 아이패드와 나란히 놓여 비교되는 볼펜, 연필, 책은 고결해 보이기는 해도 다소 무력하게 느껴졌다. 컴퓨터가 학습에 혁명적인 영향을 끼칠 것은 확실해 보였으며, 이 혁명에는 실질적인 위험이 뒤따를 터였다.

연필과 공책이 없는 교실이 어떤 모습인지를 우리가 과연 제대로 이해하고 있을까? 로봇이 인간의 일자리를 대체하게 될 것이라면(심지어 교사들의 업무까지도), 아이들이 무엇을 배워두어야 하는지 우리는 알고 있는가? 분필과 글쓰기 교본 '레터랜드' 복사물로 가르치던 내 초등학교 1학년 담임선생님이라면, 이 상황을 어떻게 헤쳐 나갔을지가 문득 궁금해졌다.

인간 대 컴퓨터
체스 대결이 남긴 교훈

하이브리드가 얼마나 큰 위력이 있는지는 인간 대 컴퓨터 체스 프로그램의 흥미로운 전개 과정에서 확연히 드러났다. 2000년대 후반에 이르면 스마트폰으로 간단히 다운로드할 수 있는 애플리케이션조차 가장 뛰어난 인간 체스 선수를 가볍게 이길 수 있는 수준에 다달았다. 그야말로 경쟁은 막다른 길로 향해 가는 듯했다. 무어의 법칙에 따르면, 메모리를 저장하는 데 필요한 공간이 지속적으로 반감되면서 컴퓨터의 처리 속도는 18개월마다 두 배씩 증가한다. 그런 상황에서 남은 궁금증이 혹시 있다면 스마트폰에 이어 그랜드마스터를 꺾을 기기가 다음에는 무엇이 될 것인가 정도다. 스마트워치? 위성 항법 장치? 아니면 알람시계가 될까? 대회 조직위들은 원칙을 파기하고, 이제는 인간과 기계가 어떤 형태로 결합하든 상관없이 자유 종목 토너먼트에 참가할 수 있도록 했다.

가리 카스파로프는 수익성 있는 그런 체스 대회들이 늘어나는 상황을 서평 문예지 《뉴욕 리뷰 오브 북스New York Review of Books》에 기고한 글에서 자세히 논했다. 규정이 자유로워지면서 실력이 뛰어난 그랜드마스터들이 컴퓨터 여러 대와 팀을 이루는 흥미로운 조합이 생겨났다. 그리고 인간과 기계가 짝을 이룬 팀이 가장 강력한 컴퓨터들과 대결해 승리하는, 예측 가능했던 결과가 뒤따랐다. 체스용 슈퍼컴퓨터 히드라Hydra나 딥 블루의 최신 모델조차도 노트북을 이용해서 대적하는 뛰어난 인간 체스 선수를 이길 수 없었다. 카스파로프가 "컴퓨터의 예리한 전술과 인간 전략 지침의 결합은 위압적이었다"라고 설명했듯 말이다.

그런데 깜짝 놀랄 결과가 기다리고 있었다. 카스파로프는 이에 관해 이렇게 설명한다.

> 승자는 최첨단 PC로 무장한 그랜드마스터가 아니라, 컴퓨터 세 대를 동시에 사용한 몇 명의 아마추어 체스 선수들이었다. 수를 치밀하게 살피도록 컴퓨터를 '코치'하는 체스 선수들의 기술은 깊은 이해와 뛰어난 계산 능력으로 무장한 상대 그랜드마스터 선수들에게 주효했다. 그래서 '약한 인간+기계+더 나은 처리능력'은 강력한 컴퓨터가 단독으

로 체스를 둘 때보다 강했으며, 그뿐 아니라 놀랍게도 '강한 인간+기계+뒤처지는 처리능력'보다도 강했다.[20]

체스 대결의 결과를 좌우하는 요소는 가장 뛰어난 정신력이 아니라 최적의 인지 능력 결합, 즉 가장 우수한 하이브리드였다. 이 사례는 미래 경제학자인 에릭 브린욜프슨Eric Brynjolfsson과 앤드루 맥아피Andrew McAfee의 『기계와의 경쟁Race Against the Machine』에도 언급된다. 이 책에서 저자들은, 영국의 작가이자 기술에 관한 글을 주기적으로 게재하는 존 란체스터John Lanchester가 "로봇들이 오고 있으며, 그들이 인간의 일자리를 모두 잠식할 것이다"[21]라고 말했던 것과 비슷한 냉혹한 현실을 제시한다. 하지만 브린욜프슨과 맥아피는 낙관적인 입장에서 그런 결과는 교육자들이 해야 할 역할이 여전히 있다는 증거라고 말하기도 한다. 그들은 인간이 아직까지는 기계 지능에 압도당할 상황에 이르지는 않았다고 본다.

그런 의견에는 다음과 같은 몇 가지 요인이 뒷받침된다. 첫 번째는 '모라벡의 역설'이다. 로봇 공학자 한스 모라벡Hans Moravec이 1970년대에 제시한 의견에 따르면, 기계들은 막대한 데이터를 분석하거나 원주율을 소수점 10만 자리까지 나열하는 것 같은 복잡한 과업은 놀라울 정도로 간단히 해내지만, 걷기나 신발 끈 묶기, 얼굴 인식하기처럼 사람들이 손쉽게 할 수 있는 과업은 제대로 수행하기가 어렵다.[22] 집을 청소하고 식사를 준비하는 로봇 도우미들이 아직까지 실용화되지 못한 것도 바로 그 때문이다. 이런 현상이 나타나는 이유가 진화와 관련이 있다고 보는 학설도 있다. 예컨대 공 같은 것을 '잡는 행동'을 로봇에게 가르치기는 정말, 아주, 힘들다(물론 갈수록 덜 힘들어지고 있지만). 하지만 인간은 수백만 년 동안 대대로 숲 같은 자연 환경에서 살면서 신체 감각을 익히고 계발해왔기 때문에 날아오는 물건을 잡는 것쯤은 조금만 연습하면 누구든 손쉽게 해낼 수 있다.

두 번째 요인은 기계들이 현재 어떤 한 가지 영역에서 놀라운 능력을 발휘할 수 있더라도(예를 들면 체스 두기), 이 기계에 일반 지능이 있는 것은 아니라는 점이다. 만일 체스를 두는 딥 블루가 제퍼디 퀴즈쇼에 출연한다면 점수를 단 1점도 내지 못할 것이다. 반대로 제퍼디 퀴즈쇼에서 우승했던 왓슨이 체스 경기에 나간다면 가장 기본적인 수조차 제대로 두지 못할 것이다. 딥 블루나 왓슨 같은 로봇은 단일 과업에 맞춰서 프로그램되고, 그 과업에서 인간이 달성할 수 없는 수준까지 도달한다. 반면, 우리 인간은 한 번에 여러 가지 과업을 동시에 수행할 수 있으며, 다양한 목적과 필요를 충족할 수 있는 존재다. 그렇더라도 이런 사실이 크게 위안이 되지는 않는다. 싱귤래리티 대학교의 레이 커즈와일을 비롯한 많은 학자들이 우리가 이 책 뒷부분에서 논하게 될 '강한 인공지능'의 새로운 유형 덕분에 앞으로 20년 내에 컴퓨터가 일반 지능을 획득하게 될 것으로 예상하기 때문이다. 그렇게 되면 모든 것이 원점으로 돌아가게 될 것이다.

인간이 우위를 차지하고 있는 세 가지 능력

현재로서는 이런 요인들이 우리가 가르치고 배우는 방식에 중대한 의미를 준다. 체스에서의 사례는 인간과 로봇이 결합하고 그 위에 좋은 처리 과정이 더해지면 가장 뛰어난 기계보다 더 강해질 수 있다는 교훈을 전한다. 그런데 좋은 처리 과정이란 과연 무엇을 의미하는 걸까? 그리고 어떤 유형의 기계를 아이들이 구비해야 할까? 또 경쟁 우위를 유지하기 위해서 어떤 기술을 발달시켜야 할까? 겁을 먹기에는 아직 이르다. 지레 겁을 내고 허둥

대기보다는 지금 당장 이런 질문을 파고들기 시작해야 할 것이다.

미래의 기술을 내다보는 사람들은 이미 질문의 답을 찾기 시작했다. 자율주행차부터 자동 번역 소프트웨어에 이르는 최신 기술을 연구한 브린욜프슨과 맥아피는 현재 인간이 우위를 차지하고 있는 분야 세 가지를 제시했다. 첫 번째는 새로운 발상이나 아이디어를 내고, 창조성을 발휘하고, 목적의식을 갖는 '관념화' 능력, 두 번째는 말하거나 쓰기, 듣거나 읽기 같은 '복잡한 의사소통' 능력, 세 번째는 막대한 양의 복합적인 감각 정보를 동시에 처리하고 적절히 대응하는 '큰 틀 안에서의 패턴 인식' 능력이다. 이들이 제시한 창조성, 복잡한 의사소통, 비판적인 사고, 이 세 가지는 학교 교육의 청사진으로 쓰이기에 제격일 듯싶다.

그런데 오늘날 학생들 대다수는 이런 능력에 숙달해 있지 못하다. GCSE 영어 시험을 통과한 10학년(고등학교 1학년) 학생들은 간단한 논술을 작성할 수 있을 정도의 복잡한 의사소통 능력을 어느 정도 갖춘다. 하지만 새로운 아이디어를 생각해 내거나, 지식을 창조적으로 활용하거나, 자신의 기량을 새로운 방식으로 조합해서 발휘하지 못하더라도 입시에서 요구하는 GCSE 영어의 대체적인 최저 학력 기준인 C학점을 받을 수 있다. 그 대신 학생들은 읽기, 쓰기, 연산에 숙달하는 쪽으로 움직이는 컨베이어 벨트 위를 오가지만 그나마도 학교를 졸업할 때까지 제대로 익히지 못하는 경우가 많다. 학생들이 사용하는 컴퓨터에는 계산기, 백과사전, 자동 수정 기능, 비디오 플레이어 등이 갖춰져 있어서 지금까지 전혀 불가능했을 방식으로 맞춤법을 제대로 쓰거나 내용을 훨씬 더 많이 추가할 수 있다.

앞으로 이런 기기들이 얼마나 더 강력해질지는 확실치 않지만, 기기들을 무시하는 것이 분명 좋은 생각은 아닌 듯 보인다. 우리는 아이들 세대가 제퍼드 퀴즈쇼에서 왓슨에게 패배한 켄 제닝스나 인공지능을 비판한 철학과 교수 휴버트 드레이퍼스 박사와 같은 수준에서 끝나기를 바라지는 않는다. 우리는 아이들이 각자의 목표를 성취할 도구로 최신 기술을 사용할 수 있도록 키워야 한다. 하지만 인간적인 재능을 최대한 발휘하기 위해 학생들이 학교에서 해야 할 활동은 과연 어떤 것일까? 이것이 바로 내가 브렛 쉴케를 만나기 위해 10월 아침에 마운틴뷰까지 이동하는 차 안에서 품었던 질문이다.

교육 혁신에 대한 관심으로
들끓고 있는 실리콘밸리

"자, 여깁니다." 싱귤래리티 대학교 강의실 문 앞에 다다르자 쉴케가 디지털 잠금장치의 비밀번호를 눌렀다. 강의실 안에는 컴퓨터 모니터, 3D 프린터, 로봇, 드론들이 있었는데, 마치 장난감 가게 한편에 마련된 10대들을 위한 코너를 보는 것 같았다. 사실 카드게임 탑 트럼스, 레고, 축구에 빠져 지냈던 우리 세대들은 10대 시절 장난감 가게에 드나들지 않았지만 말이다. 한쪽 벽에는 실물의 2분의 1 크기인 다스 베이더와 광선검 모형이 있었다.

강의실은 일종의 연구실과 마찬가지로 쓰였으며, 학생과 교직원들은 그곳에서 다른 회사들이 제작 중인 최신 기기를 관찰하고 시험해볼 수 있었다. 나는 가상현실 헤드셋을 써봤다. 언젠가는 우리가 이 가상현실 기기를 이용해서 프린스턴 대학교 강의실에서 진행되는 상대성에 관한 아인슈타인의 강연을 들으며, 3D로 구현되는 사고실험이 머리 위에 펼쳐진 가상의 우주 공간에서 전개되는 것을 볼 수 있을지 모른다. 하지만 지금 해볼 수 있는 것은 영화 〈애들이 줄었어요〉에 나오는 교외 주택 거실을 배경으로 롤러코스터처럼 미끄러져 내려가는 체험이 전부였다. 쉴케가 했던 말처럼 꽤 근사하긴 했지만, 아직 학습혁명과는 거리가 멀어 보였다.

옆에 놓인 작업대 위에는 플라스틱이나 다양한 금속 재료로 어떤 물체든지 만들어낼 수 있는 여러 대의 3D 프린터가 있었으며, 톰 크루즈의 영화 〈마이너리티 리포트〉에 나왔던 것같이 일련의 센서들 위로 허공에 손을 움직여서 형상을 만드는 기기가 프린터에 연결되어 있었다.[23] 또 팔다리가 있는 로봇인 '로보사피엔스'의 최신 모델들이 있었으며(당시에는 작동하지 않는 상태였다), 세그웨이(판 위에 서서 타는 2륜 동력 장치 – 옮긴이)의 핸들에 아이패드가 달린 것 같은 형태의 원격 현장감$^{tele-presence}$ 기기도 있었다.* 하지만 자못 실망스러웠다. 내가 이곳을 방문하면서 기대했던 것은 지식을 뇌로 직접 다운로드하거나 현재 일본에서 쓰이는 고령자 보조 로봇과 비슷한 유형의 로봇 교사들이 학생을 가르치는 먼 미래를 어렴풋이나마 그려볼 수 있는 기회였다.[24] 그러나 강의실에 있는 기기들은 모두 예전에 보거나 들은 적이 있는 수준의 기술들이었다.

동영상의 발명이 학습을 혁명적으로 바꿀 것이라고 예측했던 토머스 에디슨을 떠올렸다. 생각해보니 학습혁명은 변화가 진행되는 동안에는 속도가 다소 느렸던 듯싶기도 했다. 따지고 보면 글이 일반적인 문화로 자리 잡

---

* 때로는 이런 상징적인 기기들이 첨단 기술 유토피아의 실망스러운 현실을 드러내기도 한다. 그런 사례들 중에서 2015년 크리스마스 선물로 큰 인기를 끌었던 아기 침팬지만 한 크기의 장난감 로봇이나 사람들의 얼굴을 기업의 회의실 화면으로 비추는 기기도 있다. 이 기기는 사실 사람 가슴 높이의 바퀴 달린 지지대에 비디오스크린이 달린 것이 고작이었다.

기까지는 수천 년, 책의 경우 수백 년이 걸리지 않았던가?

쉴케는 실리콘밸리에서 쌓은 여러 해 동안의 경험에서, 이번 혁명은 과거와는 달리 진행이 빠를 것이라고 확신했다. "현재 교육에 대한 사람들의 관심이 한창 달아올라 있습니다. 아마 앞으로 몇 년 내에 폭발적인 변화가 나타날 거예요."

실제로 실리콘밸리의 큰손들은 이미 교육에 상당한 돈과 지력을 쏟아붓고 있었다. 미래를 선도하는 테슬라의 CEO 일론 머스크Elon Musk는 자기 아이들과 몇몇 아이들을 언스쿨링unschooling(정규 학교 교육을 따르지 않고 학습자가 선택하는 활동을 교육의 주요 수단으로 삼는 교육 방식과 철학 – 옮긴이) 방식으로 가르치고 있다.[25] 또 구글 임원 출신인 맥스 벤틸라Max Ventilla는 개별화 소프트웨어의 최신 기술로 학생 개개인의 필요에 맞추겠다고 약속하면서 샌프란시스코 근교에 알트스쿨AltSchool을 세우고 운영자금 1억 5,000만 달러를 조성했다.[26] 교사들은 어쩐지 불길하게도 이 학교를 '회사the Company'라고 불렀다.* 그 밖에도 페이스북이 학교를 만들 준비가 다 되었다거나, 구글이 직원 자녀들을 위해 세계 최고 수준의 보육 시설을 만들었다는 소문이 돌기도 했다.

실리콘밸리 전체가 교육적이며 기술적인 실험의 도가니였다. 실리콘밸

---

* 실리콘밸리를 방문했을 때 알트스쿨에서 하루 동안 시간을 보냈다. 그 학교에 관한 번드르르한 칭찬을 쏟아낸《와이어드》와《뉴요커》의 기사를 읽고 너무 큰 기대를 품었기 때문인지, 직접 가서 보니 조금 실망스럽기도 했다. 물론 소프트웨어 팀이 뒤에서 지원하는 교실 설계는 멋지고 대단해 보였다(한 개발자가 전동 스쿠터를 타고 사무실에서 나와 휙 지나가는 모습을 실제로 목격하기도 했다). 하지만 그 교실들은 어디서든 흔히 볼 수 있는 나쁘지 않은 수준의 교실 이상으로 느껴지지는 않았다. 그곳에 다니는 학생들은 샌프란시스코 부유층의 자녀로, 설사 〈엑스맨 퍼스트 클래스〉에 나오는 아이들 같은 초능력은 없더라도 어떤 교육 환경에서든 뛰어날 수밖에 없는 학생들이었다.

리에 억만장자들이 늘어난 가운데, 자녀를 학교에 보내야 하는 이들은 근처 학교들이 모두 형편없다는 사실을 깨달았다. 이들에게는 돈이 있었고 예외주의적 인식도 있었기 때문에 그에 대한 대책을 찾으려 했다. 첨단기술 유토피아 신봉자들의 문제 해결력과 그 어느 때보다 커진 문제를 해결하려는 욕구가 맞아 떨어진 것이다. 사실 이들이 아니라면 누가 나설 수 있겠는가?

쉴케는 이렇게 설명했다.

"저희들은 현재의 교육 시스템이 그 누구도, 그 무엇에도 준비시키지 못하고 있다는 사실을 최근 인식하기 시작했습니다. 실제로는 평생 그런 환경에 처할 일이 전혀 없는데도 아이들을 한 교실에 모아놓고 한 사람이 하는 이야기를 듣는 상황에서 12년을 보내게 할 이유가 대체 어디 있겠습니까? 말 그대로 터무니없는 일이지요."

가장 먼저 해야 할 일은 아이들이 앞으로 무엇에 시간을 투자하게 할지를 명확히 해두는 것이었다.

"맞춤법이나 셈을 굳이 가르칠 이유는 없습니다. 최근에 암산으로 뭔가를 계산했던 적이 있었는지 한번 생각해보세요. 그럴 필요 없이 휴대폰 키패드를 몇 번 두드리면 해결되지 않습니까? 그리고 구글 검색창의 검색어 자동완성 기능이 꽤 훌륭해서 이제는 정확한 철자를 몰라도 크게 불편을 느끼지 못합니다."

그런 일들을 기계가 인간보다 더 잘 하게 되었다는 사실은 인정할 수밖에 없었다. 하지만 그런 기본적인 역량이야말로 한층 높은 능력을 발휘하기 위한 바탕이지 않은가? 기계가 해낼 수 없는 독특한 방식으로 다양한 능력을 종합하려면, 그런 기본적인 바탕을 닦아두어야 하는 것이 아닐까?

이번에 캘리포니아 지역을 방문한 여정 이후에 나는 연필과 종이가 없는 학교를 머릿속에 그릴 수 있게 되었으며, 한 발 더 나아가 책이 없는 학교까지 상상할 수 있게 됐다. 그렇다고 맞춤법이나 덧셈을 배우는 교육이 종식될 것이라고 믿는 건 물론 아니다. 다만 인간의 정신이 어떤 방식으로 작용하며 기계와는 어떤 점이 비슷하고 다른지를 더 자세히 알아보기 위해 더 깊이 조사해야 할 필요성을 느꼈다.

걱정을 내려놓고 인공지능을 반기기까지

쉴케는 단순히 21세기에 필요한 역량을 줄줄이 나열하고 커리큘럼을 구성하는 식으로 접근하기보다는 미래 학교의 개념과 관련해 한층 실리콘밸리다운 해석을 제시했다. "저는 학교 혹은 배움의 목적은 각자의 강점을 이 세계의 요구와 기회에 맞추는 데 있다고 믿습니다. 그래서 바로 그런 목적을 성취하기 위해 학교에 다녀야 하는 겁니다."

다소 진부하게 들렸지만, 그 말에는 진리가 담겨 있었다. 그리고 실제로 그것이 바로 우리가 학교에 다녀야 하는 목적이기도 했다. 상상, 예술, 지식에 대한 관심에서 출발한 지식의 추구가 그 목적에 포함되기만 한다면 말이다. 그런 설명을 다른 생각, 즉 우리 인간은 기계에 대항해 경쟁하고 있다는 생각과 조화시키기는 어려웠다. 하지만 쉴케는 경쟁이 존재하지 않는다고 보았다. 그는 인공지능의 발전을 필연적인 사실로 보기 때문에 완전히 다른 범주에서 생각한다. 첨단 기술에 대한 맹목적인 믿음이 영향을 끼쳤을지 모른다.

"결국에는 이 모두가, 우리를 더 인간답게 만드는 데 기여하고 있을 뿐입니다." 기기들이 놓인 선반을 손으로 가리키며 그가 말했다.

페이스북이 궁극적으로 세계를 다스리려면 무언가에 열광하고, 재능 있고, 똑똑하고, 혁신적인 사상가들이 필요하다는 것을 사실을 잘 알고 있으며, 그래서 그런 사람들을 키워내기 위해 뒷마당에 학교를 짓겠다는 생각을 하게 된 것이라고도 했다. 그러면서 "미래에는 서로 필요한 부분을 채워주고 사랑하기 위해서만 존재하게 될 겁니다. 즉, 다른 사람들이 인간다운 삶을 살 수 있게 돕는 것이 우리가 할 일이지요. 우리는 각자의 목적을 밝히고, 나누고, 가르치고, 지도하고, 조언할 수 있습니다"라고 설명했다.

그 모두가 캘리포니아의 분위기에 걸맞은 해석이었다.

실리콘밸리에서 첨단 기술을 선도하는 사람들은 세계가 작용하는 방식을 바꾸는 혁명을 이끌고 있으며, 교육에서도 새로운 비전을 추진하고 있다. 학습혁명처럼 복잡하고 그러면서도 해결할 가치가 있는 문제는 없다. 사회학자 로버트 퍼트넘[Robert D. Putnam]은 미국 서부 개척이 모두 끝난 뒤로 아메리칸 드림은 내부로 방향을 틀어서 정신적인 영역까지 확대됐다고 설명했다.[27] 더 이상은 땅에 투기할 꿈을 꾸지 않고, 이제는 학교와 대학을 통해 꿈을 이루려는 생각을 하게 된 것이다. 실리콘밸리의 억만장자들은 이미 꿈을 이루었다. 그들은 부를 거머쥐었다. 그리고 이제는 미래의 정신을 추구하고 있다.

주차장에 테슬라와 도요타 프리우스 틈에 주차되어 있는 렌트카에 올라타면서 머릿속에 여러 가지 생각이 들었다. 인간성 계발을 강조하는 쉴케의 의견은 타당한 것 같았다. 분명 컴퓨터가 더 잘할 수 있는 기술을 습득하려고 인간이 갖은 노력을 다하는 건 올바른 접근 방식이 아닌 듯했다. 우리는 기계와 힘을 합해서 일하는 법을 배우고, 기계와 인간이 함께하는 하이브리드의 장점을 포용해야 한다. 그렇지만 그런 기회가 몇몇 아이들에게만 국한되는 데에는 동의하지 않는다. 실리콘밸리에 뿌리 내린 강력한 아웃사이더

의식이 이곳 사람들의 시야를 왜곡한 것이 아닐까 하는 생각도 들었다.

인간과 기계의 결합을 훌륭하게 이뤄내면 우리는 성공할 수 있다. 현재로서는 학교들이 최소한 이 사실을 명심해두어야 한다. 진보를 서두르다 보니, 기계를 업그레이드하는 데에만 지나치게 관심을 쏟고 있었다. 이제부터라도 인간의 정신력을 키우기 위한 노력을 쏟아부으면 어떨까? 런던 월워스에 있는 내 아이들은 지능의 한계 근처에도 이르지 않았다. 광대한 미개척지를 더 잘 탐험해야 한다. 결국 모든 기술은 인간이 발휘하는 상상력의 결과이지 않은가? 세계 저 너머에 몇 명의 강인한 개척자들이 인간의 선천적인 지능을 이해하기 위한 새로운 장을 열고 있다. 아동기의 발달과 관련한 영역의 연구가 특히 발전하면서 유아기 뇌의 비밀이 속속 밝혀지고 있다. 세계 유수 대학에서 '아기 연구소'들이 생기고 있다는 소식도 들린다. 그래서 나는 다음으로 그런 곳을 방문해야겠다고 마음먹었다.

"우리가 갖춰야 할 기본적인 능력은 여전히 있습니다"라고 쉴케가 말했는데, 실제로 그렇다. 그래서 기술이 기하급수적으로 발전하는 시대의 학교는 교육적인 장점을 이어가면서도 우리가 생각하는 좋은 삶을 사는 데 필요한 도구를 다루는 법을 배울 수 있는 장소가 되어야 한다. "궁극적으로는 인공지능 기기들이 무엇을 하는지를 잘 파악해야 할 겁니다." 쉴케가 덧붙였다. "그렇지 않다면 세상이 로봇의 손아귀에 들어갈 위기에 놓일 테니까요."

보스턴에서는 한 인공지능 전문가가 새로운 기계 지능을 유아의 지능과 맞붙이는 실험을 진행하는 중이었다. 나는 그를 만나러 달려갔다.

제1부 | 새롭게 생각하기

제2장

타고난 학습자

인간의 배움에는 상호작용이 필요하다

NATURAL
BORN LEARNERS

"인간은 환경을 만들어가는 존재지만,
다른 한편으로는 만들어지는 존재이기도 합니다.
우리는 다른 사람들, 그리고 문화와
상호작용할 준비가 된 채로 세상에 태어납니다."

_캐시 허시파섹(교육과학자,『최고의 교육』저자)

로봇도 인간 아이처럼
배울 수 있을까?

2005년 7월의 어느 화창한 날, 뎁 로이Deb Roy와 루팔 파텔Rupal Patel은 첫 아이를 낳은 지 얼마 안 되는 부모들이 흔히 그렇듯 수면 부족 때문에 발갛게 상기된 얼굴로 밝게 웃으며 차고 옆 진입로에 차를 댔다. 사진을 찍으며 부부는 밝은 하늘색 유아용 보조 의자에 앉아 있는 귀한 어린 아들을 가운데 두고 유쾌하게 이야기했다.

그런데 이 아기는 오로지 익숙한 목소리로만 부모를 알아챘다. 그래서 MIT의 인공지능 로봇 공학 전문가인 로이와 노스이스턴 대학교의 유명한 언어 전문가인 파텔은 계획을 세웠다. 아기의 시력이 앞으로도 계속 이 상태라면, 깜박거리는 동전 크기의 검은 점 두 개를 천장에 달아둘 예정이었다. 또한 거실과 응접실 위 공간을 맴돌고 있는 동그란 물체를 부엌, 화장실, 복도, 침실을 포함해서 실내 스물다섯 곳에도 설치할 계획이었다. 이 물체들의 정체는 마이크 열네 개와 일본에서 공수한 피시 아이fish-eye 카메라 열한 대로, 아기의 모든 활동을 기록하기 위한 시스템의 일부였다. 이 부부는 유례를 찾아볼 수 없는 대대적인 규모로 가정용 촬영 영상을 수집할 계획이었다. 이들은 이 프로젝트를 '완전 기억$^{Total Recall}$'이라고 불렀다.

로이와 파텔은 10년 전에 인간의 정신에 관해 연구하던 동료로 만났다. 로이는 마니토바 위니펙에서 살던 1970년대에 고작 여섯 살의 나이로 로봇을 만들었던 것을 시작으로 계속 그 분야에서 매진했다. 초창기에 만들었던 기계들은 순전히 허울뿐이었지 영혼이 없어서 공상과학 영화에서 나오는 악당들과 다르지 않았다. 그래서 그는 인간적인 특징을 지닌 로봇의 뇌를 만들 수는 없을지 궁리했다. 생각하는 기계를 만든다는 건 그에게 어떤 의미였을까? 잡지《와이어드》와 진행한 인터뷰에서 그는 "저는 아이들이 어떻게 습득하는지에 관한 논문을 읽으면서 언어와 학습이 가능한 로봇을 만들 청사진을 그릴 수 있을 것이라고 생각했습니다"라고 했다.[1] 하루는 그가 파텔과 같이 저녁을 먹으면서, 아이들이 배우는 방식을 배우는 로봇을 만들었다고 자랑했다. 당시 파텔은 인간 언어 병리학 박사 과정을 마무리하던 중이었다. 로이는 "장담하건대 아이들이 경험하는 것과 같은 유형의 입력^{input}을 로봇에 제공하면, 로봇도 분명히 배울 수 있을 거야"라고 덧붙였다.

그가 만든 최고의 학습 기계였던 토코^{Toco}는, 조립 장난감 메카노^{Meccano} 같은 골격에 카메라와 마이크가 달려 있고, 영국의 인기 어린이 텔레비전 프로그램인 〈블루 피터〉의 창작 교실에서 만든 것과 비슷한 분위기로 탁구공 같은 두 눈, 붉은색 깃털 앞머리, 구부러진 노란 부리를 만들어 붙인 형태에 불과한 로봇이었다. 하지만 이 로봇은 스마트 기기였다. 로이는 음성 인식 기술과 패턴 분석 알고리즘을 적용하고 공들인 끝에, 토코에게 일상생활의 어수선하고 복잡한 대화에서 단어와 개념을 구별하는 법을 가르쳤다. 이는 대단한 약진이었다. 이전에는 컴퓨터들이 다른 단어들과의 관계를 통해 단어를 이해하는 디지털 방식으로 언어를 배웠다. 하지만 토고는 기계로서는 최초로 단어와 물체와의 관계를 이해했다. 다양한 물체 중에서 빨간 공을 고르라고 하면, 토고는 정확히 빨간 공을 골랐다.

이야기를 듣고 있던 파텔은 로이에게 로봇이 인간 아이들처럼 배울 수 있다는 걸 증명해보라고 했다. 그래서 로이는 토론토에 있는 파텔의 유아 연구소를 찾았다. 그러고는 엄마와 아기들이 노는 모습을 관찰하며 자신이 그동안 토코를 형편없이 가르쳐왔다는 사실을 깨달았다. 당시 그는 이렇게 설명했다. "학습 알고리즘을 제대로 짜지 못했어요. 모든 부모는 11개월짜리 아기에게 이야기할 때는 한 가지 명확한 주제만 다뤄야 한다는 걸 잘 알고 있습니다. 예를 들어 어떤 컵에 대해서 이야기를 할 때면, 그 컵에 대한 것으로만 대화 내용을 한정하고 컵과 상호작용하면서 말을 하다가 아기가 싫증을 느끼면 그제야 다른 쪽으로 대화의 초점을 옮깁니다."[2]

로이의 로봇은 예전에는 학습할 때 들리는 모든 음소*를 찾아봤지만, 로이가 알고리즘을 수정해서 최근의 경험에 가중치를 주고, 파텔의 유아 연구소에서 녹음한 내용을 직접 들려주었다. 그러자 인공지능 연구에서 그간 보고된 적이 없는 빠른 속도로 기본 어휘를 습득했다. '듣고 보는 활동을 통해서 배우는 로봇'을 만들겠다는 그의 꿈이 가까워진 느낌이었다. 다만 로봇에 지속적으로 녹음 파일을 들려줘야 했는데, 적당한 자료를 구하기가 만만

---

* 음소phoneme란, 언어에서 의미가 구별되는 소리의 최소 단위로서, 실제로 말할 때 글자나 글자의 조합을 발음하는 방식이 그에 해당한다. 그래서 알파벳을 암송할 때 말하는 발음이 아니라, 예를 들면 pad, pat, bad 같은 단어에서 p, d, b, t가 실제로 어떻게 발음되는지가 그에 해당한다. 영어에는 음소가 44개 있으며, 영어 알파벳을 발음하는 방식은 대단히 기이하고 반직관적이다.

치 않았다. 그는 이렇게 말한다. "아이들이 실제로 배우는 과정을 구현할 수 있는 현실적인 예를 찾는 것이 가장 큰 장애물이었습니다."[3]

'자연 그대로'의 상태에서 발달에 아주 중요한 처음 몇 해를 보내는 동안 아기에게 어떤 일이 벌어지는지를 심도 있게 연구한 사례는 찾아볼 수 없었다. 그래서 파텔이 연구소에서 엄마와 아기의 상호작용을 매주 한 시간씩 관찰한 것을 기준으로 삼았다. 일부 선구적인 심리학자들은 자기 아이를 연구 대상으로 삼기도 했다. 그중에는 막스 플랑크 진화 인류학 연구소 교수인 마이클 토마셀로Michael Tomasello도 있는데, 그는 어느 날 딸이 칭찬받을 만한 행동을 하고 나서 "아빠, 이 일도 책에 적을 거예요?"라고 묻는 것을 듣고 실험을 포기했다고 한다.

이런 식의 연구가 까다로운 것은 관찰자가 개입하면 상황이 달라지고, 아주 작은 표본에서 많은 내용을 유추해야 했기 때문이다. 그러나 언어는 완전한 진공 상태에서 진행되는 활동이 아니다. 많은 학교들이 마치 그런 것처럼 취급하고 있기는 하지만 말이다. 인지 심리학의 대부 제롬 브루너Jerome Bruner는 "나는 언어 습득은 집에서만, 즉 생체 조건 내에서만 연구할 수 있고, 실험실에서, 즉 생체 조건 외에서는 연구할 수 없다는 결론을 내렸다."[4]는 글을 남기기도 했다. 아기가 말을 배우는 과정을 연구하려면, 집 안 곳곳에 눈에 안 보이게 녹음 기기들을 숨겨놓을 만큼 별난 사람들이어야 할 것이다. 파텔과 로이처럼 말이다.

이 부부는 실험에 앞서 기본 원칙을 정했다. 우선 녹음 기록은 확실히 믿을 수 있는 친분 있는 연구원들에게만 제공하기로 했다. 그리고 동영상 촬영이 불편해진다면 언제든 거리낌 없이 자료를 파기하기로 했다. 그리고 가장 최근에 촬영된 영상을 지울 수 있는 '앗 이런!' 버튼을 곳곳에 설치했다.

이런 원칙을 둔 이유는 사생활이 노출되는 데 따른 부작용을 줄이고 과학적인 신뢰성을 높이기 위해서였다. 내가 보스턴에 있는 연구소를 찾았을 때 로이는 이렇게 말했다.

"직접 자신의 모습을 담을 때와 자기도 모르는 사이에 누군가가 자신을 촬영했을 때의 차이란 그런 게 아닐까요." 특별한 믿음이 필요했지만, 두 사람은 시도해볼 만한 가치가 있다고 생각했다. 그들의 실험은 아이의 내면에서 어떤 정신 작용이 일어나는지 새로운 사실을 밝힐 열쇠가 될 수도 있었다.

"아이는 어떤 경로로 언어를 배울까요?" 로이가 말했다. "단어가 아니라 문맥이 중요하다는 사실만큼은 분명합니다."

로이는 피노키오를 만든 제페토 할아버지의 마음으로 토코를 생각했다. 그는 실제 아이들이 로봇의 학습에 어떤 도움이 될지 확신하지 못했다. 하지만 나는 그 동영상 촬영 자료에서 어린아이들의 학습을 발전시킬 힌트를 얻을 수 있을지 알아보고 싶었다. 실제로 최근의 과학 연구들은 그 중요성을 보고하고 있다.

부유층과 빈곤층 영아 간의
언어 습득 격차

1985년, 베티 하트Betty Hart와 토드 라이슬리Todd Risley 두 교수는 캔자스시티에 거주하는 42개 가정을 조사해 빈곤층과 부유층 유치원생들의 경험이 어떻게 다른지를 비교했다. 두 사람은 아이들이 9개월이 된 시점부터 2년 6개월 동안 주기적으로 각 가정을 방문해서 한 시간씩 아기와 부모의 대화를 모두 녹음하고 기록하면서 관찰했다.

분석 결과, 현격한 차이를 확인할 수 있었다. 예를 들어 아기가 세 돌을 맞을 때까지 들었던 단어의 개수로 그 아이가 아홉 살이 됐을 때의 학업 성취도를 확연히 가늠할 수 있었으며, 그 결과는 거의 일률적으로 나타났다. 교수들은 아이들이 네 살에 이르렀을 때, 가장 부유한 가정의 아이들이 가장 빈곤한 가정의 아이들보다 단어를 3,000만 개 이상 더 듣게 된다고 예측했다.[5]

하트와 라이슬리 교수는 "초등학교 입학 무렵의 아이들 간에 생기는 능력 격차 문제는 생각보다 훨씬 심각하고, 손을 쓰기가 쉽지 않으며, 중요하다"고 경고했다. 그러면서 가능한 한 이른 시기에 개입해야 한다면서 "조치를 뒤로 미루면 미룰수록 변화 가능성은 그만큼 줄어든다"[6]고 말했다.

이들의 연구 결과는 "3,000만 단어 차이!" 같은 식으로 언론에서 떠들썩하게 다루어지면서 대중의 급격한 관심을 불러일으켰다. 어린 자녀를 둔 부모들은 글자와 그림이 적힌 낱말 카드와 두뇌 개발 교구를 사들였다. 정부에서는 예산을 어린이집 정규 수업료에 집중 지원했고, 통상적인 기준보다 더 어린아이들을 대상으로 학교에 입학할 준비가 됐는지를 시험하기 시작했다. 나중에 새로운 기술을 활용한 연구를 통해 과학자들은 아기가 생후 18개월밖에 안 됐을 때 이미 부유층 영아와 빈곤층 영아 사이에 언어 습득 격차가 6개월이나 벌어진다는 사실을 확인했다.[7] 그런 격차는 태어날 때부터 벌어지기 시작하며, 시간이 갈수록 누적됐다. 그 격차를 메우려면 단어로 보충해주어야 했다.

이런 연구 결과는 로이가 토코를 개발하면서 세웠던 가설과 정확히 일치하는 듯했지만, 아무리 봐도 약간 단순한 해석이 아닌가 싶었다. 물론 그런 학력 격차는 해소해야겠지만, 아동의 학습에는 어휘 말고도 중요한 것이 있지 않을까?

펜실베이니아 템플 대학교의 아동학과 교수는 어떤 글에서 "패스트푸드 업계가 영양가는 없고 열량만 높은 음식으로 우리 배를 채우는 것과 마찬가지로 '교육산업'으로 불리는 업계는 학습의 성공과 행복한 삶을 이루려면 학습 내용을 암기만 하면 된다는 확신을 사람들에게 심어놓았다"[8]라고 지적했다. 이 교수는 어휘에 쏟는 사람들의 집중적인 관심에 관한 의구심을 담은 영향력 있는 저서 『아인슈타인은 낱말 카드를 쓰지 않았다Einstein Never Used Flashcards』를 출판했다. 이 교수라면 내가 찾는 답을 알고 있을지 모른다는 생각이 들었다.

나는 유아의 두뇌가 실제로 어떤 방식으로 배우는지를 알아낼 수 있을지도 모른다는 희망을 품고, 기차를 타고 교수를 만나러 필라델피아 연구소로 향했다.

준비된 채 태어나는
요람 속의 과학자

"바 도 가 비 바 보 위 가 바." 캐시 허시파섹Kathy Hirsh-Pasek 교수는 필라델피아 교외 지역인 아드모어에 있는 집 부엌에 앉아서 일종의 감자 팬케이크인 랏케로 아침을 먹으며 이런 구절을 읊조리고 있었다. 사방으로 넓게 펼쳐진 집은 그날 밤에 열릴 모금 행사 준비로 활기가 넘쳤다. 집을 꾸미는 사람들이 왔다 갔다 하고, 친구들은 동네 소식이나 국가적인 이슈에 관한 한담을 주고받았다. 그 분주한 모임 장소에서 허시파섹은 에너지의 원천이었다. 사람은 그녀의 전공이었을 뿐 아니라 열정과 관심의 대상이기도 했다. 그래서인지 내가 전화로 인터뷰 요청을 했을 때 그녀는 와서 이틀 동안 머물다 가라고 서슴없이 청했다. 그녀는 책 11권, 학술 논문 150편을 저술했고 영유아 발달 분야에서 아주 유명한 인물이었다. 템플 대학교 '최고의 교수' 명단에 들었으며, '아이들이 어른을 가르치는 곳!'이라는 슬로건을 내세운 템플 대학교 영유아 연구소의 책임자로 있었다.

"도 가 도 보 바 시 데 이 미 가 미 라" 허시파섹은 술 취한 사람처럼 단조로운 톤으로 목소리를 바꿔가며 계속 읊조렸다. 이 기이한 행동은 친구이자 동료인 제니 샤프란[Jenny Saffran]이 진행했던 유아의 지성에 관한 연구를 재현하는 과정에서 나온 것이었다. 제니 샤프란은 8개월 된 아기들이 내는 무의미해 보이는 2분 길이의 옹알이를 분석했다. 그런데 알고 보면 그런 옹알이가 완전히 이해할 수 없는 말은 아니었다. 그 뒤섞인 말소리 중에는 다른 음소들보다 자주 반복되는 특정 음소가 있었다(예를 들면, 위의 경우에는 '가' 소리가 그에 해당한다). 아기 뇌의 특별함은 그런 반복을 알아차린다는 데 있었다. 아기의 뇌는 반복을 발달 기초로 삼았다. 샤프란은 이런 현상을 '통계적 학습[statistical learning]'이라고 이름 붙였다.[9] 그와 비슷한 맥락에서 심리학자 앨리슨 고프닉[Alison Gopnik]은 아기들을 '요람 속의 과학자'라 부르기도 했다.[10] 아기의 뇌는 세계에서 가장 강력한 학습 도구다. 우리 인간은 타고난 학습자들인 것이다.

"바 시 지 메 보 디 베 리 가 데" 허시파섹은 계속해서 읊다가 급기야는 숨을 헐떡였다.

"아기들은 개연성을 찾아내거든요." 그녀는 눈을 크게 뜨고 큰 소리로 말했다. "예를 들어 아기가 '예쁜 아기'라는 말을 들으면, '예'와 '쁜'은 같이 붙어 있지만, '쁜'과 '아'는 붙어 있지 않다는 것을 알아요. 대체 어떻게 아는 걸까요?" 그녀가 아기의 뇌에 경외감을 느끼는 이유를 나도 조금씩 이해할 수 있었다. 샤프란은 아기가 다른 사람의 말소리를 듣는 시간이나 심장박동 변화를 측정하는 등 독창적인 방법을 활용해서 고작 8개월밖에 안 된 아기들이 알고 있는 여러 가지 것들을 밝혀냈다.

"아기들은 공중에 매달린 모빌이 자기한테 떨어지지 않는다는 걸 알아요." 허시파섹이 말했다. "이 접시를 테이블에 떨어뜨리면 접시가 테이블을 통과하지 않으리라는 사실도 알고요. 정말 놀랍지 않나요? 그리고 예를 들어 제가 맞은편에 앉아 있는데, 허리 아래쪽은 가려서 안 보인다고 생각해 보세요. 시야에 들어오지 않더라도 제게 하반신이 있다는 걸 알 수 있을까요?" 나는 조금 주저하면서 그렇다고 답했다.

"아기들도 그런 걸 추측할 수 있어요. 그야말로 대단한 일이지요!"

정말로 놀라웠다. 1990년대까지 우리는 아기들이 비논리적이고, 비합리적이고, 자기중심적이라고 생각했다. 1890년, 윌리엄 제임스$^{William\ James}$는 『심리학의 원리$^{Principles\ of\ Psychology}$』에서 "아기들은 눈, 귀, 코, 피부, 내장에서 한꺼번에 공격을 받고, 이 모두를 하나의 거대하고 엄청난 혼란으로 느낀다"면서 감각이 과부하되는 것처럼 묘사했다. 하지만 그건 사실이 아니다.

"아기 눈을 가만히 들여다보세요." 허시파섹은 정중하게 목소리를 낮췄다. "아기들은 이미 패턴을 만들어낼 줄 알아요. 믿어지지 않을 정도지요."

엄마 자궁에 있는 태아도 이미 소리를 듣는다. 태어난 지 한 시간밖에 안 된 아기들도 엄마 목소리를 구별한다.[11] 세상에 태어나면서 이미 자신이 어떤 어족에 속해 있는지, 예컨대 일본어가 아니라 영어가 모국어라는 사실을 알고 있으며, 진화를 통해 물려받은 빨기와 숨쉬기 같은 기본 능력을 갖추고 있고, 감각 자극과 원생적인 과학적 방식으로 배울 준비가 된 두뇌가 있다. 신생아는 모든 감각을 활용해 세상으로 나아간다. "갓난아기들은 매우 제한적인 능력으로 보다 많은 정보를 얻으려고 노력하고, 애씁니다."

우리 인간은 과학적인 탐구에 적합한 타고난 탐구자다. 인간의 학습적 잠재력을 깨달으려면 이 사실을 명심해야 한다.

"진화는 인간을 대체로 잘 준비시켜 놓았어요." 허시 파색이 말했다. 그녀는 우리들이 "환경 속에서 정확한 신호를 읽어낼" 준비가 된 채로 세상에 나온다고 설명했다. 나는 토코 로봇을 다시 떠올렸다. 그 로봇도 환경을 읽어냈다. 완벽히는 아니더라도 최소한 눈에 달린 카메라로 보고 귀에 달린 스피커를 통해 들을 수 있는 건 해석해냈다. 그러나 토코와 같은 로봇들은 프로그램된 방식으로만 실행되고, 주목하도록 지시받은 자극을 통해서만 배울 수 있어 환경을 읽는 능력은 좁은 행동 범위 내의 경험으로 제한됐다. 그런 방식에는 중요한 뜻이 없었다. 그에 반해 아기들은 과학적 탐구 방식을 활용했으며, 그 이상의 막강한 능력이 있었다. 바로 '사회적으로' 학습한다는 사실이었다.

"인간은 환경을 만들어가는 존재지만shaper, 다른 한편으로는 만들어진 존재shaped이기도 해요." 그녀가 말을 이었다. "우리는 다른 사람들, 그리고 문화와 상호작용할 준비가 된 채로 세상에 태어나지요."

아기들의 진정한 특별함은 단순히 환경에서 배운다는 데 있지 않다. 그런 건 다른 동물들도 가능하다. 아기들에게는 그 밖의 독특한 능력이 있는데, 그건 바로 타인의 마음을 읽을 수 있다는 점이다.

타인의 마음을 인식하는 능력

              기계의 급격한 부상으로 인간의 마음을 다루는 중요한 연구들이 최근 뒷전으로 물러난 경향이 있다. 그동안 마음에 관한 연구는 인간이 다른 영장류들과 어떤 능력을 공유하고 어떤 능력은 다른지를 주로 다루었다. 예를 들어, 독일 라이프치히에 있는 막스 플랑크 진화 인류학 연구소 교수인 마이클 토마셀로는, 인간이 어떻게 학습하는지를 밝히기 위해 출생 직후에서 24개월 사이의 인간과 침팬지를 수십 년간 연구했다. 참고로 침팬지는 인간 유전형질의 99퍼센트를 공유한다. 연구 결과, 물질세계를 이해하는 방식은 인간과 침팬지가 거의 다르지 않은 것으로 나타났다.

    토마셀로는 심리학자들이 인간과 관련해 보고했던 내용들을 침팬지를 대상으로 증명했다. 예를 들어 생후 4개월이면 인간과 침팬지 모두 손을 뻗어 물건을 잡을 수 있었다. 또 8개월이면 없어진 물건을 찾으러 다녔다. 1년이 되면 분류하고, 적은 양을 추정하고, 머릿속으로 회전시키고, 무언가를 숨긴다는 것이 어떤 의미인지를 포착했다. 1년 반이 되면 물체들 사이의 공간적·시간적·인과적 관계를 이해했다. 다시 말해 그때쯤에는 스누커(흰 공을 쳐서 스물한 개의 공을 포켓에 넣는 당구 경기 – 옮긴이)를 이해하고, 조끼를 입지 않은 것도 알아볼 수 있었다. 하지만 인류가 침팬지와 구분되는 점이 있었다. 바로 타인의 마음을 인식하는 능력이었다.

    토마셀로에 따르면, 인류의 모든 조상은 약 200만 년 동안은 다른 뛰어난 영장류들보다 지능이 더 뛰어나지는 않았다. 그러다가 약 20만 년 전 미지의 시점에, 진화적 관점에서 보면 눈 깜짝할 사이에 인류에게 인식 혁명이 일어났다. 인간은 갑자기 새로운 석기를 만들어 썼고, 의사소통을 위한 상징을 만들어 동굴 벽화나 돌 조각에 기록했으며, 새로운 표현 형식을 만들었다. 또 죽은 사람을 묻고, 식물을 재배하고, 가축을 키우는 등의 문화 의식이 생겨났는데, 그런 문화적 산물은 오늘날의 컴퓨터, 글, 종교의 뿌리가 됐다.

그런데 어쩌다 그런 변화가 생겼을까? 토마셀로는 인간에게 특별한 능력이 생긴 것이 계기가 됐다고 믿는다. 즉, 다른 사람을 자신과 동일한 존재로 보고, 그들을 자신과 마찬가지로 각자의 의도에 따른 정신적인 삶을 사는 존재로 받아들이는 특별한 능력이 우리에게 생겼기 때문이라는 것이다.[12] 그리고 이런 사회 감각이 생기면서 사회·문화적인 전수가 가능해졌다.[13]

그 시작점은 언어였다. 언어가 생기면서 서로 다른 두 사람이 공유하는 의미를 추상적인 개념이나 상징으로 표현할 수 있게 됐다. 그러면서 문화가 형성됐다. 인류의 조상은 갑자기 주위 환경과 사물을 타인의 창조적인 행동의 결과로 해석할 수 있게 되었다. 이런 토대를 갓 태어난 아기의 행동에서도 찾아볼 수 있지 않을까? 첫돌이 지나지 않은 아기들은 자기를 보살펴주는 어른들과 원초적인 대화를 나눈다. 옹알이를 하고, 엄마 아빠와 눈을 맞추고, 물건을 주고받고, 표정이나 행동을 따라한다. 또 도구를 입에 넣어도 보고, 손으로 세게 쳐보면서 이런저런 실험을 한다.

토마셀로는 '문화적 톱니 효과ratchet effect'에 관해서도 언급했다. 그는 인간이 다른 동물과는 달리 이전 세대가 이루어놓은 토대 위에서 시작하기 때문에 어린 세대는 "지금까지의 모든 문화 역사를 통틀어 사회 전체가 이룩해놓은 집단적인 지혜에 상응하는 새로운 창조물과 사회 관행이 존재하는 환경"에서 배운다고 설명한다.[14] 그래서 '만일 모든 학습자가 잠재력을 한껏 발휘하려면, 그런 환경을 어떻게 만들 것인가?'에 대한 답을 구해야 한다.

제1부 | 새롭게 생각하기

학습은 일방적으로 이뤄지지 않는다

인간의 뇌는 학습에 특화되어 있다. 인간은 성인이 되기까지 긴 성장기를 보내는 쪽으로 진화했는데, 이런 진화 전략에는 위험 부담이 따랐다. 어린 시절에 포식자들의 공격을 받기가 쉽고, 생식 능력이 생기기까지 더 오랜 세월이 걸렸기 때문이다. 하지만 그 대가는 엄청났다. 인간은 환경과 사회 집단을 통해 얻은 막대한 양의 최신 정보를 인지적인 발달에 적극적으로 도입할 수 있게 됐다.[15] 학습은 유전자의 변화까지 촉발했다. 과학자들은 중요한 것이 '천성이냐 교육이냐의 논쟁'에 오류가 있다는 사실을 오래전부터 인식해왔다. 아무리 간절히 바라더라도 아기 침팬지가 인간의 아이로는 성장할 수 없는 것처럼 유전자는 종의 진로와 성장의 한계를 정한다고 알려져 있다. 유전자의 그런 역할은 환경과의 상호과정을 통해서만 표출된다.

이런 사실은 영유아기의 학습에 아주 중대한 의미를 부여한다. 두뇌가 가장 많이 성장하는 시기는 출생 직후 3년 동안이다. 출생 직후에서 36개월 사이에는 뇌 회백질이 0.3킬로그램에서 1.3킬로그램으로 증가하며, 언어 능력을 비롯한 가장 중요한 인지 구조들이 형성된다. 출생 직후 3년의 기간을 야생에서 홀로 떨어져서 성장했던, 잘 알려진 몇 번의 사례에서 언어 습득이 가능한 생리학적 나이가 지난 아기들은 대개 그 이후로도 말하는 법을 끝내 배우지 못했다.[16] 실제로 인간의 두뇌는 출생 직후 몇 년 동안 거의 무한에 가까운 감각 경험을 접하고, 그런 환경과의 관계 속에서 성장한다. 그리고 하트와 라이슬리가 단어 격차에 관한 연구에서 증명했듯이 영유아기의 경험은 그 사람이 커서 어떤 사람이 될 것인가에 막대한 영향을 끼친다.

우리 인간은 교사와 학습자의 역할로 진화했다. 마음을 읽는 능력은 아기가 물건을 잡거나 손으로 가리키면서 다른 사람들의 관심을 살피는 시기에 형성되는데, 토마셀로는 이 시기에 '9개월 혁명'이라는 이름을 붙였다. 아기들은 생후 1년이 되면 다른 사람이 관심을 갖는 물건을 자기도 따라서 응시하거나, 만지거나, 들을 수 있다. 또 15개월에는 "저거 들어봐!", "저기 봐!"처럼 직접 지시를 내리기도 한다. 이 같은 타인과의 관심 공유는 의식적인 인간 학습의 출발점이 된다. 그래서 아기들은 그저 비디오나 오디오, 부모의 대화를 흘려들으면서 말을 배우지는 않는다. 우리는 그런 쪽으로 진화하지 않았다. 그래서 아이를 키우면서 아이들과 대화를 나누었는가의 여부가 중요한 것이다. 그리고 인간이 로봇에게 배울 수 없는 이유도 바로 그런 배경에 있다.

이와 같은 사실이 학교 교육에 암시하는 바는 다분히 상식적이면서도 다소 신세대적이다. 그에 따르면 각 세대는 기존의 문화적 도구, 상징, 사회적 관행을 후세대가 어린 시절에 반드시 충분히 경험할 수 있게 해줘야 한다. 이제 나는 그런 방식을 실천하기 위해 노력하는 현장에 직접 가보기 위해 영국 중부의 오래된 철강 도시로 차를 몰았다. 인간의 선천적인 능력을 개발하기 위한 최적의 학습 환경은 과연 어떤 모습일까?

아이들의 천연 거주지
펜그린 유아교육센터

쌀쌀하고 잔뜩 구름이 낀 날씨였지만, 그런 것쯤은 아랑곳하지 않는 듯 '바닷가'라고 불리는 뒤뜰에 아이들이 북적대고 있었다. 대나무 수풀 옆으로 쉼 없이 졸졸 흐르는 수돗가에서 어린 남자아이 둘이 모래 장난감과 파이프로 물을 튀기며 놀았다. "다 젖었잖아!" 아이들은 흥에 겨워 깩깩 소리를 질렀다.

선생님 한 분이 몸을 굽히고 앉아서 한 아이를 달래고 있었는데, 그 아이는 푸파 재킷, 무릎까지 오는 장화, '빠르지 않으면 꼴찌'라고 적힌 티셔츠를 입고 있었다. 티셔츠에 적힌 글귀로 보아 그 아이는 자동차를 무척 좋아하는 모양이었다. 그런가 하면 여자아이 넷은 모래를 파서 형형색색의 양동이에 연신 퍼 담으며 진지하게 대화를 나누고 있었다. 그 구역을 빙 둘러 놓인 목재 보도 위로 남자아이 둘이 뭔가 심부름을 하는지 왔다갔다 뛰어다녔다. 이곳은 아이들의 천연 거주지라 할 수 있는 펜그린 유아교육센터Pen Green Early Childhood Centre였다.

나는 아이들의 활동을 지켜보기에 앞서, 펜그린 유아교육센터 원장인 앤절라 프로저Angela Prodger를 만나서 이야기를 나누었다. 그녀는 전임자인 마지 웰리Margy Whalley의 뒤를 이어 막 원장 임무를 시작한 참이었다. 마지 웰리는 브라질과 파푸아뉴기니에서 프로그램을 운영하다가 35년 전에 이 센터를 설립했던 전설적인 인물이었다.

런던에서 북쪽으로 한두 시간 거리인 노샘프턴셔주의 중소도시 코비에 있는 펜그린은 우수한 유아 교육 프로그램, 가정의 협조, 그리고 슈어 스타트Sure Start *와 얼리 액설런스Early Excellence 같은 정부 지원 정책이 탄생하는 데

---

* 슈어 스타트 센터는 저소득층 아동과 부모가 근처에 있는 유아 교육 시설을 무료로 이용하고 필요한 자원과 도움을 얻음으로써 부유층 자녀와 발달 격차를 해소할 수 있게 하려는 영국 정부의 정책으로, 2000년대에 시작됐다. 그 후 10년 뒤 전국에 유사한 센터가 3,500개 더 늘어났다. 하지만 2008년 금융 위기 이후로 정부 지원이 삭감되면서 센터 중 상당수가 문을 닫거나 활동을 축소하게 됐다.

영향을 끼친 기관으로 세계적인 명성을 얻었다. 1980년대에 코비는 영국에서 가장 가난하고 교육적으로 낙후된 지역 중 하나로 꼽혔다. 제강소들이 폐쇄되면서 스코틀랜드에서 이주했던 노동자 1만 1,000명이 일자리를 잃었다. 펜그린 센터는 다음 세대를 위한 생명선이 되겠다는 목표로 오늘날 영국에서 가장 빈곤한 가정 1,400세대를 지원하고 있다.

프로저는 펜그린 센터가 지역사회의 중심지 역할을 하고 있다고 설명했는데, 그도 그럴 법했다. 이른 아침부터 밝은 색 작업복 조끼와 장화 차림의 아빠들이 유모차를 끄는 엄마들과 나란히 줄지어 들어섰다. 이제 겨우 걸음마를 할 정도로 어린아이들은 센터가 문을 여는 시간까지 살금살금 기어 다니며 기다리다가 문이 열리면 우르르 들어가서 놀았다. 센터에서는 다양한 서비스를 제공했다. 2~4세 사이 아이들을 위한 반이 두 개, 9개월~2세 사이의 아이들을 위한 구역이 두 군데, 장애가 있는 가정을 위한 탁아 시설, 그리고 가장 형편이 어려운 부모들을 위한 서비스 지원실이 있었다. 어디로 눈을 돌리든 자원봉사자나 직원들이 눈에 들어왔다. 자원봉사자와 직원 모두 여성이었으며, 자기 아이들도 이 센터에 보내 키웠다고 한다. 이들은 20년이 흘러 이미 자기 아이들을 다 키우고 나서까지 다들 계속 남아서 일을 하고 있다는 훈훈한 이야기를 들려주었다. 펜그린은 직원들에게 부속 연구소에서 학위를 받을 기회를 제공했으며, 부모들을 위한 교육 프로그램도 운영해왔다.

나는 이곳 아이들이 언어를 어떻게 배우는지 물었다. 단어가 중요하다는 것은 알려진 사실이었지만, 그 문제에 관해 언급하는 것을 자세히 듣지 못했기 때문이다.

"개인적·사회적·감정적 발달을 우선 다루지 않으면, 아이들이 배울 준비를 할 수가 없어요." 프로저가 찬찬히 설명했다. 그녀는 아이들이 발화 수단과 언어를 습득하기에 앞서 반드시 존재감과 소속감을 느낄 수 있도록 어른들이 신경 써야 하지만, 알려져 있는 교육적 접근법 중에는 그런 단계가 생략되는 경우가 너무 많다고 했다. 이상적이기는 해도 현실성 없는 의견처럼 들렸지만, 관련 연구들은 그렇지 않다는 사실을 이미 제시하기 시작했다.

애착은 착실한 성장의 토대다

1950년대에 영국의 정신분석가 존 볼비John Bowlby는 심리학자 해리 할로 Harry Harlow가 새끼 붉은털 원숭이를 대상으로 진행했던 실험 결과를 토대로 애착 이론을 제시했다. 해리 할로는 동물 우리에 어미 원숭이 인형 두 개와 새끼 원숭이들을 들여놓았다. 인형 하나는 털로 덮여 있고 다른 하나는 철사로 골격만 있는 형태였는데, 둘 다 가짜 젖꼭지가 달려 있어서 새끼 원숭이들이 다가와서 우유를 먹을 수 있었다. 새끼 원숭이들은 어느 쪽 '어미'에게 가서 우유를 먹었는지에 관계없이 철사로 된 인형보다는 털이 덮인 인형 곁에서 시간을 보냈다. 그리고 이 결과는 아기들이 엄마에게 애착하는 이유가 엄마로부터 영양분을 공급받기 때문이라는 기존의 '행동주의'적 견해가 틀렸음을 드러냈다.[17]

할로는 타인에 대한 애착은 포유동물로서 잘 성장하기 위해 꼭 필요한 토대이며, 이것이 사랑과도 연관된다고 설명했다. 존 볼비는 영유아기에는 감정을 조절할 능력이 없기 때문에 아기들이 배가 고프거나 슬프거나 외로우면 화를 내게 된다고 추측했다. 그럴 때 보호자가 협력해서 아기들의 감정을 '공동으로 조절'해야 한다. 어린 시절의 경험이 그런 능력 형성에 도움이 된다고 가정할 때, 그 아기들은 세월이 흐르면 '스스로 조절'하는 법을 배워

나갈 것이다.[18]

최근의 연구들도 이런 애착 이론과 맥을 같이하는 듯하다. 한 연구는 사춘기 이전 나이인 10~12세 정도의 여학생들을 대상으로 머리를 써야 하는 어려운 문제를 사람들이 지켜보는 앞에서 풀어보게 했다. 이 학생들은 스트레스를 불러일으키는 이런 힘든 과제를 수행한 뒤에 각자의 선택에 따라 엄마를 만나거나, 엄마와 통화하거나, 엄마에게서 문자 메시지를 받거나, 아니면 엄마와 만나거나 연락을 주고받지도 않았다. 그 뒤에 연구원들은 이 학생들의 침에서 스트레스 호르몬인 코티솔의 수치를 측정해 각 집단별로 분석했다. 그 결과, 엄마를 직접 만났던 집단의 여학생들의 경우에 옥시토신 분비가 촉진되면서 스트레스가 가장 크게 감소한 것으로 나타났다.[19] 또 이런 영향이 후성적으로 나타나서 DNA를 영구적으로 바꾸어놓을 수도 있다는 사실도 제시됐다.[20] 마이클 미니Michael J. Meaney 교수가 진행한 실험에 따르면, 생후 1주일 동안 어미 쥐가 정성스럽게 핥아주면서 돌봤던 새끼 쥐들은 새로운 과업을 더 자신감 있게 받아들이고, 평생 동안 스트레스를 훨씬 잘 조절하는 모습을 보였다.[21]

부정적인 경험은 부모나 여타 보호자들의 사랑을 통해서 제거되지 않을 경우 뇌에 영구히 남을 수도 있다. 그 사실은 심한 가난에 시달리거나 대단히 충격적인 환경에서 자란 아이들에게 대단히 중대한 의미가 있다. 펭그린 유아교육센터에서 아이들의 존재감과 소속감을 최우선으로 하는 이유 중 하나도 바로 그런 부분이었다.

이 사실을 알게 된 뒤로, 내가 가르쳤던 월워스 아카데미 학생들의 행동을 새로운 시선으로 볼 수 있었다. 당시에 나는 아이들이 성장 과정에서 겪은 여러 스트레스의 징후를 인식하지 못하고 그저 아이들을 단속하고 처벌하는 방향으로 대응했다. 하지만 펜그린 유아교육센터에서는 보호자들과 긴밀하게 협력해서 아이들이 양육자와 굳건한 관계를 형성할 수 있도록 지원함으로써 그 아이들이 이 기관에서는 물론 나중에 학교에 진학한 뒤로도 훌륭히 적응해나갈 수 있게 했다.

예전에 나는 잘못을 한 아이들이 말썽을 부리고 싶은 마음에 그랬다고 철석같이 믿었다. 그런 식으로 행동할 수밖에 없는 환경 조건에 길들여진 것이라는 생각은 해본 적이 없었다. 프로저는 "행동은 다름이 아니라 아이가 무언가를 이야기하고자 한다는 신호"라고 말했다.

아이들이 보내는 신호에 집중해야 한다

우리는 시설 내부를 구경하면서 '안식처', '보금자리', '아지트', '둥지' 같은 이름이 붙은 여러 교실을 함께 둘러보았다. 프로저의 설명에 따르면, 이곳에서 일하는 선생님들은 아이들 마음속에 어떤 일이 일어나는지에 주의를 기울이고, 아이들이 보내는 신호를 아이들이 말로 표현하기도 전에 해석하는 능력을 배운다. 아이들은 끊임없이 어른들과 소통하기를 원하는데, 어른들은 그저 그런 신호를 이해하는 법을 배우기만 하면 된다.

"관찰이 중요해요." 프로저가 설명했다. "'저 아이들은 무엇을 살펴보고 싶은 걸까? 저 아이들은 무엇을 알아내려고 하는 걸까?' 같은 부분에 집중해야 하지요."

최근에 프로저는 남자아이들 몇 명이 돌아다니면서 착한 사람과 악당의 대결 놀이를 하는 모습을 보았다고 한다. 다른 기관에서였다면 "얘들아, 여기서 소란스럽게 굴면 안 되니까, 밖에 나가서 마음껏 떠들며 놀아라"라고 말하면서 아이들을 밖으로 내보내고 관심을 거두었을 터였다. 하지만 프로

저는 아이들이 노는 모습에서 다른 무언가를 보았다. 이야기를 만들고 실연해볼 기회로 받아들였던 것이다.

아이들의 국어 능력을 발전시키는 데 이 활동을 어떻게 활용할 수 있을지를 생각하다가, 그녀는 다음 날 블록 완구 플레이모빌에 들어 있는 사람 모형을 준비했다. 모형의 팔다리가 워낙 조그마해서 조작하기가 까다로웠지만, 아이들의 소근육을 발달시키기에 안성맞춤이었다. 그러면 나중에 연필을 잡는 훈련을 하는 데에도 도움이 될 터였다. 그녀는 그 아이들에게 블록 모형 장난감이 등장인물로 나오는 이야기를 해보도록 격려했다. 그리고 스토리북을 만드는 활동으로 자연스럽게 연결하면서 "악당을 좀 그려줄 수 있겠니?"라고 물었다. 이를 통해 네 살짜리 아이들을 한 자리에 모아놓고 동일한 과제를 진행하는, 미국과 영국 정부에서 열성적으로 추진 중인 접근 방식과 아이들이 편히 놀게 내버려두고 징후를 포착하는 대응 방식의 차이를 느꼈다.

아이들은 배우도록 선천적으로 프로그램되어 있다고, 몇 달 전 내가 사무실을 방문했을 때 마지 웰리$^{Margy\ Whalley}$가 말했다. 이 센터에서 통용되는 가장 유명한 구절 중에 "아이들은 이리저리 옮겨 다니지^{flit} 않는다. 아이들은 환경에 조화한다^{fit}"는 말이 있다. 아이들은 우선 가족과 공동체에, 그 다음에는 스키마^{schema}(정보를 통합하고 조직화하는 인지적 개념이나 틀–옮긴이)라고 불리는 행동 양식에 맞추어 조화한다. 스키마라는 행동 양식은 장 피아제$^{Jean\ Piaget}$가 맨 처음에 주목했으며, 현대의 인지 과학자들에 의해 널리 알려졌다.

스키마는 어린아이들에게서 주로 자연스럽게 나타나는 욕구와 관계가 있다. '감싸기' 스키마는 아이들이 직물이나 페인트를 뒤집어쓰고, 옷 입어

보는 것을 즐기는 행동, '궤도' 스키마는 이리저리 달리고 방방 뛰고 물건을 던지는 행동과 전적으로 연관된다. 그 밖에 '회전', '방향', '위치 잡기', '연결', '이동', '변화' 스키마가 있다. 아기가 장난감 자동차나 곰 인형을 줄 세우는 모습을 본 적이 있다면, 그런 행동은 위치 잡기에 해당한다.

이런 욕구 발달은 나중에 커서 배울 준비를 하는 과정의 일부로 창의력, 언어, 수학, 과학의 토대가 될 상상력, 이야기 서술 능력, 공간 지각력, 숫자 감각 등을 키운다. 그런데 낱말 카드를 너무 일찍부터 활용하면 이런 발달 단계를 놓치게 된다.

행복감과 소속감이 먼저다

"아이들을 자유롭게 내버려 두고, 위험을 무릅쓴 도전을 해보게 하는 것"이 중요하다고 프로저는 말한다. 그래서 펜그린 센터에서는 일주일에 며칠씩은 아이들을 숲으로 데려가고, 불을 피우고, 가위를 마음대로 써보고, BMX 자전거를 타보게 한다. 아이들은 펜그린 센터 안에서 어디든 마음껏 돌아다닐 수 있다. 바깥에 있고 싶으면 실외로 나가고, 자신들이 주로 시간을 보내는 교실로 가고 싶으면 그쪽으로 발길을 돌렸다. 환경이 학습을 좌우했으며, 어른들은 그저 아이들과 친밀한 관계를 유지하고 관심을 공유하는 데 집중했다.

UCLA 교수인 대니얼 시겔Daniel J. Siegel은 자신과 타인의 마음을 인지하는 능력을 '마인드사이트mindsight'라는 용어로 설명했다.[22] 이런 능력을 키우기 위해서 읽기나 쓰기는 잠시 뒤로 미뤄둬도 괜찮다. 어린이집은 최대한 사회적인 공간이 되어야 하며, 놀이에서는 가능하면 아이가 주도하는 대로 따라야 한다. 그리고 아이들이 학습을 시작하기에 앞서 반드시 소속감을 느낄 수 있도록 어른들이 이끌어야 한다.

'보금자리' 교실에서는 세라 선생님이 바닥에 앉아서 배트맨 분장을 한 아이를 안아주고 있었다. 그녀는 앞으로 배울 읽기와 쓰기 공부의 밑바탕을 키우는 기회라 생각하고, 테이블 위에 모형 인형 장난감을 꺼내놓고 아이들이 가지고 놀 수 있게 했다. 아이들이 스키마를 토대로 자신이 꾸민 이야기의 등장인물이 되어 사회성, 상상력, 언어 능력을 키우는 연극 활동을 하게 해볼 생각이었다. 아이들이 슈퍼히어로 이야기를 만들고 모형 장난감을 가지고 실제로 연기를 해볼 수 있지 않을까? 거기서 한 발 더 나아가 아이들이 선생님에게 이야기하고, 선생님이 그 이야기를 받아 적을 수도 있을 터였다. 몇 주 전에 증기 열차를 구경하러 갔던 죽음의 슈퍼맨으로 분장한 아이는 보조 교사에게 열차 이야기를 하고 있었다. 잠시 후 그 아이는 찾아온 아빠를 만나러 밖으로 뛰어나갔다. 아이의 아빠는 상하가 붙은 작업복과 공사 현장의 작업화를 착용한 차림이었다. 그 아이 얼굴이 자신감으로 환히 빛났다. 아이는 아직 글을 읽거나 쓰지 못했지만, 손에는 첫 번째 책이 들려 있었다.

"한 아이를 키우려면 온 마을이 필요하다는 말이 있어요"라고 마지가 말했다. 그곳의 나이든 밤나무가 새로운 빛을 더하는 듯했다. 아주 어린아이를 키우는 데 필요한 마을은 바로 펭그린 같은 곳이라는 생각이 들었다. 이곳에서 아이들은 행복감과 소속감을 갖고, 일종의 연극 놀이를 통해 학습의 기반을 닦았다. 하지만 영유아기의 학습을 촉진할 무언가가 더 있지 않겠느냐는 의문이 마음속에 여전히 남아 있었다. 이 장 초반에 소개했던 뎁 로이의 실험은 매 순간이 중요하다는 사실을 암시하는 것이었다. 그렇게 많은 부분을 그냥 운에 맡기고 내버려 두어도 괜찮은 걸까?

헤크먼 방정식의
학습 곡선에 담긴 진실

　　　　　　　　　　대부분의 수학 공식은 천재들의 머
릿속이나 대학 칠판을 한자리 차지하는 데 그치지만, 헤크먼 방정식^{Heckman}
^{Equation}은 고유의 웹사이트와 주소록이 있다(heckmanequation.org). 이 방정
식은 노벨 경제학상 수상자인 제임스 헤크먼^{James Heckman}이 2000년대에 접
어들 무렵에 만든 이론으로, 보통은 간단한 그래프로 표현된다. 가로축인 x

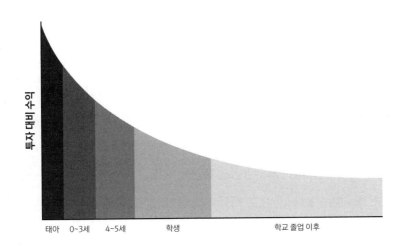

헤크먼 방정식

경제학자 제임스 헤크먼은 이 방정식으로 0세에서 18세 사이의 아이들에게 들어가는 투자
자금 대비 사회가 거두는 수익은 어느 정도인가를 알아보고자 했다. 그래프에 따르면, 0세에
서 3세까지는 투자 대비 수익이 엄청나게 크고, 4세에서 18세까지는 웬만한 정도, 19세 이
후(학교 졸업 이후)는 아주 적은 수익을 기대할 수 있는 것으로 나타났다. 즉 태어나자마자 교
육에 투자하는 것이 가장 수익률이 높다는 것이다.

축은 출생에서 사망에 이르기까지 인간의 수명이며, 세로축인 y축은 투자 수익률이다(다소 실망스럽지만, 그가 경제학자임을 기억해야 한다). 물론 삶을 평가하는 방법은 경제적인 측면이 전부가 아니지만, 후기 자본주의 시대에 살고 있는 가정하에 한번 생각해보자. 헤크먼이 방정식을 통해 묻는 질문은 "0세에서 18세 사이의 아이들에게 들어가는 투자 자금 대비 사회가 거두는 경제적 수익은 어느 정도인가?"이다.

그 결과를 나타낸 그래프는 자전거를 타고 내려오면 엄청 재미있겠다는 생각이 들 정도로 가파른 곡선이다. 0세에서 3세까지는 투자 대비 수익이 엄청나게 크고, 4세에서 18세까지는 웬만한 정도, 그리고 19세 이후는 아주 적은 수익을 기대할 수 있다.

이 방정식은 미국의 역사적인 유아 교육 정책을 기초로 계산한 것으로, 그 안에는 페리 프리스쿨Perry Preschool 프로그램도 포함된다. 1960년대 초에 미시간주 입실란티에서 시작된 이 학교는 장애가 있는 3세 아이들을 2년 동안 매일 2시간 30분씩 문제 해결이나 선택을 내리는 적극적인 학습을 장려하는 유치원 수업에 참여하게 했다. 그 아이들이 노는 동안 어른들은 아이들이 계획-실행-검토의 접근 방식을 활용하도록 은근히 유도했다. 아이들은 각자의 아이디어를 떠올리고, 행동으로 옮기고, 어떤 결과가 나타났는지를 반추했다. 교사들은 일주일에 한 번씩 가정을 방문해서 부족한 부분을 보충했다.

이 프로그램은 장기간에 걸친 방대한 연구였다. 영국의 텔레비전 다큐멘터리 〈세븐 업〉이나 〈차일드 오브 아워 타임〉[23]의 전신에 해당하는 형식으로, 페리 프리스쿨 졸업생들이 15세, 19세, 27세, 40세가 되었을 때 조사 활동을 벌였다. 통계 결과에는 반박의 여지가 없었다. 2년 동안 현재 통화 가치로 1만 6,500달러를 투자한 고급 유치원 교육으로 아이들은 생애 소득이 늘고 범죄가 줄었으며, 복지 비용 지출은 14만 5,000달러 감소했다.[24]

이는 고민할 필요도 없는 아주 쉬운 해결책처럼 보인다. 그런데 헤크먼의 곡선은 우리가 그동안 학습이라고 믿어온 모든 것을 완전히 뒤집어서 생각하게 만든다.

나는 교사로 일했기 때문에 대학 준비과정인 A레벨을 가르치려면 상당한 자질이 필요하다는 것을 잘 안다. 청소년들 사이에서 이야기를 끌어내는 과정은 소크라테스식 문답법에 가깝다. 중학교는 어떨까? 인생의 중대한 기점인 GCSE 시험을 앞두고 교사들이 얼굴조차 기억이 날 듯 말 듯한 아이들에게 잔소리하고, 설득하고, 동기를 불어넣는 일은 실제로 교육 현장에서 자주 맞닥뜨리는 상황이다.

또한 초등학교 교사들은 요란스럽게 꾸민 교실에서 행복한 아이들이 생기 있게 뛰어다니다가도 얌전하게 각자 해야 할 공부를 하고, 이야기 시간이 되면 기쁘게 앞으로 뛰어나와 매트에 질서 정연하게 앉는 모습을 꿈꾸지만, 최악의 경우에는 아이들에게 '엄마'라고 불리기까지 한다. 마지막으로 어린이집과 유치원이 있다. 우리가 아는 어린이집은 시간이 많은 엄마들이 이끌어가는 미화된 보육에 불과하다. 한마디로 헤크먼의 곡선과는 정반대다.

"미국에서 각 개인의 출생 환경은 불평등의 가장 큰 근원이다"라고 헤크먼은 말했다.[25] 영국의 경우도 그와 다르지 않다. 만약 배우는 방식에 혁명이 일어나기를 바란다면, 학교를 바꾸는 것만으로는 충분하지 않다. 그보다 훨씬 전에 시작해서 곡선 자체를 뒤바꾸어야 한다. 그런 생각을 품고서 나는 캐시 허시파섹을 만나러 연구실로 찾아갔다.

영유아 교육의 중심
템플 대학교 영유아 연구소

　　　　　　　　　　　　　　템플 대학교 영유아 연구소는 유서 깊은 19세기 건축물(혹은 그런 건축을 제법 훌륭하게 모방한 건축물) 안에 자리하고 있었다. 이 연구소는 허시파섹 교수가 옥스퍼드 대학교에서 제롬 브루너 교수(그녀는 내게 그야말로 이제껏 만났던 최고의 선생님이라고 말했다) 밑에서 배우던 시절부터, 수많은 책과 논문을 집필하고 미국 심리학 협회에서 가장 권위 있는 상을 모두 수상하기까지의 눈부신 경력의 결과였다. 또 그녀 특유의 날카로운 통찰력과 환한 웃음, 격식을 따지지 않는 털털함 같은 성격이 묻어나는 공간이기도 했다.

　　아이들 장난감 천지인 방문객 대기실 입구에서 트리케라톱스, 디플로도쿠스, 스테고사우루스 모형이 방문객들을 맞이했다. 공룡들 앞쪽에는 무릎 높이의 책장에 『호기심 많은 조지Curious George』, 『닥터 수스Dr Seuss』, 『배고픈 애벌레The Hungry Caterpillar』 같은 책들이 꽂혀 있고, 그 위로는 아주 작은 전화 부스와 싱크대, 다채로운 색깔의 트럭, 다양한 봉제인형이 놓여 있었다. 연구실이라기보다는 집 같은 느낌이 들었으며 약간 허름하고 낡아 보였다. 홍학을 그린 만화 그림과 '어떤 상황에서든 활용할 수 있는 재미난 물건들'이라고 쓰인 벽장 위에는 '오리엔탈 무역'이라고 쓰인 판지로 만든 종이상자가 놓여 있었다. 나는 검은색 커튼을 쳐 놓은 작은 방들로 연결되는 출입구의 열린 틈을 통해서 연구 활동 모습을 힐끔 들여다봤다. 캠코더에 연결된 노트북은 다음 실험 대상자가 들어올 때까지 대기 중이었다.

　　1층에는 어리고 생기 있는 얼굴에 캐주얼한 옷차림을 한 박사 후 과정 학생들 열아홉 명이 감자 칩, 찍어 먹는 소스, 그리고 파워포인트를 준비해놓고 자리에 앉아 기다리고 있었다. '의사소통의 기반 강화' 연구를 이끄는 레베카 앨퍼Rebecca Alper 박사가 동영상 재생 버튼을 눌렀다. 동영상 속에는 붉은색 스웨터를 입은 엄마가 카펫 위에서 옆으로 누워 자상한 모습으로 어린 아들과 마주보고 있는 장면이 나왔다. 우스꽝스러운 마을 지도 무늬의 카펫을 보니, 내가 조금 전에 지나쳐온 연구실 아래층 놀이방에서 이 동영상을 촬영했다는 걸 알 수 있었다. 둘 사이에는 시리얼이 담긴 작은 그릇이 있었다.

아기가 지켜보는 가운데 엄마가 그릇에 담긴 동그란 치리오 시리얼을 하나 집어서 자기 입에 가져다 넣으며 말했다. "엄마 한 개!" 엄마는 아기 눈을 똑바로 응시했다. 흰색 내복을 입고서 여러 물건 조각들에 둘러싸여 있던 아기가 똑바로 일어나 앉았다. 잔뜩 흥에 겨운 듯했다. 아기는 그릇에 손을 뻗어서 시리얼을 하나 집어서 자기 입에 넣는 행동을 연거푸 몇 차례 되풀이했다.

"엄마도 시리얼을 좀 먹어도 될까?" 엄마가 물었다.

아기는 또 한 개를 자기 입으로 가져갔다.

"하나는 네가 먹고 하나는 엄마가 먹고." 엄마는 시리얼 몇 개를 손에 집어서 한 개는 아기 입에 넣어주고 하나는 자기 입에 넣었다.

"네가 엄마 하나 줄래?"

아기는 입에 한가득 채워 넣은 시리얼을 와드득 씹으며 엄마를 빤히 쳐다봤다. 이내 천천히 손을 그릇으로 가져가더니 시리얼 한 개를 집어서 엄마 입에 넣었다.

"고마워!" 엄마가 기쁜 표정으로 말했다. 아기와 엄마 모두 시리얼을 우적우적 씹어 먹었다. 엄마는 시선을 떼지 않고 아이를 계속 바라보았다.

앨퍼는 이 상황이 '대화 이중주' 사례라고 설명했다. 그녀는 이 동영상을 연구소에 있는 다른 박사 후 과정 학생인 루판 루오Rufan Luo 박사와 함께 촬영했는데, 두 사람은 모성보호연합Maternity Care Coalition과 협력해서 프로젝트를 진행하는 중이었다. 모성보호연합은 미국 전역의 빈곤층 아이들이 조금 더 나은 상황에서 인생의 첫 발을 뗄 수 있도록 엄마들이 자기 자녀의 건강을 챙기고 자녀와 친밀한 관계를 형성할 수 있게 돕는 단체였다. 앨퍼와 루오는 이런 단체의 가정 방문 상담사들을 교육했고, 상담사들은 각 가정을 방문해서 엄마들이 자녀와 적절한 대화를 통해 상호작용하도록 돕고 있었다.

대화 이중주 방식은 아기가 지닌 뛰어난 천성적인 능력에 뿌리를 둔다. 아기들은 선천적으로 과학적인 방법을 갖추고 있다. 하지만 탐구의 초점을 가장 풍부한 학습의 원천으로 맞출 수 있게 이끌어줄 어른이 필요하다. 바로 교사가 해야 할 역할이다. 교사는 의미 있는 발견의 가능성을 높이고, 중요한 것을 배우고 익히는 데 도움을 줄 수 있다. 아기가 듣는 단어 수도 중요하지만, 상호작용의 질 또한 중요하다. 두 사람이 모두 시리얼 그릇에 초점을 맞추었던 그 동영상은 관심 대상 공유의 예이다.

연구실에서는 대화 이중주 외에도 많은 실험이 진행되고 있었는데, 모두가 부유층과 빈곤층 아이들 간의 발달 격차를 없애는 데 목표를 둔 활동이었다. 그런 실험들은 언어 발달, 놀이 학습, 공간 지각 등의 분야를 다루었으며, 모든 분야에서 정보통신 기술을 활용했다.

"로봇에게 배울 수는 있지만 관심받기는 불가능하지요"

"저는 '프롬프트prompt(컴퓨터가 조작자에게 입력을 요구하는 단말 화면상의 기호 – 옮긴이)와 파트너'라는 개념을 제시한 적이 있어요." 허시파섹이 말했다. "현재 기계가 할 수 없는 것은 파트너가 되어주는 일이지요. 기계는 사회적이지 못해요. 상황에 맞게 조절하거나 대응하지 못합니다." 우리는 로봇과 대화를 나누거나 로봇으로부터 관심과 보호를 받는다고 느끼기는 힘들다. 하지만 로봇에게 배울 수 있으며 시의적절한 신호나 조언도 받을 수 있다.

애플리케이션 업계는 최근 허시파섹이 쓴 논문에 대해 광적인 반응을 보였다. 그녀는 논문에서 유아를 위한 애플리케이션 프로그램이 갖춰야 할 몇 가지 단순한 규칙을 제안했다. 하나, 능동적인 것이어야 한다('내려치기' 같은 단순한 능동성이 아닌). 둘, 산만하지 않고 집중시킬 수 있어야 한다(사람들을 집중하게 하는가, 아니면 다른 쪽으로 관심을 돌리게 하는가?). 셋, 의미 있는 것이어야 한다(그 무엇과도 연관이 없고, 아무도 신경 쓰지 않는 내용은 아닌가?). 넷, 사회적 상호작용을 익힐 수 있어야 한다("거기 누구 있어요?"라는 외침에 응답하는). 이런 규칙을 모두 충족하고, 학습 목표가 뚜렷하고, 너무 쉽지 않다면, '허시파섹 승인'을 받을 만하다(실제로 그런 승인 제도가 있다면 도움이 될 텐데!).

허시파섹의 목표는 특히 최빈곤층 아이들에게 도움을 줄 수 있도록 학습에 대한 사람들의 생각을 바꾸는 데 있다. 그녀는 자신의 책에 스탠퍼드 대학교 교수 린다 달링 하몬드Linda Darling-Hammond의 다음과 같은 말을 인용했다. "우리는 아이들이 끝도 없이 이어지는 객관식 시험 준비가 아니라 앞으로 맞이할 21세기를 준비할 수 있기를 바란다. 그런 객관식 시험은 가면 갈수록 아이들을 잘 가르쳐야 할 우리의 사명을 다른 방향으로 돌려버린다." 허시파섹은 특히 우리가 그런 경향을 가장 취약한 아이들에게 밀어붙이고 있다고 우려했다. "우리는 빈곤층 아이들에게 가장 중요한 것은 기초를 다지는 일이라고 생각해왔다. 너무 중요하게 여긴 나머지 아이들은 쉬는 시간까지 포기해야 했다. 육체적인 활동이 아이들의 학습과 두뇌 발달에 도움이 된다는 것을 알면서도 말이다. 독해와 수학만 가르치고, 미술 수업은 줄이고, 사회 같은 부수적인 과목은 중단해야 했다."

허시파섹은 마음이 무거웠다. 정책을 만드는 사람들과 비전문가들은 과학을 자기들 목적에 맞게 왜곡했다. 낱말 카드가 효과 있을 것이라고 생각한 과학자는 없었다. 최대한 어린 나이부터 읽기와 쓰기를 익히기 시작해야 한다고 믿는 과학자도 없었다. 그건 그저 정부 관계자들이 만들어낸 환상일 뿐이었다.

조기 교육은 정말 도움이 될까?

최근에 나온 한 연구는 앞서 언급한 베티 하트와 토드 라이슬리의 캔자스 연구에서 다룬 언어 수업을 보다 깊이 있게 파고들었다. 2003년에 심리학자 퍼트리샤 쿨Patricia Kuhl은 미국 유아들에게 중국어를 가르치는 실험을 진행했다. 세 집단으로 나누어(비디오 수업, 오디오 수업, 교사와의 실제 수업) 진행한 이 실험에서 실제 교사에게 배운 집단만이 그나마 배운 것이 조금 있었다.[26] 한편, 유아의 어휘 발달을 목적으로 제작된 〈베이비 아인슈타인〉이라는 유아용 DVD 시리즈는 사람들에게 큰 인기를 끌어 《타임》지에서 '아기들을 위한 마약'이라고 부르기도 했다.[27] 그런데 이 DVD에 관한 2010년의 한 연구는 "DVD를 본 아기들과 전혀 보지 않은 아기들을 비교했을 때 단어 이해력에 큰 차이가 없는 것으로 나타났다"고 밝혔다.[28] 그저 부모의 대화를 듣거나 BBC 라디오 4 채널의 토론 프로그램을 듣는 것만으로 아기들은 어휘를 배울 수 없었다. 프로그램 진행자의 목소리가 아무리 감미롭더라도 말이다. 언어를 배우는 데에는 얼마나 많은 단어를 들었느냐보다는 실제 사람과의 접촉이 더 중요했다. 아기들은 화면을 통해서는 아무것도 배울 수 없었다.

학교들은 여전히 유아 학습의 이런 숨겨진 본질을 무시하고 있다. 예일 대학교의 에리카 크리스타키스Erica Christakis는 유치원 아이들이 다면적인 아이디어 기반 접근 방식에서 2차원적인 이름을 붙이고 꼬리표를 다는 커리큘럼으로 전환했을 때 배움이 서서히 하락한다는 사실을 표로 정리했다.[29] 허시파섹의 친구인 다프나 바속Daphna Bassok은 버지니아 대학교에서 유치원이 초등학교 1학년처럼 되어가고 있는 건 아닌지를 탐구하는 연구를 진행했다. 그들이 내린 답은 '그렇다'는 것이었다.[30] 미술 활동은 16퍼센트가 줄고 시험은 29퍼센트 늘었다. 유치원생이면 글을 읽을 수 있어야 한다는 생각은 이제 일반적이 되었다. 그러나 그런 생각은 모든 연구 결과와 배치된다.

케임브리지 대학의 한 연구는 공식적인 읽기와 쓰기 수업을 5세에 시작한 아이들과 7세에 시작한 아이들을 비교했다. 그런데 그 아이들이 11세가 되었을 때 학습을 2년 먼저 시작했든 안 했든 읽기 능력에 전혀 영향을 끼치지 못했다. 오히려 "5세에 시작한 아이들은 7세에 시작한 아이들보다 독서에 덜 긍정적인 태도를 보였으며, 지문 이해 능력도 떨어졌다."[31]고 밝혔다. 국제적으로 학교 데이터를 분석한 자료에 따르면, 학교 교육을 4세에 시작했는지 7세에 시작했는지는 15세가 되었을 때의 성취도에 별다른 영향을 끼치지 않았다.[32] 덴마크 연구원들은 5세가 아니라 6세에 학교에 들어간 아이들이 과다 활동이나 주의력 부족이 나타날 가능성이 훨씬 적으며, 그 영향은 심지어 5년 뒤에까지 유지된다고 밝혔다.[33] 이런 연구 결과들은 근본적인 이야기, 경험, 느낌, 감정을 이해하지 못한 상태에서 읽고 해석하는 활동을 시작하면 결국에는 독해 능력이 더 떨어지며, 읽기를 덜 좋아하게 된다는 사실을 명확히 전한다. 유아 교육에 대한 우리의 조급함이 아이들에게서 삶의 흥미를 빼앗고 있었던 것이다.

그래서 허시파섹은 아이들이 배움과 성장의 기쁨을 느끼게 되기를 바랐다. 그녀는 아이들에 대한 사랑과 열정만큼이나 음악에도 조예가 깊었다. 그래서 손녀와 전화 통화를 할 때 특히 종종 노래를 불러준다고 했다. 그녀는 자식들이 어릴 때 동네 아이들까지 모두 불러서 콘서트와 피아노 연주회를 열었는데, 그런 방법이 교육에 효과가 있다는 것을 알게 되었다.

그래서 자신의 책에 오늘날의 교육에 필요한 여섯 가지 C를 제안하기도 했다(6C 역량). 그 여섯 가지는 협력Collaboration, 소통Communication, 내용Content, 비판적 사고Critical thinking, 창조적 혁신Creative innovation, 자신감Confidence이다. 이 모두가 아주 당연한 덕목이 아닌가 하겠지만, 실질적이고 과학적인 증거를 토대로 하는 많은 교육 정책과는 자못 남다른 데가 있다. 그녀는 내게 꼭 기억해 두어야 할 점이 한 가지 있다면, "우리는 아주 어릴 때부터 사람들에게 배운다"는 사실이라고 말했다.

그녀가 느꼈던 이런 깊은 깨달음은 뎁 로이와 루팔 파텔 두 사람에게 '녹화' 버튼을 누르게 했던 계기와 똑같은 것이었다.

세상에서 가장 긴 성장 비디오

MIT에서 뎁 로이를 만났을 때, 검은색 옷을 걸친 그의 모습에서 아직 청년 같은 분위기가 풍겼다. 아들을 낳고 부모가 된 지 11년이나 됐다는 사실을 눈치챌 만한 단서는 머리에 드문드문

제1부 | 새롭게 생각하기

내려앉은 새치가 전부였다.

이제 와 돌아보면, 그가 진행했던 휴먼 스피치홈 프로젝트^{Human Speechome}는 새천년의 시작을 앞두고 인공지능 기술에 대한 관심이 갑자기 높아지던 시기와 우연히 맞아떨어졌던 것 같다. 당시는 모든 것을 한눈에 보여주는 인터넷의 힘을 활용해 웹캠을 이용한 온라인 채팅 프로그램인 챗 룰렛Chat Roulette34과 사생활을 공개하는 실황방송이 생겨나던 때였다. 그런 시대 상황은 사이코패스들에게 환각제인 LSD를 투여하고, 벌거벗겨 공용실에 가둔 다음, 며칠 동안 이야기를 하게 하던 1960년대의 무모한 심리학을 회상시켰다.35

세월이 흘러 비디오 테이프 위에는 먼지가 쌓였다. "그 동영상 자료를 하나도 버리지 않고 전부 다 가지고 있어요." 그가 말했다. "아들이 결혼을 하면, 식장에 모인 사람들 앞에서 공개하려고요." 동영상 중에서 몇 가지는 큰 주목을 끌기도 했다. 특히 할아버지가 아침에 집에서 처음 촬영을 하던 영상은 250만 명이 시청했다. 아들이 처음으로 걷기 시작하던 때의 영상도 수많은 사람들이 봤다. 그러나 신뢰하는 몇몇 사람들을 제외한 외부인에게 동영상을 공개한 것은 그런 몇 가지가 전부였다.

"사생활 노출이 염려되지 않느냐고 사람들이 물으면, 저는 '과거의 일상 생활을 들여다보는 게 얼마나 따분한지 몰라서 하는 말씀이에요.'라고 대답하지요."

이 실험이 진행되는 동안, 그들 부부는 총 9만 시간 분량의 동영상과 14만 시간 분량의 오디오를 기록으로 남겼다. 200테라바이트에 이르는 데이터는 아들의 생후 3년 그리고 막내딸의 생후 18개월 생활의 85퍼센트를 아름다운 총천연색 화면에 남겼다.

이 홈비디오는 한편으로는 위대한 실패작이기도 했다. 로이와 MIT 연구실의 팀 동료들은 수집한 데이터를 시각화하고 연구하는 새로운 방법을 개발했다. '스페이스 타임 웜스Space-Time Worms'는 추상적인 표현주의 방식으로 사람들이 집에서 이리저리 움직이는 모습을 시간의 흐름 순으로 담았다. '소셜 핫스팟Social Hotspots'은 단단히 엮인 3D 형식의 미세한 선 두 가닥으로 부모와 아이가 말을 나누거나, 학습하거나, 탐색하는 애정 어린 순간을 시각적으로 담았다. '워드스케이프스Wordscapes'는 눈 덮인 산을 배경으로 거실과 부엌을 담은 뒤에 특정 단어가 가장 많이 들리는 시점을 최고봉으로 표현했다. 이런 도구들이 트위터에서 오고가는 대화를 분석하기에 안성맞춤이라는 사실을 인식한 로이는 사업적 수익성이 기막히게 좋을 것으로 판단하고, 대학원생 한 사람과 미디어 회사를 차려 운영하면서 10년을 보냈다.

"만약에 사람을 복제할 수 있다면……"과 같은 말을 사람들은 흔히 비유적인 뜻으로 쓰지만, 로이가 이런 말을 했을 때는 결코 비유적인 표현처럼 들리지가 않았다. "그래서 제가 두 명이 됐다면, 더 잘 해낼 수 있었을지도 모르죠."

이후 로이는 다시 연구실로 돌아왔다. 하지만 바라보는 관점은 예전과 많이 달라졌다. 그가 이번에 합류한 MIT 연구팀은 소셜 머신Social Machines으로 불렸다. 그의 관심은 인간과 경쟁하는 로봇을 만들겠다는 목표에서 인간의 학습을 증진시킬 방법으로 옮겨갔다. 로이와 내가 이야기를 나누는 동안, 그가 개발한 로봇 토코는 회의실 한쪽의 받침대 위에 구부정한 자세로 서 있었다. 그 모습이 마치 인간과 거리가 먼, 반쯤 형상화된 종족의 유물 같았다. 로이는 그의 아내 파텔에게 장담했던 것을 결국 이루지 못했다.

"인공지능 기술을 실제 개발하고 만들면서 겸허한 태도를 깨우치게 됐어요. '세상에, 생각보다 훨씬 많은 게 있었구나!' 하고 느끼면서 겸손을 배웠지요." 그가 말했다.

그는 진짜 인간과 같은 로봇을 만들 수 있을지를 이제는 더 이상 확신할 수 없었다. 혹은 굳이 그런 시도를 할 필요가 있겠느냐는 생각도 들었다. 인간의 유년기와 완전히 똑같은 로봇을 만들어서 어른처럼 성장시킨다고 해도 얻을 것이 별로 없어 보였다. 그런데도 다들 그렇게 해보겠다고 애를 쓰고 있었다. 뎁 로이 역시 상상이나 감정, 정체성, 사랑같이 토코가 다가설 수 없는 영역이 있다는 것을 깨닫기 전까지는 그 사람들과 마찬가지로 생각했다. 그러나 로이는 아들이 성장하는 모습을 지켜보면서 인간 언어 학습자들의 특성과 행동의 놀라운 정교함에 얼이 빠지는 듯했다. 인간 영유아는 그저 단순하게 반복하는 데 그치지 않고, 창조하고, 새로운 의미를 만들고, 느낌을 공유했기 때문이다.

로봇이 인간처럼 배울 수 없는 이유

"선생님이나 저나, 우리 모두가 성인이 되어서도 계속해서 배우고 있어요." 로이가 말했다. 그는 원래 그런 학습이 해석하고 이해하는 활동이라고 생각했지만, 알고 보니 인간의 학습에는 무한히 지속적이고, 복잡하며, 무엇보다도 사회적인 특성이 있었다. 그는 자기 아이들에게 헬렌 켈러의 자서전을 읽어주면서, 헬렌 켈러가 언어라는 개념을 처음으로 이해하던 순간의 깨우침을 접하고 큰 감명을 받았다. 어릴 때 앓은 병으로 청각과 시각을 모두 잃은 켈러는 일곱 살이 되었을 때 언어의 개념에 처음 눈을 떴다. 그녀는 자서전에서 이렇게 설명한다. "갑자기 나는 뭔가 잊고 있었던 것에 대한 흐릿한 의식, 생각이 되살아나는 전율을 느꼈다. 그리고 왜 그런지는 모르겠지만 언어의 신비가 내 앞에 모습을 드러냈다. 나는 '물'이라는 단어가 손 위로 시원하게 흐르는 기분 좋은 무언가를 의미한다는 것을 그때 알았다. 살아 있는 그 단어가 내 영혼을 깨우고, 빛과 희망과 기쁨으로 영혼을 해방시켰다! 모든 것에 이름이 붙어 있었고, 각 이름은 새로운 생각을 낳았다. 집으로 돌아왔을 때, 손에 만져지는 모든 물건이 생명으로 진동하는 듯했다."[36]

이 대목은 로이가 느꼈던 놀라운 깨달음을 뒷받침했다. 언어 습득은 상징적이고, 감정적이며, 주관적이었다. 그래서 인공지능과는 정반대되는 것이라 할 수 있었다.

로이는 이런 깨달음을 발전시키고자 했다. 그는 아들딸을 키우면서 사회적 측면의 중요성을 갈수록 크게 느낀다고 했다. 그래서 캐시 허시파섹과 함께 프로젝트를 시작했다. "이건 비교적 명백한 사실이에요. 언어와 의사소통이 아무런 관계가 없다거나, 의사소통이 사회적인 연결과 관계가 없다고 믿는 언어학자가 있다면, 그 사람은 아주 기이한 부류에 들 겁니다." 그런데 그처럼 중요한 사회적 측면이 간과될 때가 많다. "그런 언어학자들이 이 캠퍼스에도 있습니다." 그는 MIT 캠퍼스를 내다보며 빙그레 웃었다. "최소한 그렇다고 들었어요."

로이는 현재 '언어, 기술, 아동 간의 교차점'에 관한 연구를 진행하고 있다. 그는 인공지능이 교육을 주도하지는 않을 테지만, 학습 방식을 개혁하는 데 보조적인 역할을 할 수도 있다고 생각했다. 변화를 뒷받침할 에너지원은 두 가지로, 하나는 컴퓨터의 분석적인 힘, 다른 하나는 '아주 좁은 범위 안에서' 인간에게 잠재된 능력이다. 그는 머릿속에 그리던 이상적인 부모상에 부응하기가 얼마나 힘든지, 그리고 취약 계층의 부모들로서는 얼마나 더 힘들지를 생각했다. 영유아기의 모든 것은 '학습자가 속해 있는 사회 감정적인 상황'에 달려 있었다. 그런데 그런 상황들을 늘 스트레스에 시달리고, 시간에 쫓기고, 준비가 제대로 되지 않은 부모들이 만들어가야 했다. 그래서 로이는 그들에게 잘 해낼 수 있는 수단을 제공하고 싶었다.

"아이들에게 영향을 끼칠 수 있는 부모의 능력은 몇 가지 장애물에 막혀 있는데, 그런 장애물은 기술로 충분히 해결할 수 있습니다." 다소 기술 유토피아적인 견해 같아 보였지만, 로이의 생각은 펭그린 유아교육센터가 추구하는 이념과도 비슷한 구석이 있었다. 로이는 부모, 가족을 위한 학습 코치, 아이로 구성된 '3자 간의 사회적 네트워크'를 조직하고, 그것을 뒷받침할 모바일 플랫폼을 만든 다음, 아이들이 학습을 게임 형식으로 수행하게 하는 방법을 구상 중이다.

그와 같은 시스템에서는 데이터가 자동으로 분석되고, 부모와 코치에게 아이의 학습 성취도가 곧바로 전달된다. 로이는 기술을 활용하되 '극히 중요한 인간적 연결고리'를 잃고 싶지 않았다. 이 경우에는 부모하고 코치와의 관계가 그에 해당한다. 그는 이런 관계는 절대 자동화할 수도 없으며, 자동화하기를 바라지도 않을 것이라고 생각한다. 그래서 로봇 보모를 호출하는 것보다는 자기를 지원해줄 누군가가 등 뒤에 있음을 아는 것이 훨씬 중요하다.

우리는 탐구를 멈추지 않을 것이다

이런 로이의 의견은 "학습을 어떻게 받아들여야 하는가?"라는 질문에 아주 중요한 깨달음을 준다. 인공지능 분야에서 최고의 전문가인 로이는 미래가 우리의 능력 탐색에 달려 있다는 결론을 내렸다. 그 같은 탐색 과정은 어릴 때부터 시작해야 하며, 첨단의 기술이 그 과정에 도움을 줄 수 있다. 펭그린 유아교육센터와 템플 영유아 연구소의 사례에서 어떻게 시작하면 좋을지 힌트를 얻을 수 있다. 그런데 사실 우리가 할 수 있는 것은 그보다 훨씬 더 많다. 언어가 중요하고, 놀이도 그만큼 중요하다는 사실은 이미 모두가 잘 안다. 또 아이가 태어나는 순간부터 사회적인 관계 속에서 배워야 하고, 아이가 사랑받는다고 느껴야 한다는 것도 알고 있다. 그렇다면 이 모든 것을 어떻게 강화하고 촉진할 수 있을까? 로이는 인간의 천성을 따르는 것이 최선이라고 생각했다.

로이는 이야기를 하던 중간에, 아들이 집 복도에서 걸음마를 처음 떼는 장면을 보여주면서 18개월 무렵에 아들이 '워터water'라는 말을 배울 때 녹음했던 40초짜리 녹음 파일을 연거푸 들려줬다. 녹음 파일에서는 "가-가"라는 말소리가 노래하듯이, 속삭이듯이, 호기심에 젖어서, 요구하는 듯이, 수없이 반복되다가, 차츰 "워"와 "터" 소리가 섞여서 들리다가 안 들리다가 다시 들리더니, 마침내 의기양양하게 "워터!"라고 말하는 소리가 들렸다. 로이는 수집한 데이터에서 유사한 사례 2,000여 개를 분석해냈다. 하지만 그 사례들은 배움의 의미를 아주 일부만 드러낼 뿐이라는 것이 로이의 생각이다. 이런 로이도 넋을 놓을 만큼 황홀한 기분을 느꼈던 때가 있었다. 그 순간은 아들이 처음 말을 배우던 시절의 가장 인상 깊은 기억으로 남아 있다.

아들이 단순한 옹알이가 아닌 무언가를 처음 입 밖으로 꺼내 소리 냈을 때, 로이와 아들은 함께 앉아서 그림을 보던 중이었다.

"아들이 '파'라고 말했어요. 그런데 그 말은 그림에서 벽에 있는 물고기fish를 지칭하는 것이 분명했지요." 로이는 그 순간을 아주 세세히 기억하고 있었다. "그냥 우연히 나온 말소리가 아니라, 물고기를 보고 그걸 말한 것이었어요." 그는 계속해서 설명했다. "그런데 물고기를 보고 '파'라고 말하더니 곧바로 저를 쳐다보더라고요. 아들은 뭔가를 깨달았던 거예요. 마치 만화에서 전구가 번쩍 켜지는 그림으로 묘사하듯, '아, 이제 알겠어!'라는 표정이었지요. 태어난 지 1년도 채 안 됐지만, 의식이 있는 존재로서 자기 성찰적인 모습을 보인 거예요." 그는 정확한 표현을 찾으려고 잠시 고민하는 듯하다가 말을 이었다. "그냥 알아차린 것이 아니라, 자기가 알아차렸다는 사실을 깨달았던 거예요."

인간은 태어난 뒤 몇 년 동안 배움에 가장 많이 열려 있어서 '모든 것'을 흡수한다. 진화는 여전히 기술에 앞서 있다. 그렇다면 아이들에게 읽기와 쓰기, 연산을 강요하기보다는 수백만 년에 걸쳐 발달한 인간의 뛰어난 적응 능력을 믿고 자연적으로 벌어지는 일에 따르게 하는 것이 더 나을 듯하다는 생각도 든다. 일찍이 T. S. 엘리엇은 "우리는 탐구를 멈추지 않을 것이다"라고 말했다. 로이도 멈추지 않았다. 그의 탐구 정신은 요람 속의 과학자의 정신을 상기시킨다. 로봇의 뇌를 탐구하는 활동 이후에 그는 갓 태어난 아기들의 학습 능력에 더 깊은 경외감을 갖게 됐다.

나는 토코가 언젠가는 더 발전된 모습으로 재탄생할 것이라고 확신하지만, 그때에도 정해진 영역을 벗어나지는 않으리라고 본다. 가장 지대한 영향을 끼치는 발견은 여전히 인간 마음의 최전방에서 나타날 것이다. 뇌 이식을 꿈꾸기보다는 '학습하는' 동물이라는 인간의 고유성에 대한 새로운 인식에서 출발해야 한다. 우리에게는 단편적인 지식 암기와 시간표에 따른 반복 연습을 초월한 새로운 학습 체계가 필요하다. T. S. 엘리엇은 이렇게 덧붙였다. "모든 탐구가 끝나면 시작했던 지점으로 돌아오고, 처음으로 그곳을 제대로 알게 될 것이다."[37]

어떻게 하면 장기적으로 두뇌의 능력을 최대로 끌어올릴 수 있을까? 학습 체계를 만든다는 건 어떤 의미일까? 나는 그 답을 찾으려면 어디로 가는 것이 좋을지 잘 알고 있었다. 이번 여정의 첫 단락을 마무리 지을 정착지는 7년 동안 영국의 다른 어떤 학교보다 아이들이 많이 배우고, 기술이 가르치는 모든 것과 반대되는 기풍의 런던에 있는 한 학교였다.

제3장

두뇌 유입

뇌의 능력을 최대치로 끌어올리는 방법

BRAIN GAINS

"적절한 지원·기대·환경만 갖춰진다면,
모든 아이들은 좋은 성과를 낼 잠재력을 가지고 있다."

_맥스 하이멘도르프(킹 솔로몬 아카데미 교장)

가정 환경 때문에
기회조차 얻지 못하는 아이들

이프라 칸이 새로 다니기 시작한 중학교가 보통 학교들과 조금 다르다는 징후를 처음 느낀 건, 10년 전 어느 봄날에 집으로 '단정하고 예의바른' 남자 둘이 찾아왔을 때였다. 이프라는 이렇게 회상한다. "가족들 모두 '저 사람들 대체 누구지?'라는 반응이었어요." 식당과 술집이 늘어선 런던 에지웨어가 근처에 자리한 홀 파크 주거 단지에서 말쑥한 정장을 차려입는다는 것은 대개 결혼식이 있다는 의미였고, 간혹 재판에 참석해야 한다는 것을 뜻하기도 했다.

하지만 이 남자들, 하이멘도르프와 패터슨 선생님은 거실로 들어와 소파에 앉자마자 동의서를 꺼냈다. 탁자 맞은편에는 열 살 소녀 이프라가 겁먹은 얼굴로 엄마 아빠 틈에 끼어 앉아 있었다. "교장 선생님이 집에 찾아오는 경우는 좀처럼 없었으니까요." 어느 겨울 저녁, 나는 요크셔에서 그녀를 만나 차를 마시며 이 이야기를 들었다. 선생님들이 집에 찾아온 그날로부터

8년이 흐른 지금, 이프라는 리즈 대학교 법학과 1학년생이 되었다. 그녀는 페스토 파스타 만드는 법을 유튜브 동영상과 엄마를 통해 배우고, 과제물이 산더미 같을 때는 초콜릿과 감자칩, 다이어트 콜라로 끼니를 해결했다. 런던에서 나고 자란 이프라는 런던에 관해서라면 누구 못지않게 잘 안다고 자부했으며, 가냘픈 체격에 흰색 누빔 코트를 입고 완벽하게 화장을 한 외모가 독창적이고 강건한 성품과 잘 어우러졌다. 시간이 날 때는 드라마 〈가십걸〉을 보거나 동네의 밤 문화를 평가하러 다니는 평범한 젊은이였다. 하지만 이프라는 중심이 확고했다. 지금까지 단 한 차례를 제외하고는 수업에 빠진 적이 없었으며, 이미 그 도시에 있는 법률 사무소에서 일하겠다는 목표도 세워두었다.

"저는 지금 제가 어떤 위치에 있으며 어떻게 해야 목표를 이룰 수 있을지 잘 알아요." 이프라가 말했다. 이프라는 성공한다는 것이 얼마나 힘든지를 잘 알고 있었다. 그녀의 집을 방문하기에 앞서 우리는 리즈 대학교 법과대학이 있는 곳이기도 한 호화로운 도서관 건물을 둘러보았는데, 그녀는 잠시 걸음을 멈추고 눈앞의 장면들을 감상했다. "제가 저 사람들과 함께 이렇게 캠퍼스를 걷게 될 줄은 정말 몰랐어요." 이프라가 고백했다. 내가 그녀를 만난 것은 바로 그런 생각 때문이었다.

환경이라는 틀에 미래를 가둬서는 안 된다

가정환경과 부모의 소득이 여전히 인생의 기회를 좌우하는 영국에서 이프라가 리즈 대학교에 진학한다는 건 거의 불가능한 일이었다. 런던에서 가장 가난한 동네에서 자란 이프라와 그녀의 친구들은 영국의 아이비리그라고 할 수 있는 러셀그룹Russell Group 소속 명문대학이 아닌 폭력 조직에 들어갈 운명이었다. 실제로 그녀의 오빠 둘이 폭력 조직 관련 범죄로 교도소에 수감되고, 부모마저 체포됐을 때, 이프라는 보호 시설에 맡겨졌다. 대학에 들어가기 직전의 여름이 8년 만에 처음으로 가족 모두가 한 자리에 모인 때였다.

특히 이프라처럼 파키스탄계 이슬람교를 배경으로 가진 사람에게는 교육을 받을 수 있는 가능성이 더더욱 낮았다. "전통적인 인생 행로는 결혼을 하고, 아이를 낳고, 그냥 그렇게 삶을 살아가는 것이에요." 이프라가 말했다. 10년 전에 그 선생님들이 찾아오지 않았다면, 그녀도 아마 언니처럼 결혼해서 전업주부로 살았을 것이다. 물론 그런 선택을 한 사람들에게도 삶에 의미가 있겠지만, 이프라는 뭔가 다른 것을 원했다.

거실에 찾아왔던 손님들이 하는 이야기를 듣고, 이프라의 부모는 잘 모르겠다는 뜻으로 어깨를 한번 으쓱하고는 펜을 들어 서명했다. 그녀 역시 마찬가지였다. 더 깊이는 생각하지 않았다. 그해 7월, 처치 스트리트 임대 아파트 단지에 사는 다른 아이들 60명과 2주간의 여름방학 집중 프로그램에 들어가고 나서야 그녀는 깜짝 놀랐다. "평범한 프로그램이 아니었어요. 군인들이 받는 고강도 훈련 과정 같았지요."

온화한 8월에, 킥보드를 타고 밖에 나가 놀고 싶은 마음을 꾹 누르고 매일 아침 8시까지 등교해서 오후 5시까지 꼬박 있어야 했다. 이프라는 자기가 아주 말을 안 듣는 아이였다면서 끔찍하게 괴로웠다고 솔직히 털어놓았다. 엄마는 시간을 지켜 다니라고 그녀에게 말했다. "저는 '말 잘 듣고, 열심히 노력하기'라고 쓴 티셔츠를 입어야 했어요. 집에 오면 다들 킬킬거리며 놀렸지요." 친구들이 방학인데 학교에서 무얼 하느냐고 물었을 때는 "아, 거긴 KSA야. 나 KSA에 다녀!"라고 말했다고 한다.

KSA는 '킹 솔로몬 아카데미King Solomon Academy'의 줄임말로, 이프라의 집에 찾아온 손님 중 한 명이 설립한 학교다. 이 설립자는 모든 아이들에게는 더 많이 배울 능력이 있다는 확신을 갖고 있었다. 그래서 3~18세 사이 아이들 중에서 가장 가정 형편이 어렵거나 학습 능력이 가장 뒤떨어지는 아이들을 선발해 2학년씩 섞어 묶은 학교를 만들어 자신의 생각을 증명해보고자 했다. '변명이 통하지 않고, 수준이 높은, 대학 진학 준비반'으로서의 기풍이 자리를 잡아서 학생과 교직원이 함께 목표 달성을 위해서라면 무엇이든 하는 분위기였다고 그 설립자는 내게 설명했다. 그는 적당한 조건만 갖춰진다면 모든 아이들의 두뇌를 성공의 경험과 목표에 고정시킬 수 있을 것으로 생각했다.

앞서 언급한 2주간의 훈련 과정을 시작으로, 영국에서 가장 가난한 아이들이 성적을 최상위까지 끌어올리는 놀라운 여정을 밟아나갔다. 어스름한 11월 어느 날 저녁에 내가 기차를 타고 이프라를 만나러 리즈까지 간 것도 바로 그 과정의 뒷이야기가 궁금해서였다. 참여한 아이들은 물론 교사들에게도 쉽지 않았지만, 그 과정은 아이들이 환경만 잘 갖춰진다면 어느 정도까지 배우고 익힐 수 있는지를 여실히 보여주는 대표적인 사례가 되었다. 그래서 이번 장에서는 이프라의 이야기를 중심으로 살펴볼 것이다. 우리 뇌의 잠재력은 어느 정도이고, 보다 많은 아이들이 그 잠재력을 발휘할 수 있게 하려면 어떤 도움이 필요한지에 관해 생각해보려 한다.

이프라가 말했다. "저는 항상 사람들에게 이렇게 이야기해요. 이 모든 변화의 주역은 바로 맥스 하이멘도르프Max Haimendorf 선생님이라고요."

IQ 검사와
고정된 지능에 관한 오해

인간은 어디까지 배우고 익힐 수 있을까? 개인적으로 월워스 아카데미에서 교사로 있던 시절에 나는 내가 가르치던 10학년 학생들에게 공부를 더 잘할 수 있는 능력이 있다는 것만큼은 확실히 알았다. 인간의 학습 능력을 새로운 관점에서 생각해보려는 시도의 마지막 정착지로 KSA를 선택한 것은, 그곳 아이들이 실제로 '아이들에게는 더 많이 배울 능력이 있다'는 것을 증명했기 때문이다.

한때는 아이들이 슬렁슬렁 공부해도 괜찮다고 생각했지만, 우리는 그런 생각이 그다지 바람직하지 않다는 것을 이제는 잘 알고 있다. 진화하는 경제와 최대치까지 발전한 이 세상은 인간에게 잠재력을 최대한 발휘할 것을 요구한다. 빈곤국 아이들 네 명 중 세 명은 국어, 수학, 과학 세 과목에서 모두 학습 성취도가 아주 낮으며, 개발도상국 아이 열 명 중 세 명은 그중 한 과목의 성취도가 떨어진다. 나는 KSA가 그 문제를 해결할 수 있는 답을 가지고 있기 바랐다.

과거에는 애초부터 학습에 부적합한 아이들도 있다는 핑계들을 댔다. 이 프라만 하더라도 초등학교에서 IQ가 아주 낮다고 평가했다. 예전에는 학교에서 이런 신통치 못한 논리가 통하는 경우가 허다했다. 나는 교사로 일하던 시절, 내 어머니와 서로의 노트를 대조해봤던 적이 있다. 어머니도 교사였으며, 1980년대 초에 발표된 하워드 가드너Howard Gardner의 다중지능이론에 관해 연수받은 것을 토대로 가르치고 있었다. 다중지능이론에 따르면, 모든 아이들은 지능에 따라 언어, 공간, 음악, 신체운동 등 각자에게 맞는 학습 유형이 있으므로 교사들이 그에 맞춰 아이들을 가르쳐야 했다. 1980년대 초에 발표된 이 이론은 1990년대에 논박과 반증을 거쳐 2010년대에는 교사 연수 요목으로 중요하게 다뤄졌다.

다중지능이론의 출발점에는 프랜시스 골턴^{Francis Galton}이 있다. 찰스 다윈의 외사촌이자 박식한 학자였던 골턴은, 1868년에 인간의 지능에 관한 2,000년 묵은 논쟁을 정리하겠다고 나섰다. 인간의 능력은 아무것도 없는 백지 상태에서 시작해 경험에 의해 형성되는 환경의 산물일까, 아니면 선천적인 것일까? 다섯 살 때 자신의 동급생 중에 『일리아드^{Iliad}』를 읽은 아이가 단 한 명도 없다는 사실에 실망했을 정도로 타고난 천재였던 골턴은 똑똑한 사람들이 똑똑한 자손을 낳는 경우가 많다는 사실에 주목했다. 그리고 그 생각을 토대로 가설을 세우고 실험을 해본 뒤에 첫 번째 주요 저서인 『유전되는 천재^{Hereditary Genius}』를 발표했다. 이 책의 내용은 제목에서 힌트를 얻을 수 있는 바와 같이 지적인 부모들이 똑똑한 자식을 낳는다는 것이다.[1]

골턴의 이런 발상은 알프레드 비네^{Alfred Binet}에 의해 의도치 않게 확산됐다. 프랑스의 심리학자인 알프레드 비네는 20세기 초에 아동의 발달 단계를 평가하는 시험을 개발했다. 그 시험을 개발한 목적은 학교의 추가 지원이 필요한 아이들을 가려내기 위해서였다. 시험 항목은 광선을 따라서 응시하게 하는 것에서, 무작위로 제시한 숫자 일곱 개를 기억하는 것, '순종적인'이라는 뜻의 영어 단어 '오비디언트^{obedient}'와 운이 맞는 단어 세 개*를 찾는 것까지 다양했다. 시험 결과는 아이의 정신 연령을 나타냈다. 골턴은 이 도구를 단순히 배움의 과정이 어느 수준에 도달했는지를 가려내려는 의도로

---

* 문제의 정답은 deviant, ingredient, expedient였다.

만들었지만, 한 미국인 심리학자는 지능을 다른 관점에서 바라보는 데 이 시험을 활용했다.

루이스 터먼Lewis Terman은 우생학자이자 프랜시스 골턴의 추종자였다(우연하게도 그의 아들 프레더릭은 스탠퍼드 대학교 학장으로 있으면서 지역 산업과 창업을 육성해 실리콘밸리를 만든 인물이기도 하다). 지능이 유전된다고 믿은 루이스는 알프레드 비네가 개발한 시험을 지적인 능력을 분류할 수단으로 봤다. 그래서 제1차 세계대전 중에 최초의 대중적인 심리 검사를 진행하기 위한 '스탠퍼드-비네' 방식을 만들어서 병사 170만 명의 일반지능을 A에서 E까지로 나눠 평가했다. 그래서 A를 받은 병사는 장교 교육생으로, E를 받은 병사는 보병대에 편입됐다.

이 검사는 현대적인 IQ 검사와 지능은 고정된 것이라는 불쾌한 추측의 서막을 알렸다. IQ는 상당한 오해를 불러일으켰다. 실제로 IQ 지수는 시험에 나온 정신 연령에 따라 점수를 내고 실제 나이로 나눈 다음 100을 곱한 값으로, 그 수치는 상대적인 수단이며 특정 시기의 단면일 뿐인데도 평생 고정된 것으로 보았던 것이다.[2] 신경과학자들이 두개골 안쪽에 있는 회백질을 더 면밀히 살펴볼 수단을 마련하기 전까지는 말이다.

지능은 학습과 경험에 따라
얼마든지 달라진다

군소Aplysia는 기이한 동물이다. 얕은 열대 바다에 사는 자웅동체의 해양 연체동물로, 크기는 기니피그만 하며,

공격을 당하면 독성이 있는 탁한 암모니아를 내뿜는다. 그리스 사람들은 군소가 색깔이 얼룩덜룩한 갈색이고 한 쌍의 더듬이가 달려 있어서 '바다 토끼'라고 불렀지만, 사실 군소의 생김새는 토끼보다는 해삼에 더 가깝다. 군소는 동물 세계의 지진아다. 인간의 뇌에는 뉴런이 1천억 개 있지만, 군소에는 뉴런이 고작 20만 개밖에 없다.

그래서 군소, 그중에서도 특히 캘리포니아 군소^Aplysia californica^는 오랫동안 신경과학자들의 큰 관심을 끌어왔다. 그중 으뜸으로 꼽히는 학자는 호주계 미국인이자 노벨상 수상자인 에릭 캔들^Eric Kandel^이다. 캔들은 1940년대에 하버드 대학교를 다녔으며, 당시 대부분의 사람들처럼 행동주의의 창시자인 B. F. 스키너^B. F. Skinner^의 영향을 깊이 받았다. 하지만 스키너가 심리학을 절대적으로 행동 연구의 견지에서만 받아들이고, 자유의지가 환상이듯 생각도 환상이라고 믿었던 데 비해, 문학 전공자로서 예술적 감성이 있고 프로이트를 열성적으로 추종했던 캔들은 인간의 '생각'에 흥미를 갖고 생각의 신경학적 기초를 연구해보고자 했다. 그는 사람들이 머리를 쓸 때 뇌에서 어떤 일이 벌어지는지를 궁금해했다.

청년 시절의 어느 오후에 캔들은 프랑스 파리에 있는 연구실에서 군소를 보고 한눈에 마음을 빼앗겼다. 군소의 신경학적 구조가 단순하므로 그것의 뇌에 있는 뉴런과 시냅스를 하나씩 연구할 수 있을 터였다. 게다가 이 동물은 자극에 닿으면 반사적으로 아가미를 닫는 습성도 있었기 때문에 연구 대상으로는 안성맞춤이었다.

신기원을 이룬 이 연구에서 캔들은 군소를 부드럽게 어루만지거나 '해를 가하지 않는 접촉'을 40여 회 거듭하면 아가미의 본능적인 반사작용이 중단된다는 사실을 밝혀냈다. 더 놀라운 것은 반사작용의 중단을 군소 뇌의 신경 구조를 통해서 확인할 수 있었다는 점이었다. 군소의 뇌에서 생화학적인 변화가 나타났을 뿐 아니라(운동 뉴런 시냅스 사이의 신경전달물질의 농도가 낮아졌다) 해부학적으로도 신경 세포의 축색돌기와 수상돌기의 물리적 구성이 달라지는 변화가 나타났다. 캔들은 『기억을 찾아서In Search of Memory』에서 이렇게 진술했다. "뇌의 시냅스는 개수가 고정되어 있는 것이 아니라, 학습에 따라 변한다는 사실을 사상 처음으로 확인할 수 있었다."[3]

캔들의 연구는 뇌의 가소성을 처음으로 명확히 증명해낸 혁명적인 발견이었다. 그전까지만 해도 사람들은 우리 뇌의 신경 구조가 태어날 때 이미 각인되어 있으며, 물에 담가 놓으면 부풀어 올라서 트리케라톱스나 티렉스가 되는 '공룡 알' 장난감처럼[4] 아동기를 거치면서 서서히 밝혀지는 것이라고 믿었다. 그래서 사람들은 지능이 고정된 것이라고 믿었다. 하지만 캔들은 뇌의 해부학적 구조 그 자체, 즉 전달 경로를 따라 흐르는 신호만이 아니라 경로 그 자체가 경험에 따라 바뀐다는 사실을 증명했다.

성적은 한계가 아닌 과정을 보여줄 뿐이다

프랜시스 골턴이 제시한 근거 없는 믿음이 학교 교육 현장에 여전히 남아 있는 가운데, 군소 뇌의 변화를 기록한 캔들의 연구는 지능이 고정된 것이 아니라 영향을 받아 변하기 쉽다는 사실을 명백하게 밝혀냈다. 군소에게 적용되는 사실은 사람에게도 적용되므로, 이로써 천성과 교육 모두가 성장에 영향을 끼친다는 사실이 밝혀진 것이다. 유전자는 두뇌에 일정한 가드레일을 만든다. 하지만 그 토대를 넘어선 지능의 성장은 개별적으로 진행되는 끝없는 과정이다.[5]

그 사실이 학교에 끼치는 영향은 하이멘도르프의 도박만큼이나 급진적이다. 성적은 아이가 가진 잠재력의 한계를 정하는 것이 아니라, 그저 현재 어디까지 와 있는지를 보여주는 자료일 뿐이다. 나아가 아이들은 모두 다르며, 아무도 흉내 낼 수 없는 자기만의 강점과 능력이 새겨진 신경회로를 가지고 있음을 암시한다. 이처럼 다양한 신경학적 능력과 특성은 학습 장애 진단을 받은 학생들에게 가장 확실히 나타난다. 캔들은 다양성과 독자성의 문제를 훌륭하게 탐구해 풀어낸 책 『부모와 다른 아이들Far From the Tree』*의 저자 앤드루 솔로몬Andrew Solomon에게 "자폐를 이해할 수 있으면 뇌를 이해할 수 있다"고 말하기도 했다.

우리는 이제 겨우 표면을 훑기 시작했을 뿐이다. 학습자는 모두 다르다. 그 누구든 현재의 성적이 운명을 좌우하는 일은 없다. KSA의 도전은 우리 모두가 공유하는 도전이었다. 열한 살의 이프라와 친구들은 불가항력적인 이유에서 다른 아이들과 비교해 많은 발전을 거두기가 힘든 상황이었다. KSA는 그 점을 인식하고, 성장 배경과 관계없이 모든 아이들에게는 막대한 잠재력이 있다는 믿음을 가지고 큰 모험에 나섰다.

이프라를 만난 후 런던으로 돌아오는 기차에서 나는 KSA의 아이들이 어떻게 그럴 수 있었는지 궁금해졌다. 정신적 잠재력을 최대한 발휘할 수 있게 만드는 절묘한 수단이라도 있었던 걸까?

---

* 앤드루 솔로몬의 『부모와 다른 아이들』은 '아이들의 다양한 정체성'이라는 주제를 심도 깊게 파고든 책으로, 전미비평가협회상 등 다수의 상을 수상했다. 꼭 읽어보아야 할 걸작이다. 솔로몬은 '차이'라는 주제를 누구도 흉내조차 내지 못할 수준의 권위와 공감으로 풀어나간다. 혹시라도 이 주제에 관심이 있는 사람이라면, 지금 바로 이 책을 내려놓고 꼭 먼저 읽어보라고 권하고 싶다. 그 밖에 토드 로즈의 『평균의 종말』도 이 주제를 다룬 아주 유익하고 훌륭한 책이다.

관심을 사로잡고 집중하게 하라

기술을 신봉하는 사람들은 이미 자신들이 해법을 찾아냈다고 생각했다. 하지만 싱귤래리티 대학교의 설립자 중 한 사람인 피터 디아만디스^{Peter Diamandis}는 "오늘날 우리가 배우는 방식은 틀렸다"라고 했다. 기업가이며 특히 우주에 집착해왔던 디아만디스는 모든 사람들의 '창조적이고, 기업가적이며, 독창적인 정신'을 일깨워서 '세계 최대의 문제'를 풀 해결책을 제안함으로써 '모든 사람을 풍요로 인도할 다리'를 만든다는 목표 아래 수억 달러의 기금을 운영하는 재단 X-프라이즈^{X-Prize}를 관리하고 있다. X-프라이즈는 유인 우주선, 테드 강연을 하는 인공지능, 정식 의사보다도 훌륭한 처방을 내릴 수 있는 휴대용 기기 같은 신기술을 만드는 사람에게 1000만 달러의 상금을 수여했다.

실리콘밸리에 갔을 때 디아만디스를 직접 만나지는 못했지만, 나는 그가 학교 교육에 관심을 두고 있음을 알았다. 기술은 인간이 훨씬 더 능률적으로 경험할 수 있게 도와준다. 만약 우리가 그 같은 기술을 이용해 학습을 덜 지루하게, 사용자 친화적으로 만들 수 있다면, 인간의 정신 능력을 최대치로 이끌어낼 수 있을 것이다. 디아만디스는 "학습은 암기와는 멀어지고, 앵그리버드 게임에 더 가까워져야 한다"고 했다.[6] 이런 견해는 캐시 허시파섹의 의견과 거리가 있지만, 나는 그가 무엇을 말하려는지 알 것 같았다. 아이들은 교실 수업에 맞춰 따라가기 힘들 정도로 이미 기술에 물들어 있다.

교사가 된 첫해에 모든 것이 서서히 흐트러지고 있었다. 첫 학기는 아이들이 새로 온 선생님을 조심하고 경계하는 유예기간이어서 비교적 수월하게 넘길 수 있다고 한다. 하지만 아이들은 그저 엉덩이를 뒤로 빼고 편히 기대앉아서 나를 평가할 터였다. 저 선생님이 엄한가? 열의가 있나? 경험이 없는 건 아닌가? 관심이 있을까? 어떤 기준을 두고 있을까? 정해진 기준점이 있을까? 그러고 나면 아이들은 나를 시험해보기 시작할 것이 분명했다. 지시사항을 제대로 따르지 않거나, 과제가 너무 어렵다고 주장하거나, 화장실에 다녀오겠다는 핑계로 교실을 벗어나려고 할 터였다. 그래서 나는 2주간의 수업 계획을 미리 세워서 만반의 준비를 갖추고, 행동 체계를 신중하게 계획했다.

"화장실 다녀와도 돼요?" 아니나 다를까 수업 첫날부터 딘이 앞으로 바짝 다가와서 물었다. 9학년 학급 아이들과 『줄무늬 파자마를 입은 소년The Boy in the Striped Pyjamas』을 막 읽으려던 참이었다.

"아니, 안 돼. 자리에 가서 앉아라." 나는 차분하게, 그리고 권위 있게(그렇게 들렸기를 바랐다) 대답했다.

하지만 딘은 꼼짝 않고 서 있었다.

"선생님, 제발요. 학교에서 그래도 된다고 허락했어요."

"맞아요. 쟤는 수업 중에 화장실 가도 돼요. 이미 허락받았어요." 마리아가 끼어들었다.

하지만 교장 선생님은 내게 수업 중에는 아무도 교실 밖으로 나가게 해서는 안 된다고 당부했다.

"아니, 수업이 끝날 때까지 기다려야 해."

딘은 그 자리에 선 채로 내 얼굴을 계속 뚫어지게 쳐다봤다. 나는 갑자기 맥이 쫙 빠졌다. 열세 살짜리 남자아이를 자리에 앉힐 방법이 내게는 없었다. 상황은 교착 상태에 빠져들었다.

"그냥 보내세요." 해리가 거들었다.

"선생님, 제발요." 딘이 간청했다.

"빨리 다녀와." 나는 굴복하고 말았다. 그렇다고 무슨 문제가 생기는 건 물론 아니었다. 딘은 환해진 얼굴로 서둘러 나갔다. 나는 아이들과 읽기 수업을 계속했다.

절망적인 기분으로 학부모 상담실에 앉아 탁자에 그려진 고층 빌딩 그림에 눈길을 둔 채로 차를 홀짝거리면서, 나는 그때가 첫 번째 간극이었음을 깨달았다. 루디 줄리아니^Rudy Giuliani 뉴욕 시장이 범죄 문제를 언급하면서 "깨진 유리창처럼 작은 부분에 세심한 주의를 기울이지 않으면 큰일들이 우후죽순으로 퍼져나간다"고 했던 것처럼, 정말 그랬다.

나눠줬던 수업 자료는 아이들이 수업에 집중하지 않는다는 사실을 그대로 보여줬다. 단락을 깔끔히 정리하고 정성들여 적어 놓은 경우도 있었지만, 대부분은 제 기능을 못하는 문제 집단의 무력감과 우둔함을 드러냈다. 긁힌 자국, 마무리되지 않은 문장, 만화 같은 통계 그래프, '너무 지루하다'라고 쓴 혼잣말 같은 낙서를 보고 나서, 나는 힘이 빠져 소파에 털썩 기대어 누워버렸다. 한 가지는 확실했다. 이 아이들은 내 수업에서 별로 배운 게 없다는 사실이었다. 순진한 7학년도, 요령 있는 9학년도, 바닥을 헤매는 11학년도 모두 마찬가지였다.

학기 중간에 있는 단기 방학이 시작되기 전에, 특히 엉망이었던 수업에 참관했던 내 멘토 선생님은 "학생들의 관심을 사로잡아야 해요"라고 조언했다. 바로 이 대목에 디아만디스가 관여한다. 끝없이 쏟아지는 정보의 시대에 가장 값진 것은 집중된 관심이다.[7] 구글과 페이스북 같은 정보통신 기업들의 진수는 바로 사람들의 관심을 사로잡는 능력이다. 2016년 조사에 따르면, 사람들은 하루에 스마트폰을 평균 221회 확인한다고 한다. 16~24세 사이 영국인이 하루에 인터넷을 4시간씩 이용한다는 통계는 충격적이지만, 같은 연령대 미국인이 스마트폰에 빠져서 하루에 5.5시간을 보내는 것에 비하면 훨씬 적은 편이다. 미국인 중 1억 5,500만 명 이상이 비디오 게임을 즐기고, 일주일에 총 30억 시간 이상을 상상의 세상에 있는 온라인 아바타를 조종하면서 보낸다. 우리는 꼼짝없이 손에 들고 다니는 컴퓨터 화면의 노예 신세가 됐다.[8]

컴퓨터한테 칭찬을 들으면 기분이 좋아질까?

1998년에 B. J. 포그B. J. Fogg라는 전도유망한 심리학자는 스탠퍼드 대학교에 '설득 기술 연구소Persuasive Technology Lab'를 열었다. 그는 인간의 행동이 어떻게 컴퓨터의 영향을 받을 수 있는지를 보여주는 연구로 유명하다. '실리콘 아첨꾼: 아첨하는 컴퓨터의 영향'이라는 제목의 연구에서 실험 참가자들은 각자 컴퓨터를 가지고 주어진 과제를 수행하면서 컴퓨터로부터 서로 다른 수준의 격려(진심 어린 칭찬, 추켜세우기, 일반적인 피드백)를 받았다.[9]

참가자들은 격려해주는 주체가 사람이 아닌 기계라는 것을 알고 있었지만, 추켜세우는 말이나 진심 어린 칭찬을 받은 사람들은 일반적인 피드백을 받은 사람들보다 과제를 더 훌륭히 수행해냈다. 그리고 추켜세우는 말을 들은 사람들은 그 경험을 더 기분 좋게 느꼈으며, 로봇 동료에 대해 더 긍정적인 태도를 보였다. 포그는 "컴퓨터로부터 추켜세우는 말을 듣는 경우 사람한테서 그런 말을 들었을 때와 똑같은 영향을 받는다"라고 결론지었다.

상호작용하는 기술이 발달한 세상이고 보니, 이 소식은 마치 페이스북에서 고양이 사진이 퍼져 나가듯 널리 확산됐다. 인간관계를 지배하는 원칙으로 심리학자들이 받아들이던 '호혜의 원칙(사람들이 받은 만큼 상대에게 되갚는 것)'이 인간과 기계 사이에서도 통하는 것이라고들 생각했다. 이 실험 결과는 컴퓨터가 언젠가는 사회적인 역할을 하게 될 것이라는 추측을 뒷받침했으며, 기계가 얼마나 쉽게 인간을 조종할 수 있는지를 보여주었다. "우리 인간은 아첨에 잘 넘어간다"라고 포그는 지적했다.

페이스북에서 보내는 시간만 따져도 하루에 40분이나 되는 지금과 같은 시대에는 컴퓨터가 실질적인 위력을 행사할 수도 있을 듯하다. 심리학적인 지식을 활용하면 인간의 행동에 영향을 끼치는 애플리케이션을 설계할 수 있다. 포그는 그가 새롭게 개척한 분야를 캡톨로지captology라고 불렀다. 이 용어는 인간의 관심을 사로잡는 능력이라는 뜻에서 유래한 것이 아니라 '설득적인 기술로서의 컴퓨터computers as persuasive technology'의 머리글자를 따서 만든 것이다. 사람들은 당연히 학생들이 더 오랜 시간 학습할 수 있도록 교육 소프트웨어가 옆에서 학생들을 설득하는 기술 유토피아적인 미래를 그렸다. 그리고 또 다른 사람들은 돈이 될 가능성을 봤다.

인간 행동에 영향을 미치는 기계

현재 알려져 있는 것과 같은 행동 설계Behaviour design는 새로운 분야가 아니다. 그 뿌리는 1930년에 B. F. 스키너가 하버드 대학교 석사 과정에 있으면서 '조작적 조건 형성 공간'에 처음으로 쥐를 들여보낸 순간으로 거슬러 올라간다. '스키너 상자'라는 이름으로 널리 알려진 이 상자는 사방이 막혀 있고 한쪽 끝에 레버가 달려 있었는데, 레버를 누를 때마다 먹이가 조금씩 공급됐다. 굶주린 쥐는 처음에 몇 번은 자기도 모르게 레버를 건드려서 우연히 먹이를 얻었다. 그러나 일정 시간이 흐르자 쥐는 상자에 들어가자마자 바로 레버 쪽으로 후다닥 달려갔다. 보상이 행동을 강화했던 것이다. 스키너는 이 실험을 통해 쥐, 비둘기, 사람에 관계없이 모든 주체의 '자발적인 operant' 행동이 이런 식으로 프로그램되는 것인지도 모른다고 믿게 됐다. 즉 의식적인 선택보다는 환경 조건이 행동을 유발한다는 것이다. 그렇게 본다면, 자유 의지는 환상에 불과해진다.

1948년, 제2차 세계대전의 대학살이 있었던 시대적 배경과 자신의 연구 결과를 바탕으로 스키너는 소설을 발표한다. 문제의 소설에서 그는 자신이 발견한 새로운 과학으로 모든 사람들이 사회 정의와 행복을 누리는 이상적인 사회를 그리는데, 그곳의 이름은 소설의 제목이기도 한 『월든 투Walden Two』이다. 월든 투의 시민들은 '계획자'들이 치밀하게 계획한 결과에 따라 '자연스럽게' 체득한 대로 행동한다. 감정적인 측면이 배제되었다는 점을 빼고 생각하면, 흡사 어른들을 위한 펜그린 센터 같다.

긍정적인 강화와 부정적인 강화는 오늘날 교사들이라면 모두 익히 알고 있는 용어인데, 스키너의 소설에 나오는 모든 행위 주체들은 면밀하게 관리되는 긍정적인 강화와 부정적인 강화의 영향에 완전히 빠지게 된다. 스키너를 신봉하는 다른 많은 사상이 심리학, 대중매체, 광고, 학교에 남아 유지됐지만, 그가 생각했던 유토피아는 대중매체에 의해 방해를 받으면서 실현이 좌절됐다. 그런 유토피아를 실현하려면 전체주의 정부가 수립되어야 할 것이다. 그건 오늘날까지도 변함이 없다.

어찌되었든, 이제는 모든 사람이 주머니에 디지털 스키너 상자를 지니고 다니게 됐다. 그것으로 우리 행동을 프로그램 할 수는 없을까?

포그의 스탠퍼드 대학교 내 홈페이지에는 "네, 이건 무시무시한 주제가 될 수도 있습니다"라고 적혀 있다. 이럴 수가! 그는 '인간의 신념과 행동에 영향을 끼치도록 고안된 기계'가 나올 미래를 약속했다. 물론 영원히 지속되는 영향을 말하는 것이다. 그는 웹사이트에서 "사람들이 남을 설득할 때처럼 기계를 이용한 설득적 기술도 건강, 비즈니스, 안전, 교육 등 수많은 영역에서 긍정적인 변화를 낳을 수 있다고 믿는다"라고 덧붙인다.

그럴 수 있을지 모른다. 포그의 연구실에서 공부했던 학생들이 졸업해서 인스타그램을 창업하고, 구글의 사용자 경험을 설계하고, 습관성을 유도할 상품의 개발 방법을 자문하는 등 활약해왔다. 그런 사례에 모두 설득적 기술이 활용됐다. 하지만 과연 그 기술이 긍정적인 변화를 낳았다고 볼 수 있을까? 피터 디아만디스는 "아이들을 게임에 중독되듯 공부에 중독되게 만들어야 한다"는 말로, 사람들의 집중력을 끌어 모으는 휴대용 기기의 힘으로 학습혁명을 촉진할 수 있다는 의견을 함축적으로 전달했다. 하지만 나는 그 말에 선뜻 동의하기가 힘들었다.

집중한다고 반드시 무언가를 배웠다는 뜻은 아니다

가르치던 교실 수업이 위기를 맞으면서, 나는 선배 교사들과 상의해서 실행 계획을 세웠다. 수업 분위기를 흐리지 않게 아이들을 단속하는 데 시간을 허비하느라 정작 수업을 들을 준비가 된 아이들은 아무것도 못한 채 멍하니 있어야 했다. 그런 상황을 바꾸어야 했다.

내 멘토 선생님은 간단한 활동으로 수업을 시작하는 방법을 제안했다. 수업 자료를 나눠주지 않고, 학생들 전체가 동시에 활동을 시작하지 않아도 되며, 아무런 설명도 필요치 않은 방법을. 그저 책상 위나 칠판에 명기된 간단한 활동 과제가 교실에 들어서는 학생들을 맞도록 했다. 학생들은 조용히 들어와서 정해진 활동을 시작했다. 나는 아이들에게 주의를 주기보다는 잘하는 학생들이 주목받을 수 있게 칭찬하고 좋은 점수를 줬다. 교실 수업에서 통용되는 화폐는 아이들의 집중과 관심이었으며, 교사인 나는 그런 기준에서 거래를 했다.

이후 9학년 아이들이 완전히 탈바꿈했다. 경외하는 태도로 조용히 『줄무늬 파자마를 입은 소년』 수업을 들었으며, 지문을 읽고, 지난 시간에 배웠던 부분에 관한 문제지에 답을 달았다. 모든 수업은 짧은 과제로 시작했다. 그리고 수업 때마다 학생들 28명 전원이 교실에 앉아서 과제를 풀었고, 그 덕분에 나는 딘과 마리아 같은 문제 학생들을 챙길 시간을 벌었다. 가장 효과적인 활동은 단어 찾기였다. 열세 살짜리 아이들이 단어를 찾는 활동에 흠뻑 빠져들어서 5분이나 10분, 길게는 15분을 보내다가 내가 다음 활동으로 넘어가려고 하면 아직 못 찾은 단어가 있다면서 시간을 조금만 더 달라고 애원하기까지 했다. 그 활동에는 아이들의 관심을 사로잡는 힘이 있었다.

그런데 크리스마스 연휴에 그동안 했던 학생들의 과제 모음집을 살펴보던 나는 마음속에 이런 의문이 슬그머니 고개를 들었다. '아이들은 전보다 수업에 집중한다. 이제는 화장실에 가도 되냐고 질문하기보다는 각자 정해진 활동에 몰두한다. 하지만 과연 아이들이 수업에서 무언가를 배웠을까?' 과제 모음집을 보면 그런 것 같지가 않았다. 한 장 한 장 살펴보면서 나는 아이들이 거의 아무것도 배우지 못했다는 사실을 깨달았다. 단어 찾기는 새를 투척해서 돼지 탑을 무너뜨리는 앵그리버드 게임과 어깨를 나란히 할 만한 활동이었다. 이 같은 단순하고 반복적인 과업에 완전히 몰입하는 것은 어렵지 않다. 하지만 그렇다고 해서 무언가 나아지는 것은 아니었다.

만일 기계의 혁신적인 힘이 인간의 집중력을 유도해서 혁명적인 변화를 촉발하는 데 있는 것이라면, 학습의 진정한 본질에 대해 더 깊이 알아볼 필요가 있었다. 내가 리즈에 가서 이프라를 만나게 된 것도 바로 그 때문이었다. KSA에서 7년을 공부한 그녀와 그녀의 동창생들은 영국의 다른 어떤 집단의 학생들보다 많은 것을 배웠다. 그 사실은 이미 시험 성적으로 증명됐다. 이것은 모호한 예측이 아니라 실제 삶을 통해 증명된 주목할 만한 성공 사례. 나는 더 자세한 것들을 알아보기 위해 킹 솔로몬 아카데미를 직접 찾아갔다.

모든 아이에게 잠재력이 있다는
사실을 입증한 KSA

킹 솔로몬 아카데미ᴷˢᴬ는 화려한 화랑들이 늘어선 런던 메릴르번 도로에 인접한 작고 그늘진 골목길들 사이에 소박하게 자리 잡고 있었다. 꽤 쌀쌀했던 11월, 아침 8시 정각에 팬폴드가에 있는 교문이 굳게 닫히고, 하이멘도르프 선생님은 교직원들에게 전달 사항을 설명했다. 눈보라가 닥칠 것이라는 예보가 있었지만 지각한 사람은 한 명도 없었다. 젊은 교사 50여 명은 코코팝스 시리얼바와 인스턴트 커피를 앞에 놓고 교장 선생님의 설명을 들었다. 7, 8, 9학년 학생들의 태도 문제, '흑인 역사의 달' 관련 행사, 방학 과제, 8학년 풋볼 토너먼트, 과학관 견학 등의 소식이 전달됐다. 학교라기보다는 명확한 목표에 맞게 움직이는 기업 분위기였다. 회의는 5분 33초 만에 끝났다. 선생님들은 손에 커피를 들고 자리에서 벌떡 일어나 학생들을 맞이하러 갔다.

KSA는 현재 영국 전체에서 열 손가락 안에 꼽히는 명문이다. 2015년에 KSA는 영어와 수학을 포함한 GCSE 다섯 과목에서 모두 C 이상(A+에서 C

사이)을 받은 학생이 95퍼센트에 이르렀다. 이는 GCSE로만 따졌을 때 영국에 있는 종합 중등학교 중에서 최고의 결과였다. 맨 처음의 학력 수준과 최종 성적의 차이를 계산해서 학생들이 5년 동안 얼마나 배웠는지를 측정하는 '프로그레스 8$^{Progress 8}$' 지표는 2016년에 처음 도입됐는데, 이 지표에서도 KSA는 연속으로 전국 최상위 몇 개 학교 안에 들었다.

KSA에 입학하는 11세의 학생들은 읽기와 쓰기 실력이 기대치보다 몇 년씩 뒤떨어진 보병 수준에서 출발해 18세가 되면 장교 정도의 자질을 갖추어 졸업하는 셈이다. 학생들 대다수가 무상급식 대상자일 정도로 가정 형편이 어려운데도,[10] 졸업생 열 명 중에 아홉 명은 이프라처럼 대학에 진학한다. 이 학교의 성공이야말로 인간의 지능은 가변적이라는 사실과 하이멘도르프 교장의 꿈이 실현 가능하다는 사실을 드러내는 반박할 수 없는 증거다.

옥스퍼드 대학교에서 과학을 전공한 맥스 하이멘도르프는 런던 중심지로 출퇴근하는 획일적인 삶은 자기 적성이 아니라는 것을 일찌감치 깨달았다. 그는 고등학교를 졸업하고 대학 과정을 시작하기에 앞서 1년 기한으로 남태평양 중부에 있는 나라 통가로 가서 학생들을 가르쳤고, 이후 대학의 성적 우수자들을 도내 학교에 우선 배치하는 티치 퍼스트$^{Teach First}$ 프로그램의 첫 번째 모집에 지원했다. 그는 "(그 프로그램은) 가르침에 대한 이상을 꿈꾸게 하는 매력적인 홍보 문구를 내세웠지요"라고 말했다.

런던 서부에 있는 중학교에서 새내기 교사로 첫출발한 하이멘도르프는 뛰어난 실력을 발휘했고, 금세 자청해서 학급 담임이 되었다. 그는 학생들에게 옷 단추를 맨 위까지 채우게 하고 바닥에 휴지조각 하나 굴러다니지 않게 하는 등 시시콜콜한 것까지 신경을 썼다. 그런 모습을 보고 동료 교사들은 학생들 가운데 숙제를 할 능력이 안 되는 아이들도 있으니 너무 그렇

제1부 | 새롭게 생각하기

게 애쓸 필요 없다고 조언했다. 하지만 그는 학교 체계에 뿌리내린 아이들을 향한 낮은 기대치를 그대로 수긍하지 않고, 적절한 지원, 기대, 환경만 갖춰진다면 모든 아이들이 좋은 성과를 낼 잠재력이 있다고 믿고 자기 식대로 밀고 나갔다.

하이멘도르프는 매주 토요일 아침에 뜻이 비슷한 교육 급진주의자들과 모임을 갖고 커피를 마시면서 이상적인 학교에 대한 서로의 비전을 공유하고 정리했다. 그들은 자신들의 꿈을 현실에서 이뤄내려면 적어도 한 명은 이 일을 맡아 전념해야 한다는 생각을 공유했다. 얼마 뒤, 여러 계열의 학교를 둔 기관에서 열정 있는 창립 이사들이 하이멘도르프를 찾아와 공공기금 수백만 파운드와 아이들 수백 명의 인생을 맡길 테니 학교를 되살려 달라고 부탁했다. 그리하여 열정에 넘치는 스물여덟 살 젊은이 하이멘도르프는 KSA의 개교와 함께 영국에서 가장 나이 어린 교장이 되었다. 그는 "심연으로 뛰어 드는" 모험이었다고 말한다.

KSA의 엄격한 교육 방침

학교를 찾아갔던 날 오후에 사무실에서 하이멘도르프를 만났을 때 그는 "1분 1초, 그리고 모든 상호작용을 소중히 여겨야 한다"고 설명했다. 책장에 『블랙박스 시크릿Black Box Thinking』, 『괴짜 경제학Freakonomics』, 『데이터로 움직여라Driven by Data』와 같이 기발한 아이디어를 다룬 책들이 손때가 잔뜩 묻은 채로 꽂혀 있는 것을 보고, 그가 새로운 개선과 발전에 항상 주목하고 있음을 엿볼 수 있었다. 이제 그의 나이도 30대 중반에 이르러서 관자놀이 주변으로 희끗희끗한 머리가 눈에 띄었다. 그는 온종일 바쁜 업무에 매달리고, 집에는 갓 태어난 아기가 있어서인지 조금 피곤한 기색이었다. 하지만 KSA

학생들을 향한 열정은 조금도 줄어들지 않았으며, 이프라가 기억하는 모습 그대로 아주 단정한 정장에 넥타이 차림이었다. 그가 하는 모든 일은 학생 모두를 좋은 대학에 보내겠다는 단순한 목표에서 출발했다.

KSA가 가장 중요하게 생각한 것은 시간적인 측면이었다. 지적인 능력이 유동적이라는 믿음을 전제로 할 때 시간을 더 많이 투자한다는 것은 더 많이 배울 수 있다는 의미였다. 그래서 학생들이 추가 학습 시간을 확보할 수 있도록 정규 수업 시간을 오전 7시 25분부터 오후 5시까지로 확대했다. 여름 방학에도 2주를 더 공부하고, 방학 기간에도 매일 저녁에 2시간씩 숙제를 해야 했다.

그 다음 문제는 관계의 질이었다. KSA에서는 매년 새로 입학하는 학생 수가 60명에 불과하지만, 일반 중학교 교사들은 보통 일주일에 학생 400명을 만나고 가르친다. 하이멘도르프는 "그래서 일반 학교 교사들은 아이들을 도와주는 건 고사하고 이름도 기억하지 못할 때가 많다"고 설명했다. 반면에 KSA에서는 교사들이 특정 학년을 도맡아 가르치기 때문에 수업 준비에 드는 시간을 아낄 수 있는 데다 몇 배로 큰 효과를 냈다. 아울러 학생 개개인을 철저하게 파악하고 있었다.

그리고 마지막으로, 폭넓은 교육보다는 깊이 있는 교육을 강조해서 "다른 교과에 앞서 국어와 수학을 최우선으로 다루도록" 했다. 다시 말해 이곳 학생들은 선택의 기회는 많지 않지만, 최소한 정해진 과목만큼은 철저히 배웠다.

교육 과정은 7학년을 대상으로 하는 '신입 훈련 과정'으로 시작했다. 하이멘도르프는 "그런 식의 문화를 조성할 필요가 있었다"고 설명했다. 개교 첫해 여름에는 마치 최상급 운동선수들이 시합을 앞두고 훈련 캠프에서 연습하듯 천장이 둥근 돔 형태의 공간을 조성해서 학생들이 바깥 도로나 집중을 방해하는 여러 요인에서 벗어날 수 있게 했다. 또 학생들에게 공공연하게 조건을 달아서, "2주 동안 학교 방침을 순순히 받아들이고, 늘 예의 바르게 행동하며, 정해진 과제를 반드시 완수하고, 지속적으로 그리고 자주 칭찬을 들을 수 있도록" 했다. 학교에서는 학생들의 공부 근육을 발달시키고, 흥미를 강화하고, 집중력과 인내심을 키웠다. 하이멘도르프는 주체성, 좋은 습관, 모범적인 행동을 갖춘, 유대감 넘치는 '팀이자 가족' 같은 집단을 만들고자 했다. 그는 2주 뒤면 "동급생들을 칭찬하는 것이 멋지고 당연할 뿐더러, 학교 공부를 잘하는 것이 멋지고 재밌어"질 것이라고 생각했다.

특이한 분위기가 자리를 잡아서, 쿵쾅거리는 소리 대신 마우스 딸깍거리는 소리가 나고, 복도에서는 소리 없이 걷고, 과제물은 지정된 곳으로 빠짐없이 제출하고, 필통은 투명한 것을 썼다. 그리고 아주 세세한 부분까지 고려 대상이 됐는데, 그러다 보니 규율이 너무 엄격하다는 비난을 받았다. "변명은 무슨 일이 있어도 절대 통하지 않았어요." 이프라가 진지한 표정으로 말했다. "맞는 게 아니면 무조건 다 틀린 것이었고, 잘하지 못했다면 전부 잘못한 것이었어요. 그리고 선을 넘으면 그걸로 끝이었어요."

믿음이야말로 가장 올바른 교육의 출발점

하이멘도르프는 항상 따뜻하면서도 엄격한 기준을 두고 있던 맨체스터 유나이티드의 전 축구감독인 알렉스 퍼거슨Alex Ferguson에 비교할 만한 교육계 지도자였다.

"그런 엄격한 기준은 아이들에 대한 철저한 관심과 모든 아이들이 정해진 목표를 달성할 수 있다는 믿음에서 나옵니다." 하이멘도르프가 설명했다. "어떤 상황에서든 그런 믿음을 가지고 있는 것이야말로 올바른 출발점이지요." 학교의 모든 시스템은 아이들의 습관을 만들고 학습 시간을 최대로 늘리는 데 철저히 맞춰져 있었다. 대학 진학을 목표로 하고 있었으므로 아이들은 늘 성실하게 생활할 수밖에 없었다. 오로지 시험 점수에만 집착하는 것으로는 부족했다. 더 큰 열망을 품고, 자기만의 개성을 키우고, GCSE 시험의 범위를 넘어서까지 배워야 했다.

그리고 진학을 희망하는 대학의 이름을 딴 공부 모임을 만든다든지 하는 촌스러운 행동도 했다. 예를 들면, 이프라와 가장 친한 친구인 메이는 맨체스터 시험 대비반에서 공부하다가 결국 맨체스터 대학에 진학했다. 또 '플래닛 KSA'라고 불리는 시간도 운영했다. 이 시간에 학생들은 대학 교육과정을 인터넷으로 검색하고, 만약 대학에서 누군가가 술에 취해서 쓰러져 있는 것을 우연히 본다면 어떻게 할 것인지 역할극을 하기도 했다. 모든 아이들이 일주일에 4시간씩 악기를 배우고, 오케스트라 단원이 되어 빈과 파리까지 공연을 하러 다녀오기도 했다. 모든 학생들은 매년 명문 대학 캠퍼스에서 진행되는 일주일짜리 교육 과정에 참여했다.

"옥스퍼드 대학교는 지금도 생생히 기억이 나요." 이프라가 내게 말했다. "정말 행복한 기분이 들었거든요."

학교에서는 학생들에게 엄청나게 높은 기대치를 적용했으며, 아이들은 그런 문화를 서서히 터득하고 받아들였다. 얼마나 기대가 높았던지 이프라와 메이가 GCSE 시험에서 대단히 좋은 성적을 받았는데도 하이멘도르프 교장은 만족하지 못했다. 그는 "그 결과에 실망했다는 걸 주위 사람들에게 이야기하는 실수를 범했다"고 털어놓았다. 그 목표를 달성하기 위해 엄청나게 노력했던 교사들이 교장의 이런 생각을 달갑지 않게 받아들였던 것이다. 이런 교육에서는 무엇보다 사람이 중요했다. 학교의 성공은 선견지명이 있는 관리방식, 교사들의 훌륭한 지도, 양육 관계에 기반한 교육을 바탕으로 이루어졌다. 학교 환경에서 모든 사람들이 행하는 행동은 아무리 작은 것이라도 학생들의 발달에 모두 영향을 끼쳤다.

인지 과학자 스티븐 핑커Steven Pinker는 자신의 책 『빈 서판The Blank Slate』에서 이렇게 설명했다. "우리가 새로운 사람을 만날 때, 시시콜콜한 소문을 주워들을 때, 아카데미상 시상식을 볼 때, 골프 스윙 자세를 가다듬을 때, 다시 말해 경험이 마음에 흔적을 남길 때 우리 뇌는 변한다."[11] 그래서인지 하이멘도르프는 모든 경험이 마음에 올바른 흔적을 남길 수 있도록 면밀히 계획했던 것 같다. 심지어는 점심시간조차 식구들끼리 집에서 밥을 먹듯이 여섯 명씩 짝을 지어서 30분 동안 식사하도록 했다. 과연 그런 노력이 학습을 최대화하는 비법이었을까?

우리가 집중할 때
머릿속에서 일어나는 일들

에릭 캔들의 군소에 대한 관심과 열정은 평생토록 계속됐다. 그는 기억에 관해 연구하면서 어째서 어떤 경험은 다른 경험보다 더 깊은 흔적을 남기는지를 알아내려고 애썼다. 군소의 신경계에서 그가 최초로 관찰한 뇌의 변화는 암묵 기억implicit memory 형성이었다. 이 기억은 행동, 습관, 반사작용을 좌우하고 장기 기억 형성에도 영향을 미쳤다. 실험에서 군소는 아가미를 닫지 말아야 할 것을 '기억'하게 됐다.

그런데 인간 두뇌는 놀랍게도 암묵 기억뿐만 아니라 사람들, 장소, 사건, 아이디어에 관한 외현 기억explicit memory을 만들고 저장하기까지 한다. 캔들은 이것을 복합 기억complex memories이라고 불렀다. 이런 기억은 암묵 기억과 동일한 시냅스 강화를 통해 생성되며, 생화학적으로나 해부학적으로 동일한 신경 연결 통로를 바꾼다. 하지만 캔들이 '체계 통합'이라고 부른 과정이 진행되면서 이 기억들 사이에 아주 중요한 차이점이 나타나는 것으로 보인다.[12]

무언가에 대해서 진지하게 생각할 때 우리는 작업 기억working memory을 사용한다. 이것이 의식의 무대인데, 이 무대의 수용력은 명시적인 항목 일곱 가지로 제한된다. 우리가 무작위로 나열된 숫자 일곱 개 이상을 연상 기호 없이 기억하기 힘든 것은 이유가 있다. 생각을 할 때 우리는 무대의 한쪽 끝에서 대기 중인 장기 기억을 불러들여 현재 경험 속에 있는 물체와 나란히 무대에 놓고 시야, 소리, 냄새, 맛, 감각이 우리를 위해 각자의 역할을 할 수 있도록 한다. 의식의 경험은 여전히 가장 큰 미스터리 중 하나지만, 이제는 적어도 의식적인 사고가 군소의 아가미나 인간 폐의 활동 같은 반사작용에만 따르는 것이 아니라, 의도적이고 자발적인 노력에도 좌우된다는 것을 알게 되었다. 그것이 우리가 '집중'한다고 표현하는 상태다.

미국의 심리학자 윌리엄 제임스William James는 이와 관련해 "의지의 가장 중요한 업적은 어려운 대상을 살펴서 뇌가 판단하는 것보다 더 빨리 포착하는 능력의 발현이다"라고 설명했다.[13] 신경과학은 집중 상태가 식별할 수 있는 신경학적인 상태라는 사실을 속속 밝히고 있다. 대뇌피질의 전두엽에 있는 뉴런은 의지력을 통해 활성화됨으로써 신경전달물질인 도파민을 만들라는 신호를 중뇌에 보낸다. 그렇게 되면 인식의 범위 안에서 그 순간에 우리가 계획한 활동에 중요하지 않은 것들은 '억제'하고, 중요한 것들은 '강화'한다. 그러는 동안 피질에 있는 뉴런의 축색돌기는 해마까지 내려가고(해마는 뇌의 안쪽 깊은 곳에 있으며, 두뇌 오케스트라의 지휘자 역할을 한다), 외현 기억 통합에 시동을 건다. 그래서 우리가 무엇인가에 의식을 집중할 때는 - 그것이 자유의사에 따른 것이든 감정의 분출 또는 외부의 강압에 따른 것이든 - 의미를 찾음으로써 그 상황을 기억할 기회를 크게 높인다.

이런 유형의 집중은 사람들의 '필수적인' 의지력을 키워준다. 이것이 바로 의지력을 서서히 약화시키는 앵그리버드 게임과의 차이점이다. 원하는 것에 계속해서 초점을 맞추려면 혼신의 노력을 다해야 한다. 이것을 게임으로 익히기는 불가능하다.

집중하고, 생각하고, 기억하라

"제가 가장 많이 생각하는 건, 집중에 관한 문제예요." 데이지 크리스토둘루^{Daisy Christodoulou}가 말했다. 나는 KSA 학생들을 포함해 영국 35개 학교의 지원을 책임지고 있는 학교 체인 아크_{ARK}를 찾아가서 그녀를 만났다. "페이스북이 연간 매출 10억 이상의 세계적인 기업이 된 것도 다 그 때문이지요." 30대 초반으로 깔끔한 검정색 재킷에 학구적인 인상을 주는 안경을 쓴 그녀에게서는 천재 같은 분위기가 풍겼다. 어떻게 따지면 실제로 천재이기도 했다. 그녀는 영국의 전통 있는 텔레비전 퀴즈 프로그램인 〈유니버시티 챌린지〉에서 우승한 워릭 팀의 주장을 맡으면서 '영국에서 가장 총명한 학생'이라는 호칭으로 얻는 숭배의 대상이 되었다. 또한, 저서 『아무도 의심하지 않는 일곱 가지 교육 미신^{Seven Myths about}

Education』에서 21세기 교육에 관한 통설을 과감히 비판하고 풍부한 지식 기반 커리큘럼을 옹호함으로써 세계적으로 지지를 얻었다.[14] 그런 인재가 아크에서 평가 전문가로 일하고 있었다.

그녀는 장갑 장수의 아들이었던 셰익스피어 같은 계층의 사람들이 그래머스쿨에 입학하게 되면서 문화를 완전히 바꾸어놓았던 16세기 영국 르네상스 시대처럼, 크리스토둘루는 오늘날에도 다시 한번 학습혁명이 일어나 인류가 번성할 것이라는 꿈을 품고 있다. "인간에게는 실현 가능한 잠재력이 아주 많다"면서 그런 일은 누구나에게 일어날 수 있다고 믿는다. 그녀에게서 그 핵심은 효과가 있다고 검증된 의견과 기술을 바탕으로 학습 체계를 확립하는 데 있다. 그리고 그런 체계는 지식 습득이 여전히 필요하다는 사실을 암시한다.[15]

내가 크리스토둘루를 만나러 갔던 것은 그녀가 자신의 책에서 흥미로운 아이디어를 제시했기 때문이다. 피터 디아만디스가 들으면 어떻게 생각할지 모르겠지만, 크리스토둘루는 기억이 학습의 진정한 기반이고, 그런 기반을 쌓으려면 꾸준히 의식적인 노력을 기울여야 하며, 그런 과정은 지식을 바탕으로 확립된다고 설명했다. 그런데 그녀는 우리 교육 체계가 그런 목적을 달성하기에 부적합하고 본다. "뇌가 학습하는 방식과 교육 제도 설계의 과학적 증거를 들여다보면, 지금의 제도는 교육혁명을 지연시키고 있다는 결론을 내릴 수밖에 없다." 또 기술을 통한 유토피아를 꿈꾸는 사람들이 집중에 관해 추측한 것은 옳았지만, 학습에 관해서는 틀렸다면서 "우리가 생각하는 대상은 모두 머릿속에 기억해둔 것들이다. 그리고 기억하는 내용은 모두 배워서 습득한 것들이다"라고 지적한다.

나는 자연스럽게 이런 의문이 떠올랐다. 그렇다면, '사람들은 수업 중에

어떤 생각을 할까?'

의미가 있어야 집중도 가능하다

인지 발달에는 누적 효과가 작용한다. 백지 상태에서 비판적 사고, 문제 해결, 더 나아가 독해 능력까지 키울 수 있다는 믿음은 옳지 못하다. 그런 능력을 키우려면 해당 분야에 관한 견고한 지식이 반드시 필요하다. 크리스토둘루는 초등학교 4학년 학생들이 겪는 슬럼프를 예로 들었다. 많은 자료로 입증되었듯이 4학년 무렵이 되면 가정 환경이 어려운 아이들이 부유한 아이들에게 뒤처지기 시작하는데, 그건 독해가 낱말 해독에서 내용 파악을 중심으로 바뀌어가기 때문이다. 그녀는 어른인 자신조차도 신문이나 역사적인 인물의 전기, 교육학에 관한 논문은 술술 읽고 이해하지만, 동료가 쓴 스토마틴류의 단백질에 관한 박사 학위 논문을 읽어야 한다면 낱말을 해석하는 데 별 문제가 없더라도 내용 파악은 어려울 것이라고 했다.

크리스토둘루는 인지과학자 대니얼 T. 윌링햄^{Daniel T. Willingham}의 말을 인용해서 "기억은 생각의 잔여물"이라고 설명했다. 윌링햄의 『왜 학생들은 학교를 좋아하지 않을까?^{Why don't students like school?}』는 교육에 뇌 과학을 접목한 분야의 기본서로 통하는 책이다. 윌링햄은 "우리가 하는 활동들은 대체로 늘 해왔던 활동"이라면서, 인간의 뇌는 "생각을 위해 쓰이도록 고안된 것이 아니라, 생각을 회피하는 쪽으로 만들어져 있다"고 설명한다.

일상생활에서 익숙한 길을 운전하거나 앵그리버드 게임을 할 때 우리는 생각을 하기보다는 기억에 따라 행동한다. 그러므로 학습에서는 무언가에 집중하고, 그것에 대해 생각하고, 결국 기억에 담는 과정이 대단히 중요하다. 윌링햄은 "작업 기억을 먼저 거치지 않고서는 장기 기억에 남을 수 없다"면서 "일반적으로 무언가에 의식적으로 집중한다는 것은 그것이 장기 기억에 남게 될 것이라는 의미"라고 했다. 집중하지 않고서는 배울 수 없는 것이다.[16]

그런 집중의 과정은 복잡하며 통제하기 어려울 때도 있다. 윌링햄에 따르면, 집중은 다음의 몇 가지 증명된 방법으로 강화할 수 있다. 감정 반응을 낳는 것들은 훨씬 더 쉽게 기억된다. 반복도 조금은 도움이 된다. 기억하고 싶은 욕구는 별로 도움이 안 된다. 예컨대 개별적으로나 전체적으로 어떤 이야기 혹은 도표에서 어떤 것이 어디에 해당하는지를 따져보는 활동처럼 의미를 돌아보는 과정은 긍정적인 영향을 끼친다. 그는 "교사는 항상 학생들이 의미에 관해 생각하도록 만드는 데 목표를 두어야 한다."고 조언한다.[17]

"제가 배우는 과정에서 느끼는 한계 중 하나는 시간이에요." 크리스토둘루가 말했다. "그래서 어떻게 하면 최대한 효과적으로 배울 만한 학습 일정을 짤 수 있을지를 매우 중요하게 생각합니다." 그녀는 컴퓨터의 작동 방식에서 인간이 따라야 할 방법적 측면을 발견했다. 복잡한 기술은 간단한 여러 단계와 각각의 구체적 요소로 나눌 수 있다. 그렇게 한 후 단계를 차례로 습득하면 되는 것이다. "컴퓨터가 할 수 있는 것이 얼마나 많은지를 생각해 보세요." 그녀가 말했다. "물론 컴퓨터가 뭐든 할 수 있는 것은 아니지만, 상당히 많은 일들을 해내잖아요."

생각해보니, KSA가 따르던 방식에도 그 같은 측면이 포함되어 있었다. KSA에서는 학생들의 학습 시간을 최대한으로 늘리고, 항상 깊은 집중력을 유지시키는 가운데 공부해야 할 독해, 작문, 수학, 지식 자료를 신중하게 선정했다. 이프라는 학교에서 "미리 계획해서 만든 성공"을 자신의 뇌에 주입했다고 표현했다. 그것이 과연 가능한 일이었을까?

기대치를 높여라

KSA 1층에 있는 평온해 보이는 교실에서 8학년 골드스미스반(런던 대학교 소속 공립 연구대학인 골드스미스 대학교의 이름을 딴 대학 준비반) 학생 30명이 수업을 받고 있었다. 교실 한쪽 구석에는 바이올린과 첼로가 가지런히 놓여 있었다. 수업 시작 후 약 20분이 지난 오전 8시 29분에 나는 노트에 "이 아이들은 꿈, 대학, 노력, 공부에 신념을 갖고 있다. 나도 그렇다"라고 적었다.

열두 살은 보통 상대하기 힘든 나이로 악명이 높다. 하지만 이곳 아이들은 교실에 들어선 순간부터 자기 자리에 앉아 『퍼시 잭슨Percy Jackson』, 『도크 다이어리Dork Diaries』 같은 책을 읽었다. 담임선생님은 "여러분, 지금은 선생님하고 용건이 있는 사람 말고는 각자 조용히 책을 읽어야 하는 시간이에요"라고 말한 뒤, 한 명 한 명 살피며 숙제 검사를 했다.

교실 벽에는 '우리는 우리가 기다려왔던 바로 그 사람들이다'라는 슬로건이 적혀 있었다.

담임인 하비 선생님이 카운트다운을 시작했다. "5, 4, 3, 2, 1!" 단 1초도 허투루 지나가지 않았다. "자, 모두들 손은 책상 위에 올려놓고, 칠판을 보세요." 선생님은 아이들이 모두 지시를 따를 때까지 기다렸다.

8시 31분이 되자, 열두 살짜리 아이들 30명이 맹렬하게 손가락을 튕기는 소리로 교실이 떠나갈 듯했다. 골드스미스반의 출석률은 96.9퍼센트였다. 그 학기에 최고 점수를 받는 반에게는 교실에서 팝콘을 먹으며 코미디 영화 〈쟈니 잉글리쉬〉를 즐길 수 있는 '교실 복합 상영관' 혜택이 돌아갔다. 학생들은 그런 이벤트를 무척 좋아했다. 하이멘도르프 교장이 아이들을 위해 얼마나 야심찬 계획들을 세워놓았는지를 가슴 깊이 느낄 수 있었다.

8시 40분에 하비 선생님이 교실을 나가고 수학 시간이 시작됐다. 칠판에는 '바로 풀기Do Now'라는 제시어가 적혀 있었고, 아이들은 그 즉시 가방에서 책과 펜을 꺼내 일제히 문제를 풀었다. 추가 연습, 보너스 문제, 퇴장 명단, 핑거 스냅과 마찬가지로, '바로 풀기'도 모든 교실에서 동일하게 진행되는 활동이었다. 이 모두가 KSA 학교 제도의 일부였다. 잠시 뒤 1분이 남았다는 알림 벨이 울리고, 8시 45분에 선생님이 들어와서 시간 종료를 알렸다.

"펜을 위로 드세요. 하나, 둘, 셋! 좋아요, 여러분. 고마워요." 그녀는 파워포인트를 다음 슬라이드로 넘겼다. 나는 그때까지의 수업 상황을 정신없이 노트에 적다가 불현듯 좀 천천히 말해 달라거나 기다려 달라고 부탁하는 아이가 한 명도 없다는 사실을 깨달았다. 다시 노트에 "학습 시간의 최대화, 이것이 바로 성공 방정식이다"라고 적었다. 선생님은 능수능란한 지휘자였다. 학생들의 주의를 자신에게 집중시켜야 할 때면 선생님은 박수를 일곱 번 쳤다. 그러면 아이들은 박수 두 번을 치며 응답했다. 그녀는 시간을 초 단위로 면밀히 계획해서 아이들이 주의를 흐트러뜨리지 않게 했다. 예를 들면 어떤 활동을 시작하면서, "시간은 1분 30초를 주겠어요"라고 말하는 식이었다.

학생들의 학습 욕구는 계속해서 높게 유지됐다. 아이들은 수직선으로 부등식을 나타내는 법을 배우면서 열심히 몰두했다. 긴장감에 떠는 아이들이 몇 있었지만, 창밖을 내다보거나 은밀히 쪽지를 주고받거나 하는 아이들은 전혀 없었다. 다들 줄곧 착실하게 임했다. 수업이 끝날 무렵 선생님은 마지막 슬라이드를 열어서 아이들에게 맵MAPP 점수를 주었다. 맵은 유념하는Mindful, 성취한Achieving, 능숙한Professional, 준비된Prepared 정도를 종합적으로 평가하는 점수였다. 나는 다들 만점을 받겠거니 생각했지만 그렇지 않았다.

몇몇 아이들은 두 손을 책상 위에 내려놓아야 할 때 조금 늦어 점수를 깎였고, '조용히 하기' 부분에서도 벌점을 받았다.

어른들의 높은 기대치에 대해서는 나름 잘 알고 있다고 생각했는데, 이 학교는 차원이 달랐다. 학생들이 꽤 힘들지도 모르겠다는 생각이 들었다.

"애들은 전부 학교를 좋아하지 않아요." 8학년생 타렉이 쉬는 시간에 나와 이야기를 나누면서 속내를 털어놨다. "다들 그래요. 하지만 시험을 보고 나서는 다들 '아, 이 학교에 들어와서 정말 감사하다'는 걸 깨닫죠. 선생님들이 아주 엄하고 지독해서 힘들었지만, 지금의 저를 보세요. 저는 의사가 되겠다는 목표를 세워두고 있어요."

KSA 과정을 수료하기는 대단히 어렵지만, 그럴 만한 가치가 있었다. 그렇게 의도된 것일지도 모른다는 생각이 들었다. 시하나라는 학생도 그런 생각에 동의했는데, 그녀는 학교에 대한 첫인상으로, '다소 엄격하고 힘든 곳'이지만 자신에게 이로울 것이라고 느꼈다고 한다. 그리고 목소리를 낮춰서, 아이들 중에는 선생님을 정말 싫어하는 애들도 꽤 있다고 귀띔했다. 타렉과 시하나 두 학생 모두 이 엄격한 경험을 상충되는 시각으로 바라봤다. 마치 먹기 싫은 야채를 억지로 먹을 때처럼, 자신에게 도움이 되는 좋은 과정임을 알면서도 그다지 유쾌하지는 않았기 때문이다. 아이들은 때로 미래를 향해 부단히 움직이는 톱니바퀴가 된 것같이 느끼기도 했다. 그런 생각을 하다가 나는 다시 이프라와 했던 얘기를 떠올렸다. 리즈 대학에서 만난 이프라는 그런 과정이 가치 있다는 확신을 내게 심어줬다.

"대학, 대학, 대학!" 어른들이 하는 얘기는 모두 대학 이야기뿐이었다고 이프라는 말했다. 그녀는 선생님들이 어느 대학 출신이었는지를 여전히 기억하며, 7학년 때 레디 선생님으로부터 커서 뭐가 되고 싶으냐는 질문을 받왔던 때를 생생히 기억하고 있다. "그때만 해도 아직 어렸고, 이렇다 할 장점도 없었어요." 그런데도 이프라는 "변호사요!"라고 대답했다. 그렇지만 지난 과정은 대단히 힘겨웠다. 특히 이프라는 부모가 아니라 보호 기관의 보살핌을 받으며 지내야 했기 때문에 더더욱 힘들었다.

시하나나 타렉과 마찬가지로 이프라 역시 처음에는 높은 기대치 때문에 적응하기가 쉽지 않았다. "너무 화가 나서 벽과 사람들 얼굴을 주먹으로 후려치고 싶을 때도 있었어요." 그 과정에서는 어떤 변명도 용납되지 않았다. 이프라는 "아마 누가 죽더라도 그랬을 것"이라고 했다. 선생님들이 과정을 헤쳐 나가도록 도와주었지만, 어리석은 행동은 용납하지 않았다. 그 기억은 뿌리 깊이 남아서, 아직도 이프라의 귀에는 벌점이라는 단어가 수도 없이 맴돈다고 한다. 그런 모든 환경은 집중력을 유지하는 데 맞춰져 있었다.

KSA에는 좋은 성적을 얻는 데 필요한 환경이 갖춰져 있었다. 그렇지만 학생들은 통제 아래 있었으며, '생각'하도록 강요당했다. 그런 상황에서 실질적인 배움은 사용자 친화적인 경험보다는 역경에 더 가깝게 느껴졌다.

도움받은 사용자의 역설

"사용자를 바보로 만들지 모른다는 점에 주의해야 합니다." 크리스토프 반 님베헌Christof van Nimwegen은 네덜란드에 있는 사무실에 앉아 스카이프로 통화하면서 이렇게 말했다. 위트레흐트 대학교에서 인간 대 기계의 인터페이스를 연구하는 심리학자인 그는 컴퓨터, 소프트웨어, 인터넷에 심취했고, 기술이 지닌 엄청난 잠재력, 그중에서도 스크린(디지털 매체의 화면)의 잠재력을 높이 샀다. 특히 인간과 기계가 하는 일 사이의 균형에 관심이 많았는데, 작용 주체인 인간의 중요성을 굳게 믿으면서 인간과 기계의 노동 분화 쪽으로 연구 방향을 잡았다. 그리고 논문 「도움받은 사용자의 역설The Paradox of the Guided User」로 이름을 알렸다.[18]

컴퓨터의 도움을 받을 때 인간의 수행 능력이 어떻게 달라지는지 궁금했던 반 님베헨은 일련의 실험을 계획했다. 그는 피험자들을 두 집단으로 나누어 컴퓨터 앞에 앉히고 아주 어려운 논리 문제를 풀게 했다. '외재화' 집단은 스크린을 통해 소프트웨어가 제시한 힌트를 받은 반면, '내재화' 집단은 완전히 혼자 힘으로만 문제를 풀어야 했다. 그는 스크린으로 힌트를 받은 집단이 그렇지 않은 집단보다 규칙을 더 빨리 파악하고 더 좋은 성과를 낼 것이라는 가설을 세웠다. 하지만 결과는 그렇지 않았다.

외재화 집단의 컴퓨터 사용자들은 처음에는 문제를 더 쉽게 풀었지만, 중반부터 힌트 제공이 중단되자 문제를 풀 준비가 덜 되어 성공 확률이 점점 더 낮아지고, 결국에는 포기하는 사람이 속출했다. 그로부터 8개월 뒤에 동일한 피험자들을 대상으로 다시 실험을 해보았을 때도 결과는 같았다. 도움을 받지 않았던 사용자들은 문제를 스스로 풀어나가는 과정에서 지속력 있는 인지 기능이 발달했던 것이다.

반 님베헨이 발견한 바에 따르면, 학습할 때 도움을 받을 수 있다는 사실을 내심 느끼면 그 사람의 뇌는 '지극히 게으른' 상태가 된다. 그리고 지름길이 있으면 뇌는 그 길을 택한다. 하지만 그렇게 하면서 지적인 능력을 키우는 데 필요한 인지 구조를 형성하는 데에는 실패한다. 실제로 영국에서 보조교사의 영향을 조사했던 한 연구에서는 다른 모든 요인을 통제한 상태에서 분석했을 때, 보조교사의 도움을 받은 학생들이 도움을 받지 않은 학생들보다 덜 발전했던 것으로 나타났다. 보조교사들이 배움에 꼭 필요한 힘든 노력의 과정을 단축시킨다.[19] 반 님베헨은 '더 이상 생각하지 않는' 상태에 이르면 아둔해질 위험성이 있다고 설명한다. 기술이 지능의 발달을 촉진하는 것이 아니라 오히려 제한한다는 것이다. 이런 견지에서 맞춤법이나 기본 연산을 계속 꼼꼼히 가르쳐야 한다는 주장이 나오기도 한다.

반 님베헨은 "방향을 찾는 스스로의 능력으로 운하를 통과해 항해한 사람들의 사례가 많다"고 설명했다. 철학자 대니얼 데닛Daniel Dennett은 자신의 책 『박테리아에서 바흐까지 그리고 다시 박테리아로From Bacteria to Bach and Back』에서 사람들이 인공물의 지능을 과대평가하고 지나치게 의존하면서 인간의 지식과 지능의 관습을 위협하고 있다며, 비슷한 우려를 표명했다.[20]

UCLA의 리산 베인브릿지Lisanne Bainbridge 박사는 이런 문제를 '자동화의 역설paradox of automation'이라고 칭했다.[21] 소프트웨어가 모든 생각을 대신해줌으로써 기술의 지원은 인간의 지능을 약화시켰다. 한편으로는 소프트웨어에 문제가 생겼을 경우에 인간이 중재에 나서지 않으면 더 큰 문제가 생기게 되면서 인간의 독창적인 능력은 오히려 전보다 더 높은 가치를 인정받게 됐다. 이와 관련해 학습 이론가인 엘리자베스 비요크E. L. Bjork는 '바람직한 난관desirable difficulties'을 포용해야 한다고 제안했다. 방해 요인이 아주 심각하지 않은 이상 한층 깊고 넓은 학습 경험으로 이어질 수 있다고 본 것이다.[22]

"사람들은 모든 것이 자동화되어야 한다고 생각합니다." 반 님베헨이 덧붙였다. "하지만 그렇게 할 수 없는 부분이 하나 있어요. 정보가 든 저장매체를 컴퓨터에 꽂듯이 지식을 우리 머리에 넣을 수는 없지요. 인간에게는 그런 것이 불가능해요." 그가 잠시 멈췄다가 말을 이었다. "그건 다행스런 일입니다." 배움은 어려울 수밖에 없다. 반 님베헨 스스로도 기술을 만드는 과정에서 약간의 문제를 겪으며, 갈수록 더 많은 노력을 기울이고 있다. 학습자들의 경험에 거칠고 힘든 부분을 더해서 뇌가 그것을 해결하기 위해 애쓰고, 그 결과로 성장할 수 있게 해야 한다.

우버 운전사들은 뇌의 해마가 보통 크기인 데 비해서 전통적인 런던 택시 운전사들은 해마의 크기가 큰 것도 그런 이유 때문일 것이다.[*23] 똑똑해지려면 그만 한 노력이 필요하다. 즉, 책을 읽고, 깊이 생각하고, 논의하고, 참석하고, 입을 열어야 한다. 반 님베헨은 우리가 할 수 있는 것을 기계로 더 쉽고 빠르게 만들기보다는 더 깊이 있게 만드는 데 초점을 맞추어야 한다고 말한다. 결과적으로 배움의 과정을 더 수월하게 만드는 것이 불가능하다면, 동기가 큰 역할을 발휘할 수밖에 없다.

동기, 능력, 자극이 균형을 이룰 때
인간은 행동한다

캘리포니아에서 활동하는 심리학자 B. J. 포그는 인간 행동을 설명하는 모델을 개발했다. '행동[behavior]=동기[motivation]+능력[ability]+자극[trigger]'을 줄여서 'B=mat'라고 불리는 이 모델은 동시

---

* 우리 뇌의 가변성을 증명하는 가장 잘 알려진 증거는 런던의 택시 운전사들에 관한 연구에서 나왔다. 연구 결과에 따르면, 택시 운전사들의 뇌는 공간 묘사를 다루는 해마 후측에 관측 가능할 정도의 확장이 보이는 반면, 우버 운전사들의 뇌는 차이가 없었다. 택시 운전사가 되려고 하는 사람은 2만 5,000개나 되는 런던의 모든 거리 이름, 주요 건물이나 지형 2만 곳, 기본 경로 320가지를 외우고 있어야 하지만, 우버 운전사들은 이런 지식을 스마트폰에서 얻어서 쓰기 때문이다.

에 작용하는 이 세 가지 요인이 인간의 행동을 좌우한다고 본다. 포그는 그 래프를 통해 이를 제시했는데, 그래프의 X축은 능력을 나타내는 것으로 '어 려움'에서 '쉬움' 사이가 표현된다. Y축은 동기를 나타내며, '낮음'부터 '높음' 사이의 범위다. 움푹 들어간 행동 선action line은 좌측 위에서 우측 아래로 떨어진다. 포그는 동기, 능력, 자극이 동일한 시기에 적절한 균형을 이루어 작용할 때에만 행동이 나타난다고 생각했다. 그래서 어려운 과업은 동기가 높고 자극이 시의적절해야만 성취될 수 있다고 보았다. 반면, 쉬운 과업은 동기가 낮아도 자극에 따른 효과가 있었다. 그래서 나온 생각이 '동기가 있는 사람들에게 강력한 자극을 주는' 방법이었다. 이와 같은 모델과 어떤 경우에 동기가 높아지는지를 파악하는 알고리즘을 결합한다면, 포그는 30년 내에 세계 평화를 실현할 수 있을지도 모른다고 믿었다.[24]

나는 그보다는 회의적인 입장이다. 행동주의에 관한 포그의 견해는 무엇보다도 사람들의 관심을 집중시키려고 애쓰는 실리콘밸리 애플리케이션 개발자들의 행보를 재촉했다. 포그의 제자였으며 인스타그램에서 일했던 니르 에얄Nir Eyal은 『습관성 제품을 만드는 방법Hooked: How to Build Habit-Forming Products』이라는 제목의 책을 쓰기도 했다. 또 다른 제자 트리스탄 해리스Tristan Harris는 구글에서 근무할 때 인터넷 사용자들이 자사 사이트에 가능한 한 오래 머물도록 만드는 사용자 경험 최적화 부문을 담당했다. 해리스는 "사람들의 관심과 집중을 놓고 겨루는 주목 경제attention economy는 뇌간腦幹의 바닥 치기 경쟁에 빠져든 상태다"라고 지적했다. 그러면서 행동 설계 전문가들이 애플리케이션을 한층 '사용자 친화적'으로 만들어 중독성을 높이고, 결과적으로 사용자들이 비생산적인 데다 심지어 아무런 의미가 없는 활동임을 인지하면서도 거부하지 못하는 상황에 내몰리고 있다고 경고했다.[25]

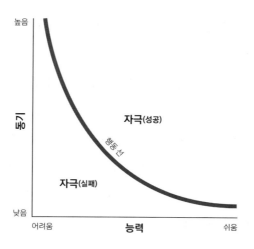

B. J. 포그의 인간 행동 모델(B=mat 모델)

포그는 동기, 능력, 자극이 동일한 시기에 적절한 균형을 이루어 작용할 때에만 인간은 행동
한다고 보았다. 이에 따르면 어려운 과업은 동기가 높고 자극이 시의적절해야만 성취될 수 있
고, 쉬운 과업은 동기가 낮아도 자극에 따라 이뤄낼 수 있다.

　나타샤 다우셜Natasha Dow-Schüll 교수는 라스베이거스의 슬롯머신에 관한 연구를 통해 그런 주장의 현실성을 증명해 보였다.[26] 주도면밀하게 관리되는 디지털 슬롯머신은 오늘날 카지노에서 가장 큰 돈을 벌어들이는 기계이다. 슬롯머신은 사람들을 '머신 존machined zone'이라고 알려진 가수假睡 상태에 빠져들게 만든다. 상금을 교묘하게 나누고, 아깝게 기회를 놓친 것 같아 보이게 하는 등의 심리학적으로 다양한 속임수가 소프트웨어에 숨겨져 있어서 게임을 하는 사람들이 상태 몰입감과 유사한 기분을 느끼게 되고, 중독성 또한 아주 크다.

　몰입은 본래 삶에 대한 긍정적인 태도, 회복력, 풍요로움을 느끼게 만드는 '인간 경험의 최적 상태'이지만, 도박 기계에 빠진 사람들은 심리적으로 고갈되고, 덫에 빠진 기분이 들고, 자주성의 결핍에 이르는 몰입을 경험한다.[27] 라흐마니노프 피아노 협주곡 2번을 연주할 때와 캔디 크러시 게임에서 점수를 올릴 때 느끼는 몰입의 경험 자체는 같을 수 있다. 하지만 그 결과에는 엄연한 차이가 존재한다.

기술에 끌려다닐 것인가, 이용할 것인가?

배움은 단연코 어려울 수밖에 없다. 그리고 이프라나 그 동급생들처럼 또래 아이들보다 뒤처진 위치에서 시작하면, 공부하는 과정은 불가피하게 더 어려워진다. 이프라는 "학교에 재미나 놀이를 위해서 오는 게 아니에요. 학교에 오는 건 공부하기 위해서예요"라고 말했다. 이프라는 학교에 다니는 7년 동안, 거의 매 순간 포그 그래프에서 '어려움' 범주에 해당하는 활동을 했다.

그러나 11~18세 사이에 그녀는 놀라운 발전을 이뤄냈다. 영국의 그 어떤 아이보다도 많이 배웠을 것이다. 평균적으로 그녀의 학급 친구들은 7학년에서 11학년 사이에 수십만 명의 다른 아이들보다 많이 배웠다. 조건에 관한 단순한 문제가 아니라 힘겨운 도전의 문제였다. KSA는 장기간에 걸쳐 넘어서야 할 하나의 난관이었다.

"원하지 않는 일을 하게 만들 수는 없습니다." 포그가 내게 했던 말이다. 이런 발상은 그가 제시한 모델의 기본 바탕이다. 하지만 KSA는 하고 싶은 마음이 들도록 학생들의 동기를 자극하고, 힘들어도 계속해나갈 수 있게 도왔다. 포그는 기술을 이용해서 인간의 행동을 읽은 뒤에, 해당 시점에 가장 동기가 높은 과업을 할당하는 방법을 장기적인 해결책으로 제시했다. 하지만 대수학, 체육, 맞춤법같이 내재적인 동기가 전혀 생기지 않는 과업도 있을 것이라는 점은 그도 인정했다.

KSA가 학교 문화를 만들기 위해서 초창기에 보상과 처벌을 중심으로 하는 B. F. 스키너의 학설을 일부 도입했을지 모르지만, 이 학교는 학생들과 깊은 관계를 형성하고, 학생들에게 꿈을 불어넣었으며, 체육과 음악 활동에 참여하게 하고, 학습 동기와 집중력을 높이기 위해 갖은 노력을 다했다. 나는 이프라가 얼마나 큰 의욕을 품고 있는지를 보고 감명받았다. 지금 그녀는 변호사가 되겠다는 꿈을 품고, 유리벽으로 된 사무실 문에 자기 이름이 걸려 있는 장면을 이미 머릿속에 그릴 정도로 의욕에 가득 차 있다.

데이비드 포스터 월리스David Foster Wallace는 '이건 물이다This is Water'라는 제목으로 알려진 케니언 칼리지 졸업식 연설에서 이런 이야기를 꺼냈다. "생각하는 법을 배운다는 것의 실제 의미는 생각하는 방법과 대상을 어느 정도나마 조절하는 법을 익힌다는 뜻입니다. 생각한다는 건, 경험에서 의미를 끌어내는 방법을 스스로 선택할 만큼 충분히 알고 의식한다는 뜻입니다."

최소한 긍정적인 의미에서 생각했을 때 조절하는 법을 연습하지 않고 있을 때는 뭔가를 배우고 있다고 말할 수 없다. 단순히 기술만 업그레이드해서 스스로를 발전시키겠다는 생각을 경계할 필요가 있다. 그런 방식은 효과가 없기 때문이다. 스스로 주도해나가야 한다. 기계에 지나치게 의존할수록 인간의 지능은 퇴보할 위험에 처한다. 학습의 궁극적인 목표는 평가하고, 깊이 생각하고, 선택할 줄 아는 사람이 되는 것이다. 그러니 각자 이런 질문을 던져 봐야겠다. 우리는 현대적인 도구를 쓰는 법을 배우고 있는 걸까, 아니면 그 도구들이 우리를 사용하는 법을 배우고 있는 걸까?

신경가소성이 알려지면서 인간의 정신에 관한 기계론적인 견해를 제시할 수 있게 됐다. 하지만 그런 견해에는 어느 정도 한계가 있는 듯하다. 생물학자 제럴드 에덜먼Gerald M. Edelman은 이런 글을 남겼다. "인식에서 나온 모든 행동은 어느 정도 창조 행위에 해당한다."[28]

나는 여정의 두 번째 단락에서 예측 불가능한 시대에 성공하는 데 필요한 능력을 더 깊이 조사해보겠다는 계획을 세웠다. 인간의 잠재력이 우리가 깨닫는 것보다 훨씬 대단하다고 확신했지만, 어떤 것을 적용해야 하는지는 여전히 감이 잘 오지 않았다. KSA는 학과목, 음악, 자발성, 팀, 가족에 관해서 배워야 한다고 확신했다. 한편, 미래 기술을 예측하는 사람들은 코딩, 창의력, 복잡한 의사소통 능력이 중요하다고 본다. 교육은 그 자체가 목적일까? 아니면, 직업이나 삶에서 성공할 기술을 습득하는 것을 의미할까?

이와 관련한 견해를 정리하기 위해 이제 나는 프랑스 파리로 향한다. 미래지향적인 코딩 학교가 기술 교육의 원칙을 새로 쓰고 있다고 들었기 때문이다. 그다음에는 핀란드로 가서 더 행복하고, 지속 가능한 미래를 만들기 위해 협력하는 법을 배울 수 있을지 가늠해보려 한다. 인간이 기계와 경쟁할 수는 없다. 하지만 인간에게는 그보다 더 큰 능력이 있다. 인간의 최대 잠재력을 발견하지 못하면, 포스터 월리스가 설명했던 것처럼 무한한 것을 가지고 있었지만 잃어버렸다는 끝없는 괴로움에 빠져들게 될 것이다.

제2부

더 잘하기

제4장

평생학습

스스로 배우는 법을 가르쳐야 한다

LIFELONG
LEARNING

"아이들에게 배우고 성장하는 법을 가르쳐야 한다.
평생 배운다는 것은 목표와 의미를 찾고,
그것을 성취하기 위해 사용할 도구에 능숙해진다는 뜻이다."

_알렉스 비어드

충분히 해보기도 전에
멈추지 말라

리라 멜비시Lilas Merbouche는 더 이상
이렇게 살고 싶지 않았다. 스물한 살을 막 넘긴 그녀는 파리 북서부의 교외
주택지구 아니에르쉬르센에 있는 애완동물 용품점에서 계산대 직원으로
일하며 겨우겨우 먹고사는 처지였다. 그녀는 나와 이야기를 나누면서 그동
안 정말 형편없는 일자리라도 기회가 되면 뭐든지 해왔다고 말했다.

최악의 경험은 스타 드 프랑스 경기장에서 열린 행사의 안내 직원으로 일
했던 때였다. 무슨 일을 해야 하는지도 전혀 모르고 불려갔는데, 나중에 알
고 보니 온종일 서서 계속 미소 짓고 있어야 하는 끔찍한 일이었다. 그런데
그해 프랑스의 청년 실업률이 사상 최대치에 이르렀다는 것을 생각하면, 그
렇게라도 일할 수 있었던 게 운이 좋았다고 말했다. 하지만 저녁 5시까지 꼬
박 서서 일하다 보면 완전히 녹초가 됐고, 월급날까지 고작 몇 유로로 버텨
야 하는 눈앞의 삶이 두려웠다. 그 상태에 안주할 수는 없었다. 삶의 목표를

찾고, 자신만의 삶을 펼쳐나가고 싶었다. 개 밥그릇이나 애완용 잉꼬보다는 나은 무언가가 분명 있을 터였다.

"제 힘으로 벌어서 안정적으로 먹고살 수 있는 직업을 갖고 싶은 꿈을 꿨어요." 그녀가 설명했다. 하지만 학창시절을 형편없이 보내고, 고등학교 졸업장에 해당하는 바칼로레아 학위를 취득하지 못한 채 리세(고등학교)를 마쳤다.

"학생들 중에는 학교생활에 딱 맞는 부류가 있지만, 저 같은 부류도 있어요." 어떤 기억 때문인지 아니면 내 엉성한 프랑스어 발음 때문인지 잠시 쾌활하게 웃던 그녀는 이내 다시 진지해졌다. "진짜 괴로웠어요."

리라는 가치를 못 느껴 자주 수업에 빠졌다. 수업 내용이 오래전 과거를 기초로 한 것이어서 자신과는 무관한 내용들이었다. 고등학교 1학년 때 학생들의 관심을 집중시키는 재주가 있었던 수학 선생님 한 분을 빼놓고는 모든 선생님의 수업은 다 따분했다. 만약 과거로 되돌아갈 수 있다면 무엇을 바꾸고 싶냐는 질문에 그녀는, "아하, 글쎄요, 그럴 수 있다면, 전부 다요!"라고 답했다. "학창시절 내내 제 자신이 쓸모없는 존재처럼 느껴졌거든요."

리라와 달리 리라의 언니는 집안의 기대를 한 몸에 받았다. 언니는 고등학교를 졸업하고 곧바로 파리 시내의 명망 있는 컴퓨터 공학 전문 국제 대학교인 수핀포SUPINFO에 입학했다. 리라는 언니처럼 되겠다는 꿈을 품는 건 터무니없는 일이라는 것을 잘 알았다. 대학 교육을 받을 기회가 차단되어 소모적인 저임금 일자리를 전전하며 쳇바퀴 돌 듯 살았다. 하지만 이렇게 인생을 보낼 수는 없다고 결심했다.

"마이클 조던이 농구를 하지 않았다면 지금의 마이클 조던은 없었을 거예요." 리라의 말대로 그녀는 그저 자신에게 꼭 맞는 일을 찾기만 하면 될 터였다.

그녀는 어느 날 인터넷으로 일자리를 검색하던 중에, 우연히 웹앳카데미Web@cadémie라는 코딩 교육 과정 광고를 봤다. 18~25세 사이 남녀를 대상으로, 프랑스의 수준 높은 IT 교육기관인 에피테크Epitech에서 진행되는 2년짜리 교육 과정이었다. 그녀는 그다지 큰 기대를 품지는 않았다. 하지만 이 과정은 학비가 무료인 데다가 특별히 학교 중퇴자들을 대상으로 했으며, 응시 자격으로 아무런 조건도 필요 없다고 명시되어 있었다. 대학 입학에 꼭 필요한 바칼로레아 학위가 없고 등록금을 충당할 돈도 없어 상급 학교에 진학할 기회가 무수히 많았음에도 전혀 엄두를 내지 못했던 리라는 즉시 신청서를 작성해서 제출했다. 명단에 포함된 신청자들은 3주 동안 쉼 없이 코딩 작업에 매진하는 집중 코스에 참여해야 했으며, 그 결과를 토대로 정식 입학할 학생을 최종 선발했다. 리라는 덥석 기회를 잡았다.

아무런 준비 없이
사회에 내던져지는 아이들

인간은 타고난 학습자들이고 보니, 학창시절에 배웠거나 실패한 경험이 삶의 방향에 영향을 끼치는 것도 어찌 보면 당연한 일이다. 학교를 중퇴한 사람들 중에는 버진그룹 회장 리처드 브랜슨Richard Branson이나 스티브 잡스Steve Jobs처럼 큰 인물이 된 사람들도 있지만, 성공하지 못하고 힘겹게 먹고사는 사람들이 훨씬 많다. 이프라의 경우에서 살펴본 것처럼 국어의 기본을 충실히 익히는 건 물론 중요하지만,

이제는 그것만으로 부족하다. 그래서 지금부터는 국어와 수학 같은 기본 교과 외에 무엇을 더 배워야 하는지를 살펴보려고 한다.

전문가들은 영국의 경우에 2022년이면, "비숙련 노동자들은 9백만 명이 고작 4백만 개밖에 안 되는 일자리를 놓고 경쟁하고, 반대로 숙련 노동자들은 3만 명이 부족해질 것"이라고 전망했다.[1] 미국에서는 지난 20년간 비숙련 일자리 7백만 개가 사라졌으며, 10년 사이에 비숙련 노동자 채용이 절반으로 감소했다.[2] 앞에서 언급했던 옥스퍼드 마틴 스쿨의 프레이[Carl B. Frey]와 오스본[Michael A. Osborne] 교수는 서구 경제 일자리의 절반, 중국과 인도 일자리 4분의 3이 앞으로 40년 내에 자동화될 가능성이 있다고 전망했다.[3] 그야말로 당황하고 겁먹기에 딱 좋은 시기가 도래한 듯하다. 하지만 불가피한 상황에 무조건 굴복하기는 아직 이르다.

19세기의 미래 예측가들은 현재 우리가 디지털화에 대해 느끼는 불안만큼이나 큰 불안과 두려움으로 산업화를 바라봤다. 실제로 경제학자 데이비드 리카도[David Ricardo]는 "기계가 인간의 노동을 대체하는 상황은 노동자 계층의 이익에 아주 큰 피해를 안기고, 노동자들을 쓸모없는 사람으로 만들지 모른다"라고 경고하기도 했다. 하지만 일자리는 결코 사라지지 않았다. 교육 받은 인력이 투입될 만한 새로운 일자리들이 생겨났기 때문이다. 노스웨스턴 대학교 역사학자들은 이렇게 설명했다. "일자리에서 밀려난 방직공들의 자녀는 기계가 도입된 방직공장에서 일할 수 있는 선택권이 있었을 뿐 아니라, 숙련된 수리공이나 전신 교환원이 될 수도 있었다."[4] 이런 새로운 직업들은 19세기에 교육의 폭발적인 증가와 보편적인 학교 교육의 성장에 기여했다. 사람들은 새로운 경제의 인적 자원 수요에 맞게 방향을 조정하고, 필요한 절차를 이행했다.

물론 오늘날 직면한 도전은 난이도가 조금 더 높다. 우선 이 땅에 사는 사람들 수가 훨씬 많아졌다. 그래도 새로운 직업이 생겨나고는 있다. 서구 경제에서 현재 인력 채용이 진행 중인 직업을 보면, 급여가 가장 높은 순으로 따졌을 때 사분위수의 절반 이상은 디지털 기술 활용도가 높은 '하이브리드' 직종이다.[5] 이제는 마케팅 전문가와 그래픽 디자이너들도 알고리즘을 프로그램할 줄 알아야 한다. 데이터 분석가를 구하는 수요는 300퍼센트 이상 증가했으며, 학교 직업 체험의 날에 그다지 찾아보기 힘들 듯한 '데이터 비주얼라이저data-visualizer'라는 직종은 수요가 무려 2,500퍼센트나 증가했다. 2016년에는 독일의 엔지니어링 기업 지멘스가 미국 노스캐롤라이나에 공장을 새로 짓고 채용 박람회를 열었는데, 8백 명을 뽑는 자리에 만 명이나 지원했다.[6]

새로운 직업은 여전히 존재한다. 다만 그런 직업에 진출하려면 로봇보다 지적인 능력이 앞서야 한다. 그런데 애석하게도 현재 직업을 구하는 사람들 중에서 14세 수준의 수학, 독해, 작문 시험을 통과한 사람이 7명 중 1명 꼴밖에 안 된다. 앞으로는 더 나아지기를 바란다.

이 책의 2부는 더 잘해보자고 촉구하는 내용이다. 미래의 직업을 예측하거나, 혹은 미래에 일자리가 과연 있을지 여부를 지금 예측할 수는 없다. 하지만 앞으로 우리 아이들을 더 잘 준비시킬 수 있다는 확신을 갖는 것은 전적으로 가능하다. 오늘날 열여덟 살에 아무것도 없이 학창 생활을 마감하고 사회로 나가는 아이들이 있다는 사실은 다들 인정한다. 그 아이들은 자격증이나 학위도, 세상에 관한 지식도, 기술도, 방향성도, 그 어떤 것도 없이 그저 '안녕! 좋은 추억이었어!'라고 말할 수 있는 게 전부다. 우리는 인생을 시작하는 그 아이들이 교육 받을 수 있는 기회를 인생 초반의 짧은 기간으로 제한하고, 이미 실패했다는 느낌만을 준 채 세상으로 밀쳐낸다.

나는 기술의 이상적인 부분을 교육의 중심에 도입할 경우 그런 상황을 충분히 바꿀 수 있음을 알리고자 한다. 내가 생각하는 교육은 모든 아이들이 각자 삶의 목적을 발견하고, 스스로를 창조적으로 표현하고, 그렇게 하는 데 필요한 도구를 완전히 습득할 수 있게 돕는 과정이 될 것이다. 그런 의미에서 이번 장의 여정을 평생학습이라는 개념과 리라 멜비시의 이야기에서 시작하려고 한다.

앞으로 맞이할 하이테크 기술 시대에서 성공하는 아이들로 키워내려면 어떤 교육이 필요한지 알아보기 위해 나는 이미 그런 교육을 실천 중인 곳에 가보기로 마음먹었다. 런던 세인트판크라스에서 고속열차 유로스타를 타고, 파리에 새로 둥지를 튼 한 혁신적인 학교를 찾아갔다.

IT 인재 전문교육기관
에꼴42

중앙 현관 옆 계단에 있는 짙은 회색 합판에는 '시스템 고장 났음'이라는 문구가 적혀 있었다. 막 담배를 피웠거나 담배를 피우러 가는 학생들 무리가 모자 달린 옷에 책가방을 매고 닥터 마틴 신발을 질질 끌며 지나갔다. 건물 안쪽 벽에는 스텐실 기법으로 그린 그래피티에 '뭘 봐?'라는 문구가 적힌 보안 카메라가 있고, 그 옆에서 녹색 스웨터를 입은 어떤 30대가 탄산수를 마시며 버거킹 스페셜 메뉴 두 가지를 먹고 있었다. 하이테크 공상과학소설 같은 분위기가 감도는 이 장소의 이름은 '에꼴 42$^{E'cole\ 42}$'였다. 이 이름은 더글러스 애덤스의 소설 『은하수를 여행하는 히치하이커를 위한 안내서$^{The\ Hitchhiker's\ Guide\ to\ the\ Galaxy}$』에서 인생, 우주, 그리고 모든 것에 관한 질문의 답이 42라고 했던 데에서 유래했다. 파리 북부 베시에르가의 바깥쪽 바람이 몰아치는 지역에 자리한 이 신규 대학은 코딩이라는 새로운 종교의 사원이었다.[7]

이곳 학생인 스물세 살 토머스가 로비에서 나를 맞았다. 청바지에 회색 스웨터 차림이었던 토머스는 현재 2학년으로, IT 기업가가 되겠다는 꿈을 가진 청년이다. 그는 온라인 게임 모임에서 『반지의 제왕』의 등장인물 중 한 명인 그림볼드^{Grimbold}의 이름을 딴 '그림^{greem}'이라는 이름으로 통했다.[8] 10대 시절 부모님 집 차고에서 컴퓨터를 고치며 보냈으며, 지금은 에꼴 42에서 꿈을 이뤄가고 있었다. 3층으로 된 그 건물의 각 층은 '미들 어스$^{Middle\ earth}$', '웨스테로스^{Westeros}', '타투니^{Tatooine}'라는 이름으로 각각 불렸다.[9]

토머스는 짐짓 엄숙한 몸짓으로 사방이 막힌 거대한 정육면체 공간 안에 있는 블랙박스를 가리키며, "두뇌이자 심장입니다"라고 말했다.

초록색과 빨간색 LED 등이 깜박거렸다. "저게 멈추면 모든 게 정지하고 말아요." 그 블랙박스는 바로 서버였다. 서버가 제공하는 인트라넷 알고리즘으로 에꼴 42가 굴러갔다. 학교의 소프트웨어는 학생들이 하루 종일(그리고 종종 밤새도록) 수행한 프로젝트 성과물 데이터를 쉴 새 없이 분석했다. 이 소프트웨어는 취합한 정보를 이용해서 학생-사용자 경험을 지속적으로, 그리고 자동적으로 미세하게 조정하는 자체 시스템을 갖추고 있었다. 또 이 시스템은 학생 관리적인 측면까지 다뤘다. 예를 들어 명상 수업을 들은 학생들에게서 긍정적인 변화가 나타났음을 감지한 뒤로, 전교생에게 마음챙김 명상을 가볍게 권하는 것이다. 그 말을 들으면서 명상이 학생들의 니코틴 중독을 완화하는 데 도움이 될지도 모르겠다는 생각을 했다.

학교가 사용하는 인트라넷의 이름은 '42 스카이넷'이었다. 42 스카이넷을 활용해 학생들의 프로젝트를 정하고, 학생들이 꾸준히 작업하고 있는지 확인하고, 실제 업무 조직에서 일할 때처럼 친구들과 협력하는 연습을 해볼 수 있게 했다. 나는 그저 이 시스템이 폭동을 일으켜서 전 세계를 손아귀에 넣는 일이 없기를 바랐다. 허무맹랑한 상상이라고 생각할지 모르지만, 그렇게 터무니없는 이야기가 아닐지도 모른다. 이 학교에 교사가 단 한 명도 없다는 사실을 생각하면 말이다. 교사 없이 운영된다는 점은 이 학교가 내세우는 가장 큰 장점이기도 하다.

에꼴 42는 3년 전에 급진적인 이상으로부터 출발했다. 프랑스 교육의 제약에 얽매이지 않겠다는 의지로 이 학교는 입학에 필요한 자격 조건, 교사, 수업료를 모두 없앴다. 현재 18~65세 사이의 학생 3천 명이 이 학교에 다니고 있으며(전체 학생 중 30명은 장기 실업 상태인 55세 이상 지원자들 중에서 선발한다), 대부분이 남성이지만 그렇다고 모두가 컴퓨터만 아는 괴짜들은 아니다. 이 학교는 학생들에게 집중적이고, 창의적이며, 자기 주도적인 학습 경험을 약속한다. 과정을 마친 학생들은 정식 학위를 취득하는 것은 아니지만, 업무 현장에서 절실히 필요한 웹 개발 기술을 익혀서 졸업한다. 실제로 몇 년 전 이 학교가 문을 열었을 때 프랑스에서 코딩 기술자를 뽑는 일자리는 6만 건이었다.[10] 2016년에는 이 학교에서 학생 천 명을 모집하는 데 3만 명이 몰렸다. 지원자들은 온라인으로 진행된 논리 시험을 치렀고, 에꼴 42를 졸업한 학생들은 전원 IT 분야의 고소득 직종에 취직했다.

"대단하지요?" 토머스는 서버 위에 놓인 럭비공을 손으로 가리키며 말했다. 공에는 프랑스 럭비 리그에서 포워드로 활약했으며 '석기시대인'이라는 별명으로 불리던 세바스티앵 샤발의 사인이 있었다. 하지만 에꼴 42와 비교하면 그는 별 볼일 없는 인물이었다. 이곳을 칭송하는 인사들 목록을 보면 흡사 마크 저커버그의 링크드인 프로필 같다. 일론 머스크는 동영상을 남겼으며, 스냅챗의 에반 스피겔도 에꼴 42에 관한 이야기를 입에 달고 산다. 트위터, 페리스코프, 에어비앤비, 슬랙의 CEO들 역시 아낌없는 칭찬을 보냈다. 에꼴 42는 현재 유니콘(기업 가치가 10억 달러 이상인 비상장 스타트업 기업 – 옮긴이) 기업만큼이나 뜨거운 관심을 받고 있다.

토머스와 나는 서버가 있는 곳을 지나서 넓고 환한 방으로 들어갔다. 그곳은 곳곳에 그래피티 아티스트 뱅크시Banksy의 작품과 흰한 흰색 책상들이 줄지어 있었다. 그 광경을 보고 있자니 초현대적인 환상에 사로잡힌 기분이었다. 완전히 새것 같은 아이맥 수백 대가 컴퓨터 책상 위에서 조용히 윙윙거렸다. 컴퓨터 앞에는 학생들이 한 명 또는 두 명씩 앉아서 헤드폰을 끼고 시선은 화면에 고정하고 있었다. 학생들은 활기가 넘쳤다. 시간에 맞춰 수업을 듣는 시스템이 아니기 때문에, 학생들은 원하는 시간에 각자 해야 할 과제를 하면 될 것이다. 오전 8시에서 오후 6시 사이, 혹은 정오에서 자정까지, 그 밖에 어떤 시간이든 상관없었다. 이 학교 웹사이트에서 홍보하는 것처럼 학생들은 마치 '코딩을 하기 위해 태어난' 듯했다.

실제로 리라 멜비시도 그랬다. 에꼴 42의 학생들은 모르고 있을 테지만, 지금 학생들이 이런 교육을 받을 수 있는 것은 고등학교를 중퇴하고 교외 주택가의 조그만 애완 용품점에서 점원으로 일했던 그녀 덕분이었다.

"예비 프로그램 3주 동안 아침 8시부터 밤 12시까지 꼬박 학교에 있었어요." 스카이프로 나와 대화를 나누던 리라가 경쾌하게 웃었다. 짙은 금발 머리를 길게 늘어뜨린 그녀는 이제 스물일곱 살이 되었다. 사람들 앞에서 억

지웃음을 지으며 친절하게 응대해야 하는 짐에서 벗어난 그녀는 만족감에 찬 밝은 얼굴이었다. 온라인 지원서를 제출한 때로부터 5년이 지난 지금 그녀는 웹앳카데미의 경영자가 되었다. 리라는 진정한 자신의 모습을 발견했다. 그녀는 "지금 하는 일이 정말 좋다"고 말했다. 계산대에서 일하는 활력 없는 삶에 갇혀 있었지만, 기회를 맞아 주저하지 않고 뛰어들었다. 모든 참가자가 백지 상태에서 시작하는 환경에서 그녀는 깨어 있는 시간을 모조리 공부에 투자하며, 선발 절차의 일환이었던 3주간의 프로그램에서 훨훨 날았다. 코딩은 그녀의 안마당이었다.

리라는 코딩의 창조적인 측면에 흠뻑 빠졌다. 학교에서 배우는 내용이 추상적이었다면, 코딩은 실재하는 대상을 다루는 분야였다. "코드를 짜 넣으면, 그 결과물이 나오잖아요." 2년 동안 리라는 주말도 거의 없이 하루에 16시간씩 작업에 몰두했다. 하지만 얼굴에는 늘 미소가 가득했다. 그녀는 반에서 1등으로 졸업을 하고, 프랑스에서 두 번째로 큰 인터넷 서비스 제공 업체이자 세 번째로 큰 이동통신 사업자인 프리Free에 개발자로 취직하는 쾌거를 이뤘다.

방치되는 인재들

프리는 지금은 억만장자가 된 자비에 니엘Xavier Niel이 창업한 기업으로, 조직 구조가 스타트업만큼이나 단출하다. 프리와 거의 비슷한 일을 하는 통신기업 오렌지 프랑스Orange France는 직원이 1만 5천 명이지만, 프리는 고작 100명밖에 안 된다. 또 프리는 위계질서 없이 수평적인 조직이다. 그래서 리라는 입사한 지 얼마 지나지 않아 사장과 직접 신제품 회의를 진행했다. 니엘은 그 자리에서 리라의 능력을 알아봤다. 상황을 파악하는 눈이 남달랐고, 자신의 생각을 거리낌 없이 개진하는 성격이 눈에 띄었다. 니엘은 리라에게 이 회사에 오기 전에 어디에서 무엇을 했느냐고 물었다. 리라는 애완동물 용품점에서 일했던 경험과 코딩 학교에 입학하게 된 경위를 설명했다. 그 이야기를 들은 니엘은 곧바로 프리의 공동창업자인 니콜라 사디락^{Nicolas} ^{Sadirac}에게 전화를 걸었다. 그 당시의 정황은 내가 나중에 사디락을 직접 만났을 때 전해 들을 수 있었다. 니엘은 전화 통화에서 이렇게 이야기했다고 한다. "이해할 수가 없어요. 인재가 필요해서 아무리 눈을 씻고 돌아봐도 도통 찾을 수가 없거든요. 제 친구들도 다 똑같고 말입니다. 도대체 재능 있는 사람들이 없어요. 그런데 제가 지금 젊은 여자 직원 한 명을 만났는데……" 그는 프랑스어 악센트가 섞인 말투로 감정을 한껏 드러내며 말했다. "재능이 아주 뛰어나요. 그런데 이 젊은이가 정보기술이 아니라 애완동물을 파는 가게에서 일을 했었다지 뭡니까? 도대체 이 나라가 어떻게 돌아가고 있는 걸까요?"

"니엘은 돈이 얼마나 들겠느냐고 묻더군요." 사디락이 말했다. 프랑스에 있는 모든 아이들이 능력이나 배경에 관계없이 배우려는 욕구와 의지만 있다면 누구든 갈 수 있는 무료 코딩 학교를 만들려면 돈이 얼마나 필요하겠느냐고 물었던 것이다. "저는 1억 유로(약 1,320억 원) 정도가 들 것이라고 얘기했습니다." 당시 사디락이 말한 금액은 프티 푸르(커피와 함께 먹는 작은 케이크나 쿠키 – 옮긴이)를 먹으며 나눈 대화 중에 나온 대략적인 수치이지만, 적어도 그가 전국 각지에서 기술학교를 운영하면서 축적된 오랜 경험에서 나온 예측이었다.

주문한 에스프레소 커피가 나올 즈음, 니엘은 이미 마음을 먹었다. "좋습니다. 한번 해봅시다." 니엘이 말했다. 금액이 너무 과하다는 생각은 들지 않았다. 다만 그는 리라를 염두에 두고 한 가지 단서를 붙였다. "매년 리라같이 뛰어난 젊은이를 두 명씩만 배출할 수 있다면, 충분히 가치 있는 시도라고 봅니다." 니엘은 최종적으로 7천만 유로를 투자했다. 덕분에 에꼴 42가 설립됐고, 개교 10주년을 맞을 때까지는 별 탈 없이 운영될 수 있을 터였다. 그 이후로는 졸업생들이 내는 기부금으로 운영 자금을 충당할 계획이었는데, 이미 졸업생 중 다수가 기부금을 납부하고 있다.

니엘은 학교를 개교하면서 쓴 〈프랑스식 제도는 가망이 없다〉는 사설에서 이렇게 설명한다. "프랑스의 교육 제도는 대학 등록금이 무료이고 모든 학생에게 개방되어 있지만, 대학에서 가르치는 학문이 기업들이 요구하는 역량과 늘 일치된다고는 볼 수 없다. 그리고 교육 효과는 더 크지만 학비가 비싼 사립학교의 경우, 프랑스 안에서 찾을 수 있는 수많은 뛰어난 학생들 혹은 천재들을 길 밖으로 내몬다."[11] 대학들이 학생들을 오늘날의 경제 상황에 맞게 준비시키는 데 실패하고, '실업 공장'으로 전락하고 말았다며 사회 비평가들은 조롱하지만,[12] 에꼴 42 같은 학교라면 이런 문제를 해결하고도 남는다. 최소한 웹 개발자 수요를 충당한다는 측면에서는 말이다. 에꼴 42는 최근에 미국 캘리포니아에 캠퍼스를 열었으며, 향후 전 세계로 넓혀나갈 계획이다.

경험해봐야 좋아하는 일을 찾을 수 있다

아래층으로 내려가려고 다시 엘리베이터에 올랐을 때, 디스코텍 같은 조명에 프랑스 일렉트로닉 듀오 다프트 펑크의 음악이 흘러나왔다. 토머스는 씩 웃었다. 1층에 도착하자, 그는 데스크톱 컴퓨터 암호를 다른 사람 눈에 안 띄게 입력해서 전산망에 접속했다. 바탕화면 배경에는 '흥분하지 말고, 엿 같은 매뉴얼이나 좀 읽어봐^{Read the Fucking Manual; RTFM}'라는 문구가 적혀

있었다. 그 문구처럼 사실 인터넷 시대에는 답이 어딘가에 이미 다 나와 있다. 우리는 그저 답을 찾는 약간의 수고만 하면 된다. 토머스는 검은색 바탕에 동심원 두 개가 있는 큰 지도를 열었다. 중심에서 퍼져나가는 연결선과 교점, 그 안에 부 연결선과 부 교점이 있었다. 〈스타 트랙〉에 나올 법한 구조의 모형이었다. 지도에는 컴퓨터 게임 로직이 담겨 있었다. 각 교점은 한 단계 앞의 과제를 완수했을 때에만 열리는 백여 개 프로젝트 중 하나였으며, 한가운데에서 시작해 바깥쪽으로 나가는 구조였다. 토머스는 진행률 16퍼센트로, 현재 레벨 5까지 와 있었다. 그는 자기 주도 프로젝트의 일환으로 프로그램하던 프랙털(미세한 부분 구조가 전체 구조와 닮아 있는 형태 – 옮긴이) 형식의 눈길을 사로잡는 애니메이션을 열어서 보여주었다. 레벨은 총 21개가 있었다.

나는 모든 직업별로 에꼴 42 같은 학교가 있다면 어떻게 될지 잠시 생각해봤다. 그런 시스템은 충분히 다른 곳에서도 적용할 수 있을 듯했다. 모든 연령의 의욕 있는 초보자들을 모아서 수준이 단계별로 높아지는 실질적인 도전 과제를 해보게끔 하고, 서로의 노력을 평가하게 하는 등 수행 활동의 주도권을 학생들에게 맡긴다. 시대에 뒤떨어진 지식으로 연수받은 교사들을 비롯한 전통적인 위계 체계가 없기 때문에 변화하는 시대의 요구에 발맞추기가 더 쉬울지도 모른다.

토머스와 나는 건물 안에서 유일하게 첨단 기술의 손길이 닿지 않은 구역인 '발할라'로 향했다. 나는 낯선 분위기에 적응하지 못하고 있었다. 학교가 너무 새로웠던 까닭에 여전히 약간은 주저하는 마음이 들었다. 우리 모두가 코딩 전문가가 될 수는 없다. 또 모든 사람이 웹 프로그램을 만들고 싶어하

는 건 아니다. 예를 들면 우리 중에는 농구 선수가 되고 싶어 하는 사람도 있지 않은가? 리라는 결국 자기가 좋아하는 활동을 맛보았고, 그 활동을 계기로 목표가 생겼기 때문에 자신에게 맞는 직업을 찾을 수 있었다. 하지만 아이들 대부분은 그런 단계까지 가는 것이 힘들다.

토머스가 문을 열고, 옅은 회색 인테리어에 은은한 조명을 밝힌 방에 들어섰다. 나는 어떻게 하면 아이들이 리라와 같은 경험을 할 수 있게 만들지를 열심히 궁리했다. 그런데 이런 생각을 한 것이 내가 처음은 아니었다.

아이들이 꿈을 키우는 공간 키자니아

어느 화창한 일요일에 나는 처조카인 열네 살 제이콥과 열한 살 소피아, 네 살 토르와 함께 런던의 화이트 시티에 있는 웨스트필드 쇼핑센터에 갔다. 불필요한 비싼 장식은 없다는 점만 빼면 휑히 뚫린 넓은 공간이 도시적인 분위기를 강조한 두바이 공항과 꽤 비슷하게 느껴졌다. 사방으로 펼쳐진 건물 내에는 애플 스토어, 스타벅스 같은 대중적인 유명 매장들이 루이비통, 버버리 같은 명품 매장과 나란히 자리 잡고 있었다. 한 지붕 아래에서 모든 것이 해결되는 곳이었다. 그런데 부모와 함께 나를 만나러 왔던 이 세 남매는, 레고나 유니클로 매장에는 눈길조차 주지 않고 휙 지나쳤다. 이 아이들의 목적지는 바로 아이들을 위한 맞춤 도시 '키자니아'였다. 이곳은 아이들이 60여 가지 직업체험을 하면서, 일하고, 돈을 벌고, 저축해볼 수 있는 곳이다.

영국항공 데스크를 축소해 만든 접수처에서 직원이 우리들이 내민 탑승권을 확인하고 아이들에게 간단한 지침을 설명했다. 소피아와 토르는 접수처에서 건네받은 키자니아 화폐 50키조스KidZos를 들뜬 표정으로 세어봤다. 키자니아를 찾는 모든 사람들에게는 보드게임 모노폴리에서 쓰는 것 같은 지폐가 지급된다. 아이들은 이 돈으로 여러 활동을 체험할 수 있다. 돈이 더 필요할 경우에는 키자니아의 대표적인 체험 활동인 가상 직업 체험을 통해서 돈을 벌 수 있다. 수중에 들어온 돈이 75키조스가 되면, 키자니아 중앙은행에서 개인 계좌를 만들고 실제로 사용 가능한 체크카드를 받을 수도 있다.

우리 뒤로 입국 수속대 주변 광장에 점보 여객기 한 대가 서 있었다. '비행, 봉사To fly. To serve'라는 모토가 걸려 있는 그곳은 영국항공의 항공 학교였다. 주퍼바이저Zupervisor로 불리는 키자니아 스태프 한 명이 국경 수비대 제복을 입고, 두 손가락을 가슴에 대고 경례하면서 "충성"이라고 인사했다. 나는 '자, 이제 시작이군'이라고 속으로 생각했다.

키자니아는 1999년 멕시코 산타페에서 초등학교 1학년 시절부터 친구 사이였던 두 명의 멕시코 기업가 루이스 하비에르 라레스고티Luis Javier Laresgoiti와 자비에 로페즈 안코나Xavier López Ancona가 만든 '아이들의 도시La Ciudad de los Niños'라는 벤처 기업으로 시작했다. 이들은 키자니아의 기원이 아이들이 어른들로부터 독립을 선언했던 역사적인 독립선언이며, 빼앗을 수 없는 이런 '아이들의 권리'를 수호하는 여섯 '권리 지킴이' 베카, 얼바노, 비밥, 치카, 비타, 바체가 있다고 설명한다. 이 권리 지킴이들은 존재, 앎, 창조, 나눔, 보살핌, 놀이 같은 가장 중요한 권리를 보장한다.[13]

물론 키자니아는 영리추구를 목적으로 하는 상업 시설이며, 사업적인 측면에서 꽤 성공을 거뒀다. 첫 해 방문객이 80만 명이나 됐으며, 현재는 서울,

뭄바이, 시카고, 쿠웨이트 등 전 세계 24개 쇼핑몰에 입점해 있다. 하지만 이들은 단순한 사업에 그치지 않고 아이들에게 도움이 되는 곳이 되겠다고 약속했다. 실제로 공동 창업자 로페즈는 《뉴요커》와의 인터뷰에서 "우리는 아이들이 독립성을 키울 수 있도록 신경 쓰고 있다"라고 말했다. 내가 이곳을 직접 찾아오게 된 것도 바로 아이들을 위한다는 이들의 약속 때문이었다.[14]

아이들은 존재한다는 사실을 아는 것에만 열망을 품는다

키자니아 런던은 대영제국 4등 훈장 수훈자이자 교육 부문 책임자인 제르 그라우스Ger Graus가 운영하고 있다. 그는 영국 유수의 교육자들로 구성된 '싱크 탱크' 자문 조직을 꾸렸다. 그가 중요하게 생각하는 슬로건은 "아이들은 존재한다는 사실을 아는 것에만 열망을 품을 수 있다"였다. 키자니아는 여기서의 경험이 유치원이나 학교 혹은 생활 속에서 전혀 본 적이 없던 것에 아이들의 눈을 뜨게 만듦으로써 실제 세계의 학습을 진지하게 받아들일 발판 역할을 한다고 주장했다. 정말 그런 효과가 있었을까?

우리는 식민지 시대 분위기를 놀랍도록 잘 살려서 3분의 2 크기로 축소한 도로와 자그마한 순경 세 명이 서둘러 움직이는 모형 곁을 지나갔다. 연철 가로등은 슈퍼마켓까지 줄지어 늘어섰으며, 슈퍼마켓에서는 다섯 살짜리 아이들이 자그마한 카트에 농산품을 진지하게 담고 있었다. 왼쪽에 있는 병원의 응급실 창문으로는 의과 대학생 네 명이 환자처럼 꾸민 인체 모형에서 간을 절제하는 모습이 보였다. 오른쪽에는 직업소개소에서 설치한 화면에 구인 광고들이 나왔다.

피부 미용사로 10분 동안 일하면 6키조스를 받고, 은행 창구에서 일하면 10키조스를, 에어컨 기술자는 5키조스를 받을 수 있었다. 키자니아가 자리한 공간은 7,000제곱미터(약 2,000평) 정도이고 두 개 층으로 나뉘어 있으며, 예술가, 스무디 가게 직원, 재활용 업자, 슈퍼모델, 치과 의사, 기계공, 기자 등 아이들이 각자 동경하는 일을 해보고 정해진 금액을 보수로 받을 수 있었다. 중앙 광장에 자리한 2층짜리 건물은 대학으로, 아이들은 여기서 학위 취득이 가능했다. 학위가 있으면 몇 가지 직종에서 임금을 2키조스만큼 높여서 받을 수 있었다.

"아이들은 질서가 잘 잡혀 있습니다"라고, 키자니아를 방문하기 몇 주 전에 만난 자리에서 런던 키자니아 책임자인 제르 그라우스가 말했다. 갈색 블레이저에 동그란 작은 안경을 끼고, 동화책에 나오는 마법사처럼 머리를 뒤로 빗어 넘기고 있는 모습이, 아이들 맞춤 도시를 기획한 사람을 상상해 봤을 때의 이미지와 아주 잘 어울렸다. "혼란은 어른들이 끼어드는 순간에 시작되지요."

시설을 간단히 돌아본 다음, 우리는 키자니아에서 유일한 어른들의 공간으로 가서 커피를 마셨다. 1층의 알자지라 뉴스 룸 근처에 있는 이 카페에서는 어른들이 모여 앉아 모니터를 들여다보며 아이들의 활동 모습을 지켜본다. 교육 용어로 말하자면, 그라우스는 장 자크 루소와 『찰리와 초콜릿 공장』에 나오는 윌리 웡카를 합쳐놓은 것 같은 인물이었다. 그는 현재의 교육 시스템이 아이들을 제대로 이해하지 못하고 그저 순응만을 강요한다고 느끼고 있었다. 아이들은 자유의 몸으로 태어나지만, 어디에서든 학교에 매여 있다. 그 때문에 "아이들을 믿어라. 아이들은 우리를 믿는다"라는 만트라를 그는 자주 왼다고 했다.

그라우스에 따르면, 키자니아는 아이들에게 새로운 것들을 시도하고 시야를 넓힐 기회를 제공한다. 네덜란드 남부에서 어린 시절을 보낼 때, 그라우스는 할아버지처럼 광부가 되고 싶었다. "가족들 대부분이 다 광부이셨거든요." 그가 말했다. 어떤 지역에서는 가족들이 전부 실업자이면 자기도 실업자가 될 것이라고 무의식중에 생각한다고 하는데, 그도 그런 영향을 받았던 듯하다. 그의 또 다른 꿈은 네덜란드 축구 거장 요한 크루이프가 되는 것이었다. 그는 이렇게 덧붙였다. "그 두 가지 꿈 모두 실현되지는 않았지만요."

광부나 축구 거장 대신에 그는 교사가 됐다. 독일어 선생님이 대학에 진학해서 교사가 되는 게 좋겠다며 그의 부모님을 설득했던 것이 계기가 됐다. 그는 노픽과 험버사이드에서 여러 해 동안 학생들을 가르치다가, 영국 정부 교육기준청 감독관이 되어 영국 북부에서 교육개혁특구 두 군데를 운영하고, 맨체스터 공항 근처에 있는 학교 30곳에서 큰 성과를 거뒀다.[15] 그리고 2014년에는 대영제국 4등 훈장을 받았다. 그의 사례는 진로를 결정하는 일반적인 경로를 보여주는 좋은 예다.

"저 같은 경우는 사실 운이 많이 작용했어요." 그라우스가 말했다. 그가 졸업했을 때 네덜란드의 탄광들이 폐쇄된 것이다. 만일 그렇지 않았다면 그는 광재鑛滓 더미 위에서 평생을 보냈을지도 모른다. 그는 우리가 진로라는 중요한 문제를 운에 맡긴다는 사실에 신경이 쓰였다. 그래서 키자니아에서는 아이들이 단순히 축구선수, 교사, 코딩 전문가 같은 것들만이 아니라 더 많은 직업을 체험해서, 아이들의 꿈이라는 광산에 더 많은 씨를 심고자 노력한다. 세상이 바뀐다면 학교들도 이런 기반을 만들어서 아이들이 각자의 목소리를 키울 수 있게 될 것이다.

경험해보기 전에는 알 수 없다

대학 진학을 위한 GCSE 커리큘럼 말고는 거의 경험한 것이 없는데, 어떻게 아이들이 하고 싶은 일을 발견하기를 기대하겠는가? 내가 맡았던 10학년에서 수업시간에 셜록 홈스에 관해 다룰 때 CSI(범죄사건 현장 조사)를 연극으로 꾸며본 적이 있다. 이런 활동은 수업의 질을 높이는 데에는 아무런 효용이 없었지만, 아주 작은 보디 수트를 입어보고 증거를 꼼꼼히 살피는 아이들의 얼굴에는 활력이 넘쳤다. 나는 불필요한 겉치레만 뺀다면 키자니아 같은 곳이 뭔가 중요한 역할을 할 수 있지 않을까 하는 생각이 들었다.

항공 학교에서 다른 아이들보다 키가 머리 하나만큼은 크고 나이도 여덟 살이나 많은 제이콥은 1미터 정도 되는 꼬맹이 공군 사관생도들 틈에 끼지 않기로 했다. 토르는 전자 팔찌로 체크인하고 10키조스를 직원에게 냈다. 키자니아의 공상적 이상주의 때문인지 얄궂게도 비행기 조종법이나 아이스크림 만드는 법을 배우는 체험처럼 제일 즐거운 활동은 체험료가 더 비싸고, 재활용이나 선반 정리 같은 제일 재미없는 활동은 급여가 가장 높았다. 그에 상응하는 유형의 활동으로 항공기 승무원들은 부모 승객들을 돌보는 일에 8키조스를 받았다. 쉽게 예측할 수 있듯이 선호도는 성별에 따라 서로 달랐다.

"여러분, 항공기 조종사가 되어 보니 어때요? 신나지요?" 비행 교관 나디아가 큰 소리로 물었다. 직원인 주퍼바이저들은 쾌활한 학생들이나 먹고 살기 힘든 배우들이 주로 일을 맡는데, 이들은 기업 스폰서들이 제공한 가이드라인에 따라 교육 팀에서 준비한 내용을 체험 고객에게 전달한다. 아이들은 나디아를 무척 좋아했다.

나디아가 비행기를 조종해서 활주로로 끌고 오자, 신예 조종사가 된 아이들이 동그랗게 주위에 몰려들었다. 나디아는 아이들에게 질문을 던졌다. "비행기 조종사가 되고 싶은 사람이 혹시 있나요? 이 스위치는 무엇을 위한 걸까요? 하늘을 나는 동안에도 바퀴가 필요할까요?" 체험 활동 대부분이 20분 정도 소요되기 때문에 다른 활동들과 보조를 맞추기 위해서 조금 서둘러 진행해나갔다. 그래서인지 다소 벅차고, 딱딱하고, 실험정신보다는 순응하는 태도를 높이 사는 것 같다는 생각을 했다. 이런 활동은 일부 직업에는 큰 도움이 될지 모르지만, 삶의 목표를 찾는 데에는 그다지 도움이 되지 않을 듯했다.

토르가 머리 위에 있는 스위치들을 켜고, 활주로 끝을 지나서 잔디밭을 한참 달리며, 서툴게 비행기를 몰았다. "우와 재미있다." 5번 계기반에 앉은 아이가 신이 나서 재잘댔다. "내가 날다니, 믿어지지가 않아." 다른 아이가 의견을 보탰다. "이거 정말 대단하다." 세 번째 아이가 말했다.

나디아는 아이들의 활기찬 에너지에 분위기가 압도당하기 전에 얼른 아이들을 '한 줄로 똑바로' 세운 다음, 조종사가 될 자격을 얻었다는 의미로 모든 아이들에게 두꺼운 종이로 만든 날개 한 쌍을 나누어 주었다. 다들 얼굴이 환해졌지만, 토르는 조금 난감해하는 표정이었다.

"재미있었어요. 그리고 조금 재미없기도 하고." 토르가 말했다.

그라우스는 바로 그 부분이 핵심이라고 강조했다. 그의 딸은 초등학교에서 직업 체험을 했다고 한다. "딸아이가 그 일을 2주 동안 해보고 나더니, 자기는 실업자가 됐으면 됐지 절대 초등학교에서는 일을 못할 것 같다고 말하더군요." 그가 껄껄 웃었다. 학교에서 그에게 전화를 걸어 직업 체험이 성공적이지 못했던 데 대해 사과했다. 그러자 그는 "무슨 그런 터무니없는 말씀을요! 이번 경험이 제 딸아이가 이 학교에 다니면서 했던 가장 성공적인 체험이었는데요"라고 답했다고 한다. 그러면서 그는 모든 것을 다 해내야 한다는 이상한 교육관에 사로잡혀 있는 사람들이 많다고 말했다. 아이들은 인생을 준비하는 과정에서 자기가 무엇을 좋아하고 무엇을 싫어하는지 알아내기 위해 가능한 한 많은 방법과 조건을 경험해야 한다. 그런데 이와 같은 탐색의 기회가 갈수록 적어지고 있으며, 특히 가난한 집안의 아이들은 그런 경향이 더 심하다.

나도 그의 말에 동의했다. 하지만 키자니아에 온다고 아이들이 그런 경험을 충분히 해볼 수 있을지는 의문이었다. 실제처럼 정성 들여서 꾸민 알자지라 뉴스룸에서 소피아가 경험했던 것이라고는 주퍼바이저인 올리가 활동을 진행하는 동안에 그저 버튼을 몇 개 눌러보았던 것이 전부였다(아이들의 나라에서는 가장 큰 아이가 대장이다). 그런 부분이 자꾸 내 마음을 불편하게 만들었다. 키자니아는 기본적으로 기업이었다. 게다가 그라우스는 교육계의 대가 켄 로빈슨Ken Robinson과 함께, 아이들이 밖에 나가서 마음껏 놀 수 있게 하자는 '더러움은 좋은 것Dirt is Good'이라는 캠페인에 자문을 하고 있다고 내게 말한 적이 있었다.*

아이들은 키자니아에서 자유롭게 체험을 하지만, 실제 체험 활동을 들여다보면 창의적인 구석이 거의 없었다. 상상력 자극에 조금이나마 도움이 되는 체험도 있지만(가령 제이콥은 포켓몬 애니메이션 스튜디오에서 나무에 관한 단편 영화를 꽤 그럴듯하게 만들었다), 패션쇼에서 H&M 런웨이를 걷거나, 초콜릿 공장에서 캐드버리 초콜릿을 만드는 것처럼 일부 체험 활동은 아이들의 브랜드 충성도를 높이려는 술책이 더 많이 느껴졌다. 키자니아는 전 세

---

* 켄 로빈슨은 풍자적인 영국 학자이며, 테드 강연으로 큰 인기를 얻었다(그의 강연은 역대 최다 조회수를 기록했다). 그는 '창조적 학습'이라는 새로운 발상을 학교와 교육 제도가 수용해야 한다고 끊임없이 촉구하는데, 예를 들어 춤을 역사만큼 아이들의 성장에 도움이 되는 과목으로 소중히 여겨야 한다고 주장한다.

계에 기업 스폰서 8백 곳과 제휴를 맺고 있는데, 특히 키자니아 런던의 경우는 르노, 캐드버리, 이노센트, 포켓몬, H&M, 영국항공이 이 축복받은 아이들의 세상 곳곳에서 두드러지게 눈에 띄었다.

하지 말아야 할 것이 아닌 해야 할 것 찾기

영국의 유명 나이트클럽인 '미니스트리 오브 사운드Ministry of Sound' 체험관 옆을 지나가면서 보니 아이들 10여 명이 테일러 스위프트의 〈떨쳐버려Shake It Off〉에 맞춰 신나게 몸을 흔들고 있었다. 그것을 보면서 여러 감정이 교차했다. 저 아이들은 이곳을 어떻게 생각할까?

"간섭이나 평가받을 걱정 없는 마음 편한 학교 같은 느낌이에요." 강당이 조용해졌을 때 제이콥이 말했다. 제이콥은 키자니아에 오기에는 자기 나이가 좀 많다고 생각했지만, 기대했던 것보다 이곳 시설의 수준이 상당히 높다고 느꼈다. 그리고 키자니아 화폐인 키조스가 있어서 아이들이 더 적극적으로 참여하게 되는 것 같다고 생각했다. "어떻게 보면 모노폴리 게임 같은 느낌도 좀 들어요." 제이콥이 덧붙였다.

그런가 하면 소피아는 80키조스를 모아서 은행계좌를 만들었다. 소피아는 전혀 몰랐던 것을 배우는 건 아니어서 여기에서의 경험이 크게 교육적이라고는 생각하지 않았다. 그리고 아이들이 케이크를 만들어볼 수 있는 베이커리(가짜가 아니라 진짜 베이커리)가 있으면 좋겠다는 생각도 했다고 한다. 그렇지만 소피아는 "못해봤던 체험을 해볼 수 있어서" 이곳이 아주 마음에 들었다고 했다. 제이콥은 애니메이션 스튜디오가 재미있었지만, 가장 마음에 들었던 체험은 재활용이었는데, 그 이유는 "일하는 시간이 짧고, 돈도 8키조스나 받을 수 있어서"였다. 실제로 직업 세계의 교훈을 체득하는 계기가 되었던 것이다.

뜻밖에도 키자니아에서 가장 인기 있는 활동은 택배 회사 UPS 체험이었다. 로고가 찍힌 모자와 재킷을 걸치고 모형 도로로 나가는 체험관에, 개장 첫해 방문객 40만 명 가운데 20만 명이 다녀갔다. "여덟 살짜리 남자아이 입장에서 봤을 때, 친구와 같이할 수 있고, 보수를 받고, 유니폼도 생기고, 빨리 하라고 재촉하는 사람도 없으니 그야말로 최상의 조건이기 때문"이라는 설명을 들었는데, 그도 그럴듯했다. 우리 내면에는 자유를 소중히 여기고 탐험을 즐기는 택배 차량 운전자의 기질이 자리한다.

그라우스는 "모든 아이들이 열한 살이 될 때까지 꼭 해봐야 하는 경험은 무엇일까?"라는 질문을 가장 먼저 해야 할 곳은 학교라고 생각했다. 듣고 보니 정말 가치 있는 질문이었다. 그는 아이들에게 "하지 말라"고 이야기하는 세상에서 벗어날 필요가 있다고 강조했다. "왼쪽으로 걷지 마라", "고함 지르지 마라", "웃으면 안 된다"라고 다그치지 말고, 각자 해볼 수 있는 것을 경험하게 내버려 두어야 한다고 말이다. 어떻게 보면 앞서 살펴본 펜그린 유아교육센터와 비슷한 방식이 될 터이다.

내 조카들은 키자니아에서 나름의 의미 있는 경험을 했다. 소피아는 실제 의사가 감독하는 가운데 의료용 인체 모형을 수술해 보았다. 제이콥은 포켓몬 애니메이션 스튜디오에서 큰 흥미를 느꼈다. 토르는 화재 진압을 체험해 보고, 문신을 해봤다. 키자니아는 아이들이 실제 세계에 대한 맛을 느낄 수 있게 해주었다. 다만 그 세계는 한쪽으로 크게 치우쳐 있는 세계였다.

키자니아에서 제이콥과 소피아, 토르는 모두 즐거운 시간을 보냈지만, 특별하게 존재하고, 배우고, 알고, 창조하고, 나누고, 관심 갖고, 놀 기회를 충분히 가진 것은 아니다. 그렇다고 지나친 소비주의에 젖어 있다고 키자니아를 나무랄 수는 없다. 누구든 돈은 벌어야 하니 말이다.

한계는 있었지만 이런 경험을 학교에 도입할 수 있으면 좋겠다는 생각이 들었다. 키자니아는 아이들에게 여러 직업의 맛을 아주 살짝이나마 맛볼 수 있게 했다. 아이들이 세상에서 각자의 위치를 찾을 수 있게 돕는다는 건 과연 어떤 의미일까?

미래는 무엇이든 배우려는 사람 손에 달려 있다

마이크로소프트 CEO인 사티아 나델라Satya Nadella는 2016년의 한 인터뷰에서, "뭐든지 배우려는 사람learn-it-all은 타고난 능력은 부족할지 모르지만, 결국에는 뭐든지 아는 체하는 사람know-it-all을 항상 능가한다"라고 말했다. 그의 이런 견해는 스탠퍼드 대학교 심리학자 캐롤 드웩Carol Dweck이 주창해 전 세계 학교에서 큰 열풍을 일으키고 있는 '고정형' 마인드세트와 '성장형' 마인드세트 이론에 기초한 것이다. 예를 들면 프랜시스 골턴처럼 고정형 사고방식을 옹호하는 사람들은 재능이 선천적인 것이라고 믿는 데 반해, 성장형 사고방식을 옹호하는 사람들은 노력을 통해서 누구든 성적을 향상시킬 수 있다고 믿는다.

드웩은 한 교실에 있는 두 부류의 아이를 예로 들어 설명한다. 처음에는 뭐든지 아는 체하는 아이들이 앞서나간다. 그 아이들은 자기가 가진 뛰어난 지식 때문에 자기가 다른 아이들보다 더 똑똑하다고 느낀다. 그런 아이들은 스스로의 강점을 타고난 능력이라고 믿는다는 점에서 사고방식이 고정되어 있다고 표현할 수 있다. 이들은 뛰어난 능력이 원래부터 있다는 생각을 해 노력하지 않는다. 반면에 뭐든 배우려는 아이들은 능력이 노력에서 나온 다고 보는 성장형 사고방식을 바탕으로 하기 때문에, 더 잘하려고 노력하고, 새로운 기술을 계속 습득하며, 지식을 넓힌다. 그래서 결국에는 이프라처럼 뭐든지 아는 체하는 사람들을 앞서게 된다.[16]

오늘날에는 무엇을 알고 있느냐가 아니라 무엇을 배우느냐가 중요하다. 급속한 기술 변화, 유례없이 높아진 기대수명, 인간의 노동을 대체하는 로봇의 등장으로 학습 그 자체의 중요성이 더욱 커졌다. 에꼴 42는 물론이고 명문 사립학교 이튼칼리지 같은 곳에서도 학생을 선발할 때 학생의 성격과 학교생활에 도움이 될 능력을 평가하듯이 이제는 구글 같은 기업들도 대학 학위나 성적이 아니라 고유의 평가 체계로 직원을 선발한다.[17] 구글 CEO 에릭 슈미트에 따르면, 구글은 주로 '배움의 자세를 갖춘 사람들'을 찾는다.[18] KSA에서 7학년 학생들의 현재 성적만이 아니라 그 이외의 것을 고려했듯이 영국의 4대 컨설팅 기업인 PwC, E&Y, KPMG, 딜로이트 역시 입사 지원자가 학위 과정에서 무엇을 배웠는지에 국한해서 고려하기보다는 그 지원자가 배우고자 하는 의욕이 있는지를 더 중요하게 본다.[19] 그러니 앞으로는 배움의 자세를 갖춘 사람들이 일자리를 얻을 것이다.

좋은 소식은 지속적인 배움의 기회가 확대되고 있다는 점이다. 하버드 대학교와 MIT는 공동으로 온라인 학습 플랫폼을 만들어서 연령에 관계없이 수강 가능한 대학원 수준의 단기 학위과정인 마이크로마스터즈^{MicroMasters}를 운영하고 있다. 개방형 온라인 강좌인 무크$^{Massive Open Online Courses, MOOC}$는 처음에 큰 주목을 받았다가 지금은 다소 수그러들었지만, 그래도 여전히 전 세계 학생 수백만 명이 전문 기술을 쌓는 데 활용하는 기본 온라인 강좌로 꾸준히 이용되고 있다.*

　　교육기업 제너럴 어셈블리General Assembly도 수십 년 전부터 단기 직업 준비 과정을 운영하고 있다. 수강료를 내고 온라인 마스터 클래스에 등록하면 베르너 헤어조크 감독에게 배우는 영화제작 강좌, 희극 배우 스티브 마틴에게 배우는 코미디 강좌, 스타 셰프 고든 램지에게 배우는 요리 강좌를 들을 수 있다. 또 정신적 상실감에 마음이 힘들 때는 알랭 드 보통의 '인생 학교'를 통해 존재감과 삶의 의미를 찾을 수도 있다.[20] 평생학습은 꼭 필요하며, 그 시장도 날로 커지고 있다. 배움의 기회는 널려 있다.

배움 그 자체를 좋아할 수 있도록

　　다만 안타까운 소식은 그런 기회를 얻을 수 있느냐가 능력과 의지에 달려 있다는 점이다. '배우고 싶은' 마음이 있어야 하고, 또 그것을 행동으로 옮길 수 있어야 한다. 그라우스가 지적했듯이 오늘날 학교가 아이들의 욕구나 관심을 묵살하거나, 리라가 겪었던 것처럼 비참한 기분을 느끼게 만드는 경우가 너무 많다. 평생 교육을 받는다는 것은 '뭐든지 배우려고 하는' 유형이 된다는 의미이지만, '배우는 것을 좋아한다'는 의미로도 볼 수 있다. 내가 만났던 사람들은 모두 학교가 학생들이 배우는 것을 싫어하게 만든다고 우

---

* 2010년 초 많은 시사평론가들은 무크가 교육의 미래가 될 것이라고 보았다. 무크는 세계 최고로 손꼽히는 대학 강의를 누구든 무료로 들을 수 있도록 개방하겠다고 약속했다. 이 덕분에 하버드 대학교 마이클 센델Michael Sandel 교수의 『정의란 무엇인가Justice: What's the Right Thing to Do?』 같은 최고의 강의를 집 거실에 편히 앉아서 인터넷으로 들을 수 있게 되었다. 그러나 무크가 했던 약속은 결국 제대로 실현되지 못했다. 처음에는 상당히 고무적인 성과를 냈지만, 점차 수강 신청을 하는 사람은 많아도 학기말까지 꾸준히 수업을 듣고 과제를 제출하는 사람이 줄어들었기 때문이다.

려했다. 기업들도 그다지 나을 바가 없었다. 교육을 통해서 더 많이 성장할 가능성이 있음에도 평균적으로 영국 직장인들이 일주일에 교육받는 데 할애하는 시간은 고작 40분밖에 되지 않았다. 이런 상황은 바뀌어야 한다.

우리에게는 두 가지 선택지가 있다. 하나는 아이들에게 필요하다고 판단되는 기술을 가르치면서 그 아이들이 시대에 뒤떨어질지도 모를 위험을 감수하는 것이고, 다른 하나는 아이들 스스로가 필요할 때 찾아 배울 수 있도록 가르치는 방법이다. 아이들 스스로 독창성, 적응성, 자기 동기를 키워서 스스로 답을 찾아낼 수 있게 해야 한다. 평생 쓸 어떤 기술을 어릴 때부터 가르치는 것은 이제 더 이상 통하지 않는다. 대신 아이들이 학습 방법을 배우는 데 치중하도록 해야 한다. 더 잘한다는 것은 모든 아이들이 자신의 목표를 성취하는 데 필요한 도구를 습득하고, 그 과정에서 배움에 관해 더 깊어진 원칙을 볼 수 있게 돕는 것을 의미한다. 그것이 바로 내가 에꼴 42에서 그렸던 이상이다. 그곳에서는 학생들마다 고유의 영역이 있었다.

기계의 한없는 은총으로
보살펴지는 모든 것들**

『반지의 제왕』에 나오는 엘프 왕국의 이름을 따서 '로스로리엔'이라 불리는 사무실에서 니콜라 사디락은 몸

** 리처드 브로우티건Richard Brautigan이 1967년에 쓴 시의 제목이다. 애덤 커티스Adam Curtis 감독이 만든 다큐멘터리 시리즈 이름으로도 쓰였다. - 옮긴이

을 약간 앞으로 기울인 자세로 의자에 앉아 있었다. 에꼴 42를 어떻게 운영하고 있느냐는 내 질문에 그는 어깨를 한번 으쓱해 보이면서, "제가 하는 게아닙니다. 소프트웨어가 하고 있지요"라고 답했다. 청바지에 에꼴 42 학교로고가 새겨진 티셔츠를 입고 낡은 부츠를 신은 그의 모습은 세계에서 가장혁신적인 학교의 설립자보다는 유기농 포도주 생산자에 가까워 보였다. 하지만 사디락은 첨단 기술계의 위인이자 사이버 보안 전문가이며, 프랑스 최고의 기술 교육 학교 대표를 지냈다. 그런가 하면 그는 2000년 초에 프랑스총리인 리오넬 조스팽의 웹사이트를 해킹했던 악명 높은 사건으로도 잘 알려져 있었다. 하지만 그의 말처럼 현재 에꼴 42를 운영하는 실제 주체는 인트라라고 불리는 내부 전산망이다.

"우리는 이것저것 시도해보다가, 효과가 있다 싶으면 실행에 옮깁니다."

사디락은 스탠퍼드 대학교에서 물리학 박사 학위를 취득하고 본국으로돌아오기 전에 잠시 일본을 경유했다. 도쿄와 샌프란시스코에 몰아쳤던 컴퓨터의 새로운 열풍을 경험해보고 싶어서였다. 1980년대 말 당시 프랑스 사람들은 정보기술을 특수한 대학교에서만 가르치는 불가해한 학문으로 여겼다. "컴퓨터도 없이 배우는 완전한 이론 수업이었어요." 그가 말했다. 사디락은 컴퓨터를 배울 수 있는 곳을 이리저리 살펴보다가 정보기술을 가르치는 고급 교육기관인 에피타^{EPITA}를 선택했다. 컴퓨터 설비가 갖춰져 있는학교는 그곳밖에 없었기 때문이다. 사립 학교여서 학비가 너무 비쌌기 때문에 "수학과 물리를 가르칠 테니 컴퓨터 수업을 무료로 듣게 해달라"고 제의해서 학교의 승낙을 받았다. 하지만 학교 컴퓨터 수업은 내용이 형편없었다, 그래서 그는 자기가 직접 컴퓨터를 다루는 데 최대한 많은 시간을 할애했다. 그런데 정작 가장 중요한 깨달음은 컴퓨터가 아니라 학부생들에게 추측 통계, 통계, 확률을 가르치는 과정에서 나왔다.

어느 날 프랑스의 대형 슈퍼마켓 업체인 카지노가 고객이 계산대에서 대기하는 시간을 줄일 방법을 찾기 위한 최적의 프로젝트를 학교에 의뢰했다. 학장은 사디락에게 학생들과 함께 이 프로젝트를 진행해보라고 권했다. 그러나 사디락은 강하게 거절했다. "제 학생들이 얼마나 아둔한데요! 이 아이들을 데리고 진행했다가는 망신만 당할 거예요." 당시 그가 가르치던 학생들은 시험 성적이 20점 만점에 평균 2점밖에 안 됐다. 프로젝트를 진행하기에는 수학 실력이 형편없이 모자란 아이들이었다. 하지만 학장은 고집을 굽히지 않았다. "그래서 결국 제가 아이들과 프로젝트를 진행하게 됐지요." 사디락이 어쩔 수 없었다는 표정으로 말했다.

아이들은 한 조에 4명씩 편성되어서 전체적인 설명을 듣고 작업을 시작했다. 그런데 결과는 놀라웠다. "아이들이 꽤 괜찮은 결과물을 만들어냈지 뭡니까!" 감탄하는 그의 말투에서 20년 전의 일인데도 여전히 놀라워하는 기운이 느껴졌다. 자기들 실력이 아니라 혹시 어디 다른 데서 도움을 받은 것은 아닌지 확인하기 위해 그는 학생들에게 시험 문제를 내보기까지 했다. 그 시험에서 학생들은 20점 만점에 12~15점을 받았다. 아주 잘한 건 아니지만 전보다는 월등히 나아진 실력이었다.

대단한 발견의 순간이었다. 사디락은 학생들에게 프로젝트를 내주면, 수학적인 부분은 각자의 노력으로 해결해낸다는 사실을 알게 됐다. "그 뒤로는 더 이상 학생들을 가르치지 않았어요. 가르치는 수업이 아니라, 프로젝트만 진행했지요."

20년 동안 사디락은 수준 높은 IT교육 기관인 에피테크, 웹엣카데미, 그리고 나중에는 에꼴 42에서 여러 방법을 실험하고, 시스템 구성과 수치 표현을 가르치면서 교육적 접근법을 더 정교하게 다듬었다. 학생들은 이론을 배울 때보다 직접 프로젝트를 진행할 때, 교사에게 배울 때보다 다른 학생들에게 배울 때, 그리고 또래에게 평가받을 때 최고의 성과를 냈다. "학생들은 교사들보다 훨씬 엄격한 잣대로 서로를 평가한다"고 사디락이 말했다.

뭔가를 이루려면, 그저 적합한 기술만 제공해주면 충분했다. 사디락은 이런 방식이 수가타 미트라가 제안한 자기조직화 학습 환경과 비슷하다고 생각했는데, 내가 보기에도 정말 그런 것 같았다. 그리고 적어도 '예비 프로그램'을 통해 선발했던 의욕 있는 학생들에게는 실제로 효과가 있었다.

섣부른 정책이
아이들의 열정을 앗아간다

에꼴 42 방문 때 학교 시설을 둘러보면서 건물의 맨 위층에도 가봤는데, 유리로 된 넓은 사무실에는 레드불, 라면, 코카콜라, 수건, 장난감 총, 럭키 스트라이크 담배 같은 물품이 산더미처럼 쌓여 있었다. 그것을 보고 사람들이 집에 잘 안 들어가고 여기서 살다시피 한다는 것을 짐작할 수 있었다. 벽에 붙은 포스터에는 '제국에는 네가 필요하다'는 다스베이더의 대사가 적혀 있었다. 이곳은 에꼴 42의 신경 중추였으며, 디지털 세계의 축소판이었다. 검은 후드티를 입은 개발자 여섯 명이 책상에서 코딩을 하다가 슬며시 빠져나가서 옥상으로 향했다. 매주 금요일 저녁에는 직원들을 위한 작은 행사로 옥상 야외에 온수 욕조를 준비해둔다. 또 커튼을 쳐서 가릴 수 있는 2층 침대 여덟 개가 있어서, 내부 전산망인

인트라를 지속적으로 확인하면서 밤새 잠깐씩 눈을 붙일 수도 있다.

개발자들이 관리하는 이 내부 전산망 외에는 전부 학생들이 알아서 진행해나간다. 지도를 놓고 계획하는 단계에서 시작해 어디로 갈지 결정하고, 팀을 짜고, 프로젝트를 하고, 경험 점수를 받고, 단계를 높여간다(추측건대 앵그리버드 게임과 약간 비슷하게 한 단계씩 차례로 올라갈 것이다). 학교 시스템에 모든 데이터가 보관되어 있으며, 블록체인을 이용하기 때문에 모든 학생들이 그 데이터에 접근할 수 있다. 그래서 한 학생이 학습한 내용이 전체가 배운 내용에 더해지며, 학생들이 각자 내용을 덧붙이거나 프로젝트를 변경할 수 있다.

"완전한 자기 주도 학습 체계입니다." 사디락이 말했다. 그러면서 그는 "첨단 기술 분야에 창의적인 사람들이 갈수록 더 많이 필요하다"고 했는데, 그건 정말로 그렇다. 영국에서는 구글이 영국 지사에서 근무할 마땅한 직원을 찾을 수가 없다며 불평 섞인 목소리를 내기도 했다. 코딩은 거의 무엇이든 창조할 수 있는 수단이다. 과거에 프로그래머들은 정보통신 기술을 지원했지만, 오늘날에는 우리가 사는 세상을 상상하고 현실화한다. "과거의 필경사들과 마찬가지로 말이지요." 사디락이 말했다. 필경사는 오늘날의 작가에 비유할 수 있다. 에꼴 42의 홍보 비디오에는 21세기 셰익스피어들이 마치 시인이 언어를 풀어내듯 코드를 짜 나갈 것이라는 예측이 담겨 있다. 그런 측면에서 사디락은 에꼴 42를 고대의 예술 학교에 비유했다. 그가 생각하는 평생학습의 비전을 이루려면 창조성과 또래 비평이 꼭 필요할 듯했다. 에꼴 42는 특정 기술이 아니라 학습 방법을 개발하는 데 초점을 맞추었다.

"이런 걸 학교에서 해서는 안 됩니다." 그가 단호하게 말했다. "아마 아이들이 넌더리를 낼 거예요!" 프랑스 교육부는 여덟 살 아이들에게 코딩 수업을 도입하려고 추진 중이었다. 그는 그런 정책이 의도는 좋을지 몰라도 결국 아이들의 열정을 사그라들게 할 것이라고 말했다. "아이들의 재능을 아주 꺾어버리게 될 겁니다. 저는 그런 식의 접근이 위험하다고 생각해요." 그는 미술을 가르치면서 일주일에 그림 열 개를 그려야 한다는 규칙을 정해놓고 '좋아, 저기는 파란색, 그 옆은 빨간색으로 칠해야 해!'라고 말하는 것과 마찬가지라고 설명했다. 어떻게 보면 그런 식의 접근이 키자니아와 조금 비슷해 보이기도 했다. 그는 그런 식이라면 "얼마 안 가서 예술가들이 탄생하기가 어려워질 것"이라고 말했다.

나는 교사들 중에 진정으로 평생 배우고, 지식을 발전시키고, 기술을 갈고닦는 사람들이 얼마나 될 것이며, 제도에 밀려서 특정한 장소에 정해진 색깔을 칠하도록 가르쳐온 사람이 얼마나 많은가를 생각해봤다. 오늘날의 학교는 오히려 학습을 방해하고 있는 것인지도 모른다.

"전통적인 교육 제도의 상당 부분은 사람들을 길들이고, 창조력을 없애는 쪽에 맞춰져 있습니다." 사디락이 덧붙였다.

한때는 날마다 계속되는 고역을 기꺼이 견디고 위계질서를 흐트러뜨리지 않는 노동 인구가 많이 필요했다. 사디락은 "공장에서 순전히 비인간적인 일을 수행하도록 훈련된 부류의 사람들이 있었다"고 설명했다. 국가들이 산업적으로 경쟁하던 시대에는 노동자들에게 유례없이 큰 효율을 창출하려고 애썼기 때문에 그런 분위기가 당연하게 받아들여졌다. 하지만 이제는 그런 괴로운 일은 모두 컴퓨터가 하고, 로봇도 점점 더 많이 쓰이고 있다.

그러므로 이제는 창조적인 가치와 기술로 우리의 관심을 돌려야 한다고 사디락은 말했다. 아이들은 직관력이 뛰어나다. 요즘 아이들은 글을 읽거나 쓰는 능력은 예전보다 못할지 모르지만, 최신 기술을 다루는 능력은 예전보다 월등히 높아졌다. "로봇을 만드는 능력을 놓고 본다면 지금 아이들은 10년 전보다 훨씬 더 잘할 수 있습니다." 사디락은 인상 깊은 표정을 지었다. 일부 학생들은 절대 불가능할 것으로 여겨지던 수준에 이미 이르렀다. 그는 아쉽다는 듯이 말했다. "지금 세대에 비하면, 제 두뇌는 제대로 훈련이 되어 있지 못하지요."

그렇다면 모든 아이들에게(정말로 아이들 전부 다) 배우려는 욕구를 불어넣고, 학교 제도가 그 욕구를 없애지 못하도록 막는 것이 가장 중요하지 않을까? 그 뒤로는 그저 기회를 만들어주기만 하면 되니 말이다.

나는 바깥에서 담배를 피우던 니콜라스라는 28세의 학생과 이야기를 나눴다. 흰 피부에 특색 없는 헤어스타일, 듬성듬성 난 수염, 안경을 낀 그는 사람들이 흔히 상상하는 컴퓨터 프로그래머의 전형에 가까운 외모였다. 그는 텔레비전 프로그램에 나온 내용을 보고 '완전히 새로운 학교'라는 인상을 받아서 에꼴 42에 지원했다면서 이렇게 말했다. "프랑스 교육 제도는 사실 좀 별로잖아요." 그는 학교를 졸업한 뒤에 푸아티에 근처에 있는, 3D와 4D 영화관으로 유명한, 푸트로스코프 테마파크에서 일했다고 했다. 이곳에 진학한 뒤에 처음에는 만남을 주선하는 데이팅 사이트의 기본 프로그래밍을 익혔다. 나이, 성별, 성적 지향성 등의 검색 분류를 만들고, 위치 정보를 적용해서 서로 10킬로미터 내에 있는 사람들만 연결할 수 있는 기능을 프로그램화했다.

니콜라스는 "앞으로는 어떤 문제에 대한 해결책을 찾는 작업을 하고 싶다"고 말했다. 공부하는 과정은 힘들었고, 특히 3주간의 예비 과정에 있을 때 많이 지치고 자주 아팠지만, 의욕을 불러일으켰다고 한다. 이런 교육 방식에서는 학생들이 각자 작업할 내용을 스스로 선택하고, 경험 점수가 있기 때문에 지체하지 않고 계속 진행하게 되며, 교육 방식이 단순하고 자유로워서 책임감을 더 많이 느끼게 된다. "학교에 오지 않으면, 성공할 수가 없어요." 그는 당연하다는 표정으로 말했다. 교육비가 무료라는 점도 중요했다.

최근 새로 문을 연 에꼴 42 실리콘밸리 캠퍼스는 형편이 가장 어려운 학생들에게는 무료 기숙사도 제공한다. 학교 홍보 비디오 영상에는 대학생 등록금 대출이 25년 사이에 440퍼센트나 증가했으며, 현재 미국 전역에서 학생 대출금 총액이 수조 달러에 이르렀는데, 그것은 미국 GDP의 6.6퍼센트나 되는 엄청난 금액이라는 기막힌 현실이 언급된다. 니콜라스는 자신이 나이가 조금 든 편이었고, 안 좋아하는 일을 할 때의 소리 없는 절망감을 잘 알기 때문에 이 기회를 잡을 준비가 되어 있었다고 했다. 그는 새로운 일을 할 생각에 크게 들떠 있었다.

교육은 계속해서
업데이트되어야 한다

에꼴 42의 교육 방식을 다른 분야에 적용해도 효과가 있겠느냐는 내 질문에 사디락은 그렇다고 대답했다. 카지노 프로젝트 이후에 그는 이 방법을 더 자세히 실험해봤다. 에피테크 학생들은 의사소통 능력이 부족했다. 사디락은 다년간 사업을 해오면서, 코딩 전문가들이 "기술적인 능력은 뛰어나지만, 이들이 하는 말은 이해하기가 힘들다"는 사실을 이미 잘 알고 있었다. 그뿐만 아니라 글을 쓰는 기술도 한참 부족했다. 그는 "학생들 대다수가 컴퓨터만 아는 괴짜들"이라고 설명했다. 이런 학생들은 학교를 다니며 '내가 어떻게 쓰든, 나는 글쓰기로는 절대 좋은 점수를 받을 수 없다'는 사실을 체득한다.

사디락은 이 학생들을 교육시키기 위해서 그림 카드를 여러 장 만들었다. 그리고 순서대로 나열한 뒤에 이야기를 만드는 훈련을 시켰다. 예를 들면 '고양이 한 마리가 부엌에 들어와서 유리잔을 깨고서 그 자리를 빠져나왔다'는 식이다. 그는 하나의 스토리로 연결되는 카드 다섯 장을 세트로 구성하고, 학생들이 그 카드들을 보고 다섯 개 문장으로 이야기를 구성해서 쓰게 했다. 그리고 그렇게 쓴 글을 다른 학생들에게 돌리면, 글을 받은 학생은 글을 읽고 그림 카드를 다시 순서대로 정리해야 했다.

"서로 얼마나 호통을 치던지!" 그가 허허 웃었다. 스토리를 제대로 재구성한 학생은 고작 40퍼센트밖에 안 됐다. 아이들은 친구들이 자기 말을 이해하지 못한다는 사실을 믿을 수가 없다며 흥분했다. 그러면서 아이들은 깨달음을 얻었다. 사디락은 "누군가 앞에, 그에게 의미 있는 어떤 목표를 제시하면 그 사람은 그것을 하고 싶어한다"고 설명했다. 카드를 활용한 작문 활동을 계속해서 훈련한 결과, 6개월 뒤에는 학생들 100퍼센트가 정해진 의미를 글로 제대로 전달할 수 있게 됐다. "뛰어난 글솜씨는 아니었지만, 최소한 이야기 형태를 갖춘 글이었지요."

나는 고등학교에서 영어를 가르치면서 해봤던 갖은 노력을 떠올리면서, 그 정도면 대단하다고 생각했다. 그는 그런 교육 방식을 글쓰기뿐 아니라 프랑스어, 비즈니스, 창작 활동에도 활용할 수 있을 것이라고 믿었다. 나역시 그런 방식이 활용된 사례를 다른 곳에서 본 적이 있다. P2PU^{Peer 2 Peer University}는 무크 온라인 강좌를 수강하는 성인 학습자들을 그룹으로 묶어서, 공공 도서관에 모여 자체적으로 조직한 세미나를 열게 했다. 한 예로 내 남동생은 '저주받은 자들의 학교School of the Damned'라는 자체 조직한 석사 과정에 1년간 참여했다. 미술 전공자들로 구성된 이 과정의 학생들은 스튜디오, 갤러리, 술집에 모여 학습을 계획하고 진행했으며, 때로는 학계 전문가와 저명한 예술가들을 세미나에 초청하기도 했다. 그리고 더 나아가 그들이 함께 만드는 과정의 목적과 목표를 정했다. 특별히 전산 시스템을 이용하지도 않았고, 돈도 한 푼 주고받지 않았다. 그럼에도 참가자들은 새로운 작품을 많이 만들어냈다.

사디락이 생각한 방식은 아주 간단했다. 점점 더 어려워지는 목표를 정한 다음 학생들을 소그룹으로 나누고, 결과물을 최대한 객관적으로 평가할 방법을 찾는다(미술이나 사회학은 이 부분에서 조금 어려울 수 있다). 그리고 내부 전산망으로 교육을 운영하고, 학생들은 서로 돕고, 필요한 정보는 구글 검색으로 찾게 한다. 이와 같은 설명을 들으면서 나는 에꼴 42 같은 학교를 모든 분야에 도입하려면 무엇이 필요할지 궁금해졌다. 예를 들어 이런 방식으로 데이터 비주얼라이저, 최첨단 설비를 갖춘 공장의 근로자, 정신과 의사, 요가 강사들을 키워내려면 무엇이 필요할까?

싱가포르 정부는 직업 활동을 하는 모든 국민에게 교육비를 지원하고 있다. 25세 이상의 싱가포르 국민은 2015년에 스킬스퓨처 크레디트SkillsFuture Credit라는 제도가 도입되면서, 직장에서 필요한 글쓰기와 읽기 능력, 수리력, 간호, 요리 등의 정부 승인을 받은 강좌를 수강할 경우 500달러 한도 내에서 수강료를 지원받고 있다.[21]

교육 기관들을 통해 전달되는 지식이 시대에 뒤떨어져서는 안 된다. 그래서 에꼴 42에서는 재학생과 졸업생들이 블록체인으로 프로젝트를 수정하거나 새로운 프로젝트를 제안한다. 또한 진부한 지식과 기술이 포함되지 않도록 커리큘럼은 지속적으로 업데이트된다.

학교를 나서기 전에 나는 장 뤽 윙거트라는 학생 한 명과 이야기를 더 나눴다. 그는 이 학교에 입학하기 전에는 사업가이자 작가로 세상에 이름을 알렸다고 한다. 그가 쓴 책 『마리 앙투아네트 증후군』 Le Syndrome de Marie-Antoinette』은 시간의 변화에 신속히 대응하지 못한 사람들에게 엄숙히 경고하는 내용으로, 사회 지배층은 운이 좋아 봤자 무시당하고, 최악의 경우 단두대에서 최후를 맞이하게 될 것이라고 보았다. 엘리트 집단은 대부분 움직임이 느려서 시대 흐름을 제대로 따라가지 못한다. 이들은 비효율적이고, 허약하고, 현 상태를 유지하는 데에 급급해 있다. 하지만 에꼴 42는 다르다. 사디락은 전통 학습 모델을 단두대로 보내고, 새로운 것을 이루었다. 혁명이 영원하기를!

아이들에게 일자리를 구하는 데 필요한 기술을 가르치기보다는 살아가면서 배우고 성장하는 법을 가르쳐야 한다. 직업과 일이 아니라 그 이상을 생각해야 한다. 평생 배운다는 것은 목표와 의미를 찾고, 그것을 성취하기 위해 사용할 도구에 능숙해진다는 뜻이다. 코딩 전문가, 의사, 간호사, 교사, 요리사, 모형 제작자까지, 어떤 일을 하는 사람이든 전문성을 개발하고 한층 발전시키려는 욕구가 있다. 다른 사람들과 어울려 일하든, 아니면 도구를 다루는 일을 하든, 우리의 가장 높은 이상은 각자의 '기술'에 통달하는 것이다. 그것이 바로 사디락이 이미 달성했고, 리라가 성취하려고 노력하는 부분이다. 미래에는 '배움' 그 자체를 교육의 가장 고귀하고 중요한 목적으로 삼고, 남들과 함께하면서 최선의 모습을 이끌어내는 직업들을 높이 사야 한다.

더 잘하는 것은 궁극적으로 창조적인 배움의 포용을 의미한다. 나는 여정의 다음 단계로, 아이들의 창조성을 키우는 것을 최우선으로 생각하고 전념하는 사람들을 만나보기로 했다. 우선 기술적 창조성의 온상으로 미국 동부에 있는 MIT의 미디어랩에서 시작하고, 뒤이어 인간 발달의 기술을 탐구하고 있는 핀란드로 넘어가보겠다.

제5장

창의력

상상은 지식보다 중요하다

CREATIVITY

"지금의 교육 체계는 정답을 찾는 데에만 집중합니다.
하지만 우리 삶은 정답을 찾는 과정이 아닙니다."

_사쿠 투오미넨(교육 혁신 프로젝트 헌드레드HundrED 제작자)

자연에서 창의력을 키우는
몬테소리 학교

와일드 로즈 몬테소리[Wild Rose Montessori]
교장인 캐슬 오닐[Castle O'Neill]은 "저희는 학교를 방문하시는 손님들께 제인 구
달이 침팬지를 관찰할 때처럼 행동해 달라고 부탁드리고 있습니다"라고 이
메일로 전해왔다.

와일드 로즈 몬테소리 교사들은 지켜보는 어른들을 개의치 않고 아이들
이 각자의 활동에 몰두하는 환경을 만들고자 한다. 와일드 로즈 몬테소리의
보금자리는 매사추세츠가에 접해 있는 빨간 벽돌 건물로, 예전에 안마 시술
소가 있던 자리였다. 캐슬 오닐의 사무실에 들어가자 치료실 같은 따뜻한
온기가 느껴졌다. 이메일 내용과 관련해 그는 내게 "3시간 동안의 아이들
활동 시간을 절대 방해하지 않겠다는 뜻이 담겨 있다"고 말했다. 그래서 나
는 아이들이 말을 걸어올 때에만 대화를 나누고, 행동을 조심했다.

남자아이 한 명과 여자아이 한 명이 직접 만든 종이 인형을 손에 들고 내

앞을 뛰어 지나갔다. 그곳에 상주하는 도예가가 빚은 그릇에 색을 칠하는 과정을, 금발 머리에 흰색과 파란색이 섞인 줄무늬 윗도리를 입은 한 남자 아이가 지켜보고 있었다. 나는 작은 나무 의자에 조용히 앉아서 여덟 살짜리 남자아이 네 명이 하는 이야기를 가만히 들었다.

"그러니까 '정교하다sophisticated'고 말하려던 거지?" 한 아이가 말했다.

"그건, 사이비 철학자들의 쿠키sophista-cookies야." 두 번째 아이가 한마디 거들면서 씩 웃었다. 그 아이는 펑크족 머리에 귀고리를 하고 있었다.

"참 내, 고리타분하기는."

마치 비트족(1950년대 전후 미국의 풍요로운 물질 환경 속에서 보수화된 기성 질서에 반발해 저항적인 문화와 기행을 추구했던 일단의 젊은 세대 – 옮긴이) 시인처럼 대화를 나누는 이 아이들은 노는 것도 특이해서 나무 박스들을 가지고 놀았다. 박스마다 흑백 타일이 들어 있어서 컴퓨터 화면 상의 픽셀을 다양하게 표현해볼 수 있었다. 아이들은 타일을 재배치하면서 '컴퓨팅 사고(복잡한 문제를 논리적, 효율적으로 해결하는 능력 – 옮긴이)'를 배우고 있었다. 이것은 몬테소리 방식에 추가된 21세기형 역량으로, 이 학교는 이 역량을 시험적으로 도입했다. 교사들은 주위를 돌아다니다가 가끔 지침이나 조언을 슬쩍 제시할 뿐이었다.

자크라는 아이는 작업하는 동안 이야기를 만들었다.

"춤추는 여자들이"라는 말로 그 아이가 이야기를 시작했다. "이국적인 느낌이 나는 춤추는 여자들이 있어. 고양이들은 불타는 고리 속으로 뛰어들고!"

"그건 서커스잖아." 친구가 말했다.

"아니, 서커스가 아니야." 자크는 아무런 감정을 싣지 않고 그저 설명하듯 말했다. "지금껏 나왔던 것 중에 제일 대단한 게임이야. 춤추는 여자들. 푹 빠져서 춤을 추는 여자들이야. 이국적인 동물들과 춤추는 여자들!"

자크는 흑백 타일로 대칭 무늬를 만들고, 다음 대사를 궁리했다.

"감정을 분출하는 이국적인 동물들!"

그 방에는 아이들 15명이 저마다의 공상에 빠져 있었다. 종이 인형극을 만드는 아이들은 대사를 잊어버렸을 때를 대비해 종이를 테이블 밑에 슬쩍 넣어 두었다. 다른 아이들보다 학년이 높은 여자아이 두 명은 밸런타인데이 포스터를 만들었다. 소파에서는 남자아이 한 명이 우스꽝스런 목소리로 『공룡에 관한 모든 것』을 다른 아이에게 읽어주는 중이었다. 주변 환경은 차분했다. 화분이 많았고, 벽에는 미술 작품들이 걸려 있었다. 나무로 된 교구와 삽화가 많은 서적도 구비되어 있었다.

아이들이 원하는 모든 것을 가르친다

전설적인 교육자 마리아 몬테소리^{Maria Montessori}는 맨 처음 로마에서 학습 장애가 있는 아이들을 가르치면서 이 교육 방식을 개발했으며, 1907년에는 어린이집^{Casa dei Bambini}을 설립했다. 의사이자 심리학자였던 그녀는 아이들의 경우 흔히 관심이 있는 활동에 깊이 빠져서 자연스럽게 오랜 시간을 보낸다는 사실을 관찰하고, 유아 발달에 과학적 방식을 적용했다. 그녀는 다양한 연령이 섞인 학급을 구성하고, 학생들이 각자 활동을 자유롭게 선택하게 하고, 개별적인 활동을 방해하지 않고, 시험을 없애고, 특화된 교재를 사용하고, 자유롭게 이동할 수 있게 하고, 지정된 한도 내에서 아이들에게 자유를 허용하는 '발견' 모델을 실행했다. 핵심은 아이의 자연발생적인 심리적·사회적 발달을 도모하는 것이었다.[1]

몬테소리 학교는 지난 100년간 교육계의 비주류였지만, 창조성의 온실로서 명성을 키웠다. 《월스트리트저널》은 창조적인 엘리트 집단인 몬테소리 학교들에 관한 기사에서, 졸업생 중에 비욘세, 구글의 세르게이 브린과 래리 페이지, 위키피디아의 지미 페이지, 아마존의 제프 베조스 같은 사람들이 있다고 설명했다. 몬테소리 학교에서 아이들은 창조하는 법을 배운다.

와일드 로즈는 몬테소리 교육 방식을 21세기에 맞게 현대화하고자 노력하는 와일드플라워 몬테소리 계열의 7개 학교 중 하나다. 이 학교들의 꿈은 커피숍처럼 문과 창문이 길가에 있고 뻥 뚫린 단일 공간으로 된 형태의 학교를 전국의 모든 동네에 만드는 것이었다. 와일드플라워를 만든 사람은 컴퓨터 공학자이자 기업가인 셉 캄바^{Sep Kamvar}다. 그는 기술 장비로 작품을 만드는 미술가이기도 하다.

〈우리는 괜찮아^{We Feel Fine}〉라는 작품은 인터넷에서 사람들이 '……는 기분이야'와 '……는 기분이 들어'라는 문구가 들어간 자료를 끝없이 검색하고, 그 문구 앞에 적힌 글을 수집하는 프로그램이다. 이 프로그램은 지금까지 1,200만 건의 자료를 모았다. 두 번째 작품인 〈네가 나를 원했으면 해^{I Want You To Want Me}〉는 컴퓨터 프로그램이 만남을 주선하는 인터넷 사이트에서 특정 문구를 찾아서 무작위로 선택한 다음, 둥둥 떠서 서로 부딪치는 분홍색과 파란색 기구 안에 있는 대형 스크린에 실시간으로 내보내는 구조로 되어 있다. 2008년 밸런타인데이에 뉴욕현대미술관 의뢰로 만든 이 작품을 통해 캄바는 세상에 이름을 널리 알리게 됐다.[2]

그는 MIT 미디어랩에서 창조적인 교육의 현대적 성지인 소셜 컴퓨팅^{social computing} 연구 분과를 지도했다. 와일드플라워는 그가 진행했던 주요 프로젝트였다.

나는 캐슬에게 와일드플라워에서 아이들이 무엇을 공부하는지 물었다.

"아이들이 원하는 것이라면 무엇이든지요." 캐슬 교장이 대답했다.

'이것이 해법이 아닐까?' 나는 생각했다. 이 방법을 교육의 미래로 볼 수 있지 않을까? 그렇다고 믿기는 어려웠다. 연간 수천만 원씩 되는 수업료를 부모가 감당할 여력이 되어야만 아이들이 이 학교에 다닐 수 있었다. 그래서 부유층 주거지인 매사추세츠 케임브리지 교외에 사는 아이들만 누릴 수 있는 사치 같아 보이기도 했다. 이런 교육이 언젠가는 모든 아이들에게 제공될 수 있을까?

와일드플라워는 최신 경향에 맞춘 학교였지만, 몬테소리 교육은 100년 이상을 거치면서 입증된 방식이다. 몬테소리 자신도 로마에서 가장 가난한 아이들을 가르치며 기적을 이루어 냈고, 그녀가 개발한 교육법은 전문가들이 오늘날 우리에게 필요한 것이라고 말하는 바로 그 능력을 키우는 데 최적화된 방법인 듯 보인다. 내가 본 교실의 아이들은 서로 협력하고, 새로운 것을 만들어냈다. 그리고 복잡하고, 심지어 얼토당토않은 방식으로도 대화를 주고받았다. 이것이 바로 우리가 추구하는 바가 아닌가?

MIT 미디어랩은 몬테소리 학교 근방에 있었는데, 나는 셉 캄바의 연구팀과 만나기로 약속을 해두었다. 사실 캄바는 주로 어딘가에서 서핑을 하거나 해안가 오두막집에서 새로운 작품을 만들며 시간을 보내기 때문에 만나기 힘든 사람으로 유명했다. 아이들이 원하는 대로 무엇이든 할 수 있는 학교를 만든 창조적인 팀이니, 그 연구팀을 만나면 창조성이란 무엇이고 아이들의 창조성을 어떻게 키울 수 있는지를 더 잘 이해할 수도 있겠다고 생각했다.

교실로 돌아와 보니, 나이 많은 남자아이들 네 명이 종이 모자를 쓴 훨씬 어린아이의 주위에 몰려 있었다. 그 아이는 삼면을 잘라낸 두꺼운 판지로 만든 박스를 양손으로 안아 들고 있었다. 수학 문제 풀기가 지겨워진 그 아이는, 존 설이 만든 '중국어 방 실험Chinese Room Experiment'*과 비슷한, 문제 푸는 기계를 만든 것이다. 문제가 적힌 종이를 한쪽에서 밀어 넣고 잠시 기다리면, 반대쪽에서 해답이 적힌 종이가 모습을 드러냈다. 이 기계의 비밀은 문제를 푸는 기계 속 유령이 바로 그 아이였다는 점이다. 즉, 박스 뒷면의 잘려 나간 구멍으로 아이가 손을 넣어서 답을 적어 넣은 것이다.[3]

그것을 보고 나는 싱긋 웃었다. 이건 마치…… 잠깐! 지금 이 아이가 컴퓨터를 발명한 게 아닌가? 이 아이는 불과 다섯 살밖에 안 됐는데 말이다. 이 학교야말로 내가 찾는 모델일지 모른다는 생각이 들었다.

창의성은 자유에서 시작된다

와일드플라워 학교의 자유분방한 스타일은, 윌워스 아카데미에서 명확한 계획과 수업 목표를 세워 학생을 가르치던 내 교육 방식으로 보면 약간 불안하게 느껴지기도 했다. 하지만 나는 불신하는 마음을 잠시 접어두기로 했다. 내가 보스턴으로 갔던 것은 아이들의 창의력을 키울 방법을 알아보고 싶었기 때문이니까.

---

* 한 남자가 영중사전을 들고 방에 앉아 있다고 상상한다. 실험 도우미가 중국어로 된 지령을 문 밑으로 집어넣으면, 방 안의 남자는 사전을 이용해서 그 지령을 영어로 번역해서 밖으로 내민다. 그렇다면 우리는 방 안의 남자가 중국어를 이해한다고 상상하게 될까? 철학자 존 설은 인공지능(최소한 이른바 '약한 인공지능'이라고 불리는 인공지능의 경우)은 실제 지능을 가진 것이 아니라, 단순히 지적 능력을 '활성화하는' 데 불과하다는 점을 주장하기 위해 이 사고 실험을 고안했다.

창의력 그 자체의 가치를 높이 사는 교육학자 켄 로빈슨^{Ken Robinsons}부터, 인간이 창의력 덕분에 로봇의 우위를 지킬 수 있을 것이라고 생각하는『제2의 기계시대^{The Second Machine Age}』의 저자 에릭 브린욜프슨과 앤드루 맥아피까지, 각계각층의 전문가들은 창의력을 오늘날 아이들이 키워야 할 가장 중요한 자질로 보고 있다. 나는 정해진 체계가 없는 와일드플라워의 교육 환경을 회의적으로 보았다. 하지만 간섭하지 않는 교육의 효과를 뒷받침하는 연구가 갈수록 늘고 있다.

약 30년 전, 교육심리학자 벤자민 블룸^{Benjamin Bloom}은 창조적인 재능에 관한 연구에 나섰다. 그는 피아노, 조소, 수영, 테니스, 수학, 신경학 등 각 분야에서 두각을 나타내는 뛰어난 젊은이 120명을 선정해 그들이 어떻게 해서 세계적인 수준에 이르게 되었는지를 조사했다. 그는 충분한 시간과 적절한 지원만 제공된다면 모든 학생들이 어떤 과목에서든 뛰어난 성적을 낼 수 있다고 보는 완전 학습^{mastery learning} 개념을 제시하고, 학교들이 이런 접근 방식을 받아들여야 한다고 수십 년에 걸쳐 권고해왔는데, 연구 결과는 이런 그의 예감을 뒷받침하는 듯했다. 그의 연구에서 어린 학생들의 천재성은 천부적인 소양이 아니라 장시간에 걸친 연습과 부모의 세심한 뒷받침의 결과로 판명됐기 때문이다.[4] 맬컴 글래드웰^{Malcolm Gladwell}의 책『아웃라이어^{Outliers}』덕분에 사람들에게 널리 알려진[5] 심리학자 앤더스 에릭슨^{Anders Ericsson}의 의식적인 연습에 관한 개념도(자세한 내용은 뒤에서 다시 다룰 것이다) 이와 비슷한 맥락이다.

상상은 지식보다 중요하다

그런데 블룸의 연구에서는 탁월한 기량을 키우기 위한 조건으로 크게 주목받지는 못했지만 상당히 중요한 요소가 있었다. 연구 대상자들이 선택된 분야에서 1만 시간을 투자하기에 앞서 놀이, 발견, 실험을 통해 그 전문 분야와 '로맨스'에 빠지는 시작 단계가 존재한다는 점이다. 그들에게는 그 분야에서 즐거움을 느낄 기회가 있었다. 인터뷰했던 부모 중 한 사람은 이렇게 말했다. "기본적으로 했던 생각은 외골수인 아이가 아니라 적응을 잘 하고, 친구들과 잘 지내는 밝은 아이로 키울 수 있을지를 알아보자는 것이었습니다." 크게 성공한 창의적인 사람들은 어릴 때부터 온실 속에서 자란 것이 아니라, '자유롭게 지내고', '전인격을 갖추고', '능력을 최대한 발휘하도록' 격려받으며 성장했다. 그들의 부모는 천재를 키우려고 노력하지는 않았다.

심리학자인 애덤 그랜트Adam Grant는 『오리지널스Originals』에서 이렇게 설명한다. "연습을 하면 완벽해질지 몰라도 새로운 것을 만들지는 못한다."[6] 그는 미국에서 대단히 창의적인 청소년들의 가족을 연구했던 사례를 언급했다. 놀랍게도 학교에서 창의력이 상위 5퍼센트 안에 드는 아이들은, 특별히 창의성을 중요하게 여기는 집안 분위기가 아니라, 독립심을 중요하게 여기고 권하는 집안의 아이들이었다.[7] 설문에 응했던 일반적인 부모들이 10대들에게 평균 여섯 가지 규칙을 정해놓고 따르게 했지만, 가장 창의적인 청소년들의 부모가 정한 규칙은 단 한 가지에 불과했다. 그러고 보면 창의성의 시작은 자유라고 볼 수 있다.

신경과학은 이와 같은 창의적인 과정이 두 가지 활동과 연관된다는 사실을 증명하면서 이런 현상이 뇌에서 어떻게 나타나는지를 조금씩 설명해나가고 있다. 기술과 직업은 통제된 집중력이 많이 필요한 집중적인 사고의 과정인 수렴적 사고convergent thinking에 의존한다. 하지만 고대 그리스 수학자 아르키메데스가 발견했듯이 창의적인 통찰의 순간에 앞서 뇌에서 확연히 나타나는 활동 패턴이 있으며, 그런 순간은 욕조에 몸을 담가 목욕을 할 때처럼 지극히 느긋하고 편안한 기분을 느낄 때 자주 나타난다.[8] 이런 유형의 사고 과정을 확산적 사고divergent thinking라고 부른다.

신경학자인 존 코이너스John Kounios는 뇌 영상을 이용해서 이러한 뇌의 분화를 기록하고, 이 과정에 우반구의 시각 처리 과정이 일시적으로 중단되는 현상이 동반되며, 뇌 전체가 활성화되는 흔적이 나타난다는 사실을 관찰했다. 이런 유형의 영감은 집중하고 있지 않을 때에만 나타난다. 이 과정은 연상적 사고에 의존하기 때문에 인간의 창의적인 능력은 대체로 지식의 깊이가 아니라 폭넓음에 좌우되고, 그래서 달성하기가 더 까다롭다.

《뉴욕타임스》에 실린 글에서 애덤 그랜트는 "가장 위대한 과학자는 예술가이기도 하다"라는 아인슈타인 격언을 인용했다.[9] 새로운 아이디어는 여러 분야를 관련 지을 때 나온다. 그러려면 깊은 생각에 잠길 시간과 공간이 필요하다. 그랜트는 각자의 분야에서 특별한 창의력이나 통찰을 발휘한 것으로 알려진 노벨상 수상자들은 다른 과학자들에 비해 박식한 사람들이 많다고 설명했다. 이들은 여타 분야의 과학자로 활동하는 경우가 22배, 집필 활동을 하는 경우가 12배, 음악을 연주하거나 작곡하는 경우가 보통의 2배였다.[10] 아인슈타인은 자신의 위대한 통찰력을 모두 연상적 사고 덕분으로 돌렸다. 그는 악기를 '모국어' 방식으로 배우는 방법을 개발한 것으로 유명한 스즈키 신이치Suzuki Shinichi에게 이렇게 말했다고 전해진다. "상대성 이론은 직관적으로 떠올랐습니다. 그리고 음악은 이런 직관이 나올 수 있게 한 힘이었지요."[11]

그랜트는 글에서 이렇게 역설한다. "타이거 맘과 롬바르디 감독 같은 방식으로 자녀를 엄격하게 훈육하는 부모들에게 고한다. 아이에게 창의적인 능력이 생기도록 억지로 만들어 넣을 수는 없다. 특정한 분야에서 성공하도록 유도하는 방법으로는 기껏해야 야망 있는 로봇을 만드는 데 그칠 것이다. 아이들이 세상에 독창적인 아이디어를 낼 수 있기를 바란다면, 부모가 바라는 목표가 아니라 아이들 스스로의 목표를 좇을 수 있게 해야 한다."[12]

이는 영국, 미국, 아시아 사람들이 생각해왔던 학교의 역할과 배치되는 의견이다. 우리는 끊임없이 아이들을 온갖 시험으로 몰아가고, 노는 시간을 빼앗는다. 무언가 변화가 필요한 시점이다. 아인슈타인의 의견도 그런 변화의 필요성을 뒷받침한다. 비록 그의 머릿속이 다년간 배우고 익힌 정보들로 가득하긴 했지만, 그가 중요한 통찰과 깨달음을 얻었던 순간은 멍하니 공상에 잠겨서 마음이 새롭고 독창적인 연관성을 찾아 이리저리 흘러가도록 놓아뒀을 때였다고 한다. 그는 "상상은 지식보다 더 중요하다"고 말했다. 그렇다면 어떻게 상상력을 키울 수 있을까?

그 질문의 답을 찾기 위해 나는 핀란드로 떠났다. 진보적인 정치, 개방적인 사고, 사회적 응집성으로 잘 알려진 핀란드는, 학교에 다니기에 가장 좋은 곳이기도 하다. 다른 나라들이 아이들을 대량 양육할 동안, 핀란드 사람들은 개방 양육 방침을 항상 지켜왔다.

아이들이 행복한 나라 핀란드

비가 내리는 어느 날 아침, 헬싱키 공항 근방의 도시 반타에서 만난 멜비 쿰풀라인Mervi Kumpulainen이 확신에 찬 태도로 말했다. "아이들에게는 자기들만의 예술적인 스타일이 있어요." 학교

놀이터 정글짐에서는 쿠엔틴 타란티노 감독을 꿈꾸는 열 살짜리 아이들 다섯 명이 영화를 찍고 있었다. 이 아이들은 영화의 단골 소재인 폭력이라는 진부한 주제를 다루고 있었다. 푸파 재킷 지퍼를 끝까지 채워 입고 모자를 쓴 모습이 영화감독처럼 보이지는 않았지만, 창작 과정을 대단히 편안하게 진행해나가는 듯했다.

멜비는 지금껏 내가 만났던 초등학교 교사 중에 가장 최신 유행에 밝고, 편하고 느긋한 사람이었다. 그녀는 멀찌감치 떨어진 거리에서 그 아이들을 계속 주시하고 있었다. 아이들에게 각자의 공간을 주기 위해서라고 했다. 저 멀리 수목 한계선 근방에서는 아이들 몇 명이 더 나타나 나뭇가지를 무기삼아 휘두르고 있었다. "저희가 늘 던지는 질문은 '적정 수준의 자유란 과연 어디까지일까?' 하는 문제예요." 멜비가 말했다. 그것은 내가 방문했던 예술 교육 특성화 학교인 히덴키벤 종합학교 Hiidenkiven Peruskoulu 에서도 핵심이 되는 문제였다. 이 학교는 세계에서 가장 혁신적인 학교들 중 하나로 꼽힌다. 그래서인지《이코노미스트》에서도 명성이 자자한 핀란드 교육 현장을 경험하기 위해 최근에 다녀갔다고 한다.

2000년의 국제학업성취도평가 PISA에서 핀란드의 10대들이 세계에서 가장 똑똑한 아이들로 판명되면서 핀란드인을 포함한 전 세계 사람들을 깜짝 놀라게 했다. 그 이후 핀란드는 점차 교육 분야에서 세계 최고의 위치를 굳건히 다졌다. 비록 나중의 조사에서 국가별 등수가 살짝 하락하기는 했지만 (가장 최근의 국제학업성취도평가에서 핀란드는 5위를 기록했는데 일부에서는 핀란드 학교들이 추락해서 노키아와 같은 운명을 맞게 되는 것이 아니냐는 우려도 나온다), 핀란드는 여전히 유력 집단의 자리를 지키고 있다. 일례로 2016년 세계경제포럼에서 발표한 인적자본지수, 즉 국민들이 근로자로서, 그리고 인간으로서 잠재력을 최대한 발휘할 수 있도록 국가가 얼마나 효과적으로 돕는지를 평가한 수치에서 1위에 기록되기도 했다.

개성을 크게 중시하는 나라라는 명성에 걸맞게(참고로 캐릭터 무민, 라이프스타일 브랜드 마리메코, 유럽의 TV 중계망 '유로비전'의 데스메탈 음악 수상자 로리 등을 배출한 핀란드는 1980년대 스타일의 펑크족이 거리를 활보하는 것을 내가 목격할 수 있었던 세계 유일의 도시였다), 이 모든 성과를 각자에게 맡기는 교육 방식으로 이루어냈다. 동아시아의 교육 강대국들은 각고의 훈련을 통해 목표를 성취하지만, 핀란드에서는 덜한 것을 더 좋은 것으로 받아들인다. 아이들은 만 7세가 되어서야 학교에 입학한다. 초등학교와 중학교를 합한 종합학교에 다니는 16세까지는 오전 9시까지 등교하고 오후 2시면 하교한다. 숙제는 보통 아주 조금 있거나 아예 없다. 학생들의 성적을 향상시키는 데 아주 효과적인 모델이었던 로켓십이나 KSA 같은 학교와는 정반대다.

더 적은 투자로 더 많은 결과가 나온다는 건 이치에 맞지 않는 것처럼 느껴졌다. 하지만 학습, 그중에서도 특히 창조적인 교육을 전체적인 관점에서 바라볼 때는 이야기가 달라진다.

창의력이란, 곧 개선하려는 의지다

"저는 회복 중인 TV 프로듀서입니다." 핀란드 만이 내려다보이는 미니멀리즘 분위기의 사무실에서 흰 타원형 탁자에 앉은 사쿠 투오미넨Saku Tuominen이 농담을 던졌다. 창조성과 인간의 머리에 관한 책 일곱 권과 이탈리아 요리법 책 세 권을 합해서 총 열 권의 책을 쓴 저자이자 시사, 오락, 퀴즈쇼 등의 프로그램을 만드는 세계적 명성이 있는 텔레비전 방송사 간부를 지낸 투오미넨은 핀란드의 창조력을 전형적으로 보여주는 인물이다. 그는 대다수 사람들의 생각을 간략히 언급하고("세상이 바뀌고 있고, 어쩌고저쩌고…… 학교는 쓰레기 같아요."), 자신의 의견을 내놓았다("평생교육이라는 용어는 잘못됐어요. 평생교육은 평생 동안 일에 매달려야 한다는 의미에 불과합니다."). 청바지에 회색 캐시미어 스웨터 차림인 그는 마치 주말에 집에서 편안한 시간을 보내는, 스칸디나비아 정치 드라마에 나오는 21세기 대변인 같은 모습이었다.

"제가 이 난장판을 꾸려가고 있습니다." 그는 자기 주변을 가리키고는 곧바로 방금 했던 말을 물렀다. "사실 난장판은 아닙니다. 명확하고, 의미 있는 일이지요." 그가 하고 있는 일은 핀란드의 개국 100주년인 2017년을 기념하기 위해 준비 중인 '헌드레드^{HundrED}'라는 프로젝트였다. 이 프로젝트는 전 세계의 중요한 교육 혁신 사례 100가지를 찾아서 핀란드 국내와 전 세계에 알리기 위한 것이다. 투오미넨은 "미래는 이미 와 있다. 단지 널리 퍼져 있지 않을 뿐이다"라고 했던 윌리엄 깁슨의 말에 찬동하면서 핀란드라는 영향력 있는 브랜드로 "전 세계적인 차원에서 위대하고 의미 있는 일을 할" 기회가 있다고 생각했다.

투오미넨에게 학교보다 더 의미 있는 것은 없었다. 그는 요즘 교육에서 가장 부족한 부분이 그의 전문 분야인 '창의력'이라고 보았다. "지금의 교육 제도가 전부 다 형편없다고는 할 수 없지만, 더 크게 개선할 수 있는 부분이 많습니다. 대표적으로 창의력, 사고 능력, 세계화 같은 것들이지요." 그는 삶에 지쳐 활력을 잃은 35세 성인들을 대상으로 창의력을 가르치는 컨설팅 회사를 운영하다가 갑자기 아이들을 가르치는 것이 더 낫겠다는 깨달음이 들었다고 한다.

투오미넨은 교육의 미래를 균형 잡힌 삼각형으로 그렸다. 삼각형에서 맨 위 꼭짓점은 역사, 수학 같은 일반 지식이다. 유클리드 기하학, 뉴턴의 물리학, 문학 정전처럼 변화에 시간이 오래 걸리는 방대한 자료들이 이에 해당한다. 두 번째 꼭짓점은 생각하는 능력이다. 투오미넨은 "배우는 것들에 질문을 제기하고, 배운 여러 가지 지식을 결합할 수 있어야 한다"고 설명했다. 세 번째 꼭짓점은 실천하는 능력으로, 그는 "생각에서 행동으로 옮겨갈 수 있어야 한다"고 덧붙였다. 그에 따르면, 이 세 가지 요소 중 하나라도 부족하면 아이들을 미래에 제대로 대비시키지 못하게 된다. 행동 능력이 없으면 실업자가 되고, 생각하는 능력이 부족하면 복잡한 세상에서 어쩔 줄 모르고 허우적거리게 되며, 일반 지식이 없으면 "모든 사람이 도널드 트럼프처럼 되는 상황에 처하게 될 것이다." 그는 현 교육제도가 생각하고 행동하는 측면은 소홀히 하는 대신 일반 지식에 지나칠 정도로 치중하고 있다고 보았다. 심지어 핀란드조차 말이다. 그래서 그는 창의력을 키워서 그런 상황을 바꾸어보기로 결심했다. 그가 생각하는 방법은 생각과 행동을 동시에 실행하는 것이었다.

"창의력은 개선하려는 의지입니다. 가령 예술가는 고통을 표현하는 더 나은 방법을 찾거나, 더 아름다운 파란색을 찾거나, 선율을 더 아름답게 표현할 방법을 찾습니다." 투오미넨이 열의 있게 자신의 생각을 전했다. 그런 개선 의지는 실패를 경험하고 받아들인다는 의미이다. 모든 시도가 다 기대했던 효과를 내는 것은 아니기 때문이다. 그런데 오늘날의 학교 교육은 이런 부분에 대한 고려가 심각할 정도로 부족하다. 그는 최근에, "A 플러스 플러스 플러스 플러스를 받아야 할 정도"로 능력이 뛰어난 핀란드 여학생에게 자문을 해준 적이 있는데, 그 학생은 스타트업을 창업하려다가 엄청나게 힘들고 괴로운 경험을 했다고 한다. 학교는 그녀를 완벽주의자로 만들었지만, 이 세상이 요구하는 자질은 유연성이었다. "지금의 교육 체계는 정답을 찾는 데에만 온통 쏠려 있어요. 하지만 우리 삶은 정답을 찾는 과정이 아닙니다." 그는 높은 성과를 중시하는 교육 체계가 핀란드를 몰락시키는 것은 아닐지 염려했다.

"'크게 고장 나지 않았으면 고치지 말라'는 속담이 있는데, 그건 틀린 말입니다!" 그가 목소리를 높여 말했다.

노키아가 겪었던 난관이 바로 그런 것이었다. 노키아는 경영 실적은 좋았지만, 변화에 적응하는 데 실패했다. 비즈니스 모델이 흔들리기 시작했을 때는 이미 손쓰기에 너무 늦은 상황이었다. 투오미넨은 지금의 교육은 노키아보다도 더 심각한 문제를 안고 있다고 보았다. "어떤 방법이 효과가 있는지 어떻게 알겠습니까?" 그는 평가에 집착하게 된 전 세계적인 세태를 우려했다. 핀란드 사람인 그는 평가를 아주 회의적인 시선으로 바라보았다. "요즘 사람들은 수치로 따지는 걸 좋아해요. 예를 들어 효과가 있는지를 가늠할 때, '몇 퍼센트에서 어떤 결과가 나왔다'는 식으로 이야기를 하지요."

하지만 호기심과 질문하는 능력, 창의력같이 가장 중요한 자질은 수치를 이용해 범주화하기 힘들다. 그는 이런 의문을 제기했다. "그런 자질은 어떻게 평가할 수 있을까요? 평가 방식에 의문을 갖는다면 어떻게 될까요? 그리고 학교 자체에 의문을 갖는다면요?" 그는 영국과 미국의 학교들이 창의적인 사고를 절대 포용하지 못하는 지경에 이를지도 모른다며 걱정했다. 창의적인 사고는 성적의 권위를 허용하지 않을 뿐 아니라 교사들의 권위도 허용하지 않기 때문이다. 게다가 창의력이 오로지 통찰의 순간만을 의미한다는 바람직하지 못한 생각이 사람들의 의식에 깊이 자리한 것도 문제였다.

투오미넨은 요즘 학교는 "생각을 지나치게 강조하고 행동은 너무 소홀히 하고 있다"고 지적하면서, 창의력을 '생각하고, 생각하고, 생각하고, 생각하고' 나서 '행동하고, 행동하고, 행동하고, 행동하는' 식으로 실천하는 것이 아니라, '생각하고 행동하고, 생각하고 행동하고, 생각하고 행동하는' 순환 과정으로 받아들여야 한다고 설명했다. 실제로 학교들은 오로지 두뇌 활동에만 치중하는 경향이 있다. 내가 학교에 다니던 시절을 돌아보더라도, 조용히 책을 읽고, 수학 방정식을 수백 개씩 풀고, 앞뒤를 고려해보지도 않고 무작정 창의력을 키워보겠다고 예술 작품이나 창의적인 글에 관해 한참 동안 열심히 생각해보다가 형편없는 초안을 만들고서 그 즉시 포기했던 기억이 있다. 최고 작품은 초안을 수백 개씩 만들고 실패에 실패를 거듭하며 조금씩 발전하는 과정을 거쳐서 탄생한다는 사실을 그때 배웠다면, 학교 밖 세상에 나설 준비가 훨씬 더 잘 되었을 것이다. 그랬다면 이 책도 조금 더 일찍 쓸 수 있었을지 모른다.

'행동'은 '생각'을 더 잘할 수 있게 만드는 방법이지만, 실패를 헤치고 나갈 의지가 있을 때에만 행동이 효력을 발휘한다고 투오미넨이 설명했다. "문제는 절대 나쁜 게 아닙니다. 문제는 좋은 거죠. 우리 앞을 가로막는 장애물도 마찬가지고요. 그런 문제와 장애물 하나하나가 우리를 만들어 가는 겁니다."

오늘날의 학교들은 완벽주의에 맞게 합리화되어 있어서 시험 볼 때를 제외하고는 아이들이 시도하고 실패할 자유가 없다. 아이들이 창조적인 존재로 성장하기를 바란다면, 미래에는 아이들에게 더 많은 자유와 실패할 기회를 주어야 한다. 아이들 스스로가 그럴 수 있다고 믿으려면, 아이들이 시도해볼 수 있게 어른들이 내버려 두어야 한다. 그래서 투오미넨은 캐롤 드웩에 의해 유명해진 개념인 성장형 사고방식을 언급하며, "학교에서 가르쳐야 할 가장 중요한 능력은 성장형 사고방식이다"라고 말한다. 해보고, 해보

고, 또 해보게 하고, 더 나아질 수 있다는 것을 스스로 믿게 해야 한다는 것
이다.[13]

핀란드 예술 교육의 산실
히덴키벤 종합학교

다시 히덴키벤 종합학교를 방문했던
때로 돌아와서 나는 멜비와 함께 정글짐 쪽으로 걸어갔다. 멜비는 핀란드에
와서 교사가 되기 전에 영국 버밍엄 대학교에서 공부했다. 초등학교 교사
연수 프로그램에 참여할 자격을 얻기 위한 경쟁률이 10 대 1일 정도로 핀란
드에서는 교사가 명망 있는 직업이다. 핀란드 젊은이들이 배우자의 직업으
로 가장 선호하는 직업이 초등학교 교사라는 이야기도 들은 적이 있다. 멜비
는 "제가 이 일을 잘하지 못할까 봐 염려했어요. 초등학교 교사들은 조금 엄
해야 하거든요"라고 했다.

그런데 그녀가 말하는 엄격함은 내가 생각했던 것과는 조금 다른 것 같았
다. 저쪽 그네 밑에 나뭇조각이 깔린 공간에서는 남자아이들 세 명이 어떤
사람을 발로 차는 흉내를 냈다. 아이패드로 촬영하는 다섯 번째 컷으로, 이
영화에서 가장 중요한 장면이었다. 끔찍한 자전거 사고가 나서 친한 친구가
중상을 입고 병원에 입원했는데, 수술비를 마련할 수가 없었다. 그래서 남
자아이들 무리가 로빈 후드가 되어 강도 행각을 벌이기로 했다. 범죄의 희
생자는 한 상점 점원이었다. 학생들은 다시 찍을 준비를 했다. 촬영이 마무
리되면 최종 편집을 거쳐서 부모들에게 티켓을 판매하고 영화를 상영할 예

정이었다.

"컷!" 운동장 저편에서 외치는 소리가 들렸다. 비틀즈 가발을 쓰고 사이즈가 큰 흰색 아이스하키 셔츠를 입은 남자아이가 비명을 지르며 촬영 스태프 역할을 하는 아이를 지나쳐 뛰어갔다. '무슨 연기를 하는 거지? 혹시 좀비인가?' 멜비가 싱긋 웃으며, "저 아이들은 공포 영화를 찍는 중이에요"라고 귀띔해주었다. 숲에 있던 아이들이 잎과 나뭇가지를 모아 들고 가다가 멜비에게 보여주려고 잠시 멈춰 섰다. 멜비는 아이들 이름을 하나씩 불렀다. 영화 촬영이 뭔가 잘 안 되고 있는지 감독을 맡은 아이가 눈물을 흘리고 있었다. 멜비는 그 아이를 살짝 안아주었다.

실수해도, 바보 같은 질문을 해도 괜찮다

창작의 자유는 만만치 않았다. 때로는 전혀 영화에 쓸 수 없는 장면만 찍다가 끝나기도 했으며, 최종 편집 영상은 북유럽 누아르 영화의 표준과는 거리가 멀었다. 중간에 좌절할 때도 있지만, 아이들은 다들 이 활동을 좋아했고, 창작 과정에 열심히 참여했다. 멜비는 "영화는 아이들의 흥미를 크게 자극하는 활동이에요"라며 나와 비슷한 생각을 표현했다. 그런데 이런 전반적인 상황은 내 개인적인 경험과는 많이 달랐다. 진정한 학습 목표를 찾기가 힘들었고, 엄격함이 전혀 없었다. 핀란드 방식은 뭐랄까, 다소 무질서해 보였다. 그런데 그것이 바로 중요한 점이라는 사실을 금세 이해하게 됐다.

"실수를 해도 괜찮고, 바보 같은 질문을 해도 괜찮다고 귀에 못이 박히도록 이야기해요." 히덴키벤 종합학교 교감인 일포 키비부리Ilppo Kivivuori가 점심시간에 나와 대화를 나누며 이렇게 설명했다. 멜비에게서 초등학교 교사라고 보기에 상당히 이례적인 분위기가 풍겼다면, 몸에 딱 달라붙는 검은 청바지에 검은 치마를 덧입은 일포는 그보다도 더 선생님 같지 않은 외모였다. 역사학 이론연구로 석사 학위를 받은 일포는 학교의 역할을 다르게 보았다. 그는 학생들의 학업 성취에 대해서는 전혀 언급하지 않고, 대신 학생들이 스스로의 정체성을 이해할 수 있는 환경을 만드는 방법과 학교가 지역 공동체가 되어야 한다는 이야기를 꺼냈다.

핀란드에서는 학생들이 일곱 살에서 열세 살이 될 때까지 한 교사가 계속해서 동일한 반의 담임을 맡는 경우가 흔하다. 이는 학생들에게 안정적인 사회 환경을 만들어주기 위한 배려다. 급우들끼리 서로를 아주 잘 알면 실패의 두려움도 없고, 남의 이목을 생각해서 수줍어할 일도 없다. 그는 이런 조건이 창조성에 아주 중요하다고 설명했다. 새로운 무언가를 만들 때는 항상 기대한 대로만 되는 게 아니기 때문이다.

점심을 먹으며 교감 선생님과 이야기를 나누는데, 다른 선생님 한 분이 대화를 거들었다. "자기 마음대로 할 수 있는 자유를 주지 않으면 창의성이 발달하지 않아요. 처음에는 아주 사소한 부분에서 자유를 허용하고, 나중에는 재량권을 더 많이 주고 있어요. 그리고 아이들이 아직 어리기 때문에 놀 시간도 필요해요. 그래서 저희들은 아이들에게 45분 동안 꼼짝 않고 가만히 앉아서 수업을 들어야 한다고 강요하지는 않아요. 여기 핀란드에서는 일곱 살짜리 아이들이 그렇게 가만히 앉아 있는 건 거의 불가능한 일이라고 생각하거든요." 그리고 장난기어린 분위기가 이런 접근 방식의 핵심이었다. 아이들이 숨을 쉴 공간이 있다는 의미였기 때문이다. "기본적인 규칙은 필요합니다. 하지만 그런 규칙은 깊은 의미가 있어야 하고, 어른들의 삶과도 일치되어야 해요. 저희들은 그 나이에 어울리는 감정과 행동을 존중합니다." 일포 교감이 말했다.

이들은 자유를 향한 아이들의 욕구를 존중하고, 아이들에게 창조성과 호기심을 불러일으켰다. 영국과 미국에서는 놀이가 학교 밖으로 쫓겨났지만, 핀란드는 놀이를 소중히 여겼다. 놀이에는 더 큰 의의가 있었기 때문이다. 놀이는 창조성의 바탕이 되며 창조성은 평생에 걸친 성공을 의미했다. "수학만 하더라도 직접 응용해서 등식을 만들어야 하는 부분이 포함될 수도 있습니다. 수학은 단순한 문제풀이가 아닙니다."

그것이 바로 핀란드의 10대들이 국제적으로 그렇게 뛰어난 이유 중 하나다. 핀란드 아이들은 다른 나라 아이들처럼 엄격하게 정한 내용을 완벽히 익히지는 않지만, 배우는 '방식'이 다른 나라들과 차이가 있다. 국제적으로 시행되는 평가시험들은 현실적인 복잡한 문제 해결이나 비판적인 사고처럼 현대 세계를 사는 아이들에게 필요한 능력을 확인한다. 그런 시험에서는 핀란드 아이들이 최고 성적을 기록했다. 핀란드 아이들은 시험 문제를 술술 푸는 로봇 같은 아이들이 아니라, 자기 자신에 대한 의식과 사회에서의 위치를 아는 3차원적인 성격을 갖게 된다. 사쿠 투오미넨은 핀란드 사람들도 아직 갈 길이 멀다고 이야기했지만, 어찌되었든 핀란드 교육 기반은 미래에 적합한 방향인 듯하다.

투오미넨의 사무실 책장에는 『글리머Glimmer』, 『블러Blur』, 『다빈치처럼 생각하기Thinking Like Da Vinci』 같은 책들이 색깔별로 빼곡히 들어차 있었다. 투오미넨이 학교에 다닐 시절에 그의 유일한 관심사는 아이스하키였다고 한다. 하루는 핀란드어 문장 구조의 복잡한 규칙을 배우던 중에 선생님에게 도대체 무엇 때문에 이런 걸 배우느냐고 물었다. 그러자 선생님은 이렇게 대답했다. "모든 사람에게 중요하지는 않지. 문장을 아름답게 쓸 수도, 평범하게 쓸 수도 있는데, 어느 쪽이든 다 괜찮아. 이 세상 사람들은 모두 다르니까.

선택은 각자 하는 거야. 너는 어떤 사람이니? 언어에 관심이 많니, 아니면 아무런 의미가 없니?" 개인의 자유와 책임은 핀란드 교육의 핵심이다. 기쁨도 마찬가지이다. 핀란드 초등학교 교사들은 세계 최고 수준의 연수를 받으면서, 피아노 치는 법과 스케이트 타는 법까지 배운다. 하지만 영국에서는 전체적인 접근 방식이 그와는 크게 다른 느낌이다.

"어떤 것을 좋아할 수도, 좋아하지 않을 수도 있습니다." 투오미넨은 이런 말로 이야기를 마무리했다. 그는 텔레비전에 푹 빠졌고, 학교에서 새로운 목표를 찾았다. 선생님이 해주셨던 말은 그 자신이 작가가 된 뒤에야 마음에 와닿았다. 앞장에서 소개했던 리라처럼, 열정을 불러일으킬 자신만의 불꽃을 찾는 것이 중요했다.

모든 학교는
예술 학교가 되어야 한다

일단 불꽃을 찾으면, 최대한 빠져들어야 한다. 벤자민 블룸이 재능에 관한 통념을 연구를 통해 밝힌 뒤 그 뒤를 이은 사람은 스웨덴의 심리학자 앤더스 에릭슨이었다. 에릭슨은 10대 시절에 같은 반 친구와 둘이서 자주 체스를 두면서 놀았다. 그런데 처음에는 그 친구를 쉽게 이겼지만 어느 순간부터 이기는 것이 힘들어졌다. 에릭슨은 한편으로 약이 오르면서도 그런 흥미로운 결과에 마음을 빼앗겼다. 분명히 처음에는 자신의 실력이 더 좋았는데 어찌된 일이었을까? 다른 사람과는 두지 않고 거의 둘이서만 계속 대결했는데, 어째서 이렇게 실력 차이가 나게 됐을까? 그는 그 이유를 자세히 알아보기로 결심하고 조사하던 중에 프랜시스 골턴이 주장했던 어떤 내용에 주목하게 된다.

프랜시스 골턴은 인간의 지능은 바뀌지 않는다는 사실을 주장하기 위해 애썼던 사람이다. 그런데 골턴이 제시했던 의견 중에 '해보려는 열망과 실행하는 힘'이 선천적인 능력만큼이나 예술적 기교에 중요한 요소라는 대목이 있었다. 에릭슨은 그 주장이 과연 사실일지 궁금해져서 독일 바이올린 연주자들을 대상으로 연구를 진행했다. 실력이 별로이거나 기껏해야 보통 수준인 사람들과 최고 수준의 전문가들 사이에 어떤 차이가 있는지를 알아보았다.[14] 그리고 최고의 연주가들은 20세가 될 때까지 최소 1만 시간 동안 의식적인 연습을 한다는 연구 결과와 함께 에릭슨은 유명세를 얻었다.

1만 시간의 법칙이 교육에 미친 영향

오늘날 이 같은 장시간 반복 연습이 행동의 성과를 높이는 데 기여한다는 점은 설명할 필요가 없는 진리로 받아들여진다.[15] 하지만 이 개념이 널리 알려지면서 학교 교육 제도는 창의성을 높이는 교육이 아니라 수학, 국어, 과학에 치중하는 교육으로 기울었다. 아이들의 시간을 필수적인 시험 점수를 잘 얻는 데 쏟아붓고 그 대신에 새로운 도구를 마음껏 가지고 놀면서 좋아하는 마음을 키우는 단계는 없애는 방향으로 운영해야 할 압박에 놓이게 된 것이다.

실제로 2016년 영국 GCSE 대비 과정에서는 예체능 과목을 선택한 학생이 8퍼센트나 줄었다.[16] 그리고 2014년과 7년 전의 수치를 비교하면, 음악 과목을 선택하는 아이들 수가 6만 명에서 4만 3,000명으로 줄고, 미술과 디자인은 21만 1,000명에서 17만 7,000명로, 연극은 10만 2,000명에서 7만

제2부 | 더 잘하기

1,000명으로 줄었다.[17] 물론 창의성이 예체능 과목에만 한정된 자질은 아니지만, 이런 추세는 학교에서 학생들이 배우는 지식의 범위가 좁아지는 현상이 확산되고 있음을 상징적으로 드러낸다. 창의적인 활동의 중요성이 더 부각되는 와중에 학교 수업 시간표에서는 이런 과목들이 차츰 빠져나가는 상황이 된 것이다.

연습과 훈련의 중요성에 대한 사람들의 생각은 우리를 앞으로 나아가게도 하고 뒤로 한 발 물러서게도 한다. 투오미넨이 말했듯이 행동 또한 상당히 중요한 요소임에도 창의적인 과정에서 행동이 간과되는 경우가 많다. 사람들은 모두 뛰어난 전문가가 될 자질을 가지고 있으며, 천성적으로 창의력이 있다. 그러나 창의적인 영감을 따르는 아이들은 단 1퍼센트뿐이고, 나머지 99퍼센트는 땀을 흘리며 노력하는 데 매달린다.

영국의 현대 미술가인 밥 앤드 로베르타 스미스Bob and Roberta Smith가 '모든 학교는 예술 학교가 되어야 한다all schools should be art schools'고 적힌 피켓을 화려한 색깔로 직접 써서 만든 것은 지금과 같은 상황에 맞서려는 의도였다. 단순히 음악, 미술, 연극 수업을 더 늘려야 한다는 의미는 아니었다. 그는 이 사회의 모든 학교들이 보다 더 창의적인 교육을 도입하고 남과 다름을 포용하는 곳이 되기를 바랐던 것이다.

런던 동부에 그런 교육을 실천하고 있는 학교가 있다는 이야기를 들었다. 이 학교는 21세기를 대비한 교육을 표방하고, 일반적인 통념을 거부하면서 오직 '더 잘하는' 것을 목표로 하는 곳이라고 했다. 나는 그 학교를 직접 찾아가 확인해야만 했다.

교육으로 사회를 바꾸고 있는
런던 스쿨 21

올리 드 보통Oli de Botton이 긴 선거 유
세 기간 동안 가까이했던 일들은 창의성과는 거리가 멀었다. 선거에서는 오
로지 인내가 필요할 뿐이었다. 이 젊은 노동당 입후보자는 5년 뒤에 엉덩이
가 무쇠 같아야 통과할 수 있는 '노동당의 무쇠 엉덩이 시험'을 포기했다.
그 시험을 통과하려면 위원회 회의에 들어가서 엉덩이에 감각이 없어질 때
까지 오랜 시간을 앉아 있어야 했으며, 그런 고통의 시간은 요식적인 스톡
홀름 증후군(인질이 범인에게 정신적으로 동화되어 호감과 지지를 나타내는 심리
현상 – 옮긴이)이 나타나야 끝이 났다. 올리 드 보통은 철저한 이상주의자였
다. 그는 정치를 좋아했고, 세상을 바꾸고 싶어했다. 하지만 노동당 당수 선
거에 출마했던 데이비드 밀리밴드가 동생인 에드에게 '브루투스 너마저!'
라고 말할 만한 배신감을 느끼며 패배했던 일은(에드 밀리밴드는 2010년에 데
이비드 밀리밴드를 지지율 1.3퍼센트 차이로 제치고 노동당 대표에 올랐다 – 옮긴
이) 그가 감당하기에 너무 힘들었다.

"크게 실망했지요. 제가 생각했던 세상은 변화가 허용되고, 사람들이 뭐
든지 할 수 있는, 눈부신 세상이었어요. 그런데 경험해보니…… 그게 아니
더라고요."

그 과정에서 올리 드 보통은 피터 하이먼Peter Hyman을 만났다. 피터 하이
먼은 영국 수상 토니 블레어의 연설문을 작성했던 사람으로, 정치에 입문한
지 10년 만에 일을 그만두고 북 런던에 있는 종합 중등학교에서 역사 선생
님이 되었다. 그런데 교편을 잡은 초기에는 가르치는 실력이 그다지 신통치

않았다고 한다. 올리 드 보통과 피터 하이먼은 영국 학교들이 큰 목적에 적합하지 않다는 생각을 똑같이 하고 있었다. 하이먼은 "상황적인 고려 없이 '당신을 한 인간으로 평가하는 기준은, 2시간 30분 동안 한 공간에 앉아서 필기시험에 나온 내용을 아무 생각 없이 되뇌는 것이다'라고 말하는 완전히 말도 안 되는 엉터리 교육이다"라며, 교사로 재직하던 시절 경험을 《가디언》지에 털어놓았다.[18] 올리 드 보통과 피터 하이먼의 이상은 꺼지지 않았다. 그래서 두 사람은 충족되지 못한 지적, 감정적 에너지를 모아서 학교를 새로 만들었다.

"진보 정치계에 있었던 사람이 세상을 바꾸려면 달리 어디로 갈 수 있겠습니까? 교육이야말로 의미 있는 일이지요." 이 두 사람은 현 교육 체계의 오점이라고 인식한 부분에 신중히 대처하면서, 가난한 학생과 부유한 학생들 간의 성적 차이를 없애고, 비판적인 사고, 표현의 자유, 행복, 창의력 같은 '21세기 기술'을 키우는 것을 목표로, '오늘날'에 맞는 학교를 세우기로 했다. 학교 이름은 '스쿨 21School 21'이었다. 이 학교는 미래를 향해 있지만, 그 핵심에는 '장인의 숙련된 솜씨'라는 전통적인 개념이 자리한다.

나는 10월의 어느 날 아침에 센트럴선 지하철을 타고 드 보통을 만나러 런던 동부로 갔다. 텅 빈 지하철은 고층 아파트들이 몰려 있는 주거지를 통과해서 학교가 위치한 스트랫퍼드Stratford에 도착했다. 스쿨 21은 2012년 런던 올림픽의 영향으로 개발되기 전부터 있었던 구시가에서, 불법 자동차 부품 판매점들과 나이트클럽이 자리한 지역에 세워져 있었다. 길거리에서 들리는 언어가 104종에 이를 정도로, 영국에서 가장 다양한 인종이 몰려 사는 곳이었다.

나는 이 지역이야말로 앞으로 맞이할 세계를 사실적으로 보여주는 것 같다고 생각하면서, 테라스가 딸린 집들 사이에 자리한 저층 학교 건물에 도착해 벨을 눌렀다. 넓은 지역에 걸쳐 펼쳐진 도시에서 고작 수십 제곱킬로미터 내에 부유함과 빈곤함, 오래된 것과 새로운 것이 올망졸망 몰려 있는 지역이었다.

어쩌면 모든 학교는 기술 학교가 되어야 할지 모른다

"학교는 명령과 통제의 최후 보루지요. 그렇지 않습니까?" 이야기를 나누기 위해 내가 자리에 앉았을 때 드 보통이 물었다. "아직까지 없어지지 않은 마지막 권력 집단이지요."

그는 자신의 넓은 사무실을 가리켰다. 화이트보드 위에는 슐라이허, 허쉬, 듀이, 프레이리의 이름이 적힌, 원 네 개로 된 대형 벤다이어그램이 있었다. 케임브리지에서 고전학을 전공해서인지 그는 이야기 중간에 무심코 헤겔을 언급하고, 남의 눈을 신경 쓰지 않고 '독자적인sui generis' 같은 라틴어 단어를 사용했다.[19]

"요즘에는 KPMG 인터내셔널 같은 회사에 가보면, 개인 사무실이 아예 없습니다." 그가 말했다. 하지만 학교들은 재계에서도 포기해버린 조직 체계를 여전히 따르고 있다. 그런 체계는 생산성이라는 시대에 뒤떨어진 개념에 집착하고, 과거에 갇혀 있다. 토니 블레어가 당수로 있던 시절의 노동당도 그런 원칙에 따랐는데, 체계 관리를 위해 과학적인 접근 방식을 도입해서 GCSE 점수가 약간 향상되기는 했지만, 국제적인 기준에서 보았을 때는 성장이 전혀 나타나지 않았다. 실제로 선진국 16~24세 청소년 중에서 영국의 청소년이 읽고 쓰는 능력과 연산 능력이 가장 낮다는 결과가 발표되기도 했다.[20] 드 보통과 하이먼은 스쿨 21을 설계할 때 이런 시류를 의식적으로 배척했다. 예외가 있다면 교장실을 두고 있다는 점 정도였다.

"사람들은 커리큘럼과 교수법을 시간 단위로 분류하고 조직화할 수 있는 수준으로 세분화해야 한다고 보는데…" 그는 이런 접근 방식이 주류가 되어가는 듯한 상황에 분노하며 이야기했다. "그건 답이 아닙니다." 학교들은 '5분 만에 완성하는 학습 계획안', '자동식 채점'같이 효율성을 달성할 수단을 찾은 것에 기뻐했지만, 그가 보기에 "작은 부분으로 나누고, 관리가 가능하도록 만들고, 커리큘럼 지식을 우선으로 여기는" 것은 학생의 성장과 발달보다 교육 체계의 매끄러운 운영을 우선시하는 분명히 잘못된 목표를 따르는 것이었다. 아이들은 3차원적인 존재이고, 학습은 쉽지 않은 과정이다. 게다가 누구든 할 수 있는 직업은 사라져가고 있다.

"남아 있는 일자리가 얼마 안 되니까, 어떻게든 우리 아이들을 그 안에 들이밀어야 한다는 것은 염세적인 생각입니다." 그가 말했다. 그는 마치 현대판 윌리엄 모리스(영국 공예가이자 화가, 시인, 사상가로 진정한 노동의 즐거움을 예찬했다. ─ 옮긴이) 같은 견해에서, 학교 체계의 기계화가 아이들에게 고통을 주고, 아이들 간의 관계는 물론 학습에서도 멀어지게 만든다고 보았다.

"학교가 그 주변 세계의 축소판이라고 믿는다면, 그건 삶이 아닙니다." 혹은 최소한 그가 바라는 삶의 모습과는 거리가 멀었다. 우리는 학교가 경제뿐만 아니라 사회에도 동력을 공급한다는 사실을 요즘 들어 잊고 지낸다. 그러나 드 보통은 잊지 않았다. 정치로 세상을 바꾸기가 힘들어지자, 그는 런던 동부 인구 밀집 지역에 사는 아이들을 동원해서 변화를 이끌기로 마음먹었다. 그와 나는 버락 오바마에게 영감을 주었던 지역사회 조직화의 대가인 사울 알린스키Saul Alinsky에 관해 이야기를 나누었다.* 이 학교 11학년 학생들은 사울 알린스키의 이론을 배우고 있었다. 그리고 학교는 직접 뭔가를 만드는 기술^{craft}을 학교 이념의 중심으로 삼았는데, 여기에서 기술은 개인과 공동체의 인간성을 충족시키는 수단으로 정의되었다.

드 보통은 아이들을 가르치면서 시카고 출신의 사회학자이자 사상가인 리처드 세넷^{Richard Sennett}의 저서 『장인^{The Craftsman}』을 읽었다. 세넷은 "장인들의 삶은 산업화 사회의 출현 이후 쇠퇴했지만, 숙련된 솜씨는 변하지 않는 인간의 근본적인 충동이며, 다른 목적이 아니라 그 자체를 위해 더 잘 만들고 싶은 욕구"라고 진술했다. 세넷은 자신의 스승인 한나 아렌트와 아렌트의 스승인 마르틴 하이데거를 언급하면서, 과학기술이 주도하는 사회는 '자유 공간이 사라지는' 상황으로 우리를 몰아가고 있다고 경고했다.

세넷은 국민의료보험^{NHS} 제도를 분석하면서 의사와 간호사들이 숙련된 솜씨를 정교히 갈고닦았지만(예컨대 애매모호한 상황이나 더딘 움직임을 편히 받아들이고, 탐구하는 마음 자세로 일하는 등), 그런 숙련된 기술이 빅데이터, 핵심성과지표, 관례화에 치여 약화되고 있음을 인식했다. 그래서 그는 "기계를 활용하는 더 바람직한 방식은 기계의 잠재력이 아니라 우리 인간의 한

---

* 1909년 시카고에서 태어난 사울 알린스키는 지역사회 조직화에 천재적인 자질이 있었던 사람이다. 처음에는 시카고의 한 주거지에서 '백 오브 더 야즈^{Back of the Yards}'를 조직했다. 그 지역은 끔찍한 작업 환경 때문에 업튼 싱클레어^{Upton Sinclair}의 소설 『정글^{The Jungle}』의 주제로 다루어지기도 했다. 알린스키는 미국에서 가장 가난하고, 힘없는 지역 사람들이 조직을 만들어서 자신들의 이익을 강력히 대변하게 만듦으로써 그들이 살아가는 환경을 개선하려고 평생을 노력했다. 나중에는 공업지역재단^{IAF}을 창설했는데, 그가 주창한 지역사회 조직화 방식은 노동조합, 최저임금운동, 민중정치운동의 토대가 되어 오늘날까지 영향을 끼치고 있다. 특히 1971년에 출간한 『급진주의자를 위한 규칙^{Rules for Radicals}』은 시민운동 조직론의 바이블로 통하는데, 이런 글로 시작한다. "이 책에서 논하는 내용은, 세상을 현재의 모습에서 마땅히 그래야 한다고 믿는 모습으로 바꾸기를 바라는 사람들을 위한 것이다. 마키아벨리의 『군주론』이 가진 자들에게 그들이 가진 권력을 유지하는 방법을 알려주는 책이라면, 이 책은 그런 강력한 권력을 무너뜨리는 방법을 갖지 못한 자들에게 알려주기 위한 책이다."

계라는 관점에서 기계의 힘과 사용 방식을 고려하는 것"이라고 주장했다. 그런 주장은 인간의 목적에 따라서 필요한 도구를 사용하는, 손으로 직접 만드는 기술의 본질과 일맥상통하는 것이다.[21]

드 보통은 스쿨 21의 접근 방식에 대해 설명하면서, "꼭 무슨 부두교 주술을 전파하는 것 같은 기분이 들기도 해요"라고 말했다. 적어도 나는 이 학교의 방침에 전적으로 동의했다.

머리, 가슴, 손의 균형이 중요하다

초등학교와 중학교가 결합된 학교인 스쿨 21에는 뉴햄 지역의 아이들 800명이 재학 중이며, 개교한 지는 5년이 되었다. 드 보통과 하이먼은 요즘 학교들이 교과 공부와 성적을 앞세우다 보니 학생들의 개성, 행복, 상상, 문제해결 능력은 뒷전으로 밀려났다고 생각했다. 그래서 이들은 '머리(지식), 가슴(인성), 손(기술, 행동력)'을 균형 있게 발달시키는 교육을 구상했다. 물론 이 학교 아이들도 국어, 수학, 과학은 열심히 공부해야 하지만(좋아하든 싫어하든 이 과목들은 반드시 평가받게 되어 있다), 그 밖에는 각자 원하는 것을 배우고 체험할 수 있다. 프로젝트 기반 학습이 기본이어서 학생들은 연극이나 미술을 통해서 역사를 배우기도 한다. 학교 밖 사회와 연계된 수업도 있어 10학년 학생들은 6개월 동안 매주 한 번 한나절씩 직업 체험을 하고, 다른 학생들은 지역사회 프로젝트를 진행한다. 학생들은 의미 있는 작품을 만들거나, 책을 출판하거나, 조각을 만들겠다는 목표를 세운다. 시험에 대비한 활동 대신에 아이들은 지역사회를 강화하는 방법에 대해 이야기 나누는 시간을 갖는다.

나는 연극실에서 그런 학교 분위기를 곧바로 감지했다. 밝고, 천정이 높게 설계된 이 공간에는 반전운동가 브라이언 호$^{Brian\ Haw}$가 의회 광장에서 시위하는 모습을 재현한 마크 월링거$^{Mark\ Wallinger}$의 터너상 수상작 등을 다룬 신문 1면 기사, 슬로건, 포스터들이 벽에 잔뜩 붙어 있었다. 폭신한 소재로 만든 스툴 위에 보라색 브이넥 티셔츠와 검은 블레이저를 입은 학생들 열 명이 동그랗게 둘러앉아서 소셜 미디어가 대화에 끼치는 영향에 대해 토론하는 중이었다. 그리고 열 명의 관찰자가 지켜보면서 클립보드에 그 학생들의 이야기를 받아 적고 있었다. 터틀넥 스웨터를 입고 안경을 낀 신들러 선생님은 대단히 까다로운 연극 연출자 같은 분위기로 학생들 틈에서 말을 거들고, 격려하고, 수정해주었다. 이 수업은 말하기 능력을 키우는 시간이었다. 7학년들은 구조적인 대화 구성법을 배웠다.

"파루크, 그 내용을 사람들에게 어떻게 전달할 수 있을까?" 신들러 선생님이 한 남학생에게 물었다. "사람들을 선동하고, 도전 의식을 일깨워보는 거야."

학생들은 토론 집단에서 각자 다른 역할을 지정받았다. 어떤 학생은 부모가, 또 어떤 학생은 학생이 되었다. 교사나 사회복지사 역할을 맡은 아이들도 있었다. 아이들은 최신 과학기술이 어린아이들의 대화 능력에 어떤 영향을 끼치는지에 대해 토론했다.

애플리케이션 회사를 대변하는 파루크가 교사 역할을 하는 학생에게 말을 걸었다. 파루크는 집에서 대화가 부족한 것은 휴대폰 때문이 아니라 어른들 때문이라고 주장했다. "집에서 아이들과 더 많이 교류하면, 아이들이 부모에게 말을 걸 기회가 더 많아질 거예요." 파루크가 말했다. 파루크는 더 이상 말을 잇지 못하고 입을 다물었다.

"어느 부분이 막히는지 한번 볼까?" 신들러 선생님이 거들었다. "자녀와 대화를 나누지 않았던 사람들을 자극해서 변화를 촉구할 방법이 있을까?"

실질적인 기술을 가르칠 때는 전문성을 높이는 것을 목표로 한다. 그 첫 단계는 그에 필요한 능력을 습득하는 단계이다. 아이들 손에 들린 개요서는 대화의 물리적인 측면(목소리를 사용하는 법), 감정적인 측면(청중에게 영향을 주는 법), 인지적인 측면(주장하는 법), 언어적인 측면(스스로를 표현하는 법)에서 필요한 요령이 명시되어 있다. 학생들에게는 대화를 시작할 때 활용할 문장 리스트가 있었는데, 지금 아이들은 그것을 보면서 연습하고 있었다. 신들러 선생님은 계속해서 긴장감 있게 수업을 진행하면서, 연습이 진지하게 진행되도록 조율하고, 아이들의 말과 행동을 살피며 조언했다. 몇 년 뒤면 이 아이들은 이런 기본 사항을 충분히 익혀서 유창한 연설가가 되고, 완전히 꽃을 피우게 될 것이다.

"사실 7학년 아이들을 일으켜세울 수 있으리라고는 꿈도 못 꿨어요." 신들러 선생님이 소곤소곤 말했다. 실제로 대부분의 학교에서였다면 쉽지 않았을 것이다. "아이들을 괴로워 죽을 지경으로 만들 거라고 생각했거든요." 그런데 놀랍게도 아이들에게는 '불편함을 편하게 받아들이는' 능력이 있었다.

그에 앞서서 나는 신들러 선생님이 아이들의 발표를 지도하는 모습을 지켜보았다. 스쿨 21에서는 교육이 여섯 개 기둥을 중심으로 이루어지는데, 그 여섯 가지는 웅변, 투지, 손재주, 전문성, 생기, 뛰어난 기량이었다. 7학년들은 자기가 선택한 주제에 대해 5분 길이의 연설을 준비했다. 11학년이 되면 테드 강연 수준의 발표를 준비해야 한다.

앨리스터라는 학생이 트럼프 대통령에 관한 내용을 발표했다. 그런데 전체 내용이 단순히 사건들을 시간 순으로 나열한 데 불과하자, 신들러 선생님은 "그런 건 글이 아니라 목록이야. 조금 더 공을 들여서 만들어보도록 하자"라고 격려했다. 교실에서는 아이들이 발표문의 수정본을 컴퓨터로 작성하거나 손으로 쓰고 있었다. 말 그대로 장인의 기술을 익히는 과정이었다.

신들러 선생님의 지도 방식은 흡사 테드 연설자를 준비시키는 듯했다. 선생님은 청중의 관심을 사로잡을 소재, 일화, 유머와 진지함의 균형, 클라이맥스를 적절히 배치할 것, 그리고 재치, 독창성, 장난스러움, 패턴과 리듬, 비유, 두운, 어조 변화 등으로 양질의 언어를 사용할 것을 주문하고, 대화, 묘사, 주제, 다양한 색조의 그림, 사실, 인용문, 소도구, 시각 자료를 활용하면 좋다고 조언했다. 신경 쓸 부분이 너무 많아서 아이들이 위압감을 느낄지도 모르겠다는 생각이 들었다.

"어머니께 한번 여쭈어보렴." 선생님이 파루크에게 말했다. "런던으로 오게 된 계기가 어떤 건지 말이야." 가족이 런던으로 이주하게 된 배경을 덧붙여서 관련성이 더 커질 수 있도록 글을 개선해보려는 것이었다.

스스로 자기가 원하는 세상을 만들어나가는 아이들

생각하고 읽는 활동만으로는 어떤 기술에 능숙해질 수 없다. 전문성은 연습을 거쳐 습득된다. 이 학교의 모든 접근 방식은 이 원칙을 기반으로 한다. 75분에 이르는 긴 수업에서는 학생들이 프로젝트를 수행한다. 9학년 때는 역사와 연극 수업을 결합해서 제2차 세계대전 시대의 런던을 각색한 장면을 만들기도 한다. 다른 수업에서는 얄타 회담을 재연해서 학생들이 스탈린, 루스벨트, 처칠 역할을 맡아 연기하면서 문명의 임박한 충돌을 그린다.

개교 이후 처음으로 배출한 11학년생들의 2017년 GCSE 성적이 국내 평균보다 높았지만, 이 학교의 수업 방식이 GCSE를 준비하는 데 어떻게 도움이 되는지 나는 정확히 이해할 수가 없었다. 그런데 알고 보니 그것이 중요한 대목이었다. 1960년대에 캐나다의 문명비평가 마셜 맥루한Marshall McLuhan은 "미디어는 메시지다"라는 유명한 말을 남겼다.[22] 중요한 것은 새로운 미디어를 통해서 드러나는 콘텐츠가 아니라, 그 미디어가 취한 '형태'라는 의미다. 즉, 게임 리뷰 채널을 운영하는 유명 유튜버나 귀여운 동물 영상의 존재보다 모든 사람이 그런 것들을 보기 위해 하루 종일 휴대폰에 붙어서 지낸다는 사실이 더 중요할 수 있다.

학교들로서도 미디어가 메시지였다. 많은 학교들이 창의성을 중요하게 생각한다고 주장하고, 아이들이 협력하는 법을 배워야 한다는 그럴 듯한 말을 한다. 그러나 우리가 흔히 목격하는 것은 아이들이 고개를 푹 수그리고 앉아서 책을 읽고, 시간을 주요 지식과 기술을 익히는 데 쏟아붓는 모습이다. 아이들이 창의성과 소통 능력을 배우기를 바란다면, 창조하는 '연습'을 하고, 남들과 소통할 시간, 공간적 여력을 가질 수 있게 해주어야 한다. 나는 스쿨 21의 아이들이 흔히 부끄러워하고 주저하는 다른 청소년들과 달리 다양한 영역의 활동을 편히 받아들인다는 데 크게 놀랐다. 이 아이들은 연기하고, 연설하고, 토론하고, 논쟁했다. 심지어 다들 보는 앞에서 춤을 추기까지 했는데, 딱딱하고 긴장된 내 학창시절에 비추어보면 상상하기 힘든 광경이었다. 전반적으로 아이들은 그 아이들 주위 세상에 맞게 건강히 잘 성장하고 있는 것 같았다.

"전교생을 책의 저자로 만든다고 한번 상상해보세요." 드 보통이 말했다. 그는 학생들이 시험이라는 제약에서 벗어나 테드 강연을 해보고, 소설을 출간하고, 연극에서 역할을 맡아 연기하고, 과학 연구를 완수하고, 심지어 선거 운동까지 해본 뒤에 졸업할 수 있는 학교를 만들고자 했다. 학생들은 현실 세계에 필요한 기술을 훈련할 뿐 아니라 훨씬 다양한 경험을 해볼 수 있으므로 자신의 적성을 찾을 가능성이 훨씬 높았다. 그것은 리라 멜비시나 그녀와 비슷한 처지에 있는 다른 많은 학생들이 누리지 못하는 기회였다.

복잡한 의사소통, 창의력, 넓은 틀 안에서의 패턴 인지력은 우리가 꼭 함양해야 할 인간적인 자질이며, 스쿨 21은 그런 능력을 중요하게 생각했다. 물론 창의력은 생산성을 높일 수단이며, 직업을 위해서도 필요한 능력이지만, 드 보통은 창의력이야말로 삶의 목적을 달성할 수단이라는 점을 더 중요하게 꼽았다. "저는 우리 아이들 모두가 삶의 목적을 찾고 있다고 진심으로 믿습니다. 그리고 학교는 사람들이 한데 모여서 삶의 목적을 발견하는 장소라고 생각합니다."

한 가지 신조만 고집하기에는 세상이 너무 빠르게 변하고 있다. 새로운 아이디어에 열린 마음 자세를 갖고, 자신의 세계관에 누군가 이의를 제기하더라도 흔쾌히 받아들이는 것이 중요하다. 스쿨 21은 이런 생각을 학교의 기풍이자, 학생들의 정신으로 만들어가고 있다.

"10년 전만 해도 하이테크 관련 직업이 이렇게까지 성장할 것이라고는 아무도 예견 못하지 않았습니까?" 드 보통이 말했다. 그는 앞으로 다가올 미지의 세계에 아이들을 대비시키는 모험을 하고 있다. "미래의 직업이 아직 만들어지지 않았다는 건 물론 잘 압니다. 하지만 새로운 산업들이 생기리라는 데는 의심의 여지가 없겠지요." 그는 스트랫퍼드의 이 아이들이 그런 새로운 세계의 창조자들이 될 것이라고 본다. 이 아이들은 몇 개 남지 않은 일자리를 어떻게든 손에 넣으려고 애쓰기보다는 새로운 세상을 만드는 방법을 찾아나갈 것이다. 리처드 세닛은 그의 책 『장인』에서 "잘해내기 위한 도구를 학교에서 변변히 제공하지 못하고 있는 건지도 모른다"라고 했다. 세닛은 장인의 경지에 도달하는 것이 인간의 가장 고차원적인 목표라고 생각했는데, 그것이 바로 스쿨 21 학생들이 하고 있는 모든 활동의 핵심이었다.

학교 방문을 마치고 다시 지하철을 타러 가는 길에, 나는 주위를 돌아보며 다시 한번 전 세계에서 온 다양한 인종적 배경의 사람들과 높은 올림픽 빌딩들, 빈부의 공존을 목격했다. 주마등처럼 시시각각 변하는 이런 환경이 전 세계를 에워싸고 있는 듯했다. 드 보통은 "핵심은 세상을 바꾸는 것"이라고 말했다. 그것은 이 세대의 과업이지만, 그 첫 출발은 스쿨 21의 사례에서처럼, 누군가가 새로운 시도에 나서면서 시작된다. 그런 충동이 앞서 살펴보았던 매사추세츠 케임브리지에서 와일드플라워 몬테소리 학교에도, 그리고 지금부터 살펴볼 그 유명한 MIT 미디어랩에도 영감을 불어넣었다.

상상이 현실이 되는
MIT 미디어랩

나는 MIT 미디어랩 6층의 넓고 훤한 아트리움에 필립 슈미트^{Philipp Schmidt}와 함께 서 있었다. 우리는 잠겨 있는 유리문을 바라보는 중이었다. 그 유리문 밖에 있는 옥상 테라스에서는 고풍스러운 돔과 건물로 둘러싸인 네모진 정원이 내려다보였다. 정원에는 매사추세츠 케임브리지를 찾은 1월의 눈이 깊이 쌓여 있었다. 슈미트는 그 문이 미디어랩의 핵심적인 기풍이며, '파헤치기, 시도하기'라는 의미에서 유래한 핵^{Hack}이라는 용어를 상징적으로 표현한 것이라면서, "MIT의 해킹^{Hacking} 문화는 방 안에서 뭔가 재미있는 일이 벌어지고 있는 낌새가 느껴지면, 사람들이 문을 따고 들어가는 데서 생겨났다"고 은밀히 말했다. 이와 관련된 비밀을 한 학생이 슈미트에게 알려주었다고 한다. 얇은 플라스틱 조각을 문틈 밑에 끼워 넣어서 동작 센서를 작동시키면, 문이 잠겨 버리는 것도 방지하고, 열쇠 없이도 옥외 테라스에 나갈 수 있다는 것이다. 긴 여름밤을 테라스에서 도시의 별빛을 바라보는 즐거움은 뿌리치기 힘든 유혹이었다. 그래서 누군가가 방법을 찾아낸 것이다.

짙은 회색 맥북 에어를 들고 다니며, 자기가 쓰는 입식 책상이 약간 아둔해 보인다고 걱정하는 슈미트의 모습은 디지털 시대의 돈 드레이퍼(텔레비전 드라마 〈매드 맨〉의 주인공으로, 빼어난 외모와 직업적 성취를 중시하는 크리에이티브 디렉터로 그려진다. - 옮긴이) 같았다. 그러나 그는 조직 내 인간관계에서 와스프(미국 사회의 주류계층인 앵글로색슨계 백인)의 전형적인 면모를 내세우기보다는 사람들과의 협력을 중요하게 생각했다. 그는 MIT 미디어랩의 교육 혁신 책임자였으며, 지역사회, 투명성, 학습에 관심이 많았다.

한 해 전에는 '금지된 연구'에 관한 심포지엄을 준비해서, 학교에서 유명했던 학생 한 명을 초청해 MIT에서 배웠던 것을 전해들었다. "그 학생은 돔 꼭대기에 소방차를 올려놨던 것이 가장 의미 있는 경험이었다고 하더군요." 슈미트가 말했다. 이 일화는 전설적인 MIT의 핵hack이었다. 그녀는 학부생 40명으로 구성된 팀을 조직해서, 하룻밤 사이에 캠퍼스 중심에 자리한 거대한 신고전주의 돔의 지붕 위에 1톤짜리 소방차를 조립해 올리는 엄청난 프로젝트를 실행했다. "그 학생은 현재 독일에서 박사 후 과정을 밟고 있는데, 그때가 학문 여정에서 가장 자랑스러웠고, 가장 많은 것을 배우고 깨달았던 순간이었다고 하더라고요."

나는 테크노휴머니즘의 신인神人에게 공물을 바치는 마음으로 이곳을 찾았다. 미디어랩은 분명 21세기 창조성의 사원이었다.

21세기 창조성의 사원

미디어랩 건물은 사람들의 관심과 시선을 의식하며, 가능성의 한계에 자리 잡고 있었다. 초현대식 건물로 세부적인 요소 하나하나에 학습적인 측면이 모두 고려된 듯했다. 여섯 개 층이 모두 유리로 되어 있는 정육면체 형태의 구조물로, 중앙에는 지붕이 유리로 된 넓은 아트리움이 있고, 연구소장의 사무실은 사람들이 잘 다니지 않는 한적한 2층에 있었다.

모든 의미 있는 상호작용은 사람들이 모여서 이야기를 나누는 공용 공간에서 일어난다는 공간의 가치에 관한 믿음을 미디어랩은 재창조하고자 했다. 그래서 건물을 미로처럼 만들었다. 각 층마다 중앙에는 텅 빈 공간을 두고 그 주위로 빙 둘러서 연구실들이 자리하고 있어서 가고자 하는 곳을 찾아가기가 힘들었으며 이동 동선이 비효율적이었다. 계단은 층을 건너뛰어 연결되기도 하고, 화장실과 승강기는 눈에 잘 띄지 않는 곳에 숨겨져 있었다. 이런 설계는 스티브 잡스의 아이디어를 토대로 한 것이었다. 일반적인 건물은 그 안에 있는 사람들이 서로 뒤섞이지 않도록 효율적으로 나누는 데 최적화되어 있으며, 독립성과 사용자 편의성을 중요하게 여긴다. 하지만 마찰의 부재는 창의력의 적이며, 교육에도 바람직하지 못한 영향을 끼친다. 크리스토프 반 님베헨이 실험을 통해 밝혔던 것처럼, 때로는 적당한 마찰이나 장애물은 필요하다. 미디어랩 건물은 그런 점을 반영해 이상적으로 불편하게 설계됐다. 한쪽에 'VR과 자율주행차를 넘어'라는 문구가 걸려 있었다. 이곳이야말로 미래의 미래였다.

미디어랩에는 26개의 연구팀이 있다. 슈미트는 연구팀들이 예전에는 "통일되기 전의 독일 같은" 느낌도 다소 있었다고 말했다. 연구팀들은 감성 컴퓨팅affective computing, 카메라 문화, 합성 뇌신경과학처럼 대단히 신비해 보이는 주제를 연구했다. 건물 각 층에는 분리된 두 개의 연구 공간에 연구팀 네 팀이 자리했다. 어떤 결과가 나오는지 시험해보려는 의도로, 연구팀을 배치할 때 잘 어울리지 않을 듯한 팀끼리 짝을 짓기도 했다. 조각의 진화Sculpting Evolution 연구실을 방문한 슈미트와 나는 영국 왕립예술학교에서 온 유리를 불어 만드는 기술자를 만났다. 그의 책상에는 추상적인 형태의 물체들, 3D 프린팅으로 만든 산호, 꼬여 있는 수백 개의 미세한 관에 미세 유체가 흐르도록 되어 있는 웨어러블 유리 허파 등이 어지러이 널려 있었다.

　참고로 미디어랩에는 세계 최초의 3D 유리 프린터가 있다. 슈미트는 자기도 뭔지 모르겠다는 뜻으로 어깨를 들썩했다. 때로는 단순히 상상을 하는 것이 핵심이 되기도 한다. 어떤 효용이 있는지는 나중에 찾으면 된다. 연구실 반대편에는 미래의 오페라 연구팀이(비유적인 이름이 아니라, 이들은 실제로 미래의 오페라는 어떤 모습일지 상상하고 연구한다) 키틴질로 된 무대 장면과 의상을 개발하고 있다. 키틴질은 곰팡이나 갑각류 껍질에 많이 들어 있어서 손쉽게 구할 수 있는 천연 재료다. 모퉁이에 있는 진열장 안에는 사방에서 서로 연결되어 있는 계단들이 존재했다. 제작자 이름은 에스처라고 적혀 있었다.

　"이 작품만 가지고도 이야기 나눌 방법이 아주 많지요." 슈미트가 말했다. 그의 말처럼, 때로는 대화가 핵심이 되기도 한다. "저희는 이 공간에서 연구하는 사람들이 서로 더 많이 마주치고 이야기를 나누는 것이 전통적인 연구 환경보다 더 중요하다고 봅니다." 그가 덧붙였다. 미디어랩은 창의력이 상호작용에서 나온다고 믿는다. 사람들이 승수 효과를 내는 것이다.

　나는 화면으로 전달 물질Mediating Matter 연구팀이 만든 짧은 동영상을 봤다. 미래에는 가상 세계에서 작용하는 가상 물질과 똑같이 현실 세계에서 작용하는 나노 소재가 만들어질 것이라는 내용이었다. 동영상에서는 특수 설계된 스타일러스(특수 컴퓨터 화면에 글을 쓰거나 그림을 그리는 등의 표시를 할 때 쓰는 펜 - 옮긴이)로 그린 직선 주위로, 빨간색 구가 모습을 드러냈다. 그 구의 반구 중 한 군데를 더블 클릭하니 반원이 사라졌다. 그리고 더블 클릭을 한 번 더 하니 그 반구가 복제되어 달걀을 담는 에그컵 모양의 그릇 두 개가 만들어졌다. 이를 통해 중요한 점을 하나 더 확인할 수 있었다. 일단 뭔가를 '상상'하면, 상상한 아이디어는 그저 해결해야 할 문제에 불과해진다는 사실이다. 문제는 여러 개로 나누고, 다시 하나로 수렴해서 해결해간다. 이것이 미디어랩만의 특별한 능력이었다.

망치고 실패해봐야 쓸모를 찾을 수 있다

과학자 시모어 페퍼트Seymour Papert와 마빈 민스키Marvin Minsky가 1985년에 설립한 MIT 미디어랩은 우리 삶을 더 편하게 만드는 아이디어의 원천이다. 미디어랩의 과학자들은 이미 터치스크린(오늘날 거의 모든 스마트폰에 활용된다), GPS(내비게이션에 사용한다), 전자잉크(전자책 킨들에 사용된다) 같은 것들을 발명했지만, 그 외에도 분자 프린팅, 합성 유전자 생성, 심장 박동을 모니터하는 웨어러블 기기, 팔이나 다리를 잃은 사람들을 위한 로봇 보철 장치 등을 개발했다. 이들은 발명의 핵심과 무언가의 최첨단을 이끌어가는 법을 알았다. 그러려면 사람들을 다양한 집단으로 묶고(미디어랩의 현재 연구소장인 조이 이토Joi Ito는 '코끼리가 아닌 모든 동물'이라는 표현을 썼다), 우연한 만남을 소중히 여기도록 했다. 그리고 상상과 노력이 모두 필요했다. 그는 창의적인 학습에 관한 미디어랩의 교훈을 알아듣기 편하게 '프로젝트project, 열정passion, 동료peer, 놀이play'라는 4P로 정리해서 설명했다.

"미디어랩은 명확히 규정된 학문 분야들 틈에 존재하는 큰 여백이라고 할 수 있습니다." 슈미트가 말했다.

최근에 연구소장인 조이 이토는 '미디어랩은 어떤 곳인가?'라는 질문에 대한 답을 찾고자 회의를 소집한 적이 있다. 일본에서 태어난 이토는 '인터넷은 모든 사람을 위한 것'이라는 유토피아적 믿음이 있는 사람으로, 성공한 과학기술 사업가였으며, 한때 시카고에서 클럽 DJ로도 일했다. 그는 몇 차례나 대학을 중퇴한 이력도 있으며, 저서 『위플래쉬whiplash』에서는 '빠르게 변화하는 미래에서 생존하는 아홉 가지 방법' 중 하나로 '교육보다는 학습'이 되어야 한다고 조언하기도 했다.

그런데 미디어랩을 하나로 묶어보려는 시도는 창의력을 측정하려고 애쓰는 것과 같은 헛된 수고였다. 결국 그 회의에서는 '독창적인가? 세상에 긍정적인 영향을 끼쳤는가? 믿기 힘들 정도로 특별하고 매력 있는가?'와 같은 다양한 연구 집단의 결과를 평가할 기본적인 기준을 정하는 정도로 만족해야 했다.

나는 미디어랩의 한 연구팀에서 킴 스미스Kim Smith를 찾았다. 그녀는 뉴욕 출신의 저명한 비주얼 아티스트로, 와일드플라워 몬테소리를 설립한 셉 캄바와 함께 일해왔다. 그들이 학교를 세우겠다는 생각을 갖게 된 건 도시를 연구하면서부터였다고 한다. "모두들 도시를 좋아하잖아요." 킴 스미스가 웃으며 말했다. 이 연구팀은 도시의 삶을 표현할 정보기술 도구를 개발하면서 도시들이 '대단히 유기적'이라는 사실을 알게 되고, 그런 이해를 바탕으로, 일하는 방식을 어떻게 향상시킬 수 있을지 궁리했다.

이들은 연구를 해나가면서 우리의 직관과는 달리 인간이 만들어놓은 것들은 대도시 본연의 생산성을 약화시키는 경우가 많다는 사실을 발견했다.

실제로 고속도로는 사람들이 효율적으로 다니지 못하게 길을 막았으며, 담이나 울타리로 둘러싸인 공공장소는 사람들을 그 안에 가두어놓는 결과를 낳았다. 산업화 시대의 대규모 공장을 본뜬 학교는 아이들을 지역사회에서 격리했다. 연구팀은 특히 자전거, 공원, 학교를 중심으로 연구해나갔다.

"이 프로젝트들의 공통된 맥락은 사회적 상호작용을 늘리고 지역사회를 강화하려는 노력이라는 거예요." 스미스가 설명했다. 그 바탕이 되는 원리는 효과가 있는 것에서부터 시작해 그것을 증대시킬 방법을 찾아내는 데 있었다.

"처음에는 아주 엉망이었어요. 그렇지만 조금씩 정리가 되어가고, 이제는 많이 명확해졌어요." 와일드플라워 몬테소리는 '만약에?'로 시작하는 몇 가지 질문으로부터 나왔다. '만약에 우리가 미래의 학교를 설계해야 한다면? 만약에 학교가 도처에 있다면?' 이들은 더듬더듬 길을 찾아나갔다. 그런 학교는 걸어갈 수 있는 거리에 있는 작은 규모이며, 지역사회의 중심이어야 할 것이라고 보았다. 스미스는 컴퓨팅 사고력computational thinking(복잡한 문제를 효율적으로 다루고 해결하는 사고능력 – 옮긴이), 목재로 된 도트 매트릭스 스크린 만들기 등의 아이디어를 냈다. 그 목재 도트 매트릭스 스크린은 내가 와일드플라워 몬테소리를 방문했을 때 남자아이들이 가지고 놀고 있었다. 스미스가 쓰는 책상 위에는 디자인이 아름다운 나무 상자들이 놓여 있었는데, 그 상자는 아이들이 가지고 놀면서 로직이나 프로그래밍의 일부 원리를 간단히 경험해볼 수 있게 되어 있었다. 몸담았던 연구팀의 연구 활동이 종료되어가는 시점이어서 스미스는 개발한 교구를 미국 전역의 학교에 공급하는 회사를 설립하는 중이었다.

"해보고, 망치고, 실패하고, 어떤 것이 쓸모가 있는지를 찾아내고 있지요." 스미스가 말했다. 나는 와일드플라워 몬테소리가 언젠가는 보편적인 학교 모델이 될 것이라고는 여전히 확신하지 못하지만, 그래도 이제는 그런 교육 모델의 중요한 가치를 이해한다. 스미스는 "뭔가가 기대한 효과를 내면 느낌이 와요. 뭔가가 잘 안 될 때도 느낌이 오고요"라고 말했다.

모든 사람에게 실패할 기회와 뭔가를 만들 공간이 있어야 한다는 생각은 옳은 것 같았다. 스미스도 어린 시절에 규율이 엄하고 숨 막힐 듯 답답한 학교에 다녔다고 한다. 부모님은 두 분 모두 명성이 높은 의사였다. 그러다가 여름 미술 학교에 참여하게 된 경험을 계기로 그녀는 날아오르기 시작했다. "창의력은 발견하는 거예요. 사람은 누구나 창조적이거든요." 스미스의 이야기를 들으며, 그럴 수도 있겠다는 생각이 들었다. 그녀는 이렇게 덧붙였다. "하지만 최악의 경우에는 학교가 창의력을 억압하거나 없애버릴 수 있지요."

인간의 창의력은
상상과 체계성의 결합에서 나온다

나는 슈미트를 다시 만나려고 미디어랩 건물 꼭대기 층으로 갔다. 그가 쓰는 입식 책상 옆 벽에는 포스트잇 메모지에 방문자들이 그린 자화상들이 있기에 나도 되는 대로 후다닥 그려서 옆에 붙였다. 가방을 주섬주섬 챙기는 내게 그가 말했다. "혹시라도 책이 생각대로 잘 되지 않으면, 언제든《뉴요커》에 만화 작가로 취직하면 되겠네요."

층계참에 주황색 레고 블록으로 만든 대형 만화 고양이가 '평생 유치원

Lifelong Kindergarten' 팻말을 들고 입구에 서 있었다. 학습 센터 안에 자리한 '학습의 중심지'였다. 나는 책상에서 노트북을 뚫어지게 쳐다보고 있는 미치 레스닉^{Mitch Resnick}을 찾았다. 물리학을 전공하고 과학 저널리스트로 일했던 그는 시모어 페퍼트 교수의 강의를 들은 것을 계기로 미디어랩에 오게 됐다. 인공지능 분야의 세계적 권위자인 페퍼트는 구성주의라는 개념을 제안한 학습 이론가이기도 하다. 구성주의 이론에서는 앞서 펜그린 센터에서 살펴보았듯 아이들이 발달 단계에 따라 배우며, 발견을 통해 배운 내용 위에 새로운 지식을 더한다고 본다. 1990년대 초에 어린이에게 프로그래밍을 가르치면서 초록색 삼각형 거북이 모양으로 된 커서를 움직이게 되어 있는 프로그래밍 언어 로고^{Logo}를 발명했던 시모어 페퍼트는 아이들이 배울 수 있는 몰입형 온라인 환경을 만들겠다는 꿈을 품었다.

가상의 '매스랜드^{Mathland}'에서 아이들은 영국에서 모국어인 영어를 배우는 것과 똑같은 방식으로 수학을 배울 수 있을 터였다.

레스닉의 철학은 페퍼트의 정신을 계승한 점이 두드러지는데, 흩날리는 머리와 짙은 턱수염까지 페퍼트를 꼭 빼닮았다. 책장을 보니 컴퓨터 공학 분야에 평생을 쏟아온 흔적이 곳곳에서 눈에 띄었다. 과학상 트로피들 옆으로는 쉬지 않고 한쪽 팔을 흔드는 마네키네코 고양이 인형, 레고 마인드스톰 키트 위에 놓인 블록 레고 여섯 개로 만든 오리 피규어가 있었다. 레고 블록 여섯 개를 활용해서 최대한 다양한 방식으로 오리 모양을 만드는 온라인 대회가 있었다고 슈미트가 전에 내게 이야기해준 적이 있었는데, 최고 기록은 195가지였다고 한다.²³ 책장의 나머지 부분에는 책 수백 권이 들어차 있었다. 『통제 불능^{Out of Control}』, 『출현^{Emergence}』, 『상식 밖의 경제학^{Predictably Irrational}』, 『외로워지는 사람들^{Alone Together}』 같은 책 제목을 보니, 그도 어느 누구 못지않게 아이들이 직면한 미래를 내다보고 있다는 생각이 들었다. 지금 우리는 익히 겪어온 역설적인 상황에 직면해 있다.

"과학 기술은 창의적 사고가 그 어느 때보다도 중요한 상황을 만들고 있으며, 동시에 우리가 적절히 활용하기만 한다면 급격한 변화의 시대에 성공할 새로운 가능성을 제시합니다." 레스닉이 말했다.

레스닉이 이룬 가장 큰 성공은 '스크래치'였다. 스크래치는 무료 온라인 코딩 도구로, 어린이들이 상호작용 방식으로 게임 스토리나 애니메이션을 프로그램하고, 다른 사람이 만든 것을 보고 배우거나 고쳐 만들 수 있다. 200여 나라의 학생 2,000만 명이 스크래치를 매달 사용해서 창의적으로 사고하고, 체계 있게 추론하고, 협력 작업하는 법을 배웠다. 매일 새로운 프로젝트 2만 개가 온라인에서 공유된다. 스크래치는 놀라울 정도로 단순하다. 레고 블록을 쌓는 것과 똑같은 방식으로 온라인 창에 명령어를 쌓기만 하면 된다. 나도 한번 해봤는데, 까다롭거나 어렵지 않았다. 중요한 것은 창의력이었다.

"창의력은 사람들이 늘 바라는 자질이었고, 앞으로 가면 갈수록 더 중요해질 거예요." 레스닉이 말했다. "저는 인간이 앞으로도 늘 기계가 할 수 없는 창조적인 일을 할 것이라고 봐요." 그가 덧붙였다. "사람들이 창의력을 계발하는 한, 사람이 필요한 자리는 미래에도 있을 겁니다."

창의적 사고는 인간만의 고유한 능력

슈미트는 항상 제기되는, "인간만의 고유함이란 어떤 것을 의미할까?"라는 질문에 대해 곰곰이 생각해봤다. 인간의 고유성은 자기표현과 관련이 있다. 창조 행위는 그 어떤 것이든, 의미를 다른 사람에게 전달하는 것을 목표로 한다. 이것이 레스닉이 프로그래밍을 바라보는 관점이다. 그는 코딩을 배우는 것이 "사고력을 키우고, 자기 목소리를 높이고, 정체성을 계발하는 것"을 의미한다고 본다.

니콜라 사디락과 마찬가지로 그는 코딩이 글쓰기와 비슷하다고 생각했다. 종이에 단어를 적으면 발상이 전개된다. 그는 "컴퓨터는 사람들이 스스로를 표현하는 방식을 확장한다"고 설명했다. 레스닉에게는 창조적인 자기 표현이 배움의 대상이었다. 그는 프로젝트, 열정, 동료, 놀이의 4P를 연구실의 기본 정신으로 규정했다. 스크래치 이후에 그는 아이들이 그런 원칙을 배울 수 있는 '컴퓨터 클럽하우스'를 시작했다.

"일반적으로 학교들은 학생들의 창의력 향상에 도움을 줄 준비가 되어 있지 않아요." 레스닉이 말했다. 그가 스스로 정한 임무는 핀란드 학교들처럼 시간·공간적 제약, 학문 분야 사이의 장벽을 무너뜨리는 것이다. 그렇지만 동시에 엄격한 연습과 훈련 역시 배움에서 중요한 역할을 한다는 사실도 잊지 말아야 한다고 조언했다. "창의성이 체계성과 반대된다고 생각해서는 절대 안 됩니다." 그는 의식적인 연습의 중요성을 강조한 앤더스 에릭슨의 견해가 사람들 사이에 널리 전파된 것을 애석하게 여겼다. 반복적인 연습의 중요성에 동의하지 않는 것이 아니라, 그런 연습 단계에 이르기 전에, 우선 무엇에 열정이 있는지를 찾을 시간과 공간이 필요하다고 생각했기 때문이다. 그는 "열정을 따를 때에만 그런 반복 훈련을 기꺼이 감수할 수 있게 된다"면서, 최고의 창의성은 '상상과 체계성의 결합'에서 나온다고 생각했다. 그리고 나도 그의 의견에 동의했다. 그는 이런 과정을 '탐구하고 그 다음에 개발하기'라고 이름 붙였다.

그는 이렇게 덧붙였다. "문제는 그렇게 엄격한 연습을 하다 보면 시간, 상상력, 창의력이 체계 밖으로 밀려나게 된다는 사실입니다. 하지만 엄격함이 전혀 없는 무조건적인 혼란을 포용하는 것도 마찬가지로 잘못이에요." 즉, 균형을 잘 잡아야 할 필요가 있는 것이다.

조지 버나드 쇼^{George Bernard Shaw}는 일찍이 "분별 있는 사람들은 세상에 맞춰가지만, 분별이 없는 사람들은 세상을 자신에게 맞추어야 한다고 우긴다"라고 이야기한 적이 있다. 그렇게 보면, 이 세상의 모든 진보는 분별없는 사람들의 손에 달려 있다. 규칙과 전통에 얽매인 학교들이 과연 어떻게 분별없는 성품을 키울 수 있을지 의문스러웠다. 미디어랩은 그런 측면에서 성공적으로 잘해왔다. 그들은 체계와 자유 사이의 경계를 걷는다. 그 경계가 바로 창의적인 학습이 살아 움직이는 공간이다. 그리고 핀란드 교사들이 강박적으로 고민하고 질문하는 부분도 바로 그 경계에 관한 것이다.

슈미트는 미디어랩 건물 옥상에서 이야기를 나눌 때 이런 말을 했다. "위태롭거나 위험하다는 느낌이 전혀 없으면, 핵^{hack}을 시도해서 얻는 게 아무것도 없습니다."

위험을 느끼려면, 실제로도 위험해야 한다. 그런 건 억지로 꾸밀 수가 없다. 그래서 MIT에서는 실제로 사건이 벌어지기도 했다. 인터넷 활동가이자 컴퓨터 공학 천재인 애런 스워츠^{Aaron Swartz}는 2011년에 MIT 메인캠퍼스 서버룸에 불법 침입해서 자신의 노트북과 연결하고, 학술 저널, 책, 1차 자료 등이 저장되어 있는 일종의 사립 온라인 학술 도서관인 제이스토어^{JSTOR}의 모든 자료를 다운로드하려고 시도했다가 경찰에 체포됐다. 지식은 모든 사람이 공유해야 마땅하다는 당당한 믿음에서 그는 모든 학술 출판물의 과월호를 모든 사람이 볼 수 있게 하려고 계획했던 것이다. 하지만 연방 검찰은 그의 이런 주장을 받아들이지 않고 전신 사기 혐의로 기소했다. 최고 징역

35년이나 벌금 100만 달러를 선고받을 위기에 처한 스워츠는 2013년에 브루클린에 있는 아파트에서 스스로 목숨을 끊었다.

세상을 자신에게 맞추기 위해 감당해야 할 대가는 변화에 대한 세상의 저항이다. 진보를 향한 시도에는 철저한 실패의 위험이 따른다.

위험을 없애는 것은 인간의 창의력에 대한 최대 위협이다. 프랑스 철학자 알랭 바디우^Alain Badiou는 의미 있는 모든 것과 천성적으로 인간적인 모든 것은 근본적으로 실패의 가능성에 기댄다고 주장했다. 그는 우리에 대해서 더 잘 안다고 느끼는 정부 당국, 학교 행정가들, 더 나아가 최근에는 우리에 대해 너무 잘 아는 알고리즘에 의해 위험이 제거된 지금의 세상을 몹시 애석해한다. 그렇다면 실패, 창의성, 혼란한 세상에서 임의로 결정을 내리고 나중에 거기서 의미를 찾아낼 여지는 어디서 찾을 수 있을까?[24] 학습적인 측면에서 생각했을 때, 아이들이 기본 지식과 기술을 반드시 습득하도록 하는 데에만 초점을 맞추다 보니, 위험을 감수하는 꼭 필요한 경험을 해볼 기회가 사라졌다.

레스닉이 말한 '탐구하고, 개발하기'에서 개발하기에 시간을 투입해야 한다는 건 알지만, 그 전에 아이들에게 충분히 탐구할 시간을 주지 못하고 있다. 나는 비디오카메라로 놀이터의 정글짐에서 영화를 촬영하던 학생들을 떠올렸다. 그 아이들이 하는 활동은 내 눈에는 학습처럼 보이지 않았다. 학습 목표도 없고, 수업에서 엄격히 정해진 부분도 없었기 때문이다. 그러나 이제는 바로 그 점이 중요하다는 사실을 이해한다.

앞서 살펴보았듯 미디어는 메시지이다. 우리는 글쓰기를 연습함으로써 글 쓰는 법을 배운다. 숙련된 기술을 갖춘다는 것은 핵심 지식을 배우고 그 분야의 기본적인 움직임과 기교를 완벽히 습득한다는 의미이다. 그러나 그

뿐 아니라 탐구 정신을 함양하고, 실패의 자유를 누리는 것을 의미하기도 한다. 피아노에 뛰어난 소질을 보이는 9학년 학생이 위대한 작곡가가 되는 경우는 드물다. 철자를 맞히는 스펠링비 대회 챔피언이 위대한 소설가가 되는 일도 마찬가지로 드물다.

꿈이 있다면, 이루기 위해 노력하라

MIT 미디어랩은 대학을 최우등으로 졸업한 학생들로 가득하지만, 그 연구소를 운영하는 연구소장은 대학을 여러 차례 중퇴했던 사람이다.

"세상에서 미디어랩 같은 곳이 얼마나 드문지를 생각하면 많이 안타까운 생각이 들어요." 슈미트가 말했다. 그는 대부분의 대학에서 이루어지는 학습은 그 어떤 것이든 대부분 우연히 나타난다고 생각했다. 초중고에서 이루어지는 대부분의 학습도 마찬가지였다. 그런데 미디어랩에서는 학습이 계획적으로 이루어진다. 미디어랩은 평생 유치원이라는 원칙을 포용한다. "우리는 아이들은 놀이터에서 놀아도 된다고 생각하면서 어른들이 놀면 진심이 아니라고 생각하지요."

어른에 대한 부분은 나도 동의했다. 하지만 아이들에 대해서는 생각이 달랐다. 생각해보면 우리는 아이들이 노는 것을 더 이상 허용하지 않는다. 최소한 학교에 있을 때는 말이다.

"우리는 모든 사람이 자신만의 꿈을 좇을 수 있기를 바랍니다." 레스닉이 말했다. "하지만 그에 덧붙여서 그 꿈을 '실현'하기를 바라기도 하지요." 이것은 역설적인 상황이었다. "엄격한 훈련에만 치중하면 꿈을 꾸지 못하고, 그 반대가 되면 이번에는 꿈을 이룰 수가 없다"고 레스닉이 말했는데, 나도 그렇게 생각했다.

하지만 나는 동시에 극소수만 이해하는 미디어랩의 환경이 그곳 구성원들을 사회와 단절시키는 측면도 다소 있다는 생각이 들었다. '저 밖'에는 불리한 상황에 처한 아이들, 실패가 거의 피치 못할 상황처럼 정해져 있는 환경, 배움을 포기한 청소년들이 있다. 그리고 보면 우리가 사는 현실 세계는 MIT의 이상적인 학습 환경과 정반대에 가깝지 않은가?

칸막이가 없는 오픈 플랜식 사무실에서 레고 블록으로 만든 가마솥이 눈에 띄어 발걸음을 멈췄다. 미디어랩을 돌아보면서 구성원의 삶의 목적, 재능에 맞는 분야, 기술을 반드시 찾을 수 있게 하는 것이 '더 잘하는' 것의 의미임이 분명하게 와닿았다. 아이들의 창의력은 분명히 키울 수 있다. 하지만 그러려면 아이들이 놀고 실패해볼 수 있는 공간을 주어야 하며, 전문적인 실력을 쌓는 고된 과정을 통과할 수 있도록 옆에서 이끌어야 한다. 에꼴 42, 스크래치, 미디어랩은 아이들이 미래의 도구를 사용하는 방법을 어떻게 배울 수 있는지를 보여주었다. 하지만 나는 그런 비전이 너무 첨단기술 중심으로 흘러가는 건 아닌지 걱정되기도 했다.

미래의 가장 가치 있는 노력은 인간의 잠재력을 개발하는 것이 될 것이다. 배우고, 의미를 찾고, 창조하고, 협력하는 능력을 개발하는 것은 교사들의 책임이 되었다. 우리는 아주 오랫동안 교사를 지식의 전문가로만 생각했지만, 나는 그보다는 각 분야에서 최고의 기술을 갖춘 대가들로 보아야 한다는 생각이 들었다. 이런 생각을 가지고 서울, 헬싱키, 뉴저지를 비롯해 세계 여러 곳을 돌면서 그런 사실을 잠깐이나마 경험해볼 수 있었다. 그에 관한 내용은 다음 장에서 함께 살펴볼 것이다. 만일 우리 인간이 타고난 학습자들이라면, 우리는 타고난 교육자들이기도 하다.

출구를 찾으려다가 길을 잃고 나서 레스닉이 했던 말 한 구절이 귓가에 자꾸 맴돌았다. 그가 창조적인 학습 방식에 관해 이야기하던 중에 나온 말이었다. "최고의 유치원에서 효과가 있고, 미디어랩에서도 효과가 있습니다. 그러니 이제는 나머지 모두를 바꾸기만 하면 됩니다."

제6장

교육계의 거장들

모든 교사는 더 유능해져야 한다

MASTER OF
THE LEARNIVERSE

"누군가에게 충분한 능력이 있어서가 아니라,
충분히 가능하기 때문에 모든 교사가 발전해야 한다."

_딜런 윌리엄(런던 대학교 교육연구대학원 교수)

로봇 교사는 오고 있지 않다

김수애 선생님은 따분한 표정이었다. 대한민국 남단의 큰 항구도시 부산에 있는 동평중학교 국어 선생님으로 전근한 첫날이었다. 그녀는 교실 앞에서 천천히 왔다 갔다 하면서 다 같이 교과서를 소리 내어 읽게 하고, 때때로 학생들의 행동을 지적하거나 입고 있는 붉은색 여름 원피스를 어루만졌다. 폭염으로 기온은 35도까지 올라갔다. 흰 교복 셔츠에 회색 바지를 입은 학생들은 책상에 구부정하게 앉아서 잠을 쫓으려고 몸을 꼼지락거렸다. 제대로 수업을 따라오는 학생은 몇 명 안 됐다. 이내 한 명, 두 명, 세 명이 고개를 떨어뜨리는가 싶더니, 반 학생 20명 모두 고개를 푹 숙인 채 잠을 잤다. "선생님은 교과서대로만 수업을 하거든요." 한 남학생이 말했다. "너무 재미 없어서 수업시간에 그냥 자버려요."

"반 아이들이 모두 수업에 집중하고 배우려는 열정을 보인다면 얼마나 좋을까 하는 생각을 많이 했어요." 김수애 선생님은 나와 대화를 나누며 이렇게 말했다.[1]

나도 그 기분을 잘 안다. 월워스 아카데미에 있을 때 날마다 나는 아이들이 수업에 관심을 갖고, 단 몇 분이라도 집중하게 만들려고 애를 썼다. 다른 선생님들이 지휘자, 안무가, 학습 설계자, 데이터 분석가 역할을 하고 있을 때 나 혼자서만 두더지 잡기 게임을 하고 있는 듯했다. 수업은 좋은 시를 읊고 토론만 하면 되는, 그런 간단한 일이 아니었다.

부산의 김수애 선생님은 꼼짝없이 교과서대로 수업을 진행하는 수밖에 없었다. 목표에 맞춰 체계적으로 정리된 수업 방식이었지만, 그런 방식으로는 수업이 활력을 잃을 수밖에 없어 계속해서 암울한 기분에 빠져들었다. 내가 서울에 방문해서 봤던 나오NAO 로봇 교사만 해도 능력이 인간에 비하면 훨씬 보잘것없는데도 커리큘럼에 있는 내용을 소리 내어 읽고, 미리 프로그램된 질문을 제시하는 정도는 충분히 수행해냈다.

표준화된 한국의 학교 시험은 채점 과정도 이미 디지털화되어 있다. 그런 상황에서 선생님들은 어떤 효용이 있을까? 김수애 선생님은 교사로서의 자질은 훌륭했지만, 제도적으로 정해진 틀 안에 꼼짝없이 갇혀 있었으며, 수업에 무관심해진 학생들을 데리고 수업하기를 무척 힘들어했다. 그녀는 눈물을 글썽이며 이렇게 말했다. "어떻게 해야 할지 모르겠어요. 어쩌면 제가 문제인지도 모르지요."

하지만 나는 그녀에게 문제가 있다고 생각하지 않았다. 교사로 일하던 시절의 나 역시 문제가 있었던 것은 아니었다. 다만 가르치는 것에 관해 생각하는 방식에 문제가 있었다. 우리 같은 교사들은 학습에 관해 시대에 뒤떨어진 생각을 고수하면서 교사는 해당 과목에 대한 전문성이 가장 중요한, '지식'을 가르치는 직업이라고 생각해왔다.

나는 더 잘 가르친다는 것은 더 잘 '연습'시킬 방법을 모색한다는 의미로 받아들였다. 그래서 김수애 선생님이나 과거의 나 같은 경우, 직접 가르치고 시도하면서 가르치는 법을 가장 잘 터득할 수 있다는 생각을 하지 못했던 것이다. 교사가 하는 일은 미리 준비한 내용을 읽으면서 아이들이 교과서 내용을 숙지할 수 있도록 지도하는 것이 전부라고도 생각하지 않았을 것이다. 그런 건 능력이 뛰어난 전문가를 생각 없이 굴러가는 강력하고 거대한 학습 기계의 부품 정도로 만드는 자동화 수업이다.

학습이 인간이라는 생물의 본질적인 특성이라면, 가르치는 것은 인간에게 가장 중요한 기술이라고 볼 수 있다. 이번 장에서는 이런 전제에서 시작한다. 지금부터 "잘 가르친다는 것은 과연 무엇일까?"라는 간단한 질문을 놓고, 두 나라에서 찾은 서로 다른 두 답을 살펴볼 것이다.

견고한 시스템과
권위 무너뜨리기의 어려움

우선 답하기가 쉽지 않은 "위대한 가르침이란 무엇인가?"라는 질문에 대해 잠시 생각해보자. 가장 기억에 남는 선생님이 있는가? 개인적으로는 2학년 때 담임이었던 테일러 선생님이 있다. 나는 종종 선생님 책상에 가서 큰 소리로 책을 읽곤 했다. 또 열한 살 때 학교에서 라틴어로 쓰인 고전을 가르쳐주었던 미즐리 선생님도 있다. 그리고 입 큰 개구리 이야기 같은 우스운 이야기를 자주 해주던 정력 넘치는 발라스 선생님도 생각난다. 또 마르크스 사상을 가르쳤던 모건 선생님, 『햄릿』과 『황무지』, 제인 오스틴과 조지 엘리어트에 관해 장시간 토론했던 홀 선생님이 기억에 남는다. 나는 그 선생님들 수업 시간이 즐거웠다.

그 수업을 들을 때 나는 중요한 것을 배운다는 기분이 들었다. 선생님들은 모두 각자의 개성과 특별한 능력을 지니고 있었다. 그렇다는 건 그 분들에게 마법 같은 신비한 힘이 있어 다른 사람의 관심을 사로잡고 의욕을 자극할 줄 안다는 뜻이었다. 물론 분석은 불가능했다. 교사의 자질을 평가할 과학적인 방법은 존재하지 않기 때문이다. 모든 교사는 각자 나름대로 위대하다. 그리고 교사는 만들어지는 게 아니라 타고나는 것이다. 사람들은 한때 의사들에 대해서도 그와 똑같은 말을 했다.

이그나츠 제멜바이스Ignaz Semmelweis라는 젊은 헝가리 의사는 1846년에 오스트리아 빈 종합병원 산부인과 제1병동의 수석 레지던트가 됐다.[2] 이 병원에는 산모의 분만을 돕는 병동이 두 개 있는데, 제멜바이스가 근무하던 제1병동에서는 신생아 돌봄 서비스를 무료로 제공했기 때문에 경제적 형편이 넉넉지 않은 산모들이 앞다투어 줄을 설 법했지만, 실상은 그렇지 않았다. 이 병동에서 아기를 낳은 뒤에 산욕열로 사망하는 산모 비율이 10~20퍼센트에 이르렀기 때문이다. 반면, 제2병동은 산모 사망률이 세 배나 낮았다. 그래서 산모들은 제발 제2병동으로 보내달라고 간절히 애원하곤 했다.

제멜바이스는 그런 상황을 크게 안타까워하면서 두 병동의 운영 방식을 철저히 살피고 그 원인을 확인했다. 의료 기술은 두 병동이 완전히 똑같았으며, 분위기와 종교적인 관행도 차이가 없었다. 혼잡한 정도는 오히려 제2병동이 제1병동보다 더 사람이 많고 붐볐다. 차이점은 단 하나, 제1병동에서는 의과대학생들이 와서 교육을 받았고, 제2병동에서는 산파들이 교육을 받았다는 점이다.

제멜바이스가 중요한 깨달음을 얻게 된 순간은, 제1병동에 근무하던 동료 의사인 야콥 콜레츄카Jakob Kolletschka가 통상적인 부검을 실시하던 중에 한 의과 대학생이 들고 있던 수술 칼에 손을 찔려 감염으로 사망하는 일이 있었던 때였다. 제멜바이스는 친구의 시신을 살펴보다가 산욕열로 사망했던 여성과 유사한 병적 징후를 발견한다. 이에 기초해 그는 그동안 의사들과 의과 대학생들이 '죽은 사람에게서 나온 입자'를 시체에서 분만실로 옮겨 왔다는 결론에 이른다.

1847년 5월, 제멜바이스는 클로르석회를 이용해서 혹시 있을지 모를 독성을 완전히 제거하는 획기적인 손 씻기 제도를 시행했다. 그 제도를 시행하기 바로 전 달에 산모의 사망률은 최고 18.3퍼센트에 이르렀는데, 제도 시행 한 달 만인 6월에는 사망률이 2.2퍼센트, 7월에는 1.2퍼센트, 8월에는 1.9퍼센트로 급감해서, 급기야 제2병동보다도 더 사망률이 낮아지는 결과에 이르렀다. 끈질긴 탐구의 승리였다.[3]

그러나 제멜바이스의 이야기는 이런 기분 좋은 발견으로 끝나지 않는다. 그 당시 오스트리아-헝가리 의사들은 스스로를 오늘날의 교사들과 마찬가지로 신비로운 기술을 독학으로 깨우치고 전파하는 사람들이라 생각했다. 산욕열 같은 병은 체질 불량 혹은 네 가지 체액(혈액, 가래, 황담즙, 흑담즙)이 불균형을 이루는 '악성 혼합물'을 초래하는 것으로 알려져 있었다. 의사의 '전문성'은 환자의 네 가지 체액 중 어느 것에 문제가 생겼는지를 진단하는 능력에 있었다. 개인마다 체액의 혼합 비율이 다르며, 충분히 숙고한 뒤에라야 적절한 처방을 내릴 수 있기 때문에, 이런 진단은 뛰어난 기술이 요구되는 대단히 복잡한 일이라고 생각했다.

그래서 이런 의사들은 제멜바이스를 조롱하고 손 씻기 제도를 진지하게 받아들이지 않았다. 의학은 너무 복잡하고 인간적이어서 단순한 데이터 분석이나 구체적인 실천 방식처럼 품위 없는 방식으로 개선될 수 없는 예술 행위라고 그들은 생각했다.

이는 오늘날의 교육과 상황이 비슷하다. 제멜바이스가 살던 시대에는 총 명하고 환자를 배려하는 의사들이 많았다. 오늘날 의욕에 가득 찬 헌신적인 교사들이 전 세계에 수천만 명이나 되듯이 말이다. 이런 이야기를 꺼내는 것은 더 잘하려는 노력을 그만두어야 한다는 뜻에서 하는 것이 아니다. 우리는 여전히 의학의 네 가지 체액에 해당하는 나름의 분류법을 가지고서 '음악-리듬', '시각-공간', '신체-근감각' 같은 용어로 진지하게 아이들의 특성을 분류한다. 비록 지능을 여덟 가지로 나눈 다중지능이론은 진작에 틀렸음이 입증되었는데도 말이다.[4]

교사들이 의사들과 비슷한 점은, 어떻게 하면 기술의 대가가 될 수 있는지를 끊임없이 질문해왔다는 것이다. 뉴저지주 뉴어크에 있는 한 급진적인 교육 연수 프로그램은 최근 이 같은 부분을 고려해서 의사들을 교육할 때처럼, 더 나아가 운동선수들을 훈련시킬 때와 비슷하게 초보 교사들을 교육시키고 있다.

최고의 교사는
어떻게 가르치는가

다지아 코닉^{Da'jia Cornick}은 6학년 수학 시간에 앞에 서서 바짝 경계한 자세로, 허리를 꼿꼿이 펴고 두 눈으로 아이들 얼굴을 하나씩 빠르게 훑어나갔다. 파란 스웨이드 신발을 신은 그녀는 키가 150센티미터를 겨우 넘고, 교실에 있는 학생들보다 나이도 그다지 많아 보이지 않았지만, 한 치의 빈틈도 없이 학생들을 이끌어갔다. 초록색 폴로 스커트와 카키색 바지를 입은 학생들은 자리에 앉은 채로 허리를 곧게 폈다. 몇 명이 벌써 손을 들었지만, 코닉은 더 많은 아이들이 손을 들 때까지 기다렸다. 이런 시간은 '대기 시간'이라고 불렸다.

"이그나시아를 따라가보자." 코닉이 말했다. 스물다섯 명의 얼굴이 교실 중앙에 있는 짙은 머리의 여학생을 향했다. 교실은 둘씩 짝 지은 책상이 세 줄씩 정돈되어 있었고, 책상 위에는 연습 문제집이 펼쳐져 있었다.

"30을 곱하면 돼." 이그나시아가 자신 있는 목소리로 말했다. "4가 120이 되려면 어떻게 해야 할까?"라는 질문에 리카르도가 틀린 답을 말해서, 지금 나머지 학생들이 리카르도를 도와주는 중이었다. 이 과정은 틀린 답에 대해 탐색하는 과정인 '자세히 분석하기' 시간이었다. '불참자 없음'이라는 규칙이 있어서 리카르도에게도 친구들에게 물어보고 도움을 받아서 정답을 말할 기회가 있었다. 리카르도는 이그나시아의 설명을 들은 뒤에 다시 답을 발표했다.

"그래, 맞아. 좋았어."

코닉은 받침대 위에 있는 프로젝터 밑에 클립보드를 내려놓았다. 다음 문제가 프로젝터를 통해 화이트보드에 나타났다.

"이 식을 단순하게 만들면 어떻게 될까?" 코닉은 교실 앞으로 가서 문제를 다시 한번 설명했다. 문제는 '100 나누기 25는 120 나누기 ×다'였다. 펜을 지휘봉처럼 쥐고, 그녀는 다시 천천히 질문을 반복했다. "이 식을 단순하게 만들면 어떻게 될까?"

리카르도는 골똘히 생각하는 듯했다. 학생 몇 명이 손을 들었다.

"저기 맨 뒷줄, 아주 좋네. 오늘 완전히 주름잡는구나!"

기쁨Joy의 첫 글자를 딴 'J 인자'를 북돋우기 위해 고안된 '서술 긍정Positive Framing' 기법의 일종인 '긍정 구상Narrate Positive' 기술이었다. 지금은 코닉이 학생들에게 질문을 퍼붓는 시간이었다.

모든 아이가 배우게 하려면 틀려도 되는 환경을 만들어라

"애슐리를 따라가보자." 코닉이 말했다. 아이들은 이번에는 애슐리를 향하고, 애슐리가 답을 말했다. 코닉은 잠시도 쉬지 않고, "토니를 따라가보자", "마뉴엘라를 따라가보자", "티파니를 따라가보자"라고 말하며, 시선의 중심을 계속해서 여기저기로 옮겼다. 아이들은 빈틈없이 민첩한 태도로 참여했다. 제시한 답이 완벽하지 않으면, 코닉은 아이들이 더 파고들어서 확실한 답을 찾을 때까지 계속 몰아갔다. 완벽한 정답만을 인정한다는 의미로 '정답은 정답'이라는 원칙을 따랐다. 정답과 비슷하거나 정답에 가까운 것을 어물쩍 허용하면 기대치가 낮아져서 잠재력을 최대한으로 발휘하지 못하게 만들 수 있었다. 코닉은 유소년 수학 오케스트라 단원들을 명연주자로 만드는 중이었다. 코닉은 다들 정해진 내용을 모두 숙지하고 있다는 데 만족하고, 단순식으로 바꾸는 협주곡의 리허설을 해보도록 주문했다.

"학자 여러분!" 코닉이 지휘봉처럼 생긴 펜을 들어 올렸다. "연필을 들어봅시다!"

연필 스물다섯 개가 선생님의 지휘봉을 따라 들어 올려졌다. 그중 네 개는 마지못해 들려 올라가는 듯했다.

"안타깝네요, 학자 여러분." 몇 명이 팔을 구부정하게 들고 있는 것을 보고 그녀가 책망했다. 아이들은 '다시 하기', 즉 제대로 할 때까지 반복하는 과정을 거쳐야 했다. 이 또한 높은 기대치가 반영된 예다.

"연필을 위로!" 코닉이 교실을 꼼꼼히 훑어봤다. "완전히 수직으로 들어 올리세요!" 전문가적인 기질을 발휘해서, 아이들이 잊지 않도록 한 번 더 일 깨웠다. "똑바로, 곧게!" 학생들의 팔과 허리가 위로 높이 들어 올려졌다.

"좋아요! 계속해서 문제를 풀도록 해요." 코닉은 타이머를 작동시키고, 학생들은 식을 더 단순하게 만드는 연습 문제를 풀어나갔다.

내 옆에는 코닉을 지도하고 있는 제이미 베릴리Jamey Verrilli가 기쁜 표정으 로 앉아서 지켜봤다. "코닉은 질문을 할 때 학생들이 100퍼센트 손을 들게 만들려고 노력하지요." 그가 귓속말로 말했다. 베릴리는 코닉이 그 학교 학 생이었을 때 교장이었기 때문에, 특히 더 흥미롭고 대단하게 생각했다.

이 학교 이름은 노스 스타 아카데미North Star Academy로, 19세기에 시민권 운 동가로 활약했던 프레더릭 더글러스Frederick Douglass가 설립한 노예해방운동 신문의 이름을 따서 지었다. 베릴리는 뉴저지 뉴어크 지역의 교육 격차를 좁혀보고자 1997년에 교육 개혁 분야에서 활약해온 노먼 앳킨스Norman Atkins 와 이 학교를 공동 설립했다. 미국에서 두 번째로 가난한 도시인 이곳의 황 량함은 이 도시 출신 중에 가장 유명한 사람인 싱어송라이터 브루스 스프링 스틴Bruce Springsteen의 노래에도 잘 묻어난다.

학교가 생긴 지 20년이 지난 뒤에 베릴리는 코닉이 릴레이 교육대학원 Relay Graduate School of Education에 다니며 실습하는 첫 해를 감독하고 있었다. 코 닉은 그 대학원의 연구생이었고, 베릴리는 학장이었다. 교육계의 거장이자 사회 활동가로서 나비넥타이에 흑인민권운동 핀을 달고 아주 꼼꼼하게 싼 배낭을 멘 데다 수염까지 기른 베릴리는 사회정의를 이루기 위해 앞장선 사 람다운 이미지가 풍겼다.

그는 코닉이 리카르도와 나눈 상호작용을 보고서도 크게 감동했다. "시도하고, 틀린 답을 말했을 때 피드백을 받고, 답을 제대로 맞혀가는 과정이죠." 모든 아이들이 배우게 하려면 틀려도 괜찮은 상황을 만들어야 한다.

코닉은 교실을 한 바퀴 돌았다. 클립보드에는 모범 답안과 문제풀이를 가장 힘들어할 것 같은 아이들의 이름이 적혀 있었다. 타이머의 시간은 계속해서 줄어들었다. 코닉은 힘들어할 것 같은 아이들을 한 번씩 잠깐 가서 살펴보았다. 베릴리는 그 상황을 내게 설명해주었다. 코닉이 하고 있는 건 '공격적인 모니터링'이었다. 세세한 부분까지 아주 정확히 짚어 내는 코닉의 솜씨는, 그녀가 교단에 선 지 고작 다섯 달밖에 안 됐다는 사실을 생각하면 더욱 놀라웠다.

그녀는 리카르도가 종이에 연필로 조심스럽게 적어가는 것을 보며 환호했다. "리카르도, 굉장한 걸!"

나중에 베릴리는 릴레이 교육대학원의 접근 방식에 대해 내게 설명해주었다. 그 학교는 '가르치는 것은 기술craft'이라는 발상을 중심으로 한다. 내가 그곳을 방문했던 것도 그런 발상에 흥미가 있었기 때문이다. 다른 교사 연수 프로그램은 이론, 즉 교수 방식에 관해 글을 쓰고 이야기를 나누는 데 치중하지만, 릴레이 대학원은 실습을 가장 중요하게 여겼다. 코닉이 수업에서 매끄럽게 활용했던 기술들은 교사이자 교장, 하버드의 MBA 학위를 마친 더그 레모브Doug Lemov가 쓴 획기적인 책 『최고의 교사는 어떻게 가르치는가Teach Like a Champion』에 나오는 방법이었다.[5]

가르치는 것이야말로 최고의 기술

레모브가 교사가 되어 보스턴의 낙후 지역 학교에서 아이들을 처음으로 가르치면서 한참 애를 먹을 때, 동료로부터 간단한 조언 한 가지를 들었다. 학생들이 말을 잘 듣게 하려면 지시사항을 전달할 때 움직이지 말고 가만히 서서 이야기하라는 것이었다. 이 조언은 정말로 효과가 있었다. 그러면서 레모브는 깊은 생각을 하게 됐다.

처음 교사가 되어 8학년을 가르치면서 엄청나게 좌절한 내게 선생님이라는 직업은 부두교 같은 주술적인 능력이 필요한 분야가 아닐까 생각되기도 했다. 그런데 레모브가 발견한 사실을 보면 그렇지 않은 건지도 모르겠다. 축구를 좋아하는 레모브는 축구 경기에서 뛴 경험을 바탕으로, '빈 공간 없애기'나 '각도 좁히기' 같은 명확하고 구체적인 지시가 결과를 향상시킨다는 사실을 잘 알고 있었다. 경기장에서 보이는 뛰어난 실력이 복잡하고 구체적인 많은 기술에 통달했다는 의미라면, 교실에서도 상황은 마찬가지가 아닐까?[6]

레모브가 나중에 부진한 학교들을 컨설팅해주는 일을 시작했을 때, 그는 이 질문을 마음속에 품고 있었다. 교사들이 개선을 위해 끊임없이 노력하더라도 마땅한 개선법을 찾지 못하는 경우가 많았으며, 뛰어난 수업이란 어떤 수업인가를 정의하는 과정에는 아직까지도 금기시되는 것들이 있는 듯했다. 그래서 그는 관련 연구를 더 진지하게 해나갔다. 2002년에 낙제학생 방지법이 통과되면서 미국 행정부는 학교 성적에 관한 방대한 자료를 갖추게 됐다. 레모브는 그 자료를 토대로 저소득층 학생들이 불리한 상황을 딛고 뛰어난 성과를 얻은 외부 지역 사례를 살폈다.

그 첫 번째 조사 대상이 노스 스타 아카데미였다. 베릴리가 'V교장 선생님'이라는 별명으로 불리며 그곳의 교장으로 있을 때였다. 이 학교 학생들은 전원 흑인과 히스패닉이었고, 열 명 중 아홉 명이 점심 무상 급식 대상자였으며, 부모가 대졸자인 경우는 열 명 중 한 명 정도에 불과했다. 그렇지만 노스 스타에 다니는 8학년생들은 주에서 시행하는 시험에서 뉴저지주 평균보다 영어는 보통 30퍼센트 이상, 수학은 35퍼센트 이상 높은 점수를 받았다. 이 학교는 단순히 성적 격차를 없앤 것이 아니라, 오히려 더 뛰어난 방향으로 다른 학교들과 격차를 벌렸다. 레모브는 웨딩 촬영기사인 친구를 설득해서 함께 이 학교를 찾았다.

그렇게 해서 성과 높은 교사들을 다룬 영상을 찍게 된 것을 계기로, 나중에는 다큐멘터리 제작 프로젝트까지 진행했다. 5년에 걸쳐 진행한 다큐멘터리 프로젝트는 노먼 앳킨스가 베릴리의 도움으로 설립한 언커먼 스쿨스 Uncommon Schools 학교 재단의 지원을 받았다. 레모브는 축구 감독 같은 예리한 눈으로 촬영 영상을 골똘히 관찰하고 분석해나갔다.

그는 모든 뛰어난 교사들은 공통적으로 배움의 원천이자 가장 중요한 요소인 주의집중을 잘 활용해 아이들을 집중시키는 요령이 있다는 사실에 주목했다. 또한 아이들에게 요구하는 기대치가 높고, 시간을 절대 낭비하지 않을 뿐더러, 학생들이 수업에 몰입하며 적극적으로 참여하게 만든다는 점도 알게 됐다.

하지만 이런 사실을 알아냈다고 해서, 성과가 부진한 학교들을 바로 개선시킬 수 있는 것은 아니었다. "기대치를 높게 잡아야 한다"고 누군가 말했다고 하더라도, 당장 무엇을 어떻게 할 수 있겠는가? 그래서 그는 뛰어난 교사들이 활용하는 구체적인 기술과 행동을 한층 면밀히 분석해서 각각의 특성에 '세세한 부분까지 신경 쓰기', '경고 없음', '권유하기' 같은 이름을 붙였다.[7] 그렇게 해서 이제는 훌륭한 수업을 위해 필요한 조건이 피와 땀, 눈물에 더해진 '마법 같은 능력'이 아니라, 피와 땀, 눈물에 더해진 '명확하고 구체적인 49개 세부 기법'으로 정리됐다.

레모브는 연구한 내용을 책으로 출판하면서 이렇게 말했다. "겉보기에 사소하게 느껴질지 모르지만, 교사의 말과 행동에 의도적인 변화를 가하면 시간이 흐른 뒤 학생의 성취도가 급격하게 향상되는 결과를 낳는다."[8] 릴레이 교육대학원은 이 기법의 상당 부분을 연수 프로그램에 도입했다.

"자, 어디 볼까. 하나, 둘, 셋, 넷, 다섯, 여섯." 코닉이 손 든 학생들 수를 셌다. 한 학생이 두 손가락을 꼬아서 들어올렸다. 화장실에 가고 싶다는 의사를 표현하는 '좌석 신호'였다. 이런 신호들은 시간을 절약하기 위해 마련된 것이었다. "자, 조금만 더! 일곱, 여덟. 라일리가 실제로 다 풀어낸 문제는 몇 개일까?"

"48개요." 링컨이 말했다.

"그런데 지시문에서는 라일리가 애나벨보다 몇 문제를 더 많이 풀었는지를 물었지?" 지켜보던 베릴리가 그 말을 듣고 움찔했다. "지금 학생들에게 너무 많은 정보를 주었어요. 하지만 괜찮아요. 코니도 이러면서 배울 거예요." 그가 소곤소곤 말했다.

코니에게 개선이 필요하다고 베릴리가 생각한 부분은, 한 단계 높은 수준인 2.0레벨의 '비율 제1부'였다. 교사의 수업은 아이의 인지적인 부하를 최대화하는 데 목표를 두지만, 코니는 방금 전 아이들 스스로 문제를 떠올리게 만들 기회를 놓쳤던 것이다.

베릴리는 이런 세부적인 사항을 중요하게 생각했다. 이런 작은 부분들이 합해져서 아이들이 배우느냐 배우지 못하느냐를 결정하기 때문이다. 세부 사항에 주의를 기울이는 것, 즉 '세세한 부분까지 신경 쓰기' 기법은 언커먼 스쿨스 학교들의 핵심적인 요소였으며, 릴레이 대학원과 런던의 KSA도 마찬가지로 세부 사항에 중점을 두었다. 모든 수업 계획은 수업의 질을 최대화하고 교사의 시간을 버는 데 맞춰져 있었다. 코닉은 로체스터, 보스턴, 브루클린에 있는 다른 40개 언커먼 스쿨스에서 가르치는 것과 완전히 똑같은 6학년 수학을 가르치고 있었다. 마찬가지로 수습 교사들 역시 모두 똑같은 방식으로 배우고 있었다. 각자 필요한 기술을 훈련하는 것이 가장 중요했으며, 그러려면 정해진 방식을 따라야 했다.

코닉은 손바닥을 두 번 쳤다. 그러자 아이들이 짝, 짝, 짝 하고 세 박자 박수로 답했다. 아이들은 연필을 내려놓고, 마치 무슨 주문에라도 걸린 것처럼 모두가 코닉을 바라봤다. 하지만 이것은 무슨 이상한 주술이 아니었다. 연습이 효과를 발휘한 것이다.

그런데 뭔가 마음 한 구석이 꺼림칙한 기분이 들었다. 내가 가르치는 행위는 예술적인 기술이라는 생각에 너무 매여 있어서 그런지 모르겠지만, 릴레이 대학원의 수업 진행 방식은 어쩐지 다소 제한적이고, 지나치게 정형화된 것처럼 보였다. 철자 맞추기 대회에서 승승장구하며 으스대는 아이들을 양산하는 타이거 마더와 같은 혹독한 양육 방식을 은근히 부추기는 느낌이 강하게 들었다. 그런 건 뭐랄까, 다소 기계적인 방식이 아니었던가? 그것이 정말로 장인과 같은 숙련된 기술을 발달시키는 방법일까?

베릴리는 그날 오후에 대학원 연구생들을 대상으로 의식적인 연습Deliberate Practice 수업을 진행할 예정이었다. 나는 그 수업을 참관하고 무언가 더 자세한 내용을 파악할 수 있게 되기를 기대했다.

어떻게 해야 일대일 수업 같은
효과를 낼 수 있을까?

교사들이 제멜바이스가 경험했던 것 같은 깨달음에 이르렀던 것은 1985년에 이르러서였다. 이번에도 벤자민 블룸의 연구가 발견의 토대가 되었다. 벤자민 블룸은 재능에 관한 연구에서 전문성을 개발하는 문제는 뛰어난 선생님을 만나는 데 달려 있으며, 계속해서 그런 뛰어난 선생님들 밑에서만 배울 수 있다면 가장 좋을 것이라고 언급했다. 미래에 거장이 되는 것을 목표로 배우는 학생들은 처음에는 보통 해당 지역의 전문가와 함께 작업하면서 기본 기술을 익히지만, 나중에는 재능을 확실히 키우기 위해 전국적으로 인정받는 수준의 지도자를 만나야 한다. 블룸은 그런 측면에서 보았을 때, 모든 아이들이 계속해서 좋은 선생님들만 만나기는 어렵다는 자명한 문제가 발생한다고 설명했다. 아이들을 가르칠 국가적인 수준의 전문가는 몇 명 되지 않기 때문이다. 블룸은 이런 전문가들이 영재들에게 집중적인 일대일 지도를 해주면 최상이겠지만, 교육 체계의 방대함을 고려할 때 그것은 실현 불가능하다는 사실을 인식했다. 그래서 교사들이 학생 30명으로 구성된 학급을 맡아 가르치면서도 일대일 지도에 가까운 효과를 낼 수 있는 방법은 없을지를 연구하기 시작했다. 그는 이를 '2시그마 문제[2 Sigma Problem]'라고 불렀다.[9]

블룸은 학생을 가르치는 방법을 세 가지로 나누어 평가하는 실험을 고안했다. 그 세 가지는 통상적인 수업(학생 30명이 일반적인 방식으로 배운다), 완전학습 수업(학생 수는 동일하지만, 개선 방안을 개별적으로 제공하는 형성 평가가 추가된다), 일대일 튜터링(헌신적인 개별 지도 교사가 학생을 최대 세 명까지 일대일로 지도한다)이었다. 그 결과는 극명한 차이를 보였다. 일대일로 튜터링을 받은 아이들은 통상적인 수업을 받은 아이들보다 평균 표준편차가 두 배만큼 높았다(즉 '2시그마'였다).

다시 쉽게 말하자면, 일대일 지도를 받은 아이들은 일반적인 수업을 받은 아이들보다 98퍼센트 앞선 결과를 냈다는 뜻이다. 현재와 같은 일반적인 교실 환경에서 평범한 교사에게 배울 때보다 모든 아이들이 훨씬 더 많이 배울 가능성이 있음을 드러낸 것이다. 이 결과는 오늘날 영국이나 미국에서 최고의 개인지도 교사들이 어떻게 일대일 수업 한 시간당 최고 200만 원 이상을 받을 수 있는지를 설명해준다.

그러나 블룸은 모든 부모들에게 개인지도 교사를 구하라고 권하고 싶은 생각은 없었다. 그래서 그는 아이들이 일대일 수업을 받는 것 같은 효과를 낼 방법은 없는지 궁리했다. 그것이 가르치는 기술의 본질이자, 매우 깊은 탐험을 부르는 질문이었으며, 더 잘하기 위한 끝없는 탐구의 시작이었다. 이른바 세계 최고의 교사들의 본고장으로 알려진 핀란드에서, 나는 그런 질문을 가장 깊게 파고들었던 사람을 만났다.

핀란드에서 가장 유명한 선생님

헬싱키 북부 반타시의 마르틴락소에서 어스름하게 해가 뜰 무렵, 기차역 뒤로 이어지는 길에 있는 브루탈리즘 건축 양식으로 지은 낮은 건물들이 하나둘 모습을 드러냈다. 그래피티 때문에 생동감이 느껴졌다. 나는 '핀란드에서 가장 유명한 선생님'으로 불리는

274

페카 퓨라^{Pekka Peura}를 만나러 가는 길이었다.

마르틴락소 고등학교의 한 교실에는 두꺼운 코트들이 학생 28명과 짝을 이루어 의자에 걸쳐져 있었다. 아이들 한두 명은 막 잠자리에서 일어난 얼굴 같았다. 아이들은 네모난 책상에 서너 명씩 둘러앉아서 잡담을 하거나 휴대폰을 보고 있었다. 어떤 아이들은 벌써 노트북을 꺼내서 천장에 매달린 콘센트에 전원을 연결해놓고 열심히 뭔가 작업을 하고 있었다. 교실에서는 편안하고 세심한 느낌이 들었으며, 학생들은 다들 청바지에 스웨터, 그리고 검정이나 회색, 남색 운동화를 신은 나무랄 데 없는 스칸디나비아 분위기를 풍겼다. 1층 창문 밖으로는 햇빛이 비치는 옅은 하늘에 자작나무와 소나무가 줄지어 서 있었다.

가르치지 않고도 배울 수 있게 하는 기술

오전 8시 20분에 퓨라 선생님은 교실 뒤로 걸어가서 학생들과 농담을 주고받으며 교실 문을 발로 밀어서 닫았다. 줄무늬 티셔츠, 무릎까지 오는 청반바지에 학교 로고가 찍힌 후드 스웨터를 입은 그의 옷차림은 학생들보다도 더 캐주얼해 보였다. 나는 수첩에 '스코틀랜드 인디 기타리스트'라고 적었다. 금발 수염과 투구 모양의 머리 때문에 그런 인상이 더 확실하게 풍겼다. 화이트보드 쪽으로 걸어간 그는 요요를 하는 앨버트 아인슈타인 만화 그림을 지나서, 컴퓨터를 켜고 문제 하나를 스크린에 띄웠다.

객관식 문제였다. '이 자동차는 몇 초 만에 트랙터를 앞서게 될까? ① 3.0초 ② 4.5초 ③ 6.0초 ④ 7.5초 ⑤ 8.2초

학생들은 화이트보드에 영사된 그래프를 뚫어지게 쳐다봤다. 그중 몇 명은 노트북을 두드렸고, 몇 명은 휴대폰을 가만히 들여다봤다. 학생들이 제

시한 답은 퓨라의 컴퓨터 화면에 있는 위젯에 기록됐다. 노트북과 휴대폰으로 답을 제출한 학생은 21명이었다. 나는 이런 수업 방식에 대해서는 익히 알고 있었기 때문에, 이제는 선생님이 정답을 이야기하겠거니 하며 기다렸다. 답을 맞힌 학생이 몇 명이나 될까? 그런데 수업은 전혀 생각지 못한 방향으로 흘러갔다.

"모둠 친구들과 마주보고 앉아서 이야기를 나눠보자." 그가 학생들에게 지시했다. 어떤 답을 제시했으며, 어째서 그런 답을 내놓게 되었는지를 서로 이야기하라는 것이었다. 학생들은 모둠끼리 모여 앉아 핀란드어로 활기차게 대화를 나누기 시작했다. 몇 분 동안 토론을 한 뒤에, 퓨라는 아까 그 문제를 화이트보드에 다시 띄웠다. 이번에도 학생들은 그래프를 쳐다보고, 휴대폰과 노트북으로 답을 제시했다.

선생님은 아직 답을 공개하지 않았다. 대신에 첫 번째로 학생들이 내놓았던 답의 통계를 제시했다. ①을 고른 학생은 36퍼센트, ②는 27퍼센트, ③은 18퍼센트, ④는 5퍼센트, ⑤는 14퍼센트였다. 그는 "흠, 재미있는 걸!" 하고 말했다. 정답을 맞힌 학생도 있고 그렇지 않은 학생도 있다는 뜻이었다. 그 결과를 통해 확인할 수 있는 더 중요한 사실은 학생들이 잘못 생각한 부분이 다양했다는 점이다. 즉, 학생들은 서로 다른 이유로 틀린 답을 골랐을 터였다. 선생님은 학생들과 몇 차례 질문과 답을 주고받은 다음, 두 번째 기회에 학생들이 제시했던 답의 통계를 공개했다. 이번에는 39퍼센트가 ①을 고르고, 50퍼센트나 되는 학생이 ②를 골랐다. ③과 ⑤를 고른 학생은 단 한 명도 없었다. 그리고 나머지 11퍼센트는 ④를 골랐다. 일부 학생들이 마음을 바꿨던 것이다. 왜 마음을 고쳐먹었을까?

대단히 흥미로웠다. 전에 한 번도 경험해본 적 없는 상황이었기 때문이다.

"틀린 답을 낼 걸 알았거든요." 나중에 교무실에서 퓨라가 말했다. "그게 바로 이 과제의 핵심이에요." 그는 흠 하나 없이 딱 부러지는 영어로 이야기했다. "잘못된 답을 내면, 두뇌가 '아, 내가 모르는 뭔가가 있구나' 하고 생각하게 되지요." 그러면서 뇌가 작동하기 시작한다. 물리학이나 수학의 경우 아이들이 오해하는 부분은 보통 특수한 내적 논리이다. 그런데 교사가 정답을 그냥 말해주면, 학생들은 어느 부분에서 문제가 있는지를 찾아보지 않아 근본적인 인지 구조에 변화를 줄 수가 없다. 그러므로 학생들이 스스로의 힘으로 생각하도록 만들어야 하는데, 이것이 퓨라가 수업에서 가장 중요하게 생각하는 점이었다.

"교사가 언제, 무엇을 배울지를 다 결정해놓으면, 학생들은 공부하는 방법을 익힐 수가 없어요." 그가 말했다. 핀란드 전역에 걸쳐 엄청나게 많은 사람들이 교육에 관한 퓨라의 사려 깊은 접근 방식을 지지하고 따르고 있다. 핀란드가 교사라는 직업을 아주 중요하게 여기는 나라라는 점을 생각하면 대단한 공적이다. 그는 가르침이라는 개념을 완전히 뒤집어서 생각한다. 고등학생들이 수학과 물리학을 공부하게 만들 가장 효과적인 방법을 찾기보다는 '아이들이 가장 많이 배울 수 있는 환경은 어떠해야 하는가?'를 고려하는 것이다. 그 두 가지 사이에는 미묘한 차이가 있다.

나는 퓨라의 수업을 참관하면서, 수업 진행이 조금 느린 게 아닌가 하는 생각을 했다. KSA와 릴레이 대학원에서의 엄격하고 빠른 수업 진행을 보고 난 뒤라서 그런지, 수업에서 그다지 큰 감흥이 느껴지지 않았기 때문이다. 그런 방식으로도 과연 아이들에게 필요한 것이 모두 전달될까? "제가 말로 설명하는 내용은 적지요." 퓨라가 대답했다. "하지만 중요한 것은 학생들이 얼마나 배우는가입니다. 제가 아무리 정해진 내용을 100퍼센트 가르치려고 노력해도 모든 학생이 100퍼센트 습득하는 건 아니니까요." 퓨라는 학생들 간에 차이가 존재하므로, 학습 경험을 항상 달리할 방법을 모색해야 한다고 보았다. 따라서 학급을 우선은 개인으로 이루어진 집단으로 이해하고, 그 이후에 학급 모두가 최대한 많은 것을 배울 방법을 찾으려고 노력하는 것이 더 중요한 접근 태도라고 생각했다.

수업에서 퓨라는 답이 ②번이었다고 간단히 알린 뒤에, 학생 몇 명을 지목해서 그 이유를 반 전체에 설명하게 했다. 그 다음에 표 하나를 화면에 띄웠다. 왼쪽 열에는 이번 물리학 수업에서 학생들이 습득해야 할 부분을 정리한 열두 개 남짓의 목록이 있었다. 그 외에 열이 네 개 더 있었는데 이모티콘들이 앞에 달려 있었다. 학생들은 해당 주제를 얼마나 편하게 느끼는지를 평가해서 이모티콘으로 표현하는데, 근육이 건장한 팔뚝 이모티콘은 '친구들을 가르칠 수 있을 정도로 잘 안다', 엄지손가락을 들어 올린 이모티콘은 '이해했다', 반쯤 웃는 얼굴은 '어느 정도 이해하지만, 아직은 조금 부족하다', 웃으면서 우는 얼굴은 '아예 감도 못 잡겠다'라는 의미였다.

심리적 안정감이 중요하다

학생들은 퓨라 선생님의 설명을 집중해서 듣고, 각자 화면을 보면서 자기 평가를 시작했다. 정답을 찾아내는 방법에 대한 긴 설명도 없고, 학생들이 잘못 생각했던 부분을 일일이 따져보는 과정도 없었다. 퓨라는 그런 것은 학생들 스스로 하도록 맡겨두었다. 수업을 시작한 지 10분 만에 그가 할 일은 이미 끝난 듯 보였다.

"저는 칠판에 판서를 전혀 안 합니다." 그가 솔직히 말했다. "어디를 찾아봐야 할지만 알려주면, 아이들이 각자 필요한 정보를 충분히 찾을 수 있거든요."

수업에서 특별히 미래적인 분위기가 풍기는 것도 아니었다. 수업에서 활용하고 있는 일부 방식은 100년 전부터 쓰던 것이었다. 하지만 퓨라의 탐구 정신과 가르치는 기술에 끊임없이 공을 들이는 자세는 혁명적인 것이었다. 그가 겨냥한 목표 역시 남달랐다. 그는 세계적인 연구에서 가장 영향력이 큰 학습 전략이라고 밝힌 학생들의 자기 평가를 중요하게 생각하고, 그것이 잘 이루어질 수 있도록 특별히 고안한 도구와 환경을 마련했다.[10]

나는 학생들이 각자 과제를 하는 동안 패트릭이라는 학생 옆에 앉아서 참관했다. 패트릭은 노트북 화면에 열려 있는 창을 내게 보여주었다. 그 안에는 퓨라가 화면으로 보여주었던 것과 똑같은 항목과 이모티콘이 있었다. 이 파일은 페트릭이 학습 진척 상황을 기록해두는 곳이었다. 각 단원별로 학습 자료와 테스트에 연결된 링크가 존재했다. 학습 자료는 학생들이 각자 속도에 맞게 활용하고, 테스트도 언제든 원할 때 볼 수 있게 되어 있었다. "공부하고, 표시하고, 다음 단원으로 넘어가요. 그리고 나서 스스로 평가를 해보고요." 패트릭이 설명했다. 패트릭은 이런 수업 방식이 마음에 든다고 했다. "여러 가지 주제를 저에게 맞는 적정한 속도로 공부할 수 있거든요." 가끔 선생님에게 물어보기도 했지만, 같은 테이블에 둘러앉은 친구들과 상의하는 경우가 더 많았다.

퓨라 선생님은 모든 학생들의 자기평가 파일에 접속할 수 있어서, 반 학생 중에 누가 '건장한 근육의 팔뚝'을 골랐는지를 확인하고, 그 학생이 아직 완전히 익히지 못한 주제를 골라서 가르칠 수 있었다. 구글 문서 도구가 열려 있어서 학생들은 같은 팀 친구들과 함께 과목 노트를 만들었다. 네 명이 한 팀이 되어 노트를 만들었으며, 각 팀별로 작성한 노트는 학급 전체에 공유됐다. 퓨라는 학생들이 확실한 공부 습관을 익힐 수 있게 만들고자 했으며, 최근에는 팀 활동에 혁신을 기했다.

"팀 활동을 할 때 안전하다는 느낌을 학생들이 가장 중요하게 생각한다면, 교사로서 그 부분에 가장 먼저 관심을 가져야 합니다." 그는 '완벽한 팀'의 기준을 알아보기 위해 구글에서 여러 해에 걸쳐 진행했던 한 연구를 읽었다.[11] 이 연구가 밝힌 가장 중요한 조건은 바로 '심리적인 안정감'이었다. 수업에서 학생들은 각자 팀을 구성하고, 팀 별로 규칙을 정했다. 선생님도 그 과정에 학생들과 의견을 주고받지만, 최종 결정은 학생들이 내리며, 각 팀이 정한 규칙을 지킬 책임은 팀 안에서만 있었다. 반 전체가 지켜야 할 유일한 규칙은 '우리는 배우려고 노력한다'는 것뿐이다. 퓨라는 그가 교사로 일해왔던 지난 9년 반 동안 늘 이와 비슷한 태도를 유지해왔다.

수업 방식을 조금씩 손보기 시작한 것은 7년 전부터로, 그때부터는 학생들에게 수업이 끝날 때마다 숙제를 내주는 대신, 모든 과제가 들어 있는 문제집을 나눠주었다. "제일 처음으로 과제물을 제출한 학생은 2주 만에 문제집을 다 풀더라고요." 퓨라는 전통적인 방식이 그 어떤 학생에게도 적합하지 않다는 사실을 깨달았다. 공부가 뒤처진 학생에게는 너무 빠르고, 앞서가는 학생에게는 너무 느리기 때문이었다. 그래서 그는 실험을 해보기 시작했다. '학생들 모두가 각자 학습을 최대화할 수 있는 방법은 어떤 것일까?'

벤자민 블룸의 2시그마 문제와 같은 질문이었다. 퓨라가 찾은 답은, 학습 내용은 학생 자율에 맡기고, 자신은 학생 개개인의 학습 경험을 공동으로 관리하는 데 필요한 도구를 개발해 제공하면서, 학생들의 타고난 학습 본능을 일깨우고 북돋을 수 있도록 동기를 자극하는 문화와 환경을 만드는 데 총력을 기울이는 것이었다.

뒤처지는 아이 같은 것은 없다

반에서 잘 따라오지 못하고 뒤처지는 학생이 나올까 봐 걱정되지는 않느냐고 내가 묻자, 퓨라는 "그런 생각은 배우는 과정에서 완전히 배재해야 합니다"라고 대답했다. "더 나아가서 뒤처진다는 생각 자체를 완전히 없애야 한다고 봐요." 그런 생각은 퓨라의 전공인 수학적인 사고에 비춰보더라도 타당하지 않지만(아이들 중 50퍼센트는 성적이 늘 평균 이하에 머무르니 말이다), 인간적인 측면에서 볼 때는 마음을 불편하게 만드는 것이었다. 그런 사고방식이 학생들의 자긍심에 끼칠 영향을 염려했기 때문이다. "남과 다른 건 정상이에요." 퓨라가 말했다.

하지만 우리는 아이들이 마치 복제 인간이라도 되는 듯 취급한다. 이런 의견은 존 해티[John Hattie]라는 호주의 학자에 의해 널리 알려진 "배움은 뇌에서 일어나는 활동으로, 눈에 보이지 않는다"는 견해와 일맥상통한다. 퓨라는 "피아노 연주 실력을 생각하면 쉽게 이해할 수 있어요. 스포츠에서도 보통 그렇고요"라고 말했다. 그런 분야는 현재의 능력 수준을 눈으로 확인할 수 있다. "그렇지만 학교의 수학, 역사, 심리학, 물리학 같은 과목은 학생들 사이에 차이가 있을 수 있다는 점을 잘 받아들이지 않아요." 고등학교 선생님이기 때문에 상황을 이런 식으로 해석하기 쉽겠다는 생각이 들었지만, 어쨌든 타당한 주장이었다.

누구라도 모든 것을 다 잘할 수는 없다. 모든 분야에서 최고의 전문가가 된다는 건 불가능하다. 그런데 우리는 모든 분야에서 뛰어나야 한다고 아이들을 몰아붙여서, 특히 관심이 있고 더 깊이 배우고 싶은 분야를 찾을 기회를 허용하지 않는다. "아이들이 어디에 관심이 있는지 스스로 파악해서 그 분야에 매진할 수 있게 해야 합니다." 퓨라가 말했다.

핀란드에서는 동일한 교실에서 실력이 다른 학생들이 함께 배우도록 법으로 규정해 두고 있다. 국제학업성취도평가^{PISA}에서 실력이 가장 높은 학생들과 낮은 학생들 사이의 격차가 비교적 적은 이유에는 그런 배경이 작용한 측면도 있다. 퓨라는 현재 가장 뛰어난 학생들의 지식과 기술을 가장 실력이 낮은 학생들이 따라잡으려면 약 5년 정도를 더 배워야 할 것으로 추정했다. 내가 수업을 참관할 때 특히 눈에 띄던 몇몇 학생들은 대학에서 물리학을 전공하게 될 수도 있겠지만, 다른 학생 대부분은 그렇지 않을 것이다. 퓨라도 그 점을 잘 알고 있었기 때문에 그는 물리학 지식보다는 학습자로서의 능력을 키우는 데 중점을 두었다.

"저는 사람을 우선 가르치려고 노력합니다. 물리학은 그저, 도구이지요. 배우는 내용 중 일부일 뿐이에요."

스스로 배우고, 스스로 평가하는 아이들

핀란드는 사람을 아주 소중히 여긴다. 교사들도 마찬가지다. 나는 점심시간에 선생님들이 각자의 기술을 얼마나 진지하게 생각하는지, 그러면서도 모두들 얼마나 평범한지를 느끼며 놀랐다. 교사를 희망하는 사람이 열 명이면 그중 실제로 교사가 될 수 있는 사람은 한 명밖에 안 된다고 한다. 다만 퓨라의 말에 따르면, 고등학교 수학 선생님이 되기는 조금 수월한 듯했다. 헬싱키 대학교에 수학 과목 교직 이수가 가능한 자리가 스물다섯 자리였지만, 지원자 수는 일곱 명에 불과했다고 한다.

그리고 핀란드 학교에는 영국 학교 같은 의미 없는 계층 구조가 존재하지 않는다. 물론 학교에 교장은 있지만, 그들은 기본적인 행정만 맡는다. 그 외의 중간 관리자 계층은 전혀 없다. 교사들은 공동 책임을 지고 이끌어가며,

다들 맡은 일을 좋아하는 듯했다. 그러니 아이들이 학교 공부를 재미있어 하는 것도 당연했다.

퓨라는 내가 보았던 그 어떤 선생님보다도 맡은 일에 열성적이었다. 핀란드에서는 고등학교를 졸업할 때까지 표준화된 시험을 전혀 보지 않는다. 퓨라 선생님 반에서는 학생들이 스스로 점수를 줬다.

"저는 그냥 아이들의 의견을 물어봐요. 그것만으로도 충분하거든요." 퓨라가 말했다. 그는 사쿠 투오미넨과 마찬가지로, 수치로 학습을 평가해서 목표를 달성했다는 생각은 환상에 불과하며, 그런 평가는 자신의 판단력을 발전시킬 기회를 차단하기 때문에 심지어 해롭기까지 하다고 생각했다. 그는 학생들에게 스스로 평가하는 능력을 키워주려고 했다. 나는 학생들의 평가가 정확한지 물었다. "어려운 질문이네요." 그가 대답했다. "정확하다는 건 어떤 뜻인가요?"

퓨라는 학생들을 위해 만들어둔 표를 보여주었다. 학생들이 직접 적어 넣어야 하는 자기 성찰 양식이 세 개 있었다. '학습에 필요한 기술들을 얼마나 잘 배웠는가? 사회적 기술과 자기 주도적으로 공부하는 기술을 얼마나 잘 배웠는가? 물리학을 얼마나 잘 배웠는가?' 이 세 가지 양식에는 하위 질문이 열두 개씩 있었다. 하위 질문은 인내와 성실성 등을 주로 물었지만, 그뿐 아니라 팀워크나 학습 지식의 성취를 묻는 내용도 있었다. 학생들은 간단히 파랑, 초록, 노랑, 검정색으로 표시했다. 이 평가 결과는 학생들이 퓨라 선생님과 학기말 상담을 할 때 자료로 쓰인다.

"어떻게 하면 아이들이 스스로 배우기 시작할까요?" 퓨라가 말했다. 이것이 바로 그가 추구하는 목표였다. 그는 교실에서 교사인 자신의 권한을 없애고, 대신 아이들이 스스로 배우고 친구들끼리 서로 가르치게 했다. 아이들은 선생님보다 또래 친구들에게 더 잘 배운다는 사실을 증명한 연구들이 이미 많이 나와 있다.[12] 이에 관해 호주의 교육학자 존 해티도, "배움에 가장 강력한 효과가 나타나는 것은, 선생님이 가르치는 법을 배우는 학생이 되고 학생들이 스스로의 선생님이 되는 때이다"라고 이야기한 바 있다.

또래를 통한 배움은 성장형 사고방식을 키우는 효과도 있다. 참관 수업 때 내 옆에 앉았던 패트릭은, 수업을 듣기 전에는 자기가 수학을 잘 못한다고 생각했다고 말했다. 하지만 이제는 뭔가를 잘하고 못하는 것이 따로 없다는 것을 이해하게 됐다고 한다. 그저 지금 위치가 어디이고, 어디를 향해 가고 있는지만 있을 따름이다. 패트릭뿐만 아니라 학급 내 모든 아이들이 그런 사실을 이해하고 있었다. 캐롤 드웩의 말대로 뭐든지 아는 체하는 사람이 아니라 뭐든지 배우려고 하는 사람의 손에 미래가 달려 있다면, 이 학생들이야말로 미래의 주인이 되기에 충분했다.

릴레이 교육대학원이 학생들의 마음을 사로잡는 거장인 선생님들을 키워낸다면, 퓨라는 스스로의 마음을 사로잡는 거장인 학생들을 키워내려고 노력해왔다. 그 기술은 민감하고, 변수가 많았다. 그 기술을 갈고닦는 과정은 일반적인 방법이 아니라, 이 분야에 대한 열정에서 시작해 서서히 다듬고 손보는, 대체 경로로 전문성을 갖추는 과정이었다.

퓨라가 교사라는 직업에 접근한 방식도 바로 그런 과정이었다. 그는 가르치지 않고 가르치는 기술을 탐구하는 명인 기술자이자, 학습의 선지자였다. 그가 찾은 비결은 학생들이 배움의 즐거움을 느끼고 배움에 대한 열정을 키울 수 있게 만들어서, 스스로 에너지를 쏟아붓고 학교에서 각자의 활동에 책임을 지도록 자유롭게 풀어두는 것이었다. "사람이 막 태어났을 때는 배우는 것을 싫어하지 않아요. 살면서 배우는 것이 싫어지는 어떤 사건을 겪으면서 싫어하게 되는 거지요." 퓨라가 말했다. 그는 최근에 9학년을 거의 끝마쳐가는 15세 핀란드 학생들을 대상으로 한 설문에서, 남학생의 40퍼센트, 여학생의 35퍼센트가 학교를 싫어한다고 답했다는 소식을 접한 적이 있다. "저라면 쉽게 그 학생들이 학교 다니는 걸 좋아하게 만들 수 있을 것 같다는 생각을 했어요."

나는 도예가 그레이슨 페리Grayson Perry의 또 다른 자아인 클레어가 했던 말을 떠올렸다. 그녀에 따르면, 창의성은 독창성에서 시작되지 않는다. 실제로 예술가들은 좋아했거나 관심이 있었던 것을 바탕으로 길을 선택하고, 한동안 그 활동에 매진한다. 그리고 초기 작품은 독창적이기보다는 다른 작품을 모방한 것이기 마련이지만, 결국에는 자신만의 길을 찾게 된다. 모든 것은 조금씩 손보고 고치는 과정에 달려 있는 것이다.[13]

전문가는 만들어지는 것이다

페카 퓨라의 수업 방식은 교육계에서 여전히 흔치 않은 과학적 탐구 방식을 도입해 개선한 끝에 탄생한 것이다. 스탠퍼드 대학교의 경제학자 에릭 하누셰크Eric Hanushek는 1992년에 미국 중서부 지역의 아이들에 관한 연구로 벤자민 블룸의 맥을 이었다. 그는 학교가 우리 생각보다 아이들의 삶에 훨씬 큰 영향을 줄 수 있지 않을까 추측하고, 연구를 통해 그런 추측을 확인해보고자 했다.

그런데 컴퓨터로 데이터를 계산해보니, 일반적인 추측을 뒤엎는 결과에 이르렀다. 학교는 학생의 성취도에 별다른 영향을 끼치지 않은 대신, 교사들이 큰 영향을 끼치는 것으로 드러난 것이다. 하누셰크는 최고 5퍼센트 안에 드는 뛰어난 교사가 가르치는 반 학생들은 최저 5퍼센트에 해당하는 교사가 가르치는 반보다 1년만큼 더 발전했다는 사실을 확인했다. 누적 효과도 상당했다. 제1 사분위수의 상위 50퍼센트 안에 드는 뛰어난 교사 밑에서 배운 학생들은 다른 학생들에 비해 1년 동안 등수가 8퍼센트 상승했다. 예를 들어 어떤 학생이 100명 중에 처음에 50등이었다면, 그 학년을 마칠 무렵에는 42등이 되었다는 뜻이다.[14] 만약 그 학생이 운이 좋아서 그런 좋은 선생님 밑에서 5년 연속으로 배울 수 있었다면, 40등만큼 등수가 상승해 상위 10등 안에 들었을 것이다.

그런데 하누셰크의 분석으로는 교사의 유효성을 오직 '그 선생님이 가르친 학생들은 얼마나 배웠을까?'라는 측면에서만 판단할 수 있었다. 하지만 우리는 교사의 수업을 항상 그런 관점에서만 판단하지는 않는다. 예를 들어 교육학 교수 딜런 윌리엄^{Dylan Wiliam}은 이 문제를 다른 입장에서 본다. 그는 "예로부터 수업의 성공을 판단하는 조치는, 의사가 몇 시간 동안 힘들게 수술을 한 다음 한 걸음 물러나서 '수술은 완벽하게 됐지만, 환자가 사망했다'고 한탄하는 것과 마찬가지다"라고 말한다.[15]

그런데 하누셰크는 거기서 그치지 않고, 또 다른 연구에서 한층 냉혹한 사실을 발견한다. 그가 연구한 바에 따르면, 교사들은 교직 생활을 시작한 지 3년이 지난 뒤로는 실력이 전혀 나아지지 않았다. 최소한 한 해에 반 학생들이 얼마나 많이 배웠는가를 기준으로 판단했을 때는 그랬다.[16] 더 잘하는 것이 그토록 중요한데, 그렇게 힘든 직업에서 고작 3년 뒤에 한계 수준에 이를 수 있다는 것이 이상해 보였다.

원래 태어날 때부터 가르치는 능력이 출중한 교사들도 있는 걸까? 아니면 지금껏 우리가 교사들을 잘못 교육시켜왔던 것인지도 모른다. 2015년 미국의 한 연구는, 모든 교사들을 연수시키느라 매년 수십만 달러씩 들지만 그런 중재가 교사들을 발전시키는 데 도움이 됐다는 증거는 없다고 밝혔다. 이 연구의 제목은 '신기루'였다.[17] 딜런 윌리엄이 설명하듯 이 연구가 지적하는 바는 "그럴 만한 충분한 능력이 있어서가 아니라, 충분히 가능하기 때문에 모든 교사가 발전해야 한다"는 것이었다.

윌리엄은 지금까지 교사 연수에서 부족했던 부분은, 너무 지식적인 측면에만 치중하고 실제 수업 방식에는 거의 관심을 기울이지 않았다는 점이라고 믿는다. 미국과 영국의 전통적인 교사 연수는 의사가 7년 동안 수술에 관한 지식을 책으로 익히고, 졸업 후에 혼자서 수술을 하러 가면서 잘할 것이라는 말을 듣는 것과 비슷했다.

교사는 심리학자이자 해당 과목의 전문가이며, 대리 부모이자 친구다. 이런 교사들의 행동을 바꾸는 것은 교사들의 지식을 바꾸는 것보다 더 중요하다. 이는 지식적인 측면을 축소해야 한다는 말이 아니라, 다만 '더 잘하는 기술'을 익힐 수 있는 실습을 더 늘려야 한다는 뜻이다. 릴레이 교육대학원에서는 그 분야의 대부인 앤더스 에릭슨의 이론에서 조언을 구했다.

최고의 교사를 양성하는
릴레이 교육대학원

뉴저지주 뉴어크 시내에 자리한 릴레이 교육대학원 건물 3층의 넓고 밝은 강의실에 20대 교육생 열 명이 느긋하게 앉아 있었다. 그들은 교육 현장에서 있었던 일과 도시락으로 밥을 싸오면 좋은 점 같은 소소한 이야기를 나누었다. 릴레이 대학원 1학년 학생들은 학교에서 날마다 학생들을 가르치지만, 그 외에도 수업 참관, 온라인 튜토리얼, 그리고 한 달에 한 번 하루 종일 교육할 내용 수업을 듣는 등의 빡빡한 커리큘럼을 소화해야 했다. 그중에서도 가장 힘든 건 매주 한 번 오후에 네 시간씩 진행되는 계획적인 훈련 시간이었다.

"90초 후에 시작합니다." 베릴리가 공지했다. 연구생 몇 명이(통상적인 수업이었다면 35명이 있었을 것이다) 재빨리 자리에 앉았다. 이 시간은 세 번째 관문을 통과하지 못한 사람들을 위한 재교육 시간이었다. 여러 차례에 걸쳐 시도하고 많은 도움을 받았는데도 '신규 자료 입문'과 '참여'의 기본을 완벽히 습득하지 못하면, 이번 학기를 마치고 고작 입학 5개월 만에 성적 불량으로 퇴학당할 상황이었다. 기대치가 정말 높았다.

"연습에 들어가면, 여러분은 피드백을 받게 됩니다." 조교수가 먼저 시작했다. "뭔가를 잘못하고 있다는 기분이 가끔씩 들 거예요." 조교수는 학생들이 그런 느낌을 털어버리기를 바랐다. 교사들이 정말로 출중한 능력을 갖추려면 '즉석에서 듣는 피드백'과 '즉각적인 중단'을 받아넘길 줄 아는 것이 중요했다. 조교수는 자신감을 높이는 간단한 확언을 학생들이 읊게 하고, 박자가 맞지 않을 경우 '다시 하기'를 발동했다.

"나는 성장할 수 있고 성장할 것이다." 연구생들이 한 목소리로 읊조렸다.

그 조교수의 진행 방식은 노스 스타 아카데미에서 실습 수업을 진행하던 다지아 코닉처럼 예리했다. 교육받는 연구생들은 들은 대로 따라했다. 다소 혹독해 보이고, 통제하는 듯한 분위기가 느껴지기도 했지만, 지켜보고 있자니 구체적인 기교와 기법이 능숙한 교사를 만드는 데 어떻게 기여하는지 조금씩 알 것 같았다. 릴레이 교육대학원은 위대한 교사들을 위한 청사진, 그리고 훈련을 통해 뛰어난 교사를 양성하는 법을 개발했다.

충분한 능력이 있어서가 아니라, 충분히 가능하기 때문이다

베릴리가 앞에 나섰다. 그는 자리에 참석해준 것과 "끊임없이 기술을 향상시키려는 노력"에 감사한다는 말을 전하고, 정확히 1분 동안 이번 관문의 기본사항을 말하게 했다. 진행 속도가 매우 빨랐다.

"간단한 반복 연습을 해보겠습니다."

연습할 기술은 '동기 부여를 위한 대기 시간', '교과 대기 시간', '권유하기' 같은 기술들이었는데, 이 모두가 학생들의 참여를 높이기 위한 것이었다. 연구생들은 5분 동안 실습 훈련에서 사용할 기술을 정리하고 해당 기술들을 암기해야 했다. 그 뒤에는 90초 동안 동료들 앞에서 연습했다. 반복 훈련은 '핵심 기억'을 향상시켰다. 초보자를 위한 목표는 이런 기술이 자동으로 나오도록 만드는 것이었다.

"자동화하는 방법은 연습밖에 없습니다." 차를 타고 함께 학교로 오는 길에 베릴리가 한 말이다. 일단 무엇을 목표로 하는지 알면 그런 기술을 발달시킬 수 있었다. 그리고 그 기술은 더그 레모브가 제시한 방법을 참고했다. "운동선수나 음악가, 논객들이 실제 대결이나 발표의 장에 서기 전에 연습하는 방법으로 훈련하는 것이지요." 베릴리가 설명했다.

릴레이 교육대학원은 앤더스 에릭슨 이론의 기본 정신을 그대로 적용하고 있었다. 가르치는 행위를 일련의 기법으로 나누고, 교육 연수생들이 신중하게 고안한 예행 연습과 반복 훈련을 통해 해당 기법에 통달하는, 의식적인 연습을 하게 했다. 그런 연습의 목적은 단순한 행동들을 자동화함으로써 작업 기억 공간에 여유를 만들고, 그렇게 생긴 여력으로 교직에서 더 중요한 요소들, 예컨대 아이들의 두뇌 활동을 파악하는 등의 과업에 집중할 수 있게 하려는 것이었다. 베릴리는 이 분야에서 전문가 수준의 지도자였다.

"맨 처음에 무엇을 할 건가요?" 베릴리가 물었다. 그는 의도적으로 한 박자를 쉰 후에, 말을 이었다. "권유하기를 해볼까요, 케일럽?" 베릴리는 젊고 건강한 얼굴의 교육생들에게 훈련할 기술을 명확히 전달했다. 속사포처럼 이어지는 질문은 코닉이 가르쳤던 6학년 수학 시간과 비슷한 느낌이 들었다.

"교실을 재설정합니다." 케일럽이 말했다.

베릴리가 이매뉴얼에게 그 일을 맡기자, 이매뉴얼은 케일럽의 말대로 자리를 준비했다.

"린지, 지금 우리에게 시간이 얼마나 있지요?" 케일럽이 외쳤다. "잠깐, 제가 지금 뭘 잘못했지요?"

"이름이요." 이매뉴얼이 대답했다.

"아, 그걸 계산하지 않았네요. 다시 해볼게요."

"지금 우리에게 시간이 얼마나 있지요?" 잠시 멈추고, 하나, 하나 반을 센 다음 물었다. "데자?"

"1분 30초요." 데자가 답했다.

"좋아요. 설정을 변경하자고 했는데, 시간 내에 준비가 됐네요."

케일럽은 빠른 속도로 진행하면서 참여형 수업 진행과 긍정 구상의 예를 선보였다. 설정된 상황은 수석 코치가 경기 전에 전달사항을 이야기하는 부분이었는데, 통상적인 대화보다 더 빠르고, 한층 결의에 찬 분위기였다. 그는 프로젝터 화면에 미국 현역 최고의 농구 선수인 르브론 제임스의 사진을 띄웠다. "모두들, 시작하세요." 자넬이 모둠 대표로 일어났다. 그녀는 90초

동안 세 가지 핵심 기술을 사람들 앞에서 선보였다. 다른 연구생 두 명이 학생 역할을 맡았다. 짧은 피드백을 듣고 난 뒤에, 자넬은 연습을 해야 했다. 그녀는 긴장된 모습으로 학생 역할을 하는 두 연구생에게 내용을 전달했다. 반복 연습 시간이었다.

"첫마디를 할 때 꼼짝 말고 서 있어야 해요." 뒤에 서 있던 베릴리가 연습이 시작되자마자 큰 소리로 외쳤다. 자넬은 걸어 다니면서 지시사항을 전달하고 있었다. 더그 레모브가 교단에 처음 섰을 때 했던 것과 똑같은 실수였다.

"질문할 때는 가만히 멈춰 서고, 이야기를 할 때는 움직이세요." 베릴리가 덧붙였다.

자넬이 처음부터 다시 시작했다.

나는 예전에 웨인 멕그리거 안무의 발레 영화를 본 적이 있다. 베릴리는 연구생들 옆에서 그와 똑같은 에너지와 자세로 이끌어갔다. 무엇보다도 그는 '정확했다.'

"지금 힘이 좀 빠져 있어요. 계속해서 자신감 있게 하세요."

자넬이 90초짜리 연습에서 20초가 지난 상황이었다. 그는 10초로 되돌려서 다시 시작하라면서, "이번에는 제대로 해봅시다. 핵심 기억을 연습해서 만드는 거예요"라고 말했다.

일반적인 교사 연수 프로그램이 실패하는 이유

뉴어크에 오기 전에 나는 뉴욕에서 릴레이 교육대학원 학장인 브렌트 매딘Brent Maddin을 만났다. 그는 이 학교의 프로그램 설계와 내용을 총감독한 사람이다. 프로그램은 2년 과정으로 구성되었으며, 교육학 이외의 과목을 전공한 대학 졸업생들한테 교직에 진입할 경로를 제공하기 위해 마련된 과정이었다. 2학년이 되면 연구생들은 일선 학교에 상근하고, 석사 과정 수업에는 시간제로 가끔씩 참여했다. 이 밖에도 실습 위주로 진행하는 현직 교사들을 위한 MAT(교수법 석사) 과정도 있었다.

"프로그램 내용은 실습에 크게 중점을 둡니다. 미래의 성과를 위한 연습이지요." 매딘이 말했다. 나는 그와 카페에 앉아 다른 교사 연수 프로그램들이 모두 고전을 겪는 상황에서 릴레이 대학원이 좋은 성과를 낼 수 있었던 까닭에 관해 이야기를 나누었다.

"저희 학교 프로그램은 다른 곳들에 비해서 '아는 것'과 '하는 것' 사이의 격차를 효과적으로 줄여나가고 있어요." 그가 설명했다. 현재 진행되는 교사 연수 체계의 가장 큰 문제점 중 하나는, 지금 이 책을 읽으면서 교수법을 배우려고 하는 것처럼 머리로는 이해할 수 있지만, 그렇다고 실제로 교실에서 더 잘 가르칠 수 있는 것은 아니라는 사실이다. 일반적인 교육과정은 이론적이며 교육 초기에 중요한 내용을 배운다. 그러다 보니 2~3년이 지난 뒤부터는 교사들이 정체기에 접어드는 것도 그다지 놀랄 일이 아니다.

그런 설명을 들으며 내가 학생들을 가르치던, 많이 부족했던 시절을 돌아보게 됐다. 교직은 상당한 전문성이 필요한 직업으로, 수학이나 음악, 더 나아가 의학만큼이나 복잡하다. 교사들은 코치, 심리학자, 공동체 조직자, 해당 과목의 전문가, 부모 역할을 한꺼번에 해야 한다. 그런데 우리는 그런 전문성을 규정하고 목적의식에서 능력을 개발하려고 하기보다는 복잡하고 까다로운 일에 격분하면서 두 손을 드는 경우가 더 많은 듯하다.

내 이야기를 듣자 매딘은 이해한다는 듯 큰 숨을 내쉬었다. 그는 교사들이 능숙해져야 할 능력을 나열해서 목록을 만들고(그 말을 하면서, 경외감을 느끼는 듯 그의 두 눈이 커졌다), 그 목록에 있는 항목에 하루나 이틀처럼 아주

적은 시간을 할당해서 차근차근 달성하면, 초심자라도(혹은 그 누구라도) 절대 못 할 것은 없다는 사실을 바로 깨닫게 될 것이라고 설명했다.

릴레이 교육대학원은 연수 방법을 단순화했다. 커리큘럼의 시작 단계 약 10퍼센트는 처음 교사가 된 사람들에게 가장 큰 도움이 될 학급 경영 방법과 절차를 다루었다. 그리고 나머지는 계획하고, 내용을 전달하고, 가르치는 방식을 실시간으로 조절하는 '통상적인 수업 진행법'을 익히도록 했다. 연습은 교육생들을 완벽하게 준비시켰다. 이 프로그램은 최고의 교사가 되기 위한 청사진을 제시하려는 것이 아니라, 그 여정의 첫걸음을 훌륭히 내딛는 방법을 알리기 위한 것이다. 릴레이 대학원은 학습적인 부분에도 세심한 주의를 기울여서, "이 과정을 마친 선생님들이 성심껏 가르치는 학생들의 교과 성적은 표준에서 크게 벗어나지 않는다"는 사실을 드러내는 데이터를 만들고 분석하는 데 크게 신경 썼다. 시험 점수는 매딘이 교사를 평가하는 핵심 기준이었으며, 그는 실제로 수백 가지 시험 방식을 연구했다.

매딘은 진정으로 위대한 교사를 키워내려면 교단에 서는 첫날부터 전문성을 갖추는 것으로 끝나는 10년간의 발전 과정 전체를 고려해야 한다고 믿었다. 그는 현재 소아 내과 전문의가 된 의사 친구를 예로 들면서, "그 친구도 자기 전공 분야에 집중했다"고 말했다. 그는 전문가를 '커리큘럼 디자이너, 학생들의 멘토 혹은 코치, 데이터 전문가'라는 세 가지 기준에서 규정했다.

"그 세 가지 분야 중 한 가지에서 전문가가 되는 것도 힘들 거예요." 그가 말했다. "그런데 우리는 교사들에게 이 세 가지 모두에서 전문가가 되어야 한다고 요구하고 있어요." 그는 어떤 전문성이 필요한지를 정확히 규정해야만 전문가가 될 수 있다고 강조했다.

이런 견해는 에릭슨이 알아낸 사실과도 잘 들어맞는다. 뒤이어서 발표된 수많은 연구들은 누구든 거의 모든 것에서 뛰어날 수 있다는 사실을 증명해 우리에게 용기를 불어넣기도 했고, 반대로 그런 뛰어난 경지에 이르기는 대단히 어려우며 보통 어린 나이부터 시작해야 한다는 사실을 제시해 우리를 낙심시키기도 했다. 에릭슨은 오늘날 전문성을 세 가지 기준에 따라 분류한다. 그 세 가지는 '실적이 또래 집단보다 지속적으로 높아야 한다, 눈에 보이는 효과가 있어야 한다, 실험실 환경에서 측정 가능해야 한다'는 것이다.

《하버드 비즈니스 리뷰》에서 에릭슨은 "측정할 수 없으면 개선할 수 없다"는 주장을 내놓았다. 그리고 그는 의식적인 연습이 대단히 힘들다는 점을 누차 강조하면서 "의식적인 연습에는 잘할 수 없거나 아니면 전혀 할 줄 모르는 것에 상당히 많은 특정한 노력과 훈련을 지속적으로 쏟아붓는 과정이 수반된다"고 말했다. 그래서 "겁쟁이나 참을성이 없는 사람들은 전문가가 되기에 적합하지 않다"고 주의를 주기도 했다. 비록 누구든 전문가가 될 잠재력이 있다고 하더라도, 그 과정에는 "역경, 희생, 성실성, 그리고 고통스런 자기 평가"가 필요하다.[18]

모방으로 시작해서, 배운 것을 재현하는 능력으로 한 단계 올라선다. 다음 단계가 되면 어떤 기술을 안정적으로 시행하고 다양한 맥락에서 적용할 줄 알게 되고, 마지막으로 자동화 단계에 이르면 그 기술을 새로운 상황에 적용할 수 있게 된다. 그러려면 베릴리가 연구생들에게 강력하게 밀어붙였던 것 같은 반복 훈련이 꼭 필요하다.

릴레이 대학원은 이런 수준의 정밀성을 갖춘 교사 연수 프로그램을 만들고자 했다. 축구선수들이 원 터치 패스를 반복해서 훈련하고, 외과 의사들이 수술용 메스를 들고 반복해서 연습하듯, 마찬가지로 교사들도 필요한 기술을 연습할 수 있다. 연습 가능한 기술은 질문을 할 때 이름을 넣는 타이밍을 정해진 대로 따르는 것처럼 '지극히 기술적인' 영역에서부터, 개별 학생과 그 학생의 가족과 진정한 신뢰 관계를 쌓는 방법처럼 기술적인 측면이 비교적 덜한 영역까지 다양하다. 이런 기술을 자동적으로 사용할 수 있을 정도가 되면 더 복잡한 측면에 집중할 여력이 생길 것이다.

릴레이 대학원은 교사들이 맡은 대부분의 업무에서 전문가가 될 수 있다고 믿는다. 그리고 교사가 전문가가 될 수 있다면, 그런 전문성은 더 발전시킬 수 있다고 본다. 그래서 이들은 교사들을 매주 지켜보면서 동영상으로 녹화하고, 엄격하고 강도 높은 연습을 시킨다.

"사람들은 현장 실습에서 엄청나게 많은 시간을 보냅니다"라고 매딘이 말했다. 그리고 주의해야 할 점에 대해서도 언급했다. 그는 정해진 커리큘럼을 따르고 충실하게 가르쳐서 학생들이 학업 성적이 크게 향상된 학교들을 본 적이 있다고 했다. 그런데 학생들이 학업 면에서 많이 배울 수 있을지 모르지만, 그런 학교에서는 교사들이 그만두는 경우가 많다고도 했다.

그 말을 들으니 한국 교사들의 고충을 담은 다큐멘터리가 떠올랐다. 직업의 세계를 한 편의 영상에 담아서 보여주려는 건 아니었을 터이다. 그런 다큐멘터리를 만든 것도 모두 다음 세대를 키우는 복잡한 일에 기술을 더하려는 목적에서였다. 매딘은 교사의 유능함을 판단할 때 우선 시험 성적을 보지만, 더 중요하게는 '내 아이에게 이 선생님 수업을 듣게 하고 싶은가?'를 생각해본다고 한다. 결국 마법과 같은 기술이 약간은 작용하는지도 모르겠다. 열정에 신경 쓰는 사람이라면, 열정도 중요하다.

규칙을 깨려면 먼저 규칙을 모두 배워야 한다

"지금 하는 일에서 긴박함이 느껴졌으면 좋겠어요." 뉴어크의 교수실 뒤에서 베릴리가 말했다. 연습이 한창 진행 중이었다.

케일럽이 학생들 앞에 섰다. 첫 슬라이드 화면을 여는 그의 모습이 약간 긴장되어 보였다. 그는 자리에 앉은 사람들을 쳐다보면서 리듬에 맞춰서 손바닥을 세 번 쳤다. 학생 역할을 하는 연구생들이 손바닥을 치며 응답했다.

"자, 발바닥은 바닥에, 허리는 곧게, 목소리는 크게, 손은 책상 위에!" 목소리에서 힘이 느껴졌다. 모두 매끄럽게 진행되고 있었다.

"샘, 고맙다. 손은 책상 위에 두자. 고마워." 학생 이름을 잊어버렸는지, 케일럽은 잠시 멈칫했다. "스테파니! 꼿꼿하게 앉아 있구나. 시선을 여기 고정해줘서 고맙다!"

그는 몇 걸음 걸어서 이매뉴얼 옆에 가서 섰다. 이매뉴얼은 특별한 이유도 없이 자리에서 일어나려는 듯했다.

"자, 이야기를 전달하는 방법이 보통 두 가지가 있다고 했어요. 하나는 1인칭 서술이고, 두 번째는 3인칭 서술이에요." 그는 몸을 뒤로 돌려서 학생들의 반응을 살폈다.

이매뉴얼이 갑자기 자리에서 일어서 있었다.

"이매뉴얼, 자리에 앉아주겠니? 어서!" 케일럽이 단호하게 말했다. 이매뉴얼은 들은 체도 안 하고 자기가 하려던 행동을 계속했다.

"그 학생 쪽으로 한 걸음 더 다가서서, 다시 한 번 말하세요." 베릴리가 거들었다.

학생 역할을 하고 있는 한 연구생이 이매뉴얼을 보고 킬킬 웃었다.

케일럽은 분위기를 다잡기 위해 손바닥을 쳤다. 학생들 한두 명이 박수를 치며 응답했지만, 나머지 학생들은 흐트러진 분위기에 빠져 있었다. 수업을 시작한 지 고작 1분이 지났을 뿐이었다.

그 장면을 보자, 교사들이 일상적으로 겪는 수천 가지의 난감한 순간들이 한꺼번에 쏟아지듯 떠올랐다. 전문가가 되는 길은 길고, 고되고, 실수가 가득하다. 실제 교실에서보다 잠시 멈추고, 생각할 수 있고, 베릴리의 도움을 받을 수 있는 지금 이런 경험을 해보는 편이 훨씬 낫다고 생각했다.

베릴리는 내게 이렇게 말했다. "피카소는 입체파 예술가가 되기 전에 뛰어난 사실주의 화가였습니다. 규칙을 깰 수 있으려면, 먼저 규칙을 모두 배워야 하지요."

대한민국 교육혁명의 중심
미래교실네트워크

오후를 적시는 보슬비 때문인지, 파주영어마을은 이 마을이 모델로 삼은 옥스퍼드보다도 더 옥스퍼드 같은 분위기가 풍겼다. 이 마을은 한국인의 영어 회화 실력 향상을 위한 계획의 일환으로 10년 전에 조성됐다. 영어권 문화를 체험하러 비행기를 타고 세계를 반 바퀴씩 날아가는 수고를 하는 대신에, 학생들은 이곳에 몇 주씩 머물면서 영어권 문화에 완전히 몰입하는 경험을 한다.

도로명과 도로 표지판은 모두 영어였으며, 오래된 대학 도시에서 흔히 볼 수 있는 스타일의 글씨체로 쓰여 있었다. 심지어 영국의 빨간 전화 부스까지 똑같았다.

나는 많은 악조건을 꿋꿋이 극복하고 서울의 버스 정류장에서 무사히 버스를 타고 파주에 도착했다. 이곳을 방문한 것은 미래교실네트워크의 정찬필 사무총장을 만나기 위해서였다. 정찬필 총장은 영국의 BBC에 빗댈 수 있는 공영방송인 한국 KBS 방송국에서 유명 다큐멘터리 제작자로 일했다. 그는 내가 시청했던, 비참한 교사들과 잠이 부족한 학생들에 관한 다큐멘터리를 만든 사람이다.

미래교실네트워크는 현재 김수애 선생님을 비롯해 한국에 있는 수천 명의 교사들과 연합해서 교육 혁신을 위해 노력하고 있다. 정 총장은 수십 년 동안 사회적인 이슈를 다룬 영상을 제작하면서 앞서 언급한 영국의 올리 드보통과 마찬가지로 변화로 나아갈 실질적이고 유일한 길은 교실에 있다는 생각을 하게 됐다. 그는 한국 학생들이 겪는 고통과 어린 학생들이 학원 교육에 매달리는 현실을 바라보면서, 이 땅의 교육 체계에 신뢰를 잃었다. 그리고 자기 손으로 이 문제를 해결해 보기로 결심했다.

모든 것은 교사에게 달려 있다

그로부터 몇 해 전, 세상에 별로 이름이 알려지지 않았던 멜버른 대학교의 존 해티John Hattie 교수는 세계의 교육에 관해 자신이 제시한 95가지 논제를 밝히면서 종교개혁자 마틴 루터의 '탑 체험'과 비슷한 확신의 순간을 경험했다. 그가 쓴 「눈에 보이는 학습: 성과와 관련한 800개 이상의 메타분석의 종합」이라는 논문은 아이들의 학습과 관련해서 지금껏 나온 연구들 중에 가장 포괄적인 연구였다.[19] 그는 1980~1990년대부터 2000년대 초 사이에 발표된 6만 건 이상의 연구를 샅샅이 조사해 확보한 학생 2억 5,000만 명에 관한 데이터에서 숙제부터 학급 크기에 이르기까지의 150개 요소를 분석했다. 그의 연구 결과로 국가 정책 결정권자들이 크게 술렁였다. 그가 제시한 결론이 더할 나위 없이 명확했기 때문이다. 그 결론은 바로, '학습의 모든 것은 교사에 달려 있다'는 사실이었다.

흔히 지목되던 유력한 용의자들은 어디에서도 발견되지 않았다. 시설, 학급의 규모, 교복, 학교 교육 모델, 숙제, 특별활동 등 사람들이 입에 올리기 좋아하는 화제는 그 어떤 것도 학습에 영향을 끼치지 않았다. 그러나 중요한 사항들, 예를 들어 학생들이 스스로 정확하게 성적을 매길 수 있고, 사고하는 법을 훈련하고, 성장하고 발전하는 방법에 관한 명확한 피드백을 받을 수 있는 등의 요소는 모두 어떤 교사를 만나느냐에 달려 있었다.

존 해티가 전하는 메시지는 분명했다. 학습은 전적으로 교사의 전문성과 열정에 달려 있으며, 그 밖의 것들은 거의 영향을 끼치지 않는다는 사실이다. 나아가 그는 자신이 최우선으로 꼽은 세 가지 기술을 완성하면 학생들은 매년 평균보다 더 높은 발전을 이어갈 수 있다고 주장했다. 그는 항간의 모든 논쟁을 중단할 것을 제안했다. 그가 보기에 우리가 걱정하고 신경 쓸 가치가 있는 문제는, '모든 교사들이 더 유능해질 수 있도록 어떻게 도울 것인가?' 단 한 가지뿐이었다.

아이들 생각이 깨어나는 거꾸로 교실

그 부분과 관련해 정찬필 사무총장이 생각한 해법은 믿기 힘들 정도로 간단했다. 그는 김수애 선생님에게 미국에서는 '거꾸로 교실'이 대유행이며, 전 세계의 모든 뛰어난 교사들은 거꾸로 교실을 수업에 도입하고 있다고 말했다. 그 기본 발상은 핀란드의 페카 퓨라 선생님과 비슷했다. 학생들 앞에서서 강의를 하는 대신, 사전에 수업을 녹화해서 유튜브에 업로드하거나, 학생들이 각자 원하는 시간에 공부할 수 있도록 자료를 나누어 주는 방식으로 미리 준비해 두는 것이다. 교실이 거꾸로 뒤집혔다고 표현하는 이유는 지금까지 집에서 숙제로 해야 했던, 복잡한 생각과 연습이 필요한 과정을 집에서가 아니라 교실에서 하기 때문이다.

과거 교실에서처럼 교사가 가만히 서서 교재를 읽는 것이 아니다. 만일 하는 일이 그것뿐이라면 교사가 존재해야 할 의미가 과연 있겠는가? 대신 교사는 숙제에서 모르는 부분을 알려주고, 학생들이 교실에서 협업할 수 있게 이끈다. 정 총장의 제의에 김수애 선생님은 자기 수업에 거꾸로 교실을 시도해보기로 결정했다.

그 주에 나는 미래교실네트워크의 대표 교사 중 한 명인 김광호 선생님 수업을 참관하러 인천 송도국제도시를 방문했다. 90분짜리 생물학 수업에 들어가서 김광호 선생님이 느긋하게 의자에 앉아 있거나, 조용하게 교실을 걸어 다니면서 학생들을 격려하고, 새로운 방식으로 생각해보게 하고, 학생들의 질문을 받아서 알려주는 모습을 내내 지켜보았다. 수업을 듣는 고등학생들은 소매에 흰색 줄이 있는 짙은 남색 야구 점퍼를 걸친 멋진 차림으로, 급우들끼리 서로 가르쳐주었다.

김광호 선생님이 학생들에게 제시한 과제는 범죄 현장에서 DNA 검사를 실시하는 방법을 알아내는 것이었다. 우선 학생들은 DNA 검사 방법을 찾아본 다음, 샘플을 채취하고 DNA를 분리해서 특정한 DNA를 확인하는 법을 알아내야 했다. 그리고 용의자의 데이터베이스와 비교하면서 DNA의 규칙을 밝히는 실험도 설계해야 했다. 이 수업은 내가 지금껏 봤던 수업 중에 가장 흥미진진했다.

학생들은 네 명이 한 팀을 이뤄 작업했는데, 필요한 자료를 교재와 인터넷에서 찾아놓고 실험을 설계하느라 한창 분주했다. 상당히 열정적인 분위기였다. 나중에 학생들과 이야기를 나누면서 들으니, 처음에는 이런 수업 방식이 과연 가능할까 미심쩍어했다고 한다. 다른 곳도 아닌 한국에서의 일이니 말이다.

한국 고교생은 깨어 있는 모든 시간을 고등학교 졸업 전에 치르는 수학능력시험 생각에 사로잡혀 지낸다. 그래서 학생들은 시험에서 고득점을 하는 데 도움이 될 중요한 내용을 가르쳐주는 믿을 만한 선생님을 원했다. 학생들이 생각하는 수업은 그런 것이었지만, 학생들은 이런 새로운 방식을 받아들였다. 그런데 막상 시도해보니 자립적으로 해나가는 것이 기분 좋았고, 스스로 책임을 지는 것도 즐거웠다. 게다가 수업이 더 이상 지루하고 재미없지 않았다. 입시를 위한 공부는 꼭 필요한 과정이었지만, 그 과정이 지독하게 따분하고 재미없었다. 그런 부분에서도 이와 같은 수업 방식이 도움이 됐다.

"거꾸로 교실을 해보니까, 실제로 더 많이 배우게 되더라고요." 의과 대학 진학을 목표로 하고 있는 한 학생이 말했다. 다른 학생도 비슷한 의견을 냈다. "처음에는 너무 천천히 배운다고 생각했는데, 알고 보니 이 방법이 훨씬 빠른 것 같아요."

김광호 선생님도 행복했다. 그는 겉보기에도 편안해 보였고 예전보다 더 전문성이 커진 기분이 든다고 말했다. 교재에 있는 내용을 읽고 시험 점수를 매기는 건 누구든 할 수 있다. 하지만 아이들이 주도하는 학습 경험을 설계하려면 진정한 전문성이 필요하다.

교사에게 자기 자리를 돌려줘야 한다

훌륭한 선생님이 되는 단 한 가지 방법 같은 것은 따로 없지만, 그 구성 요소가 되는 일반적인 방법들은 있다. 나는 페카 퓨라가 어떻게 일하고, 다지아 코닉이 어떤 식으로 기술을 배우는지 지켜보고 왔다. 또 내가 몸담았던 월워스 아카데미의 토오페 선생님, 자한스 선생님, 히긴스 선생님을 떠올렸다. 그들은 모두 자신의 역할을 조금씩 다르게 규정했으며, 각자의 목표가 있었지만, 일에 접근하는 방식의 기본은 더 잘 가르치는 기술에 바탕을 두고 있었다.

의술을 과학적인 방식에서 접근했던 이그나츠 제멜바이스처럼 이들 모두가 배움은 타고난 사람만이 가능한 예술이 아니라 연습을 통해 갈고닦을 수 있는 기술이라고 생각했다. 그리고 강박적으로 더 잘하려고 노력했다. 교직은 그들의 전문 분야이자, 창의성의 매개체이자, 통달하고자 하는 목표였다. 시민운동가 말랄라 유사프자이Malala Yousafzai는 "전쟁을 끝내고 싶으면 총을 보내는 대신에 책을 보내주십시오. 탱크를 보내는 대신에 펜을 보내주십시오. 군인을 보내는 대신에 선생님들을 보내주십시오"라고 호소하기도 했다. 교사는 미래의 후견인이다. 우리는 그들을 드높이고, 과학자처럼 대하고, 운동선수처럼 훈련시키고, 가족처럼 사랑해야 한다.

김수애 선생님은 거꾸로 교실을 한 학기 동안 시험적으로 도입해서 학생들이 각자 볼 수 있도록 강의 내용을 미리 준비하고, 수업 시간에는 그룹 활동을 하게 했다. 그녀는 만족하는 듯했다. 학생들의 얼굴에도 웃음이 피어 있었고, 교실에는 활기가 넘쳤다. 수업 시간에 자는 아이는 아무도 없었다. 그녀가 학생들의 최근 시험 성적을 화이트보드에 화면으로 띄워서 보여주었는데, 예전과 차이가 있었다. 처음보다 점수가 크게 오른 경우가 대부분이었다.

전 세계적으로 교직에서 물러나는 선생님들의 줄기찬 행렬을 막으려면, 그들에게 걸맞은 자리를 돌려주고, 자긍심과 기쁨에서 다시 시작할 수 있게 도와줘야 한다.

제3부

더 깊이 관심 갖기

제7장

빅데이터

점수는 더 잘하기 위한 도구일 뿐이다

BIG DATA

"수학능력시험이 객관식 시험이라는 사실은
원칙에서 벗어난 해석은 받아들여지지 않는다는 뜻이다.
학생이 고른 답은 맞거나 틀리거나, 둘 중 하나다."

_알렉스 비어드

대한민국이 숨을 죽이는
수능시험 보는 날

11월 말 인천 송도국제도시의 어느 목요일 아침, 이승빈 군은 손이 살짝 흔들리는 바람에 가수면 상태에서 깨어났다. 그는 책상 앞에 앉아 30분 동안 명상을 하고, 동기를 자극하는 확언을 암송하며 무아지경에 들었다. 잘 해낼 수 있을 터였다.

따뜻하고 밝은 그 교실은 처음 와본 곳이었지만, 그런 상황은 이미 익숙했다. 승빈은 지금껏 이날의 장면을 반복해서 머릿속에 그려왔다. 학교에서, 벼락치기 공부를 하면서, 심지어 꿈속에서까지 그렸다. 연필과 지우개도 여러 개를 가지런히 정돈해 두었다. 적절한 때에 칼로리를 보충하기 위해 에너지바, 견과류, 초콜릿도 준비했다. 혹시라도 탈수가 일어나면 큰일이니, 물병에 물도 든든하게 채워 두었다. 시계는 오전 8시 33분을 가리켰다. 7분 뒤면, 시작이다.

지난밤에는 새벽 2시가 넘도록 잠들지 못하고, '자야 하는데, 자야 하는 데……'만 수도 없이 되뇌었다. 하지만 5시 30분에 맞춰놓은 알람에 눈을 떴을 때 놀라울 정도로 몸이 가볍고 컨디션이 좋았다. 이날을 위해 신중하게 골라뒀던 헐렁한 티셔츠와 편한 트레이닝 바지를 입고 기숙사 식당으로 향했다.

가을치고는 이례적으로 더운 날씨였다. 같은 상황에 있는 다른 학생들 50여만 명과 함께 이날을 기다려온 승빈은 불의 해를 상징하는 어떤 징조일지도 모른다고 여겼다. 신문에는 막바지 준비 요령을 다룬 기사가 실렸다. 영양학 전문가들은 고열량 죽이나 단백질이 많은 두부를 먹으면 좋을 것 같다면서, 두뇌 기능을 활성화하는 간식 조리법을 제안했다. 스타일리스트들은 천연 소재로 된 옷을 입되, 중앙난방식으로 온도가 조절되는 환경에서 적정 체온을 유지하려면, 더울 때 벗을 수 있도록 옷을 여러 겹 껴입는 것이 좋겠다고 조언했다. 정신과 전문의는 집중력을 유지하는 유용한 비법을 소개했다. 학부모들은 절에 가서 기도를 드렸다.

하지만 승빈은 매년 되풀이되는 그런 우스꽝스런 상황을 전부 무시했다. 그는 늘 먹던 소시지 반찬으로 밥을 먹으면서 두 눈은 젓가락에 단단히 고정하고, 소화하기 쉽게 조금씩 밥을 떠 넣으며 씹는 데 집중했다. 학교 기숙사 식당은 수도원처럼 고요했다. 다른 아이들도 모두 죄수처럼 고개를 푹 수그리고 밥그릇만 쳐다보며 밥을 먹고 있었다. 다들 행여나 음식이 목에 걸려 숨이 막히지 않게 조심하고 있을 터였다.

수험장에 한 시간 일찍 도착한 승빈은 의자와 책상 상태를 꼼꼼히 점검하고, 화장실에 가서 입고 있던 내복을 벗었다. "교실이 생각보다 더웠거든요." 그가 상황을 설명했다. 성공은 세부사항에 달려 있었다. 내복을 입었는지 여부조차 영향을 끼칠 수 있었다. 시험 감독관은 공항에서 사용하는 보안용 탐지기로 전자 기기 소지 여부를 검사했다. 승빈이 들고 온 소음 방지용 귀마개는 사용해도 된다는 허락을 받았다. 늦지 않게 아침부터 신경을 쓴 덕에 남는 시간 동안 평온하게 명상을 할 수 있었다. 모든 것이 계획한 대로였다. 누군가 늦잠을 자는 바람에 경찰차를 얻어 타고 가까스로 시간 내에 시험장에 도착했다는 이야기를 듣고 잔뜩 긴장한 보람이 있었다. 이날 전국의 경찰들은 만약의 사태에 대비해 모터사이클을 길가에 세워놓고 아침 일찍부터 대기 상태를 유지했다. 입실 시간을 놓치면, 꼬박 1년을 더 기다려야 시험장에 들어갈 수 있었다. 그런 건 상상할 수도 없는 일이었다.

같은 시각, 나는 서울 용산역 근처에 있는 한 시험장 밖에 서서 승빈을 생각했다. 응원하러 나온 사람들이 배너를 들고 시험장에 들어서는 학생들을 격려했다. 수능은 대단히 큰 행사였다. 학생들이 시간에 맞춰서 시험장에 가는 데 방해가 되지 않도록 주식 시장은 이날 오전 10시로 개장 시간을 늦춘다. 영어 듣기 시험이 진행되는 45분 동안은 모든 비행기의 이착륙이 금지된다. 심지어 새들에게도 울지 말라고 빌어야 할 상황이다. 이날은 모든 것이 발사대를 향해 걸어가는 우주인들처럼, 숨죽이고 진지하게, 결의에 찬 발걸음으로 시험장에 걸어 들어가는 수험생들에게 맞춰진다. 나는 커피숍에 있는 TV로 솔솔 부는 바람에 흔들리는 나무들처럼 불안에 떠는 수험생 부모의 인터뷰 장면을 지켜보았다.

승빈은 계속해서 마음을 비웠다. 가장 이상적인 결과는 몰입한 상황에서 나온다. "생각을 하기 시작하면, 높은 점수를 받을 수가 없어요." 그가 말했다.

그러다가 덜덜 떨리는 손 때문에 몽상에서 빠져나와 시계를 올려다봤다. 정신을 한곳으로 모으기 위해 승빈은 시계 분침이 움직이는 것을 지켜봤다. 오늘 시험을 보는 여덟 시간 동안 그는 지금껏 터득한 기술을 한껏 발휘하는 도구가 된다. 이로써 12년 동안의 힘들었던 학교 생활을 마무리하게 될 것이다. 그는 국어, 수학, 영어, 생물학, 물리학, 역사, 이렇게 여섯 과목의 짧은 객관식 시험지를 대면했다. 오지선다형 문제 약 120문항에, 원시적으로 연필을 들고 표기하는 답이 그의 미래를 결정하게 되어 있었다. 어느 대학에 진학할지, 누구와 결혼할지, 부와 행복, 건강까지. 다행히 명상을 해둔 덕분에 이런 생각이 머릿속을 비집고 들어오지는 못했다. 시험을 보는 몇 시간 동안은 이런 생각을 해봐야 아무런 쓸모가 없다.

8시 40분에 온 나라가 숨을 죽였다. 버락 오바마는 한때 21세기 교육의 기적인 한국 학교를 전 세계가 본받아야 한다고 부추겼다. 문맹률이 높고 자원도 거의 없었던 빈곤 국가가 불과 수십 년 만에 첨단기술 국가로 탈바꿈했기 때문이다. 국가적인 시험을 맞아 도시 전체가 극도의 흥분에 휩싸인 것을 보면서 나는 오바마가 잘못 판단한 것은 아니었을까 하는 생각이 들었다. 오늘날의 한국 학생들은 그런 성공의 대가를 톡톡히 치르고 있었고, 대학 입시는 이 나라에 긴 그림자를 드리운 듯했다.

승빈은 마음을 독하게 먹었다. 손의 떨림도 점차 수그러들었다. 세계에서 가장 혹독한 시험이 시작되는 순간이었다. 사람들은 이 시험을 '수능'이라 부른다.

평균이라는 개념에 맞서야 한다

데이터는 디지털 시대를 이끄는 원동력이지만, 이것이 아이들에게 어떤 영향을 끼치고 있는가는 깊이 생각해

　　　　　　　　　　제3부 | 더 깊이 관심 갖기

볼 필요가 있다. 승빈이 치른 시험은 다소 극단적이기는 해도 최고가 되기 위한 치열한 경쟁에 아이들을 몰아넣는 전 세계적인 추세를 보여주는 한 단면이다. 이런 경쟁은 읽고 쓰는 능력과 연산 능력의 향상이라는 세계적인 발전의 원동력이 됐지만, 그 뒤로 많은 문제를 남겼다.

지금까지의 여정에서 나는 이프라, 리라, 승빈 같은 젊은이들이 자신의 행복을 뒤로 미룬 채 유례없이 강력한 속박에 묶여 지내는 희생을 감수해왔음을 감지했다. 그런데 핀란드의 교실에서 나는 우리 인간이 세상에 태어난 이유가 생각하거나 행동하기 위해서뿐만 아니라, '관심을 갖기 위해서'이기도 하다는 사실을 다시금 깨달았다. 하지만 요즘 아이들은 시험에만 온통 정신이 쏠려 있어 인간적인 능력을 개발하는 데 대한 관심은 밖으로 밀려나 버렸다.

내 탐험의 마지막 챕터인 '더 깊이 관심 갖기'에서 나는 인간의 잠재력을 최대로 발현하는 법을 배운다는 것이 어떤 의미인지, 그리고 아이들이 행복을 누리고 공공의 미래를 위해 협력하도록 만들 방법은 무엇인지를 알아보고자 한다. 그러기 위해 우선 '빅데이터는 약인가, 아니면 독인가?'에 대한 답을 구해야 하는데, 서울을 그 출발점으로 삼았다.

우르, 라가시, 에리두, 우루크 같은 도시들은 각기 종교 지도자 역할을 겸하는 왕이 통치했는데, 관료들은 그 밑에서 왕을 보필하며 땅과 농작물을 조사하고 분배하는 임무를 수행했다. 이들은 새로운 형식의 글자인 설형문자를 개발해서 점토판 위에 곡식과 물품의 수량을 빠짐없이 적어 넣으며, 근면 성실하게 기록을 남겼다. 그 양이 엄청난 이런 점토판은 현대의 국가 차원에서 진행되는 IT 프로젝트의 전신이라 볼 수 있다.

통치 집단이 데이터를 조사해서 기록해 두는 관행은 고대 이집트와 그리스, 로마로 이어졌다. 그러다가 '이성의 시대'라고 불리는 18세기 유럽에 이르자, 우리 인간을 더 잘 이해하는 데에도 이 같은 데이터 분석을 활용할 수 있지 않겠느냐는 새로운 발상이 대두된다.* 이런 생각은 오귀스트 콩트 Auguste Comte가 사회학을 창시하고, 과학의 법칙에 따라 인간 사회를 조직한다는 유토피아적 발상이 폭발적으로 증가하는 계기가 된다.** 이 시대 사상가 중에는 벨기에의 천문학자이자 통계학자인 아돌프 케틀레 Adolphe Quetelet도 있다. 그는 사회물리학 Social physics이라는 용어를 처음 사용하면서 키, 몸무게, 지능, 외모 같은 모든 측면에서 분포의 중심에 있는, 과학적으로 평균적인 사람인, '평균인 l'homme moyen'이라는 개념을 제시한다.

토드 로즈 Todd Rose는 『평균의 종말 The End of Average』에서 케틀레는 당대 천문학자들이 천체의 움직임을 연구하는 데 이용하던 것과 동일한 통계 모델을 결혼, 범죄, 자살 같은 인간 행동에 영향을 주는 사회적 요소를 분석하는 데에도 활용할 수 있다는 사실에 주목했다고 설명한다. 케틀레는 예전에는 구할 수 없었던 새로운 빅데이터를 활용할 기회를 포착했는데, 그중에서도 특히 스코틀랜드 병사 5,738명의 가슴 둘레 기록으로 최초의 체질량지수 BMI

---

* '통계학 Statistik'이라는 용어는 18세기에 독일에서 처음 만들어진 것으로, 그 본래의 의미는 '상태의 과학 a science of the state'이다.

** 오귀스트 콩트는 초기 사회학자 중 가장 유명한 인물로, 1798년에 태어났다. 과학이 지식의 조직에 기여하는 역할, 그리고 특히 산업을 집중적으로 관찰하면서(그 당시는 증기 엔진과 산업화의 시대였다), 초창기의 사회학자들은 과학적인 사고를 인간 사회 조직에 적용해보려고 시도했다. 초기 사회학자 중에서 가장 괴짜 같은 인물이고 내가 개인적으로 가장 좋아하는 학자이기도 한 샤를 푸리에 Charles Fourier는 아이들의 타고난 천재성과 근면성을 알아보고, 900명으로 구성된 집단의 구성원들이 함께 조화롭게 일하고 자유연애를 행하는 세상을 꿈꾸며, 과학이 세계를 완벽히 운영해나가는 때가 오면, 바다가 레모네이드로 변할 것이라고 예견했다.

를 제안했던 사례가 널리 알려져 있다. 케틀레가 제시했던 평균인의 개념은 '평균적인 학생이 평균적인 속도로 평균적인 양을 학습한다'는 가정 아래 만든 현재 학교 모델의 기준이 됐다.

우리가 진정으로 배려하는 입장에서 교육에 접근하려면, 이런 '평균인'의 개념에 맞설 필요가 있다. 데이터는 우리 사회 메커니즘에 윤활유가 될 가능성이 크지만, 동시에 우리가 가진 천부적인 학습의 잠재력을 기계 수준으로 떨어뜨릴 위험성도 있다. 데이터가 경쟁보다는 배려하고 협력하는 데 쓰이는 도구가 될 수 있음을 이해하기 위해, 나는 케틀레가 태어난 지역에서 멀지 않은 곳에 사는 한 유명한 통계학자를 찾아갔다.

데이터를 학습 평가에 적용한 국제학업성취도평가

오바마 전 대통령이 한국 학교들을 칭찬했던 계기는, 2001년 12월 호리호리한 체격의 한 연구원이 교육부 장관들이 둘러앉은 자리에서 자신의 모국어인 독일어로 연구 보고서를 발표하던 순간으로 거슬러 올라간다. 그는 그 분야 통계에 밝은 전문가들로 팀을 조직하고, 파리에 있는 연구실에서 5년 동안 연구비를 구걸하고, 빌리고, 훔쳐다 쓰면서("예산이 단 1유로도 없었다"고 한다) 연구를 진행했다.

이 프로젝트는 그가 함부르크에 있는 한 대학의 물리학과 학부생으로 이 주제 저 주제 기웃거리며 계속해서 관심 분야를 바꾸던 시절, 자칭 '교육 과학자' T. 네빌 포슬스웨이트T. Neville Postlethwaite의 아이디어에 호기심을 느꼈던 순간, 시작됐다.[1] 그는 데이터를 기반으로 하는 과학적 접근 방식을 인간의 학습 평가에 적용하겠다는 목표를 세웠다. 그리고 연구 결과가 나오면 전 세계의 모든 교실에 파문을 일으킬 터였다.

이 프로젝트의 보고서는 연구 역사상 유례가 없는 그의 최고 걸작이었다. 정예 연구원들이 프로젝트에 투입되어 32개 국가의 15세 학생들 30만 명을 대상으로 시험을 치르고, 수치를 계산해서 결과를 정리했다. 그는 6년 전에 세계 최대 경제국들의 고위 관료 회의에 참석한 적이 있었는데, 관료들은 모두 자기 나라의 교육 시스템이 세계 최고라고 서로 자랑했다고 한다. 그들의 주장이 모두 옳을 수는 없었다. 결과는 그의 연구로 확인할 수 있을 터였다. 그는 교수인 아버지가 해주신 "교육에서 중요한 요인인 '인간성'은 측정할 수가 없다"는 충고를 잊지 않고, 단순히 기억력을 알아보는 것이 아니라, 21세기를 살아갈 지식 노동자로서 성공하는 데 정말로 필요한 '분석하고, 비교하고, 대조하고, 비판할 줄 알고, 수학자, 과학자, 역사학자처럼 생각하는 기술'을 평가하는 새로운 유형의 시험을 만들기 위해 끊임없이 노력했다.[2] 그 평가 결과는 세계에서 가장 똑똑한 아이들이 누구인지를 처음으로 드러내게 될 것이었다.

하지만 독일 장관들은 시큰둥했다. 그는 당시를 이렇게 회상했다. "그들은 제 연구도 사람들이 그저 평범한 연구의 하나일 뿐이라 생각하고 금세 잊어버릴 거라고 말하더군요." 그는 극적인 효과를 주려는 듯 잠시 멈췄다가 다시 이야기했다. "그런데 결과가 발표된 날, 전 세계가 주목했어요."

그 연구 보고서는 바로 국제학업성취도평가[PISA] 결과였다. 3년마다 시행되는 이 성취도평가는 오늘날 뜨거운 관심을 불러 모으는 국제 행사로 자리잡았다. 최근에 있었던 국제학업성취도평가에서는 72개국의 15세 학생들

54만 명이 과학, 읽기, 수학, 협력적 문제 해결력 같은 능력을 평가받았다.

세계 최고의 재능이 몰려 있는 곳은 동아시아와 스칸디나비아였으며, 특히 싱가포르, 중국, 한국, 핀란드가 선두를 달렸다. 영국 학생들은 평균보다 살짝 높은 수준이었으며,* 미국 학생들은 평균에 미달하는 쪽에 머물렀다. 신문들은 '세계 무대에서 미국 학생들이 뒤처지다'라는 제목으로 기사를 실었다.[3] 이 시험은 요즈음에도 사람들에게 충격을 주는 유력한 영향력을 가지고 있다.

데이터를 이용해 더 나은 학교를 만들자

국제학업성취도평가를 총지휘하는 사람은 안드레아스 슐라이허Andreas Schleicher다. 어느 흐린 날 오후에 나는 슐라이허를 만나기 위해 파리 지하철을 타고 케 알퐁스 르 갈로에 있는 OECD 본부를 찾아갔다. 나는 성큼성큼 걸으면서 서로 멀리 떨어진 전 세계 아이들을 비교할 수 있을 정도로 세계가 얼마나 빨리, 기막히게 발전했는지를 생각했다. 시사잡지 《애틀랜틱》은 "데이터를 이용해 더 나은 학교를 만들자'는 주장을 펴는 슐라이허야말로 우리 세계를 대표하는 교사"이며 "지금껏 들어본 적 없는 가장 영향력 있는 교육 전문가"라고 칭송했다.[4] 영국 교육부 장관인 마이클 고브Michael Gove는 슐라이허를 "영국 교육에서 가장 중요한 인물"이라고 부르면서, "카를 마르크스 이후로 그 어떤 독일인보다도 큰 혁명을 몰고 온 아버지"라고 추켜세우기도 했다.[5]

---

* 구체적으로 설명하자면, 영국은 독해 22위, 수학 27위, 과학 15위를 기록했다. 이와 같은 영국 청소년의 지적인 능력은 영국인의 미식축구 실력과 대략적으로 비슷하다.

"사실 전통은…… 바람직한 방식을 도입하기 어렵게 만드는 장애물입니다." 완전히 새것 같아 보이는 사무용 의자에 걸터앉은 슐라이허는 적극적으로 이야기를 나누려는 듯 앞으로 바짝 다가앉았다. 내가 방문했던 날은, 얇은 목재로 대성당 분위기를 내고 천장을 곡선 유리로 마무리한 새로운 OECD 본부에 그가 처음 출근한 날이었다. OECD는 제2차 세계대전 이후에 선진국 간의 긴밀한 국제적 협력을 구축하기 위해 설립된 단체다. "국제학업성취도평가는 남들의 활동에 비추어 스스로를 들여다볼 수 있는 창 같은 역할을 합니다." 슐라이허는 우리가 자기 나라의 환상에 빠져서 살아가면 절대 세계를 온전히 보지 못한다고 설명했다. 그가 취합한 데이터는 학습에 대한 믿음이 아직 없는 이교도들의 동굴에 횃불을 밝히고 오귀스트 콩트의 사명을 이어나가는, 문명의 진보였다. 찾는 사람이 많아서 그는 늘 바빴다. 그날 아침만 해도 산티아고와 리오에서 일을 보고 오전에 파리로 돌아왔는데, 곧바로 아부다비와 워싱턴 DC에 다녀와야 했다. 그의 재능은 어떤 방법이 효과가 있고 어떤 것은 효과가 없는지를 여러 나라들 간에 비교할 수 있는 데이터를 만드는 능력에 있었다.

슐라이허가 데이터를 취합해 발표하면서 교사의 봉급, 학급 규모, 커리큘럼 같은 학습 조건보다는 "그 나라 아이들은 어떤 지식을 갖추고 있으며, 무엇을 할 수 있는가?"와 같은 학습 결과적 측면으로 세계적인 담화의 초점이 이동했다. 그는 "지금까지 우리가 설계한 학교와 교육 시스템은 학생들의 필요가 아닌 학교에서 일하는 사람들에게 맞춰져 있었다"면서, 이제부터는 "학생들이 앞으로의 삶에 얼마나 잘 준비되어 있는가를 질문하고 고민해야 한다"고 말했다.

슐라이허의 연구는 그 같은 질문에 답해보고자 노력했던 최초의 시도였다. 실제로 그가 발표한 보고서는 국가 교육 체계를 뒤흔드는 충격요법으로 작용했다. "모든 언론이 연구 결과를 다뤘어요." 그는 딱 부러지는 절도 있는 영어로 말했다. "그저 그날 하루 동안이 아니라 몇 주 동안 계속해서요."

독일 행정부는 들썩들썩했다. 영국과 미국을 비롯한 모든 주요 국가들이 그랬던 것과 마찬가지로, 독일도 자국의 학교가 세계 최고라고 확고히 믿고 있었다. 하지만 2000년의 국제학업성취도평가에서 1위를 한 국가는 스키 점프 선수와 캐릭터 무민의 나라, 핀란드였다. 평소에 여성 기자 한 명과 그녀가 데려온 강아지 앞에서 주로 기자회견을 했던 핀란드 교육부 장관이 이날 아침 전 세계 언론에서 텔레비전 카메라를 들고 들이닥치는 바람에 소스라치게 놀랐다는 일화도 전해진다. 독일 학생들은 수학, 읽기, 과학에서 OECD 평균 이하의 성적을 받았다. 심지어 미국보다도 더 낮았다. 영국은 성적이 평균 이상이었고, 미국은 영국보다 조금 낮은, 중간 등수 범위에 자리했다. 수학과 과학에서 높은 점수를 받은 일본과 한국은 핀란드와 함께 톱 3에 올랐다.

이 데이터는 사람들을 자극했다. 독일 주간지《슈피겔》은 '독일 학생들은 멍청한가?'라는 제목의 기사를 냈으며,《이코노미스트》도 '얼간이!'라는 제목으로 이 소식을 전했다. 독일 국무위원들은 걷잡을 수 없는 불안에 허둥거리며 슐라이허의 사임을 촉구했다.

"처음에는 아주 소수의 사람들만 이 결과를 받아들였어요." 슐라이허가 웃으며 말했다. 그의 뒤편에 있는 파일 캐비닛에는 그가 강연했던 컨퍼런스에 참석한 사람들을 찍은 사진과 함께 놀고 있는 아이들을 담은 판화 두 점이 액자 없이 비스듬히 놓여 있었다. "대부분의 국가들은 재정적, 방법적, 실행 계획적 측면에서 봤을 때 불가능한 일이라면서 이런 건 시도해서는 안

된다고 말했어요." 그들은 평가 범위가 너무 제한적이라면서 슐라이허의 연구 방식을 비판하고, 갈수록 시험에 집착하는 세태를 안타까워했다. 하지만 슐라이허는 동요하지 않았다. "여러 가지 측면에서 아주 좋은 지표가 될 만한 요소가 있다는 것을 인정해야 합니다." 그가 말했다. "물론 확대해석할 필요도 없지만요."

국제학업성취도평가는 스스로를 들여다볼 수 있는 '거울' 일 뿐

사람들은 데이터를 오해하고, 오용했다. "지표라는 개념은, 사물이 아닙니다. 그저 이미지일 뿐이지요." 슐라이허는 한숨을 내쉬었다. 그런 의미에서 국제학업성취도평가는 단순한 '거울'이었다. 물론 그 거울에 비친 모습을 마음에 들어 하지 않는 나라도 있으리라는 것은 그도 이해했다. "자기가 믿는 자신의 모습과 실제 모습이 크게 다를 때 보통 크게 놀라게 되지요."

그런 충격이 있은 뒤로, 독일에서는 국제학업성취도평가^{PISA}라는 이름을 들어보지 못한 사람이 없을 정도가 되었다. 그러다 보니, 주요 방송시간의 텔레비전 퀴즈 프로그램 제목으로 '피사 쇼^{The PISA Show}'라는 이름이 등장하기도 했다. 정부의 고위 관료들은 연구 결과를 자세히 조사해본 뒤에 놀라운 결론에 이르렀다. 사람들이 결정적인 요소라고 흔히 말하던, 학생 한 명당 교육비, 학급당 학생 수, 커리큘럼의 내용, 공립학교 대신 사립학교에 보내는 등의 조건이 별다른 영향을 끼치지 않는 것으로 밝혀졌기 때문이다.

영국과 미국 같은 나라들은 빈곤층 아이들의 학교 성적이 더 나쁜 이유가 소득 불평등 때문이라고 생각해왔지만, 핀란드나 한국을 비롯한 다른 나라들에서는 가난이 학생의 운명을 결정짓는 요인이 아닌 것으로 판명됐다. "상하이에서 가정 형편이 최하 10퍼센트에 해당하는 계층의 아이들이 미국

제3부 | 더 깊이 관심 갖기

에서 상위 10퍼센트에 드는 가정의 아이들보다 성적이 더 뛰어나요. 이런 차이는 교육에서 충분히 있을 수 있는 일입니다." 슐라이허가 설명했다.

그가 밝힌 데이터는 실제로 혁명적인 것이었으며, 그런 측면에서 보면 언론에서 추켜세웠던 것처럼 그에게는 마르크스와 공통점이 있다고도 볼 수 있었다. 다만 그가 예측한 통계는 아이들에게 닥친 위기를 예견하고 있었다. "세계가 요구하는 교육과 우리가 제공하는 교육 사이의 격차는 갈수록 커져만 가고 있습니다"라고 그는 말했다. 빈약한 교육은 계층 간의 분화, 사회적 소외, 급진화의 위기가 심화된다는 것을 의미했다.

슐라이허의 임무는 각국 정부들이 어떻게든 이 문제에 대처해나갈 수 있도록 자신의 지혜와 도구를 제공하는 것이었다. 그는 파워포인트 자료를 항상 들고 다니는 세계적인 교육 명사가 됐다. 흐린 오후 햇빛에 비친 그의 모습을 바라보며, 그가 우리 아이들을 구하기 위해 미래에서 온 사이보그일지도 모른다는 상상을 해보았다. 그가 취합한 데이터는 학교들의 정수를 깊이 들여다본 것이었다. 데이터는 거짓말을 하지 않는다. 잘만 사용하면 이 데이터가 인간의 이해와 판단을 높이고, 타고난 잠재력을 더 잘 살피고 충족할 수 있게 도울 것이다. 하지만 데이터를 잘못 사용하면 교육을 기계적이고 형식적인 활동으로 축소시킬 우려도 있다. 데이터는 실제로 이미지에 불과하지만, 우리는 흔히 그것이 전부인 것처럼 받아들이고 있는 듯하다.

시간이 부족했던 우리는 파리로 가는 지하철 안에서 대화를 계속 나누기로 했다. 짐을 챙기는 동안 내 머릿속에는 슐라이허의 아버지가 했다는, "교육에서 중요한 요인인 '인간성'은 측정할 수 없다"는 말이 계속 맴돌았다. 미술이나 음악, 행복, 관계를 평가하는 세계적인 시험은 없다. 그런 시험은 아마 앞으로도 나올 수 없을 것이다. 우수한 데이터를 알아보고 확인하는 것은 중요하지만, 이 데이터가 나온 뒤로 세계 여러 나라들은 3년마다 발표되는 순위에 강박적으로 신경을 쓰고, 시험의 열기를 계속해서 부추겨왔다.

단 한 번의 시험이 인생을 좌우하는
대한민국 입시 지옥

2000년에 접어들면서 실시한 성취도평가에서 한국의 15세 학생들이 상위 3위 안에 든 것은 기적 같은 결과였다. 한국은 50년 전에 6.25전쟁을 겪으면서 소득과 교육 모두에서 극심한 곤궁에 처했다. 강대국인 중국, 일본, 소련, 미국 사이에 낀 한국의 앞날은 암울해보였다. GDP는 아프리카의 가나와 똑같았고, 해외 원조에 의존해 생존할 수밖에 없었다. 게다가 글을 읽고 쓸 줄 모르는 사람이 다섯 명 중 네 명에 이르렀다. 당시에 가나와 한국 중 어느 나라가 더 발전할지를 맞추는 내기를 했다면, 모두들 가나를 골랐을 것이다.

그런데 오늘날, 한국은 세계에서 열세 번째로 경제 규모가 큰 나라가 됐다. 50년 만에 GDP가 4만 퍼센트나 상승했으며, 삼성과 현대, LG 같은 기업은 세계 대표 브랜드가 됐다. "우리나라는 가진 자원이 아무 것도 없어요. 그저 우리가 가진 머리와 노력이 전부였지요." 교육과학기술부 장관을 지낸 이주호 씨가 말했다. 그런 기적은 국민들 스스로가 나라를 움직이는 동력이 되고, 지적인 능력 향상을 위해 여러 세대에 걸쳐 노력해오면서 순전히 인간의 힘으로 이룬 결과였다.[6]

오늘날의 한국은 배움이 배움을 낳는 선순환이 자리 잡은 재능의 강대국이다. 1960대 이후로 경제 성장은 이 나라의 인적 자본의 발달에 힘입었다. 그러다보니 교육에 더 많은 돈을 투자하고, 그에 따라서 돈을 버는 지식인들이 더 늘어나게 됐다. 오늘날 남한의 문맹률은 단 2퍼센트에 불과하다. 전 국민 5,000만 명 중에 절반인 2,500만 명이 서울을 비롯한 수도권에 거주하는 한국은 인구 1인당 대졸자 비율이 세계 어느 나라보다 높다. 간단히 말해서, 2010년까지의 50년 동안 한국보다 국민들이 더 많이 교육을 받은 나라는 없다. 교육을 향한 이런 노력과 관심은 고등학교 졸업을 앞둔 학생들이 치르는 수능에서 그 절정을 이룬다. 대학 입학 자격 시험에 해당하는 수능은 그때까지 배운 것을 평가받는 자리로, 학생들은 여덟 시간 동안 대부분 객관식 문항으로 구성된 여섯 과목을 푼다. 이 시험은 한국 학생들이 국제 성취도평가에서 높은 순위를 차지하는 데 기여했으며, 그간 한국 지식 산업의 연료 역할을 해왔다.

꿈조차 두려움으로 바꿔버린 시험 압박

송도국제도시에서 수능을 본 승빈은 시험이 다 끝나갈 무렵 기력이 모두 소진된 기분이었다. 마지막 과목인 생물 시험 종료 시간을 5분 남겨두고 문제 풀이를 모두 마친 그는, 남은 시간 동안 지금까지의 학교 경험을 돌아보았다. "대체로 즐거운 추억이었지만 후회가 되기도 했어요." 내가 한국 방문을 마치고 돌아온 뒤 2주 만에 스카이프로 대화를 나누면서 그가 말했다. 후련한 마음도 있지만, 12년 동안의 긴 노력에 대한 결과가 수능을 보는 그 결정적인 날에 모두 달려 있다는 생각으로 마음이 가라앉았다.

시험이 끝나는 오후 5시 30분, 연필을 내려놓으면서 환호성을 지르거나 흐느껴 우는 다른 학생들을 뒤로 하고, 승빈은 조용히 학교 기숙사로 돌아가서 잠을 잤다. 자는 것 말고 무엇을 하면 좋을지 아무 생각이 떠오르지 않았다. "하루 종일 시험에 집중했더니 피곤했어요." 이런 공허감은 한국 고교생들이 흔히 느끼는 감정이다. 나라 경제를 부양하는 교육에 투자한 성과는 있었다. 학생들은 더 열심히 공부하려는 동기를 품었다. 하지만 교육은 태어나자마자 뛰어들어야 하고, 오직 강한 자만이 살아남는 '헝거 게임'으로 전락하고 말았다.

"이건 말도 안 되는 상황 같아요." 조금 더 생각해본 뒤에 승빈은 이런 말을 꺼냈다. "예전에는 대학에 가고 싶다는 꿈이 있었어요. 그런데 고등학교에 진학하고 계속해서 시험을 보면서, 그 꿈이 두려움으로 바뀌더라고요." 교육 체계가 능력과 성적 중심으로 흘러가는 데다가 가차 없이 냉혹해서, 학생들은 숨을 곳이 없었다. 이런 체계 아래에서는 시험 점수와 전국 등수만이 중요할 뿐이다. 일찍이 프랑스 철학자 미셸 푸코는 중대한 이해관계가 걸린 시험은 일종의 '통치' 도구라고 설명했다. 그는 "이런 시험으로 개별 구성원을 구별하고 판단할 가시성을 마련한다"면서, 시험의 진정한 목표는 배움의 동기를 자극하거나 결과를 평가하기 위해서가 아니라, 단순히 "자격을 부여하고, 분류하고, 처벌하기 위해서"라고 진술했다.[7] 한국에서는 그의 이런 의견이 명확히 들어맞는다. 이들은 그런 사실을 숨기지 않았다. 열심히 노력하는 것을 맹목적으로 숭배하면서 매분 매초를 중요하게 여겼다.

객관식 수능의 답은 맞거나 틀리거나, 둘 중 하나

승빈은 고등학교 3년 동안의 시간표를 내게 보여주었다. 매일 일과는 오전 7시, 자율학습 시간으로 시작된다. 자율학습을 마치고 8시 30분부터 오후 4시까지는 '따분한 수업'을 들어야 한다. 그런 다음 9시까지는 다시 야간 자율학습을 한다. 그것이 전부가 아니었다. 야간 자율학습이 끝나면 학원으로 가서, 시험 대비 요령을 배우는 '진짜' 공부를 한다. 그리고 드디어 밤 11시에 일과를 마친다. 고등학교 3년 동안 매일 14시간씩 공부하는 것은 지극히 정상적인 일이다. 주말 역시 공부에 투자해야 하는 소중한 시간으로 여긴다. 토요일과 일요일에는 오전 7시부터 오후 7시까지 12시간 동안 학원에서 보낸다. 물론 주말에도 저녁에는 '자율학습'을 한다. 혹시 쉬는 날이나 친구들이랑 노는 시간은 전혀 없느냐고 질문하자, 그는 "한 달에 한 번씩 DVD로 영화를 봤다"고 했다.

고3 때는 학습 강도가 한층 심화된다. 승빈이 보낸 시간표를 보니 매일 밤 10시부터 새벽 2시까지 학원 수업을 들은 것으로 되어 있었다. 실제로 이런 시간표대로 지냈느냐고 묻자 그는 "네, 맞아요"라고 대답했다. 학원 교습 시간을 밤 11시까지로 제한한 정부 규정이 있었음에도 그렇게 늦게까지 학원 수업을 들었던 것이다. 한국 청소년의 평균 수면 시간은 5시간 반으로 알려져 있었지만, 직접 대화를 나눠본 학생들 대부분은 3~4시간씩밖에 못 잔다고 이야기했다. 모두들 수면 부족 상태였다. 최고의 자리를 향한 경쟁에서 휴식은 감당할 수 없는 사치였다.

승빈 같은 학생들의 동기를 자극하고 움직이게 하는 것이 바로 수능이었다. 대학에 들어갈 수 있는가를 결정짓는 요인은 문화적 자본, 토론, 미술, 스포츠 실력, 인종이나 민족적 배경이 아니라, 객관식 답안지에 신중히 연필로 표시한 수백 개의 답안과 등수였다. 수능이 객관식 시험이라는 사실은 원칙에서 벗어난 해석은 받아들여지지 않는다는 뜻이었다. 학생들이 고른 답은 맞거나 아니면 틀리거나, 둘 중 하나였다.

그것도 그렇지만 승빈과 이주호 전 장관은 수능 시험의 적절성과 관련해서 이 시험이 과연 실세계에 적용 가능한 기술을 심사하는가 하는 더 큰 우려를 표시하기도 했다. 그 두 사람은 수능에서 뛰어난 성적을 얻는 것이 요즈음 세상에서는 더 이상 성공과 일치하지는 않는다는 사실을 지적했다. "생각할 필요가 없어요. 그저 지문과 질문만을 비교하면서 보지요." 승빈이 설명했다. "문제에 대해서 깊이 생각을 하다가는 틀린 답을 고르게 돼요. 그러니 제시된 지문 안에서만 생각하고, 정해진 답을 골라야 하지요." 이 시험은 마치 아이들에게 워드프로세서 기계가 될 것을 요구하는 듯했다. 학생들이 공부하는 것은 다름 아닌 테크닉이었다.

수능 영어 시험 문제 중 하나를 소개한다. 답을 구하는 데 주어진 시간은 약 60초다. 밑줄 친 부분에 들어갈 답을 구해보라.

So far as you are wholly concentrated on bringing about a certain result, clearly the quicker and easier it is brought about the better. Your resolve to secure a sufficiency of food for yourself and your family will induce you to spend weary days in tilling the ground and tending livestock; but if Nature provided food and meat in abundance ready for the table, you would thank Nature for sparing you much labor and consider yourself so much the better off. An executed purpose, in short, is a transaction in which the time and energy spent on the execution are balanced against the resulting assets, and the ideal case is one in which _____. Purpose, then, justifies the efforts it exacts only conditionally, by their fruits.

① demand exceeds supply, resulting in greater returns

② life becomes fruitful with our endless pursuit of dreams

③ the time and energy are limitless and abundant

④ Nature does not reward those who do not exert efforts

⑤ the former approximates to zero and the latter to infinity[8]

서울에 있는 학교들을 견학할 때 예전에 핀란드에서 살았고 지금은 미래교실네트워크에서 일하는 정유미 기자를 만났는데, 그녀가 내게 이 문제를 풀어보라며 내밀었다. 나는 계속해서 틀린 답을 말했고, 그녀는 장난스럽게 놀렸다. 나는 집중이 잘 되지 않아서 그런 것이라고 항변했다. 최근 이런 유희가 인기를 끌어서 유튜브 채널에는 영어 원어민들이 수능 영어 문제를 제대로 못 풀고 쩔쩔매는 영상이 심심찮게 올라온다.

정 기자는 말을 하거나 글을 쓰는 법을 전혀 배우지 않아도 영어 시험에서 만점을 받을 수 있다고도 했다. 공정성을 유지하는 방향으로 용의주도하게 설계하다 보니 수능 시험에는 기이하게 왜곡된 측면들이 있다. 예컨대 응시자들이 문제가 요구하는 부분을 정확히 모르면서도 임의로 추측해서 정답을 고르는 경우가 있고, 그런 부분에서는 데이터가 왜곡될 수밖에 없다. 실제로 승빈은 확신 없이 대충 짐작으로 골랐는데 운 좋게 정답이었던 문제가 몇 개 있었다고 말했다. 수능을 설계한 사람이 최대한 객관적인 시험 문제를 만드는 데 치중하다 보니, 알고리즘처럼 생각하고 행동할 것을 요구하는 기이한 조합이 탄생하게 된 것이다.

누구를, 무엇을 위한 시험일까?

이주호 전 장관에 따르면, 한국 학생들이 국제학력성취도평가에서 그토록 좋은 성적을 거두었던 실제 이유는 열심히 해야 한다는 지칠 줄 모르는 책임감과 스스로 공부하는 습관 때문이었다. 이 학생들은 학교 제도 때문이 아니라 이런 학교 제도에도 '불구하고' 큰 성과를 이룬 것이다. 그리고 한국에는 학원이라는 비밀 병기가 있다. 학부모들은 최고를 향한 이 경쟁에서 앞서기 위해 매년 사교육비 200억 달러를 들여 학원에 보내고 과외 교육을 시킨다.[9]

서울 중심지에 있는 사설 교육 컨설팅 기관에서는 부모와 자녀가 전문 컨설턴트를 만나서 학생의 교과 성적과 희망하는 대학을 이야기하면, 컨설턴트가 목표를 달성할 방법과 맞춤형 과외 수업을 제안한다. 학원 강사들은 어떤 평판을 받느냐에 전적으로 좌우되며, 각자의 성과만큼 돈을 받기 때문에 일부 온라인 유명 강사의 경우 한 해에 최대 400만 달러를 벌기도 한다.

나는 그런 기관에서 운영하는 몇 가지 수업을 참관하면서 수능 준비의 세부적인 내용에 경탄했다. 강사들은 시험 지문에 있는 문장을 뽑아서 마치 언어학자들이 사해문서(사해 북서부 동굴에서 발견된 구약 성서를 포함한 고문서들 – 옮긴이)를 세세히 조사하듯 모든 단어에 주석을 달고, 칠판에 상형문자 같은 글자들을 잔뜩 적었다. 배운다기보다는 암호를 풀고, 판독하는 과정에 더 가까웠다. "지문을 먼저 읽는 게 아니에요!" 수능 영어 문제를 제대로 풀지 못하고 여러 차례 오답을 냈을 때, 정유미 기자가 웃으면서 말했다. 나는 원래부터 난해한 낱말 맞추기에는 소질이 없었다.*

수능 시험은 학습을 왜곡시키기만 한 것이 아니라, 국민의 정신 건강을 위태롭게 만들었다. 한국은 OECD 소속 국가 중에 자살률이 가장 높으며 특히 10대에는 자살률이 급증한다.[10] 내가 한국을 방문하기 몇 해 전에는 서울 동부에 사는 한 18세 소년이 어머니를 칼로 찔러서 살해하고 시체를 방에 내버려둔 채 8개월을 지냈던 섬뜩한 사건이 밝혀지면서 전 국민을 충격에 빠뜨렸다. 그 소년은 중학교 때부터 성적표를 위조해왔으며, 사건이 있기 바로 전에는 전국 모의고사에서 4,000등이었던 것을 62등으로 고쳤다. 그런데 어머니는 그 등수로도 부족하다면서 10시간 동안 팔굽혀펴기를 시키고 야구 방망이로 구타했다. 이에 발작적으로 감정이 폭발한 소년이 어머니 목에 칼을 들이댄 것이 사건의 전말이었다. 대학 입시의 엄청난 부담을 잘 알고 있는 대중은 소년의 편을 들었고, 그는 고작 실형 3년을 선고받았다. 그의 실제 성적은 전국 상위 5퍼센트 이내였다.[11]

"한국 사람들은 그 정도 성적으로 만족을 못 합니다." 직업, 건강, 행복이 모두 각자의 데이터로 귀결되는 이 시스템에 대해 이주호 전 장관이 이렇게 평했다. 다른 나라의 도움 없이 스스로의 힘으로 일어나겠다는 의지가 강했던 경제 성장의 시대에는 이런 시스템이 적합했을지 모르지만, 지금 같은 시대에는 맞지 않는다. "산업화 시대에는 시험 점수가 중요했을지 모릅니다. 하지만 이제 더 이상은 아닙니다." 이주호 전 장관이 《워싱턴 포스트》와의 인터뷰에서 했던 말이다.[12] 영국에서는 최근 더 이른 나이부터 시험을 더 많이 보는 방향으로 제도를 개편하고 있는 반면, 한국은 창의성과 사회적, 감성적 역량을 키우는 쪽으로 교육 시스템을 개혁할 계획을 세우고 있었다.

---

* 낱말 맞추기 문제를 잘 내는 사람들이 다들 그렇듯 수능 문제 출제자들은 일부러 학생들을 혼란스럽게 만드는 문제를 낸다. 정유미 기자는 내게 지문이 아니라 선택 답안으로 제시된 문장의 의미를 먼저 분석해야 한다고 설명해주었다.

이것이 과연 우리가 바라는 미래인가?

내가 한국을 다녀간 뒤로 한 달 후에, 나는 승빈과 스카이프로 다시 화상 통화를 했다. 수능 시험은 이미 오래전의 기억이 되었다. 그는 과목별로 7등급으로 나뉘는 수능 성적에서 전 과목을 1등급이나 2등급을 받았으며, 한국에서 세 손가락 안에 꼽히는 대학에 진학할 수 있게 됐다고 했다. 그는 몇 년만에 처음으로 자유로이 쓸 수 있는 시간이 생겨서, 운전도 배우고 최신 유행 스타일로 머리도 잘랐다. 그는 생각 깊은 모습으로, 내게 한국인의 자살률 통계가 담긴 간단한 차트와 수능을 보던 날에 있었던 이야기를 전했다. "매년 사고가 생겨요." 그는 각자의 성적 데이터를 완벽하게 만들기 위해 끝없이 노력하는 분위기에서 한국 학생들이 겪는 엄청난 부담과 스트레스를 사람들이 이해해주기를 바랐다.

"친구들이 공부를 열심히 하고 있는데 나는 공부가 잘 안 될 때 가장 스트레스가 심해요." 그가 설명했다. 나는 경쟁이기 때문에 그런 것이냐고 물었다. "네, 맞아요. 그래요!" 그가 대답했다. "제가 다니던 고등학교에는 교과 활동이 많았어요. 대부분은 그룹 활동이었어요. 그런데 그룹 활동을 할 때, 예를 들면 두 사람이 프로젝트를 함께 할 경우에는 두 사람 간에 반드시 일을 균형 있게 분배해야 해요." 그렇지 않으면 프로젝트가 아직 끝나지도 않았는데 파트너가 시험 공부를 하러 도망갈 우려가 있기 때문이라고 했다.

나는 방문한 기간 동안 한국인을 총 열 명 남짓 만나서 학교에 대한 생각을 들어봤는데, 그들 대다수가 여전히 감정이 북받쳐 있는 것을 보고 꽤 놀랐다. 성공한 어떤 30세 기업가는 10대 시절에 심한 압박과 부담 때문에 탈모까지 생겼었다며 와락 울음을 터뜨렸다. 한번은 그냥 봐서는 전혀 특별할 것 없는 20대 초반의 청년 다섯 명을 만나 이야기를 나누었는데, 그중 두 명이 10대 때 자살을 기도했다는 이야기를 털어놓았다. 저녁 식사를 하는 자리에서 그들은 마치 전쟁 트라우마를 겪는 참전 군인들이라도 되는 것처럼 학창시절 이야기를 나눴다.

한편으로는 한국 시스템을 존경하지 않을 수 없었다. 이 모델은 교육의 기적을 이뤄냈고, 인간의 놀라운 지적 잠재력을 증명했다. 그리고 무엇보다 실질적으로 효과가 있었다. 하지만 이것이 과연 우리가 바라는 아이들의 미래일까? "가장 큰 스트레스는 공부 때문에 생기는 거예요." 승빈이 나중에 이렇게 설명하면서 이제는 자유로워져서 행복하다고 했다. "공부할 건 너무 많고, 좋은 성적을 받아야 한다는 부담감에 젖어서 지내게 되거든요."

이주호 전 장관은 한국 사람들의 환상이 깨지려는 참이라며 염려했다. 한국의 지식 노동자들이 붙들어온 '두루 활용할 수 있는 능력을 갖춰서 회사를 그만둘 때까지 다닌다'는 신조는 사람들을 피폐하게 만들고 있다. 수능 시험에는 그런 기이한 인지적인 능력이 필요했지만, 앞으로 아이들은 자동화에 대비해야 한다. 한국은 이미 제조업에 도입된 인간 노동자 대비 로봇 비율이 세계에서 가장 높으며,[13] 나오 로봇 교사들이 영어를 가르치는 데 쓰이는 사례도 있다고 한다.

나는 승빈이 스트레스를 어떻게 견뎠는지 궁금했다. 지난 한 해 동안 일주일 내내 하루에 꼬박 15시간씩 공부를 했지만, 그와 그의 친구들은 단 한 가지 해결책밖에 찾을 수가 없었다고 했다. "약간 제정신이 아닌 답으로 들릴지 몰라도, 저는 우리가 공부를 더 많이 해야 한다고 생각해요."

이런 사고방식이 얼핏 장점으로 보일 수도 있다. 그러나 이는 아이들이 자기 감정을 마음껏 표현하고 공감하는 법을 배우며 행복감을 키울 자유를 허락하지 않는 무정한 시스템의 결과일 가능성이 더 크다.

아이들은 3차원의 존재,
데이터는 그중 일부만 보여준다

2008년 즈음에는 데이터의 영향력이 월워스 아카데미에도 스며들었다. "이거 받으세요." 여름방학을 마치고 개학하던 날에, 선더스 선생님이 얇은 파란색 파일을 내게 건넸다. 교무실에서는 피부를 검게 태운 선생님들이 그리스 섬에서 휴가를 보낸 이야기를 나누었고, 네스카페 커피 향기가 공기를 따뜻하게 감쌌다. 나는 새로 11학년의 담임을 맡아서 이 아이들의 생사가 달린 중요한 1년을 책임져야 했지만, 그 외에도 7X1, 8Y2, 9X3, 10X4, 10Y1 반에서 수업을 해야 했다.

나는 받은 파일을 열어봤다. 그 안에는 데이터가 기록된 문서들이 몇 장씩 묶여 있었다. 맨 위에는 학생 이름, 예전 담임의 의견, 예상 GCSE 점수가 적혀 있었다. 그 밑에는 스프레드시트에 각 학생의 학년말 성적, 학기 중 평가 점수, 그리고 유치원 졸업 이후 모든 주요 평가 항목의 결과를 담은, 눈물을 찔끔거릴 정도로 많은 숫자와 글자들이 모자이크처럼 빼곡하게 들어차 있었다. 학생들은 재학 중에 매년 하위 항목에서 두 단계씩 발전해나가야 했다. 현재 진척 사항을 담은 데이터는 알아보기 쉽도록 신호등 색깔 동그라미로 표시했다. '할 수 있다'는 초록색, '조금씩 알아가는 중이다'는 노란색, '전혀 모르겠다'는 빨간색이었다. 내가 그해에 달성해야 할 임무는 물론, 이 동그라미들을 모두 초록색으로 만드는 것이었다.

학교들은 데이터를 받아들이는 것 말고는 달리 선택의 여지가 없었다. 교육은 방대하고 복잡한 분야다. 영국만 해도 학교에 다니는 학생이 총 900만 명인데, 학생들은 저마다의 경험과 유전적인 배경이 있기 때문에 어떤 영역에서는 남달리 뛰어나고 또 어떤 영역에서는 특히 힘들어하는 등 그 양상이 각기 다 다르다. 만약 알렉산더 대왕을 지도하는 아리스토텔레스 정도 된다면야 블룸이 증명했던 것처럼 자기가 가르치는 학생의 능력을 성심껏 파악할 수 있을지 모른다. 하지만 도심 지역 학교에서 학생들 150명을 가르치느라 쩔쩔매는, '좋게 말해서 별로 대단할 것 없는' 알렉스라면, 다시 말해 평범한 교사의 입장이라면, 아이들 하나하나가 무엇을 알고, 무엇을 할 수 있는지를 나타내는 점수, 성적표, 과제 견본, 시험 점수 등을 빠짐없이 챙길 수 있는 속기법이 필요하다. 다만 그렇게 간소하게 기록한 데이터는 슐라이허가 지적했던 것처럼 단순한 '이미지'일 뿐 그것이 전부는 아니라는 점만 명심해두면 된다. 아이들은 복잡한 3차원적인 존재로, 데이터는 그저 그 일부만을 보여줄 따름이다.

그렇지만 숫자에는 무시할 수 없는 강력한 논리가 존재한다. 학생 기록을 데이터로 만든 그해에 월워스 아카데미는 공립학교 교육 과정 목표에 비추어 학생들의 발전 상황을 추적하고, 지도 방식을 학습 결과에 일치시키기 위해 신경 썼다. 물론 선생님들은 모든 아이들에게 세심한 관심을 기울였지만, 이런 접근 논리는 학생들의 성적에 초점을 맞출 수밖에 없었다.

내 경험을 돌아보면, 결국 원하는 점수를 받게는 했어도 제대로 가르치지 못했다는 아쉬움으로 마음 한구석이 몹시 불편했다. 생산성 데이터는 21세기 경제를 성장시켰을지 모르지만, 노동력 착취와 제로 아워 계약^{Zero-Hour Contract}(정해진 조건 없이 임시직 계약을 한 뒤에 일한 만큼 시급을 받는 노동 계약 – 옮긴이)의 근본 원인이 되기도 했다. 만약 우리 학교들이 데이터에 지나치게 빠진다면, 최악의 경우에 인간성을 망각한 시스템이 만들어질지도 모른다.

세계에서 최고의 교육 성과는 중국 상하이에서 찾아볼 수 있다. 중국 학생들은 2012년 국제학업성취도평가에서 1위를 기록했다. 나는 그 비밀을 알아보기 위해 서울에서 비행기를 타고 중국 상하이로 건너갔다.

세계에서 가장 똑똑한 상하이의 아이들

상하이 중심부에 늘어선 고층 아파트와 쌩쌩 달리는 전기자동차 사이에 서 있는 담홍색 6층짜리 시립 건물. 이곳 완항두루 초등학교 4층의 한 교실에는 초등학교 3, 4학년생 36명이 남학생과 여학생으로 짝을 이룬 채 줄을 맞춰 빽빽이 모여 있었다. 아래층에는 초록색 운동 트랙이 깔려 있고, 저학년 아이들이 체육 선생님의 지시에 맞춰서 우스꽝스럽게 어설픈 동작으로 팔굽혀펴기, 거수 도약 운동, 조깅 등을 하고 있었다. 교실 안에는 흰 폴로셔츠에 붉은색 네커치프를 한 꼬마 선원 같은 차림의 학생들이 바르게 앉아서 선생님의 지시를 기다리고 있었다. 이 아이들은 미래의 후계자들이었다. 이 도시는 급격히 발전하고 있고, 아이들도 마찬가지였다. 지난 6년 동안 상하이의 15세 아이들은 세계적인 교육 지표에서 선두를 기록해왔다.[14]

1층 로비에는 달 착륙의 모습을 그린 손 그림 벽화와 '함께해요! 미래를 향한 행진에!'라는 문구가 적혀 있었다.

오전 9시 15분, 종소리가 학교에 울려 퍼졌다. 열 살인 셀레나는 자리에서 일어나 황급히 칠판 앞으로 나가서 학생들을 바라보고 섰다. 교실 벽에 붙은 스피커에서 큰 소리로 음악이 나오자 셀레나가 노래를 부르기 시작했다. "오늘 우리 학교는 빛날 거예요"라고 셀레나가 노래 부르자, 책상에 앉아 주의 깊게 듣고 있던 반 아이들이 "우리 학교는 빛날 거예요"라고 합창했다.

교복을 입은 아이들이 한목소리로 노래 부르는 모습은 보기 좋았다. 머릿속으로 나도 아이들이 부르는 노래를 따라 불렀다. '오늘 우리 학교는 빛날 거예요. 우리 학교는 빛날 거예요.' 규칙적인 절차가 아이들에게 중요하다는 사실은 나도 익히 알고 있었다. 그렇지만 이 정도라면 일종의 세뇌가 아닌가 하는 생각이 들었다. 비평가들은 중국 학생들이 세계 최고의 성적을 거두었다는 점을 일축하고, 상하이의 학교들은 시험 점수는 뛰어나지만 세상에서 성공하는 데 꼭 필요한 사회적·감정적 역량은 부족한, 생각 없는 고성능 드론을 대량 생산하고 있다고 비난했다. 진실이야 어쨌든 간에 첨단기술을 옹호하는 기술 이상주의자들이 제시한 새로운 교육 평가 테스트에서 동아시아의 아이들이 가장 우수한 성적을 내고 있다. 그중에서도 상하이가 세계 최고의 기초 교육으로 1위를 기록하는 중이다.

내가 상하이의 교육 방식에 관한 정보를 처음 접한 것은 한 영국 TV 프로그램을 통해서였다. '우리 아이들은 충분히 강인한가?'라는 제목의 이 프로그램은 중국 수학 선생님 두 명이 햄프셔 중등학교까지 찾아와 영국 선생님들과 겨루는 내용을 다뤘다. 어떤 내용을 어떤 아이들에게 가르치는지 전혀 모르는 상태에서 진행한 이 시험은 마지막 회에 치른 학생들의 시험 결과로 평가했는데, 중국 선생님들이 영국 선생님들을 이겼다. 나는 국제학업성취도평가가 기계적인 암기 능력 이상을 평가하도록 고안된 것이라는 사실을 슐라이허에게 들어서 잘 알고 있었다. 그 성취도평가는 '사고력'을 가늠하는 시험이었다.

행복한 꼬마 선원들은 책상에서 스트레칭, 몸 흔들기, 깊이 숨쉬기 같은 기본적인 운동을 하고 나서, 중국어로 다시 노래를 불렀다. 9시 20분, 아이들은 수업을 들을 준비를 갖췄다. 책상 여섯 개가 세 줄로 놓여 있고, 남학생과 여학생이 짝이 되어 앉았다. 모직 판초를 걸치고 멋스런 큰 안경을 쓴 징웨이 선생님은 새로 교사가 된 젊은 초등학교 수학 선생님이었다. 그녀는 프로젝터 옆에 자리를 잡았다. 나는 영어로 번역된 학습 계획안을 손에 쥐었다. 오늘 배울 내용은 '수직선으로 어떻게 분수를 표현할 수 있을까'였다.

상하이의 아이들이 뛰어난 것과, 시험 공장이라는 비난을 듣고 있다는 사실은 그다지 놀랍지 않았다. 중국은 약 2,000년 전인 한나라 시대에 이미 세계 최초의 표준화 검사를 만들어서 최고의 자리를 향한 경쟁을 시작했다. 국가 관직에 진출하고자 하는 사람들은 군사 전략과 공자 사상에 관한 지식을 평가하는 과거 시험을 통과해야 했다. 시험 응시자들은 부정행위를 방지하기 위해 만든 공원貢院이라 불리는 시험장에 들어가서 2박 3일 동안 먹고 자면서 소론 형식으로 답을 적었다. 이런 제도는 청나라 때 동인도회사 관리들에게 알려지면서 1800년대 중반에는 인도 관직 등용에도 도입됐다. 그로부터 몇 년 뒤에 영국에서 처음으로 표준화된 졸업시험을 케임브리지 대학이 발표했다. 표준화 시험은 그 이후로 교육의 대중화와 함께 세계 모든 곳에서 쓰이게 됐다.

완항두루 초등학교를 방문하기 전날에 나는 에듀테크 기업가인 스텔라, 그리고 상하이 교육위원회 사무차장인 장밍셩과 이야기를 나눴다. 스텔라는 자신이 최근 개발한 인공지능 시스템이 글을 최대 15문장까지 채점하고, 자동으로 피드백을 줄 수 있으며, 곧 구두 발표에도 같은 기능을 사용할 수 있게 될 것이라고 했다. 우리는 불교 사원 정안사의 전나무들과 그 뒤에 자리한 고층빌딩들이 내려다보이는 피닉스라는 프랑스식 레스토랑에서 짙은 목조 패널로 꾸민 방에 앉아 점심을 먹었다. 장밍셍이 고대의 시구 한 구절을 소개했다.

"우리가 바라는 건, 아침에 젖소랑 양들과 함께 일하고, 오후에 황제를 위해 일하는 것이니."

나는 점잖게 고개를 끄덕였다.

21세기형 죄수의 딜레마

공자 시대 이후로 교육은 중국 문화의 뼈대였다. 플라톤이 태어나기 100년도 더 전에 공자는 이미 1년을 내다본다면 벼를 심고, 10년을 내다본다면 나무를 심고, 100년을 내다본다면 아이들을 교육하라는 가르침을 전파했다.[15] 공자는 깊이 존경받는 인물로, 그가 가르친 암기식 교육법은 여전히 상하이의 교육 방식에 영향을 주고 있다. 이 방식에 따라 아이들은 반복과 암기를 통해 배우는 내용을 이해한다. 나는 징웨이 선생님의 수학 수업에 들어가서 이를 직접 확인했다.

노래가 끝난 뒤, 학생 세 명이 자리에서 벌떡 일어서더니, 수직선에서 1/2, 1/3, 1/4인 지점이 어디인지를 차례로 말하고 자리에 다시 앉았다. 그리고 학생들은 5분 동안 각자 네 개의 수직선 위에 3/10, 3/5, 1/7, 1/9, 3/7, 9/10, 7/9, 5/9의 지점을 표시했다. 이 활동이 끝난 뒤 징웨이 선생님은 다시 학생들 몇 명을 지목해서 답을 설명하게 했다. 다음은 분수의 분류에 관한 내용이었다. 3/5과 3/7 중에 어떤 값이 더 클까? 7/9과 5/9는 어떤가? 9/10는 3/10보다 클까? 1/9은 1/7보다 많은가 적은가? 아이들은 재빨리 생각하고 답을 말했다. 수직선이 있어서 아이들은 주어진 값의 차이를 시각화할 수 있었다. 선생님은 이어서 토론을 이끌었다. 분수를 비교하는 다른 방법에는 어떤 것들이 있을까? 한 여학생이, 곱해서 분모가 같아지도록 만들면 된다고 설명했다. 1/9과 5/7는 각각 7/63, 45/63로 바꿔 표현할 수 있다. 그러면 어느 쪽이 더 큰지가 명확히 눈에 들어온다.

맨 뒷자리에 앉아서 수업을 지켜보던 나는 배움이 여러 단계를 거치며 점점 커지는 과정을 직접 확인할 수 있었다. 장밍셍이 설명했던 것처럼 학생들은 반복을 통해 그 내용을 완벽히 익혔다. 교사는 학습할 개념을 정한 뒤에 다양한 각도에서 분석해 그 내용을 충분히 익힐 수 있게 했는데, 내가 참관한 이 수업의 경우는 분수를 배우면서 수직선, 곱셈, 어떤 것이 더 크거나 작은가를 확인해나갔다. 수업을 시작한 지 35분쯤 됐을 때, 면봉을 가지고 하는 게임으로 수업을 마무리했다. 아이들 머리에서 인지 구조가 새로 형성된 것이 거의 느껴지는 듯했다.

"참 똑똑한 학생들이네요!" 학생들이 종이 몇 장을 꺼내 놓고 자기 평가를 하는 모습에, 내게 통역을 해주던 사람이 감탄했다. 핀란드의 페카 퓨라 선생님 수업에서처럼 이 아이들도 학습에 대한 관심, 학습 습관, 학습의 효율성 같은 행동에 대해서 자기 평가를 하고 있었다. 수업은 정밀성에 초점을 맞췄다. 중국에서는 일반적으로 과목별, 학년별로 전담 교사가 있어서 교사들이 같은 수업을 반복해서 가르치기 때문에 교사들은 그 부분의 기술(예를 들면, 8세의 학생들에게 분수를 가르치는 방법)을 다듬고 개선해나갈 수 있다. 모든 학생이 교과 과정을 같은 속도로 나가야 하는 아쉬움은 있지만, 가르치는 입장에서는 이런 방식이 꽤 효율적이다. 그 외에 전반적인 성적이 높아진다는 장점도 있다. 슐라이허가 지적했듯이 상하이에서 가장 하위에 해당하는 학생들이 미국의 상위 학생들보다 성적이 높았다. 하지만 모든 사람이 이곳의 교육 제도를 마음에 들어하는 것은 아니다.

미국에서 활동하는 중국 교육 전문가이며,『누가 크고 못된 용을 두려워 하는가?Who's Afraid of the Big Bad Dragon』의 저자인 용자오는 상하이의 교사와 부모 들이 덫에 빠진 기분을 느낀다고 설명한다.[16] 이 사람들은 아이들에게 다면 적인 21세기 교육을 시키기를 원하면서도 기존의 경쟁 논리에서 벗어날 수 가 없다. 이들은 '죄수의 딜레마'에 빠져 있기 때문이다. 모든 사람이 경쟁 을 그만두기로 한다면 물론 좋은 일이지만, 단 몇 명이라도 지속한다면(가 장 좋은 어린이집에 등록하고, 과외 교습을 받고, 시험 점수 잘 받는 기법을 익히는 등), 나머지 사람들도 자기 자녀를 경주 트랙의 출발선에 데려다놓을 수밖 에 없다. 손해볼 위험을 지고 싶은 사람은 아무도 없으니 말이다.

영화 〈뷰티풀 마인드〉의 실제 주인공이기도 한 수학자 존 내쉬John Nash의 '내쉬 균형Nash equilibrium'이 증명했듯이 개인에게 최적인 결과가 반드시 집 단의 모든 구성원들을 위한 최적의 결과를 의미하지는 않는다. 이런 경쟁은 걷잡을 수 없이 확대되기도 한다. 중국의 대학 입학 시험인 가오카오는 한 국의 수능처럼 대중의 히스테리를 유발한다. 최고 명문 대학의 가장 인기 있는 전공은 경쟁률이 50,000 대 1에 이르는 것으로 알려져 있다.

용자오는 국제학업성취도평가 결과로 상하이 학생들이 '생각'할 줄 아는 학생들임이 밝혀졌다지만, 사실은 권위주의적인 제국의 전통으로 기껏해 야 한정된 일부 영역의 지능을 발달시켰을 뿐이라고 주장한다. 최악의 경우 에 그 평가 결과는 융통성 없는 경쟁 문화와 사람들이 모두 탐내는 몇 안 되 는 정부 요직에 진출하려는 행렬에 맹목적으로 동참하는 상황을 의미한다. 그는 "중국은 다양하고, 창의적이고, 혁신적인 재능을 희생해서 세계 최고 의 시험 성적을 획득했다"고 진술했다.[17]

공자의 가르침은 배움의 상징이었다. 그러나 공자의 철학은 제국적인 권위로도 나타난다. 용자오가 보기에 상하이의 교육 체계는 대단히 효과적이었다. 하지만 한편으로는 모든 아이들의 머릿속에 정부가 의도하는 내용을 그대로 주입하는 권위주의적인 기계 같은 측면도 있었다. 이와 비슷한 맥락에서 프랑스 철학자 미셸 푸코Michel Foucault는 『감시와 처벌Surveiller et punir』에서 "자격을 주고, 분류하고, 처벌한다"고 했다.

다음 세대의 욕망을 파악하라

상하이나 한국이 거둔 성과를 무시할 수는 없다. 슐라이허는 나와 이야기를 나누는 자리에서, "중국과 같은 교육 체계는 평균적인 사람들을 데려다가 그들에게서 엄청난 생산성을 끌어내는 데 유용하다"고 말했다. 완항두루 초등학교와 우카이 고등학교 학생들은 활기가 넘쳤다. 교사들은 똑똑하고 자신감 있는 전문가들이었으며, '우리 아이들은 충분히 강인한가?'라는 영국 TV 프로그램에서 햄프셔의 중등학교 학생들이 깨달았듯이 선망의 대상이었다. 그렇지만 장밍셍은 서구 사람들이 상하이의 교육 제도를 배우려고 하는 것처럼, 중국의 고위 인사들은 영국이나 미국식 교육 제도에 관심이 있다고 강조한다(참고로 중국을 배우려는 서구인들의 자세는 진지하고 열정적이다. 실제로 나는 교육부의 후원으로 진상 조사차 완항두루를 방문한 잉글랜드 북서부 번리에서 온 수학 선생님 네 명과 우연히 마주치기도 했다).

용자오에 따르면, 중국 경제가 18세기까지 세계의 경제 생산을 지배했지만, 유럽의 사고思考 혁명이 그런 흐름을 뒤집었다. 서구 강대국의 과학적이며 자유 인문적인 모델이 교육을 주도했고, 중국은 대제국의 과학기술 우위를 잃었다. 오늘날 중국은 한국과 마찬가지로, 사회를 하나로 묶는 계층적인 유대를 흐트러뜨리지 않으면서 아이들에게 창의성과 비판적 사고를 더 많이 불어넣을 방법을 고심하고 있다.

영국의 교사이자 저자인 루시 크레한^{Lucy Crehan}은 『클레버랜드^{CleverLands}』에서 전 세계의 주요 교육 체계들을 돌아보며, 상하이의 한 교장 선생님이 중국 학교들을 패스트푸드 업체인 KFC에 비유해 "모든 매장에 뛰어난 셰프가 있는 게 아니라, 모두가 따르는 정해진 절차를 마련해둔 것"이라고 말했다고 전한다. 상하이는 교육에 과학적 관리 기법인 테일러리즘^{Taylorism}을 도입해서 관심의 초점을 한정하고, 내용과 절차를 표준화하며, 과정을 개선했다. 그 방법은 효과가 있어서 상하이 학생들의 읽기, 쓰기, 수학, 과학 실력은 크게 발전했다.

그러나 오늘날과 같이 빠르게 변화하는 세계에서 그런 교육 방식은 교육을 너무 편협하게 규정한 느낌이 든다. 상하이가 성공했던 이유는 이상적인 20세기 교육 체계를 창조했기 때문이었다. 학생들이 교실에서 보내는 모든 시간은 배우는 내용을 통달하고 사고를 중요한 도구로 활용하는 데 투입됐다. 하지만 내용을 완벽히 익히는 데 치중했던 것이 교육 체계를 압박하는 요인으로 작용했다. 상하이가 거둔 성공의 뿌리에서 앞으로 극복해야 할 도전의 싹이 자랐다. 한 발 물러서서 타협할 수 있는 상황이 아니었다.

장밍솅은 안드레아스 슐라이허와 마찬가지로 물리학을 전공했으며, 숫자와 증거에 대한 안목이 있는 사람이다. 그럼에도 21세기는 나이든 과학자들의 시대가 아니라면서, "사회는 변하고 있으며 우리들의 생활 조건과 지위도 향상되고 있다"고 말했다. 그리고 다음 세대는 사람을 다루는 법을 배워야 한다고 주장했다. "미국 학생이나 영국 학생들이 세계적인 무대에 서면, 청중에게 큰 신뢰감을 줘요." 그가 말했다. "그 학생들은 교과 성적에 대해서는 걱정을 하지 않습니다." 그는 상하이의 학교들이 그런 태도를 배우면 좋겠다고 했다.

다음 세대는 경제적으로 더 나은 삶을 살겠다는 동기에 자극받지 않을 것이다. "모든 학생들이 각자 삶의 주인이 될 겁니다." 장밍셩이 말했다. 그러므로 교사들도 지금과는 다르게 생각하고 행동할 필요가 있다. 새로운 접근 방식은 아이들의 흥미를 토대로 하고, 각 학생의 개성을 살리는 데 초점을 맞추게 될 것이다. 많은 사람에게 두루 적용 가능한, 평균에 중점을 둔 시스템도 나쁘지는 않았지만, 그것으로는 충분하지 않다. 장밍셩의 접근 방식은 그동안 수백만 명의 아이들에게 큰 성과를 안겼다. 그러나 이제는 새로운 사고방식이 필요한 시점이다. 나는 그 새로운 사고방식을 찾고 싶은 욕망에서 안드레아스 슐라이허를 찾아가게 됐다. 그리고 슐라이허가 상하이를 찾았던 것도 그와 같은 이유에서였다. 장밍셩은 나중에 덧붙였다. "저 같은 사람은, 미래를 설계하는 데 나서기에는 적합하지 않아요."

21세기의 새로운 종교,
데이터교

"변화하는 세상에서 선두 자리를 지키는 건, 힘들이지 않고 달성할 수 있는 일이 아닙니다." OECD 본부 건물에서 미로처럼 복잡한 통로의 막다른 지점에 이르렀을 때, 안드레아스 슐라이허가 말했다. 데이터 분석 능력은 복잡하게 이어진 복도에서 길을 찾는 단순한 과업과는 비교조차 안 될 것이다. 나는 엘리베이터를 타고 1층 로비로

내려가면서 이런 생각을 떠올렸다. '성공은 절대 영원한 경우가 없다. 현실 안주에는 큰 대가가 따른다.'

데이터는 우리 미래에서 피할 수 없는 부분이다. 데이터는 새로운 사실을 드러내고, 게으른 추측을 뒤흔들며, 우리가 충분히 더 잘할 수 있음을 확인 시킬 것이다. "교육에서 좋은 일을 많이 했다면, 그 증거가 되는 결과로 확인할 수 있을 겁니다." 슐라이허가 말했다. 우리는 OECD 건물 밖으로 나와 축축하게 젖은 길을 걸었다. 그가 끄는 바퀴 달린 여행 가방이 울퉁불퉁한 자갈길에 부딪쳐 탁탁거리는 소리를 들으면서 나는 마음속으로 그의 열의에 깊은 매혹을 느꼈다. 그가 발표한 성취도 평가 데이터는 양질의 교육에 대한 세계적인 관심을 급격히 높였다. 그는 평범한 의견을 세상에 내놓는 그저 그런 학자는 분명 아니었다.

"세계 곳곳에서 나타나는 눈부신 발전을 눈으로 확인할 때면, 아직도 깜짝깜짝 놀랍니다." 현재 국제학업성취도평가에서 상위 10위 안에 드는 나라들 중에 다수가 10년 전만 해도 상위에 얼굴을 내밀지 못했던 나라들이다. 상하이와 베트남이 대단히 많은 인원을 대상으로 더 잘 가르칠 수 있다는 사실을 증명해 보인 반면, 그동안 교육에서 최고로 꼽히던 미국 같은 나라가 겨우 평균에 머물면서 여차하면 뒤처질 수도 있다는 사실이 증명됐다.

슐라이허가 과학자 정신과 개혁가의 신념으로 수집한 데이터는 배움의 미래를 향한 길을 밝혔다. 그는 영국에 그래머스쿨을 재도입하려는 움직임이 일었을 때, "사람들이 곧바로 '어느 부분에서 실질적인 효과가 있었는지, 공정성에는 어떤 영향이 있는지'를 물었다"라고 말했다. 물론 그처럼 증거에 기초해서 결정하고 행동하는 것이 훨씬 나은 방법임에는 틀림없다. 다만 그럴 경우, 일단 무언가를 평가하기 시작하면 사람들이 측정 가능한 측면에만 집착하게 될 우려가 있다.

슐라이허는 엘리트 사립학교에 관해 언급하면서, "분석 통계를 낼 때 측정하기 어려운 특성적인 측면을 함께 다루지 않으면, 가난한 아이들은 절대 그런 학교에는 입학할 수 없게 될 겁니다"라고 말했다.

우리는 데이터를 도구의 개념으로 받아들여야 한다. 하지만 한국과 중국의 교육 체계는 학생들보다는 학생들의 데이터에만 관심이 있는 것 같았다. 수능과 가오카오는 학생들의 지성이라는 원대한 능력을 객관식 답안지에 억지로 끼워 맞춘다. 슐라이허가 설명했듯 데이터는 이미지이자 우리를 비쳐주는 '거울'이라는 것을 우리는 알지만, 교육 시스템은 그런 사실을 잘 모르고 있는 것 같아 보이기도 한다.

데이터교는 우리를 구원하지 못한다

나는 슐라이허에게 이런 위험에 대해 물었다. 『사피엔스Sapiens』와 『호모데우스Homo Deus』의 저자 유발 하라리Yuval Harari는 실리콘밸리의 자손들이 '데이터교Dataism'라는 새로운 종교를 이 세상에 전했다고 주장한다. 그는 책에서 "데이터교가 극단으로 치달으면, 지지자들의 세계관이 전 우주를 데이터의 흐름으로, 유기체를 생화학적인 알고리즘과 다름 없는 것으로, 그리고 우주에서 인류의 소명이 모두를 아우르는 데이터 처리 시스템을 만드는 데 있다고 인식하게 된다"고 설명했다.[18]

우리 학교들이 이런 방향으로 나가가고 있는 건 아닐까? 고분고분하고 웬만한 능력을 갖춘 사무직 노동자들이 가장 기초적인 경제 생산을 이끌어가는 상황, 이것이 세상이 원하는 바라면, 그런 접근 방식이 효과가 있을 터이다. 하지만 세상이 창의적인 인간을 원한다면, 방향을 잘못 잡았다.

"우리 사회는 여전히 산업화 노동 조직으로서의 특성이 아주 강합니다."
슐라이허도 그런 현실을 인정했다. "노동자 한 사람 한 사람이 무슨 일을 하고 있는지를 공장 사장이 전부 파악해야 한다고 생각하지요." 철저히 관리하고 통제하는 접근 방식을 학교에 도입하는 것은 인간의 잠재력을 낭비하는 처사이다. 우리는 인간을 더 현명하고 행복하게 만들어줄 시스템을 꿈꾸어야 마땅하다. 지식과 깊은 지혜를 창조하는 주체는 바로 우리다.

인간이 시스템을 위해 존재하는 것이 아니라, 시스템이 우리 인간의 목적과 편의를 위해 존재하는 것이다. 학교라는 환경에서는 더더욱 그렇다. "잘 보면, 교육계만큼 뛰어난 역량을 갖춘 사람들이 많이 몰려 있는 분야도 없습니다. 교사들은 단 한 명도 빠짐없이 대학 졸업장을 가지고 있지 않습니까? 그런 조건을 맞출 수 있는 기업이 과연 존재할지 한번 생각해보세요." 슐라이허는 교사와 학생들의 지성에는 엄청난 잠재력이 있다면서 이렇게 말했다. "그런데 우리는 이 사람들을 지식을 창조하는 데 활용하지 않아요. 그저 미리 만들어진 지식을 이행하는 데에만 쓰고 있지요."

데이터는 누가, 어떤 용도로 사용하는지가 중요하다. 능력 있는 사람의 손에 들어가면 데이터가 평가나 판단을 원활히 하는 데 기여한다. 반면, 알고리즘이나 권위주의적인 국가의 수중에 들어가면 감시와 처벌의 도구가 될 수도 있다. 중국 정부는 이미 디지털로 독재 권력을 행사하고 있다. 당안檔案*의 전통을 기반으로, 각 시민의 의료, 교육, 취업, 여행, 전과 기록을

---

* 당안은 중국 정부가 모든 국민의 '행위와 태도'에 관한 정보를 담아 보유하는 기록이다. 이 기록에는 각 국민의 사진은 물론 신체적 특징과 고용 이력이 담긴다. 그 밖에도 초등학교 때부터 대학 때까지의 성적, 소속된 사회 공동체, 전과, 정치 이력이 포함된다.

보유하고 있으며, 정부는 2010년부터 독재 권력을 빅데이터에 행사해서 급여 상세 내역부터 시작해 최근 부모를 언제 만나러 갔는지까지 모든 사항을 추적할 수 있는 단일 사회 신용 체계를 구축해서 시험하는 중이다.[19] 정부는 그런 데이터를 이미 보유하고 있다. 필요한 소프트웨어만 갖춰진다면, 영화 〈마이너리티 리포트〉에 나오는 것처럼 정부가 반사회적인 행동을 예측하고 미연에 방지하기 위해 이 데이터를 활용하는 상황도 충분히 가능하다.

이런 이야기를 들을 때면 마음이 불안해진다. 요즘에는 시험에서 정해진 기준을 통과하지 못하더라도 대개 다시 도전할 기회를 얻는다. 하지만 기록이 모두 남는다면, 데이터가 피할 수 없는 운명이 되어버릴 수도 있다.

한국 학생들은 수능이라는 시험 하나만으로도 이미 충분히 스트레스를 겪고 있다. 그런 마당에 학교에 다니면서 지금까지 봤던 모든 시험과 제출했던 모든 과제의 기록이 발목을 잡는다면 어떻겠는가? 모든 활동, 상호작용, 성공, 실패가 인생의 블록체인에 일일이 기록되어 예외 없이 모두 고정된 기록으로 남는다면, 학교에 다니는 하루하루, 매 순간이, 수능 시험과 같은 냉엄한 표준화의 위력 속에 사는 삶이 되지 않겠는가? 그것이 바로 빅데이터가 처음 도입되면서 경험하는, 감시받는 삶의 아이러니다. 성패가 달린 중대한 시험이라는 근원적인 뿌리가 워낙 깊다 보니, 이 시험에서 벗어나려다가는 오히려 더 큰 부담에 처할 수 있다.

중요한 것은 데이터 너머에 있다

"우리는 이미 아무도 제대로 이해하지 못하는 시스템 안의 작은 칩이 되어가고 있다"라고 유발 하라리가 언급했다. 혹시 우리 학교들도 그런 방향으로 나아가고 있는 건 아닐까? 영국의 고위 관계자들은 중대한 이해관계

　제3부 | 더 깊이 관심 갖기

가 달린 시험을 아이들이 더 어린 나이부터 경험하도록 정책을 추진하면서 100년이나 묵은 통제주의적 시류에 편승하려 하고 있다. 미국에서는 모든 학생들이 배우는 내용과 형식을 시험하는 것이 어떤 왜곡된 결과를 낳는지를 학교들 스스로 드러내 보였다.[20]

나는 승빈을 만나 들었던, 수능 시험을 준비하는 무척 고단했던 과정에 대한 이야기와 시험이 끝나고 한 달 뒤에 이야기 나눌 때 10년 만에 처음으로 즐거움을 만끽할 생각을 하며 아주 편하고 가벼워 보였던 그의 얼굴을 떠올렸다. 우리는 교사들이 시스템의 냉엄한 논리를 거부할 것이라 믿어야 한다. 그리고 우리 아이들도 마찬가지일 것이다. 물론 발전을 평가할 시험은 있어야 하고 그 길을 밝혀줄 데이터도 필요하다. 그러나 어딘가에서, 어떻게든, 시험에 맞춰 가르치는 것은 그만둘 필요가 있다.

슐라이허는 국제학업성취도평가에 대해 이야기하면서 "이 평가가 이해관계가 걸린 중대한 시험이 되면, 어떻게 하나 걱정이 되기도 합니다"라고 말했다. 이 평가는 세계의 공익을 위해 만든 도구이다. 위계질서와 계층을 강화하려는 것이 아니라, 약화시키기 위해 만든 것이다. 그러나 슐라이허는 사람들이 안쪽으로 관심을 돌릴 수도 있다는 것을 이해하고 있었다.

인류를 다른 동물과 구별 짓는 특성은 우리를 둘러싼 세계의 사회적·정치적·문화적 현상을 진심으로 이해하고 그것을 자본화하는 방법을 배울 수 있는가의 여부다. 진정으로 관심을 갖고 배려하는 제도는 데이터를 그 자체로 중요한 것으로 보지 않고, 진보를 위한 도구이자 인류의 본성적인 학습 잠재력을 깨닫게 수단으로 본다. 바로 이것이 우리 마음에 깊이 담아두어야 할 생각이다. 내가 보기에는 멀게 느껴졌지만, 슐라이허는 희망적으로 보았다. 그는 데이터가 인간의 하인이며, 자신은 그런 데이터를 제공하는 사람이라고 여겼다.

유로스타를 타고 집으로 돌아가면서 나는 슐라이어가 발견한 사실을 더 배려하고, 인간적인 학교를 만드는 데 어떻게 활용할 수 있을지 생각해봤다. 물론 증거는 대단히 중요하지만, 올바른 방식으로 활용해야 한다. 인간의 타고난 학습 잠재력은 다면적이어서 데이터로 만든 틀에 억지로 끼워 맞출 수가 없다. 측정할 수 없는 부분도 똑같이 중요하게 여기고, 행복을 우선으로 여기면 세상이 어떻게 바뀔지, 또한 아이들이 우리가 사는 세상에 관심을 갖고 더 좋게 바꾸는 데 어떻게 기여할 수 있을지, 그리고 이 물음들을 함께 생각해보도록 하면 어떨지를 고려해야 한다.

나는 이런 생각을 마음에 품고, 다시 뉴욕으로 출발했다. 20년 전에 뉴욕 브롱크스의 어떤 교장 선생님은 학생들이 주 전체에서 실시하는 성취도평가에서 아주 뛰어난 성적을 거두었지만, 그런 성과를 학교 밖으로 연결 짓지 못하는 상황에 주목했다. 그래서 그는 학생들이 실제 세계에서 훌륭하게 적응하고 잘 해낼 수 있게 도우려면 학교에서 무엇을 준비시켜야 할지를 고민했다.

제8장

진정한 그릿

품성 교육이 중심이 되어야 하는 이유

"품성 교육이란, 아이들을 인간으로 대하는 것을 의미합니다.
저는 인격체를 키우고 있어요. 그게 제가 하는 일입니다."

_윈디 피터슨(브레이크스루 마그넷 스쿨 교사)

환경과 편견을 뛰어넘은
KIPP 아카데미

데이브 레빈^{Dave Levin}은 해결해야 할
문제를 놓고 고심 중이었다. 1995년, 그는 사우스 브롱크스에 새로 중학교
를 열면서 이런 약속을 내걸었다. "열 살에 뉴욕시 KIPP 아카데미에 입학하
고, 스무 살에 대학을 졸업한다." 당시 이런 주장은 터무니없는 소리로 들
렸다. 왜냐하면 미국에서 대학 졸업장을 받는 사람은 전국적으로 스무 명
중 일곱 명꼴이었지만, 이 지역은 열 명 중에 잘해야 한 명 정도밖에 안 됐기
때문이다.

사우스 브롱크스는 한때 뉴욕시에서 범죄가 가장 많이 일어나는 도시였
다. 힙합과 비보이의 탄생지로서 아프리카 밤바타와 그랜드마스터 플래시
같은 힙합 가수를 배출한 이곳은 숲이 우거진 허드슨 강변에나 있을 법한
사립학교가 어울리는 동네는 아니었다. 이곳 아이들은 대학과는 거리가 멀
었다. 하지만 레빈은 굳게 믿었다. 그는 괴짜 같은 열정으로, 큼직한 셔츠와

넥타이를 매고 집집마다 돌아다니면서 부모를 설득해 아이들을 모집했다. 부유한 뉴욕 북부 지역과 똑같이 네 명 중에 세 명이 졸업장을 받을 수 있게 하겠다는 것이 그의 약속이었다.

"저소득층 아이들도 대학에 갈 수 있어야 합니다"

레빈은 동료 교사인 마이크 페인버그[Mike Feinberg]와 1년 전 휴스턴에 KIPP 를 공동 설립했다. 아이비리그인 예일 대학교와 펜실베이니아 대학교를 각각 졸업한 그들은 휴스턴에서 초등학교 교사로 근무할 때 티치 포 아메리카 [Teach for America, TFA]에서 활동하면서 만났다. 티치 포 아메리카는 미국의 젊은 지성을 지원하고 격려해서 교육 불평등 위기에 대처하겠다는 목표 아래 출범한 프로그램이다. 처음에 다소 어려움을 겪은 뒤, 두 교사는 해리엇 볼[Harriet Ball]의 교육 방식을 접하게 된다. 초등학교 교사였던 해리엇 볼은 반복[repetition], 리듬[rhythm], 랩[rap]의 3R을 중심으로 하는 독특한 교육법을 만들어 활용했다. 레빈과 페인버그는 노래, 구호, 게임, 시끌벅적한 농담으로 구성된 이런 급진적인 교육 방식을 도심 지역에 사는 아이들에게 적용해보겠다는 목표를 정하고, 청사진을 그렸다.[1]

"해리엇 볼은 우리 사이에서 그야말로 스타였어요." 레빈이 말했다. "어느 날, 볼 선생님이 제 교실에 찾아왔는데, 제가 3개월이 지나도록 가르치지 못했던 것을 45분 만에 가르치더라고요."[2]

두 사람은 해리엇 볼의 방식을 수업에 도입했다. 아이들은 그런 새로운 방식에 푹 빠져들었다. 다들 수업을 아주 좋아했으며, 발전 속도도 빨랐다. 두 젊은 교육자의 시도가 통했던 것이다. 그래서 이들은 교육법을 좀더 체계화하기로 결심했다.

볼 선생님이 가장 좋아하는 구호 중에 이런 것이 있었다. "읽어야 해, 얘야. 읽어야 해. 더 많이 읽을수록 더 많이 알게 되거든. 왜냐면 지식은 힘이고, 힘은 돈이고, 그리고 나는 돈을 갖고 싶으니까!" 이 구호에서 프로그램의 이름이 파생됐다. 바로 '지식은 돈이다' 프로그램이다. 이후 페인버그는 휴스턴에 있는 KIPP 아카데미에 남고, 레빈은 뉴욕으로 떠났다.

휴스턴과 뉴욕의 KIPP 학교 두 곳은 저소득층 아이들의 실력 향상을 위한 실험실이 되었다. 평균적으로 그곳의 5학년 학생들은 읽기, 쓰기, 수학 실력이 모두 2년 정도 뒤떨어져서 3학년 수준이었다. 더욱이 이 아이들은 도시의 거친 환경에서 자라 정서적으로도 불안정했고 행동적인 측면에서도 도움의 손길이 많이 필요했다.

처음에 사람들은 이 두 교육자가 제정신이 아니라고들 생각했다. 모두들 뒷짐을 진 채 지켜보며, 두 사람이 실패할 순간만을 기다렸다. 하지만 레빈과 페인버그에게는 열의가 있었다. 그리고 이들 마음속에는 '무슨 일이 있더라도'라는 강력한 만트라가 있었다. 학생들은 매일 아침 7시 25분에 등교해서 5시까지 학교에서 시간을 보냈다. 그리고 매주 토요일 오전 수업을 듣고, 긴 여름방학 중 한 달을 반납했다. 레빈은 미국의 여름방학이 지금처럼 긴 것은 아이들이 집안의 농사일을 거들어야 했던 농경 시대의 유산이라고 설명했다.

레빈과 페인버그가 생각했던 것은 '학교에서 시간을 더 보내면 그만큼 더 배운다'라는 간단한 등식이었다. KIPP 사람들(이 학교에서는 재학생을 'KIPP 사람들'이라는 고유의 표현으로 부른다)은 또래 학생들보다 수업 시간이 약 70퍼센트 더 많았다.

실패할 이유만 찾지 말고 성공할 방법을 찾아라

이 같은 운영 방침은 이 책 앞에서 살펴보았던 런던 KSA의 사례를 본받아 도입한 것이다. 그리고 KIPP는 단순히 5학년 수준을 따라잡는 데 만족하지 않고 추월해서 최고가 되겠다는 목표를 세웠다. 그 말은 학생들이 가진 모든 시간을 투자해야 한다는 의미였다. 휴스턴과 뉴욕 KIPP 아카데미 교문에는 똑같이 '산을 올라 대학으로'라는 슬로건이 걸려 있다.

그 목표를 위해 마련된 조건은 이런 것들이었다. 우선, 볼 선생님의 수업 모델을 수업에 도입해 구호를 함께 외치고, 브레이크비트에 맞춰 배운 사실과 지식을 암송하고, 정해진 과업을 반복 훈련했다. 이 학교는 '열심히 하고, 친절히 대하자'는 단순한 철학에 따라 움직인다. 이 철학은 학교 벽에도 붙어 있을 뿐만 아니라 아이들의 셔츠 등에도 적혀 있다. 이 학교 사람들은 정말로 열심이었다. 교사들은 일주일에 60시간에서 많게는 80시간까지 일했다.

새 학기가 시작되는 날, 교사들은 휴대폰 번호를 학생들에게 알려주었다. 학생들이 숙제를 하다가 잘 모르는 게 있으면 밤이든 낮이든 할 것 없이 선생님께 전화로 질문할 수 있도록 한 것이다. 이런 상황이 가능한 이유는 '계약서'가 있어서였다. 이 학교의 학생, 학부모, 교사는 무슨 일이든 감수하겠다는 계약을 했다. "아이들은 실패할 수밖에 없는 101가지 이유를 들고 학교에 와요." 페인버그가 설명했다. "그러니 우리는 아이들을 성공시킬 방법을 적어도 101가지 마련해두고 있어야 하지요."[3] 변명은 통하지 않았다. 그 말은 군대 수준의 규율이 유지된다는 뜻이기도 했다. 학생들은 의자에 앉는 방법, 책을 나눠주는 방법, 복도에서 걷는 방법까지 배워야 했다. 행동에 대한 기대치는 성적에 대한 기대치만큼이나 높았다. 각 학급은 그 학급 학생들이 나중에 대학을 졸업하게 될 연도를 계산해서, 그 연도를 학급 이름으로 붙였다. 처음 학교에 입학한 학생들은 2003년 학급이었다.

열심히 노력한 만큼 성과가 있었다. 2000년에 미국 시사 프로그램 〈60분〉은 KIPP학생들의 첫 졸업을 방송 주제로 다루었다.[4] 결과는 충격적일 정도로 놀라웠다. 아이들이 5학년으로 중학교에 입학할 때만 해도 실력이 2년 뒤처져 있었는데, 단 4년 만에 이 학생들은 고등학교에서 배우는 대수의 기초를 완전히 익혔다. 휴스턴과 뉴욕 두 곳의 KIPP 학생 모두가 일류 사립학교나 공립학교에 진학하면서 대학 진학의 전망을 밝혔다. 또 휴스턴 KIPP의 학생들 69명이 받은 장학금의 총액이 100만 달러에 이른다는 소식이 전해지면서 전국적으로 유명세를 누렸다. 공립학교의 위기라는 환경에 맞서 개교한 KIPP는 통상적인 상황과 달리 가난한 집안의 아이들이 부유한 아이들보다 공부를 더 잘하는 특별한 학교가 됐다. 의류 브랜드 GAP을 창립한 피서 가문이 KIPP를 전국적으로 확대하려면 돈이 얼마나 들겠느냐며 학교에 연락을 해왔다.[5]

이들은 새로 학교를 더 세워서 미국 전역으로 발을 넓혔다. KIPP 사람들은 계속해서 구호를 외치고, '허리 펴고 똑바로 앉기Sit up tall, 경청하기Listen, 질문하기Ask questions, 고개 끄덕이기Nod your head, 선생님에게서 시선 떼지 않기track the teacher'를 줄여서 SLANT라고 부르는 규율을 지켰다.

2006년에는 레빈과 페인버그가 오프라 윈프리 쇼의 무대 위 안락의자에 나란히 앉아서 열정적으로 KIPP 이야기를 전했다. 이들이 들고 나온 영상에서 사우스 브롱크스에 사는 한 어린 흑인 남자아이가 당당한 태도로, '공부를 잘하고 싶어요'라고 말하는 장면을 보고 호스트인 오프라가 눈물을 흘리기도 했다.

어떻게 해야 대학까지 무사히 졸업할 수 있을까?

이 모든 일이 진행되는 와중에도, 이들은 이른바 '계약서'로 긴밀한 관계를 맺은 그 초창기 학생들과 연락을 주고받았으며, 졸업한 뒤에도 학생이 전화를 걸어오면 변함없이 받아주었다. 그리고 고등학교 관련 문제, 가족 문제에 상담과 조언을 해주면서 아이들이 계속해서 산을 오를 수 있게 이끌었다.

졸업생 대부분은 목표를 이뤄냈다. 2003년 학급의 거의 모든 학생들이 고등학교를 졸업하고 대학에 진학했다. 그런데 그 뒤로 새로운 문제가 생겼다. 사회의 일반적인 기대치를 훌쩍 넘어 대학에 진학해 4년을 잘 마치는 아이들도 있었지만, 그렇지 못한 아이들도 있었던 것이다. 그런 아이들은 돈 문제, 가정 위기, 취직을 해야 하는 상황, 교수님과 원만하게 지내지 못해서, 대학 생활이 마음에 들지 않아서, 성적이 뒤처져서, 자기가 있을 곳이 아니라는 느낌이 들어서 등의 이유로 학업을 중도에 포기했다. 학교가 생긴 뒤 첫 학급에 있던 학생들 10명 중 9명이 고등학교를 졸업했지만, 대학 과정을 충실히 이수하고 졸업장을 받은 학생은 5명에 1명꼴(정확한 인원수로는 총 8명)에 불과했다. 물론 이 정도만 되더라도 비슷한 환경에 있는 아이들에 비해서는 세 배나 높은 수치였지만, 그래도 KIPP 학생 75퍼센트에게 대학 졸업장을 안기겠다는 목표에는 아직 한참 부족했다.

비판하는 사람들은 이를 두고 목표를 너무 높게 잡았음을 보여주는 증거라고 지적했다. 하지만 데이브 레빈은 이것을 해결해야 할 문제 중 하나에 불과하다고 생각했다. 아이들이 대학에 진학하는 데까지 성공했으니, 이제는 대학을 끝까지 마칠 수 있도록 하면 된다는 것이었다.

2000년대 중반쯤 레빈은 대학을 끝까지 다닌 학생들과 중도에 그만둔 학생들의 사례를 살피며 이에 관해 조사하기 시작했다. 학업 성적의 최소 기준을 충족해야 한다는 점에는 절충의 여지가 없었다. 읽기, 쓰기, 수학, 과학은 기본이 갖춰져 있어야 했다. 그런데 사실 학업은 결정적인 요인이 아니었다. 대학을 그만두는 아이들 중에는 성적이 좋은 아이들도 있었기 때문이다. 무언가 겉으로 명확히 드러나지 않는 요인이 있을 것 같다는 생각에 이른 그는 한 가지 추측을 내놓았다. "대학을 졸업한 아이들을 살펴보면서, 그 아이들에게는 학업적인 능력뿐만 아니라 몇 가지 품성이 있다는 사실에 주목하게 됐어요." 한 라디오 방송과의 인터뷰에서 그가 설명했다. "대체로 그런 아이들은 끈기가 있고, 교수님에게 먼저 다가가고, 관계를 맺는 법을 알고, 큰 어려움에 처하기 전에 도움을 요청할 줄 알더라고요."[6]

레빈은 펜실베이니아 대학교의 한 교수를 찾아갔다. 건장한 체격에 머리카락이 휑한 마틴 셀리그만[Martin Seligman] 교수는 긍정 심리학을 창시하고 미국심리학회 회장을 지낸 사람으로, 이 문제를 해결하기에 아주 적합한 인물이었다. 그는 현직 교사들을 대상으로 종종 강연을 했는데, 그럴 때면 보통 간단한 질문을 던지며 이야기를 시작했다. 그가 던지는 첫 번째 질문은 학생들이 삶에서 어떤 것을 꼭 성취하기를 바라느냐는 것이었다. 청중들은 대부분 '기쁨! 목적! 행복! 사랑!' 같은 답을 외쳤다. 그러면 학교에서는 무엇을 가르치는지 두 단어 이하로 대답해볼 수 있느냐는 물음이 뒤따랐다. 그때마다 객석에서는 웃음이 터져나왔다. 그러고서 청중들이 내놓는 답은 '규칙 준수, 주제, 과정, 사실, 산술 능력, 쓰기, 읽기' 같은 것들이었다. 이쯤에서 강연자는 효과를 극대화하기 위해 잠시 뜸을 들인 뒤에 이렇게 말했다. "가만히 생각해보세요. 지금 말한 두 가지 목록 사이에 겹쳐지는 부분이 전혀 없지 않습니까?"[7]

셀리그만은 정신질환을 앓는 사람들을 도우면서 평생을 보냈다. 예를 들어, 우울증은 약물 치료가 아니라 심리 치료로 개선할 수 있는 '심각하게 우울한 심리 상태'인 경우가 많다는 사실을 실험적으로 증명했다.[8] 그런 그가 이번에는 새로운 임무를 위해 나섰다. 그의 목표는 '긍정 심리학'의 기법을 활용해서 모든 학생의 평안과 행복을 증진시키는 것이었다.

레빈은 셀리그만의 저서 『학습된 낙관주의Learned Optimism』를 읽고, 전화를 걸어 만나기로 약속을 잡았다. 그를 만나야겠다는 생각이 든 것은 거의 직감적이었다. 레빈은 KIPP아카데미를 설립하면서 했던 약속을 지키기 위해 학생들을 대학 졸업까지 이끄는 힘이 되는 품성적 자질이 어떤 것인지를 알아내야 했다.

이번 장은 품성 문제를 해결하기 위한 레빈의 노력과 그 노력이 KIPP를 어떻게 바꾸어놓았는지에 관한 이야기를 담았다. 이를 통해 시험에서 뛰어난 성적을 얻는 차원을 넘어 아이들이 생각과 행동뿐 아니라 느끼는 것에까지 타고난 학습자로서 잠재력을 발휘할 수 있도록 하는 것이 '신경 쓴다'는 말의 의미임을 확인하게 될 것이다. 이 이야기는 이런 간단한 질문에서 시작한다. "많은 아이들이 실패하는 가운데에서도 성공한 아이들은 어떻게 그럴 수 있었던 걸까?"

품성을 어떻게 길러줄 것인가

품성 교육은 갈수록 중요해지고 있다. 이 시대에는 과거와는 다른 많은 인간적 자질(공감 능력, 창의성, 사회성)

이 요구되며, 앞으로도 추진력, 결단력, 회복탄력성 같은 더 많은 품성 능력이 필요할 것으로 예상된다. 하지만 우리는 아무런 대비를 하고 있지 못한 까닭에 미래에 대한 불안은 점점 더 높아지고 있다. 게다가 이 시대에는 정신 건강 문제의 확산이라는 사회적 그늘까지 드리워져 있다.

2016년 조사에서 영국의 16~24세 사이 젊은이 중에서 불안, 우울, 공황장애, 공포증, 강박장애 같은 정신질환을 겪은 사람이 일곱 명 중 한 명 비율이었으며,[9] 여성의 경우는 최대 네 명 중 한 명꼴에 이르렀다. 세계보건기구 WHO에 따르면, 현재 세계적으로 4억 5,000만 명이 일종의 정신적인 장애를 겪고 있으며, 네 명에 한 명은 평생 한 번 이상 이런 장애를 경험한다.[10] 이제 강한 품성은 성공하기 위해서뿐만 아니라 제정신으로 멀쩡하게 살기 위해서라도 꼭 필요한 자질이 되었다. 옥스퍼드에 있는 올 소울즈 칼리지[All Souls College] 경제학과 명예교수인 애브너 오퍼[Avner Offer]는, "요즘 같은 시장 기반의 소비자 사회에서는 새로운 것들이 지속적으로 공급되는 상황이 워낙 강력하다. 그러므로 짧은 만족에 장기적인 행복을 희생시키지 않으려면, 훨씬 강력한 책임감과 자제력이 필요하다"고 언급했다.[11]

이런 우려를 표명한 사람은 예전에도 많았다. 품성 발달은 늘 교육의 중심에 있었다. 2,500년 전 플라톤의 아카데미아에서 수학하던 학생들은 수사학이나 논리학 같은 지적인 도구보다는 인간이 어떻게 살아야 하는지에 더 관심이 많았다. 그 분야는 미학 또는 도덕 교육이라는 분야로 알려졌다.

아카데미아를 졸업한 플라톤의 제자 중 가장 유명한 인물인 아리스토텔레스는 이 주제와 관련해 아버지가 아들을 키우는 데 참고할 자녀 교육 지침서의 원형인 『니코마코스 윤리학』을 썼다. 이 책의 제목은 아리스토텔레스 아버지의 이름이자 아들의 이름인 니코마코스를 따서 붙인 것이다. 아리스토텔레스는 이 책에서 덕성을 키우는 법을 논하고 있는데, 그가 생각한 덕성이란 열정과 이성적인 마음이 균형을 이루는 것을 의미했다. 그는 이 책을 쓰면서 무엇보다도 자신이 설명하는 윤리가 인간의 행동 방식을 알려 주는 '실용적'인 정보가 되기를 바랐다.

월워스 아카데미에서도 인성과 품성을 교육하는 문제와 관련해서 많은 논의가 오갔지만, 그에 대한 이해는 적잖이 부족했다. 학생들의 품성은 공동으로 추진하는 대대적인 계획이 아니라 개별 교사들의 끊임없는 노력을 통해 발달한다. 월워스의 교사들 대다수는 무엇보다도 아이들을 선한 인간으로 키워내고 싶어했다. 하지만 GCSE 성적 기준을 달성하도록 지도하는 부분은 정확하고 신중한 방식으로 접근했던 데 비해, 학생들의 사회적·감정적 성장을 위해 지도하는 부분은 무계획적으로 접근했다.

예를 들어, 다 같이 모여 어깨동무를 하거나, 한 자리에 모여 행동에 관한 강연을 듣게 하거나, 게시판에 '개별화 학습과 사고 기술' 포스터를 형식적으로 붙여놓는 정도에 그쳤을 뿐 실질적인 윤리 지침이나 21세기에 맞는 계획은 없었다. 그런 교육을 무엇이라고 불러야 좋을지조차 몰랐다.

그렇다면 어떻게 좋은 품성을 발달시킬 수 있을까? 레빈과 셸리그만은 철학적인 접근에는 관심이 없었다. 이들이 원한 것은 실질적인 영향을 줄 만한 방법이었다. KIPP는 학교에서 시험 성적보다 훨씬 많은 것을 배워서 졸업하는 성공한 인격체를 양성하고자 했다. 하지만 불굴의 정신을 강조하거나 올바른 생활을 논하는 것은 어쩐지 시대에 뒤떨어진 느낌이었다. 오늘날 우리는 무엇이 옳은가를 고민하기보다는 몸과 마음을 편하게 하고 자기가 가진 능력을 최대한 발휘할 방법에 더 관심을 갖는다. 앞으로는 인생을 상담하고 조언하는 라이프 코치life coach들이 철학자나 정치가들보다 더 많아질 것이다. 아니면, 이미 더 많아졌을지도 모른다.

그런 맥락에서 품성을 웰빙well-being과 웰두잉well-doing이 합해진 것으로 이해하면 훨씬 더 잘 와닿을 것이다. 이와 관련해 미국 심리학자들 사이에는 인간의 성격적 특성을 쾌활함, 외향성, 신경증적 성질, 경험에 대한 개방성, 성실성의 '5대' 유형으로 나누자는 쪽으로(다소 인위적이기는 하지만) 합의가 이루어지고 있다. 더 나아가 전문가들은 아이들을 보다 잘 보살피는 데 도움이 되는 실용적인 도구들을 개발하고 있다. 이는 레빈에게는 좋은 소식이었다.

마침 셀리그만의 제자 중 이 다섯 가지 특성에 관한 연구로 학계의 주목을 받고 있는 사람이 있어 그를 찾아갔다.

열정과 투지,
그릿으로 한계를 넘다

뉴욕 북부 웨스트포인트에 자리한 미 육군사관학교의 입학시험은 다들 예상하듯이 아주 까다롭다. 해마다 지원자 수가 1만 4,000명에 이르고, 경쟁률은 12 대 1 정도다. 지원자 중에는 고등학교 체육 대표팀 선수, 졸업 성적인 GPA 점수가 4.0*인 학생 등 신체

---

* 미국 학생들은 고등학교를 졸업하면서 GPA를 기준으로 성적을 받는다. 이 점수는 각 과목별로 0점에서 4점 사이인 점수를 모두 더한 뒤에 평균을 내서 계산한다. GPA 4.0이면 전 과목에서 A를 받은 것과 마찬가지로, 만점에 해당한다.

적·정신적 조건이 또래 중에서 가장 뛰어난 학생들도 있다. 하지만 그렇게 힘들게 사관학교에 입학을 하고서도 다섯 명 중 한 명은 졸업식에서 군악대의 나팔소리를 듣지 못하고 중도에 학교를 그만둔다.

재능과 그릿은 관련이 있을까?

그런데 이보다 더 눈길이 가는 대목은 실패로 끝나는 우울한 길을 걷는 사람들 대부분이 첫 해 여름이 지나기도 전에 그런 결정을 내린다는 사실이다. 펜실베이니아 대학의 심리학자 앤절라 더크워스Angela Duckworth는 이 현상을 연구하면서 "2년 동안의 노력 끝에 가까스로 발을 들여놓고, 고작 두 달만에 포기하는 사람들은 어째서 그런 걸까?"라는 명료한 질문을 던진다. 이에 대한 답은 '야수의 막사Beast Barracks'라는 이름으로 불리는 8주간의 습성에 있었다.[12] 학교 설명 자료는 그 8주간을 '웨스트포인트 4년 중에서 육체적·감정적으로 가장 힘든 시기'라고 묘사한다.

레빈이 문제를 해결하기 위해 고민하던 당시, 더크워스는 심리학과 박사과정 2년차에 있으면서 청소년과 성적에 관해 연구하고 있었다. 현재 앤절라 더크워스는 테드 강연의 슈퍼스타이자, 획기적인 연구로 맥아더 재단의 펠로십에 선정되어 상금 100만 달러를 수상한 유명학자이지만, 그 전에는 여러 분야를 두루 거쳤다. 중국 이민자인 부모 밑에서 태어나 필라델피아에서 자란 그녀는 하버드 대학교에서 신경생물학을 전공하고, 옥스퍼드에서 신경과학 석사학위를 받았다. 지성이 뛰어나지만 특별한 계획은 없는 사람들이 보통 그렇듯 그녀 역시 일류 경영 컨설팅 회사인 맥킨지앤드컴퍼니로 다음 행선지를 잡았다. 그러나 기업의 세계에 흥미를 느끼지 못하고, 27세에 정장과 하이힐에서 실용적인 신발로 갈아 신고 뉴욕 동남부로 가서 중학교 수학 선생님이 되었다.

이런 이력과 관련해서 더크워스는 "잠시 옆길로 벗어난 건, 교직이 아니라 컨설팅 회사에서 일하던 때였어요"라고 말했다.[13] 그녀는 삶의 의미를 사람들을 성장시키는 데 두고 있었다. 주택 개발이 한창이던 맨해튼 알파벳 시티에서 학생들을 가르치면서 데이브 레빈과 똑같은 결론에 도달했다. 수업에서 최고의 성적을 내는 학생들은 능력이 가장 뛰어난 아이들이 아니라, 가장 열심히 하는 학생들이었다. 앤더스 에릭슨이 주장했고, 이프라를 통해 우리가 확인했던 것처럼 말이다. '적성은 성과를 보장하지는 않는다. 수학적 재능은 학교 수학 수업에서 뛰어난 성적을 받는 것과는 다르다'는 사실을 깨달은 그녀는 다시 한번 행보에 변화를 주었다. 능력으로 성공을 예측하기 힘들다면, 과연 무엇으로 예측할 수 있을까? 그녀는 그것을 알아내기 위해 32세에 교단을 떠났다.

이후 연구 활동에 전념하던 더크워스는 웨스트포인트의 사례에 주목하게 됐다. 군 심리학자들은 이미 사관생도들이 중도 하차하는 문제를 수년간 연구해왔다. 성공을 예측하는 데 심리학자들이 가장 많이 활용했던 지표는 시험 점수, 리더로서의 잠재력에 대한 전문가들의 평가, 신체 단련도 측정 결과로 구성된 가중 평균인 '평가 총점'이었다. 하지만 이 점수로는 누가 학교를 그만둘지 예측할 수가 없었다.

군에서 활동하는 과학자를 만나 이야기를 나누던 중에 더크워스는 갑자기 어떤 깨달음을 얻었다. "생도들은 거의 매 시간 그들이 아직 할 줄 모르는 일들을 해야 했어요." 그럴 때는 재능도 별 도움이 되지 않았다. 실패할 수도 있는 상황을 맞닥뜨린 일부 생도들은 주저앉았다. 하지만 나머지 생도들은 그러지 않았다. 그들은 '절대 희망을 버리지 말라'는 태도로, 눈앞에

닥친 일을 계속 해나갔다.

다른 분야에서 큰 성공을 거둔 사람들도 마찬가지였다. 그녀는 유명한 기자, 학자, 운동선수, 경영자들을 조사하면서도 비슷한 현상을 확인하고, 이렇게 진술했다. "이 표본 집단은 유달리 회복탄력성이 크고 근면했다. 또 이들은 스스로 원하던 것임을 아주 깊이 인식하고 있었다. 이들은 결단력이 있었으며 가고자 하는 방향이 뚜렷했다. 간단히 말해서 이들에게는 그릿, 즉 열정과 투지가 있었다."[14]

더크워스는 황급히 첫 번째 '그릿 척도grit scale'를 만들었다. 피험자들은 '나는 중요한 도전을 성취하기 위해 좌절을 극복한 적이 있다', '나는 근면하다', '나는 절대 포기하지 않는다' 같은 질문지 항목에 '매우 그렇다'에서 '전혀 그렇지 않다' 사이의 답을 체크해야 했다. 그녀는 그해 7월 '야수의 막사' 훈련 이틀째 되던 날에 사관생도 1,200명을 대상으로 그릿 척도 검사를 실시했다. 그리고 사관생도의 그릿 척도와 그 생도의 평가 총점 간의 상관 관계를 조사해서 그 둘이 무관하다는 사실, 즉 재능과 그릿은 관련이 없다는 사실을 확인했다. 그녀는 그해 여름이 지나기까지 지켜보면서 기다렸고, 여름이 끝날 무렵 생도 중 71명이 중도 하차했다.[15]

조사 결과, 남은 생도들과 포기한 생도들의 평가 총점에는 거의 차이가 없었던 반면, 그릿은 놀라울 정도로 뚜렷하게 예측 인자의 역할을 했다. 더크워스는 생도 60명이 중도 하차했던 2005년에도 그릿 척도 검사를 반복해서 실시했는데, 그때에도 동일한 결과를 얻었다. 이후 영업사원, 미 육군 특전 부대 대원, 시카고의 학생들, 심지어 스펠링비 대회 참가자들을 대상으로도 검사를 실시했는데, 그때마다 연구 결과가 재확인됐다. 결국 누가 끝까지 해내고 누가 중간에 포기하는지를 예측할 수 있는 요소는 재능이 아니라 그릿이었다.

나는 최근에 더크워스가 이런 내용을 〈타비스 스밀리 토크쇼〉에 배우 윌 스미스가 출연했던 유튜브 동영상을 예로 들어 설명하는 것을 보았다. 윌 스미스가 호스트에게 시선을 고정한 채로 말했다. "제가 당신을 앞서기는 힘들지 모릅니다. 당신이 저보다 더 똑똑할 수도, 더 섹시할 수도 있어요. 열 가지를 예로 들면 그중에 아홉 가지는 당신이 더 나을지 몰라요. 하지만 우리가 같이 러닝머신에 올라가서 달린다면, 당신이 먼저 내려와야 할 거예요. 그러지 않으면 저는 죽을 겁니다."

나는 바로 이런 태도야말로 아이의 웰두잉well-doing을 강화시킬 수도 있겠다는 것을 확실히 느꼈다. 하지만 웰빙well-being에는 어떤 영향이 있을지 약간 걱정이 됐다. 그런 생각을 품고 이번에는 최근 품성 교육혁명의 전 세계적 신경 중추 역할을 하는 미국 동부 연안에 가보기로 결심했다.

뉴욕 할렘에 있는 KIPP 학교는 더크워스의 의견을 특히 진지하게 받아들였다. 이들은 어떤 방법으로, 아이들이 러닝머신에서 내려오지 않고 끝까지 버티도록 만들었을까?

무한한 가능성의 미래
KIPP 인피니티

비 내리는 아침에 뉴욕 웨스트 133번가에서는 범죄 드라마 〈로 앤드 오더〉를 촬영하고 있었다. 할렘에서는 그 같은 경찰과 범죄 현장이 나오는 드라마나 영화를 자주 촬영하는데,

왜 그런지는 다들 짐작할 것이다. 차선이 희미하게 보이고 철교가 놓여 있는 도로 위로는 트럭들이 줄지어 지나갔다. 그리고 노란 안전모를 쓴 험상궂은 남자들이 공사장으로 짐을 나르는 게 보였다. 어떤 선생님은 이곳을 두고 "강가에서 시체가 발견된다고 해도 놀랍지 않을 분위기지요"라고 농담하기도 했다.

하지만 농담 속의 그런 날은 이미 지나간 듯했다. 다운재킷을 입고 페파피그 캐릭터 책가방을 맨 아이들이 가대식 테이블 옆을 바삐 지나가는 모습에서 새로운 시대의 가능성이 엿보였다. 한쪽에서 한창 건축 중인 높은 빌딩은 컬럼비아 대학교의 최첨단 건물이었다. 20번가 건너편에 있는 페어웨이 슈퍼마켓과 할렘 비어스트라세 비어가든은 이 지역의 재건을 알렸다. 그리고 아이들이 줄지어 등교하고 있는 이 학교는 그 자체로 무한한 가능성의 미래를 상징했다.

KIPP 인피니티 할렘^{KIPP Infinity Harlem}은 미국 31개 도시에서 유치원생부터 고등학생까지 8만 명이 재학 중인 200개의 KIPP 학교 가운데 하나다. 창립자의 사명에 따라 KIPP 소속 학교들은 모두 저소득층 거주 지역에 위치하며, 입학생의 96퍼센트가 흑인이나 히스패닉이다. 그리고 학생의 88퍼센트는 점심 식사를 무상이나 할인된 비용에 먹고, 10퍼센트는 무상 특별 교육을 받을 자격이 된다. 관련 데이터만 보면 성공할 수 없는 환경에 놓여 있지만, 실제로 이 학교의 아이들은 성공적인 결과를 일구어낸다.

KIPP 학생 94퍼센트가 고등학교를 졸업하고, 81퍼센트가 대학에 입학하며, 그중 44퍼센트가 4년제 대학을 졸업한다. 이는 맨 처음 졸업생들에 비해 두 배 이상 높은 비율이다. 대학을 졸업하는 학생의 비율을 소득 최상위 계층 수준(현재 91퍼센트)으로 끌어올리겠다는 레빈의 최종 목표까지는 아직 조금 더 가야 한다. 하지만 현재 KIPP 학생들이 대학을 졸업하는 비율은 64퍼센트로, 모든 계층을 아우른 전국 학생들의 대학 졸업 비율인 24퍼센트 보다는 훨씬 높다.

탁월함은 행동이 아닌 습관에서 나온다

나는 진눈깨비가 내리는 길을 지나 학교 안으로 들어갔다.

3층에는 벽면이 목재로 된 넓은 강당이 있고, 그곳에 5~8학년 사이 학생 350명이 모여 월요 아침 서약을 하고 있었다. 학생들은 고동색, 짙은 녹색, 남색, 검은색 폴로셔츠에 큼직한 스니커즈 운동화 차림이었다. "우리는" 학생들이 한목소리로 외쳤다. "희망, 훈련, 헌신으로, 우리가 사는 세상과 그 속에서 우리의 위치를 바꿀 수 있음을 믿습니다. 지름길은 없습니다. 한계도 없습니다. 같은 팀, 한 가족이 되어 우리는 길을 찾거나 만들 것입니다." 지난 22년 동안, 이곳을 거쳐간 많은 아이들이 그런 꿈을 읊었을 것이다. 산을 올라 대학으로, 무슨 일이 있더라도 해나가겠다고 말이다.

"우리는 KIPP 인피니티입니다."

강당 앞쪽에 앨리슨 홀리Allison Holley 교장이 무대에 섰다. 지난 주말에는 트럼프 대통령의 취임식이 있었다. 학생 네 명 중 한 명은 흑인, 세 명은 히스패닉의 비율로 구성되었는데, 이들 중에는 트럼프가 대통령이 된 것을 걱정하는 아이들도 있었다. 홀리 교장은 KIPP 인피니티 졸업생들이 뉴욕 '여성들의 행진'에 참여해서 트럼프 타워 앞까지 행진하는 사진을 학생들에게 보여주었다. "이 학생들 기억하나요?" 그녀가 질문했다. "우리는 금요일에 민주주의의 한 장면을 목격했습니다. 그리고 토요일에는 또 다른 장면을 목격했고요." 그녀는 바깥세상이 만만치 않지만, 절대 포기해서는 안 된다는 사실을 알리고자 했다. 이어서는 지난 금요일에 찍은 남학생 화장실 사진을 공개했다. 휴지와 쓰레기가 여기저기 흩어져 있었다. 그녀는 "이 문제를 해결할 시간을 일주일 주겠어요"라고 말하면서 학생들에게는 책임을 져야 할 부분도 있다는 사실을 분명히 했다.

비에 젖은 신발을 신고 총총걸음으로 복도를 걸어 내려가면서, 나는 학생들의 생각과 태도를 중요하게 여기는 것이 KIPP 인피니티의 기풍임을 인식했다. 벽에는 "현재의 우리는 우리가 반복적으로 행하는 것의 결과다. 그러므로 탁월함은, 행동이 아니라 습관이다"라는 아리스토텔레스의 명언이 걸려 있었다. 스티커가 잔뜩 붙어 있는 사물함 위에는(100만 단어를 읽은 학생들에게 수여하는 백만장자 배지가 가장 많이 눈에 띄었다) 좋은 인성으로 가는 단계를 설명하는 게시물이 있었다. "하나, 우리는 문제에 휘말리는 것을 원하지 않는다. 둘, 우리는 보답받기를 바란다. 셋, 우리는 누군가에게 좋은 인상을 주고 싶다. 넷, 우리는 규칙을 지킨다. 다섯, 우리는 다른 사람들의 권리와 기분을 늘 진심으로 신경 쓴다. 여섯, 이것이 우리의 규범이자 본모습이다."

KIPP에서는 이런 부분을 깊이 고려하는구나 하는 생각이 들었다. 그런데 포스터를 붙이는 것쯤이야 누구든 할 수 있지 않은가 싶기도 했다. 나도 아이들을 가르칠 때 교실에 이런 포스터를 붙여 보기도 했으니까. 이 학교에서는 아이들이 세상에 나갈 준비를 할 수 있도록 어떤 실질적인 준비를 시키고 있는 걸까? 나는 이에 대한 답을 구하기 위해 그리피스 선생님 교실을 찾아갔다.

지금으로부터 12년 전에 그리피스 선생님은 수학 담당으로 이 학교의 기초를 마련했다. 그때는 레빈이 셀리그만에게 연락했을 무렵이었다. 두 사람이 만나 이야기를 나누다가 주제가 옆길로 빠져서 셀리그만이 레빈에게 크리스토퍼 피터슨^{Christopher Peterson}과 함께 책을 새로 썼다는 이야기를 꺼냈다. 『성격적 장점과 미덕^{Character Strengths and Virtues}』이라는 제목의 책은 사전처럼 두꺼웠다. 무려 800쪽에 이르는 이 책은 최초의 '성격 과학'을 표방하며, 플라톤에서 포켓몬까지 인류 역사에 등장하는 다양한 인물의 장점을 분석하고, 모든 인종, 계층, 성별, 문화, 시대, 장소에 공통된 여섯 가지 강점을 제안했다. 레빈은, "기본적으로 사람들을 분별하는 모든 기준을 초월해서 따진 것이지요"라고 말했다.[16] 셀리그만의 설명에 따르면, 이것은 "교회 일요학교 선생님들이나 할머니 할아버지들이 이미 다 알고 있는 따분하고 고리타분한 내용"이 아니라, "건전한 정신으로 살아가기 위한 참된 지침"이자,[17] 미국 정신의학회^{APA}의 악명 높은 정신병 백과 편람에 덧붙여진 지침서였다.* '지혜와 지식', '용기', '인간성', '공평성', '자제력', '초월성'의 여섯 가지 강점, 그리고 그 밑으로 스물네 가지 긍정적인 성격이 제시됐다. 레빈은 "저희들은 이 목록을 강점과 기술의 조합으로 봅니다. 특징이라는 용어를 사용할 경우에 자칫하면 키가 크거나 작은 것처럼 바꿀 수 없는 상태를 의미한다고 받아들일 수 있기 때문이지요. 하지만 자제력, 호기심, 사회적 지능 같은 것들은 고정된 특성이 아닙니다." 이들은 그중에서 KIPP에서 가장

---

* 미국 정신의학회에서 발간한 『정신장애 진단 및 통계 편람^{DSM}』은 297가지 정신질환을 표준화한 목록으로, 정신병 치료에 서로 공유할 수 있는 용어를 도입했다는 좋은 평가를 받지만, 한편으로는 ADHD나 우울증 같은 질병에 대한 약물 처방이 급증하게 된 원인이라는 비판을 받기도 한다. 미국 질병관리본부에 따르면, 미국의 4~17세 사이 아동과 청소년의 11퍼센트가 ADHD 진단을 받으며, 6퍼센트는 약물을 복용하고 있다고 한다. 이는 같은 나이 영국 아이들의 3퍼센트가 ADHD 진단을 받고 1퍼센트가 약물을 복용하는 것에 비하면 상당한 수치다(참고자료: Sarah Boseley, "Generation meds: the US children who grow up on prescription drugs", *Guardian*, 21 November 2015).

중요하게 강조할 일곱 가지 특성을 정했다. 그 일곱 가지는 '자제력, 투지, 낙관적인 태도, 사회적 지능, 감사, 호기심, 열의'였으며, 학교의 모든 교실 벽에 적혀 있었다.

레빈은 대학 입학사정관이 학생들의 GPA(성적 평점)를 고려하는 만큼이나 CPA^{character point average}(품성 평점)을 중요하게 고려하는 세상을 꿈꿨다. 하지만 모두들 품성을 평가할 신뢰할 수 있는 체계를 만들기는 힘들다고 생각해왔다. 그래서 레빈은 '품성 성장 카드'를 만들자는 결론에 이르렀다. 학생들이 이 일곱 가지 특성에 대해 정기적으로 1에서 4까지의 점수를 평가받도록 한 것이다. 그리피스 선생님은 그 평가 체계를 처음 만들 때 참여했다.

좋은 성품을 위한 KIPP의 교육법

그리피스 선생님 교실에는 화이트보드 위에 큼직한 글씨로 이런 글이 써있었다. "발전: 무엇을 대가로?"

'무한한 특성^{Infinity Character}'이라는 글귀가 새겨진, 학교에서 나누어 준 검은색 후드 티셔츠를 입은 8학년생들은 부패한 기업가들의 음모에 맞서 제4계급(언론계)을 든든히 뒷받침함으로써 1920년대에 미국 민주주의를 발전시킨 용감한 기자 아이다 타벨^{Ida Tarbell}, 사회 부정을 폭로한 비평가 겸 소설가 업튼 싱클레어^{Upton Sinclair} 같은 인물을 다룬 책을 많이 읽었다. 또 이들은 다른 출처에서 인용한 지문마다 공들여서 일일이 표시하고 주석을 다는 법도 배웠다. 교실 뒤에 있는 유리 장식장에는 각각의 성격적 강점을 상징하는 엑스맨, 배트맨, 슈퍼맨 같은 액션 피겨(수집용 캐릭터 인형들) 수백 개가 줄곧 학생들을 감시하고 있었다. 그리고 등받이 없는 의자 위에는 60센티미터 정도 되는 스타워즈의 R2D2 모형이 자리했다. 학급 학생들은 〈로 앤 오더〉 시리즈의 한 장면을 감상하는 것으로 수업을 마쳤다. 그것은 업튼 싱클레어의 소설 『정글』의 맥을 잇는 현대적인 도축장 스캔들로, 정치적이며 인격 형성에 영향을 끼치는 내용을 다루었다.

아이들이 교실을 빠져나간 뒤에 나는 그리피스 선생님과 마주 앉았다. 품성 개발을 위해 KIPP에서 어떤 활동을 하고 있는지를 물었다.

그리피스 선생님은 KIPP에서 운영 중인 '급료' 시스템에 관해 설명했다. 학년 초에 학생들의 계좌에 가상 화폐가 입금된다. 우수한 학생은 돈이 추가로 입금되고, 잘못한 경우에는 벌점을 받는다. '급료'는 매주 수요일에 정확하게 배부됐다. 학생들은 한 학년이 끝날 때, 학년 초보다 잔액이 더 늘어나는 것을 목표로 삼았다. 금액이 쌓이면 단기적으로는 짧은 이동을 할 수 있는 권리를 보상으로 받았고, 장기적으로는 주급 대신에 월급을 받을 자격을 얻었다. 일단 그런 자격을 얻으면, 급료 시스템을 완전히 졸업하고, 심각한 실수 없이, 탄탄한 토대 위에 좋은 성품을 유지했다.

KIPP는 학생들에게 많은 규율을 요구하는 것으로 악명이 높았다. 그래서 보상을 받지 못하는 아이들이 많았다. 처음에는 선생님이 학생의 강점을 반영해서 점수를 준 품성통지표를 학생들에게 1년에 네 차례씩 배부했지만, 최근에는 그런 통지표를 없앴다. 교사들이 학생의 품성을 정확히 반영하기가 힘들다고 느꼈기 때문이다. 그리피스 선생님은 "어느 날 학생 90명의 점수를 한꺼번에 주어야 한다면 어떨지 상상이 갈 겁니다"라면서, 통지표는 임의적인 측면이 강했다고 보았다. 하지만 급료는 아주 가치 있는 방법이라고 설명했다.

"상담을 할 때 학생에게 각자의 급료를 확인하게 하고, 어떤 부분에서 어려움을 겪고 있으며, 어떤 부분은 뛰어난지에 대해 이야기를 나눕니다. 그리고 다 같이 모여 앉아서 급료 평균을 향상시킬 목표를 찾아보지요."

그런 목표는 늘 성격적 강점과 명확히 연관이 됐다. 급료를 높이고자 하는 학생은 쉬는 시간에 '벤치'(KIPP에서 쓰는 용어로, 교실에 남아 있는 것을 뜻한다)하면서 추가 자료를 읽기도 한다. 교사가 학생들에게 보상을 할 때는 그저 점수만 주는 것이 아니라, 어떤 행동을 높이 사는지를 명확히 밝힌다. KIPP는 학생들이 각자의 행동을 보다 객관적으로 바라보고 정확히 파악해서 생각할 수 있게 하려는 듯했다. 일종의 인지 행동 요법 같은 것이었다.

나는 그들이 어째서 투지나 자제력 같은 측면을 강조하는지 알 수 있을 것 같았다. 이런 품성은 학업의 성공에 가시적으로 작용하는 요소였으며, 어쩐지 KIPP의 목표와도 더 가까운 듯 보였다. KIPP의 농구팀 코치도 맡고 있는 그리피스 선생님은 학생의 의욕이 높을 때조차도 목표를 이루기가 상당히 어렵다는 사실을 잘 알고 있었다. "아이들이 좋아하는 농구를 하면서도 제대로 된 방식으로 연습하기 위해 자제력을 발휘하고 있을까요? 자유투 실력이 신통치 않은데도 왜 3점 슛을 시도하는 걸까요?"

산을 오르려면 무엇보다도 투지가 필요했다. 비록 학교는 창의성, 긍정적인 생각, 기쁨을 강조했지만, 이 학교 학생들은 투지 있는 아이들로 잘 알려져 있다. 물론 KIPP 출신 학생의 절반 가까이가 대학을 나오기 때문이기도 했지만, 이제와 생각해보니 일부 비평가들이 KIPP에 '미국 경제계가 사랑하는 학교'라고 부르며 비꼬는 이유를 이해할 수 있을 듯했다. 이 학교 학생들은 훌륭한 노동자가 될 재목이었다. 심지어 급료 체계에까지 익숙해져 있으니 말이다. 나는 열네 시간씩 공부를 하면서 분투하는 한국의 승빈을 떠올리지 않을 수 없었다.

"제가 볼 때 학생들이 낙관적인 태도나 감사하는 마음 같은 품성을 갖췄는지를 확인할 방법이 아직은 없는 것 같습니다." 그리피스 선생님이 말했다. 뭔가 잘못된 것 같은 기분이 들었다. 그런 태도는 학생들이 앞으로 일이나 사회생활을 할 때는 덜 중요할지 모르지만, 학생의 행복에는 아주 중요하지 않을까 하는 생각이 들었다. KIPP가 자제력에만 지나치게 치중하는 것은 아닐까?

마시멜로 자제력 실험이 주는 교훈

독일 빈에서 태어난 심리학자 월터 미쉘Walter Mischel은 1986년에 자제력에 대해 더 깊이 알아보기 위해 나섰다. 그는 캘리포니아 팰로앨토에 있는 집 부엌에서 어린 딸들이 충동성이 주를 이루던 영아기를 거쳐 이제는 한층 이성적이고 인내심 있는 존재로 바뀌었음을 관찰했다. 이 아이들의 뇌에서 어떤 일이 벌어졌기에, 만족감을 지연시킬 수 있게 된 걸까? 그는 간단한 실험을 계획했다. 유치원생들 앞에 마시멜로(혹은 사탕이나 캐러멜)를 꺼내 놓고, 간단한 지시사항을 전달한다. 연구원이 방을 나간 뒤에 아이는 마시멜로를 먹어도 되고(그럴 경우에는 벨을 누르도록 했다), 아니면 연구원이 돌아올 때까지(언제까지라고 정확히 알려주지는 않았다) 먹지 않고 기다려도 되는데, 그럴 경우 아이는 마시멜로를 하나 더 받을 수 있다는 것이 요지였다. 미쉘은 자기 딸을 대상으로 먼저 시험을 해본 뒤에 스탠퍼드 대학교 캠퍼스 안에 있는 빙 유치원에서 실험을 진행했

다. 피험자가 된 아이들은 딸의 유치원 친구들이었다.[18]

마시멜로 실험은 그 놀라운 예측력이 입증된 이래로 이제는 전 세계적으로 유명해져서, 아이들이 사탕 먹고 싶은 것을 꾹 참느라 얼굴을 일그러뜨리는 모습을 담은 동영상이 유튜브에 넘쳐난다. 미쉘은 팰로앨토의 유치원생들을 50년 넘도록 연구해서 놀라운 결과를 얻어냈다. 유치원 때 했던 실험에서 마시멜로를 먹을 때까지 얼마나 오래 기다렸는가가 그들 인생의 성공과 직접적인 관련이 있었다. 마시멜로를 두 개 얻은 아이들은 학교 성적이 더 좋았고, 직업에서 더 큰 성과를 이루었으며, 더 건강했을 뿐만 아니라, 심지어 더 행복한 삶을 살았다. 반면, 마시멜로를 먼저 먹어치웠던 아이들은 건강이 나쁘거나 교도소에 다녀오는 등 부정적인 결과를 더 많이 경험했다. 수년에 걸쳐 미쉘은 그의 연구를 다양한 환경에서 다른 아이들을 대상으로 진행했다. 하지만 결과는 동일했고, 의지력은 운명의 결정적인 요소로 밝혀졌다.

미쉘은 거기서 멈추지 않았다. 그는 실험 중에, 마시멜로를 안 먹고 버티는 아이들이 창의적인 전략을 사용한다는 사실을 발견하고 이렇게 진술한다. "그 아이들은 두 손으로 눈을 가리거나, 마시멜로를 담은 쟁반이 안 보이게 뒤로 돌아서거나, 책상을 발로 툭툭 걷어차거나, 하나로 묶은 자기 머리를 잡아당기거나, 마시멜로가 무슨 작은 인형이라도 되는 것처럼 쓰다듬었다."[19] 다른 아이들도 같은 방법을 배울 수 있지 않을까 하는 생각에 미쉘은 피험자들에게 상황을 모면하는 요령을 알려주기 시작했다. 가장 효과가 큰 전략은 마시멜로를 상상 속의 액자에 담은 뒤에 가상의 물체라고 상상하는 방법이었다. 그러자 전에는 1분밖에 못 참고 마시멜로를 먹어치우던 아이들이 이제는 인내심을 키워서 최대 15분까지 기다릴 수 있게 됐다. 자제력도 키울 수 있는 능력임이 증명된 것이다.

마시멜로 연구를 계기로 미쉘은 '뜨거운 감정'이라는 개념을 내놓았다. 이 개념은 B. J. 포그 연구의 전조가 됐다. 유명 TV 애니메이션 〈심슨 가족〉에서 더프 맥주를 애타게 찾던 호머 심슨처럼, 아이들은 모두 사탕과 마시멜로 같은 군것질 거리를 간절히 원한다. 그 감정은 자동적이고, 충동적이며, 신경 연결 통로에 깊이 내재된 것이다. 유혹을 이겨내는 것은 전두엽의 작용으로, 그 욕구를 눌러서 뜨거운 충동을 '식히는' 능력에 달려 있었다. 충동을 이겨낸 아이들은 모양이나 질감, 색깔 등 마시멜로의 다른 측면에 주의를 기울이는 데 성공했다. 아예 다른 물체라고 상상하는 경우도 있었다.

관심을 돌리는 이런 능력이 끼치는 영향은 광범위하다. 미쉘은 《뉴요커》와의 인터뷰에서 "뜨거운 감정을 조절할 수 있으면, 텔레비전을 보는 대신 SAT 시험 공부를 할 수 있어요. 그리고 은퇴 이후를 대비해서 돈을 절약할 수도 있고요. 이건 그저 마시멜로에만 관련된 문제가 아닙니다"라고 이야기했다.[20]

이런 결과의 가능성에 큰 기대를 건 레빈은, 더크워스나 미쉘이 KIPP 학생들을 실험실 밖의 첫 실험 대상자로 활용해주기를 간절히 바랐다. KIPP의 4학년에서 8학년 사이 학생들에게 마시멜로의 유혹을 뿌리치는 법을 가르치면 자제력이 그만큼 높아지는 결과에 이르지 않을까? 미쉘은 그럴 가능성이 적다고 생각했다. 품성이란 습관이 모두 더해진 결과이며, 습관을 만드는 데에는 여러 해가 걸린다는 것을 알고 있어서였다. 그렇지만 그는 기꺼이 시도해볼 의사가 있었다. 인위적인 설정이 가해지지 않은 '자연 환경'에서 실험을 진행할 기회를 얻기는 무척 어려웠던 데다가, 그 실험이 언젠가 학교의 교육 방식에 혁명을 주도할 수 있다고 생각했기 때문이었다.

"우리가 마시멜로로 측정하는 것은 사실 의지력이나 자제력이 아닙니다." 미쉘이 말했다. "그것보다 훨씬 중요한 요소지요. 이 과업은 아이들 스스로 자신에게 적합한 상황을 만드는 방법을 찾도록 유도할 겁니다." 그는 아이들이 전략을 갖추는 데 어떤 도움을 줄 수 있을지 알아내기를 원했다. 그리고 이렇게 말했다.

"아이들은 마시멜로를 하나 더 받고 싶어합니다. 그런데 어떻게 그렇게 할 수 있을까요? 우리가 세상을 통제할 수는 없지만, 그에 대한 생각을 통제할 수는 있습니다."

품성 교육 특성화 학교
브레이크스루 마그넷 스쿨

벽면이 말랑말랑한 발포고무로 된, 약간 어둑한 방에 1, 2학년 학생 25명이 파스텔색 방석 위에 책상다리를 하고 앉아 있었다. 내 옆에 앉은 나오미는 두 눈을 감은 채 손을 무릎 위에 두고 있었다. 알베르토는 천장을 바라보고 싱글싱글 웃으며 자세를 몇 번 바꾸더니, 불가사리 모양 방석에 앉았다. 벽이 연보라, 연녹색, 연파란색으로 꾸며진 이 장소는 마음을 차분히 가라앉히는 효과가 있었다. 마음에 드는 장소였다. 이날 내 일정은 오전 5시 30분에 웨스트 하트퍼드에 있는 뉴욕 스포츠클럽에서 브레이크스루 마그넷 스쿨의 줄리 골드스타인Julie Goldstein 교장 선생님이 이끄는 스피닝 수업에 참여하는 것으로 시작됐다.

"이제 제일 힘든 부분은 끝났어요." 골드스타인 교장이 스크릴렉스를 향해 소리쳤다. "지금 왔어요?" 우리는 45분 동안 쉬지 않고 페달을 밟았다. 그녀는 "느려진 기분이 들면, 실제로 속도가 느려진 거예요!"라고 말했다. 성인들을 위한 품성 수업에 참여한 나는 상상 속의 산을 오르느라 땀을 뻘뻘 흘리는 기분이었다. 그렇다고 하지 못할 정도는 아니었으며, 골드스타인 교장은 환희 속에서 수업을 이끌어갔다. 하지만 내 머릿속에는 앤절라 더크워스가 말했던 그릿에 대한 생각만 떠올랐다. 어두운 강습실에는 마치 클럽 같은 분위기가 감돌았으나, 방종이 아닌 자제력을 키우는 자리였다. 미래를 위해 준비하는 학교들은 모두 배우이자 피트니스계의 선구자인 제인 폰다의 신념을 따라야 하는 것인가라는 우스운 생각까지 들었다.

마리차 소토 고메즈Maritza Soto-Gomez는 학생들이 모인 방 뒤쪽 카펫 가장자리에 앉아서 숨을 크게 들이마셨다. 그녀는 30년 경력의 정신의학 사회복지사이자, 이 학교의 마음 챙김 명상 수업 책임자였다. 그녀의 사무실 밖에는 이런 글귀가 있었다. '평온은 당신에게서 시작되고 커진다.' 그리고 이런 글귀도 있었다. '항상 뭔가 좋은 일이 일어나려는 참이라는 것을 믿으라.' 달라이 라마는 모든 아이들에게 명상을 가르친다면 이 세상에서 폭력을 뿌리 뽑을 수 있을 것이라는 말을 했을 뿐이지만, 소토 고메즈는 실제로 그렇게 실천하고 있었다.

그녀의 대표적인 수업은 유치원에서 8학년 사이의 학생들을 위한 마음 챙김 프로그램으로, 이 프로그램은 의사이자 스트레스 완화 클리닉 설립자인 존 카밧진의 가르침을 바탕으로 하고 있다. 존 카밧진은 책에서 "파도를 멈출 수는 없지만, 파도 타는 법을 배울 수는 있다"라고 했는데, 이 아이들은 아직 나이가 어려서 얕은 물에서 노 젓는 법을 배우는 중이었다. 오늘 수업에서는 기분을 알아채는 법을 배울 예정이었다.

소토 고메즈가 푸에르토리코 억양이 섞인 말투로 부드럽게 말했다. "명상 자세를 하세요." 꼬맹이 요가 수행자들이 허리를 곧게 펴고 앉았다. 그녀는 마리엘라에게 다음 순서를 넘겼다. 8학년생인 마리엘라는 학교에서 6년 넘게 명상을 해왔으며, 지금은 학교의 권유로 마음 챙김 명상을 지도하고 있었다. 지도자 과정을 수료하는 학생들은 4학년 때부터 명상 지도 기술을 익혀서 고등학교나 그 이후까지 활용하게 된다.

"호흡에 집중합니다." 마리엘라가 말했다. 아이들은 다 같이 숨을 들이쉬었다. 여봐란 듯이 크게 쉬는 아이도 있었고, 여전히 눈을 살짝 뜬 상태인 아이들도 있었다.

"들이쉬는 숨에 평온함을……." 그녀가 낮은 음성으로 말했다. "내쉬는 숨에 걱정을……." 아이들은 숨을 내쉬었다.

마음 챙김, 새로운 교육의 열쇠

코네티컷 하트퍼드에 있는 브레이크스루 마그넷 스쿨Breakthrough Magnet School은 그로부터 2년 전에 미국 전역의 3,400개 마그넷 스쿨 중 1위에 선정됐다. 마그넷 스쿨은 공교육의 차별을 없애려는 목적에서 1960년대부터 하나둘 설립되기 시작한 특수 공립학교로, 과학이나 공연 예술같이 특성화한 분야를 학교별로 정해 두고 있다. 그리고 중산층 이상이 주로 거주하는 교외 지역에 학교를 지어서 그 지역 아이들을 유치하고, 도심에서 버스로 통학하는 아이들과 섞여서 공부할 수 있게 하는 것을 목표로 한다.

브레이크스루 마그넷 스쿨은 운영 자금을 확보하기 위해(학생들 대다수는 저소득층 흑인과 라틴계 가정의 아이들이다) 다섯 명 중 한 명 이상은 반드시 백인이나 아시아계 가정의 학생들을 선발하고 있다. 품성 교육 특성화 학교로 알려져 있는 이 학교의 복도에는 학교 이념인 브릭^{BRICK}에 대한 해설이 곳곳에 쓰여 있다. 아이들은 이 학교에서 실패를 돌파구^{Breakthrough}로 바꾸는 법을 배우고, 각자의 행복에 책임^{Responsibility}을 지고, 온전함^{Integrity}을 배우고, 기여할^{Contribute} 기회를 찾고, 지식^{Knowledge}을 넓힌다. 그리고 마음 챙김은 그 열쇠였다.

소토 고메즈는 명상 수업에 앞서 나와 만났을 때 "우리 학교에서는 읽기와 수학에 들이는 것과 똑같은 노력을, 자신이 누구인지를 알고, 사회성을 발달시키고, 지금 현재 자신의 기분을 알아차리는 데 투자합니다. 스스로나 다른 사람들을 평가하지 않으면서, 자신이 무엇을 해야 하는지를 이해하고, 도움을 요청해도 괜찮다는 것을 아는 것이 중요하지요"라고 설명했다.

내가 방문했던 모든 교실에서 실제로 그런 분위기가 느껴졌다. 교실 벽은 학생들이 학교의 이념을 떠올리게 만드는 힌트들로 꾸며져 있었다. 그리고 마음 챙김을 위한 책상과 의자, 푹신한 방석, 마음대로 색칠할 수 있는 만다라 그림이 교실 구석구석을 채웠다. 심지어 인조 바위와 나뭇잎으로 장식한 음악실에는 실제로 작동되는 불교식 분수까지 있었다.

"우리들 대부분이 이런 가르침에 따라 먹고, 숨쉬고, 살고 있어요." 특수 교육 책임자인 윈디 피터슨^{Windy Peterson}이 말했다. "그저 단순히 가르치는 것이 아니라, 있는 그대로의 저희들 모습이에요." 뉴에이지 사상 같은 느낌이 들었지만, 덕담으로 주고받는 상투적인 말이 아닌 그 이상의 무언가가 있었다. 전 세계에서 소수의 선구자들이 실천하고 있는 것과 같이 이 학교 교사들은 마음 챙김을 학생들의 메타 인지력을 높이는 도구로 활용했다. 완전히 획기적인 교육적 접근 방식이었다.

소토 고메즈는 파스텔색 방석에 앉은 채로 자세를 살짝 바꾸면서 마리엘라에게서 주도권을 넘겨받았다. "이런 자세로 앉아 있다 보면, 몸이 약간 뻣뻣해진 느낌이 들 거예요. 자, 그러니 이제 다들 팔을 들어보세요. 위로 쭉 뻗으세요. 이번에는 양 옆으로 흔들어봅시다." 아이들은 웃음이 터져 나오려는 것을 꾹 참으면서 지시에 따라서 손을 뻗었다. "자, 숨을 크게 쉽니다. 숨 들이쉬고, 내쉬고, 들이쉬고, 내쉬고. 이제 천천히 손을 밑으로 내립니다. 몸 전체를 느껴보세요. 손은 무릎 위에 올려놓습니다."

이 학교는 마음 챙김을 '매 순간, 아무런 판단 없이 지금 일어나는 일, 즉 호흡, 몸, 생각, 감정, 주위 환경을 자각하는 것'이라고 정의한다. 이 방식은 긍정 심리학에 뿌리를 두고 있으며, 특히 인지행동치료[CBT]의 창시자인 앨버트 엘리스[Albert Ellis]가 개발한 ABC 모델을 기초로 한다. ABC 모델은 불안, 우울, 조절장애, 아이들의 행동 장애를 줄이는 효과가 있음이 증명됐다. 마틴 셀리그만의 PRP[Penn Resilience Program]의 일부이기도 한 이 모델은 청소년들이 해당 프로그램을 이수한 이후 최대 24개월까지 우울증 감소 효과가 지속됐다고 보고했다.[21] 브레이크스루 학교는 도심 지역 초등학생들에게 맞춰서 프로그램을 다소 완화했지만, 그 순간에 일어나는 일을 인식하고, 촉발된 행동을 생각하고, 그 결과를 분석하는 기본 구조는 그대로 유지했다. 목표는 자기 인식에 익숙해져서 벌어진 일의 단계를 구별하고 감정적 반응을 다스리는 것이었다.

이번 수업에서 소토 고메즈의 꼬마 제자들은 감정을 인식하는 법을 배울 예정이었다. 팬파이프 소리에 맞춰서 그녀는 학생들이 감정의 의미를 이해했는지를 확인하고, 그 뒤에 게임을 시작했다. 꼬마 수행자들은 침묵을 지켰다.

"선생님이 우선 단어를 하나 말하고, 그 단어를 들을 때 어떤 기분이 드는지를 물을 거예요. 선생님이 고른 단어는 '쉬는 시간'이에요." 많은 학생들이 손을 들었다. "행복해요." 마야가 말했다. "기뻐요." 아리아나가 말했다. "하지만 쉬는 시간이 끝나고 교실로 돌아와야 하면 기분이 어떨까?" 이 학급의 교사인 물링스 선생님은 한 남자아이에게 대답해도 좋다는 신호로 고개를 끄덕였다. "실망스러워요." 그 아이가 대답했다. 소토 고메즈는 그 아이를 다정하게 바라봤다. "아주 좋았어, 데미안." 그러면서 그 아이에게 예를 들어 달라고 부탁했다. 그 아이는 잠시 생각해본 뒤에 대답했다. "화가 나고, 슬퍼요." "쉬는 시간이 끝나지 않았으면 해서 화가 나는 거예요?" "화나요." 그 아이가 다시 한번 확실히 대답했다.

그러자 소토 고메즈가 부드럽게 그 아이에게 조언을 했다. "모든 사람이 쉬는 시간을 좋아하지요. 하지만 쉬는 시간이 끝나면 다른 곳으로 이동해야 해요. 쉬는 시간이 끝나면 어떤 기분인지는 방금 얘기해보았지요? 여러분은 실망감을 느껴요. 그런데 쉬는 시간이 끝나고 실망한 기분으로 교실로 돌아오면 어떻게 될까요?"

간단한 대화가, 아주 간단한 단계를 거쳐 진행됐다. 이 대화는 품성을 만들어가는 과정이었다. 그리고 더 나아가 아이들의 행복에도 기여하는 듯했다. 아이들에게 신경 쓰고 감정적인 지능을 계발해준다는 것은 어떻게 보면 아주 추상적인 활동처럼 느껴지지만, 소토 고메즈는 구체적인 방법을 활용했다. 아이들은 감정을 확인하고, 그 감정에 어떻게 반응할지 생각하는 법을 배웠다. 이후 8년에 걸쳐서 아이들은 이런 교훈적인 순간을 수백 번, 아니면 수천 번 경험할 것이다. 습관을 바꾸기는 쉽지 않겠지만, 대부분 가난한 환경에서 성장하는 하트퍼드 도심 지역의 아이들에게 이런 수업은 더없이 소중한 자양분이 될 것으로 보인다.

품성 교육의 핵심은 아이들을 인격체로 대하는 것

이 학급의 담임인 물링스 선생님은 하트퍼드 고등학교 출신의 젊은 흑인 여성이었다. 그녀가 학교에 다닐 당시 그 고등학교는 제 기능을 못할 정도로 혼란을 겪었다고 한다. "인종 폭동이 일어났어요. 광분 속에서 학교를 다녔지요. 저는 전 과목에서 A를 받는 학생이었지만, 마음속의 감정을 어떻게 다스려야 할지 전혀 몰랐어요." 그녀는 학생들이 자기감정에 대처할 방법을 찾지 못하면 어떤 점이 위태로워지는지를 잘 알고 있었다. 나와 대화를 나누면서 그녀는 학생들이 좌절감을 자주 느낀다고 말했다. 그럴 때마다 그녀가 쓰는 방법이 있었다. 학생들에게 이렇게 말하는 것이다. "자, 불을 끄자. 명상 음악을 틀고, 잠시 시간을 보내자. 마음을 고요히 하고, 문제가 무엇인지 생각해보자."

최근에 그녀는, 대여섯 살밖에 안 된 아이들이 이런 방법을 스스로 활용하는 놀라운 장면을 목격했다. "애들이 와서 '물링스 선생님!' 하고 부르더라고요." 그녀는 1학년짜리 어린아이의 말투를 완벽히 흉내 냈다. "그러더니 마음 챙김 자리로 바로 갔어요. 그 아이들은 잠시 쉬면서 스스로 감정을 다스리고 나서, '좋아! 이제 나한테 투지가 있다는 걸 보여줄 거예요'라고 말했어요. 그 용어를 실제로 쓰더라고요." 실패에서 돌파구를 찾는 변화는 그녀가 가장 반갑게 생각하는 발전이었다. "마음 챙김을 하고 바로 뒤에 투지를 생각해낸 조합이 대단했어요." 아이들이 학교를 마치고 세상에 나갔을 때뿐만이 아니라, 정해진 학교 교육 과정을 무사히 이수하는 데에도 그런 품성이 필요하다는 것을 그녀는 잘 인식하고 있었다.

"일반 학교에서 가르칠 때는 모든 것이 시험과 점수에 연관됐어요." 그녀의 딸은 현재 브레이크스루 마그넷 스쿨에 다니지만, 예전에는 등수를 매기는 일반 학교에 다녔다. 당시 딸아이는 "왜 우리를 빨간색, 노란색, 초록색으로 나누는 거야?"라고 물으면서 속상해했다고 한다. 이런 사례는 이곳 선생님들이 흔히 경험하는 일이었다. 브레이크스루의 선생님들에게 품성 교육이란 아이들을 먼저 인간으로 대하는 것을 의미했다. 학교는 그 무엇보다도 학생의 행복에 가장 신경을 썼다. 전통적인 학교 교육에서의 성공은 이들에게는 부차적인 문제였다.

"다른 학교들은 데이터를 항상 주목해요. 점수와 시험에 신경을 쓰고요." 윈디가 내게 말했다. "하지만 저는 인격체를 키우고 있어요. 그게 제가 하는 일이지요." 이것은 이 책 3부의 주제인 '관심 갖기'의 완벽한 본보기라 할 수 있다. 우리가 이 세상에 태어난 것은 생각하고 행동하는 법을 배우기 위해서뿐만이 아니라, 느끼는 법을 배우기 위해서이기도 하다. 브레이크스루 마그넷 스쿨은 내가 방문했던 그 어떤 학교보다도 그 세 번째 능력(즉, 느끼는 법)을 계발하는 데 앞서 있었다.

마음 챙김 교실에서 학생들은 이에 관해 깊이 생각했다. 그 바로 전주에는 전교생이 MAP^Measure of Academic Progress 시험을 치렀다.[22] 시험을 보면서 아이들은 어떤 기분을 느꼈을까?

"시험을 볼 때, 약간 긴장됐어요. 문제를 어렵게 내서요." 다린이 대답했다. "그래서 저는 마우스에서 손을 떼고, 선생님들을 봤어요. 그리고 두려워서 울었어요."

"울지는 않았던 것 같은데!" 물링스 선생님이 반박했다.

"시험볼 때 두려운 기분을 느낀 사람이 얼마나 되는지 한번 손들어볼까요?"

총 스물다섯 명이 손을 들었다.

"그건 누구라도 충분히 느낄 수 있는 감정이에요." 소토 고메즈가 말했다.

"저는 약간 긴장됐어요." 레일라가 말했다.

"시험 문제를 어떻게 끝까지 풀었니?"

"잠시 마음을 돌아보는 시간을 가졌어요. 그리고 뇌를 잠시 쉬게 했어요."

이 아이들은 이제 막 출발하는 단계였지만, 이미 깨우쳐가고 있었다. 아이들은 생각과 기분을 말로 표현할 줄 알았다. 학교에서 아이들을 가르칠 때 나는 한 번도 아이들의 생각과 감정을 표면으로 끄집어내지 못했다. 생각과 기분을 표현하게 하는 힘은 모든 생각을 마음 편하게 공유하며, 티벳 핸드벨을 울리든, 뇌를 잠깐 휴식시킨다는 표현을 쓰든 간에 아무도 트집 잡지 않는 공동체의 분위기를 조성한 데에서 오지 않았을까 생각했다.

『어플루엔자Affluenza』의 저자이자 우울증 전문가인 심리학자 올리버 제임스Oliver James는 일전에 이야기를 나누면서 모든 10대들이 졸업하기 전에 16시간짜리 심리 치료 수업을 들어야 한다고 말했다. 그런데 마그넷 스쿨의 아이들은 일주일에 한 번 듣는 수업과 학교에 다니는 10년 동안 경험하는 수없이 많은 소소한 순간들에서 그보다 훨씬 많은 것을 얻어가고 있었다. 이 아이들이 '감사의 파도'로 활동을 마무리하고, 옆에 선 아이에게 단어를 속삭여서 차례로 전달하는 게임으로 신나는 쉬는 시간을 맞이하는 것을 보고서 나는 골드스타인 교장 선생님을 만나러 갔다.

학생과 교사 사이의 믿음이 중요하다

"관계가 아주 중요한 역할을 해요." 교장 선생님이 말했다. "감사는 관계를 강화해요. 관계는 그런 정신에 힘을 보태고요. 관계는 거기서부터 발전해요." 골드스타인 교장 선생님은 선한 에너지를 내뿜었다. 아침에 체력 단련 수업을 가르치고 최고의 마그넷 스쿨을 이끌어가는 것 외에도 그녀는 더 나은 세상을 만들겠다는 목표에 전념하고 있었다. 교장이 되기 전에는 한 학교에서 사회복지사로 있으면서 취약 계층 아이들을 돕는 일을 해왔다.

아침에 스피닝 수업이 끝나고 그녀의 차를 함께 타고 학교로 가는 길에 그녀는 품성 교육을 좌우하는 가장 중요한 요인은 교사의 일상적인 행동이라는 견해를 내게 설명했다. "학생들은 선생님을 아주 좋아해요. 선생님이 자기를 믿어준다는 걸 알고 있지요. 학생들은 그런 것을 선생님의 행동과 말투를 통해서 느껴요." 학교 공동체 안에서 진정한 안전감을 느끼면 "학생들은 위험을 무릅쓰더라도 기회가 있을 때 시도하는 것을 아주 편안히 받아들여요."

골드스타인은 웰빙이 웰두잉에 우선한다고 생각한다. 그녀의 교육 방식은 노먼 그래머지Norman Gramerzy와 마이클 미니Michael Meaney의 연구에 뿌리를 두고 있다. 두 사람의 연구에 대해서는 펜그린 유아교육센터에서 들은 적이 있는데, 그들은 가난과 정신적 외상이 유아의 뇌에 영향을 끼친다는 사실을 드러내기 위해 많은 노력을 기울였다. 하지만 골드스타인의 이런 접근법은 과학적이라기보다는 즐겁고 재밌었다. 아이들은 매일 아침 환한 얼굴로 학교 안으로 폴짝폴짝 뛰면서 들어왔다. 선생님들은 환한 웃음과 다정한 인사로 아이들을 맞았다. 학생들은 매주 명상 수업에 참석하고 교실에서 자주 짬을 내서 마음 챙김 시간을 가졌다. 구성원들 사이의 공동체 의식은 단단했다. 학교는 사람을 우선시하고, 모두가 소속감을 느꼈다. 그리고 아이들은 그런 와중에 공부도 잘했다. KIPP만큼 성적이 뛰어나지는 않았지만, 해당 학년에 요구되는 수준보다 읽기, 쓰기, 수학에서 평균 두 배 만큼 높았다.

성공이 행복의 기준이 되도록

학교가 아이들의 행복에 미치는 영향을 생각하다 보니, 아이슬란드에 대해 들었던 이야기가 떠올랐다. 20년 전만 해도 아이슬란드는 청소년이 느끼는 행복감이 낮은 수준이었던 탓에, 10대들의 약물 남용이 유럽에서 가장 높았다. 그런데 정부에서는 다루기 힘든 이 아이들을 규율로 단속하지 않고 다른 방식으로 접근했다. 레이캬비크에서 활동하던 한 미국인 심리학 교수의 설명에 따르면, 중독은 보통 스트레스에 대한 자연적인 반응으로 뭔가에 취하고자 하는 욕구에서 나타난다. 중독에 관한 이런 통찰 덕분에 정부는 청소년 '보호' 프로그램을 만들었다. 이 프로그램은 모든 아이슬란드 아이들이 댄스, 음악, 미술, 스포츠 무료 강좌와 동아리 활동에 참여할 수 있게 해서 술, 담배, 마약을 통해서가 아니라 자연적으로 무언가에 심취한 상태에 이를 수 있게 하는 데 초점을 맞췄다.

현재 아이슬란드의 청소년들은 약물 남용이 거의 사라져서 유럽에서 가장 건전한 삶을 살고 있다. 한 연구 보고서는 "아이슬란드 모델은 전 세계 수백만 아이들의 몸과 마음의 전반적인 건강과 행복에 도움이 될 수 있다"고 권고했다.[23] 이는 개별적으로 환경을 통제하도록 지도하기보다는 모든 사람들을 최선의 결과에 이르도록 환경을 조성하는 방식으로, 자제력을 키우는 수업이 이에 해당한다. 브레이크스루 마그넷 스쿨 골드스타인 교장 선생님과 교직원들은 미국 교육 제도에 팽배해 있는 태도와는 대비되는 학교

문화를 만들었던 것이다.

브레이크스루의 학교 기풍은 아이들의 행복을 성공보다 더 중요하게 여겼다. 그렇다면 이것이 바로 미래의 교육을 위해 우리가 받아들여야 할 교훈일까?

브레이크스루 마그넷에서 내가 마지막으로 참여했던 활동은 전교생 모임이었다. 그날 나는 아침 5시 30분에 시작되는 극기 훈련에 두 번째로 참석했다. 그리고 자전거 페달을 힘겹게 밟으며, 다시 앤절라 더크워스와 윌 스미스에 대한 생각에 잠겼다. 나는 러닝머신 위에서 죽을 준비가 안 되어 있었다. 그런데도 괜찮을까? 브레이크스루 학교도 성공을 최우선에 두지는 않았다. 이 학교는 한국의 학교들처럼(그리고 어쩌면 KIPP 같은 학교들도) 절제하고 자제하는 사람들을 키워내려고 애쓰는 것이 아니라, 아이들이 자기 모습 그대로를 편하게 받아들이고, 자신을 둘러싼 사회 속에서 안전하게 느끼도록 만들고자 했다.

그 바로 전주에 선생님 한분이 몸이 아픈 형의 문병을 가야 해서 결근한 적이 있었다. 그때 아이들은 자발적으로 종이 하트 30개를 접어 카드를 만들어서 선생님께 드렸다. 그 작은 행동에서 감사와 사랑이 느껴졌다. 이날 전교생이 모이는 자리에서는 학교의 정신인 브릭BRICK을 가장 잘 실천한 학급을 선발해 축하하고, 마리엘라의 안내에 따라 전교생이 마음 챙김 명상을 했다. 그리고 뒤이어 무대를 가득 메운 치어리더들의 안무를 보면서 학생 300명, 어른, 방문자들이 캘빈 해리스의 노래 〈레츠고Let's go〉에 맞춰 함께 춤을 췄다.

이곳의 아이들은 행복하고, 자신의 마음 상태를 항상 살필줄 아는 공동체의 구성원이 되는 법을 배우고 있었다. 앞으로 살아갈 세계에 스트레스, 고

독, 가난의 위협이 드리워져 있다면, 웰두잉보다 웰빙을 우선하는 것이 옳지 않을까? 나는 이 질문을 앤절라 더크워스에게 해보기로 했다.

품성 교육을 학습의 중심으로

도널드 카멘츠Donald Kamentz가 의자를 앞으로 바짝 당겨서 앉더니 은밀하게, "우리는, 모두, 죽을, 겁니다"라고 힘주어 말했다. 우리는 펜실베이니아 대학교의 긍정심리센터 회의실에 앉아 있었다. 이 센터는 앤절라 더크워스, 데이브 레빈, 사립학교 교장인 도미닉 랜돌프Dominic Randolph가 품성 교육을 학습의 중심으로 되돌려놓으려는 연구와 실험을 장려하기 위해 설립한 품성연구소 건물로도 쓰였다. 연구소장인 도널드 카멘츠는 요즘 남성 교육자들의 풍조에 맞게 단정히 차려입은 모습으로 다정하게 사람들을 대했다. 연구소원들로는 에밀리, 채드, 션이 있었고, 이들은 아동 심리와 학교 교육 전공자들이었다. "우리는 모두 죽을 겁니다!" 연구원들이 합창했다. 이들은 끊임없이 정감 어린 농담을 주고받았으며, 함께 일하는 것을 대단히 재미있어 하는 듯했다. "앤절라가 여기 있었다면 분명히 이렇게 말했을 거예요. '우리는 모두 죽을 거예요. 그러니 죽기 전에 뭔가를 해놓아야 하지 않겠어요?'"

몇 주 후에 나는 앤절라 더크워스와 화상 통화를 했다. 그녀는 자신의 목표가 세상을 변화시키는 것이라고 설명했다. 목표를 향한 그녀의 첫걸음은 학교에서 시작됐다.

"제가 가르친 학생들은 아주 가난한 집안의 아이들이었어요." 그녀는 그릿의 챔피언이라는 이미지를 떠올리며 내가 그렸던 것보다는 한결 유머 감각이 뛰어난 사람이었다. "그래서인지 어떻게 하면 그 아이들이 학교에서 더 공부를 열심히 하고 잘하게 만들 수 있을까를 절박하게 고민하게 됐지요." 호기심이나 감사 같은 덕목이 덜 중요하다고 생각해서가 아니라, "이대로 있다가는 성취도 격차가 더 크게 벌어질 터였기 때문"이었다. 인간은 몹시 복잡한 존재다. "저는 답이 뭔지 잘 모르겠어요. 그리고 그 누구도 완벽한 정답을 가지고 있지는 못할 거라고 생각해요."

하지만 더크워스는 우리가 품성을 따로 분리해 아이들에게서 그것을 키울 방법을 더 잘 알아내려 한다면, 초점을 좁혀야 한다고 믿었다. 자신의 베스트셀러 『그릿』에서 그녀는 아이들에게 열정과 삶의 목적을 찾게 해주면 인내심은 저절로 생겨날 것이라고 주장했다. "다른 어떤 목표보다도 더 중요한 상위 목표가 있어야 해요." 또 그녀는 상대를 위해서 일부러 엄격한 태도를 취하는 '엄한 사랑'의 중요성에 대해서도 언급했다. 이런 사랑은 보편적으로 적용 가능해서, 알파벳시티의 학생들만큼이나 그녀 자신의 딸들에게도 해당하는 사항이라고 보았다. 그녀는 성취뿐 아니라 선한 마음을 추구하는 것이 그 무엇보다 중요하다고 강조했다.

우리가 사는 세상은 치열한 다툼의 장이다. 이런 상황에서 아이들을 다가올 세상에 대비시켜야 할까, 아니면 희망하는 세상을 생각하며 그에 맞게 키워야 할까? 더크워스는 둘 다라고 보았다. 그녀는 10대인 자신의 두 딸을 예로 들며, "저는 이 아이들이 미적분을 배웠으면 해요. 그리고 유려한 글을 쓸 수 있고, 진화론을 이해했으면 좋겠어요"라고 말했다. 또한 두 딸을 좋은 사람들로 키워내고 싶어했다. "아이들이 정직하고, 친절하고, 감사할 줄 알고, 자제력이 뛰어나고, 창의적인 사람이 되었으면 해요." 숭고하고 세심한 목표지만, 다소 감상적이지 않나 하는 생각도 들었다.

아이들이 이런 강점을 키우는 일을 학교가 더 잘할 수 있도록 품성연구소에서 도움을 주는 것이 그녀의 큰 희망이었다. 현재의 교육 시스템은 내가 윌워스 아카데미에서 경험한 것과 마찬가지로 전통적인 학업 중심의 접근 방식을 장려하고 있다. 하지만 교사들이 매일 학교에 출근하는 이유에 대한 더크워스의 답은 "학생들이 시험을 잘 보게 지도하기 위해서"가 아니라, "학생들이 성장할 수 있도록 돕기 위해서"였다. 그래서 그녀는 교육 현장에서 학업과 함께 품성을 중요하게 다룰 수 있도록, 교사들에게 심리학적 지식과 기술을 제공하는 데 전념했다.

"저는 모든 교사들이 적어도 어느 정도는, 아이들을 정직하고 성실하고 착하게 키우려고 애를 쓰고 있다고 생각해요." 그녀가 말했다. "더 좋은 방법에 대한 의식이나 뭔가 해보려는 강한 의지가 부족한 지금의 상황을 바꿔 놓고 싶다는 생각을 개인적으로 많이 하지요." 그래서 그녀는 연구소를 열었다.

심리학자들은 인간의 심리에 대해 많은 것을 안다. 그들은 지금껏 목표 설정을 위한 WOOP(소망Wish, 결과Outcome, 난관Obstacle, 계획Plan) 프로그램에서 아이들이 스스로에 대한 믿음을 키우도록 돕는 간단한 온라인 중재 프로그램에 이르기까지, 과학적으로 증명된 여러 실천 방안과 다양한 접근법을 개발해왔다. 그리고 그 방법들은 실제로도 효과가 있었다. 한 예로, 스탠퍼드 대학교의 데이비드 예거Divid S. Yeager는 뇌의 가소성에 관한 논문을 온라인으로 짧게 보여주는 방법만으로, 가정 환경이 열악한 고등학생들의 평점(GPA)을 향상시켰다.[24] 그런데 안타깝게도 교육자들이 이런 효율적인 방법이나 기술을 잘 모를 때가 많다. 그리고 역으로 심리학자들도 마찬가지이다.

"제가 학교에서 일하던 시절에 심리학자가 제게 '이 문제에 대해서 어떻게 생각하는지, 현명한 교사의 의견을 들어보고 싶습니다'라고 요청했던 적은 단 한 번도 없었어요." 더크워스가 말했다. "제 경험에서 생각해보면, 교사들은 아이들의 심리에 대해 아주 훌륭한 지혜와 통찰이 있는 경우가 많거든요." 품성연구소에서 이야기를 나눌 때 카멘츠도 그 의견에 동의했다. "장기적인 성공에서 품성이 학업이나 인지적인 부분만큼, 아니면 오히려 그보다 더 중요하다는 것을 모두들 알고 있어요." 그가 말했다. 학교 교사와 대학 카운슬러로 거의 20년 가까이 일하는 동안, 그는 직접 힘들게 부딪치고 경험하면서 배웠다.

하지만 교육 현장에 적용할 수 있는 과학 연구를 접하면서 이제는 두 눈이 번쩍 뜨였다. 월터 미쉘의 마시멜로 실험! 캐롤 드웩의 성장형 사고방식! 대니얼 핑크의 연구![25] 이런 연구 자료들은 교실에 강력한 힘을 불어넣을 수 있다. 과학과 학교 사이에 다리를 놓는 것은 대단히 중요한 부분이다. 실제로 의사들은 그렇게 해왔다. 연구와 임상이 나란히 진행되었으며, 병원이라는 공간 안에서 과학의 경계가 밀려났다. 만일 그런 방식이 신체 건강을 다루는 데 효과가 있었다면, 정신 건강을 다루는 데에도 효과가 있지 않을까? KIPP와 브레이크스루 마그넷은 이미 인지 행동 요법을 활용해서 실질적인 성과를 이뤄내고 있었다.

그런데 그런 성과는 운동, 다이어트, 일에서의 성취에만 해당하는 것 같다는 생각이 여전히 들었다. 그래서 나는 품성연구소의 나머지 연구원들을 만난 자리에서, 학생들이 늘 탁월함을 열망하고 인간의 모든 품성에는 가소성이 있어서 발전시킬 수 있음을 철저히 자각하며 사는 건 대단히 고단할 것 같다는 문제를 제기했다. 그러면서 연구원들의 의견을 물었다. 학생들을 항상 자책하게 만드는 건 아닐까? 아무 목적 없는 재미나 즐거움을 계속해서 누릴 수 있을까? 아이들에게 그런 것을 허용해도 괜찮을까? 아이들이 학업에서도 특출할 뿐 아니라 육군사관학교 생도들 같은 삶을 사는 세상을 그릴 수는 없다. 지금 이 세상은 고대 스파르타가 아니다.

"다른 연구원들과 한 팀이 되어 늘 같이 일해야 하는 현실이 제게 고통을 줄까요?" 채드가 웃으며 이런 장난스런 질문을 던지자, 나머지 사람들도 웃음을 터뜨렸다. "맞아요!" 다들 흥겨워하는 분위기였다. 그렇지만 이들은 내가 던진 질문에 대해 진지하게 생각을 해보았다.

"각자 현재의 모습에 대한 근본적인 책임이 우리 자신에게 있을까요?" 채드가 말을 이어갔다. 그것이 중요한 문제였다. 그릿을 비판하는 사람들은 그릿이라는 품성을 자기 힘으로 일어서야 한다는 신조로 보았다. 즉, "당신이 하는 일은 모두 당신에게 달려 있으니, 알아서 해결하라"라는 식의 논리로 보는 것이다. 하지만 그런 견해는 옳지 않다.

품성연구소는 이 문제에 신중하게 다가갔다. "사람은 서로 다르고, 환경도 다르다는 점을 염두에 둔 상태에서 상황에 접근해요." 채드는 본인의 품성을 통해서도 이를 확인했다. "저 같은 경우만 해도 지금껏 살아오면서 일부 활동에서는 엄청난 투지를 발휘했지만, 전혀 그렇지 않았던 부분도 많거든요." 연구원들은 한 가지 영역에서 보여지는 품성이 다른 영역에도 적용될 수 있는가에 관해 서로 의견을 나눴다. 가령 축구 연습에 항상 열심이면서도, 공원에서 조깅하는 것은 엄두를 못 내는 사람도 있다. 이들은 이야기를 나누는 중에도 이 문제에 대해 곰곰이 생각했다. 마음과 품성의 비밀을 알아내기까지는 한참 남은 듯하지만, 조금씩 다가서는 중이다. 우리는 어렴풋하게나마, 마시멜로를 먹어버린 아이들이 실패한 건 아니라는 사실을 알고 있다. 그 아이들은 자라온 환경에 반응했던 것이다. 경우에 따라서는 기회가 있을 때 낚아채는 것이 실제로 더 나은 행동이 되기도 한다.* 실제로 더 크워스는 그런 아이들에게 엄하게 대해서 자제력을 키울 수 있도록 돕는 것이 최선이라고 생각하면서도, 다른 한편으로 우리가 사랑으로 대하면 그 아이들이 더 행복해지고, 무엇보다도 세상에 더 많이 기여할 것이라고 믿었다.

엄격함과 자율성의 균형 찾기

"너희는 선생님들이 좋아서 이런 얘기를 하는 거라고 생각할지 모르겠어." KIPP 인피니티 스쿨에서 제프 리 Jeff Li 선생님이 말했다. 그의 노트북에서는 그린 데이의 〈산산조각이 난 꿈

---

* 환경에 대한 이런 반응은 특히 학교와 일상생활 가운데 여학생과 남학생의 차이에서 극명히 드러난다. 이 책을 쓰기 위해 조사하던 중에 나는 로라 베이츠Laura Bates를 인터뷰했다. 그녀는 여성들이 일상적으로 대면하는 여성 혐오의 사례들을 '일상적인 성차별'이라는 훌륭한 블로그에 잘 정리해 두었으며, 『걸 업Girl Up』에서 문제를 해결하기 위해 우리가 할 수 있는 일들을 제시한다. 그녀는 심지어 학교에서조차 여학생들은 성적인 협박과 욕설을 피하기 힘들다고 보고한다. 조사에서 16~18세 학생 네 명 중 세 명은 여학생에게 '화냥년'이나 '걸레 같은 년'이라고 부르는 것을 최근에 들은 적이 있다고 답했으며, 13~21세 여성 다섯 명 중 세 명은 바로 전해에 학교에서 성희롱을 경험한 적이 있다고 답했다. 여성들은 일반적으로 남성들보다 학교 성적이 뛰어나지만 학교 졸업 이후 사회에서 직업적인 지위나 급여가 남성에 뒤처진다는 사실도 함께 고려하면, 그런 문제는 심각한 상황을 드러낸다. 여학생들에게 완벽과 성실성을 요구하고, 조금이라도 기준에서 벗어난 행동을 했을 경우에 괴롭힘으로 벌하는 환경이 여학생들의 성적을 높이는 것과 동시에 자신감을 약화시키는 역할을 하고 있는 건 아닐까? 이 주제를 제대로 다루려면 책 한 권 분량이 될 것이다. 다행히 로라 베이츠가 『일상 속의 성차별Everyday Sexism』, 『걸 업』에서 이 문제를 다뤘다. 이 책들을 한번 읽어보기 바란다. 그러면 삶에 변화가 생길 것이다.

의 도로 위에서^{Boulevard of Broken Dreams}〉 반주 음악이 잔잔하게 흘러나왔다. 내가 KIPP 인피니티에서 보내는 마지막 날이었다. 8학년 수학 수업은 조금 전 읽기 수업 시간에 아이들 몇 명이 자리에 남는 벌을 받는 일에 대해서 훈계를 하는 것으로 시작됐다. 청소년의 비행치고는 비교적 가벼운 문제에도 선생님들은 예민하게 반응했다. 하지만 선생님들이 좋아서 그렇게 대응하는 건 아니라고 리 선생님이 설명했다. "선생님들은 지금 현재 모습을 보는 게 아니라, 너희들이 10년 뒤, 20년 뒤가 됐을 때를 생각하는 거야. 그러니 자율 독서 시간에 읽겠다고 약속했던 책을 다 안 읽었으면, 그냥 넘어갈 수가 없는 거야." 리 선생님은 학생들에게 사진 한 장을 보여줬다. 미국 각 주별로 두 명씩 총 100명으로 구성된 상원의원들의 사진이었다.

"여기서 너희들하고 피부색이 같은 사람이 몇 명이나 될까?" 리 선생님이 물었다.

아이들이 머뭇거리며 서로 얼굴을 쳐다봤다. "20명이요." 첫 대답이 나왔다. "18명이요." "15명이요." "13명이요."

"10명이야." 리 선생님은 이렇게 대답하고, 학생들 한 사람 한 사람과 눈을 맞췄다. "그리고 지금 이 인원이 역사상 가장 많은 거야."

그는 잠시 멈췄다가 천천히 말을 이었다. "너희들이 숙제를 하지 않으면, 우리 선생님들은 이런 문제가 앞으로도 계속 이어질 수 있다는 생각을 하게 돼." 교실이 쥐 죽은 듯 조용해졌다.

"스탠퍼드에 다닐 때, 내 급우들 중에 흑인은 한 명도 없었어." 진심에서 한 말이었지만, 매정하게 들렸다. 그는 아이들에게 벌을 주었던 선생님이 있는 읽기 교실 쪽을 손으로 가리켰다.

"저 선생님은 너희를 사랑해서 그런 벌을 준 거야. 너희가 미래를 낭비하는 모습을 보면 선생님 가슴이 얼마나 아픈 줄 아니?"

이사야가 머뭇거리며 손을 들었다.

"꿈에서 한 발 멀어지는 거지요." 그 아이가 말했다. 리 선생님이 고개를 끄덕였다.

이렇게 해서 『죽은 시인의 사회』 같은 분위기를 만들어가는구나 싶었다.

"이런 걸 이해한다면, 각자 스스로에게 작은 약속을 해보자." 리 선생님이 말했다. 훈계를 시작한 지 15분이 되어가고 있었다. "자기가 더 잘할 수 있는 것을 하나씩 꼽아보는 거야. 그리고 수업이 끝난 뒤에, 잘 지켜졌는지 확인하고."

그 전날, 나는 파실라 선생님의 5학년 수업을 교실 뒤에 앉아 참관하면서, 어린 학생들이 분수를 완벽히 익히는 과정을 들뜬 마음으로 지켜봤다. 그녀는 대단히 엄중하고 한 치의 오차도 없이 정확하게 수업을 이끌어가면서 아이들이 100퍼센트 집중하고 노력하기를 기대했다. "생각, 생각, 생각!" 그녀가 재촉했다. "어떤 게 보이지? 그 밖에 어떤 것이 보이지? 또 어떤 것?" 대단히 엄격했고, 훌륭했다. 아이들이 제시한 답은 '정확하게' 맞는 답이 아닌 한 모두 틀린 것으로 여겼다.

수업 내 활동은 엄격하게 정해진 과정에 따라서 진행됐다. 둘씩 짝지어서 의견을 나누는 시간에는 1초의 오차도 없이 정확하게 2분이 주어졌다. 손을 들 때는 단 한 명도 빠짐없이 모든 사람이 손을 들어야 했다. 아이들이 각자 문제를 푸는 시간에는 존 윌리엄스나 쇼팽의 곡이 배경음악으로 흘러나왔다. 지금까지 내가 경험한 수업 중에 이런 높은 기준을 아이들에게 요구하는 경우는 상하이의 완항두루 초등학교가 유일했다. 고작 3학년 수학에서 고등학교 대수까지 평균보다 두 배 빠른 속도로 달려올 수 있었던 것은 이런 수업을 들으면서 자제력, 규정 준수, 열심히 생각하는 노력을 많이 들였기 때문이었다. 아이들은 1년에 2~3년 분량의 진도를 소화했다. 중학 과정 4년 동안, 초등학교 3학년 수준에서 고등학교 대수를 통달하는 수준까지 올라서려면, 그럴 수밖에 없었다.

학생들은 8학년 즈음이 되면 분위기가 달라진다. 그때쯤에는 아무 생각 없이 이끄는 대로 따라오게 만들기가 힘들어지는데, 사실 무턱대고 끌어가는 것은 그 아이들의 미래를 위해서도 좋지 않다. 나는 자제력의 안 좋은 측면을 늘 염려해왔다. 마시멜로를 두 개 받은 아이들은 극단적으로 보면 순종적이고 말을 잘 듣는 꼭두각시 같은 사람들이 될 수도 있다는 어두운 그늘이 있었다. 한국의 이주호 전 장관도 그런 이유로 한국의 미래를 걱정했다. 학교 벽에 적힌 슬로건을 보면 KIPP 인피니티에서 중점적으로 키우는 능력이 품성은 아니라는 점을 확실히 알 수 있다. 이 학교에서는 정략적으로 학생들의 결속력을 키우고 있었다.

아이들도 자기 결정에 책임을 져야 한다

리 선생님은 고등학교로 올라가는 13세 아이들인 8학년을 가르쳤다.

"저희는 학생들에게 대학에 가야 한다고 설득하고 있어요." 리 선생님이 수업 후에 말했다. "아이들에게, '대학에 진학하면 너에게도 좋고, 가족들에게도 좋고, 더 좋은 직업을 가질 수 있는 데다가, 대학 생활은 아주 재밌어'

라고 이야기해요." 리 선생님은 이런 전략이 저학년 아이들에게는 통하지만, 아이들이 사춘기가 되면 학교에 나오는 이유에 관한 "이론의 개요를 침해해야 한다"고 말했다.

그때가 되면 무턱대고 옳은 길을 가고 있다고 주장하는 것은 통하지 않는다. 그 대신에 흥미를 불러일으키고, 체계화하고, 의심하는 아이들이 틀렸다는 것을 증명해야 한다. 사회에서 설정한 낮은 기대치에 맞서려면 어느 정도의 반항은 도움이 된다. 리 선생님과 KIPP는 아이들이 자기 스스로의 미래에 책임을 져야 한다는 교훈을 배우기 원했다. 내가 핀란드에서 배웠듯이 아이들이 교훈을 얻는 유일한 방법은 직접 경험해보는 것이다. 홀리 교장 선생님은 아이들에게 규칙 준수를 요구하는 강도를 다소 완화하기로 결정했다고 설명했다. 학교에서는 학생들에게서 기쁨과 개성이 더 많이 드러나기를 원했는데, 그러려면 자유를 더 많이 허용해야 하기 때문이었다.

"교사들은 닌자 영화에서 갈등을 해소하는 인물 같은 역할을 맡을 때가 많아요." 리 선생님이 말했다. 그는 그런 개입이 단기적으로는 효과가 있을지 모르지만, 학생들 스스로 동기와 의욕을 키우게 하는 데에는 적합하지 못하다고 보았다. "진정으로 학생들이 노력하도록 만들려면, 학생들을 운전석에 앉히고, 스스로에게 동력과 힘이 있다는 것을 반드시 이해하게 해야 합니다." 학생들에게 '각자 자율권이 있음을 이해시키는' 것은 엄청나게 중요하다. 나는 KIPP 인피니티에서 여러 활동을 통해 그것을 확인했다.

"관련 데이터를 조금 말씀드리자면, 지난해에 우리 학교에 들어온 학생 중 25퍼센트가 IEP 교육 대상자, 즉 특수 교육이 필요한 학생들이었습니다. 그리고 90퍼센트 이상이 무상급식이나 급식비 할인 대상자였어요." 리 선생님이 말했다. 이런 지표들은 도전해야 하는 어려움이 얼마나 컸는지를 암시한다. KIPP 인피니티에 오는 아이들 중에는 미국에서 가장 빈곤한 계층의 아이들도 있다.

그런데도 뉴욕주 지정 필수 과정에 맞춘 8학년 수학 시험에서 최상위나 상위 점수를 받은 학생의 비율은 무려 92퍼센트에 달했다. 참고로 이 지역에 거주하는 다른 학교 학생들의 경우에는 6퍼센트, 뉴욕 동북부 웨스트체스터에 있는 스카즈데일 같은 가장 부유한 동네 학생들은 81퍼센트가 최상위나 상위 점수를 받았다. 불과 4년 만에 학생들의 수학 실력이 이렇게 급격하게 발전한 학교가 세계에 어디 또 있을까 싶었다. 그런데 리 선생님은 수학을 가르치는 묘기 한 가지로만 이룬 결과는 아니라고 말했다. "네, 저는 수학을 가르치면서 기준과 엄격성을 아주 철저히 지켜요. 하지만 그 밖에도, 사고방식이나 품성을 통해서 학생들의 에너지를 끌어내는 데 아주 큰 노력을 기울이고 있어요."

그는 품성연구소에서 현직 교사 대표로 활동했으며, 아이들을 가르치는 데 들이는 노력 중 어림잡아 4분의 3 정도는 태도를 가르치는 데 투자했다. 그중에는 학생들에게 훈계하는 시간도 큰 부분을 차지했는데, 그의 훈계는 학교에서도 유명했다. 그는 아이들이 스스로 내리는 결정이 어떤 결과로 이어지는지를 인식하도록 지도했다.

교실 벽면에 나이키 셔츠 두 장이 액자에 걸려 있었는데, 그 안에는 '재능으로는 충분치 않다'와 '아마 연습이 필요할 것이다'라는 문구가 적혀 있었다. 그런데 나는 사실 그보다는 큰 배너에 적힌 '의심하는 자들에게 틀렸다는 것을 입증해 보여라'라는 글에 더 눈길이 갔다. 이 글귀들은 리 선생님의 만트라였다. 그는 이와 같은 기본적인 생각을 토대로 수업을 구성했다. 그는 자기 앞에 놓인 도전을 단순히 이렇게 설명했다. "특별히 권하지 않는 한에는 사람들이 굳이 하지 않을 행동을 하도록, 더 큰 집단 구성원들을 어떻게 납득시킬 수 있을 것인가?" 품성 개발이 그 답이었기에 그 문제에 관해 깊이 신경 썼다.

수학 수업 시간에 어떤 휴대폰 요금제를 선택하는 것이 최선인가를 알아내는 연립방정식을 푸는 과정을 지켜보면서(그는 최신 경향에 맞춰서 문제를 구성했지만, 데이터 무제한 요금제가 주도적인 추세라는 사실은 고려하지 못했던 것 같다) 나는 지금까지 보았던 것을 회상했다. 자제력과 그릿에 중점을 둔 교육 방식은 21세기가 던져 놓은 모든 역경을 투지 있게 받아들이거나 아니면 순종적인 노동자가 될 아이들을 키워낸다는 비판을 듣기가 쉽다. 그런 주장은 그럴듯하게 들리기도 하지만, 틀린 부분도 있다. KIPP 인피니티 학생들은 탐욕을 억제하지 못하거나 목표하는 것은 뭐든 몰아붙이는 것이 아니라, 다정하고 남을 배려할 줄 아는 아이들이었다. 아이들은 진정한 한 팀이자 가족 같은 분위기에서 공부했다. 나중에 나는 리 선생님이 구상한 대규모 또래 튜터링 프로그램의 일환으로, 선생님 반 학생들이 각자 자유 시간을 포기하면서 남을 돕는 데 참여하는 모습을 직접 목격하기도 했다.

지키고자 하는
가치와 행동은 한 방향으로

과학만능주의에서 나온 듯한 '소망을 품고, 어려움을 뛰어 넘어, 성취할 수 있다'는 발상은 학습자로서 인간의 존재를 일부만 드러낼 뿐이다. 이런 생각은 세상을 만들어가는 힘에 우리가 굴복하도록 만들 위험이 있었다. 많은 아이들이 벗어나려고 노력하고 있는 가난을 만든 것이 바로 세상을 만드는 그 힘이다. 이런 가치 체계는, 한국처럼 대단히 성공적이고 경제적 생산성도 높지만 아이들에게 보이지 않는 흉터를 남기는 교육 체계를 엄연히 만들 수도 있다. 그러나 서로 위로 올라서려고 애쓰는 끝없는 경쟁에 갇혀 있다면, 아이들이 열정을 찾을 기회가 어디 있겠는가?

나는 이번 여정의 마지막 정착지인 홍콩으로 가서 아이들이 더 이상 경쟁할 필요 없이 더 좋은 세상, 서로 더 배려하는 세상을 만드는 법을 어떻게 배울 수 있을지 생각해보기로 했다. 지금까지 알아본 바에 따르면, 관심을 갖는다는 의미는 아이들이 앞으로 직면할 세계에서 성공하도록 준비시키고, 더 나은 세상을 함께 만들고자 하는 희망을 불어넣는 것을 의미했다. 자제력과 그릿은 키울 수 있는 능력이다. 교사들은 학생들이 처한 환경을 개선할 힘은 없지만, 뇌의 구조를 재편성하고 대처할 전략을 알려줌으로써 세상이 아이들에게 끼치는 영향에 변화를 줄 힘은 있다.

성공으로 가는 길에는 성공하지 못한 사람들이 바닥에 잔뜩 깔려 있다. 행복으로 가는 길에는 응원하는 친구들이 줄지어 서 있다. 나는 줄리 골드스타인과 여성의 행진에 대해 생각했다. 그리고 앤절라 더크워스가 말한 '엄한 사랑'에 대해서도 생각해봤다. 물론 성공과 행복을 둘 다 이루는 것도 불가능한 일은 아니다. 영화 〈터미네이터〉의 주인공 사라 코너처럼 영생의 삶을 위해 몸과 마음을 갈고닦으면서도, 동시에 사랑과 인류를 위한 가치를 따를 수 있다.

그러고 보면 결국 가치의 문제가 된다. 우리 모두가 똑같은 가치를 품고 있지는 않지만, 우리의 행동이(그리고 학생들의 행동이) 우리가 소중히 여기는 가치와 반드시 같은 방향에 있어야 한다. 제프 리 선생님은 "아이들은 어른들 말을 귀담아 듣는 데에는 별 재간이 없었지만, 어른들을 흉내 내는 데에는 기막힌 재주가 있었다"라고 내게 말한 적이 있다. 작가 제임스 볼드윈도 그와 비슷한 말을 했다. 품성을 책으로 가르칠 수 없는 이유는 바로 그 때문이다. 제대로 배우려면 직접 경험해봐야 한다.

벽에는 학생들의 시선을 사로잡는 영화 〈킬 빌〉에 나오는 핫토리 한조의 검이 걸려 있었다. 그 밑의 장식장에는 쭈글쭈글해진 커클랜드 생수병 한 개가 놓여 있었다.

9년 전에 리 선생님은 학생들을 데리고 캘리포니아로 수학여행을 다녀왔다. 그 당시에 KIPP 학생들은 지금처럼 개인 물병을 들고 다니지 않았기 때문에 점심을 먹을 때마다 생수를 사서 마셨다. 선생님들이 생수병을 버리지 말고 빈 병에 물을 따라서 마시라고 이야기했지만, 학생들은 당연히 그런 잔소리를 한 귀로 듣고 흘렸다. 그래서 관광버스에 빈 플라스틱 생수병이 쌓여갔다. 아이들이 외부에서 점심을 먹었다 하면 그 자리는 금세 재활용 쓰레기장으로 바뀌었다. 어떤 물병이 누구 것인지 알 길이 없었다.

상황이 엉망이 되어가자, 리 선생님은 훈계를 시작했다. 그는 책임, 공동체와 진실성에 대해서 이야기했다. 그러면서 아이들이 그런 가치를 진정으로 드러내려면 여행이 끝날 때까지 지금 들고 있는 생수병을 들고 다니다가 집으로 가져갈 정도가 되어야 한다고 말했다. 그리고 우스꽝스런 약속을 했다. 선생님은 당시에 들고 있던 생수병을 대학을 졸업하고 나서까지 보관하는 사람이 있으면(그것은 거의 10년 뒤가 될 터였다), 최고급 레스토랑에서 저녁을 사주겠다고 공언했다.

지난해에 리 선생님은 전화를 한 통 받았다. 티아라가 막 대학교를 졸업했는데, 그 약속을 기억하고 있었던 것이다. 저녁을 먹으면서 그녀는 찌그러진 생수병을 내밀었다. 나는 그것이야말로 그릿이 발휘된 증거라고 생각했다. 그리고 동시에, 이것이 바로 사랑이구나 싶었다.

제 9 장

마인드 컨트롤

배움의 목적을 다시 생각하다

MIND
CONTROL

"사실과 사실이 아닌 것을 구별할 줄 아는 능력은
오늘날 매우 중요한 자질이 되었다."

_안드레아스 슐라이허(OECD 교육국장, 국제학업성취도평가 책임자)

스스로 권리를 지켜낸
홍콩의 학생들

2011년 5월, 다른 중학생들이 숙제 대신 몰래 비디오게임을 하고 있을 때 점잖고, 신념이 강하고, 근면한[1] 홍콩의 10대 소년 조슈아 윙Joschua Wong은 중국 공산당에 맞서기 위한 사회 운동을 조직하는 일에 나섰다. 그에 앞서 홍콩 입법위원회는 홍콩의 모든 아이들이 새로운 '도덕 및 국민 교육' 교과를 배워야 한다고 발표했다. 이 과목은 민주주의를 비판하고, '긍정적인 가치와 태도'를 함양하고, 중국 공산당을 '진보적이고 이타적이며 통합된 조직'으로 추켜세우는 내용으로 구성됐다.[2]

윙은 이 정책을 어린 학생들에게 '신新 차이나드림'을 주입하려는 베이징 정부의 음모라고 보았다. 불의를 바로잡겠다는 정의감에 가득 찬 그는 학교 친구인 이반 램과 함께 '스콜라리즘Scholarism'이라는 이름의 온라인 시민 단체를 만들었다. 이 단체는 '학생들을 세뇌하는 커리큘럼의 도입을 중단시킨다'는 단 한 가지 목표를 내세웠다. 이때 윙의 나이는 14세였다.

홍콩 파이낸셜센터 지하 깊숙한 곳에 자리한 저렴한 카페에서 만났을 때, 윙은 "극적인 장면이 연출되지는 않았네요!"라고 말했다.* 스콜라리즘이 혁명을 불러일으키면서 윙은 홍콩에서 가장 유명한 소년이 됐다. 그의 일상은 이제 언론 인터뷰, 정치 모임, 재판 출석 일정으로 채워졌다. 그는 자신에 관한 근거 없는 믿음이 퍼져나가지 않을까 조심하는 눈치였다. 그러는 것도 이해가 됐다. 국제 언론들은 그의 이야기를 다윗과 골리앗의 싸움처럼 포장해 떠들썩하게 다루면서, 주목받는 것을 꺼리는 이 젊은 사회 운동가를 세계적인 저항의 아이콘으로 묘사했다. '제국에 반항한 소년! 10대 소년과 초강대국가의 대결' 같은 제목의 기사가 등장했다.[3] 작은 체구에 바가지 머리, 검은 테 안경을 쓴 윙은 겉보기에도 완벽한 약자였다. 그리고 그에 맞게 조심스러운 움직임으로 스콜라리즘을 시작했다. 그가 강조했다. "처음에는 그저 페이스북 페이지를 만들었을 뿐이에요."

"당신은 교육이라 부르지만, 나는 혁명이라 부르겠소"[4]

처음 몇 달 동안은 시위하는 이 어린 학생을 아무도 대수롭게 여기지 않았다. 홍콩 사람들의 신경은 온통 경제에 쏠려 있었으며, 교육의 신전들은 정치 놀음할 여력이 없었다.[5] 명문대 경영학과를 나와 연봉이 가장 높은 직업에 진출하는 힘든 과정을 향해 있었기 때문이다. 윙도 그런 정서를 익히

---

* 신변 보호에 너무 지나치게 신경 썼던 것인지도 모르지만, 중국 국경을 넘을 때까지 나는 윙에게 연락하는 것을 삼갔다. 내가 보낸 이메일이 중국 공산당 정보원에게 노출돼 중국 입국을 거절당할까 염려했기 때문이었다. 처음 만나기로 약속한 장소에서 기다리고 있을 때(그는 결국 약속을 취소했다)는 마침내 윙을 만나게 되었던 날로부터 3일 전이었는데, 그때 커피숍에 있던 두 남자는 분명 나를 감시하던 정보원들이었다는 생각이 든다.

알고 있었다. 그가 초등학교 때 자신이 이 사회에 기여할 수 있는 최선의 길이 무엇이냐고 질문하자, 선생님은 열심히 노력해서 다국적 기업에 취직하는 것이라고 조언했다. 선생님은 "그렇게 해서 부자가 되면, 어려운 사람들에게 기부할 수 있어"라고 설명했다. 그 후로 그는 빚과 신용, 시장 세분화, 수익을 추정하는 법 같은 일반적인 주제들을 탐독하고, 수업 시간 외에는 주로 다른 청소년들과 마찬가지로 컴퓨터 게임을 하면서 보냈다.⁶ 그러니 사회 운동은 사실 자기가 가던 길에서 옆으로 약간 빗겨난 활동이었다. 하지만 그는 플레이스테이션을 치워두고 열심히 매달렸다.

그리고 마침내 인내심을 발휘한 보람이 나타났다. 페이스북으로 단체를 만들고 나서 몇 달 뒤에 웡은 서명운동을 계획했다. 당차고 어린 자원봉사자 200명이 홍콩의 여러 지하철역, 광장, 지붕이 덮인 보도로 나가서 행인들에게 서명을 받았다. 청소년의 뇌가 중국 국기에 걸쳐진 그림을 담은 검은색 플래카드를 들고, "사상의 자유를 수호한다! 세뇌 교육에 반대한다!"는 구호를 외쳤다. 젊은이들로 구성된 이 단체는 순식간에 시민 10만 명의 서명을 받았다.

그러자 스콜라리즘의 어린 운동가들이 전개하는 활동에서 '아랍의 봄'과 같은 반향을 감지한 국제 언론들이 모여들었고, 웡은 덤불처럼 뒤엉킨 수많은 마이크들 앞에서 국내외 방송사들과 인터뷰하는 사람이 됐다. 단호한 말투에 어쩐지 어색해 보이면서도 잘난 체하지 않는 웡은 돋보였다. 그리고 그의 행동을 수백만 명이 유튜브로 시청했다. 정당들도 학생들의 운동에 동참하기 시작해서 새로운 커리큘럼 시행을 중단하라고 요청했다. 하지만 정부는 꿈쩍도 하지 않았다.

"학생들도 사회를 변화시킬 수 있어요"

그러다가 이듬해 봄, 중국 공산당이 지지하던 재계 거물 렁충잉의 홍콩 행정장관 임명을 계기로 중대한 국면이 펼쳐진다. 장관 선임 절차는 관료 1,200명이 참석해 비공개로 진행됐다. 이는 홍콩특별행정구의 비민주적인 통치 관행을 부각하면서 시민들의 반정부 정서를 부채질했다. 게다가 3월에 진행된 평화 시위와 텔레비전 인터뷰에서 전했던 윙의 의견에 대해 신임 장관이 끝끝내 무반응으로 일관하자, 스콜라리즘은 직접적인 행동에 나섰다.

런던 올림픽을 한 달 앞둔 그해 9월, 홍콩의 학교들에서 도덕 교육을 시행하기로 한 예정일을 4일 남겨둔 시점에서 어린 운동가 수십 명이 정부 건물 앞 광장을 점거하고, 광장의 콘크리트 바닥에 텐트를 쳤다. 《사우스차이나 모닝포스트》와의 인터뷰에서 윙은 일본 작가 무라카미 하루키의 말을 인용하며, 작은 노력으로 유력한 권력을 물리칠 수 있다는 뜻을 전했다. "높고 탄탄한 벽과 그 벽에 부딪쳐서 깨지는 달걀이 있다면, 벽이 아무리 옳고 달걀이 아무리 잘못되었을지라도, 저는 달걀 편에 설 것입니다."[7] 굳은 의지가 모든 이에게 전해졌다.

3일 동안 집중호우가 내리는 바람에 의지가 강한 운동가 몇 명만을 제외하고 자원봉사자 200명 중 대부분은 얼굴을 내밀지 않았다. 하지만 윙은 포기할 생각이 없었다. 그는 "홍콩 정치계의 경고등에 빨간 불이 깜박이고 있다"는 강력한 호소로 대학생들을 결집시키고 어른들을 움직였다. 4일째 되던 날, 군중 4,000여 명이 시위에 동참해서 '우리는 미래다'라는 붉은 플래카드를 흔들고, 질서 정연하게 앉아서 촛불 집회 연설을 들었다. 다른 사람들도 속속 모여들었다. 9일째 되던 날에는 모임의 분위기가 한층 결연해졌다. 검은색 티셔츠를 맞춰 입은 시위 군중 12만 명이 정부 청사 주변의 고속도로를 차단하고, '세뇌 교육 커리큘럼에 반대한다'는 구호를 함께 외쳤다. 엄청난 규모의 시위대에 놀란 렁충잉 행정부는 '평화적·이성적·비폭력적 시위' 앞에서 결국 굴복했다. 도덕 국민 교육 계획이 평화적으로 보류된 것이다.

"학생들도 사회를 변화시킬 수 있어요." 웡은 이렇게 한마디로 요약했다. 내가 그의 이야기를 들으러 찾아간 것도 그런 생각에 동의했기 때문이었다. 아이들 대부분은 공부에, 어른들 대부분은 일에 매달려서 눈코 뜰 새 없는 와중에 죠슈아 웡은 스스로 중요하게 여기는 가치를 우선했다. 사회의 모습을 만들어가는 교육의 힘을 보고, 사상의 자유가 침해당할 위기를 느낀 그는 미래 세대를 위해 책임 있는 행동에 나섰다. 나는 이런 행동이야말로 관심과 배려의 궁극적인 사례라고 생각한다. 내 앞에 앉은 왜소한 홍콩 대학생은 젊은 세대에 대한 흔한 편견에 맞섰다.

나는 별달리 특별하지 않았던 14세 소년이 세계에서 가장 유력한 국가에 대항하고, 결국 이길 수 있게 만든 힘이 무엇인지 알고 싶었다. 이번 장은 이 질문에 대한 웡의 답변을 다룬다. 그러면서 타인과의 협력 가능성을 완전히 깨달을 수 있으면 된다는 것, 또 관심 갖는다는 것은 우리가 살고 싶은 세상을 만들 수 있는 세계 시민을 키운다는 뜻임을 주장할 것이다. 그 주장의 강력한 예시로서 웡으로 대표되는 홍콩 아이들이 비판적으로 사고하고, 스스로 사고할 수 있는 권리를 지키기 위한 싸움에서 거둔 첫 번째 승리에 관해 자세히 알아볼 것이다. 나는 교단에서의 경험을 통해, 그 권리가 얼마나 중요한 것인지를 잘 알고 있다.

진실과 거짓을 구별하는
능력의 중요성

　　　　　　　　　　　　나는 버락 오바마의 첫 대통령 선거
일 다음날 월워스 아카데미에서 있었던 일을 계기로, 제대로 생각할 줄 아
는 힘이 얼마나 중요한지를 절실히 느꼈다. 이날 점심시간을 마치고 7학년
7X1반 학생들이 교실로 막 들어섰다. 나는 어제 일은 정말 대단한 뉴스 아
니냐고 학생들에게 물었다. 그런데 아이들은 별로 관심 없다는 듯이 "네, 선
생님"이라고 대답하고는 그만이었다. 그 대신 교실은 의사당을 폭파하려
는 가이 포크스의 음모가 무마된 것을 기념하는 날인 본파이어 나이트Bonfire
Night 이야기로 떠들썩했다. 아이들은 저녁에 불꽃을 피울 생각에 잔뜩 기대
하고 있었다. "걱정 마세요, 선생님. 재킷을 챙겨 입고 나갈 거니까요!" 조녀
선이 눈을 휘둥그렇게 뜨고 있는 나를 안심시키려는 듯 말했다.

　학생들의 미온적인 반응에 굴하지 않고 나는 다시 한번 참을성 있게 밀어
붙였다. 지난밤에 몇 시간을 공들여서 '오! 바마', '네, 할 수 있습니다!', '변
화의 얼굴' 같은 신문 헤드라인을 모으면서 아이들과 나눌 이야기를 준비해
둔 참이었다. 그러니 준비했던 그대로 수업을 해나갈 작정이었다. 미국 역
사상 최초의 흑인 대통령의 탄생이며, 지구 전체로 봐서도 엄청난 의미가
있는 날이라고 아이들에게 이야기했다.

　경외심에 사로잡힌 침묵 속에서 타이슨이 슬그머니 손을 들었다. 그 아이
얼굴에서 장난기가 역력히 드러났기 때문에 나는 마음을 단단히 먹었다.

　"아니에요, 그렇지 않아요." 타이슨이 말했다.

　잠시 침묵이 흘렀다. 타이슨은 학교에서 벌을 받은 학생 목록 첫 줄에 빠

　　　　　　　　　　　제3부 | 더 깊이 관심 갖기

짐없이 이름을 올리는 아이였다. 교실에 있는 나머지 29명의 학생들은 또 뭔가 일이 벌어지는구나 하는 마음으로 상황을 지켜봤다.

"아니, 맞아." 내가 대답했다.

"아니요, 아니라니까요." 자리에서 일어선 타이슨은 셔츠 맨 위 단추를 풀어 헤치고, 신발 끈이 풀려서 바닥에 질질 끌리는 채로, 내가 있는 쪽으로 느릿느릿 걸어 나왔다. "제가 증명해볼게요."

내 책상 위의 모니터를 손으로 눌러서 검색 엔진 창을 연 다음, 링크를 클릭하고, 팔짱을 낀 채 흡족한 표정으로 나를 쳐다봤다.

"이거 보세요!" 의기양양하게 말했다.

모든 아이들과 나는 대화식 전자칠판에 나타난 인터넷 웹사이트를 지켜봤다. '버락 오바마 전에 있었던 일곱 명의 흑인 대통령'이라는 제목이었다.

나는 숨을 깊이 들이쉬었다. 인터넷이 처음 나왔을 때 사람들은 그것이 지식을 민주화할 것이라고 기대했다. 인터넷이 책에서 지식을 끄집어내고, 그 지식을 작은 부분으로 변환하고, 우리가 배우는 방식을 완전히 바꾸어놓을 가망성을 점쳤지만, 지금은 문제를 일으키고 있었다. 지식은 이제 더 이상 문화적 엘리트들의 전유물이 아니라, 모든 사람(혹은 최소한 와이파이가 있는 모든 사람)의 것이었다. 그러다 보니 전에 없던 문제가 생겨났다. 전에는 신중한 절차를 거쳐 수집한 한 가지 지식을 여러 사람이 공유했지만, 이제는 이틀이 지날 때마다 2003년 이전의 20만 년 동안 인류의 모든 기록에 해당하는 만큼의 데이터가 계속해서 생산된다.[8] 그중 상당 부분은 타이슨이 보여주었던 사이트의 내용처럼 잘못된 정보다. 내 눈에는 저 멀리 어딘가에서 어떤 사람이 자기 방에 틀어박힌 채 혼자 연구하고 음모를 꾸며 블로그에 포스트를 쓴 것으로 보였다. 하지만 타이슨(그리고 외부 영향을 받기 쉬운

나이인 이 교실의 7학년 학생들 중 상당수)의 눈에는 그 포스트가 진실처럼 보였던 것이다.[9]

사실과 허구를 구별하기 힘들어하는 게 비단 내가 일하던 학교 학생들만의 일이 아님을 이제는 다들 잘 안다. 2016년 스탠퍼드 대학교의 한 연구는 중학생 다섯 명 중 네 명, 그리고 대부분의 대학생들이 온라인 광고 링크와 실제 뉴스 기사를 구별하지 못했다고 보고했다. 그 연구 보고서는 "사람들은 어린아이들이 소셜미디어에 친숙하기 때문에 그 안에서 찾는 정보에 대해서도 마찬가지로 통찰력이 있을 것으로 추측한다. 하지만 이번 연구로 그 반대임이 증명됐다"라고 설명했다.[10] 내 개인적인 경험으로 보아도 마찬가지였다. 어떤 의견이 되었든 그것을 뒷받침하는 '사실'을 얼마든지 찾을 수 있는 지금과 같은 상황은, 국가에서 주입하는 교육 내용과 페이스북 뉴스피드 사이에서 이러지도 저러지도 못하는 아이들(그리고 심지어 교육을 많이 받은 어른들까지)을 위험으로 내몬다.

나는 타이슨에게 오바마가 미국 최초의 흑인 대통령이라고 공식 보도한 뉴스를 내밀었다. 그리고 다른 매체의 기사도 꺼내서 보여줬다. 그런데도 타이슨은 꿈쩍도 않고 서 있었다.

안드레아스 슐라이허는 "사실과 사실이 아닌 것을 구별할 줄 아는지 여부는 오늘날 지극히 중요한 능력이 되었다."[11]라고 이야기했다. 이미 한참 전부터 그래왔다. 철학자이자 홀로코스트 생존자인 한나 아렌트는 잘 알려졌듯이 "끊임없이 변하고 이해하기 힘든 이 세상에서, 대중들이 도달할 수 있는 한계 지점에 이르러, 모든 것을 믿으면서도 아무 것도 믿지 않고, 모든 것이 가능하다고 생각하면서도 아무 것도 사실이 아니라고 믿게 되면서" 나치즘이 부상했다고 진술했다.[12]

그런 점에서 보자면, 지금처럼 정보가 급증하는 상황은 아무리 낙관해도 정보를 쉽게 조작할 수 있는 사회가 도래했음을 알려줄 뿐만 아니라, 최악의 경우 손쉽게 극단주의적 견해에 빠질 수 있는 관문이 활짝 열렸음을 입증해준다. 따라서 지금 시대를 사는 아이들에게는 그 어느 때보다도 비판적으로 사고해야 할 필요성이 더욱 커졌다는 생각이 들었다. 내가 죠슈아 웡을 찾게 된 것은 바로 그런 생각 때문이었다. 우리가 아이들을 진심으로 아낀다면, 아이들이 스스로 생각할 수 있도록 가르쳐야 할 테니까.

홍콩으로 출발하기 전에 나는 주입식 교육의 위험성에 대해 그 누구보다도 잘 알고 있는 사람을 만나 이야기를 나눴다. 누구든 잘못된 방향으로 이끌릴 수 있는 세상에서 우리 학교들이 무엇을 할 수 있으며, 아이들을 어떻게 보호해야 할지 그에게 물어보고 싶었던 것이다.

가짜 지식이
아이들을 착각하게 만든다

애덤 딘Adam Deen 은 약속 시간보다 늦었다. 나는 런던 플리트 스트리트의 한 평범한 건물 현관에 앉아서 혼잡한 퇴근길을 달리는 택시들 뒤로 불쑥 솟은 세인트 브라이즈 교회의 첨탑을 내다보고 있었다. 내가 주소를 제대로 찾아온 건 분명했는데, 이상하게도 이 건물의 안내 데스크 직원은 애덤 딘이라는 이름이나 그의 단체 이름은 들어본 적이 없다고 했다. 비밀을 유지하기 위해 일부러 이름을 감추었는지도 모를 거라 짐작했다. 딘은 영국 최초의 대테러 싱크탱크인 퀼리암Quilliam 을 운영하는 개심한 이슬람교도다. 이 연구소는 내가 손에 들고 있던 책『급진주의자Radical』의 저자인 마지드 나와즈Maajid Nawaz가 여러 해 전에 설립한 곳이었다.

두 가지 비극적인 사건이 런던 학교에서 일어난 직후, 나는 이 연구소에 연락을 취했다. 먼저 한 가지 사건은 ISIS의 사형집행인 무함마드 엠와지가 예전에 세인트 존스 우드에 있는 퀸틴 키나스톤 중학교를 다녔고, 당시에는 착하고 조용한 학생이었다는 사실이 밝혀진 일이다. 그리고 다른 사건은 GCSE에서도 높은 성적을 받은 베스널 그린 아카데미의 여학생 세 명이 '대의'에 참여하기 위해 시리아로 가는 비행기를 탔다는 소식이었다.

도대체 무엇이 잘못된 것일까? 인터넷은 민족주의자, 여성혐오주의자, 인종차별주의자, 종교적 극단주의자 할 것 없이 모든 급진적인 사상에 기름을 붓고, 극단주의 시대를 부채질하고 있다. 나는 우리 학교들이 그런 시대적 흐름에 어떻게 맞설 수 있을지 알고 싶었다. 영국 정부는 극단주의에 맞서기 위한 '예방' 전략을 도입했지만, 이렇다 할 긍정적인 효과 없이 마녀사냥을 부추기기만 한다는 비판이 쏟아졌다. 일례로 한 초등학교에서 남자아이가 엉망으로 그린 '오이cucumber' 그림을 '쿠쿠범cucu-bum'이라고 잘못 발음하는 바람에, 아이가 폭탄bumb을 그렸다고 생각한 선생님이 당국에 신고하는 일도 있었다.[13] 나는 나와즈와 딘에게서 배울 수 있는 것이 많으리라 생각했다. 문화 속 급진주의의 뿌리에 대해 조사하다 보면, 아이들이 사상 주입에 저항할 수 있는 방법도 찾을 수 있지 않을까 싶었다.

나는 딘을 기다리면서 나와즈의 책을 펼쳐 그의 약력을 읽어보았다. 파키스탄계 영국인인 나와즈는 1980년대에 잉글랜드 동남부 사우스엔드온시에서 성장기를 보냈다. 한때 유명한 해변 마을이었던 가난한 백인 노동자들의 주거지에서 소수 민족의 일원으로 자란 것이다. 그 당시 백인 이외에는 흑인이나 아시아계 인종이 고작 몇 명 있을 뿐인 곳에서 그는 어린 시절 내내 무시와 증오에서 기인한 인종차별을 겪었다. 풋볼 경기를 할 때 친구들에게 무시당하고, 초등학교 때는 상황을 잘 몰랐던 급식 조리사가 억지로 소시지를 먹이는 바람에 토한 적도 있었다. 궁지에 몰렸다는 압박감 속에서 그는 맨 처음에는 비보이로서 정체성을 형성한다. 삼촌을 통해 힙합 그룹 N.W.A.와 퍼블릭 에너미의 랩을 알게 되면서부터였다. 자기 방어 수단을 찾으면서 흑인과 아시아계 친구들과 어울렸는데, 그와 그 친구들은 신나치 인종차별주의자들의 잦은 표적이 되면서 항의해야 할 상황에 자주 맞닥뜨렸다.[14]

그러다 보니 자연스레 이슬람주의로 눈을 돌리게 됐고, 그러면서 어린 나와즈는 더 큰 힘, 한층 깊은 정체성, 진정한 투쟁을 받아들이게 됐다. 그는 형 오스만을 따라서 혁명단체인 히즈브 우트 타흐리르에 의해 결성된 스터디그룹에 참석하기 시작했다. 그룹을 이끈 오마르 바카리Omar Bakri는 작가 존 론슨Jon Ronson과 친구 사이였는데, 론슨의 저서 『그들Them』에 그의 이야기가 나온다.[15] 문제의 스터디 모임을 통해 공부의 새로운 목적을 찾은 나와즈는 이스트런던에 있는 뉴햄 컬리지에 입학했다. 그리고 『이슬람주의자The Islamist』의 저자이자 그와 마찬가지로 급진주의자였다가 지금은 개심한 에드 후세인Ed Husain과 함께 학생회를 서서히 장악해나갔다.

그런 런더니스탄Londonistan(과격 이슬람주의자들의 기지가 된 런던을 뜻하는 말 - 옮긴이) 시절은 흑인인 한 10대 학생이 대학 캠퍼스에서 폭행으로 살해당하고, 히즈브 우트 타흐리르에 완전히 빠져든 나와즈가 유럽에서 단원을 모집하는 핵심적인 역할을 수행하며, 런던 대학교 소아즈SOAS 단과대학에서 아랍어와 법률을 전공하던 때에 극단으로 치달았다. 그러다 24세에 히즈브 우트 타흐리르의 일로 카이로에 갔다가 이집트 비밀경찰에게 붙잡혀 투옥되었다. 그로부터 4년 후, 국제사면위원회의 도움으로 석방된 그는 차츰 지식, 카리스마, 경험을 쌓아서 극단주의에 대항하는 사회 운동을 시작했다.

전화 통화에서 그는 사람들이 하는 가장 큰 실수는 급진주의가 무지에서 시작한다고 믿는 것이라고 말했다.

"교육은 극단주의에 대항할 힘을 보장하지 못합니다." 나와즈가 말했다. 오히려 그는 유능한 파키스탄계 영국인들이 이슬람주의로 '두뇌 유출'되는 상황을 안타까워했다. 그러면서 1990년대에 대학에서 지적인 빛을 이끌던 아니엠 초더리, 에드 후세인, 나와즈 자신 같은 '잃어버린 세대' 사람들을 언급했다. 나와즈는 이슬람이 어리석은 종교처럼 비치는 것에 대해서도 속상해했다. 무슬림 학자들 중에는 역사적으로 가장 위대한 학자로 꼽히는 사람들도 있다. 바그다드에 있는 학술원인 바이트 알히크마(지혜의 집)는 아리스토텔레스의 작품이 보존되어 있는 배움의 중심지이다. 이슬람주의자들은 배움의 힘을 굳게 믿는다. 하지만 신입 단원을 끌어들이는 활동은 분석적인 능력으로 상대를 설득해서 의도한 것만 보도록 만드는 능력에 의지한다.

교육과 세뇌는 다르다

늦어서 미안하다고 사과하며 딘이 자리에 앉았다. 나는 우선 학교 교육에는 어느 정도의 사상 주입이 늘 포함되는지부터 질문했다.

"$E=MC^2$는 교육이지, 세뇌가 아닙니다." 딘이 답변했다. 사실 그는 학교가 아이들에게 사상을 더 많이 주입해야 한다고 생각했다. 아이들이 스스로 세상을 어떻게 생각하고 느끼는지를 만들어갈 필요가 있다고 본 것이다. 그는 그것이 지식과 정보를 더 많이 머리에 넣는 것 같은 간단한 문제가 아니라고 생각했다. "극단주의자들이 세계 정치에 더 밝을 겁니다. 보통의 아이들은 정치 같은 걸 전혀 모를 거예요." 그는 영국 정부와 협력해서 학생들이 불건전한 사상에 물드는 것을 '예방'하는 조치를 개선하면서, 교사들을 교육하는 데에도 공을 들였다. 교사는 학생들과 가장 많은 시간을 보내는 사람이기 때문이었다. 그는 웨스트미니스터 대학교에 다닐 때 급진주의자가 됐다. 하지만 내면적으로는 그보다 한참 전에, 북런던의 사우스게이트에서 친구들이 극우 정당인 영국 국민당의 일원이 되면서 그에게 등을 돌렸던 때부터 시작됐다.

"자기 자신이 자신보다 더 큰 무언가의 일부라고 느끼게 됩니다. 그게 가장 중요한 변화지요." 딘은 극단주의를 받아들이는 것은 하나의 과정이라고 설명했다. 정해진 공식은 없지만, 아이가 아웃사이더라고 느끼기 시작하는 것처럼, 변화의 조짐을 확인할 지표는 존재한다. 영국에서는 극우주의와 이슬람 극단주의가 맞서며 서로 세력을 확대하는 가운데, 아이들을 극한으로 몰아가고 있다.

딘은 교사들에게 신호가 나타나는지 주의하라고 가르친다. "예전에 잘 어울리던 친구들하고 더 이상 놀지 않거나, 은둔하거나, 화를 내거나, 거친 행동으로 수업을 방해하는 등의 행동이 나타날 수 있습니다." 고립감이나 어딘가에 소속되어야 할 것 같은 기분은 10대라면 대부분이 경험하는 감정이다. 청소년기에는 뇌가 재형성되면서 또래 집단의 영향에 특히 민감해진다.[16] 애론 스와르츠가 컴퓨터와 해킹 집단에서, 이프라가 KSA의 가족과 팀에서 찾았던 것과 마찬가지로, 나와즈는 힙합 그룹 N.W.A.에서 감정을 발산할 수단을 찾았다. 다른 학생들은 이모(기타 연주와 감성적인 선율이 특징인 록 음악의 한 형태-옮긴이)나 광란의 파티에 푹 빠지거나, 스케이트를 타거나, 첼시 FC의 팬이 되거나, 학생 휴게실에서 열변을 토하는 마르크스주의자나 보수주의자가 되기도 한다. 이 모두가 똑같은 욕구에서 시작한다. 누구나 자신에게 맞는 집단을 찾고, 그 집단의 규범에 익숙해질 수밖에 없다.

자신의 정체성을 극단주의에서 찾는 극히 일부의 아이들은 괴롭힘과 학대의 결과로 그리 된 경우가 많다. "그런 아이들은 인종차별주의를 내면화하고, 그것을 이슬람과 비 이슬람 간의 이념적인 투쟁이라는 측면에서 받아들입니다." 딘이 말했다. 나와즈는 경제 과목을 가르쳤던 모스 선생님 수업 시간에 있었던 일을 책에서 소개했다. 어느 날 모스 선생님이 대영제국의 성과를 자랑스럽게 여기는 사람이 있으면 손을 들어보라고 했다. 손을 들지 않은 학생은 그 교실에서 유일한 유색인종이었던 나와즈밖에 없었다. 그 주제에 관해 논쟁할 여지가 전혀 없었던 것이다.

"끔찍한 상황이에요." 딘이 말했다. 그는 학교들이 제한된 인지 능력에 초점을 맞춰서 토론과 깊은 사고를 억지로 쥐어짜고 있다고 보았다. 하지만 마르크스주의이든, 백인 민족주의든, 이슬람주의든, 모든 아이들은 분명히 이념을 배워야 마땅하다. 학교에 이런 주제를 토론할 공간이 마련되어야 한다. 아이들에게 관심을 갖는다는 것에는 아이들이 이념 체계를 가능한 한 깊이 이해할 수 있게 신경 쓴다는 의미도 포함된다. 이념을 분석하면 각자의 편견을 돌아볼 길이 열린다. 우리는 각자가 헤엄치고 있는 물의 성질을 파악하고, 살피는 법을 배워야 한다. "이념이 아이들에게 다가가기 전에 아이들이 먼저 이념에 다가가도록 하는 것이 가장 중요합니다." 딘이 말했다.

나는 월워스 아카데미와 내가 했던 수업에 대해 생각해보았다. 우리는 어떤 공간을 마련했던가? 우리는 아이들에게 "최선을 다해라"라고 자주 말했었다. 그 밖에도 "열심히 해라", "시험 잘 봐라", "다른 사람에게 친절하게 대해라", "좋은 모습을 보여라" 같은 충고를 많이 했다. 학교 담장 안에는 튼튼한 공동체가 존재했다. 아이들은 그 안에서 안정감을 느꼈다. 하지만 그 밖의 집단으로 정체성을 드러내는 경우가 더 많았다. 자메이카나 터키, 포르투갈, 콩고 같은 국적이 될 수도 있고, 거친 서포터들로 악명이 높은 밀월 FC 같은 스포츠 팀이나 교회가 될 수도 있었다. 비극적인 상황이지만, 심지어 폭력배 집단으로 정체성을 드러내는 경우까지 있었다. 어쨌든 간에 월워스는 모든 구성원을 하나로 묶으려고 애썼고, 그러다 보니 아이들에게는 차이를 느끼고 포용하는 도전을 해볼 기회가 주어지지 않았다.

물론 월워스 밖에서는 그런 기회를 경험하는 아이들이 있었다. 핀란드에서는 학생들이 5년 동안 같은 반에서 같은 선생님에게 배우는 경우도 있어서 학급이 서로 긴밀한 가족 관계가 된다. 상하이에서는 아이들이 자기 나라를 사랑하는 법을 배우고, 명확한 사회 규범을 따른다. KIPP와 KSA에서는 아이들이 '같은 팀, 한 가족'이라는 확실한 규범과 정해진 일련의 가치를 지키며 살아간다. 하지만 월워스에서는 그렇게 하지 못했다. 교복과 학생들을 세심히 관리하는 교사들이 있었고 일상에서의 다정한 행동들이 오갔음에도, 저 너머의 이상 속에 존재했다.

옳은 판단을 위해서는 제대로 된 지식 습득이 먼저다

전화 통화에서 나와즈는 21세기 학교에 필요한 5단계 계획을 제시했다. 그 기본은 학업과 비판적인 사고를 강화하는 것이다. 또 학교들은 아이들에게 사상을 주입할 준비를 하되(그는 '사상 주입'이라는 표현이 지나치게 강력하다고는 생각하지 않았다), 널리 공유하는 사실과 가치에 맞는 '제대로 된 내용'을 주입해야 한다. '낮은 기대치라는 편협성을' 피해서 규범을 누군가의 종교라는 규범 때문에 완화하지 않는 것도 중요하다. 모든 교사들이 활용할 수 있는 반 극단주의 도구도 필요하다. 마지막으로 그는 커리큘럼에 관한 부분을 언급했다. 나와즈가 학교 다닐 시절에는 소련, 제2차 세계대전, 제국주의, 그리고 영국이 민주주의를 이룬 과정 같은 것들을 공부했다. 하지만 이런 일들은 너무 오래 전의 일이다. 그는 "사실 우리가 정말 공부해야 하는 내용은 9·11사태, 아프간 전쟁, 지하드 광신도들의 테러 같은 것들이다"라고 말했다. 그리고 그런 부분에서 학교들이 너무 미묘하고 자유로워서 "확실성이 필요하다"라고 생각했다. 우리가 중요하게 여기는 가치는 어떤 것인지를 알고, 사람들 앞에 공개해야 마땅하다는 것이다. 그는 충분한 대화를 통해 모두의 생각을 나눌 필요가 있다고 보았다. 그런데 자기가 학교에 다닐 시절에는 모두들 겁이 나서 차마 나서지 못했다면서, "인종차별주의자로 지목되는 것을 아무도 원하지 않았으니까요"라고 말했다.

1980년대에 미국인 교수 E. D. 허쉬E. D. Hirsch는 자신이 '문화 소양cultural literacy'이라고 이름 붙인 핵심 지식을 모든 아이들이 습득하게 해야 한다고 주장했다. 간단히 설명하면, 문화 소양을 갖춘다는 것은 모든 아이가 《뉴욕타임스》나 《가디언》 같은 신문의 1면 기사를 이해할 수 있을 정도가 된다는 의미이다. 허쉬는 자신의 경험을 바탕으로 모든 아이가 알아야 할 지식을 담은 긴 목록을 만들었다. 그의 이런 발상은 영국에서 최초로 무상 교육을 시작한 우익 저널리스트 토비 영, 학교 교육 과정에 명확하고 약간은 전통적인 기본 지식을 포함시켜야 한다고 주장했던 교육부 학교 담당 차관 닉기브 같은 사람들에게 특히 영향을 미쳤다. 나와즈는 대화를 마치면서 "무엇보다도 사실적인 지식부터 가르쳐야 합니다. 사람들이 공유하는 판단의 기준이 있어야 하니까요"라는 말로, 허쉬 교수와 비슷한 의견을 제시했다.

만들어진 무지

인터넷이 침식할 위험이 있는 부분이 바로 그런 사실적인 지식이다. 요즈음에는 모두들 각자가 생각하는 사실에 쉽게 접근할 수 있다. 그리고 그것이 극단주의적 견해의 기본이 됐다(물론 그런 사실들은 인터넷이 생기기 훨씬 전에도 존재했지만 말이다). 음모이론가들처럼 정치적 선전을 목적으로 활동하는 사람들은 어떤 사건이나 사실, 판단 기준 등을 교묘히 관련짓는다. 그러면 그 나머지는 패턴, 스토리, 의미를 애타게 찾는 인간의 뇌가 알아서 마무리한다. 나와즈는 이를 "만들어진 무지"라고 지칭하면서, "10대 청소년이 자기가 뛰어난 지성인이라고 느끼게 만들 정도의 가짜 지식"이라고 설명했다. 그러나 나와즈는 그런 활동에 꽤 강력한 힘이 있다는 사실을 잘 알고 있었다. 그는 세계화 시대에 대의명분을 찾는 어린 학생들이 결국 극단주의에 빠지는 것은 피치 못할 일이라고 생각했다. 극단주의는 가장 강력한 유형의 대의명분을 내세우기 때문이었다. 그는 초국가적인 견해, 설명, 충성이 사람을 규정하는 지금과 같은 시대를 '행동의 시대'라고 불렀다.

딘에게 앞으로 학교가 어떤 부분에서 더 잘해야 할지 질문하려는데, 그가 내 말을 가로채면서, "철학이요!"라고 큰 소리로 외쳤다. "제가 어릴 때 철학을 공부했다면, 그렇게 쉽게 사상에 물들지는 않았을 거예요." 그는 이슬람주의가 지적으로 얼마나 철저하고 논리적인지를 강조하면서 황홀할 정도였다고 진술했다. 사람들은 흔히 결손가정이나 제대로 교육을 받지 못한 아이들이 이슬람주의에 빠진다고 생각하지만, 그가 이슬람주의에 탐닉하게 된 것은 일종의 깨우침 때문이었다고 했다. 실제로 그가 뭔가에 대해 깊이 생각해본 것은 그때가 태어나서 처음이었다.

이처럼 학교에서 아이의 삶에 공백을 남기면, 다른 영향력이 그 공백을 메우고 들어온다. 월워스에서는 이런 결과로 일부 아이들이 폭력 조직에 가담하기도 했다. 딘은 북런던에서 바로 그런 경험을 했다. 그에게 극단주의는 생각 없고 무정한 세상으로부터의 도피처였다. 그런데 그런 극단주의에서 벗어날 수 있었던 것도 결국 더 엄격하고 논리적인 생각을 할 수 있게 된 덕분이었다. 그래서 "철학, 비판적인 사고, 어떤 견해를 철저히 검토하고 논리적 결함과 모순을 증명하는 능력"이 중요하다고 덧붙였다. 딘은 세상을 변화시킬 수 있는 힘이 철학에 있다고 생각했다. 갈수록 양극화가 심해지는 지금과 같은 세상의 흐름에서는 비판적인 사고가 학교에서 다루는 핵심적인 주제가 되어야 한다고 보았다. "그런 능력이 꼭 필요해질 겁니다."

딘이 급진 과격주의 사상을 버리게 된 것은 20대 후반의 일이었다. "급진주의를 버리는 과정은 기본적으로는 대화예요. 가장 먼저 상대와 친분을 맺고, 신뢰를 얻은 다음, 상대방의 생각을 들어요. 한 땀 한 땀 풀어나가는 것이 중요합니다." 시간이 걸리는 더딘 과정이다. 이후에 그는 '딘 연구소'를 설립하고 젊은 무슬림들의 비판적인 사고를 키우는 일에 힘썼다. 그는 모든 학교가 이런 교육을 위한 시간과 공간을 마련해야 한다고 굳게 믿었다. "제가 보기에는 학교에서 무엇을 어떻게 가르치느냐가 아니라, 무엇을 가르치지 않느냐가 더 중요하게 작용할 겁니다."

딘은 이렇게 덧붙였다. "우리는 아이들에게 진실과 가치를 주입해야 해요." 하지만 나는 더 많은 것을 가르쳐야 하는 것이 아닌가 싶었다. 진실과 가치 주입을 위해서 딘은 토론 모임을 만드는 것이 가장 좋은 방법이라고 보았다. 물론 그것도 좋지만, 어쩐지 그것만으로는 큰 영향을 끼치지 못할 것 같다는 생각이 들었다. 일부 아이들을 극단주의, 폭력배, 마르크스주의, 민족주의, 이슬람주의에 빠지게 만드는 문제를 사람의 머리만 가지고 해결할 수는 없을 터이기 때문이었다.

현대 자본주의는 이미 계몽주의의 보편적인 이상을 물리쳤다. 우리는 아이들에게 모두가 평등하고, 자유로우며, 되고 싶은 건 무엇이든 될 수 있다고 말한다. 하지만 많은 나라에서 그것은 그저 말에 불과할 뿐이다. 나는 우리가 공유하는 관용, 근면, 가족, TV, 쇼핑 같은 가치들이 심각한 사회 분열을 조장하는 불공평성을 과연 견뎌낼 수 있겠느냐는 의심이 들었다. 교육수준으로 브렉시트나 트럼프에 찬성표를 던지느냐를 예측할 수 있겠지만, 사실 그것만으로는 많은 것을 예측하기 어렵다. 진보적 좌파들 중에는 부유층이 더 많고, 이들이 세계화에도 더 많이 기여했다. 그런가 하면 진정한 비평도 흠이 있는 결론을 제시할 때가 있다. 우리가 공동의 가치에 대해 진정으로 관심을 갖는다면, 혁명가들을 키워낼 수 있을지 모른다.

철학자들, 심지어 꼬마 철학자들도 그저 세상을 해석할 뿐이다. 그런데 윙이나 나와즈는 거기서 멈출 것이 아니라 실제로 바꾸는 것이 중요하다고 생각했다.

많은 것을 알아갈수록
모른다는 사실을 더 많이 알게 된다

인지 과학자인 스티븐 슬로만^{Steven} Sloman과 필립 페른백^{Philip Fernbach}은 『지식의 착각^{The Knowledge Illusion}』에서 이렇

게 지적한다. "우리가 말하려는 바는 사람들이 무지하다는 것이 아니라, 자기 자신이 생각하는 것보다 무지하다는 사실이다. 사람마다 정도의 차이는 있지만, 모든 사람이 실제 가진 지식은 빈약함에도 세상의 이치를 이해한다는 착각과 잘 알고 있다는 착각에 빠져 있다."[17] 내 수업에서 타이슨이 오해를 했던 것이나 딘이 이슬람주의에 깊이 빠졌던 상황은 다 이런 착각에서 비롯된 것이다. 우리는 스스로의 지적 능력을 과대평가하는 경향이 있다. 심리학의 대가 대니얼 카너먼Daniel Kahneman은 『생각에 관한 생각Thinking, Fast and Slow』에서 우리가 무언가에 대해서 실제로 아는 것이 적을수록 자기 자신을 전문가라고 생각할 가능성이 더 크다는 역설적인 사실을 증명했다. 이런 인지적인 편향성이 우리의 세계관을 형성한다.[18] 우리는 무엇보다 자신의 믿음에서 출발해 이야기를 하고, 그 다음에 주위의 의견을 들어보면서 자신의 믿음에 들어맞는 사실을 고른다.[19]

"선무당이 사람 잡는다"는 말도 있다. 그러니 취할 정도로 충분히 마시거나, 아니면 아예 마시지 않는 것이 좋다. 얕은 학식은 뇌를 도취시킨다.[20, 21]

인터넷은 흥청망청 마시고 떠들썩하게 즐기는 지식의 사교 파티장이 되어버렸다. 지식은 세계관에 깊이 영향을 미치고, 인간의 사고에 중요한 역할을 한다. 하지만 우리 모두가 동의하고 고수하는 지식적 단일체가 있는지, 혹은 단일 주체에 이 책임을 부여하는 것이 과연 바람직한지 더 이상 명확하지가 않다. 각국의 정부들이라고 해서 꼭 믿을 수 있는 것만도 아니다. 주요 매체들은 기업의 이익에 좌우된다. 그러니 이제는 진실을 우리 손에 맡겨야 하는 걸까? 슬로만과 페른백은 우리가 늘 그래 왔다고 말한다.

인간의 정신은 데스크톱 컴퓨터와는 달라서 많은 정보를 보유할 수 없다. 정신은 가장 유용한 정보만을 추출해서 새로운 상황에 결정을 내리는 데 지침으로 사용하도록 진화했으며, 이를 바탕으로 유연하게 문제를 해결해나간다. 그러다 보니, 사람들이 머릿속에 저장해둔 세상에 대한 구체적인 정보는 아주 적다. 그런 측면에서 인간을 꿀벌로, 사회를 벌집인 것으로 생각할 수 있다. 지식은 개개인의 머리가 아니라 집단적인 정신에 깃들어 있다. 어떤 기능을 수행하려면 개개인은 자신의 뇌뿐 아니라 그 외의 출처(몸, 환경, 그리고 특히 다른 사람들)에서 축적된 지식에 의존해야 한다. 이 모두를 하나로 합하면, 인간의 사고는 놀라울 정도로 대단해진다. 이런 놀라운 사고는 그 어떤 개인도 아닌 공동체의 산물이다.[22]

생각이나 진실에 정말로 관심을 갖는다면, 인간은 공동의 노력이 무엇인지를 이해할 필요가 있다. 홍콩에 사는 한 10대 소년이 초능력을 발휘할 수 있었던 것은 남다른 각성, 즉 지식은 권위주의 산물이 아니라 민주적인 가치가 되어야 한다는 통찰 덕분이었다.

조슈아 웡, 제국에 반기를 소년

홍콩 시내 애드미럴티 역의 고가 통로와 쇼핑몰 밑에 있는 한 어수선한 카페에서 조슈아 웡은 차를 한 모금 마시고 고개를 들어 나를 쳐다봤다. 그는 아침 식사로 주문한 튀김 음식에 엄청나게 많은 일회용 케첩 봉지가 딸려 나온 것을 보고 혀를 내둘렀다. 잠시

나마 대학 3학년생다운 여유를 되찾은 듯한 모습이었다. "세상에 이게 뭐래요?" 그가 장난스럽게 물었다. 쇼핑센터의 평면광 아래에 앉은 그는 양말 없이 나이키 로쉬 운동화를 신고, 발목까지 오는 치노 바지를 입고 있었다. 1년 전에는 그의 트레이드마크인 안경을 쓴 모습으로 《타임》지의 표지를 장식하기도 했다. 말랄라 유사프자이Malala Yousafzai와 함께 자유를 위해 싸우는 신세대의 전형이 된 웡은 이제는 정말 세계적인 인사였다. "아직도 다윗과 골리앗이라는 근거 없는 이야기를 하는 사람들이 있어요." 그는 토스트와 계란에 시선을 둔 채로 한숨을 쉬었다. "자유세계의 언론은 공산주의의 유령이 젊은 세대를 해치지 못하게 지켜주어야 해요!"

국민 교육 커리큘럼 도입을 무산시켰던 일은 웡에게는 준비운동에 불과했다. 베이징 정부가 중국 공산당에서 목표하는 바를 이루기 위해 경제, 대중매체, 그리고 교육을 계속해서 압박할 것임을 인식한 웡은 민주주의를 위해 싸우기로 맹세했다. 영국이 홍콩을 반환한 1997년, 중국 정부는 홍콩 시민들에게 자결권을 허용하겠다고 약속했지만, 그 약속을 지킬 생각이 없었음이 이미 분명해졌다. 그래서 웡과 스콜라리즘은 다른 반체제 단체들과 동맹을 맺은 뒤, 2014년 9월에 새로운 저항 운동을 시작했다. 시민 광장 기습 점거에 이어서 홍콩 전역에 걸친 학생 파업을 기획했던 것이다. 경찰은 최루탄을 발포해 시위 학생을 해산하고, 웡을 체포해서 48시간 동안 구금했다.

웡이 체포되었다가 풀려난 뒤에 민주화 운동 참가자들의 수가 증가했다. 과열 분위기에 힘을 얻은 베니 타이라는 한 대학 교수는 '센트럴 점령Occupy Central' 시위를 시작했다. 단결해서 거리로 쏟아져 나온 시위대 20만 명은 금융가 중심에 있는 주요 고속도로를 평화적으로 점거했다. 이때 최루탄으로부터 몸을 보호하기 위해 시위대가 손에 든 수천만 개의 밝은 색 우산은 그들의 저항을 상징하는 수단이 됐다. 빛나는 가로등 밑에서 우산을 높이 들고 굳건히 서 있는 수천 명의 시위대 영상은 세계 전역에 방송됐다. 홍콩 고등학생들은 유명해졌다. 임시로 만든 학습 센터가 거리에 생겨나면서 낭만을 불러일으켰다. 길을 막고 상업 시설들이 문을 닫은 뒤에도 학생들은 공부를 지속했다. 발전기로 전등을 켜고 노트북 충전기를 연결해놓은 학생들은 상자로 만든 의자와 판자로 만든 책상에 앉아 책을 읽었다. 교사들도 함께 자리하며 시위하는 학생들을 도왔다. 이들의 상징성은 분명했다.

나는 웡에게, 이런 활동은 무엇보다도 학교의 강력한 영향력 아래 놓인 교육에서 탄생한 '사고' 혁명으로 보아야 하는 것이 아닌지 물었다.

"홍콩에서는 교육이 중요하지 않아요." 웡은 내 생각에 동의하지 않았다. 창문이 반짝이는 파이낸스 센터 고층빌딩 위로 내리쬐는 햇빛이 우리가 앉은 자리 위로 비쳐들었다. 직장인들과 쇼핑객들이 지하철 출구에서 쏟아져 나와서 밝은 조명이 비치는 쇼핑센터 광장으로 몰려들었다. 토스트를 입에 넣으면서 웡은 '저기 좀 보세요, 아시겠지요?'라고 말하는 듯이 그 사람들 쪽을 가리켰다. 사고의 자유는 길가를 다니는 보통 사람들에게는 중요하지 않다고 그가 강조했다. "저 사람들에게는 비즈니스가 중요해요." 나는 그 주에 고등학생 두 명과 이야기를 나눴다. 미래에 무엇을 할 계획이냐고 묻자, 한 학생은 "화가나, 아니면 미술품 관련 사업을 생각하고 있어요"라고 대답했고, 다른 학생은 "환경 운동가가 되거나 에너지 업계에서 일하고 싶어요"라고 했다. 그들에게 중고등학교는 대학에 가기 위한 수단, 대학은 직업을 얻기 위한 수단이었다.

"이렇게 비판해놓고도, 또 학교에 수업을 들으러 가야 해요." 웡이 웃으며 말했다. 스콜라리즘 활동을 하느라, 그는 홍콩에서 가장 순위가 낮은 대학인 오픈 유니버시티에 겨우 들어갈 수 있었다고 한다. 하지만 아쉬움은 없다. 그는 대학에 진학하는 상위 20퍼센트 안에 들었으며, 공직에서 일하겠다는 새로운 꿈을 이루기 위해서는 대학 학위만 있으면 됐다. 성적도 대학 졸업이 가능한 최저 기준인 3등급을 목표로 했다. 웡의 실질적인 일은 반정부 활동이었지만, 그래도 학생으로서 임무는 다했다. 2016년에 그는 스콜라리즘을 해체하고, 데모시스토Demosisto(홍콩중지당) 정당을 창당해서 현재 비서장으로 있다. 당 주석인 네이선 로는 그해 초반에 입법회 의원에 당선되었다. 이야기를 나누는 동안 웡의 휴대폰은 로이터 통신, 변호사, 친구들, 정치 동료들이 보낸 왓츠앱 메시지로 끊임없이 울려댔다. 역시나 그는 우리가 흔히 생각하는 대학생과는 달랐다.

비판적 사고의 힘

나는 계속해서 질문을 던졌다. 세계 어디를 돌아봐도 열네 살짜리가 또래들 10만 명을 움직인 사례는 흔치 않다. 그는 대체 어떻게 사회 운동에 눈뜨게 되었을까?

"학교에"라고 운을 띄운 그는 토스트를 한 입 베어 물고 나서 말을 이었다. "일반교양 과정으로 알려진 과목이 있었어요."

스콜라리즘을 만들기 2년 전 홍콩 교육국은 교육 과정이 암기식 학습에 지나치게 치우쳐 있음을 우려하고, 아이들을 위한 장기적인 계획에서 고등학교 필수 과정을 새롭게 도입했다. 그중 일반교양은 비판적인 사고 능력을 키우고 학생들의 세계의식을 넓히는 데 목표를 둔 과정이었다. 고등학생들은 자기계발과 대인관계, 근대 중국, 세계화, 에너지 기술과 환경, 공공보건, 현대 홍콩의 6가지 과목을 공부했다. 전 세계에서 3위 안에 드는 학교 교육 체계의 학습 과정을 마무리하는 단계로 계획된 이 과정은 창조적인 인재와 기업가들의 새 세대를 열기 위한 것이었다. 수업 방식도 특별해서, 토론을 기반으로 하고, 자기 주도적으로 학습했다. 수업 시간에 학생들과 교사는 첨단 기술, 환경, 혁신, 의료, 민주주의, 법규에 관해 이야기를 나누었다.

우산 혁명이 일어났을 때, 홍콩의 모든 고등학생과 대학생들은 이미 일반 교양 과정을 배운 상태였다. 윙은 시험 때 마틴 루터 킹이 제시한 시민 불복종의 정의("인간은 부당한 법을 위반할 도덕적 권리가 있다")를 외웠던 기억이 있었다. 그런 이야기를 듣다 보니 학교에서 학생들에게 생각하는 방법을 가르칠 수 있을지 모르겠다는 생각이 들었다.

그 전날 저녁에 나는 약속이 있어서 홍콩 최고의 대학으로 꼽히는 홍콩대학교의 법대 건물을 찾아갔다. 내가 만나기로 한 사람은 헌법학 교수인 베니 타이Benny Tai로, '센트럴 점령' 시위를 시작한 인물이자, 여전히 공개적으로 베이징 정부를 비판하는 학자다. 그는 수년 전에 윙에게 이상주의에 빠지면 안 된다고 충고했지만, 그러면서도 여전히 그의 젊은 정치적 동조자를 경외하고 있었다. "윙은 사회에서 아주 특별한 사람 중 하나예요." 그는 솔직한 심정을 털어놓았다. 우리는 9층에 있는 그의 연구실에서 이야기를 나눴다. 창문 밖으로는 조명을 받은 나무들이 여러 겹으로 층을 이룬 교정이 내려다보였다. 마치 건축가가 설계한 미래 도시 구역의 모델 같았다. 연구실에는 달걀 모양의 책장이 있고, 그 위에는 미술가인 친구가 그려준 만화 초상화가 있었다. 그 그림에는 정직하고 현명해 보이는 얼굴에 테가 얇은 안경을 끼고 환한 웃음을 짓는 그의 모습이 담겨 있었다.

"선생님은 어느 쪽이 되고 싶으세요?" 무라카미 하루키의 비유를 인용하면서 그가 내게 물었다. "달걀입니까, 벽입니까?"

나는 고민하면서 이렇게 중얼거렸다. "과연 달걀이, 벽을 등지거나 벽에 가서 부딪치는 부류의 비판적인 사고를 하는 사람이 되지 않고, 오늘날과 같은 경제에 창의적으로 성공할 수 있는 부류의 비판적인 사고를 하는 사람이 될 수 있을까요?"

"그게 바로 중국 정부가 하고자 하는 겁니다." 타이가 빙긋 웃었다. 그들이 성공할 가능성이 아예 없는 것은 아니었다. "중국 문화는 아주 실용적이고 물질적입니다." 그가 설명했다. 홍콩 시민들은 여전히 정치의 자유보다는 경제의 활력을 소중하게 생각한다고 그는 믿었다. 그러면서 미국 정치학자 프랜시스 후쿠야마Francis Fukuyama의 유명한 정치 에세이인 『역사의 종말The End of History』을 인용했다. 그 책에서 후쿠야마는, 일단 어떤 국가의 평균 임금이 6,000달러를 초과하면 분명히 민주주의가 시작된다고 역설했다. 타이는, 홍콩이 30년도 훨씬 전인 1980년대에 이미 그 문턱을 넘었지만, 여전히 민주주의는 가까워진 느낌이 들지 않는다고 했다.

"중국 문화도 계속해서 그런 방향으로 진화할 겁니다. 그렇지만 시간은 조금 더 걸릴 거예요." 타이가 설명했다. 베이징 정부에 동조하는 정치인들은 "반대 세력이 자신들의 모든 견해를 심어놓은 영역"이라면서 일반교양 커리큘럼을 비판했다. 나이든 세대는 자유롭게 생각하는 젊은이들의 사상에 위협을 느꼈다. 상하이에서 밍슈완 젱이 내게 이야기했던 것처럼 타이도 개인의 자유를 중시하는 서구의 사상과 비판적인 사고가 이 지역 문화에 서서히 침투되고 있다고 보았다. 타이는 자신의 스승까지 비판적으로 바라볼 수 있어야 한다는 소크라테스의 의견에 대해 생각해보았다. 페이스북에서 타이를 비판하는 사람들은 그가 학생들을 '비판적으로 사고하는 사람들이 되도록' 세뇌시킨다고 주장했다. 그는 이런 역설적인 상황을 바라보며 빙그레 웃었다. 대학에서 그는 한층 민주적인 방식으로의 변화를 지각했다. 그가 학생이던 시절에는 완전히 교사 중심이었지만, 지금은 상당히 달라져 있었다.

"저는 항상, 이렇게 위로만 올라갈 수 있다고 믿었거든요." 타이는 한 손을 머리 위로 들어 올렸다. 전에는 배움을 인간이 깨달음에 도달해가는 필연적인 역사의 과정으로 보았지만, 이제는 정말 그런지 확신할 수가 없다고 설명했다. "배움은 실제로 퇴보할 수도 있어요. 현대인들이 해결해야 할 기본적인 욕구가 늘어나면서, 비판적으로 사고하지 못하는 사람들이 많아졌어요. 그렇다고 사람들이 노예처럼 사는 삶이 좋아서 그러는 건 아니에요." 그가 덧붙였다. "그저, 더 안정된 삶을 바라는 것이지요."

삶은 갈수록 힘들어지고 있다. 부동산 가격 상승률은 임금 상승률을 앞질렀고, 사회 안전망은 갈수록 약화되고 있다. 프랑스 경제학자 토마 피케티Thomas Piketty는 획기적인 의견을 담은 『21세기 자본Capital in the Twenty-First Century』에서 암울한 전망이 계속될 수밖에 없는 이유를 설명했다. 그는 'r>g(자본수익률>경제성장률)'이라는 공식을 제시하면서, 자본수익률의 성장이 임금의 증가 속도를 항상 능가할 것이라고 말했다. 홍콩에서는 이 사실이 가면 갈수록 명확해지고 있다. 더블베드가 겨우 들어갈 만한 공간에 2층 침대, 가스레인지, 냉장고, 옷가지를 가득 채워 넣은 채 3대가 함께 사는 성냥갑 같은 집이 현실이었다. 그러나 끝없이 계속되는 빈곤의 삶은 호화로운 쇼핑몰과 화려한 아파트들에 가려 잘 드러나지 않는다. 타이의 뒤쪽 창밖으로 영화 〈블레이드 러너〉에서처럼 내리는 비에 살짝 굴절되어 비치는 도시의 불빛을 내다보며, 나는 교육으로 어떻게 사람들을 일깨우고 힘을 줄 수 있을지를 생각했다.

교육의 물질적인 보상은 점점 줄어드는 추세다. 그렇기 때문에 교육 체계를 관심과 보살핌을 중심으로 재편해야 할 당위성이 더 커지고 있다.

"행동에서 더 많은 것을 배울 수 있어요"

다시 카페에서 웡을 만났던 이야기로 돌아가서, 간단한 아침 식사를 마친 웡이 이야기를 쏟아냈다. 웡이 생각하는 베니 타이는 이론을 중심으로 이 운동을 시작한 창단 멤버이며, 학교의 역할을 회의적으로 보는 사람이었다. "저는 이론에서 배우는 게 아니라 실제 행동을 통해서 배우는 편이에요." 웡이 설명했다. 스콜라리즘이 성공했던 이유 중 하나도 바로 그것이었다. 점령 운동이 예측 불허의 상황으로 흘러갔던 반면, 그가 추진했던 새로운 교육 커리큘럼 도입 반대 운동은 목표를 이뤄냈다(그는 점령 운동이 행동 없이 말만 무성해서 사람들이 목표를 이루기보다는 그저 그 방법을 즐겼다고 보았다). "저는 전통적인 좌파 운동 단체 출신이 아니에요." 대신에 그는 스콜라리즘 모임을 통해 배웠다. 고대 그리스의 아고라처럼 사람들이 모여 소통했던 주간 모임은 보통 5~6시간에서 길게는 10시간까지 이어졌다. 학생들은 운동의 여세를 돌아보고, 운동의 진행 상황을 평가하고, 행정부에 대항할 새로운 행동을 계획했다. 그의 전공인 인력 관리와 디지털 마케팅이, 이런 활동을 하는 데 의외로 큰 도움이 됐다.

웡은 그가 추진했던 운동이 소셜 미디어 혁명처럼 그려졌지만, 실제로는 첨단 기술과 거리가 멀다는 사실을 분명히 해두고 싶어했다.

"소셜 미디어는 토론에 적합하지 않아요"라는 웡은 그것이 토론보다는 방송에 더 잘 맞는다고 설명했다. 그는 인터넷과 휴대폰 같은 정보 미디어들이 진지한 생각을 방해할 뿐만 아니라, 담화를 제시하거나 더 자세히 의견을 나눌 통로를 전혀 제공하지 못한다고 보았다. 그의 경험에 따르면, 학생들은 직접 만나 대화를 나누면서 다 같이 질문을 주고받는 과정을 통해 지식의 깊이를 더했다. 그와 비슷한 맥락에서 프랑스 학자 브뤼노 라투르Bruno Latour는 "비평이 지식을 파편으로 만든다"고 진술한 적이 있다. 오늘날 우리가 집단으로 모이는 것은 그것을 통해 뭔가를 만들기 위해서다.[23] 윙이 주선한 모임들은 창의적이었고, 심지어 소크라테스식 문답법과 비슷한 구석도 있었으며, 직접 만나서 진행했다. 아이들은 타협하고, 논쟁하고, 위험을 무릅쓴 채 도전하고, 중지를 모아야 했다.

윙은 소셜 미디어가 홍보에는 유용한 도구지만, 직접적인 개입과 참여를 이끌어내지는 못한다고 보았다. 온라인 활동을 통해 자기 견해를 수정하는 사람들은 없었다. 인터넷에서 우익 극단주의가 부상하는 상황을 보면서 윙은 인터넷이 본질적으로 유토피아를 지향하고 있지는 않다는 믿음을 갖게 됐다. 그는 소셜 미디어 혁명가로 알려졌지만, 정작 그것을 신뢰하지 않았으며, 이론보다 행동에서 더 많이 배울 수 있다고 생각했다.

타이거 마더, 우산 혁명의 또 다른 주역

그런데 우산 혁명은 거리에 나와 공부를 했던 학생들로 더 잘 알려졌던 게 아니었던가? 윙은 고개를 가로저었다.

"학생들이 공부가 너무 좋아서 그랬던 건 아니에요." 윙은 그런 이야기 역시 사람들의 근거 없는 믿음이라고 설명했다. "숙제가 너무 많아서 그랬던 것뿐이에요."

홍콩 학교들의 분위기는 한국만큼이나 냉엄하다. 최고로 손꼽히는 과외 교사들은 부유층 자제들을 일류 대학에 진학시키는 일을 하면서 어떤 해에는 400만 달러를 벌기도 한다. 이들은 마치 무슨 팝 스타 같아서 지하철을 타고 다니다 보면 빼어난 외모로 활짝 웃는 강사들의 사진이 담긴 광고들을 쉽게 볼 수 있다. 혁명 운동에 참여했던 아이들은 자유와 민주주의에 관심이 있기는 했지만, 그렇다고 최고의 직업을 목표로 하는 경쟁까지 포기한 것은 아니었다. 수업 거부가 아니라 점령 운동을 택했던 이유에도 그런 배경에 있었다. 학생들은 학업을 포기할 생각이 없었다. 경쟁의 산을 올라야 하는 압박감은 앞장선 운동가들에게까지 심한 부담을 안겼던 것이다. 웡은 그가 이끈 학생 시위가 성공할 수 있었던 데에는 타이거 마더들의 공이 크다고 믿었다.*

　"부모들은 자녀의 교육에 끼치는 주도적인 역할을 중국 정부에 넘겨주는 것을 원하지 않아요." 웡이 말했다. "게다가 다른 정부도 아닌 중국 정부이니, 그야말로 문제가 아닐 수 없었지요." 그는 학부모들의 태도를 이렇게 간결하게 정리했다. "내 인생을 방해하면 그냥 잠자코 있겠어. 하지만 내 딸이나 내 아들의 앞길을 가로막으면, 절대 가만히 있지 않을 거야." 그 역시 개인적으로 부모님 덕분에 사회적 부당함을 더 일찍, 더 깊이 느끼게 됐다고 한다. 웡은 어릴 때 부모님과 가난한 사람들을 찾아갔던 적이 있었다. 그리고 그들의 어려운 형편을 안타깝게 여기고 그 사람들을 위해 기도했다. 하지만 시간이 지나고 기도를 해도 전혀 변화가 없다는 것을 확인하면서 말보다는 행동에 나서야겠다는 결심을 하게 됐다.

---

* 예일대학교 법학과 교수 에이미 추아Amy L. Chua는 2011년에 엄한 양육 방식을 찬미하는 『타이거 마더Battle hymn of the tiger mother』라는 책을 내면서 전 세계적인 파장을 일으켰다. 그 누구도 타이거 마더의 행보를 가로막을 수는 없다. 심지어 시진핑 주석까지도 말이다.

어떻게 해야 죠슈아 웡 같은 아이들을 더 많이 키워낼 수 있을까? 나는 주위를 돌아봤다. 사람들은 현기증을 일으킬 만큼 복잡한 세계적인 상업 중심지의 건물 안에서 활동하고, 지상에서 일어나는 일은 거의 잊고 지냈다. 아니면 최소한 항의에 나선 사람들로 북적이기 전까지 1층 광장은 사람들이 거의 의식하지 못하는 공간이었다. 배움은 인간의 가장 큰 활동이다. 그리고 혼자가 아니라 함께 배울 때 최대의 성과를 낸다. 이는 온라인으로 모든 정보를 검색하고 대화를 나누는 이 시대에, 수고스럽게 시간을 들여서 모이고, 이야기 나누고, 서로 공유해야 하는 힘든 과정이기도 하다. 무라카미 하루키가 연설 중에 이야기했던 달걀과 벽의 비유가 머릿속을 맴돌았다. "시스템이 우리를 통제하고, 그들이 우리를 원하는 대로 만들게 내버려 두어서는 안 됩니다."라고 그가 말했다. "시스템을 만드는 건 바로 우리들입니다."[24]

이는 자유로운 사상가들의 사회를 만드는 것을 의미했다. 마지드 나와즈가 여러 학교와 기관을 거치며 오래도록 걸어온 길에서 멀지 않은 곳에 그런 사회를 만들어가는 한 학교가 있었다.

어린 철학자들을 키워내는
갤리온스 초등학교

하틀리 선생님은 대화식 전자칠판에 밥과 카레 사진을 띄운 다음, 카펫 위에 비스듬히 동그랗게 앉아 호기심 가득한 표정들을 짓고 있는 2학년 학생 26명을 바라봤다. 마스킹 테이프를 붙인 선이 길게 이어져 있고, 그 한쪽 끝에는 '가장 영국다운'이라는 글귀가,

다른 쪽 끝에는 '가장 영국답지 않은'이라는 글귀가 적혀 있었다. 여섯 살짜리 학생들은 지금 막, 영국 국가대표팀 소속 올림픽 금메달리스트인 모 패러Mo Farah가 영국인인지, 소말리아인인지, 아니면 다른 나라 사람인지에 대해 토론하고(라일리는, "부모님이 자메이카 사람이니까 자메이카 사람 같아요"라고 말했다), 영국식인지 그렇지 않은지는 예의범절만으로 규정할 수 없다고 결정하고(이고는 "다른 나라에서도 할머니들을 위해 문을 열어줘요"라고 주장했다), 국적은 말하는 방식과 관련이 있다는 데 의견의 일치를 보았다(데이지는 "제 친구는 리투아니아 사람인데, 영어를 잘 못해요"라고 말했다). 다음은 영국 사람들이 가장 좋아하는 음식에 관한 이야기를 나눌 차례였다.

"밥과 카레를 같이 먹는 카레라이스는 모 패러나 예의범절이나 여왕보다 덜 영국적일까요, 더 영국적일까요?" 하틀리 선생님이 질문했다. 그러자 청록색 스웨터에 검은색 바지를 입은 꼬마 철학자들이 깊은 생각에 잠겼다.

나는 런던 동부 벡턴에 있는 갤리온스 초등학교Gallions Primary School에 견학을 와 있었다. 이곳에서는 모든 아이들이 생각하는 법을 배울 수 있음을 증명하는 수업이 진행된다는 이야기를 들었기 때문이다. 벡턴은 영국에서 가장 다양한 인종이 모여 사는 자치구이자 스쿨 21이 있는 곳이기도 한 뉴엄 구의 한쪽 구석에 위치해 있었다. 그리고 학교가 자리한 지역은 예전에 가스 공장이 있던 곳으로, 지금도 황폐한 모습을 그대로 간직하고 있는 상태였다. 갤리온스 학교들은 다양한 부류의 학생들을 맞아들였다. 3~11세 사이의 아이들 670명이 이 학교에 다니고 있었는데, 학생 다섯 명 중 한 명은 특수교육 대상자였고, 세 명 중 한 명은 각 학생의 개인적 상황에 따라 일정 기간 무료급식 대상자가 되었으며, 다섯 명 중 세 명은 영어가 모국어가 아닌 제2외국어였다.

하틀리 선생님이 손을 든 학생 중에 한 아이를 지목했다. 케이샤가 자리에서 일어났다.

"카레라이스는 가장 영국적이지 않은 음식이에요." 선생님이 왜냐고 묻자, "기독교도들은 카레라이스를 잘 안 먹잖아요. 이슬람교도들이 먹지요."라고 답했다.

하틀리 선생님은 전혀 흔들림 없이 침착했다. 다른 선생님들이었다면 그 아이가 더 이상 이야기를 하지 못하게 막았을 것이다. 내가 타이슨의 의견에 제동을 걸었던 것처럼 말이다. 하지만 하틀리 선생님은 학생이 하려고 했던 말을 다 하도록 내버려 두었다. 선생님은 아는 사람들 중에 이슬람교도인 영국 사람은 없느냐고 케이샤에게 물었다.

케이샤가 잠시 생각해보더니, 있다고 말했다.

하틀리 선생님은 아이들 전체에게 질문했다. "여기 있는 사람들 중에 카레라이스를 먹어본 적이 있는 사람?"

26명 모두 손을 들었다.

케이샤는 잠깐 동안 다시 생각을 해보더니, '가장 영국답지 않은' 쪽에 붙어 있던 '카레라이스'라고 적힌 카드를 떼서 '가장 영국다운' 쪽으로 조금 옮겨서 붙였다.

"여러분, 케이샤의 의견에 다들 동의하나요?" 하틀리 선생님은 엄지와 검지로 턱을 받치고, 생각하는 흉내를 냈다. 검은색 아디다스 트레이닝 바지를 입은 남자아이가 자리에서 일어났다. 그 아이는 카드를 떼서 '가장 영국다운' 쪽에 아까보다 더 가까이 붙였다.

하틀리 선생님은 왜 그렇게 결정했는지 물었다. "영국에서 카레라이스를 먹는 사람이 많으니까요." 그 아이가 대답했다.

그날 아침에 경전철을 타고 저층 건물들이 주를 이루는 이 지역을 찾아올 때만 해도 나는 벡턴의 소크라테스를 찾게 되리라고는 기대하지 못했다. 자동차 주차장이 많고 수목이 듬성듬성 눈에 띄는 학교 주변 환경은 언뜻 보기에 볼품없어 보였다. 하지만 학교 담장 안으로 들어서니 아름다운 정원으로 상을 받은 정원과 예쁘게 가꾼 채소밭과 놀이터에서 아이들이 행복한 표정을 짓고 있었다. 그리고 하틀리 선생님은 실력이 아주 뛰어났다. 아이의 생각을 바로잡거나, 생각해야 할 요소를 지적하는 법이 없었다. 대신에 그는 학생들에게 사려 깊은 질문을 던졌다. 그가 진행하는 수업은, 미국의 교육 이론가 존 듀이의 교육적 접근법을 토대로 1970년대에 시작된 프로그램의 일환이었다. 존 듀이는 '탐구 공동체'를 통해서 지식과 이해를 더 깊게 만드는 민주적인 접근법으로 아이들의 배움이 이루어져야 한다고 주장했다. 그와 같은 철학에 기초해 있는 이 프로그램은 '아동 철학Philosophy for Children, P4C'이라는 이름으로 알려져 있다.

"아이들 의견을 무조건 막아서는 안 됩니다"

카펫 위에 둥그렇게 앉은 26명의 철학 훈련생들은 이제 새로운 주제로 넘어갔다. 아이들은 몸을 꿈틀대고 흔들어 예전의 신분을 벗고, 새로운 인물로 변신했다. 그리고 이제는 저 먼 나라로 여행을 떠날 참이었다.

"이곳은 어시아Usia라는 나라예요." 하틀리 선생님이 공표했다. 그는 화이트보드에 영사된 푸른 배경 서쪽 끝에 있는 초록색 섬 두 개를 가리켰다. 그리고 "이번에는 동쪽을 가리켰다. 그리고 이 나라는…… 테미아Themia고요. 여러분은 모두 어시아 사람이에요."

어시아인들은 고개를 끄덕이며 진지하게 들었다. 하틀리 선생님은 몇 가지 생각 실험을 진행했다. "여러분이 휴가를 맞이해서 비행기를 타고 테미아에 갔다고 한번 상상해봅시다. 그럼 여러분은 이제 테미아인이 된 건가요?" 아이들은 머뭇거리며 주위 친구들을 둘러봤다. "네!" 한 아이가 답했다. "두 나라를 갔으니까 어시아 사람도 되고 테미아 사람도 되는 것 같아요." 다른 아이가 말했다. "아니에요." 세 번째 아이가 말했다. "우리는 어시아 사람이에요. 왜냐하면 어시아 말을 하니까요."

"테미아에서 3주나 머무르게 된다면 어떨까요?" 하틀리 선생님이 과장된 몸짓과 표정으로 물었다. "그래도 우리는 어시아인이에요. 왜냐면 어시아에 사니까요"라는 대답이 아이들 중에서 나왔다. "그럼 거기서 1년을 지낸다면?" 선생님이 다시 물었다. "거가 가서 1년 동안 살고, 말을 배워도, 우리는 어시아인이에요." 리너스가 대답했다. 리너스는 폴란드에서 태어나 영국으로 이민온 아이였다. 왜 그렇느냐는 질문에 그 아이는 "어시아에서 태어났으니까요"라고 책 읽는 말투로 대답했다.

하틀리 선생님은 몇 가지 사진을 한 장씩 넘겨가며 보여주었다. 침략자들, 지진, 화재를 묘사한 사진이었다. 선생님은, 테미아에서 휴가를 보내는 동안 어시아라는 나라가 파괴되어 이제 그곳에서는 살 수 없게 됐다고 상상해보라고 했다. 아이들이 쥐죽은 듯 조용해졌다. "그래도 여전히 여러분은 어시아 사람인가요?" 선생님이 질문했다.

"그럼 테미아 사람이에요." 크리스토퍼스가 대답했다.

"우리는 어시아에서 태어났어요. 그러니까 테미아 사람은 아니에요." 리너스가 대답했다.

"어시아가 없어져도 우리는 어시아 사람이라고 생각해요." 데이지가 의견을 더했다. 이제는 더 이상 명확히 알 수 없는 상황이 됐다.

하틀리 선생님이 또 다른 문제를 꺼내들었다. 알고 보니 테미아 사람들은 과일을 싫어하고, 예의범절을 지키는 것을 안 좋아하는 사람들이었다. 하지만 과일과 예의범절은 어시아 사람들(그리고 이 교실의 2학년 아이들)에게는 목숨같이 중요한 가치였다. 그렇다면 어시아 사람들은 어떻게 해야 할까? 계속해서 과일을 먹고 예의범절을 지켜야 할까, 아니면 테미아 사람들에게 맞춰서 과일과 예의범절을 포기해야 할까?

"과일을 안 먹으면 병이 걸릴 수도 있어요." 다나가 말했다. "그러면 뼈가 썩을지도 몰라요."

"테미아 사람들한테 말할 거예요. 우리는 어시아 사람들인데, 우리는 과일을 좋아하고, 그리고 과일은 몸에 좋은 음식이라고요." 마리어스가 대답했다.

크리스토퍼스는 조금 더 복잡한 문제를 제기했다. "과일을 안 먹어야 해요." 그 아이는 다른 사람들에게 따돌림을 당하지 않을까 염려했다. "우리가 과일을 먹는 걸 본 사람이 다른 사람들한테 이야기하면, 그 사람들이 와서 귀찮게 물어볼 거예요."

학교는 생각을 드러내고, 공유하고, 토론하는 장소

나는 아이들의 생각이 얼마나 깊은지, 또 서로의 의견을 나누는 태도가 얼마나 열려 있는지를 보고 큰 감명을 받았다. 지금같이 험악하고 양극화된 세계에서 하틀리 선생님은 아이들이 함께 스스럼없이 이야기 나눌 공간을 만들었다.

갤리언 초등학교에서 아동 철학 수업 책임자로 있는 리사 네이어는 북 런던의 어느 초등학교에서 한 학생이 "이슬람교도들은 모두 테러리스트다"라는 말을 꺼낸 적이 있다고 내게 이야기했다. 그 학교 교감 선생님은 그 여학생을 크게 나무라면서, 그런 말을 꺼내는 것은 아주 혐오스러운 행동이며, 앞으로는 절대 그런 행동을 해서는 안 된다고 말했다고 한다. 하지만 그것은 잘못된 대응이었다. "아이들의 입을 막는 건 아주 위험해요. 그렇게 되면 그 의견이 어디로 가겠어요?" 리사 네이어가 말했다. 듣고 보니, 온라인으로 가겠구나 하는 생각이 들었다. 포챈⁴Chan 같은 익명의 온라인 커뮤니티에 사람들이 몰려드는 건, 그 공간에서는 아무리 도에 지나친 의견이라도 자유롭게 표출할 수 있기 때문이다. 우리가 생각을 막힘없이 드러낼 수 있는 안전한 오프라인 공간을 만들지 않는다면, 아이들이 가진 위험하거나 불편한 생각들을 바로잡아줄 기회를 놓치게 된다.

우리는 자신이 어떤 이야기를 하고 있는지 의식하고, 무엇을 믿고 왜 믿는지 이해해야 한다. 자기가 믿고 싶은 이야기에 끼워 맞출 수 있는 숱한 사실들에서 벗어나려면, 믿음을 표현하고 발전시킬 안전한 공동의 공간을 만들어야 한다. 그래서 아이들에게 관심을 갖는다는 것은, 우리가 학교 안에서 그렇게 해나가는 것을 의미한다. 애덤 딘은 철학과 토론은 모든 종류의 사상 주입에 대항하기 때문에, 극단주의에 맞설 가장 우선적인 방어 수단이라고 내게 이야기했다. 학교는 개방적인 공간에서 직접 만나 각자의 생각들을 끌어내 서로 공유하고 토론할 수 있는 장소이다. 다른 건 몰라도 최소한 그런 공간이 되어야 한다. 조슈아 윙은 자기가 지금껏 배우고 익힌 내용의 상당 부분이 거리에서 얻은 것이라고 말했다.

"테미아 사람들도 과일을 먹게 하고 싶어요." 하틀리 선생님 수업 시간 중에 라일리는 테미아 사람들에 대한 희망을 피력했다. "그리고 우리가 예의범절을 계속 지키면, 그 사람들도 그걸 배울 수 있을 거예요."

의문을 품고, 질문하고, 비판하며
조금씩 나아간다

비판적 사고는 단순히 일반적인 사실을 습득하는 것을 의미하지는 않는다. 또 자신이 몸담은 문화의 내용을 내면화하는 문제에 그치는 것도 아니다. 진정한 배움이란, 어떤 공간에서는 우리들끼리 정한 해답 말고는 답이 없다는 사실을 받아들이는 것이다. 우리가 정하지 않으면 다른 사람들이 대신 정해줄 것이다. 그것은 비단 중국만의 이야기가 아니다. 민주주의 정부들도 국민의 사상을 국가가 원하는 대로 만들어가려고 애쓴다. 홍보PR의 창시자이자 지그문트 프로이트의 조카인 에드워드 버네이스Edward Bernays는 『프로파간다Propaganda』에서 민주주의는 믿을 만하지 못하지만, 억지로 동의하게 만들어서 조작할 수 있다고 설명했다. 그는 제1차 세계대전 중에 "유럽 전역에 민주주의를 도입한다"는 명분을 미국인들이 지지하도록 납득시키면서 정치적 선전가로 기반을 닦고 이 분야 최초의 전문가가 되었다. 그는 "대중들의 의견과 조직화된 습관을 의식 있게, 지능적으로 조작하는 것은 민주주의 사회에서 중요한 부분이다"라면서, "눈에 보이지 않는 이런 메커니즘을 조종하는 사람들은 그 국가의 진정한 통치권인 눈에 안 보이는 정부가 된다"고 책에서 설명했다. 영향력을 발휘할 가장 중요한 통로로 학교와 교과서를 지목했던 그는[25] 민주 국가에서도 사상 주입이 이루어진다는 놈 촘스키Noam Chomsky 같은 지식인의 의견을 지지했다.[26]

오늘날에는 정부의 계획뿐만 아니라 기업들도 사람들에게 영향을 끼친다. 작가 더프 맥도널드Duff McDonald는 졸업생들의 활약상이 눈부신 하버드 경영대학원에서 진행 중인 사례 연구에 기업들이 영향을 줄 수 있음을 증명해 보였다. 학자이자 첨단 기술 전문가인 팀 우^{Tim Wu}는 재정난에 처한 캘리포니아의 학교들이 학생들을 광고주의 처분에 맡겨 두고 있다고 지적했다.[27] 그의 책『관심을 사고파는 상인들^{The Attention Merchants}』은 캘리포니아 중부에 있는 트윈 리버스 통합학군에서 벌어진 유감스런 이야기로 시작한다. 이 학군은 2012년에 교육 재정 파트너^{EFP}와 손을 잡고, 기업 광고에 학교의 문호를 개방했다. 학군 대변인은 "우리는 우리가 가진 재산을 더 획기적으로 활용해서 보다 많은 수익을 낼 필요가 있다"고 말했다. 아동기는 마음이 가장 열려 있는 시기라서 평생에 걸친 브랜드 충성도를 상대적으로 쉽게 형성할 수 있다. 이런 사실을 너무 잘 아는 대기업들한테 학생들의 관심을 일부 팔아넘길 수 있다는 사실을 학군 대변인이 이야기한 것이다. 또 플로리다에 있는 한 학군은 성적표에 인쇄되는 상표 광고권을 맥도날드에 팔았다.[28]

우리가 진정으로 아이들을 아낀다면, 아이들이 비판적으로 사고하는 법을 반드시 배우고, 인위적으로 조종당하는 일이 없게 해야 한다. 물론 학생들에게는 기본적으로 공유하는 지식과 문화적인 정보가 필요하다. 하지만 어떤 사실을 배워야 하며 누가 결정해야 하는지의 문제가 남아 있다. 중국 정부일까? 홍콩의 학생들과 시위 참가자들일까? 신문사 편집장일까? 그리고 인터넷의 경우라면 어떤 정보가 그에 해당할까?

인터넷에는 만들어진 정보들과 조작된 사실들이 흘러넘친다. 인터넷 세계는 사용자들의 관심을 붙잡고, 각자의 목적에 맞게 끌어다 쓰려는 사람들이 가득한 곳이다. 팀 버너스 리^{Timothy John Berners Lee}가 모든 사람을 위해서 만든 월드와이드웹^{www} 공간은, 이제 그 어디를 가든 누군가가 점유하고 있다. 구글의 CEO 에릭 슈미트는 "인터넷은 인류가 이해하지 못하는 것을 건설

한 최초의 사례이며, 무정부 상태에서 진행된 사상 최대의 실험이다"라고
말했다.

죠슈아 웡은 자기가 했던 일은 소셜 미디어 혁명이 아니라고 주장했다.
그리고 가장 중요한 배움의 기회는 열린 마음, 구체적인 토론, 열 시간 동안
의 월요 회의를 통해서 얻었다고 했다. 이들은 물론 구체적인 사실도 신성
한 가치이지만, 진실은 사람들의 조사와 토론을 통해서 만들어지는 경우가
많다는 사실을 깨달았다. 학교는 이런 논쟁의 조력자가 되어 학생들이 주장
하고 분석하는 능력을 키우고, 국민들은 타협과 정치를 연습할 수 있게 해
야 한다. 하틀리나 네이어 같은 선생님들은 이미 그렇게 하고 있다.

누군가가 교육을 '남에게 속지 않는 능력'이라고 정의했다.[29] 쉽게 속아
넘어가지 않는 것도 중요하지만, 아무도 믿어서는 안 된다는 부당한 모략에
빠져드는 것도 피해야 한다. 우리에게는 모두가 공유하는 가치와 사실이 필
요하다. 하지만 일방적인 주입이 아니라 민주적인 토론을 통해 합의를 이끌
어내야 한다. 생각하는 법을 배운다는 것은 뭔가를 인식하는 것을 의미하지
만, 그중에서도 특히 의심하는 법을 배운다는 의미가 가장 크다.

미국 단편 작가이자 맥아더 재단의 펠로십 수상 작가인 조지 손더스^{George}
Saunders는 산문집 『우둔한 메가폰The Braindead Megaphone』에서[30] 사람들이 방으
로 걸어 들어와 목청이 터지도록 큰 소리로 자기 의견을 말하는 세상을 상
상했다. 어떻게 보면 오늘날 우리가 사는 세상을 그린 것이라고도 볼 수 있
다. 그가 그린 나라에는 두 부류의 사람들이 있는데, 한쪽은 소이어의 후손
인 톰 종족, 다른 한쪽은 핀의 후손인 헉 종족이다.

톰 종족이 모여 사는 톰 합중국이 빈곤을 보고 말했다. 이봐, 내가 한 게

아니야. 그리고 불공평한 상황을 보고 말했다. 난 평생 힘껏 노력해서 톰 종족은 왕, 성문화된 귀족 제도, 이의 없는 특권을 좋아하는 반면, 헉 종족은 사람들, 공정한 경쟁, 자질구레한 물건을 주위에 나누는 것을 좋아한다. 톰 종족은 알지만, 헉은 알고 싶어한다. 헉 종족은 희망하지만 톰 종족은 추정한다. 헉 종족은 관심을 갖지만 톰 종족은 거부한다. 이런 두 부류의 미국 정신이 이 나라가 생긴 뒤로 계속 대치해왔으며, 가만히 생각해보니 이 두 부류의 세계적 정신은 이 세상이 시작할 때부터 대치해왔던 듯하다. 이 국가와 온 세계의 희망은 헉의 부분을 포용하고, 톰의 부분은 원래 있던 강으로 되돌려보내는 것이다.[31]

오늘날의 학교 교육 제도는 톰 종족에 해당한다. 우리는 아이들의 인지적인 능력을 키웠지만, 최고의 자리를 향한 무정한 경쟁 속에 아이들을 몰아넣어 우울증이 급속히 확산되는 지경에 이르렀다. 우리에게 정말 필요한 건, 관심과 보살핌으로 아이들을 헉 종족으로 키워내는 것이다.

베니 타이가 이 부분을 정확히 지적했다. 우리는 아이들이 머릿속에 두 가지 생각을 품을 수 있게 가르쳐야 한다. 한편으로 이 세상에는 전문성과 지식이 있다. 교사는 일부 영역에서는 일반인들보다 실제로 더 많이 안다. 그리고 대부분의 자료들은 믿을 만하다. 그러나 다른 한편으로 교사가 하는 말에 의문을 제기할 줄 알아야 하고, 인터넷이나 책에서 읽은 내용을 비판적으로 생각할 줄도 알아야 한다. 그리고 대니얼 카너먼의 이론을 통해 확인했던 것처럼, 스스로의 생각과 믿음에 의문을 제기할 수 있어야 한다. 아동철학 교수법의 가장 큰 장점은 아이들이 생각에 대해 생각할 수 있도록 이끈다는 점이다. 그런 능력을 학술적으로 표현한 것이 메타인지력인데, 그것은 아이들의 성적을 높이는 데 기여할 뿐 아니라, [32] 아이들이 톰보다는 혁 종족에 가까워지게 만든다.

"학생들이 졸업 평점에만 온 신경을 기울이지 말고, 우리가 살고, 우리가 사랑하는 이 도시에 대해서 조금 더 관심을 갖는다면 어떨까요?" 윙이 나에게 이렇게 질문했다.[33] 우리가 만들어나가야 한다. 조지 손더스는 이렇게 훌륭하게 정리했다. "분명치 않아 혼란스러운 상태를 두려워하지 마라." 이런 태도가 사람들을 함께 생각하도록 이끈다. 그것은 관용을 부르고, 사람들 사이의 연결을 촉진한다. 모든 대답을 찾는 과정은 인간 본연의 기본을 일부 부정하는 것이 된다. 늘 배울 것이 있다면, 앞으로 나아갈 이유가 항상 있다는 뜻이 된다. 우리가 아이들에게 진심으로 관심을 갖는다면, 학교들은 이런 부분을 가장 고려해야 한다. 손더스는 이렇게 덧붙였다. "영구적으로 혼란스러운 상태로 남아 있으려고 노력하면, 그 어떤 것이든 가능하다. 늘 열린 자세로, 너무 많이 열려서 아플 정도로, 그리고 더 많이 열어서, 죽는 날까지, 끝이 없는 세상, 아멘."[34] 아멘!

제10장

오픈 소스

누구에게든, 무엇에서든 배울 수 있다

OPEN SOURCE

"우리들 개개인의 노력도 중요하지만,
훨씬 큰 무언가를 이루려면 모두가 한데 뭉쳐야 합니다."

_웬디 코프(티치 포 올 CEO)

협력을 최우선으로 생각하는
하이테크 고등학교

2015년 10월 21일, 로즈크랜스 스트리트에 있는 펄 호텔에서 저녁으로 예정된 영화 〈백 투 더 퓨쳐〉의 상영회를 앞두고 직원이 수영장 주위에 등을 달고 있었다. 그 공간은 목재로 된 벽, 겉으로 노출된 돌기둥, 옅은 화강암 조리대로 꾸며져 있어 적당히 고풍스러운 분위기를 풍겼다.

영화에서 마티와 박사는 역사를 바꾼다는 별난 임무를 띠고 1989년에서 2015년으로 시간여행을 한다. 마티 역을 맡은 마이클J. 폭스는 얼빠진 표정으로, "그러니까 박사님 말씀은, 지금 우리가 미래에 있다는 거예요?"라고 묻는다. 그렇다. 우리가 바로 그 미래에 있다. 비록 하늘을 나는 호버보드나 자동 끈 신발 같은 것은 나오지 않았지만 말이다. 이제 나는 내 여행을 마무리하기 위해 여정의 출발점인 캘리포니아로 돌아왔다.

나는 학교들이 더 많이 노력해야 한다는 사실을 확실히 느끼면서 홍콩을 떠났다. 지난 100년 동안 우리는 전 세계 교육 시스템에 영감을 준 프로이센에서 시작된 교육 모델을 발전시켜왔으며, 상하이는 그 완성 단계에 근접해 있었다. 하지만 세상이 바뀌었고, 교육에 대한 우리의 이해력도 크게 성장했다. 우리는 이제 모든 아이들이 타고난 학습자인 데다가, 잠재력을 발휘한다는 것은 시험에서 좋은 성적을 내는 것 이상으로 훨씬 큰 의미가 있음을 잘 알고 있다. 지금까지의 여정을 통해 나는 여러 학습 분야에서 뛰어난 성과를 거둔 학교들을 방문하고, 인간의 지적인 잠재력에 대해 새롭게 생각해보는 기회를 가졌다. 또한 아이들의 창의력을 더 많이 더 잘 키우는 방법을 살펴보면서, 모든 학생의 성공과 행복에 관심을 갖게 됐다.

여정의 마지막 단계에서는 아이들의 이런 학습 능력을 최대한 키워줄 수 있는 학교나 시스템을 찾아보고 싶었다. 어딘가에 내가 찾는 답이 있다면, 그곳은 디지털화, 자동화, 세계적 연결성의 바람이 전 세계로 퍼져 나가는 시작점인 태평양 연안의 바로 이 지역일 것이라고 짐작했다.

"저는 교장이 아니라, CEO입니다"

"여기 날씨는 지랄 맞게 만날 이 모양이라니까요." 래리 로젠스톡Larry Rosenstock이 샌디에이고의 쏟아져 내리는 햇빛 아래에서 빙그레 웃었다. 우리는 그의 사무실에 있는 둥그런 테이블에 앉아 이야기를 나눴다. 외국 여행을 할 때 찍은 사진들이 뒤편의 책장에 놓여 있었다. 테이블 위에 있는 머그컵에는 그의 모토인 '창의적인 불복종 개발하기Cultivating Creative Noncompliance'라는 글귀가 적혀 있었다. 말이 빠르지만, 허튼 소리라고는 일절 하지 않는 그는 인습 타파주의자였다.

"1977년 이후로 날씨 때문에 일요일에 골프를 치지 못했던 적이 딱 두 번 있었어요"라고 그가 말했다. 형광색 신발 끈으로 묶은 운동화와 회색 긴팔 옷을 입은 것을 보니, 혹시 이날도 골프장에서 곧바로 여기로 온 것일지도 모르겠다는 생각이 들었다. 그는 고리타분한 미국의 초등학교에서 공부한 어린 시절을 떠올리며, 다른 사람들이 자신과 같은 숙명을 겪지 않도록 학교를 다시 생각하고 바꿔나가는 일에 매진했다. 그리고 2000년대가 시작될 무렵, 캘리포니아 남부에 차터 스쿨 네트워크(대안학교 성격을 띤 미국의 공립 학교 시스템 – 옮긴이)인 하이테크 고등학교High Tech High를 설립하고 CEO로 일해왔다.

내가 이 학교를 찾아간 것은 이곳 제도가 효과를 발휘하고 있었기 때문이다. 근거리 지역 학생들을 대상으로 추첨해서 입학생을 선발하기 때문에 다양한 학생들이 학교에 입학하지만, 그들 전원이 대학에 입학하고 있었다. 졸업생의 4분의 1은 과학이나 공학을 전공하는데, 이는 일반 고등학교보다 훨씬 높은 수준이었다. 나는 이런 결과가 그저 눈부신 과학기술을 활용해서라기보다는 잠재력을 끌어내고, 특정 활동에 필요한 기술을 받아들이고, 공동체를 만드는 과정을 통한 현대적 유토피아를 건설했기에 가능했다는 사실을 전해들었다.

하이테크 고등학교는 학생들의 자유사상과 공동체주의가 형성된 곳으로, 그것이 학교 밖으로 퍼져 나가 주위 도시까지 바꾸고 있었다. 이 학교의 캠퍼스는 미 해군으로부터 구입한, 과거의 군 훈련시설 부지에 있었다. 멀리서 보면 태평양 함대의 해군 기지 위로 바람에 나부끼는 수많은 별들이 장식된 큰 현수막이 눈에 띄었다.

"제게는 두 가지 중요한 책임이 있어요. 하나는 우리 능력을 최대한 발휘해서 이 아이들을 가르치는 것이고, 다른 하나는 세상을 바꾸는 것이지요."

로젠스톡이 진심으로 말했다. "이곳 아이들 중에 세상에서 큰 역할을 하는 아이가 꼭 나왔으면 좋겠어요."

로젠스톡을 만나기 전에 나는 12학년 학생인 콜먼의 안내로 학교를 돌아보았다. 유니클로 히트텍을 입은 콜먼은 상고머리에 모조 다이아몬드 스터드를 양쪽 귀에 하고 있었다. 마치 수업을 들으러 이 교실에서 다른 교실로 느릿느릿 걸어 다니는, 영화 〈해커스〉의 등장인물들과 비슷한 전형적인 학생의 모습이었다. 하지만 콜먼은 공학에는 별로 관심이 없었다. 그는 졸업을 하면 뉴욕에 있는 요리학교에 진학할 생각이었다. 컵케이크 굽는 것이 특기로, 나중에 자신의 가게를 열 생각을 하고 있었다.

하이테크 고등학교는 연구와 기술, 실행을 통한 배움을 원칙으로 하며, 아이들에게 흥미를 개발하고 실질적인 활동을 해보도록 권장한다. 로젠스톡은 하이테크 고등학교를 세우기 전에 미국 교육부에 근무하면서 도심지역 고등학교 프로젝트에서 최고의 성과를 낸 학교들을 연구했다.[1] 그중에서 미래의 성공을 보장하는 요인 세 가지를 선정해서 하이테크 고등학교의 사명으로 삼았다. 그 세 가지는 개별화, 어른 세계와의 연결, 공통의 지적 임무이다.[2] 이곳에서의 교육이란 생각하고, 행동하고, 관심 갖는 법을 배우는 것을 의미했다.

콜먼과 나는 베트남 전쟁 프로젝트가 진행 중인 아치 모양의 아트리움에서 잠시 멈췄다. 9학년 학생들이 지역사회로 나가 퇴역 군인들을 인터뷰하고, 그 지역 박물관에 전시된 전쟁에 관한 사람들의 다양한 증언을 수집해 분석하는 곳이었다. 그 근방에서는 담배 자판기를 개조해서 학생들의 작품을 5달러에 판매하고 있었다. 감탄하며 그 기계를 보고 있는데, 학생들 몇 명이 저쪽 운동장에서 로켓을 하늘 위로 높이 쏘아 올리는 광경이 눈에 들어왔다. 학교에서 보내는 시간의 절반은 통합 교과와 실세계를 관련시킨 프로젝트에 투자하는데, 그 활동들은 모두 재미있어 보였다.

콜먼과 동급생들이 공부하는 교실에서는 '구조 코딩과 정체성 디코딩'이 한창 진행 중이었으며, 인문학(콜먼은 사진술에 관한 글을 쓰고 있는데, 그중에서도 브라질의 한 아티스트가 쓰레기로 설치 작품을 만들고 사진을 찍어 남기는 활동을 다루었다), 미적분학(콜먼은 성형수술과 식물들의 황금 비율을 탐색하고 있었다), 멀티미디어(컴퓨터로 전원이 공급되는 스펙트럼 전시작의 프로그램 코드를 짜서 만들고 있었다)로 나뉘어 진행됐다. 수업의 나머지 50퍼센트는 대학 입학시험을 준비하는 데 활용됐다. 벽에 이곳의 학습 철학을 엿볼 수 있는 글귀가 붙어 있었다.

> 과학에서 가장 기분 좋은 말은 '유레카!'가 아니라, '그거 재밌네!'이다.
> ─아이작 아시모프Isaac Asimov[3]

> 성공이란, 열정을 잃지 않고 실패에서 또 다른 실패로 가는 여정이다.
> ─윈스턴 처칠Winston Churchill[4]

누구에게든, 무엇에서든 배울 수 있다

콜먼이 수업을 들으러 가서 나 혼자 학교를 돌아다녀야 했다. 그건 전례가 없던 경험이었다. 다른 학교를 방문했을 때는 대개 그 학교 선생님이 함께 다니고, 때로는 지역 공무원, 교사, 교생 들과 떼를 지어 다니기도 했다. 일반적으로 학교들은 마치 가르치는 것이 부끄러운 일이라도 되는 것처럼 대부분 폐쇄적이고 은밀하며 투명하지 않다. 그런데 하이테크 고등학교는 이런 생각을 완전히 뒤집어놓았다. 이 학교에서는 교직이 완전히 개방된 직업이었다. 그들은 내게 그저 교실에 들어갈 때는 수업의 흐름이 깨질 수 있으므로 노크를 하지 말아달라고 부탁할 뿐이었다. 이곳의 교사와 학생들은 외부 방문객이 있더라도 개의치 않았다. 실제로 매년 5,000명이 이곳을 방문하고, 배워간다.

"저희는 기본적으로 오픈 소스ᵒᵖᵉⁿ ˢᵒᵘʳᶜᵉ입니다." 로젠스톡이 말했다. 이 학교는 방문객들에게만큼이나 학생들에게도 있는 그대로의 모습으로 존재하는 듯했다.

7학년 교실에서 베트남계 미국인 여학생이 금발을 길게 기른 건장한 백인 남학생에게 피드백을 해주면서, "이 자식!" 혹은 "워워!"라며 말을 못하게 막아섰다. 학교 로고가 찍힌 파란색 후드 티셔츠를 입은 한 흑인 학생이 그 두 학생은 학년 전체가 참여하는 '도보 기행' 행사를 막 끝마친 것이라고 내게 설명해주었다.

하이테크 고등학교에서 가장 낮은 학년은 12세의 학생들인 7학년이다. 이 학생들은 입학한 직후에 120명 전원이 보더 필드 주립공원으로 버스를 타고 나간다. 그곳에서 미국과 멕시코를 가르는 바다에 설치된 높은 철책을 보고, 3일 동안 37킬로미터를 걸어서 학교로 돌아온다. 7학년생 전원과 교사들은 밤에 야영을 하면서, 자신이 사는 지역에 대한 소속감을 느끼는 경험을 해본다. 교사들은 도보 기행 중에 관찰한 것들에서 '이중성'을 찾아 만화책을 만드는 프로젝트를 진행한다. 집이 있는 사람과 집이 없는 사람, 과학기술과 자연 같은 대치되는 가치를 찾아보면서 학생들이 시민으로서의 자질을 키울 수 있도록 그 시작을 돕는 것이다.

아까 그 베트남계 여학생은 금발 남학생이 완성한 다채로운 색깔로 잘 정리한 초고를 보면서 "와!"하는 감탄사를 두 번이나 내뱉더니, 맞춤법만 다시 확인하면 되겠다는 의견을 전했다.

입학한 지 며칠 되지도 않았는데, 그들 사이에는 이미 강한 공동체 의식이 형성되고 있었다.

'아하!' 무언가를 배울 때의 기분이란 바로 그런 것

도보 기행 경험은 책을 만드는 활동 외에도 미적분 시간에 인구 분포와 통계 프로젝트를 할 때 도움이 됐다. 또한 옆 반에서 진행하는 '제작' 수업에서 몇 명씩 팀을 이룬 아이들이 캐드 소프트웨어로 도보 기행에서 등반했던 지역의 3차원 지형도를 만드는 데에도 활용됐다. 지역을 네 등분해 팀마다 각기 다른 지역의 지도를 컴퓨터로 작업한 다음, 레이저 절단기를 이용해 합판에 구현하고, 직소 퍼즐을 맞추듯 지도의 각 구성요소를 조립해 뒷마당에 있는 수영장만 한 크기의 모형으로 만들었다. 선생님이 설명하는 수업 내용은 마치 디자인 회사의 창의적인 프로젝트 기획같이 들렸다. 밝은 금발을 한 여학생이 레이저 절단기로 자른 조각들이 서로 정확히 잘 맞지 않으면 어떻게 하느냐고 질문했다. 선생님은 지형별 고도에 따라서 등고선에 맞는 층을 별도로 만들고, 그 다음에 탑을 쌓듯이 올리면 된다고 설명했다.

"아하!" 금발 여학생이 고개를 끄덕이며 말했다.

"그게 바로 뭔가를 배울 때의 기분이야. '아하!'라는 말이 저절로 나오는 순간 말이지." 선생님이 대답했다.

"아니면 '잘했어, 스콧!'이라는 말을 들을 때도요." 영화 〈백 투더 퓨처〉 의상을 입고 직접 만든 호버보드를 들고 있던 남자아이가 끼어들었다.

"그래, 맞아! 잘했어, 스콧!" 선생님이 웃으며 대꾸했다.

준비가 끝나고 학생들이 작업에 착수했다. "자, 팀 회의 시간입니다!", "우리 팀 모입시다!" 라고 외치는 소리가 들렸다. 다양한 인종·문화적 배경을 가진 아이들이 아주 편안하게 서로 어울리는 모습이 정말 신기했다. 이 아이들은 이미 어른들이 돈을 받고 하는 작업 수준으로 프로젝트를 진행하고 있었다. 수준이 그 정도로 높았다. 아이들은 생각하고, 행동하고, 관심 갖는 법을 배우는 이곳을 아주 좋아했다. 모든 학교를 이렇게 만들 수는 없을까? 그렇게 되면 유아 교육이 개선되고, 초등학교 교육도 한층 활성화될 것이다. 그렇게 할 수만 있다면, 아이들의 99퍼센트가 12세까지 뛰어난 읽기, 쓰기, 수학 실력을 자연스럽게 갖출 수 있을 것이다. 현재 이런 기본 실력을 갖춘 아이들의 비율은 선진국의 경우 2분의 1, 개발도상국은 5분의 1밖에 안 된다. 만약 더 많은 학교들이 이런 체계를 도입할 수 있다면, 정말로 세계를 바꿀 수도 있을 것이다.

급변하는 세계, 교육은 왜 제자리인가

"세계가 변하고 있는데, 학교들은 그대로예요." 로젠스톡이 말했다. 그는 교육혁명을 밑바닥부터 끝까지 이끌어가야 하는지, 세계가 바뀌는 방식이 교육혁명에 충분한 자극이 될 수 있을지 생각해야 한다고 봤다.

그는 두 번째 문제에 대해서는 그다지 희망이 없다고 했다. 교육은 장기적으로 살펴야 할 문제인데, 교육을 내다보는 깊은 식견과 혁명에 뜻을 모으고 함께 달성해나가는 데 필요한 협력 전선에서 정권 교체 같은 정치적 순환이 방해요인으로 작용하기 때문이다.

"우리나라는 4년에 한 번씩 대통령을 새로 뽑지 않습니까? 그런데 이미 선거 2년 전부터 언론들은 누가 차기 주자가 될 것인지에 온 신경을 기울입니다. 그 말은 이 세상에서의 삶의 절반을, 다음 대통령이 누가 될 것인가를 고민하는 언론에 둘러싸여서 살아야 한다는 의미가 됩니다." 미래를 위해서 진정 의미 있는 행동은 독자적으로 새 세대의 아이들을 키우는 일에 나서고, 그렇게 성장한 아이들의 손을 통해 이 세상을 바꾸어나가는 것이다. 미국의 훌륭한 인권 운동가 앤절라 데이비스^{Angela Y. Davis}는 "우리는 우리의 미래를 위해서가 아니라 아이들의 미래를 위해서 싸웠다"라고 말했다.[5] 탐구, 지역사회, 협력을 강조하는 하이테크 고등학교는 우리에게 필요한 사회 유형의 씨를 심으려고 노력한다. 이 학교는 소크라테스 같은 과거의 사상가들에게서 영감을 받았다.

"지식은 개별 구성원이 각자 만들 수 없습니다. 모두가 함께 만들어가는 것이지요." 로젠스톡이 말했다.

그가 생각하는 교육은 E. D. 허쉬가 제시했던 것처럼 우리가 공통으로 아는 이야기나 지식을 이해하는 데에서 시작한다. 그다음에 함께 노력해서 그 지식을 적용해나가는 법을 배워야 한다. 학교는 그 두 가지 목표 모두에서 우리를 이끌어야 한다. "잘 가르치고, 성적을 올리고, 학생들의 질문에 잘 대답하는 선생님이 될 수도 있겠지만, 그것만으로는 충분하지 않습니다." 로젠스톡이 말했다. 그리고 잘 산다는 것이 어떤 뜻인지 아이들이 배울 수 있게끔 돕는 문제로 항상 고민해왔다고 토로했다.

"초등학교 2학년 학생들이 남북전쟁에 관한 내용을 공부하는 중이라고 한번 상상해보세요. 이때 한 백인 아이가 흑인 아이한테 '전쟁이 이렇게 끝나서 다행이지, 안 그랬으면 너는 내 소유물이 됐을 수도 있어'라고 말했다고 칩시다. 그럼 선생님은 어떻게 대응해야 할까요? 혹은 3학년 여학생이 '저는 엄마가 두 명이에요'라고 말한다면요?"

로젠스톡은 트랜스젠더 딸 둘을 둔 엄마가 자신을 찾아온 적이 있다고 했다. 아이들이 남녀 공용 화장실 사용을 불편해하지 않을까 염려한 엄마는 공용이 아닌 개인용 화장실을 쓸 수 있게 했으면 좋겠다고 말했다. 로젠스톡은 그렇게 하면 오히려 낙인이 찍힐 수도 있으니, 아이들 스스로 자유롭게 선택할 수 있도록 조치했다. 즉, 공용 화장실 사용이 불편하면 개인용 화장실을 쓸 수 있게 한 것이다. "그런데 그 아이들은 개인용 화장실을 한 번도 사용하지 않았어요." 로젠스톡이 말했다. "그 아이들에게는 전혀 신경 쓰이는 문제가 아니었던 거죠."

복잡한 문제였다. 교육 내용 중에는 아이들에게 그냥 가르쳐주는 것이 더 나은 부분도 있다. 예를 들어 읽기, 쓰기, 수학 공식, 레이저 절단기 사용법, 역사적 사실 같은 것들이다. 만일 아이들이 매번 이런 것들을 스스로 '발견'해야 한다면 시간 낭비하는 셈이 될 것이다.[6] 이것이 마이틀 토마셀로가 문화적 톱니 효과를 설명하면서 지적했던 부분이다.

하지만 그 밖에는 아이들이 붙들고 힘들게 씨름해야 할 부분이 많다. '무엇을' 읽고 써야 하는지, 수학을 '어디에' 적용해야 하는지, 역사를 어떻게 '해석해야' 하는지, 최신 기술을 적용하는 '목적'이 무엇인지, 삶을 사는 최선의 방법은 무엇인지에 관한 지식은 확정되지 않았고, 앞으로도 확정될 수 없는 부분이다. 이제는 이런 딜레마를 학교에서 토론하기 시작해야 한다. 암기는 인지 능력을 키우지만, 한편으로는 이 세상이 고정되고 확실한 하나로 정해져 있는 곳이라는 암묵적인 메시지를 심어주기도 한다.

교육도 때로는 착취 수단이 될 수 있다

"우리 학교에는 딱 두 가지 규칙이 있습니다." 로젠스톡이 웃으며 말했다. 첫째는 '롤러스케이트 금지', 둘째는 '기자들과 대화 금지'였다. 그는 학생들이 이 규칙을 '지켜야 한다고 들었기 때문에' 지키는 것은 원하지 않는다고 했다. 그는 핀란드나 스쿨 21의 학생들처럼, 이 학교 학생들도 책임감이 있고 질문할 줄 아는 사람들이 되기를 바랐다. 종소리도, 규칙도, 공개적인 연설이나 회의도 없었지만, 아이들이 이 공간의 주인이라는 걸 실제로 느끼길 바랐다. "또래 집단에게서 느끼는 사회적 압박은 중요해요. 하지만 그 가치를 제대로 인정받지 못하고 있습니다. 그런 압박감이 부정적이지만은 않아요. 오히려 긍정적인 영향을 주지요."

또 이 학교에서는 학생들의 성적을 매기지 않았다. 프로젝트를 하면 점수는 1점 또는 0점이었다. 아이들이 어떻게 해오고 있는지, 가정 환경은 어떤지, 또래보다 앞서 있는지 뒤처졌는지 등의 기록은 전혀 없다. 그 대신에 교사와 학생들이 서로 관심을 갖고 지켜본다. 그런데도 졸업생 전원이 대학에 진학한다. 로젠스톡은 "영어, 역사, 수학, 과학 같은 커리큘럼은 1896년에 기업가들이 표준화된 교육을 위해서 만든 것"이라면서, 지난 시절의 조직화와 공동체에 유리한 쪽으로 만들어진 그 같은 비즈니스 모델로 교육하는데 반대했다.

읽고 쓰는 능력을 폭발적으로 신장시킨 기업 모델은 경쟁과 스트레스, 목표의 제한을 함께 불러왔다. 스티븐 핑커는 "인류의 총체적인 지식을 늘리려고 갈망해야 한다"고 주장했다. 읽고 쓰는 능력이나 연산 능력, 대졸자 비율 등을 기준으로 평가했을 때, 교육 수준이 가장 높은 사회가 가장 건강하고, 부유하고, 평화로웠다. 이렇게 보면 그의 주장이 옳다. 그러나 다른 측면에서 보면 과거 세대들은 제때 변화하지 못해 위험에 빠져들었다. 또 교육을 많이 받은 사람들이 은행이나 정부에서 일하면서 다른 사람들의 이익보다 자기 이익을 앞세우거나, 혹은 정유회사들이 기후 변화와 관련해서 세계의 장기적인 이익에 반하는 행동을 하는 경우가 있다. 과학 기술과 마찬가지로 교육 또한 늘 선을 위해서만 작동하는 것이 아니라 착취에도 활용될 수 있다.

새롭게 생각하고, 더 잘 하고, 관심을 갖는다는 것은 로젠스톡이 하이테크 고등학교에서 실천하고 있는 것처럼 더 인간적인 학교 교육 모델을 만드는 것을 의미한다. 학교 교육 체계에 관한 연구가 여전히 초기 단계 수준에 머무르고 있지만, 나는 우리가 어떻게 해나가야 할지를 제안하는 연구 몇 가지를 찾아냈다. 우리가 타고난 학습자들인 데다, 가르치고 협력하는 능력이 사회에서 수십만 년에 걸쳐 연마된 것이라면, 우리 자신을 시스템에 맞춰서 변화시키기보다는 시스템을 우리에게 맞추는 것이 더 낫지 않을까?

기업 모델을 적용한
학교 시스템의 성장과 한계

1993년에 특별히 할 일이 없었던 한 영국 심리학자가 도시와 관련한 문제에서 그와 비슷한 추측을 해보기에 이른다. 제프리 웨스트Geoffrey West는 텍사스주의 워서해치에서 수십억 달러를 들여 디저트론^{Desertron}이라는 80여 킬로미터 길이의 입자가속기를 만들겠다는 계획을 추진했다. 그러나 지원금이 끊겨 프로젝트를 중단하고, 새로운 바람이 부는 방향을 감지한 뒤 관심의 초점을 인간에게로 전환했다. 전세계적으로 도시화가 빠르게 진행됨으로써 2050년까지 전 세계 인구의 약 70퍼센트가 대도시 지역에 밀집해 살게 될 것이라는 예측이 나온 것이다. 스탠퍼드 대학교와 로스앨러모스 국립연구소에서 분석적인 사고력을 갈고 닦은 그는 이 같은 사실에서 특별한 가능성을 보았다. '모든 도시를 일련의 숨겨진 법칙에 따라 만들어갈 수는 없을까?'

웨스트는 산타페 연구소의 루이스 베탕쿠르^{Luis Bettencourt}와 함께 텍사스 국경 지역에 있는 한 연구소에서 자연 분류를 조사하는 것으로 연구를 시작했다. 그는 생물체에게서 삶의 스케일링^{scaling}을 지배하는 법칙, 즉 '크기가 변할 때 시스템이 어떻게 반응하는지'를 알고 싶었다. 자연은 엄청난 다양성과 복잡성에도 불구하고 세포에서 생태계까지 그 광대한 범위 전체가 놀라울 정도로 단순하고 체계적인 방식으로 성장해왔다. 그런 사실에 주목한 웨스트는, 유기체의 크기가 두 배로 커졌다고 해서 생명을 유지하는 데 필요한 에너지가 두 배로 늘어나는 것이 아니라, 단 75퍼센트만 늘어난다는 힘의 법칙을 제안했다. 간단히 말하면, 살아 있는 어떤 시스템이 더 크고 복잡한 이유는 에너지 효율이 더 크기 때문이라는 설명이다.[7] 결국 규모의 경제는 자연 세계에 존재하는 사실이었던 것이다. 그렇다면 이 사실이 인간의 시스템에도 적용될까?

이 질문이 웨스트를 도시로 이끌었다. 광대하게 연결된 도시의 도로망은 나뭇잎의 잎맥이나 중추신경계의 혈관을 떠올리게 했다. 그는 '도시가 커지면 생산성에 어떤 영향이 있는가? 회사가 성장하면, 수익도 같은 속도로 증가할까?' 같은 질문들을 품고, 도시가 생명체와 비슷하게 기능한다는 추측을 시험할 데이터를 찾으러 나섰다. 인터넷과 도서관을 샅샅이 뒤져서 중급 규모인 중국 대도시의 인구 통계 자료를 조사하고, 독일의 복잡한 광역 기반 시설에 관한 아무도 읽은 적 없는 먼지 쌓인 자료집을 찾아 읽었다. 그리고 2년 뒤에 연구 파트너인 베탕쿠르가 답을 찾아냈다.

도시는 실제로 법칙의 지배를 받는 것으로 보였다. 사실 그런 법칙들은 상관 관계가 아주 높아서 도시의 인구를 아는 것만으로도 그 도시 주민의 평균 소득, 도로의 표면적, 심지어 사람들이 보도 위를 걷는 속도까지 85퍼센트의 정확도로 예측할 수 있었다. 해당 도시가 쓰촨성인지, 스코틀랜드인지, 사우스 캘리포니아인지가 실제로 중요한 의미가 있었던 것이다.[8]

웨스트와 베탕쿠르가 찾은 법칙에 따르면, 도시의 크기가 두 배 커지면 도시의 생산성은 인구 1인당 15퍼센트 증가한다. 즉, 모든 주민이 평균적으로 그만큼 더 부유해지고, 생산성이 커지고, 더 창의적이 된다는 뜻이다. "이 놀라운 공식이 바로 사람들이 대도시로 이주하는 이유다"라고 웨스트는 설명했다. "똑같은 사람을 두 배 큰 도시로 옮겨 놓으면, 우리가 측정할 수 있는 모든 지표에서 갑자기 15퍼센트가 상승한다."[9] 인구당 특허의 개수 같은 것들도 똑같은 법칙에 따라서 증가했다. 물론 범죄와 질병처럼 안 좋은 측면도 같이 증가했지만 말이다. 더욱이 이렇게 추가적으로 큰 생산성과 성과를 올리는 데 필요한 에너지, 기반 시설, 자원은 반대로 15퍼센트 감소했다.

기업도 규모의 경제를 따를까?

웨스트는 "도시가 계속 생명력을 유지할 수 있는 것은 자유 덕분이다"라고 말했다.[10] 이런 발견에 들떠서 인간 사회의 다른 시스템들도 조사하기로 결심한 웨스트와 베탕쿠르는 우선 기업들부터 시작했다. 그런데 회사 2만 3,000곳을 조사하고 이들은 깜짝 놀랄 만한 사실을 발견했다. 기업의 경우에는 크기가 커질수록 도시와 정반대의 결과에 이른다는 사실이었다. 실제로 직원 1인당 수익은 기업이 커질수록 감소했다. 웨스트는 기업의 규모가 커지면, 조직 체계도 커지면서 효율을 높이기는커녕 억제한다는 가설을 내놓았다. 더 심각한 사실은 기업의 평균 수명이 40~50년밖에 안 된다는 것이었다. 그는 이것이 기업이 침체기에 있을 때 가장 먼저 연구 개발 부서부터 줄이기 때문으로 보았다. 그는 "이런 발상이 기업을 죽인다"라고 진술했다. 도시는 유기적이기 때문에 더 생산적인 데 반해, 기업은 학습이 더 이상 이어지지 않는 인위적으로 만든 조직체이기 때문에 이 같은 결과가 발생한다고 본 것이다.

웨스트의 연구를 읽으면서 나는 이 연구가 학교에 관해 시사하는 바를 깨닫고 큰 충격을 받았다. 20세기 교육이 기업 모델을 따랐기 때문이다. 수십 년 동안 정부는 교육 방식을 개선하고자 기업에서 쓰는 방식을 빌려왔다. 그러면서 목표에 집착하고, 성적에 책임을 지는 제도를 도입하고, 데이터의 노예가 된 것이다. 이 모델이 도입됐던 시기는 전 세계적으로 읽기와 산술 능력에서 실질적인 향상이 나타난 때와 일치한다.

아울러 웨스트의 연구는 이 패러다임 때문에 아이들이 어떻게, 그리고 얼마나 배우는지를 제한받을 수도 있다는 사실을 암시한다. 경영 이론이 시험 점수를 향상시켰을지 모르지만, 동시에 우리에게 필요한 관심, 학습, 행동을 저해했던 것이다.[11] 그렇다면 우리는 인류 공동체를 최대한 활용하고 선천적인 능력을 뒷받침하는 시스템을 생각해볼 수 있지 않을까? 새롭게 생각하고, 더 잘하고, 더 많은 관심을 기울이면, 인간의 시스템을 약화시키는 것이 아니라 증폭시킬 방법을 찾을 수 있지 않을까?

방식은 다르지만 목표는 하나다

나는 마이크 골드스타인Mike Goldstein을 만나기 위해 보스턴으로 갔다. 그는 매사추세츠에서 큰 성공을 거둔 차터 스쿨과 교사 연수 네트워크인 매치 에듀케이션Match Education의 설립자다. 1년 동안 안식년을 보내는 중인 그의 프로필에는 거실이 놀이터처럼 꾸며져 있는 사진과 '아마추어 대디'라는 상태 메시지가 떠 있었다. 안식년 휴가를 갖기 전 3년 동안은 케냐, 우간다, 라이베리아, 나이지리아, 인도에서 한 달에 5달러씩 수업료를 받고 운영하는 사립 유치원과 초등학교 500곳으로 구성된 네트워크인 브릿지 인터내셔널 Bridge International에서 최고 교과 책임자로 일했다. 브릿지 인터내셔널은 읽고 쓰기 학습에서 아주 큰 성과를 내고 있는 기업형 모델을 완벽하게 만드는 것을 목표로 낮은 수업료를 받고 아주 큰 규모로 운영되는 중이다. 이 학교들은 아이들이 기본적인 읽기, 쓰기, 수학 실력을 다른 어떤 학교보다 뛰어나게 만드는 것을 목표로 한다.[12]

브릿지 인터내셔널의 이런 학습법은 교사가 미리 준비한 태블릿에 있는 내용을 읽으면 아이들이 비슷한 기기를 사용해서 주어진 활동과 과업을 완성하는 식이다. 그래서 어떤 사람들은 지나치게 기술과 기기를 많이 사용함으로써 로봇 선생님에게 수업을 받는 것과 다르지 않다고 비판한다.[13]

골드스타인은 세상을 있는 그대로 받아들여야 한다고 주장했다. 하이테크 고등학교나 히덴키벤 같은 학교들은 뛰어난 선생님들을 구할 수 있었기 때문에 그만큼의 성과가 있었다. 하지만 특출난 사람들만 교사로 받아들인다면 학교의 규모를 쉽게 확대할 수가 없다. 브릿지는 이런 현실을 받아들였다. 케냐는 교육을 많이 받은 사람들이 적어 재능 있는 인력을 지속적으로 보유하기는 힘들다. 그래서 어느 정도 타협이 필요했다. "규모를 키우려면, 대규모 채용이 가능한 중간치 정도의 능력을 가진 교사들로 운영할 수 있는 시스템을 고려해야 합니다." 골드스타인이 말했다.

의사이자 작가인 아툴 가완디Atul Gawande는 상류층을 대상으로 하는 전국적인 레스토랑 체인의 모든 지점에서 지속적으로 높은 품질을 유지할 수 있었던 요인이 무엇인지 살핀 뒤, 보건 의료 업계가 배울 점은 과연 무엇인지 생각했다.[14] 골드스타인 역시 그와 똑같은 질문들을 학교에 적용했다. "단 하나의 고급 레스토랑을 만들려고 하는 건가요, 아니면 현존하는 노동 시장을 최대한 활용해서 고객에게 좋은 경험을 제공할 생각인가요?"

나는 지금까지 방문했던 학교들에서 명확히 다른 두 가지 사명을 확인할 수 있을 거라는 생각이 들었다. 많이 뒤처진 상태에서 시작하는 학생들을 대상으로 한 KSA와 KIPP는 사회적 이동성에 전적으로 주력하며, 실력을 높이고, 매분 매초를 중요하게 여기는 수업 방식을 시스템으로 정착시켰다. 매치 에듀케이션이나 브릿지 인터내셔널도 이와 비슷했다. 반면에 하이테크 고등학교나 스쿨 21은 구식 학교 운영 방식 위에서 미래 교육을 다시 상상하는 데 자원을 쏟아부었다. 이들은 다른 학교들보다 돋보이고, 계층화되어 있지 않아 웨스트가 분석했던 도시 시스템의 특성에 조금 더 가까웠다.

이 두 가지 접근 방식 모두 장점이 있었다. 나는 이 양쪽의 장점이 합쳐진 교육 시스템이 과연 가능할지 궁금해졌다. 샌프란시스코만에 있는 한 학교 네트워크가 이와 같은 방식으로 교수와 학습을 새롭게 구성해서 학생들이 놀라운 결과를 이뤄냈다는 소문을 듣고, 나는 그 학교로 향했다.

개별 학습과 공동체의 완벽한 조화
서밋 샤스타 고등학교

주차장 밖으로 차를 몰고 나오는데 라디오에서 미국 교육부 장관인 베시 디보스^{Betsy DeVos}가 "학교는 선생님이 아니라 부모들을 위한 곳"이라고 열변을 토했다. 나는 그 말에 동의하지 않았다. 학교는 우리가 공유하는 미래를 만들어가는 모두를 위한 곳이며 무엇보다도 아이들을 위한 곳이기 때문이다.

280번 고속도로가 내려다보이는 돌출된 바위 산지에 다음 세대를 준비시키는 일에 진지하게 임하는 학교가 있었다. 서밋 샤스타^{Summit Shasta} 고등학교의 교정은 별로 볼품이 없었다. 다 허물어져가는 가건물 두 개가 앞뒤로 나란히 있고 양쪽 끝에는 바닥이 거칠게 포장돼 마치 주차장에 막사 두 동이 있는 것 같았다. 그 뒤에 있는 평생교육원은 꼭 교도소처럼 보였는데, 그나마도 잡초로 우거진 넓은 들판에 가려서 눈에 잘 띄지 않았다. "최소한 풀은 좀 깎아야 할 텐데요"라고 한 선생님이 말했다. 낮게 드리운 짙은 구름들과 주위를 둘러싼 나무들 틈으로 태평양이 내려다보였다. 하지만 이곳에는 생기가 넘쳤다. 막사 같은 건물의 문들은 밝은 색으로 칠해져 있었다. 한 무리의 아이들이 몇 명씩 짝을 지어서 물웅덩이를 피해 걸어가고 있었다. 바퀴 달린 신발, 긴 머리, 후드티셔츠가 비에 쫄딱 젖었는데도 아이들에게서는 건강한 에너지가 물씬 풍겼다.

데이비 선생님의 11학년 과학 수업이 진행되고 있었다. 건물 한쪽 벽에는 1959년 이후의 대기 중 이산화탄소 농도를 나타낸 거대한 그래프가 붙어 있었는데, 이 그래프는 그 전주에 기후 변화 대처에 미온적인 정부에 반대하는 첫 번째 행동으로 학생들이 만든 것이었다. 니콜라스는 환경 문제가 큰 관심사라고 했다. 그 바로 전에 진행한 물 부족 위기 프로젝트에서는 정수 기술을 실험했다. 파란색 마커로 '바이오디젤이란 무엇인가?'라고 적힌 글 옆에는 '우리 팀에서 어떻게 하면 고에너지 바이오디젤을 만들 수 있을까?', '바이오디젤은 왜 중요한가?'라는 글이 적혀 있었다. 10대 학생 30명이 조용히 컴퓨터 키보드를 두드리며, 세상을 더 나은 곳으로 만들 방법을 찾기 위해 열심히 노력하고 있었다. 서밋 샤스타가 유명해진 것은 바로 이 노트북과 집중력 덕분이었다. 이 학교의 역사는 20년 전 캘리포니아 토박이인 한 비범한 선생님이 아이들을 걱정하면서 시작됐다.

모든 아이가 같은 속도와 방법으로 배울 필요는 없다

다이앤 태브너Diane Tavenner는 교사로 사회 생활을 시작했는데, 온통 이해할 수 없는 일들 때문에 혼란스러웠다. "학교에서 하는 일에 구조적으로 잘못된 부분이 너무 많아 보였어요. 그건 누구라도 실패할 수밖에 없는 구조였죠." 그녀가 '왜' 이렇게 하냐고 물으면 사람들은 다들 지금까지 '늘' 이런 방식으로 해왔기 때문이라고 답했다고 했다. "말 그대로였어요." 그녀가 덧붙였다. 하지만 그녀는 멈추지 않고 계속 캐물었다. "저는 아주 어린애 같은 마음으로 상황에 임했어요. 묻고 또 물었지요." 이런 태도는 이후로도 그녀의 삶과 직업 활동에 계속 이어졌다.

태브너는 학습혁명을 이끄는 서밋 공립학교의 설립자이자 CEO다. 캘리포니아 태생인 그녀는 가족들, 검은 래브라도와 멀리 산책하는 것을 좋아하고, 짬이 나면 『힐빌리의 노래Hillbilly Elegy』, 『다른 태양의 온기The Warmth of Other Suns』 같은 사회 정의에 관한 책을 즐겨 읽는다. LA 공립학교에서 교사로 첫

발을 내디뎠으며, 이후 스탠퍼드에서 학습에 관한 최신 연구를 공부하며 10년을 보냈다.

그녀는 질문을 멈추지 않았다. 그러다가 하루는 중대한 무언가를 깨달았다. 학교 교육 시스템은 가장 잘 배울 수 있는 방법이 아닌, 가장 효과적인 운영 방식에 기초해서 작동되고 있었던 것이다. 현실을 제대로 보게 된 순간이었다.

"산업화 모델의 핵심적인 특징 중 하나는, 고정 변수가 바로 시간이라는 점이에요." 그녀가 말했다. 전통적으로 모든 아이들은 똑같은 내용을, 똑같은 방식에, 똑같은 속도로 배웠다. 이는 수학자 아돌프 케틀레^{Adolphe Quetelet}가 제시한 '평균인'의 개념을 충실히 따른 방식이었다. 주요 목표가 '환경을 관리하고 통제하는' 것이라면 완벽하게 타당한 방법이기도 했다. 그러나 교육의 관점에서 보면 그런 목표는 분명 완전히 잘못된 것이었다. 교육에서는 '학습'이 고정 변수가 되어야 마땅했다.

태브너는 이렇게 설명했다. "모든 아이들은 각자 필요한 만큼의 시간과 필요에 맞는 접근법만 있다면, 모두 같은 수준으로 완벽하게 습득할 수 있어요."[15] 이것은 벤 블룸이 2시그마 연구로 증명했던, 옆에 붙어서 일대일로 가르치면 모든 아이들이 뛰어난 실력을 갖출 수 있다는 사실과도 일맥상통한다. 스티븐 핑커에서 제임스 헤크먼, 토드 로즈까지 학자들이 제시한 모든 증거가 그것을 뒷받침한다. 문제는 개인에게 맞춘 체계적인 교육을 어떻게 대규모로 진행할 수 있을 것인가였다. 아인슈타인이라도 부담을 느낄 만한 어려운 문제였다. 30명을 한 교실에서 가르쳐야 하고, 자금도 추가로 지원받을 수 없는 상황에서 어떻게 개개인에 맞춰 시간을 가변적으로 쓸 수 있을까?

제3부 | 더 깊이 관심 갖기

PLP 플랫폼을 활용한 개별 맞춤 학습

그 비법의 일부는 노트북에 있었다. 서밋 학교에 입학하는 6학년이나 9학년 신입생들은 PLP라고 불리는 개별화 학습 플랫폼에 접속해 학교에서 다루는 모든 내용을 마음대로 찾아 활용할 수 있었다. 생물학 수업에서 니콜라스가 이 플랫폼을 어떻게 사용하는지 보여주었다. 기본형 노트북인 크롬북Cromebook에서 평범해 보이는 계기판을 열었더니, 화면 왼편에 '현재', '올해', '연속 학습', '학년' 등의 이름이 달린 탭이 나왔다. 니콜라스는 '현재' 탭을 클릭했다. 그랬더니 이번 학기에 배우는 모든 과목(AP 미적분, AP 영어, 스페인어 3, 화학) 이름이 화면에 떴다. 과목마다 위쪽에 과제와 제출 기한이 표시되어 있었고, 따로 풀어야 하는 연습 과제 탭들과 녹색 또는 주황색으로 된 '집중 영역' 탭이 있었다. 이런 탭들은 교과의 내용을 어디까지 공부했는지 요약해서 보여주었다. 주 메뉴에서 '올해' 항목을 클릭하니, 시간표가 나오고 파란 박스에 프로젝트 이름이 나왔다. 그 아래 있는 그보다 작은 초록색 박스들은 자기 주도 학습 과제에 관한 것이었다. 학생들은 PLP 플랫폼에 접속해서 원하는 시간에 공부하고, 스스로 진도를 나간 뒤 준비가 됐을 때 온라인 시험을 봤다.

시험표에서 어쩐지 불길해 보이는 파란색 세로선은 영국 작가 머빈 피크가 언급했던 '현재의 절망적인 위기'라는 구절을 떠올리게 했다. 이 세로선은 지금 이 학생이 어느 정도까지 진도를 나갔어야 하는지를 알려주는 것이었다. 니콜라스는 그 선보다 훨씬 앞서 있었다.

이런 시스템이 인간 대 인간 학습의 종말을 의미하는 걸까? 나는 아이들이 집 안에 혼자 앉아서, 밝게 빛나는 스크린에 시선을 고정하고, 자기가 배우고 싶은 내용을 골라서 천천히 각자 상황에 맞게 공부하는 모습을 머릿속에 그려봤다. 하지만 태브너가 보는 관점은 이와 달랐다. 그저 과학기술에 주의를 빼앗기는 것은 서밋 학교의 핵심을 놓치는 것이었다. 태브너는 "중요한 요소이기는 하지만, 그것이 정답은 아니에요"라고 말했다. 중요한 것은 인간적인 특성과 관련된 부분이었다. "우리 학교에서 계획적으로 추진하는 일 중 하나는 관계를 형성하고 강화하는 활동이에요. 이런 부분은 산업화 모델 학교에서 찾아보기가 무척 힘들지요."

그것 말고도 또 있었다. 서밋은 한 학기를 8주씩 운영하고, 1년을 총 4학기로 구성했다. 8주 중에 6주는 학습 프로젝트, PLP 시간, 그 외의 수학과 언어 수업이 진행된다. 하지만 나머지 2주 동안 아이들은 요가, 연극, 미술, 영화, 컴퓨터 공학, 웹디자인, 여행, 직업 훈련 중에 원하는 활동을 선택해서 '탐험' 활동을 한다. 서밋 학교는 대학에서나 대학 졸업 이후의 성공을 위해서는 무엇이 필요할까를 신중히 고민했다. 이곳 학생들은 학업 성적이 뛰어나서 졸업생의 96퍼센트가 4년제 대학에 진학하지만, 그뿐 아니라 자신이 좋아하는 것을 탐색할 기회도 갖는다. 니콜라스는 코딩과 농구팀 활동을 좋아한다고 내게 말하면서, 학교 친구들과 가깝게 지낼 기회가 많다는 점도 은근히 강조했다. 나는 조금 더 알아보기 위해 12학년 영어 수업을 들으러 갔다.

아이들은 함께 배울 때 더 많이 성장한다

이동식 가건물 안에서 셰익스피어 작품을 90분 동안 들여다보고 있으려니, 와츠 선생님을 보고 싶은 조건반사적인 충동에 흔들렸다. 하지만 선생님의 몸에 새겨진 무질서한 문신들이 장난을 용납하지 않는 그의 태도를 드러내는 것 같아 나는 셰익스피어에 집중할 수밖에 없었다.

반 학생들은 『오셀로』를 공부하고, 한 시간 동안 선생님이 준비한 그룹 과제 여섯 가지 중에 하나를 골라서 팀원들과 함께 수행했다. 나는 책장 옆에 자리를 잡고 앉았다. 책장에는 그 또래 학생들이 다들 읽는 『1984』, 『모든 것이 산산이 부서지다 Things Fall Apart』, 『소리와 분노 The Sound and the Fury』, 『그들의 눈은 신을 보고 있었다 Their Eyes were Watching God』 같은 책들이 꽂혀 있었다. 내 옆에는 운동복을 입은 아시아계 미국인 아이 다섯 명이 한 팀을 이루고 있었고, 팀 리더는 젠과 팸이었다. 이 아이들은 1장 3막을 현대식 버전으로 써보는 과제를 골랐다. "문서 작업은 내가 할게." 코딩 동아리에서 받은 '핵투더퓨처 Hack to the furture!', '엠파이어 스트라이크스 핵 Empire strikes hack!' '쥐라식 핵 Jurassic hack!' 같은 스티커가 잔뜩 붙은 크롬북을 열었다. 산골짜기에 자리한 이 학교에서는 읽기를 배우는 것처럼 코딩을 배웠다.

"등장인물별로 다른 색깔을 쓰자." 팸이 덧붙였다. 구글 문서의 빈 문서가 다섯 가지 글자 색깔로 순식간에 채워졌다. 아이들은 이런 활동에 아주 능숙했다.

아이들이 선택한 장면은 오셀로가 데스데모나를 유혹한 뒤에 브라반쇼에게 꾸짖음을 듣는 부분이었다. 팀원들은 농구와 NBA 구단주를 배경으로 설정하고 재빨리 배역을 나눴다.

"데스는 어때? 아니면 데스터니는?" 알렉스가 데스데모나의 새로운 이름을 제안했다. 농구 선수 스테판 커리와 르브론 제임스, 그리고 가수 어셔를 등장인물로 넣기로 했다.

나는 아이들 중 한 명이 "그녀의 DM(트위터 쪽지)에 슬라이딩했어!"라고 적는 것을 봤다. 그래서 나는 그게 무슨 뜻이냐고 물었다. 그러자 팸이 웃음을 터뜨렸고, 나머지 아이들도 따라 웃었다. 아이들은 절대 무례한 말은 아니라고 장담하면서, 그 말은 소셜미디어로 이성에게 작업을 건다는 의미라고 설명했다.

이 다섯 명의 극작가는 히스테리 발작을 일으키며 쓰러졌다가, 다시 자세를 되찾고 대본을 쓰다가, 간간이 타이핑하는 걸 멈추고 키득키득 웃거나 대사를 수정했다. 내게는 아주 새로운 광경이었다. 결과물이 특별히 대단하기 때문에 하는 말이 아니라(내가 열여섯 살 때 썼던 것보다 훨씬 재미있고 독창적이기는 했지만), 아이들이 완벽히 편안하고 매끄럽게 수업 활동을 이끌어가는 모습이 크게 돋보였다. 내가 지금껏 만났던 그 어떤 아이들보다 이 다섯 명의 아이들이 뛰어난 창의성과 협력을 보여줬다. 이 아이들은 자유롭게 아이디어를 끌어내고, 다양한 측면과 방식에서 사고하고, 생각해낸 아이디어를 더 정교하게 다듬었다. 아이들은 함께 작업하면서 서로의 능력을 더 향상시켰다. 이것이야말로 새롭게 생각하고, 더 잘하고, 관심을 갖는 활동이었다. 아이들은 15분 뒤에 2장을 채우고, 대본을 다 함께 검토했다. 종료 시간이 거의 다 되었을 때 아이들은 작업을 완료했다. 이것이 장래에 할리우드에서 시나리오팀이 작업하는 모습이지 않을까?

"링크를 내게 좀 보내줄래?" 와츠 선생님이 말했다. 그 말을 듣고 나는 조금 놀라서 정신이 멍했다. 한 시간 안에 12학년 다섯 명 학생이 프로젝트에 관한 설명을 듣고, 팀을 배정받고, 짧은 지문을 읽고, 간결하면서도 강렬하고, 창의적이며, 재미있기까지 한 2장짜리 대본을 완성했다. "만약 그녀가 진정 다른 사람이 DM에 슬라이딩하도록 내버려둔 것이라면, 저를 게임 출전 선수 명단에서 빼십시오!" 아이들은 배꼽을 잡고 웃었다.

업무 현장에서 끝도 없이 질질 끌다가 결국 아무런 성과도 없이 끝나는 회의들, 쓰고 고치고, 또 고쳐 써서 관리자와 임원에게 보내는 이메일들을

제3부 | 더 깊이 관심 갖기

생각해봤다. 이 아이들은 현실 세계에서 쓰이는 기술들을 이미 배우고 있었다. 로봇의 세상이 도래해서 인간이 할 일이 없어지는 세상에서도 이런 기술은 아주 유용하게 활용될 것이다. 이 아이들은 도전을 받아들이고, 상황에 맞춰 움직일 줄 알았다. 그리고 무엇보다도 그 과정에서 즐거움과 동지애를 발견했다.

　벽에는 C. S. 루이스의 글귀가 적혀 있었다. "우리는 혼자가 아니라는 것을 알기 위해 읽는다." 공감 가는 말이었다. 우리가 가상의 세계라는 새로운 세계에 빠져들수록 사람과의 관계는 소원해진다. 독과 치료제 사이의 균형을 찾아야 한다. 서밋의 아이들은 일주일에 16시간을 PLP 활동에 쓴다. 백라이트가 비치는 스크린에 시선을 고정하고, 읽고, 보고, 쓰고, 각자 진도에 맞게 내용에 관한 시험을 본다. 수업 교재는 모두 오픈 소스이며, 선생님들은 수정하고, 업데이트하고, 새로운 프로젝트를 첨가하면서 이 교재를 수시로 수정한다. 절대 시대에 뒤떨어질 리가 없다는 것이 바로 시스템의 장점이었다. 학생들은 그 외에도 팀별로 프로젝트를 하고, 머리를 모으고, 서로를 도왔다. 또한 자립심을 기르고 책임감을 배웠다. "말은 가장 무궁무진한 마법의 원천이다"라는 글귀도 눈에 띄었다. 『해리포터』에서 더 이상 축소할 수 없는 인간성을 일깨우는 시의 힘을 설명한 말이다. "말은 해치거나 치유하는 힘이 풍부한 가장 강력한 형태의 마법이다."[16]

　태브너는 나와 이야기를 나누면서 이런 인간성을 강조했다. 서밋은 그녀가 팔로알토 근방의 레드우드시티에서 첫 학교를 개교한 2003년부터 운영되고 있다. 개교 직후부터 성공적이었지만, 그녀는 2011년에 데이브 레빈이 KIPP에서 겪었던 것과 비슷한 경험을 했다. 이 학교 졸업생의 96퍼센트가 대학에 진학했는데도 대학을 제때에 졸업하는 학생은 55퍼센트에 불과하다는 걸 알게 된 것이다. 이는 완전히 다시 생각해봐야 할 충격적인 사실이었다.

"학생들에게 아주 높은 수준을 요구하지만, 그와 동시에 학생들을 지원하는 수준도 아주 높은 환경으로 만들어야 했던 거예요." 태브너가 설명했다. "아이들이 일단 졸업을 하고 나면 고등학교 때와 같은 네트워크가 없고, 새롭게 맞닥뜨리는 어려움에 대처할 노하우도 없었던 거죠." 규범 준수를 중요하게 여기는 학교 환경에서는 아이들이 독립심이나 판단력 같은 것을 배울 수 없다는 사실을 깨달은 그녀는 처음부터 다시 시작하기로 했다. 전체적인 변화가 필요했던 것이다.

"마지막 학년에 한 번 해보고 '와! 이젠 됐어!'라고 말하고 넘어갈 수 있는 프로젝트가 아니에요." 설명하는 그녀의 표정이 좀 더 진지해졌다. 나는 상하이에서 정책 결정자들이 성적이 뛰어나지만 권위주의적인 시스템의 역설을 해결하기 위해 애쓰는 것을 봤다. 반면, 핀란드에서는 한결 자연스럽게 해결됐다. 그녀가 계속해서 설명했다. "학교에서 하는 활동을 전부 다시 생각해야 했죠. 왜냐하면 대개 그런 활동은 어른들이 환경을 통제하고 조절하는 쪽으로 되어 있거든요."

제프리 웨스트가 기업 시스템을 분석했던 것과 똑같은 결과였다. 서밋은 아이들이 스스로 성공할 수 있는 도구를 갖출 수 있게 했다. 그래서 이들은 학생들의 수준을 높이기 위해 추가로 수학과 영어를 교육해서 인지적인 능력을 키웠던 것만큼이나 마음 습관habits of mind을 키우는 데 주력했다. 이번에도 기술적인 도구로 그 과정을 뒷받침함으로써, 교사들은 시간을 절약하고, 아이들은 자기 속도에 맞게 배울 수 있게 했다.

교사, 학생, 사회 모두가 서로에게 관심 갖기

태브너는 2013년에 처음으로 서밋의 프로그램 개발자를 고용했다. 처음에 그는 시스템을 강력 접착 테이프로 임시 고정하는 정도로만 손을 보았다. 그러다가 프리실라 챈이 학교를 방문하고, 나중에는 마크 저커버그도 방문하게 된다. IT계의 신과 같은 이 부부는 서밋의 개발자인 샘 스트라서에게 페이스북의 소프트웨어 엔지니어 팀을 보내 학교의 시스템을 개선하는 데 도움을 주었다. 그렇게 해서 PLP가 탄생했고, 곧이어 서밋은 이 PLP를 온 세계와 공유하기 위해서 베이스캠프^{Basecamp}라는 플랫폼을 만들었다. 베이스캠프는 무료이며, 제한 없이 사용 가능했다. 태브너는 이 플랫폼을 '미래 학교들을 위한 운영 체계'라고 불렀다. 페이스북의 주인 부부가 뒤에서 돕고 있는 것을 보면, 태브너가 필시 옳은 길을 걷고 있을 가능성이 크다. 미국 전역에서 수백 개 학교가 이미 베이스캠프를 사용하고 있다.

얼룩지고 떨어진 천장의 타일, 기본형 노트북인 크롬북, 학교 앞 포장도로에 군데군데 생긴 물웅덩이를 보면, 분명히 이 모델은 다른 어떤 곳에서도 똑같이 적용할 수 있을 것이다. 교사, 학생, 그리고 노트북만 있으면 되기 때문이다. 그중 가장 찾기 어려운 것은 교사다. 서밋의 시스템은 교사들을 발전시키는 방향에도 맞춰져 있다. 학생들이 플랫폼으로 개별 학습하면서 교사들에게 생기는 시간적 여유는 매년 50일씩 연수를 받고 동료들과 협력 활동을 하는 데 투자되는데, 이런 사례는 다른 어느 곳에서도 찾아보기 힘들다.

서밋은 인간을 중심으로 하는 시스템과 그것을 뒷받침하는 기반 시설을 만들어갔다. "저는 실제로 선생님들과 학교 지도자들을 아주 깊이 신뢰해요." 태브너가 말했다. 그저 사람들이 시스템을 위해 일해야 하는 부담을 없애버림으로써 그들이 힘들게 강을 거슬러 올라가거나, 두들겨 맞고 쓰러지지 않도록 배려한다. 그리고 교사들이 뛰어난 학습자가 되고, 교사 공동체를 북돋고, 도시와 같은 승수 효과를 갖출 수 있게 도우면 된다. 기술은 그저 도구일 뿐이다. 교육은 우리 손에 달려 있다. 우리 모두가 타고난 학습자들이고, 그건 교사들도 마찬가지다.

학교 설립 초기에는 재정 문제로 자주 어려움을 겪었다고 한다. 지금 사정이 가장 안 좋았을 때에는 학교가 폐교되는 사태를 막기 위해 태브너가 전교 학생과 가족을 불러서 공청회를 열었다. 그녀는 참석자들에게 약속을 지키지 못해 실망을 안겨주게 됐다고 말했다. 그녀의 회상에 따르면, 그 말을 전하는 목소리가 떨렸다. "그런데 한 학생이 일어서서, '태브너 선생님, 걱정하지 마세요. 이 학교의 중심은 장소가 아니라, 관계잖아요. 그리고 저는 우리 학교가 여기서 쫓겨나 공원이나 주차장으로 가도 상관없어요. 이 학교는 우리 모두의 공동체예요. 우리는 흔들리지 않을 거예요'라고 외쳤어요." 바로 그 순간에 그녀는 서밋이 성공했다고 확신했다. "그때 깨달았어요. 지금도 여전히, 우리가 만든 학교들은 아주 비非개인적이라고 생각해요. 아이들은 누군가가 자기를 사랑하고 관심 갖는다는 사실을 누구보다 먼저 알아요. 또 학생들은 바보가 아니에요. 학생들은 우리가 그저 세상에 나갈 준비만 시키는 게 아니라는 것도 알아요. 그때 우리가 말 그대로 주차장에서 공부하게 될지도 모를 상황이 무효화된 것은, 주차장이 되었더라도 학교를 계속 다니겠다는 그 학생들의 의지 때문이었어요."

학생들은 다른 사람들이 중요하다는 사실을 인식하고, 다른 사람들이 신경 쓰는지를 신경 썼다. 학습은 인간 관계의 승수 효과에서 성장했다. 도시가 성장하는 방식과 완전히 똑같이 말이다.

상향식 교육 체계가 필요하다

도시에 관한 웨스트의 연구는 인공지능의 새로운 발전을 드러낸다. 앨런 튜링^{Alan Turing}은 1940년대에 기계가 명령받은 규칙에 따라서가 아니라, 우리 인간의 뇌와 똑같이 감각에서 수집한 증거와 과학적 조사를 통해 배울 수 있다면 어떻게 되겠느냐는 의문을 제기했다.[17] 이후 70년 동안 과학자들은 그의 생각을 무시하고, 규칙을 정확하게 따를 컴퓨터만을 프로그래밍했다. 대표적인 것이 '만약 이렇다면, 저렇게 하라'는 이프 덴^{if then} 구조였다. 컴퓨터 시스템의 각 요소에는 일정 기능이 정해지고, 그것을 계속 되풀이하라는 명령이 전달된다. 규칙을 따르는 이런 식의 프로그래밍도 대단히 훌륭해서 체스 대결에서 인간을 이기고, 제퍼디 퀴즈쇼에서 역대 최고 우승자였던 켄 제닝스를 꺾었을 뿐 아니라, 방사선 촬영기사들보다 더 안정적으로 엑스레이 검사를 할 수 있을 만한 수준이 됐다. 하지만 아직은 기본적으로 엉터리였다. 가리 카스파로프가 인공지능 딥 블루에게 패하고 난 뒤에 지적했듯이 이런 인공지능 기계들의 지능이란 디지털 알람시계의 지능과 다를 바가 없었다. 인간 두뇌의 능력을 일부 흉내 내긴 했지만, 복잡한 사고는 불가능했기 때문이다. 전문가들은 '약한' 인공지능이나 '하향식' 인공지능이라고 불렀으며, 이때만 해도 '상향식' 인공지능은 창조할 수 없다고 예측했다.

그러던 중 2016년 11월에, 컴퓨터와 인간의 상호작용을 연구하는 도쿄대학교의 레키모토 준이라는 일본인 교수가 구글 번역의 품질이 여행 안내서의 상용 회화를 여행객이 보고 읽는 수준에서 시를 번역하는 수준으로 순식간에 향상됐다는 사실에 주목했다. 그는 구글 번역기에 어니스트 헤밍웨이의 『킬리만자로의 눈^{Snows of Kilimanjaro}』 일본어 번역본의 지문을 입력해서 직접 시험했다. 오래된 번역본에 나오는 표현이 얼마나 투박한지 익히 알고 있던 레키모토는 늘 그랬듯이 어색한 번역이 나올 것으로 생각했다. 그런데 번역기는, "킬리만자로는 눈으로 덮인 1만 9,710피트의 산이다. 그리고 이 산은 아프리카에서 가장 높은 산으로 일컬어진다. 서쪽 정상은 마사이어로 신의 집인 '은가예 은가이'라고 불린다. 서쪽 꼭대기 근처에는 말라서 얼어버린 표범의 시체가 있다. 이 고도에서 표범이 무엇을 원했던 것인지는 아무도 설명한 적이 없다"라는 거의 문학에 가까운 지문을 내놓았다.[18] 튜링이 처음으로 의문을 제기한 이래로 계속 한쪽 끝에 밀려나 있던 '강한' 인공지능이 마침내 획기적인 발전을 이룬 것이다.

그런데 번역기의 이런 새로운 능력은, 케임브리지의 암호 해독자가 신경망에 관한 새로운 사실에 최초로 주목하게 된 데에서 비롯됐다. 컴퓨터의 신경망은 자연적인 시스템, 즉 인간의 뇌신경계에서 영감을 받아서 만든 것이다.《뉴욕타임스》에 실린 훌륭한 글에서 기디온 루이스 클라우스^{Gideon Lewis-Kraus}는 컴퓨터의 신경망 진화를 통한 학습을 약한 인공지능이나 하향식 인공지능의 작동방식과 대조해서 설명했다. 그는 "인간의 뇌는 살면서 개인이 겪는 시행착오에 따라 뉴런들의 시냅스 연결이 강해지기도 하고 약해지기도 하는데, 마찬가지로 인공지능 신경망도 유도된 시행착오를 바탕으로 인공 뉴런들 사이의 수적인 관계를 점진적으로 바꿈으로써 인간의 신경망과 비슷한 기능을 할 수 있다"라고 설명했다.[19] 말하자면 과거의 인공지능이 기업과 비슷하게 작용했다면, 인공지능 신경망은 도시와 비슷하게 작용하는 것이다.

나는 이런 사실과 우리가 무한한 학습 잠재력을 펼쳐갈 방법 사이에 유사

점이 있다고 보았다. 교육의 상향식 모델을 중심으로 우리가 더 강한 시스템을 만들 수 있지 않을까?

글로벌 교육 네트워크
티치 포 올

내 여정의 마지막 구간을 시작하기 전에 세계적인 교육 리더인 웬디 코프Wendy Sue Kopp와 이야기를 나눴다. 나는 6년 전에 학교 교단을 떠나 '티치 포 올Teach for All'에 합류했다. 티치 포 올은 10년 전에 설립된 글로벌 네트워크로, 교사와 학생, 부모, 교장, 정책 결정자들의 리더십을 동원해서 모든 이들을 위한 지역사회 교육을 발전시키는 것을 목표로 한다. 웬디 코프는 이 단체의 CEO이자 내 상관이었다. 그녀는 대학에 있을 때 미국 내 기회의 불평등에 관심을 갖게 됐으며, "주위에 더 좋은 세상을 만드는 데 일조하고 싶어하는 사람들이 생겨나고 있다는 것을 감지했다"고 내게 말했다. 그리고 '더 좋은 세상을 만드는 데 낙후된 지역에서 가르치는 것보다 더 좋은 방법이 어디 있을까?'라는 생각에서 교육의 평등을 위한 운동으로 졸업 후에 나라의 미래 지도자를 모집하고, 발전시키고, 실제로 활동하게 만드는 데 목표를 둔 비영리단체 '티치 포 아메리카Teach for America'를 설립했다.

30년 동안 웬디는 이 나라에서, 그리고 최근에는 전 세계적으로, 가장 가난한 아이들의 학습을 완전히 바꾸기 위해 쉼 없이 열심히 일했다. 처음에는 마이크 골드스타인과 마찬가지로 '성취도 격차를 줄이는' 데에 뜻을 두었지만, 나중에는 지역사회와 함께 21세기 아이들을 위한 교육을 재해석하기 위해 집단 지도 체제의 개념을 포용했다. 그녀는 지금까지 일을 해오면서 정부의 정책이 차터 스쿨에서 바우처 프로그램으로, 교사의 자질 향상 계획에서 커리큘럼 개혁으로 바뀌었다가 다시 회귀하는 식으로 중심을 잃고 흔들리는 경우를 많이 봤다. "거의 매년 다른 이야기가 나오고, 묘책을 찾으려고 애썼지요. 지금은 프로젝트 기반 학습으로 돌아와 있고요." 하지만 그녀는 벌써 한참 전에 '묘책이란 건 없으며 교육 체계의 회복을 이끌 슈퍼 히어로도 없다'는 결론에 도달했다.

이 문제는 '하향식' 모델의 한계였다. 스타벅스의 문제는 맛이 안 좋았던 것이 아니라(이 책을 쓰는 동안 내가 여기 커피를 엄청나게 많이 마셨던 것만 보아도 알 수 있다), 한 사람의 리더가 지시한 내용을 각 구성원이 그대로 따를 때 가장 효과적으로 기능한다는 발상에 대해 뭔가 조치를 취할 필요가 있었던 것이다. 그런 것은 다른 세대에 만들어진, 시대에 뒤떨어진 발상이었다. 그 분야에서 손꼽히는 교수이자 정책 전문가인 앤마리 슬로터Anne-Marie Slaughter는 최근에 "'자유세계를 이끄는 한 사람의 리더'라는 발상은 머지않아 아주 예스러운 사고방식처럼 느껴질 것이다"라는 이야기를 한 적이 있다. 그녀는 그런 발상 대신에 "특정한 문제들을 공동으로 책임지고 이행하는 자율권을 가진 집단의 신경망"과 비슷한, "지금까지와는 다른 형태의 리더십"을 포용해야 한다고 주장했다.[20]

우리가 찾는 시스템은 저기 어딘가에 있는 추상적인 존재가 아니다. 그 시스템을 만들어가는 것은 바로 우리다. 그러므로 인간 개발은 모든 사람들 각자가 새롭게 생각하고, 더 잘하고, 더 깊이 관심 갖는 능력을 높일 수 있는가에 좌우된다. 위대한 지도자 한 사람에 의존한다면, 우리는 각자가 지닌 잠재력을 절대 실현하지 못할 것이다.

"시스템을 재발명하기 위해 우리 모두가 함께 노력해야 합니다"라고 웬디가 설명했다. 이 말은 각자 주어진 환경에서 어떤 방식이 최선인지 결정하는 사람들이 집단적인 힘을 불러일으킨다는 의미다. 이 과정은 직업과 경험이 다양한 지역사회 여러 집단을 설득하고, "자녀들을 위해 무엇을 원하는가?"라는 간단한 질문을 던지는 데에서 시작한다. 웬디는 "현재의 교육 체계는 200년 전에 사람들에게 던졌던 질문을 중심으로 만든 것"이라고 설명했다.

하향식 인공지능은 상향식 인공지능의 엉성한 모조품이었으며, 교육 체계의 측면에서도 마찬가지였다. 단 한 사람의 지도자나 정책 결정자들, 혹은 학자들이 모두가 따라야 할 지시 사항을 전달하는 방식은 효과가 없었다. 인간 개발처럼 복잡한 문제에 그런 접근법이 옳을 가능성은 희박했다. 주체적으로 행동할 힘을 박탈당한 그 체계의 구성원들은 동기를 상실하고 만다. 사람은 누구나 배우고 성장할 기회를 잃으면 뭔가 더 많이 해보려고 노력하기보다는 그냥 정해진 일만 하게 된다. 하지만 모든 사람(학생, 부모, 교사, 정책 결정자)들을 참여시켜 모두를 위한 교육을 개선하려는 공동의 노력을 기울이고, 원하는 결과를 얻을 방법을 시험하고, 무엇을 가르치고 어떻게 가르칠 것인지의 결정 사항에 대한 증거를 제공하면, 우리는 분명 아이들을 더 잘 교육할 수 있을 것이다. 그러고 보면 우리가 원하는 교육 체계는 자율적인 체계가 되어야 한다.

"그렇게 되면 모든 사람들이 화합하게 될 거예요." 웬디가 이야기했다. "우리 개개인의 노력도 중요하지만, 훨씬 큰 무언가를 성취하기 위해서는 한데 뭉쳐야 하지요."

우리는 타고난 학습자들이다. 이런 이해를 바탕으로, 도시나 신경망에서처럼 상향식으로 교육 체계를 재건해야 한다. 이런 체계에서는 각 개별 요소의 협력을 통해 잠재력을 최대한 발휘하는 데에서 전체의 힘이 나온다. 교육 시스템은 오픈 소스여야 한다.

배움에 대한
배움은 계속되어야 한다

다시 하이테크 고등학교를 방문했던 때의 이야기로 돌아가보자. 나는 예전에 군용으로 사용하던 시설이라 창문이 없는, 길고 평범한 손잡이가 달린 비상구를 지나왔다. 길게 이어진 2층짜리 건물 공간의 절반은 벽이 유리로 된 교실들이 차지했고, 후면에는 마치 무대 뒤처럼 건물 이쪽 끝에서 저쪽 끝까지 검은 커튼이 드리워 있었다. 벽에는 서로 연결된 자전거 바퀴 30개가 보였는데, 실제로 크랭크축처럼 돌아가는 거대한 조각품이 설치되어 있었다. 또한 대형 캐비닛에는 네덜란드 판화가 에셔의 목재로 된 모자이크 세공과 끝이 없는 계단 작품이 전시되어 눈길을 끌었다. 그리고 외따로 떨어진 공간에서는 학생들이 소나무 목재로 2층짜리 계단과 지오데식 돔(다각형 격자를 짜 맞춰서 만든 돔 – 옮긴이)을 만드는 중이었다. 그런 가운데 채광창에서 쏟아져 들어온 햇빛이 천장에서 내려온 줄에 매달린 실물 크기 초상화를 비추고, 여름의 향기와 톱밥 냄새가 공간을 가득 채웠다. 이 모두를 위해 섬세하게 그려 만든 표지판에는 '쾌락의 정원'이라고 적혀 있었다.

첫 번째 아트리움에서는 잭과 에이바가 직접 제작한 드론을 리모컨으로 조종하느라 정신이 없었다. 모터가 한두 개인지 아니면 네 개인지 모르겠지만, 아무튼 모터들이 잘 작동하지 않는가 싶더니, 드디어 뜸을 들여서 미안해하는 듯 경쾌하게 윙 소리를 내며 움직였다. 하지만 비행의 경이로움을 체험하기에는 아직 시간이 더 필요한 듯했다. 리벳 하나가 빠지면서 프로펠러가 바닥에 내리 꽂힌 것이다.

에너지 드링크와 크림치즈 통 밖으로 삐져나온 반쯤 먹다 만 건포도 베이글은 이 아이들이 이곳에서 긴 하루를 보내고 있음을 알려주었다. 잭은 미친 과학자를 연상시키는 곱슬머리를 벅벅 긁으며 말했다. "금요일까지는 이게 작동되야 하거든요." 그는 드론에 대해서도, 마감 기한에 대해서도 뭔가를 배우고 있었다. 그 옆 칸에 있는 다른 그룹 학생들은 이미 테스트 비행 단계까지 진행했다. 이번 학기에 12학년 학생들은 교과 시간의 절반은 이와 같은 환경 보호 과학 프로젝트를, 나머지 절반은 대입 SAT 준비를 위해 인문학과 미적분을 공부하면서 보내도록 정해져 있었다.

드론을 만드는 두 팀의 활동으로 번잡한 와중에 조가 헤드폰을 끼고 앉아서 타이핑을 하고 있었다. 조는 뉴욕에 있는 인문과학 대학에 진학해 연극을 공부하겠다는 목표를 가지고 있었다. 이 프로젝트에서 조가 맡은 역할은 제작 과정을 담은 다큐멘터리의 구성 원고를 작성하는 것이었다. 다큐멘터리 제작에 참여하는 다른 두 학생인 에미르와 짐은 그날 오전에 촬영한 영상을 편집하고 있었다. 바깥에서는 드론 조종사 아마차이가 연습을 하는 중이었다. 그리고 한쪽에서는 실험복을 입은 한 무리의 학생들이 씨앗을 관찰했다. 이 아이들은 진흙, 일반 흙, 자연 분해되는 플라스틱으로 만든 모종판들을 준비해 여러 종류의 씨앗을 테스트하고 있었다. 짐은 그 아이들에게 드론 때문에 씨앗이 바람에 날릴 수도 있다고 말했다.

드론 프로젝트 팀은 드론이 준비되면, 카메라를 달아 카브리요 천연기념물 국립공원 위로 날릴 생각이었다. 생물의 다양성을 조사하고 사막화의 초기 조짐이 나타나는지를 확인하기 위해서였다. 캘리포니아는 심한 가뭄을 겪고 있었다. 그래서 이번 조사에서 혹시라도 어느 지역에서든 동식물상에 이상 징후가 나타나면, 드론을 다시 띄워서 그 지역에 씨앗을 떨어뜨린다는 계획이었다. 그 과정에서 4일 동안 산행을 해야 하는데, 다큐멘터리 팀이 이 모든 과정을 촬영하기로 했다.

"정말 근사할 거예요. 야생에서 구덩이를 파고 대변을 해결하는 경험을 해보게 되겠네요." 짐이 잔뜩 기대에 부푼 표정으로 말했다.

내가 대학 준비 과정인 식스폼에 다닐 때는 T. S. 엘리엇의 「황무지」와 프랑스 작가 시라노 드 베르주라크에 관한 에세이를 쓰면서 환경의 중요성을 되새겼다. 하지만 지금 이 아이들의 활동은 한층 물질세계에 더 가깝게 뿌리 내린 느낌이었다.

협력을 요구하지만 전문 분야 사이의 상호 연결이 부족한 시대에는 다양한 영역에 걸친 공동 작업이 중요하다. 하이테크 고등학교의 16~17세 학생들은 학교에서 지내는 시간의 절반을 환경 행동주의를 실험하면서 보내고 있었다. 사실 이런 활동에는 궁극적으로 전 세계적인 협동이 필요하다. 이 아이들은 가상의 플래카드를 만들거나 에세이를 쓰는 것이 아니라, 실제 행동에 나섰다. 벽에 붙은 레이저 커팅으로 자른 나무판에는 이런 글귀가 적혀 있었다.

사상가는 스스로의 행동을 실험과 질문, 뭔가를 찾아내려는 시도로 본다. 성공과 실패는 그를 위한 것이다. 그것이 무엇보다도 중요한 답이다.

-프리드리히 니체

결국 교사가 가장 중요하다

이곳에서도 컴퓨터가 중심이 되지는 않았다. "그러게요. '하이테크'라는 학교 이름이 좀 부적절해 보이기도 해요." 사무실에서 이야기를 나눌 때, 로젠스톡이 내 의견에 동의했다. '올해의 내셔널지오그래픽 탐험가'로 선정된 그는 징기스칸의 묘를 찾아갔다가 막 돌아온 참이었는데, 곧 다른 여행을 떠날 예정이라고 했다. "새로운 건 없어요." 그가 이야기했다. "기술은 그저 도구일 뿐이에요." 학교 이름만 들으면 아이패드가 중심일 것 같지만, 학교를 돌아보고 나서 이 학교에서는 교사가 가장 중요하다는 사실을 분명하게 느낄 수 있었다. "선생님들은 모두 팀으로 활동해요. 이 팀, 저 팀." 문을 꼭 닫아두는 창피한 행동이나 자율적인 고립은 이곳 선생님들에게서 찾아볼 수 없었다. 그 대신에 팀워크, 굳게 단결된 공동체, 열린 문, 어마어마한 분량의 교사 연수가 이곳만의 대표적인 특징이었다.

로젠스톡은 모든 교직원들이 잘 해낼 수 있게 신중히 고려했다. 교사 회의는 오후보다는 오전으로 잡았다. "방과 후에 만나는 사람들은 '누가 뭘 잘못 했더라'라는 이야기를 주로 해요. 하지만 아침에 만나면 '내년에는 이런 걸 하고 싶다'라는 이야기가 나오지요." 학교에 명성이 생기면서 이제는 유능한 지원자들 중에서 선생님을 골라 채용할 수 있게 됐다. 공석이 생겨서 교사를 새로 뽑아야 할 때, 매번 온라인 지원서가 1,800통씩 쏟아져 들어온다. "총체적인 난국이지요." 그가 덧붙였다.

하이테크 고등학교에는 자체적인 교사 연수 프로그램이 있었다. 로젠스톡은 하버드에서 함께 했던 동료 랍 리오단과 함께 다음과 같은 사실을 발견했다. 모든 교사들이 교육대학원에서 교육을 받는데, 미국의 교육 대학원 1,400곳 중 학교에 부속된 곳은 단 한 곳도 없었다. 로젠스톡이 보기에는 믿기 힘든 일이었다. 그는 "교육대학원을 유치원에서 12학년까지의 정규 교육 과정 학교에 부속시키지 않는 건, 의과대학에 다니면서 인체를 직접 보지 않는 것과 마찬가지"라고 말했다. 그래서 로젠스톡과 리오단은 자신들이 직접 학교를 만들기로 했다. 이 역시 행동을 통한 학습이었다.

교사들은 최신 이론을 기반으로 탐구할 문제를 고르고, 교실 활동을 계획하고, 주저 없이 행동에 나섰다. 이들은 공들여 만드는 장인의 기술을 발휘했다. 브라질의 교육사상가인 프레이리나 그 유명한 소크라테스의 철학처럼 사회적으로 형성된 지식을 신뢰했지만, 의도적이고 계획적인 연습 역시 중요하게 여겼다. 나는 우연히 만난 외부 강사 한 명과 잠시 이야기를 나누었는데, 그는 자기 스승인 재즈 연주가 미야기이시 선생님의 지론을 들려주었다. 매일 5분씩 완벽하게 연습하는 것이 몇 시간씩 피아노 앞에 앉아 반은 다른 생각을 하면서 대충 연습하는 것보다 낫다는 가르침이었다. 이 학교에서 조성한 배움의 문화는 이제 세계로 퍼져나가고 있다. 그것은 모두 오픈 소스이니까.

이것이 학교의 미래일까? 로젠스톡은 내 질문에 다음과 같은 비유로 답했다. 신 도시 고등학교 프로젝트가 끝날 무렵에 그는 미국의 모든 주지사들이 모인 자리에서 프레젠테이션을 했다고 한다. 그는 이상적인 학교에 대해 설명하는 대신 영화 이야기를 꺼냈다. 〈첸의 실종〉은 1980년대에 샌프란시스코에서 저예산으로 제작된 독립영화로, 첸이라는 나이든 남성을 찾는 두 명의 누추한 택시 운전사들의 이야기다. 이 운전사들은 택시 면허를 취득할 돈을 가지고 사라진 첸을 찾아서 주말 동안 샌프란시스코 차이나타운을 돌아다닌다. 그곳에서 동네 목욕탕, 찻집, 레스토랑의 푸근한 기억을 떠올리게 하는 지역 주민들을 만나는데, 그 사람들은 첸과 그의 진의에 대해서 개인적인 의견을 내놓는다. 하지만 그 이야기들은 서로 모순되는 경우가 많다. 이 영화는 관객들에게 '첸은 누구인가?'라는 궁금증을 끝까지 자아내다가 끝부분에 그 노인의 딸이 나타나서 이들에게 돈을 돌려주고 사진을 건넨다. 이때 사진을 들고 있는 엄지손가락에 첸의 얼굴이 가려져서, 관객들은 끝내 그의 얼굴을 확인하지 못한다.

우리는 함께 실패하고,
더 잘 실패해야 한다

나는 내 여정에 대해 생각해봤다. 하이테크 고등학교와 서밋 샤스타 고등학교는 미래의 이상적인 모델은 아니었으며, 히덴키벤 종합학교, 완항두루 초등학교, 에꼴 42, KSA보다 뛰어나다고도 볼 수 없었다. 래리 로젠스톡과 다이앤 태브너가 데이지 크리스토툴루, 캐시 허시파섹, 안드레아스 슐라이허, 조슈아 윙보다 더 나은 정답을 가지고 있었던 것도 아니다. 로젠스톡이 비유로 든 영화에서 첸을 볼 수 없었던 것처럼 완벽한 학교나 체계를 찾는다는 것은 아직 불가능하다.

하지만 질문하고 탐색하는 과정은 중요하다. 사람들이 첸에 대해 설명하는 것을 듣고 우리는 조금씩 그를 알아간다. 나는 새로운 현장을 찾을 때마다 아이들이 잠재력을 최대한 발휘할 수 있게 하려고 애쓰는 학교와 사람들을 볼 수 있었다. 그들을 다른 사람과 구별 짓게 하는 것은 '배움' 그 자체였다. 그들 모두가 아이들이 목표에 이르기 위해서는 무엇이 필요할지를 끊임없이 생각하고, 시도하고, 돌아보고, 배웠다. 그들의 철학보다 더 중요했던 것은 탁월함에 이르겠다는 강력한 의지였다. 웬디가 말했던 것처럼, 모든 사람(학생, 학부모, 교사, 교장)이 교육에서 자신이 맡은 역할을 충실히 해나갈수록, 우리가 끼칠 수 있는 영향은 더욱 커진다.

나는 학교를 바꿀 방법을 찾아내겠다는 희망에서 여정을 시작했다. 여정을 마친 지금은 우리가 스스로 시작해야 한다는 사실을 깨달았다.

우리는 타고난 학습자다. 우리가 생각을 기계에 아웃소싱하면 우리의 지력은 감소한다. 학교를 권한과 계층 중심으로 만들면, 잠재적인 창의력과 그 체계 안에 있는 모든 사람의 지속적인 성장 능력을 잃는다. 학습은 알고, 행동하고, 존재하는 것에 관한 문제다. 그 방법이 무엇인지를 듣고 배우지 않으면 전문성에 절대 이를 수 없다고 말하면서도, 그와 동시에 남에게 듣기만 해서는 안 된다는 근본적인 역설이 존재한다.

그렇다면 누가 지혜를 발전시키고, 문화를 만들어가고, 가장 큰 문제들을 해결하기 위해 미래 저 멀리까지 내다볼 정신을 품을 수 있을까? 우리는 실험하고, 시도하고, 그리고 무엇보다도 실패해보아야 한다. 우리는 지금껏 남들과 함께 생각해왔다. 배움은 인간이 되는 길이었으며, 실수도 마찬가지였다. 컴퓨터의 시대는 우리 삶에서 위험을 제거하고, 모든 사람들이 똑같아지도록 만들려고 한다. 하지만 우리에게는 위험이 필요하다. 위험은 실패를 의미한다. 실패는 배움의 유일한 길이기 때문에 우리는 함께 실패하고, 더 잘 실패해야 한다. 그런데 이 세상에서 우리가 안전하게 실패를 경험할 수 있는 장소는 학교, 단 한 곳밖에 없다.

나는 하이테크 고등학교의 교문을 빠져나와서 이른 저녁의 태양이 반짝거리는 드넓은 푸른 바다로 향했다. 교육의 미래를 찾는 이번 여정에서 다가올 미래를 살짝 엿보고, 교육의 중요성을 표현할 적당한 비유를 찾아보고자 인공지능, 신경과학, 영유아기의 발달, 창의성, 품성, 평생학습, 수업, 민주주의에 관해 알아보았다. 어둑어둑해지는 태평양을 바라보며 나는 내 엄지로 명백한 답을 가리고 있었음을 문득 깨달았다. 바로 '학교 그 자체'야말로 인류의 가장 소중한 유산을 일구는, 가장 위대하고도 중요한 발명이었던 것이다. 학교는 문화와 기술을 발전시키는 수단이자, 사회의 원동력을 공급하는 연료다. 우리는 지금까지의 성공을 기반으로, 새롭게 생각하고, 더 잘하고, 더 깊이 관심을 가짐으로써 다음 세대를 위해 학교의 목적을 재해석하고 재정립해야 한다.

　고대 아테네에서 학교는 귀족들을 위한 곳이었다. 셰익스피어의 시대에는 장갑을 만드는 공인의 아들이었던 셰익스피어 같은 사람들을 위한 곳이었다. 오늘날에는 수억 명에 이르는 전 세계 모든 아이들에게 학교 교육의 기회가 열려 있다. 아직은 배우지 못하고 있는 아이들이 많지만, 모든 아이들이 교육받는 시대에 점점 가까워지고 있다. 이제는 훌륭한 교육의 구성요소가 어떤 것들인지를 알게 됐다. 별은 밤하늘에서 밝게 빛난다. 우리는 과학기술이 아니라 사람을 중심으로 하는 학교를 만들어야 한다. 경쟁이 아니라 결속을 포용해야 한다. 지식과 윤리뿐 아니라 행동도 발전시켜야 한다. 경제만큼 정치도 중요하게 여겨야 한다. 지금과 같은 시대에 사람들에게 가장 필요한 것은 배움뿐이다.

전 세계에 부는 학습혁명의 바람

지금 배우고 있지 않다면, 시간을 낭비하는 것이다.

-퍼렐 윌리엄스[1]

지난 10년 동안 교육이 답이라는 말을 셀 수 없이 많이 들었다. 빈곤을 없애기 위해 우리가 무엇을 할 수 있을까? 교육. 어떻게 하면 성 평등을 이룰 수 있을까? 교육. 인구 폭발을 막기 위한 해법은 무엇일까? 교육. 로봇이 일자리를 모두 빼앗아갈지 모르는 상황에서 우리는 어떻게 대처해야 할까? 교육. 전쟁 난민 문제는? 기후 위기에 대처할 방법은? 사회 붕괴를 막을 방법은? 교육, 교육, 교육이다. 교육은 마치 만병통치약처럼 건강, 행복, 세계적인 협력에 이르기까지 모든 것에 관여한다.

누군가 이에 대해 이의를 제기하지 않을까 기다린다면, 소용없다. 아무리 기다려봐야 반대 의견은 나오지 않는다. 교육이 답이다. 우리는 부를 재분배하고, 가난을 뿌리 뽑고, 더 공정하고 더 윤리적이며 지속 가능한 세상을 만들고, 행동을 지배하는 관념을 바꿔야 하는데, 학교는 이와 같은 사회 불행을 책임져야 할 주체가 아니라 해결의 수단이 되어야 한다. 이런 문제들을 해결하려면 창의성, 열정, 협력이 필요하다. 즉 인간이 지닌 잠재력을 더 많이 이끌어내고, 미래 사회의 시민들이 더 나은 세상을 만들어나갈 수 있도록 잘 준비시켜야 한다는 뜻이다. 배움은 지금 세대의 가장 큰 목표다. 시나리오 작가 애런 소킨^{Aaron Sorkin}이 정치 드라마 〈웨스트 윙〉에 이런 대사를 넣었듯이 말이다.

> 교육이 묘책입니다. 교육이 전부예요. 우리에게 필요한 것은 미미한 변화가 아니라 엄청나게 크고 획기적인 변화입니다. 학교는 궁전이 되어야 합니다. 최고의 교사가 되기 위한 경쟁은 더 치열해져야 해요. 교사들이 억대 연봉을 받을 수 있어야 하고요. 또 교육은 국방과 마찬가지로 그에 필요한 막대한 비용을 정부에서 부담하고, 그럼으로써 국민은 완전히 무료로 교육받을 수 있어야 합니다.[2]

소킨의 말이 맞다. 행복이나 부의 지표는 모두 교육이야말로 최고의 투자라고 말한다. 핀란드, 한국, 싱가포르는 투자 수익을 증명했다. 모든 사람은 학교에서 얻은 힘을 바탕으로 사회의 변화에 대응하며 세계를 선도하는 기술자, 사상가, 영향력이 있는 주요 인사가 된다. 역사도 이와 비슷한 이야기를 한다. 16세기에 그래머스쿨이 생겨나면서 셰익스피어와 더불어 영국 르네상스가 탄생했다. 플라톤의 아카데미는 불후의 철학을 선사했다. 우리는 배우고, 그럼으로써 성장한다. 나는 우리가 지금 한 단계 높은 르네상스의 시작점에 있다고 믿는다. 우리에게는 획기적인 변화가 필요하다.

현재 학교에 다니는 전 세계 10억 명 이상의 아이들 중 6억 명은 학업에 뒤처져 있다.[3] 지금의 교육 체계는 변화를 거부하고, 불평등과 가난을 고착화하며, 행복을 약화시킨다. 이런 체계를 새롭게 바꾸기 위해서는 장대한 노력이 필요할 것이다. 학습혁명은 단 한 번의 시도로 인류가 번영에 이를 수 있는 가장 빠르고 확실한 길이다. 토지, 식량, 연료가 갈수록 줄어드는 상황에서 생각하고, 행동하고, 관심 갖는 인간의 능력은 우리가 가진 유일하고도 무제한적인 자원이다. 우리는 이 자원을 최대한 개발해야 한다. 중국 춘추시대의 정치가 관중管仲은 "1년을 내다본다면 벼를 심어라. 10년을 내다본다면 나무를 심어라. 그리고 100년을 내다본다면 아이들을 가르쳐라"라고 말했다.

그런데 정확히 무엇을 배워야 할까? 잠재력을 실현하고, 학교를 최고의 발명으로 인식하고, 수업을 갈고닦아야 할 가장 중요한 기술로 받아들이기 위해서는 무엇이 필요할까? 미래 세대의 성공 기준은 무엇일까? 학교를 운영하는 방식이 아니라 학생들이 배우는 방식에 맞춰서 교육 체계를 재구성한다는 것은 정확히 어떤 것일까?¹ 기술과 과학의 혁명은 플라톤의 시대 이후로 세상을 완전히 바꾸어놓았다. 그리고 지금은 학습혁명을 통해 다시 한번 큰 도약이 필요한 시점이다.

나는 이 책에 담긴 여정을 통해 우리 시대 교육의 가치를 다시 생각하며 교육 체계를 개편해야 할 필요성과 학습혁명을 불 지피는 데 최신 기술을 사용할 수 있음을 알게 되었다. 그러려면 우리를 과거에 묶어두는 낡은 사고를 재구성하고, 지금과는 다른 방식으로 상황을 들여다보고 이야기를 나누는 것부터 시작해야 한다. 학습혁명은 다음과 같이 선언하는 데에서 출발한다.

1. 평생 배운다

혁명은 배움에서 시작한다. 교육은 한때 인간의 총체적인 지식이 한 세대에서 다음 세대로 전수되는 식으로 이뤄졌다. 하지만 오늘날에는 지식의 성장 속도에 비해 학교의 발전 속도가 너무 느려서 보조를 맞출 수가 없다. 게다가 우리 같은 선참자들은 더 이상 전수할 만한 답을 가지고 있지도 않다. 최고의 기술 전문가이자 프랑스의 IT 교육 기관 에꼴 42의 교장 니콜라 사디락조차 자신은 이제 그의 학교 학생들이 컴퓨터로 하는 작업을 이해할 수 없게 됐다고 말했다. 지금은 아이들이 '알고 이해하도록' 가르치는 대신 '배우는 방법'을 가르쳐야 한다.

우리는 배우기 위해 태어난 존재다. 인간의 지성은 끊임없이 환경에 적응할 수 있으며, 그 힘이 우리가 알고 있는 것보다 훨씬 더 강력하다는 점에서 특별하다. 하지만 지금까지의 교육 모델은 선천적인 잠재력을 이끌어내기보다는 제한하고, 뇌를 정보 입력 후에야 작동하는 컴퓨터처럼 여기고, 학습을 입력과 출력 프로그램으로 축소해버리는 식으로 운영됐다. 인간의 지능은 고정된 것이 아니라, 살아 있으며 끊임없이 변화한다. 우리는 이 같은 진화의 유산을 평생 동안 행사하고, 인지력을 키우는 법을 배워야 한다.

이프라 칸과 리라 멜비시가 보여주었듯 그것은 자발적인 동기에서 출발해야 한다. 하지만 지금의 교육 체계는 오히려 그런 동기를 없애버리는 경우가 너무 많다. 모든 아이들에게는 선천적인 호기심이 있고, 저마다 고유한 개별성이 있다. 그러므로 핀란드에서 가장 유명한 선생님인 페카 퓨라가 말했듯이 표준된 시험을 통과하는 것이 학습의 목표라는 생각에서 벗어나야 한다. 그리고 앞으로는 궁금해하고, 상상하고, 스스로를 표현하고, 분석하고, 비평하고, 질문하고, 과학자들처럼 탐구하는 능력을 촉진함으로써 학습 그 자체를 즐기는 쪽으로 교육에 대한 접근 방식을 재구성해야 한다.

"어릴 때부터 평생 동안 해야 할 일 한 가지만을 훈련시키는 방식은 정답이 아니다"라고 안드레아스 슐라이허가 말했다. 미래 세대는 이전 세대와 달리 여러 가지 직업을 거치는 길고 불확실한 삶을 살게 될 것이다. 그러니 아이들이 자신감을 가지고 삶을 헤쳐 나갈 수 있게 하려면, 평생의 학습자가 될 능력을 길러줘야 한다. 아이들 스스로 선택 가능한 조건을 탐색하고, 삶의 목적을 찾고, 정해진 분야에서 전문성을 키우는 연습을 하고, 다른 사람과 팀을 이루어 작업하는 방법을 배울 수 있게 도와야 한다. 작가 조지 손더스가 "늘 열린 자세로, 너무 많이 열려서 아플 정도로"라고 충고했듯이 말이다.[5]

2. 비판적으로 사고한다

그렇다고 기본 지식까지 포기해야 한다는 뜻은 아니다. 셰익스피어의 문학, 뉴턴의 물리학, 유클리드의 기하학, 역사적인 사실 같은 것은 우리가 공유하는 문화의 기본이며, 인지적인 능력을 쌓고 인간 세상에 뿌리를 내리는 닻 역할을 한다. 그러나 우리가 이런 지식을 쌓는 목적은 '제퍼디쇼'나 '유니버시티 챌린지' 같은 퀴즈쇼에서 우승하기 위해서가 아니라, 사고의 기반을 다지기 위해서라는 점을 잊지 말아야 한다.

비판적으로 사고하는 능력은 그 어느 때보다도 중요해졌다. 자신의 목표를 이루기 위한 방향으로 우리를 교묘히 몰고가면서 정신을 장악하려고 애쓰는 개인이나 조직들이 비일비재하다. 유튜브나 인스타그램은 집중력을 분산시키고, 광고주들은 어떻게 하면 대중들의 행동에 영향을 끼칠 수 있을지를 연구한다. 한편, 잘못된 정보는 우리가 공유하는 문화를 무너뜨리기도 한다. 이 같은 상황에서 어떻게 해야 "배움이란, 생각하는 방법과 대상을 어느 정도나마 조절하는 법을 익히는 것"이라고 했던 데이비드 포스터 월리스의 말처럼 배울 수 있을까?

지름길은 없다. 킹 솔로몬 아카데미에서 이프라가 경험했던 지속적인 어려움은 배움의 과정에 꼭 필요한 요소다. 쉽게 느껴진다면 진짜 생각을 회피했기 때문일 것이다. 교실에서 아이들은 항상 과학자처럼 질문하고 의심해야 한다. 베니 타이가 말했던 것처럼 교사의 말에 의문을 갖고, 스스로의 믿음에 의문을 갖고, 친구들의 의견에 자유롭게 이의를 제기할 수 있도록 선생님이 아이들을 격려할 때 비판적인 사고 능력을 키울 수 있다.

하틀리 선생님은 갤리온스 초등학교에서 아동 철학을 가르치며, 어린 학습자들이 각자의 의견을 살피게 하고 공동체의 기준을 정하도록 격려했다. 공개 토론과 논쟁은 자기 안의 편견을 떨침과 동시에 다른 사람이 나를 마음대로 조종하지 못하게 막을 방법이다. 그런 점에서 인터넷에 떠도는 잘못된 사상이나 정보에 맞설 수단은 결국 학교일 수밖에 없다. 아이들이 거짓 정보에 속거나 정보의 홍수 속에서 길을 잃는 일이 없도록 비판하는 능력을 키워주어야 한다.

3. 창의성을 발휘한다

월워스 학교에서 나는 성적 제도와 품행 방침에만 치중한 나머지, 학생들의 상상력과 흥미를 자극하거나 창의적인 능력을 키우는 부분에 대해서는 크게 관심을 기울이지 않았다. 시험

성적을 잘 받는 데에만 눈이 멀어 '더 잘해야' 한다는 사실이나 규칙을 깨는 것의 중요성에는 미처 신경 쓰지 못했다. 하지만 이 여정을 통해 나는 아이들의 창의성을 길러주는 데 더 많이 신경 써야 한다는 것을 알았다.

그러려면 장인의 기술을 학습의 중심으로 되돌려놓아야 한다. 히덴키벤 종합학교, 스쿨 21, MIT 미디어랩에서 살펴봤듯이 그렇게 한다는 것은 아이들에게 자유롭게 놀 공간을 만들어주고, 실험하고 실패할 자유를 허용하고, 열정을 찾을 기회를 많이 주어야 한다는 의미다. 우리가 학교에 다니던 시절까지만 해도 어느 정도는 미술 작품 활동을 하고, 연극을 만들고, 과학 실험을 하고, 호기심을 탐구할 기회가 있었지만, 요즘 아이들은 그런 경험을 누리지 못하는 경우가 너무 많다.

하지만 아이들이 지닌 잠재력을 절대 포기해서는 안 된다. 창의적인 산업이 경제에서 가장 빠르게 성장하는 분야이기 때문만은 아니다. 전 세계적으로 인구는 증가하고, 자원은 갈수록 줄어가는 상황에서 과잉소비, 기후 변화, 환경 악화 같은 크나큰 과제들을 더 잘 해결해나가기 위해서는 전 인류의 관점에서 새롭게 생각할 수 있는 창의성이 필요하다.

창의성은 글쓰기, 미술, 음악, 연극, 수학, 과학, 코딩, 스포츠 등 그 어떤 매체를 통해서든 개발할 수 있다. 창의성은 이제 필수적인 능력이다. 창의성을 개발하는 과정에서 발달한 영역은 아이들이 삶의 목적을 찾고, 자기표현을 위한 수단으로써 평생 활용할 수 있다. 아이의 번뜩이는 창의력은 세상을 바꾸는 기폭제가 되거나 직업으로 이어질 수도 있고, 아니면 자신만의 의미나 기쁨을 찾는 수단이 될 수도 있다. 그 어느 쪽이든 괜찮다.

4. 품성을 개발한다

건강한 사회를 만든다는 것은 모든 아이들의 몸과 마음이 건강하게 발달할 수 있도록 신경 쓴다는 의미다. 하지만 오늘날의 아동 청소년은 정신 건강의 위기에 빠져 있다. 영국 여학생의 경우 14세가 될 즈음에는 네 명 중 한 명이 우울증을 겪는다.[6] 전 세계적으로 4억 5,000만 명이 일종의 정신 질환을 앓고 있다고 한다.[7] 교육은 대단히 인간적인 활동이다. 그러므로 지적이고 실질적인 발달과 함께 정신적인 발달도 진지하게 고려해야 한다. 우리가 행복을 우선으로 생각하지 않는다면, 아이들에게 어떤 메시지를 보내는 셈이 되겠는가? 우리가 선택한 사회의 유형에 관해 어떤 의미를 드러내겠는가?

아이들은 회복 탄력성을 키울 수 있다. 앤절라 더크워스의 연구와 KSA, KIPP의 사례는 아이들이 불리한 상황에서도 성공할 수 있는 능력을 키우고 그 성공을 평생 유지할 수 있음을 증명한다. 이런 접근 방식에는 엄한 사랑과 높은 기대치, 그리고 변명을 용납하지 않는 문화가 필요하다. 또한 신뢰, 공동체 구성원 사이에 형성된 다정한 관계도 필요하다. 다른 사람과 더 확실한 애착이 형성된 아이들은 살면서 겪게 될 어려움에 더 잘 대처할 수 있다.

공동체의 일원이라는 느낌은 아이의 행복과 정신 건강을 위해 꼭 필요하다. 더 건강한 사회를 만들기 위해서는 아이들이 자신의 정체성과 행동에 영향을 끼치는 외부의 영향력에서 자유로울 수 있게 도와줘야 한다. 아이들이 외모, 용기, 지능, 리더십, 유머 감각, 사랑 등에 대해 스스로 내면화한 기준 때문에 상처받는 일이 없도록 해야 하며, 감정을 잘 다룰 수 있게 도와줘야 한다. 학교는 위험 부담을 무릅쓰더라도 자기 의견을 제시하고, 새로운 것을 시도해보고, 타인과 자신을 사랑하는 법을 배울 수 있는 안전한 장소여야 한다.

마음 챙김 명상은 이 같은 품성을 개발하는 방법 중 하나다. 브레이크스루 마그넷 스쿨에서 나는 아이들의 심적 안정과 행복을 교육의 중심에 두었을 때 어떤 힘이 발휘되는지를 목격했다. 그곳 아이들은 생각하고 행동하는 법을 배웠을 뿐 아니라 느끼는 법도 배웠다. 마음 챙김 수업에서 교사와 학생들은 자신의 감정을 듣는 법을 배웠다. 그 학교는 심리학적으로 검증된 이 기법들을 활용해 학생들에게 행복하고 애정 어린 공동체를 만드는 법을 가르쳤다. 이런 방식은 모든 학교에서 도입해볼 만한 가치가 있다.

정신 건강과 평생의 행복을 학습혁명의 중심에 두어야 한다. 최고가 되기 위한 경쟁에 끼어들어야 하는 경우라도 아이들이 그 안에서 만족감을 찾고, 불필요한 경쟁 때문에 자긍심이 손상되는 일이 없도록 우리가 더 많이 노력해야 한다. KIPP 인피니티 스쿨의 제프 리 선생님은 자기가 학생들을 사랑한다는, 낯간지러울 수도 있는 말을 나와 학생들 앞에서 스스럼없이 꺼냈다. 이것이 어디서든 볼 수 있는 일반적인 태도가 된다면 좋겠다.

5. 일찍 시작한다

유치원, 초등학교, 중고등학교를 거치면서 나는 나이가 들수록 공부하는 내용이 분명히 그만큼 더 중요해진다고 생각했다. 하지만 그건 완전히 틀린 생각이었다. 1960년대에 미시간의 페리 초등학교에서 운영하는 프로그램의 모성 보건 간호사들은 하루에 겨우 한 시간 학교에 나와 있었으면서도 어린아이들의 목숨을 선생님들보다 더 많이 살렸다. 이런 통찰은 교육 체계에 분명히 반영되어야 한다.

과거에는 계층 의식이 있어서 4년제 대학 교수들이 전문대학 교수들보다 높고, 전문대학 교수들은 교사들보다 높다고 여겼다. 그리고 교사들 중에서는 대입 준비 과정인 식스폼 선생님이 가장 높고, 그 다음이 중등학교 선생님, 그 다음이 초등학교 선생님 순이었다. 그리고 그 밑으로 급식 조리사, 설비 관리자를 거쳐 이 모든 계층의 가장 아래쪽에는 보건실에 근무하는, 어머니 같은 보건 선생님이 있었다. 그런데 이처럼 일에 필요한 지식의 복잡성에 따라 역할의 순위를 정하는 사고방식은 바람직하지 않다. 이런 사고방식은 사라지거나 뒤집혀야 마땅하다.

펭그린 유아교육센터에서 나는 새로운 방식을 목격했다. 출산을 앞둔 어머니들은 산전 교실에 참석하고, 아이들이 태어난 이후에도 계속해서 센터에 들렀다. 이 아기들은 한 살이 되면 이곳 센터에 와서 하루 중 절반을 보내고, 교육을 많이 받은 직원들로부터 특별한 보호를 받을 수 있는 혜택을 누렸다. 펭그린에는 세계 최고의 부속 연구소가 있었다. 그런데 그곳 직원들은 전 세계 곳곳에서 모인 전문가들이 아니었다. 연구소는 자원봉사자와 직원들에게 학위를 받을 수 있는 기회를 제공했는데, 이렇게 석사와 박사과정을 이수한 사람들은 대부분 센터 근방에 있는 코비라는 도시에 사는 어머니들이었다. 코비는 영국에서 가장 빈곤하고 교육 수준이 낮은 도시 중 하나다.

가장 어린 학습자들의 평생 성공 가능성을 최대화할 수 있고, 특히 가장 빈곤한 지역의 엄마 아빠를 돕는 환경을 만드는 교육 시스템을 한번 상상해보라. 현재 우리는 이런 시스템을 만드는 데 아주 적은 지원과 관심을 기울이고 있다. 하지만 이런 식으로 유아기에 투입되는 돈은 그 아이의 평생에 걸쳐 가장 큰 기여를 할지도 모른다.

6. 협력을 강화한다

믿기 어렵겠지만, 오늘날 아동 청소년은 사회적으로 더 의식적이고, 이타적이고, 전 세대보다 더 건전한 생활을 한다. '내 세대'가 '우리 세대'로 바뀌고 있다. 하지만 우리는 아이가 다섯 살이 되는 순간부터(그리고 종종 그보다 더 어린 나이에) 최고를 향한 매정한 경쟁에 아이를 밀어넣고, 정해진 기준을 따라야 한다고 강요하고, 순위를 매기고, 분류하고, 선발한다. 이런 방식은 18세기 프러시아에서는 타당하게 받아들여졌다. 그리고 오늘날의 비즈니스 업계에서도 타당하게 받아들여진다. 하지만 상황은 달라졌다.

계층은 더 이상 일을 진행하는 최선의 방식이 되지 못한다. 세상은 너무 복잡해졌으며, 상황은 너무 빠르게 변하고 있다. 그러므로 우리는 아이들에게 팀워크와 공동체를 만드는 방법을 가르쳐야 한다. 이런 체계에서 개개의 구성원은 집단의 성공에 핵심적인 역할을 한다. 그래서 모든 개인의 잠재력을 최대화하고, 협력하는 법을 배우는 것이 지극히 중요해졌다. '누가 최고인가?'를 묻기보다는 '서로에게 무엇을 제공할 수 있을까?', '어떻게 해야 함께 가장 효과적으로 일할 수 있을까?'를 물어야 한다.

팀과 공동체를 중심으로 한 배움은 포괄적이고 민주적이다. 아이들을 서로 경쟁하는 데 던져놓지 말고, 각자의 속도에 맞춰서 공부하고, '모든' 아이들이 확실히 배울 수 있게 만들어야 한다. 페카 퓨라는 헬싱키 북부 교외의 마르틴락소에서 그렇게 했고, 토드 로즈는 『평균의 종말』에서 이런 발상을 지지했다. 이는 어려움을 겪고 있거나 교육적으로 특별한 도움이 필요한 사람에게 더 많은 자원을 할당한다는 의미다. 우리는 기쁜 마음으로 그렇게 할 수 있어야 한다.

물론 이러한 고려가 기대치를 낮추기 위한 변명이 되어서는 안 된다. 최고를 향한 경쟁은 학습 수준을 높이고, 높은 성과를 내는 새로운 모델을 만들었다. 우리는 교육 수준 격차를 더 벌리지 않고 줄여나가기 위해 그런 모델을 최대한 활용해야 한다. 더 공평한 사회는 더 건강하고 행복하며, 거의 모든 지표에서 더 나은 결과를 나타낸다.[8]

7. 가르치는 연습을 한다

프랑스 최고 명문대인 소르본 대학교의 이사인 조르지 아다는 최근 연설에서 꽤 놀라운 말을 했다. 흰 머리가 내려앉은, 물리학을 전공한 학자인 그는 젊은이들에 대해 열변을 토하며, "선생님들을 사랑하지 않는 사회는 아이들도 사랑하지 않습니다. 대체 어떤 사회가 아이들에게 관심이 없다고 말하겠습니까?"라고 결론지었다.

지금부터 50년이 지나면, 우리는 교사를 의사처럼 여기게 될 것이다. 미래의 교사들은 운동선수처럼 훈련하고, 과학자처럼 연구할 것이다. 그들은 모든 사람이 선망하는 교육의 대가가 될 것이다. 이미 세계 최고의 학교와 시스템에서는 이런 전망이 사실로 드러나고 있다. 핀란드와 싱가포르에서는 교사들이 자긍심이 높고, 주체적이며, 잘 교육된 전문가들로서 교육 분야의 대가로 통한다. 스쿨 21과 하이테크 고등학교, 서밋 샤스타, KSA에서는 실제로 그렇다.

하지만 많은 교사들이 혹사당하고 인정을 덜 받는 환경 때문에 이 직업에서 등을 돌리고 있다. 영국만 하더라도 자격을 갖춘 교사가 50만 명 가까이 교단을 떠났다. 세계적인 개발 목표를 달성하려면, 2030년까지 전 세계적으로 교사 6,900만 명이 새로 필요한데,[9] 그 수치는 현재 수준의 두 배다. 옥스퍼드 대학교의 경제학자인 오스본과 프레이 교수가 직업의 자동화와 미래 일자리에 관해 예측한 내용이 맞다면, 교직은 큰 가치를 창출하고 일의 가치를 높일 수 있는 분야 중 하나다.

월워스에서 나는 교직이 궁극적으로 장인의 기술이 될 수 있음을 보았다. 토오페 선생님과 자한스 선생님은 아이들이 생각할 수 있게 만들고, 내재적인 동기를 불러일으켰으며, 가능하다고 믿는 것보다 더 높은 곳으로 손을 뻗을 수 있도록 격려했다. 헬싱키의 페카 퓨라, 뉴욕의 에이디 카팔디, 그리고 내가 여정 중에 만났던 수많은 다른 선생님들도 마찬가지였다. 그런 능력은 마법이 아니었다. 그들은 인지 발달 과학, 공동체 형성 방식, 동기 심리학에 정통하고, 교과에 관한 깊은 지식을 갖추고 있었다. 누구라도 전문성을 기를 수 있다.

교사들에게서 최대치를 이끌어내려면 그들을 믿고, 잘 교육시키고, 자율권을 주고, 행정 업무에 대한 부담을 덜어주고, 책임을 맡겨야 한다. 뉴욕 릴레이 교육대학원 학장인 브렌트 매딘Brent Maddin은 미래에 교사들이 맡을 수 있는 여러 다른 역할을 상상했다. 그에 따르면 미래에는 과목별 전문 교사가 해당 분야의 최신 지식과 기술을 지속적으로 연구하면서 아이들을 가르칠 것이다. 또 학습 코치들은 아이들의 동기를 높이고 또래들과 효과적으로 작업하는 능력을 키워줄 것이다. 데이터 분석가들이 학습 격차를 더 효과적으로 줄여나갈 방법을 발견할 수도 있다. 교사들이 이 같은 큰 도전에 잘 대처해나가리라 믿는다.

8. 기술을 현명하게 사용한다

실리콘밸리에서 나는 학습을 완전히 뒤바꾸어놓을 기기를 볼 수 있지 않을까 기대했지만, 아직 로봇 교사는 오고 있지 않은 듯했다. 물론 과학 기술이 세상을 많은 부분을 바꾸어놓고 있지만, 컴퓨터로 할 수 있는 일상적이고, 반복적이고, 규칙을 따르는 유형의 과업은 우리가 교실에서 필요로 하는 것과는 정반대 활동이다. 학습은 앵그리버드 게임과는 다르다.

과학 기술은 그저 하나의 도구일 뿐이다. 기술을 인간적인 목적에 활용했을 때 교육 발전에 가장 잘 기여할 수 있다. 에꼴 42에서는 교사 없이 소프트웨어만으로 운영되는 학교의 사례를 확인했다. MIT의 미치 레스닉은 가르칠 필요가 없는 온라인 자율 학습 커뮤니티인 스크래치를 개발했다. 서밋 샤스타 공립학교 학생들은 혼자서 노트북 앞에 앉아 개별화된 학습 플랫폼으로 공부한다. 이런 혁신 사례로 효율성이 높아지고, 학생들은 각자에게 꼭 맞는 교육을 받고, 교사들은 시간을 절약할 수 있게 됐다. 이런 플랫폼은 앞으로 더 확산될 것이다.

커넥티드 컴퓨터들은 학교 없이 지역사회에서 학습이 가능하게 한다.

인도의 비정부기구인 프라탐Pratham은 인도 북부 우타르프라데시에 사는 300만 명 이상의 아이들에게 읽고 쓰는 능력을 키워주기 위해 태블릿을 기반으로 하는 방과 후 공부방을 개설했다. 그 결과 아이들의 영어 실력을 높이는 데 효과가 있음이 증명됐다. 브릿지 인터내셔널 아카데미는 약간의 논란이 있기는 하지만, 학생용 태블릿과 미리 설치된 교사(프로그램)를 이용해서 동아프리카와 인도에서 20만 명 이상을 교육하고 있다.

인간과 기계의 결합에 좋은 절차가 더해지면 성공할 수 있다. 따라서 아이들에게 현재 나와 있는 도구들을 이해하고 사용법을 습득하게 하는 것도 우리의 교육 목표에 반드시 포함되어야 한다. 그것은 태블릿으로 실험하고 휴대폰을 가지고 이리저리 써보며 활동해봐야 한다는 의미다. 모든 아이들이 읽고 쓰고 과학적으로 사고하는 법을 배우는 것과 마찬가지로 프로그래밍의 기본을 배워야 한다. 다만, 인간의 사고를 기계에 위탁해버리면 지나치게 단순화하는 결과에 이를 수 있다는 점은 조심해야 한다.

궁극적으로 미래 직업의 대부분은 기초적인 수준 이상의 읽기나 계산 능력을 인간에게 요구하지 않을 것이다. 그 대신 로봇이 실제로 인간의 일자리를 대체하게 된다면 그때는 정말로 인간적인 자질이 중요해질 테고, 서로의 영양학적, 지적, 영적, 육체적인 필요를 충족시키고 도와주는 일을 하게 될 것이다. 역설적이게도 기술이 발전하면 할수록 인간은 더욱 더 인간적이 되어야만 한다. 아이들을 그에 맞게 준비시키자.

9. 스스로 미래를 건설한다

마지막으로, 미래를 기다리지 말고 아이들이 미래를 창조하도록 이끌자. 로봇이 모든 일자리를 잠식할 준비를 하고 있는지도 모른다. 기술을 손에 넣은 슈퍼리치들이 모든 부를 거두어 가려고 할 수도 있다. 기후 변화가 되돌릴 수 없는 길을 걷고, 세계 인구가 통제 불가능한 수준으로 치솟을 가능성도 있다. 그런 와중에 가만히 앉아 누군가가 나서서 우리를 구해주기를 희망할 수도 있다. 그게 아니라면, 조슈아 웡이나 리라 멜비시, 다지아 코닉처럼 우리가 보고 싶은 미래를 상상하고 창조하기 위해 함께 나서는 법을 배울 수도 있다.

새로운 시대를 맞을 우리 아이들이 자신이 살아갈 미래를 창조할 수 있도록 가르쳐야 한다. 영국에서 가장 명망 있는 학교이자 영국 수상 열일곱 명이나 배출한 이튼 칼리지에서 나는 기후 변화 운동가인 한 생물학 선생님에 관한 이야기를 들었다. 그녀는 이 학교에서 아이들을 가르칠 기회를 얻기 위해 의식적으로 노력했다고 한다. 그녀가 그런 생각을 품게 된 이유는 간단했다. 지구를 보호하는 일에 가장 큰 영향력을 끼칠 수 있는 방법이었기 때문이다. 그녀의 교실을 거쳐갈 아이들은 미래의 수상, 판사, 신문 편집장, 기업가, 외교관들이다. 그녀의 지도하에 그 아이들은 기후 변화에 대처하기 위해 싸우는 활동가들이 될 것이다. 세상을 바꾸는 출발점은 바로 학교다.

우리 아이들은 예측할 수 없는 미래에 대비하지 않고, 직접 미래를 만들어갈 수 있다. 그러려면 무엇이 필요할까? 뭄바이에 있는 한 학교에서 내가 만난 학생 여섯 명은 슬럼가에서 자랐지만 현재 명문대학교 진학을 앞두고 있다. 이 아이들은 나중에 자기가 살던 지역으로 돌아가 학생을 가르치고 사업을 시작할 계획이다. 런던에 있는 스쿨 21은 학생들에게 남은 삶을 준비하는 것이 아니라, 바로 오늘 세상에 긍정적인 영향을 끼치라고 격려한다. '볼티모어의 교차로'라고 불리는 조직의 일원인 10대 아이들 10여 명은 꿈꿀 줄 아는 정치인을 뽑자는 캠페인을 진행하기도 했다.

아이들은 이 시대의 불확실성을 즐겁게 헤쳐나갈 수도 있다. 아이들이 적당한 지식과 기술, 태도를 갖출 수 있게 우리가 돕는다면, 아이들은 모든 사람을 위한 더 나은 미래를 만들 방법을 함께 모색해나갈 것이다. 배움은 자기 자신의 능력만을 개발하는 고독한 행동이 아닌, 사회를 발전시키기 위한 공동의 노력이어야 한다.

교육이 모든 문제를 해결할 묘책이라고는 해도 배움의 길을 평탄하게 만들 묘책은 없다. 나는 교육을 완전히 뒤바꾸어놓을 만한 기술이나 혁신을 찾아 온 세계를 뒤졌다. 그리고 그 여정의 끝에 내가 찾은 결론은 교육의 미래는 결국 우리 안에 있다는 사실이었다. 전 세계 교육의 발전을 위해 설립된 유엔 단체인 교육위원회 대변인 아멜 카불Amel Karboul은 "우리가 가진 가장 중요한 사회 기반은 교육된 정신이다"라고 말했다.[10] 그 사회 기반을 강화하는 것은 우리 사명의 수단이자 목적이다.

우리가 찾던 '시스템'은 저 멀리 있는 것이 아니다. 시스템은 사람들 사이의 관계로 이루어진, 바로 우리들이다. 모든 사람들에게는 시스템 안에서 각자의 역할이 있고, 좋은 쪽으로나 나쁜 쪽으로 그 기능에 영향을 끼칠 힘이 있다. 우리 모두에게 선천적으로 배우고 적응할 능력이 있다면, 오늘날의 모습이 앞으로도 똑같이 계속 유지되지는 않을 것이다. 우리는 아이들이 어떻게 자라기를 바라는지에 관한 공동의 의견을 모을 수 있고, 반드시 모아야 한다. 가족, 학교, 지역사회에서 의견을 조율하고 모을 수 있다면, 시스템이 향하는 목표와 그 목표를 성취하기 위한 방법을 바꾸어나갈 수 있다.

더 나아가 전 세계적인 사명까지 생각해볼 수도 있다. 그것은 우리가 이미 거인의 어깨 위에 올라 서 있기에 가능한 일이다. 정신병자처럼 느껴질 정도로 자기중심적이던 그 옛날의 과학자 뉴턴조차도 자기의 업적을 혼자서 이룬 것이 아님을 인정했다. 우리가 계속해서 진보하려면 함께 노력하고, 모두에게 지식을 공개하고, 세상의 문제를 해결할 집단 지능과 결속력이 있음을 믿어야 한다.

이런 복잡한 문제를 해결하기 위한 첫 단계는 태어나서 죽을 때까지 평생에 걸쳐서 다함께 배우고, 새롭게 생각하고, 더 잘하고, 더 관심 갖는 능력을 개발할 새로운 청사진을 그리는 일이다. 곧 우리 안에 배움을 향한 타고난 능력이 있음을 받아들이고, 일을 하는 도중에 언제라도 코딩이나 데이터 분석을 배우고, 유아 교육 교사가 되거나 심리치료사가 되기 위한 재교육을 받을 수 있어야 한다. 필요할 때는 미술이나 스포츠를 새로 배우고, 세상에서 자신이 어디에 서 있는지를 알고, 경쟁이 아니라 만족을 추구해야 한다. 경제학자들조차 '교육은 투자 수익률이 보장되는 활동'이라는 데 동의한다. 그러니 우리가 앞으로 나아가지 못할 이유가 어디에 있겠는가?

한 아이를 키우려면 마을 전체가 나서야 한다는 말이 있듯이 이 책을 만드는 데에는 온 세계가 도움의 손길을 보냈다. 교실에서, 학교에서, 집에서, 직장에서 나를 다정하게 맞아주고, 질문에 일일이 답변해주고, 흔쾌히 경험을 나눠주었던 세계 곳곳의 모든 학생과 교사, 그 밖에 내가 만난 모든 분들께 이 책을 헌정한다. 그 분들이 베푼 친절, 유용한 설명, 사려 깊은 의견에 깊이 감사드린다. 요즘 사람들은 세상이 험악하고 분열되었다며 많이 걱정하지만, 내가 경험한 세상은 그 반대였다. 나는 어디를 가든지 너그럽고, 친절하고, 밝게 맞아주는 사람들을 보고 마음속에 희망을 가득 품게 됐다. 이 책은 그런 모든 분들을 위한 것이다.

그중에서도 특히 문을 활짝 열어 환대하고, 이메일을 수없이 보내는데도 불평 한 번 없이 답장을 주고, 너그러운 마음으로 시간을 내서 이야기를 들려주었던 고마운 분들이 있다. KSA의 맥스 하이멘도르프와 이프라 칸, 스쿨 21의 한나 바넷과 올리 드 보통, 펭귄의 마지 웰리와 앤절라 프로저, 그리고 레베카 엘리엇, 키자니아의 제르 그라우스, P4C의 리사 네이어, 직접 만나 훌륭한 이야기를 들려준 수가타 미트라, 이르와즈 듀먼데일, 데이지 크리스토둘루, 그리고 나와 함께 밖에서 멋진 하루를 보냈던 제이콥, 소피아, 토르, 엘리너, 도미니크 하베스틴 프랭클린, 또 많은 사람들을 소개해준 사라 제인 블랙모어, 토비 그리니, 수전 더글러스, 미카엘라 학교를 견학시켜준 조 커비에게 감사드린다. 그리고 내게 여러 학교를 직접 소개해주고 생각을 정립할 수 있도록 도와준 이튼 컬리지의 조니 녹스에게 특별한 감사의 인사를 전한다.

미국에서는 싱귤래리티 대학교의 브렛 쉴케, 필립 슈미트, 미치 레스닉, 킴 스미스, MIT 미디어랩의 뎁 로이, 서밋 샤스타의 샘 스트래서, 하이테크 고등학교 차터 스쿨의 래리 로젠스톡, 멜로즈 초등학교의 켈리 윌리스와 매튜 니들먼, 로켓십 초등학교의 프레스턴 스미스에게 큰 신세를 졌다. KIPP 인피니티 초등학교의 피터 크론코타, 에이디 카팔디, 제프 리, 도미니크 메지아, 앨리슨 홀리, 제러드 그리피스와 그 나머지 팀원들은 모두 나를 가족처럼 대해주었고, 차터스 랩의 앤절라 더크워스, 도널드 카멘츠, 채드 스펄전, 션 탈라마스, 에밀리 아이젠브리는 소중한 시간을 내주고 의미 깊은 생각을 전해주었다. 또 릴레이 교육대학원의 브렌트 매딘과 제이미 베릴리, 노스 스타 아카데미의 아이들과 교사들, 하버드 대학교의 크리스티나 힌튼, 스탠퍼드 대학교의 B. J. 포그, LA에서 만날 사람들을 주선해주었던 나야 블룸과 드루 프레디, 템플 대학교 팀원인 유 첸, 잉 린, 젤라니 메드포드, 헤일리 위버, 루펜 루오, 브레나 하싱어-다스, 브리아나 맥밀런에게 도움을 받았다. 마지막으로 집에 초대해주었던 캐시 허시파섹에게 특별한 감사의 인사를 전한다.

영국 외 유럽의 여러 지역에서도 많은 좋은 사람들에게 신세를 졌다. 핀란드에서는 헌드레드HundrED의 애니 로타이아넨과 사쿠 투오미넨, 히덴키벤 종합학교의 멜비 쿰풀라인과 일포 키비부리, 마르틴락소의 페카 퓨라, 시트라 라데마키의 제나, 정부에서 일하는 올리 베스테리넨, 데모스의 알레스키 누보넨, 덧붙여 TET 4의 모든 팀원들과 미해킷에게 감사드린다. 네덜란드의 크리스토프 반 님베헨에게도 큰 감사의 인사를 전한다. 파리에서는 OECD의 안드레아 슐라이허, 니콜라 사디락, 패비네 하스, 에꼴 42의 리라 멜비시와 토머스 길로, CRI의 프란체스코 타데이에게 큰 도움을 받았다.

아시아에서도 많은 분들의 넓은 친절과 아량에 마찬가지로 큰 감명을 받았다. 아시아 소사이어티의 제시카 키헤이스와 밍쉬안 주, 그리고 내가 제대로 이해할 수 있게 도움을 준 밍쉬안 장과 용자오, 많은 사람들을 연결해 준 소피 첸에게 감사한다. 상하이에서 나는 특히 장밍셩, 스텔라 시, 수 이제, 수 진지에, 헤일링 히, 그리고 유카이 고등학교와 완항두루 초등학교 학생들에게 큰 신세를 졌다. 베이징 대학교 미래 대학의 오레스트 자에게도 특별한 감사의 인사를 드린다. 베이징에서 만난 파이탑Pi-Top팀의 제스 로자노와 라이언 던 우디에게도 감사한다. 홍콩에서는 가장 진정한 의미에서의 학습자들인 조슈아 웡과 베니 타이에게 한없는 감사의 인사를 전하고, UWC의 아넷 에드워즈와 아이샤 스피어스에게도 감사한다. 한국에서는 아쇼카재단과 미래교실네트워크에서 다른 어디에 견줄 바 없을 정도로 큰 환대와 친절로 방문 장소와 식사 자리를 마련해주었다. 미래교실네트워크의 이성빈, 김광호, 정유미, 정찬필, 아쇼카의 이혜영, 권보경, 노유진, 류진이, 그리고 알렉스 림, 백진우, 이선영, 송인수, 그리고 이주호 전 장관님께 감사드린다.

이 책에 언급하지 못한 많은 분들도 상당한 도움을 주었다. 비자 문제 때문에 결국 인도는 방문하지 못했지만, 그 과정에서 한없는 아량으로 이해심 있게 기다려준 파라다다 파라다디의 레누카 굽타, 프레탐의 루크미니 바넬지에게 감사한다. 뭄바이에서는 사만다 킹의 FSG팀, 가우리 커타네, 프리얌바다 티와리가 이 책에 소개하지는 못했지만 내가 현지의 영유아 교육센터에 방문해볼 수 있게 도와주었다. 싱가포르에서는 데이비드 형이 전문 지식을 친절하게 공유해주었고, 오드리 자르와 스베니아 버슨은 내게 사람들을 연결해주었고, UWC의 폴리 애크허스트와 야쇼카재단의 빌라나 드자토바도 많은 도움을 주었다.

이 모든 것이 시작됐던 지점으로 돌아가서 내 어린 시절의 선생님들 그리고 교육 현장에서 가장 중요한 일을 하고 있는 다른 모든 선생님들께 이 자리를 빌려 감사의 인사를 전한다. 그리고 월워스 아카데미 학생들과 직원들에게도 감사한다. 경험이 없어 많이 부족했던 나를 든든하게 도와주고 꼭 필요한 유머로 내게 힘을 주었던 영어과 교사들인 파예 쿠파쿠와나, 퍼트리샤 토와프, 마이크 히긴스, 데이비드 자한스에게 고맙다는 말을 전한다. 10X4와 10Y1의 학생들, 고등학교 토론팀 학생들에게도 내 일과 이 책에 영감을 준 데 대해 고맙게 생각한다. 또 브렛 위그도츠에게도 감사한다. 그가 없으면 티치 퍼스트Teach First는 없었을 것이다.

그리고 내 친구 줄리엣 쿡은 교육에 대한 내 접근 방식이 올바른 방향에 있다고 격려해주고, 이 책이 나온 것을 함께 기뻐해주었다. 티치 포 올의 동료들은 감사하게도 조직을 탄탄하게 이끌어주었다. 특히 펠리시아 쿠에트타, 카일 콘리, 루시 애쉬먼, 아이시 페인골드에게 감사한다. 스티븐 파는 여러 가지 유용한 생각으로 도움을 주고, 만나는 순간부터 절친한 친구가 되었고 내게 큰 도움을 준 네아 킨케이드를 소개해주었다. 나는 웬디 코프에게도 큰 빛을 졌다. 그녀가 없었다면 내가 교실에 서고, 글을 쓸 자유를 얻고, 세계의 저명한 사람들에게 인터뷰 요청을 하고 만나는 일이 불가능했을 것이다.

그 외에도 내가 생각과 의견을 확립하고 정리하는 데 큰 영향을 준 오라지오 카펠로, 제이콥 케스트너, 에드 베인커, 로랜드 밴트로프, 에드 프로니엘스, 아터 태비어에게도 내게 자극이 되는 유용한 이야기를 나누어준 데 대해 감사한다. 제목을 정하는 데 도움을 준 네스 화이트와 버티 트라우톤(2019년에는 이들이 정해준 '학교 운영과 규율, 규율, 규율'이라는 제목의 책이 나올 예정이다), 마케팅을 맡아 수고해준 엘리너 오키피, 존 고들에게도 감사한다. 내게 도움을 주는 엘리트 독자 그룹의 코델리아 젠킨스, 매트 로이드-로즈, 오라지오 카펠로, 아치 블랜드, 아몰 라잔, 잭 시먼스, 케이티 오마호니, 로지 보이콧에게도 한없는 감사의 인사를 전한다. 이들은 모두 내 글과 아이디어에 소중한 의견, 진심어린 충고, 정직한 평가를 전해주었다. 이들은 내게 더할 나위 없이 깊은 친절을 베풀었다. 이들의 의견 덕분에 글이 한결 훌륭해졌다. 그럼에도 있을지 모를 실수나 부족한 점은 모두 나의 불찰이다.

이 책은 아툴 가완디에게 영감을 받아서 쓰게 됐다. 3년 전에 그의 저서 『어떻게 죽을 것인가』에 관한 강연을 듣고, 나는 비 헤밍에게 교육 분야에서 그와 비슷한 책을 쓰고 싶다는 의사를 전했다. 1년 뒤에 내가 쓴 기획서를 읽고 나서 그녀는 W&N과 이 책의 계약을 체결했다. 나는 그녀가 내게 보여준 신뢰를 절대 잊지 못할 것이다. 그녀와 함께 일하는 팀원들, 앨런 샘슨, 홀리 할리, 케이트 데이비스, 엘리자베스 앨런에게도 위트와 인내, 늘 정확하게 필요한 도움을 준 데 대해 감사를 전한다. L&R의 훌륭한 팀원들인 펠리시티 로빈스타인, 사라 루티엔스, 줄리엣 마호니, 그리고 그 밖의 모든 사람들은 장황 없었던 초고에서 가능성을 찾아주고, 이 책을 만들어가는 동안 뒤에서 큰 도움을 주었다. 그분들께도 큰 감사의 인사를 전한다.

편집자 제니 로드는 책을 만드는 과정에서 비할 데 없는 능력을 아낌없이 보여주었다. 그녀는 나의 뛰어난 멘토로, 초고를 수없이 여러 번 고치는 동안 참을성 있게 꼼꼼히 검토하고, 꼭 필요한 문제를 제기하고, 필요할 때 격려해주었으며, 이 모든 과정을 거쳐서 내가 쓴 글이 그런대로 괜찮은 책으로 이 세상에 모습을 드러낼 수 있게 이끌어주었다. 그녀에게 감사하는 내 마음은 아무리 말로 하고 또 해도 다 표현할 수 없을 정도다. 그리고 지낸 몇 년 동안 내 친한 친구인 제인 피니건을 내 에이전트로 부를 수 있어서 얼마나 행복했는지 모른다. 이 책을 처음 기획할 때 지칠 줄 모르는 그녀의 열정과 도움이 없었더라면 내가 자신감을 낼 수도 없었을 테고, 이런 기회가 실현되는 과정을 목격하지도 못했을 것이다. 내게는 무엇과도 바꿀 수 없는 소중한 경험이었다.

덧붙여 가족과 친구들의 뒷받침이 없었다면 이 책을 마무리하기 힘들었을 것이다. 내가 이 책의 준비로 2년 동안 은둔했을 때에도 나를 버리지 않아주어서 고맙다. 특히 로지 보이콧과 찰리 하워드는 내게 힘을 주었고, 엘리스와 이포리타는 타고난 학습자들의 모습을 보여주었으며, 내 친형제인 잭, 로리, 맥스는 내가 얼굴도 비치지 못하고 멀리 떨어져 있는 동안에도 나를 늘 그리워하며 기다려주었다. 이 자리를 빌려 고맙다는 말을 전한다.

부모님 믹 비어드와 쇼나 비어드에게도 감사드린다. 아버지는 사랑하는 사람들을 위해서 열심히 일하고, 그 와중에 다른 사람들을 위해서도 소중한 시간을 내는 삶이 무엇인지를 몸소 보여준 내 인생의 롤모델이다. 내가 썼던 초고를 읽고 아버지가 말씀해주신 의견은 이 책을 만드는 데 큰 힘이 됐다. 어머니는 나의 첫 선생님이며 지금까지도 아주 소중한 선생님이다. 내게 이 세상의 일원으로 살아간다는 것이 무엇인지를 알려주셨으며, 책을 사랑하는 마음, 책을 쓰는 오랜 기간 동안 늘 앞으로 나아가고 행복하게 지낼 수 있는 마음을 심어주신 분이다. 어머니는 실제 직업이 선생님이며, 내가 교사가 됐던 것도 어머니 덕분이다.

마지막으로 내가 한없는 빚을 진, 데이지에게 큰 감사의 인사를 전한다. 그녀의 통찰 덕분에 올바른 방향으로 생각을 이끌어갈 수 있었고, 글을 읽고 편집해준 덕분에 책이 한결 보기 좋아졌다. 그리고 그녀는 내게 필요한 모든 행복의 길을 열어주었다. 내게 영감을 주고, 글을 쓸 수 있는 자유를 주고, 끝까지 완수할 수 있도록 뒷받침해준, 이 모든 것에 깊이 감사한다.

2018년, 모든 이에게 감사를 전하며

알렉스 비어드

배움의 미래는
바로 여기, 우리 안에 있습니다

번역 원고를 넘긴 지 얼마 지나지 않았을 때 뉴스를 검색하다가 눈이 번쩍 뜨이는 기사를 발견했습니다. '중국의 최고 부자인 알리바바 회장 마윈이 회장직을 내려놓고 교사로 돌아가겠다는 뜻을 밝혔다'는 소식이었습니다. 왠지 모르게 가슴이 울컥했습니다. '아, 그저 욕심 많은 사업가라고 생각했는데, 뭔가를 아는 사람이었구나.'

마윈은 변변치 않은 집안에서 태어나 삼수 끝에 사범대학에 진학할 정도로 평범한 삶을 살았지만, 알리바바를 창업해서 중국 3대 IT기업으로 키워낸 인물입니다. 50대 중반의 나이로 은퇴를 선언하면서, "나는 기술이 세상을 바꾼다고 생각하지 않는다. 세상을 바꾸는 것은 기술 뒤에 있는 꿈이다. …… 뜨겁게 사랑하는 일을 하게 된 것은 무엇과도 비교할 수 없는 흥분감과 행복감을 준다"라고 말하는 그에게서 보이지 않는 힘이 느껴졌습니다.

주위를 돌아보면 그와 같이 교육의 본질적인 가치와 중요성을 생각만 하는 것이 아니라, 몸소 행동에 나서서 많은 이에게 좋은 영향력을 끼치는 사람들이 종종 눈에 띕니다. 이 책의 저자인 알렉스 비어드 역시 그중 한 사람이 아닐까 싶습니다. 그는 영국 중등학교에서 영어 교사로 근무했고, 이후에는 '티치 포 올'이라는 비영리 글로벌 교육 네트워크에 합류해 모든 학생들에게 동등한 교육 기회를 제공하고 학생들의 잠재력을 최대화하는 교육 연구에 힘쓰고 있습니다. 아마 그가 묵직하면서도 현실적인 질문을 던지며 세계 곳곳의 혁신적인 교육 현장을 누빌 수 있었던 것도 그런 개인적인 경험과 연구 활동이 바탕이 되었던 것이 아닐까 싶습니다.

저자는 이 시대를 살아가는 우리들이 추구해야 할 학습혁명의 방향을 세 가지 큰 틀에서 제시합니다. 그 첫 번째는 새롭게 생각하기로, 우리가 스스로 인식하는 것보다 훨씬 대단한 학습 능력을 갖춘 '타고난 학습자'라는 사실을 깨달아야 한다는 것입니다. 첨단 기술과 인공지능이 엄청난 속도로 발전하고 있지만, 인간에게는 분명 기계와는 구별되는 독특한 학습 능력과 창조력이 있습니다. 두 번째는 '더 잘하기'인데, 이는 '과연 어떻게 해야 타고난 학습 능력을 최대화할 수 있을까?'라는 질문에서 시작됩니다. 답을 구하기 위해 저자는 저마다의 교육 방식을 실천하고 있는 세계의 교육 현장으로 독자들을 안내합니다. 탄탄한 커리큘럼과 강도 높은 학습으로 학생들의 기본 학습 능력을 키우는 데 전념하는 학교에서 컴퓨터와 첨단 기술을 활용한 교실 수업, 창의성을 중시하는 핀란드의 교육 철학, 학생들이 주도하는 개별화 학습까지, 다양한 가능성을 살펴보면서 어떻게 하면 더 잘 가르치고 더 잘 배울 수 있을지를 생각해보게 합니다. 마지막 세 번째는 '더 깊이 관심 갖기'로, 결국 교육의 목표는 함께 어울려 사는 사회의 일원을 키우는 것이 되어야 한다는 데 초점을 맞춥니다. 무엇보다 21세기 교육은 경쟁보다는 윤리적·인간적인 측면을 고려하고, 공동의 가치를 추구하는 교육이 되어야 한다는 것입니다.

이렇게 보면 다들 이미 잘 아는 이야기가 아닌가 싶을지 모르지만, 이 책에는 읽을수록 빠져드는 묘한 매력이 있습니다. 저자가 풀어놓는 이야기보따리가 워낙 방대하다 보니, 들어본 적 없는 접근 방식, 남다른 교육철학, 참신한 수업 현장, 부러운 마음이 저절로 생기는 진솔한 교육 방식을 곳곳에서 만나게 됩니다. 독자 여러분 중에는 저처럼 인터넷으로 구글 지도를 열어놓고 저자가 묘사한 싱귤래리티 대학 캠퍼스가 실제로 어떤 모습인지, 영국 KSA 학교는 어디에 있는지, 로켓십 학교 학생들이 모여 공부하는 러닝랩은 과연 어떤 느낌일지 찾아보는 분이 있을지도 모르겠습니다.

또 학생들이 직접 드론을 제작하고, 제작한 드론을 띄워서 삼림이 훼손된 지역에 나무 씨앗을 뿌리고, 모든 과정을 촬영해 다큐멘터리 영화로 제작하는 캘리포니아의 하이테크 고등학교, 초등학교 때부터 마음 챙김 명상법을 가르치는 코네티컷의 마그넷 스쿨, 세계적인 명문 학교 이튼스쿨의 교육 철학, 교사가 전혀 없이 시스템으로만 운영되는 코딩학교 에꼴 42를 비롯한 흥미로운 교육 현장의 이야기를 듣고서는 '아, 이런 건 정말 좋다'는 생각을 해볼지도 모르겠습니다(개인적으로는 에꼴 42의 사례가 상당히 흥미로웠는데, 에꼴 42를 벤치마킹한 '이노베이션 아카데미'라는 학교가 한국에 생길 예정이라는 아주 반가운 소식이 최근 언론을 통해 전해지기도 했습니다). 이 책은 그밖에도 공동체 관계, 열정과 투지, 사회적 책임감, 공동체의 역할, 교사들의 전문화 등 평소에 고민해왔던 근본적인 문제들을 색다른 시선에서 생각해볼 계기를 제공합니다.

그런가 하면 우리나라의 교육 사례가 상당히 비중 있게 다루어진 점도 책 읽는 재미를 더합니다. 저자는 송도국제도시와 파주영어마을 등을 직접 방문하고 학생들과 이야기를 나누면서 한국의 교육열과 입시제도를 객관적으로 관찰하고 설명합니다. 애국심이 발동해서인지 우리 교육계의 열정과 최근의 변화 같은 긍정적인 측면이 조금 더 부각되지 못한 것이 살짝 아쉽 기도 했지만, 외국인인 저자의 시선에서 우리 교육제도를 들여다보며 냉철 한 분석과 비판을 나누는 것은 아주 의미 있고 색다른 경험이었습니다.

저자는 책의 말미에서 빈곤을 없앨 방법도, 성 평등을 이룰 방법도, 인구 폭발을 막을 해법도, 로봇에 의한 일자리 대체에 대비할 방법도, 전쟁 난민 문제와 기후 변화의 위기에 대처할 방법도 모두 교육에 답이 있다고 힘주어 말합니다. 이 시대의 화두인 4차 산업혁명을 논하는 자리에 교육 문제가 늘 빠지지 않는 것을 보면, 저자의 이런 견해는 많은 이들의 생각을 대변하는 것임이 분명해 보입니다.

이렇듯 모두가 공유하는 교육의 중요성을 바탕으로 우리에게 필요한 학 습혁명의 기본 요건을 아홉 가지로 정리하는 것으로 책은 마무리됩니다. 평 생 배우고, 비판적으로 사고하고, 창의성을 발휘하고, 품성을 개발하고, 조 기 교육의 중요성에 주목하고, 협력을 도모하고, 교사의 전문성을 키우고, 첨단 기술을 현명하게 활용하고, 창조적인 자세로 미래를 만들어가야 한다 는 설명에는 저도 모르게 고개가 끄덕여졌습니다.

그리고 개인적으로 특히 인상 깊었던 메시지가 두 가지 더 있는데, 하나 는 '학교의 가장 중요한 역할은 학생들에게 안전하게 실패할 기회를 제공 하는 것이다'라는 것이고, 다른 하나는 '교육의 미래는 우리 안에 있다. 모 든 주체가 적극적으로 나서서 공동의 의견을 모아야 한다'라는 메시지였습 니다. 올해 큰아이를 대안학교에 진학시키면서 학교의 가치에 대해 깊이 고 민했기 때문인지, '학교가 아니면 아이들이 안전하게 실패해볼 기회가 없다'는 저자의 설명이 무엇보다 가슴 깊이 와 닿았습니다. 최근 첨단 기술이 교육에 속속 도입되면서 앞으로 학교 교육도 빠른 속도로 변화하겠지만, 이런 기본적인 가치는 변함없이 간직될 것입니다.

'어떤 교육이 좋은 교육인가?'라는 질문에 한마디로 답을 제시하기는 쉽지 않습니다. 그러나 사람들마다 좋은 생각이나 희망적인 해법을 한두 가지씩은 가슴에 품고 있으리라 생각합니다. 이 책에서 소개하는 여러 사례와 접근 방식을 접하면서 사람들 마음에 담긴 생각과 해법이 한층 다양하고 깊어지기를, 그리고 그런 마음으로 뜻을 모아 최선의 가치를 결정하고 실천해 나갈 수 있기를 기대해봅니다.

2019년 9월

신동숙

제 생각의 기초를 형성하고, 여러 가지 방향으로 영향을 미친 책들을 소개합니다.

*번역 출간된 도서는 한국어판 제목으로 표기

마음에 대하여

V. S. 라마찬드란·샌드라 블레이크슬리,『라마찬드란 박사의 두뇌 실험실Phantoms in the Brain』, 1998

마이클 토마셀로,『인간 인지의 문화적 기원The Cultural Origins of Human Cognition』, 1999

사라-제인 블랙모어·유타 프리스,『학습하는 뇌The Learning Brain』, 2005

대니얼 카너먼,『생각에 관한 생각Thinking, Fast and Slow』, 2011

V. S. 라마찬드란,『명령하는 뇌, 착각하는 뇌The Tell-Tale Brain: Unlocking the Mystery of Human Nature』, 2011

스티븐 핑커,『언어, 인지 및 인간 본성Language, Cognition and Human Nature』, 2013

미치오 카쿠,『마음의 미래The Future of the Mind』, 2014

대니얼 데닛,『박테리아에서 바흐까지 그리고 다시 박테리아로From Bacteria to Bach and Back』, 2017

스티븐 슬로만·필립 페른백,『지식의 착각The Knowledge Illusion』, 2017

미래에 대하여

레이 커즈와일, 『특이점이 온다The Singularity is Near』, 2005

에릭 브린욜프슨·앤드루 맥아피, 『제2의 기계 시대The Second Machine Age』, 2014

유발 하라리, 『사피엔스Sapiens』, 2014

겐타로 도야마, 『기술 중독 사회Geek Heresy』, 2015

조지 자카르다키스, 『우리 자신의 이미지In Our Own Image』, 2015

유발 하라리, 『호모 데우스Homo Deus』, 2017

티모시 모튼, 『인류: 비인간적인 사람들과의 연대Humankind』, 2017

배움에 대하여

마리아 몬테소리, 『아이의 발견The Discovery of the Child』, 1909

장 피아제, 『아동의 언어와 생각The Language and Thought of the Child』, 1923

리처드 호가트, 『교양의 효용The Uses of Literacy』, 1957

L. S. 비고츠키, 『마인드 인 소사이어티Mind in Society』, 1978

켄 로빈슨, 『내 안의 창의력을 깨우는 일곱 가지 법칙Out of Our Minds』, 2001

가이 클랙스턴, 『학교가 무슨 의미가 있는가?What's the Point of School?』, 2008

대니얼 T. 윌링햄, 『왜 학생들은 학교를 좋아하지 않을까?Why Don't Students Like School?』, 2009

데이지 크리스토둘루, 『아무도 의심하지 않는 일곱 가지 교육 미신Seven Myths about Education』,
　　2013

케시 허시파섹·로베르타 골린코프, 『최고의 교육Becoming Brilliant』, 2016

다름에 대하여

앤드루 솔로몬, 『부모와 다른 아이들Far From the Tree』, 2012

스티브 실버만, 『뉴로트라이브Neurotribes』, 2015

토드 로즈, 『평균의 종말The End of Average』, 2016

행동에 관하여

미하이 칙센트미하이, 『몰입Flow』, 1990

리처드 세넷, 『장인The Craftsman』, 2008

맬컴 글래드웰, 『아웃라이어Outliers』, 2008

폴 터프, 『아이는 어떻게 성공하는가How Children Succeed』, 2012

애덤 그랜트, 『오리지널스Originals』, 2016

앤절라 더크워스, 『그릿Grit』, 2016

국제적 사례에 대하여

파시 살베리, 『핀란드 교육 2.0Finnish Lessons 2.0』, 2004

제이 매튜, 『워크 하드 비 나이스Work Hard, Be Nice』, 2009

펜턴 휠런, 『교훈Lessons Learned』, 2009

랜트 프릿쳇, 『교육의 재탄생The Rebirth of Education』, 2013

아만다 리플리, 『무엇이 이 나라 학생들을 똑똑하게 만드는가The Smartest Kids in the World』, 2013

그레이엄 브라운 마틴, 『재창조된 학습Learning Reimagined』, 2014

용자오, 『누가 크고 못된 용을 두려워하는가?Who's Afraid of the Big Bad Dragon』, 2015

루시 크레한, 『클래버랜드Cleverlands』, 2016

페르난도 라이머스, 『글로벌 시민의 역량강화Empowering Global Citizens』, 2016

레노라 추, 『작은 군인들Little Soldiers』, 2017

곽테옹, 『싱가포르에서 배우기Learning from Singapore』, 2017

기술에 대하여

에드워드 버네이스, 『프로파간다Propaganda』, 1928

앤디 클락, 『내추럴-본 사이보그Natural Born Cyborgs』, 2004

니콜라스 카, 『생각하지 않는 사람들The Shallows』, 2010

베르나르 스티글러, 『청소년과 그들 세대를 돌보다Taking Care of the Youth and the Generations』, 2010

빅토르 마이어 쇤버거·케네스 쿠키어, 『빅 데이터가 만드는 세상Big Data』, 2013

나타샤 다우셜, 『디자인에 의한 중독Addiction by Design』, 2014

팀 우, 『주목하지 않을 권리The Attention Merchants』, 2016

평등과 민주주의에 대하여

사울 알린스키, 『급진주의자를 위한 규칙Rules for Radicals』, 1971

아툴 가완디, 『어떻게 일할 것인가Better』, 2007

조지 손더스, 『우둔한 메가폰The Braindead Megaphone』, 2007

리처드 윌킨스·케이트 피킷, 『평등이 답이다The Spirit Level』, 2009

아툴 가완디, 『어떻게 죽을 것인가Being Mortal』, 2014

로버트 D. 퍼트넘, 『우리 아이들Our Kids』, 2015

로라 베이츠, 『걸 업Girl Up』, 2016

린제이 핸리, 『존경할 만한Respectable』, 2017

다이앤 레이, 『잘못된 교육Miseducation』, 2017

제명

1 이 글은 귀스타브 플로베르의 전집에서 발췌했으며 원문은 다음과 같다. "La vie doit être une éducation incessante; il faut tout apprendre, depuis parler jusqu'à mourir." 혹시라도 내가 번역한 것에 오류가 있다면, 나를 가르쳤던 프랑스어 선생님에게도 부분적으로는 책임이 있다.

프롤로그

1 Pausanias, *Description of Greece.*
2 『국가』에서 '동굴의 비유'는 플라톤의 형이자 멘토인 글라우콘과 소크라테스의 토론 형식으로 등장한다. 이 비유는 소크라테스가 "교육의 효과와 우리 본성적인 모습에서의 교육의 부족"을 설명하려는 의도에서 제시했다.
3 토니 블래어는 1997년 이 지역에 방문해서 에일즈베리 주민들을 '잊힌 사람들'이라고 불렀는데, 그러고 나서는 그 스스로도 곧바로 그들을 잊어버렸다.
4 *The Mirror of Literature, Amusement, and Instruction, Volume 5*, John Timbs, 1825, p. 75. 커티스 경은 건배하면서 인사를 건네는 자리에서 이 말을 했다고 전해진다.

5 전 세계 교사 수와 관련한 통계가 나와 있는 단일 자료는 없다. 영국에서는 현재 대략 성인 100명 중 1명이 가르치고 있다. 전 세계적으로 통계낸 비율은 그보다 낮을 가능성이 높기 때문에 내가 예측한 수치가 약간 높은 것일지도 모른다. 그러나 유네스코는 앞으로 20년 내에 태어날 아동의 수를 고려할 때, 그들 모두에게 양질의 교육을 제공하려면 2040년까지 전 세계적으로 6,500만 명의 교사가 더 필요할 것으로 전망했다.

6 "UNESCO Institute for Statistics, "*More Than Half of Children and Adolescents Are Not Learning Worldwide*", Fact Sheet No. 46, September 2017. http://uis.unesco.org/sites/default/files/documents/fs46-more-than-half-children-not-learning-en-2017.pdf

---

제1부 | 새롭게 생각하기

제1장 인공지능: 인간과 기계의 하이브리드 시대

1 Singularity University website, 'About'. https://su.org/about/

2 Ray Kurzweil, *The Singularity is Near: When Humans Transcend Biology*, New York: Penguin Books, 2006, p. 9.

3 Carl Benedikt Frey, Michael A. Osborne, "The Future of Employment: How Susceptible are Jobs to Computerisation?", September 2013, Oxford Martin Report. www.oxfordmartin.ox.ac.uk/downloads/academic/The_Future_of_Employment.pdf

4 Thomas Edison, 1922, cited in Larry Cuban's *Teachers and Machines: The Classroom Use of Technology Since 1920*, New York: Teachers College Press, 1986, p. 9.

5 린든 존슨 대통령은 1966년 10월 연설에서 교육 텔레비전 프로젝트가 미국령 사모아에 사는 아이들의 학습 촉진에 도움이 되었던 데 대해 이렇게 언급했다. "교육은 지금 우리가 사는 이 세기에 우리 앞에 있는 모든 것을 이끄는 기조력起潮力입니다.

저는 여러분이 시작한 교육 시범 프로그램이 태평양 제도와 동남아시아 일대에서
나타난 학습의 발전에 크게 기여했을지 모른다는 이야기를 전해 들었습니다."

6   Hubert Dreyfus, *What Computers Can't Do*, New York: Harper & Row,
     1963, p.XXXI. https://archive.org/stream/whatcomputerscan017504mbp/
     whatcomputerscan017504mbp_djvu.txt

7   두 번째 대결에서 딥 블루는 놀라운 수를 두었다. 경기 규칙을 위반하는 이 수에 대
     해 카스파로프는 딥 블루가 인간의 도움을 받지 않았을까 의심했다. IBM은 처음에
     기계의 로그 데이터 공개를 거부하면서 의심을 더욱 키웠다. 그와 관련해 확실히
     밝혀진 바는 없지만, 그러한 의심은 가장 강력한 성능을 갖춘 컴퓨터라도 그것을
     설계하고, 프로그램하고, 조언하는 인간 엔지니어들의 영향을 받는다는 점에 다시
     금 주목하는 계기가 됐다.

8   인간 대 컴퓨터 체스 프로그램의 대결과 인공지능의 전반적인 역사에 관한 자세한
     설명은 에릭 브린욜프슨과 앤드루 맥아피의 『기계와의 경쟁』 참조.

9   Gary Kasparov, "The Chess Master and the Computer", *New York Review of
     Books*, 11 February 2010. http://www.nybooks.com/articles/2010/02/11/the-
     chess-master-and-the-computer/

10   Ken Jennings, "My Puny Human Brain", *Slate*, February 2011. http://www.
     slate.com/articles/arts/culturebox/2011/02/my_puny_human_brain.html

11   Dr. Seuss, *The Lorax*, New York: Random House, 1971.

12   이 말은 미국 기업가 헨리 포드가 했던 말로 흔히 알려져 있으며 교실에 걸린 포스
     터에서 특히 자주 눈에 띄는데, 사실 그가 이 말을 했다는 정확한 증거는 없다. 인용
     문 관련 정보를 다루는 인터넷 사이트 quoteinvestigator.com에 따르면, 이 인용문
     이 가장 처음 등장한 것은 1947년 잡지 《리더스 다이제스트》로, 다른 글과 관련 없
     는 별도의 문구 형태로, "여러분이 할 수 있다고 생각하든 할 수 없다고 생각하든,
     여러분의 생각이 옳습니다"라고 적혀 있었다.

13   Gary Kasparov, 앞의 글.

14   Sugata Mitra, "Let's Build a School in the Cloud", TED talk, 3 May 2013.

15   위의 글.

16 *Los Angeles Times*, at e.g. http://www.latimes.com/local/lanow/la-me-ln-la-unified-ipad-settlement-20150925-story.html 당시 교육감은 "부적절한 일 같은 것은 전혀 없었다"고 주장했으며, 피어슨은 입찰 과정은 별개였으며 모든 사람에게 공개되는 경쟁적인 절차였다고 진술했다는 점을 밝혀둔다.

17 "Let Them Eat Tablets." http://www.economist.com/node/21556940

18 Organization for Economic Cooperation and Development, "Students, Computers and Learning", Paris, 2015.

19 Jane Wakefi eld, "Foxconn replaces 60,000 factory workers with robots", BBC website, 25 May 2016.

20 Gary Kasparov, http://www.nybooks.com/articles/2010/02/11/the-chess-master-and-the-computer/

21 John Lanchester, "The Robots are Coming and They're Going to Eat All the Jobs", *London Review of Books*, vol. 37, no. 5, pp. 3~8.

22 에릭 브린욜프슨과 앤드루 맥아피의 『기계와의 경쟁』 도입부는 기계화의 역설과 관련한 유용한 내용을 다룬다.

23 Philip K. Dick, "Minority Report", *Minority Report*, London: Gollancz, 2002.

24 Andrew Griffiths, "How Paro the robot seal is being used to help UK dementia patients", *Guardian*, 8 July 2014.

25 언스쿨링은 홈스쿨링의 21세기 버전으로, 특히 '남들보다 특출한' 실리콘밸리 사람들을 중심으로 전 세계적으로 갈수록 확산되고 있다.

26 알트스쿨에 관한 더 자세한 정보는 다음 문헌 참조. "Inside the School Silicon Valley Thinks Will Save Education", *Wired*, 4 May 2015, "AltSchool's Disrupted Education", *New Yorker*, 7 March 2016.

27 Robert D. Putnam, *Our Kids: The American Dream in Crisis*, New York: Simon & Schuster, 2015.

제2장 타고난 학습자: 인간의 배움에는 상호작용이 필요하다

1   Jonathon Roy, "The Power of Babble", *Wired*, 1 April 2007. https://www.wired.com/2007/04/truman/

2   위의 글.

3   위의 글.

4   From Deb Roy, et al. "The Human Speechome Project", presented at the 28th Annual Conference of the Cognitive Science Society, July 2006. https://www.media.mit.edu/cogac/publications/cogsci06.pdf

5   Betty Hart and Todd R. Risley, "The Early Catastrophe: The 30 Million Word Gap", *American Educator*, 2003;27(1);4~9. https://www.aft.org/sites/default/files/periodicals/TheEarlyCatastrophe.pdf

6   위의 글.

7   Anne Fernald, Virginia A. Marchman and Adriana Weisle, "SES differences in language processing skill and vocabulary are evident at 18 months", *Dev Sci*, 16: 234~248, 2013.

8   Roberta Michnick Golinkoff and Kathy Hirsh-Pasek, *Becoming Brilliant: What Science Tells Us About Raising Successful Children*, American Psychological Association, 2016, p. 8.

9   J. R. Saffran, R. N. Aslin and E. L. Newport, "Statistical Learning by 8 Month Old Infants", *Science*, vol. 274, no. 5294, 1996, pp. 1926~1928.

10 Alison Gopnik, Andrew N. Meltzoff and Patricia K. Kuhl, *The Scientist in the Crib: Minds, Brains, and How Children Learn*, New York: William Morrow & Co., 1999. Published in the UK as *How Babies Think: The Science of Childhood*, London: Weidenfeld & Nicolson, 1999.

11 Eino Partanen, Teija Kujalaa, Risto Naatanen, et al. "Learning-induced neural plasticity of speech processing before birth", *PNAS* 2013:110(37);15145~15150.

12 Michael Tomasello, *The Cultural Origins of Human Cognition*, London: Harvard University Press, 2003, pp. 1~12.

13 유발 하라리의 『사피엔스』는 인류 인지 혁명의 역사를 대단히 흥미롭게 풀어낸 책
    이다.

14 Michael Tomasello, 앞의 책, p. 7.

15 Michael Tomasello, 앞의 책, pp. 13~55.

16 Coronado, N.(2013, November 19). 언어 습득의 결정적 시기에 관한 이 가설은 일
    정 시기 동안 언어에 노출되지 않았던 야생 아동을 대상으로 연구한 것이다. 자세
    한 내용은 다음 인터넷 사이트를 참고했다. http://www.newsactivist. com/en/
    articles/knowledge-media/ critical-period-hypothesis-languageacquisition-
    studied-through-feral

17 Harry F. Harlow, "The nature of love", *American Psychologist*, 13, 1958, pp.
    673~685.

18 다음 도서 참조. *John Bowlby, Attachment and Loss: Vol. 1. Loss*. New York:
    Basic Books, 1969.

19 레슬리 셀처Leslie Seltzer가 이끄는 위스콘신 대학교 매디슨 아동 감정 연구실University
    of Wisconsin-Madison's Child Emotion Lab의 연구 결과. reported by Katherine Harmon,
    Scientific American, May 2010.

20 Sue Gerhardt, *Why Love Matters: How Affection Shapes a Baby's Brain*,
    London: Taylor & Francis, 2nd edition, 2015.

21 Ian C G Weaver, Nadia Cervoni, Michael J. Meaney, et al., "epigenetic
    programming by maternal behavior", *Nature Neuroscience* 7, 2004, pp.
    847~854. 이 연구에 따르면, 메틸화methylation는 환경 자극(엄마 쥐가 핥아주는 것)에
    새끼 쥐의 뇌에서 단백질이 분비되는 과정을 뜻한다. 이 과정으로 새끼 쥐의 DNA
    에는 어느 정도의 고정적인 변화가 나타나며 이 변화는 후손으로 전해진다.

22 대니얼 J. 시겔Daniel J. Siegel , 『마음을 여는 기술mindsight』.

23 〈세븐 업〉과 〈차일드 오브 아워 타임〉은 아이들로 구성된 집단의 삶을 수십 년 동
    안 추적해서 연구한 영국의 TV 다큐멘터리 프로그램이다.

24 Lawrence J. Schweinhart, *The High/Scope Perry Preschool Study Through
    Age 40: Summary, Conclusions, and Frequently Asked Questions*, High/

Scope Press, 2004.

25 http:// bostonreview.net/forum/promotingsocial- mobility-james-heckman 헤크먼 곡선에 관한 더 자세한 설명은 다음 웹사이트 참조. https://heckmanequation.org/resource/the-heckman-curve/

26 Patricia K. Kuhl, Feng-Ming Tsao, and Huei-Mei Liu, "Foreign-language experience in infancy: Effects of shortterm exposure and social interaction on phonetic learning", *PNAS* 2003:100(15):9096~9101.

27 Maia Szalavitz, "Like Crack for Babies: Kids Love Baby Einstein, But They Don't Learn from It", *Time*, 7 September 2010.

28 위의 글.

29 더 자세한 정보는 다음 도서를 참조. Erica Christakis, *The Importance of Being Little: What Preschoolers Really Need from Grownups*, New York: Viking Press, 2016.

30 Daphna Bassok, Scott Latham, Anna Rorem, "Is Kindergarten the New First Grade?", *AERA Open*, January, 2016. https://doi.org/10.1177/2332858415616358

31 David Whiteread. http://www.cam.ac.uk/research/discussion/ school-starting-age-the-evidence

32 위의 글.

33 Thomas S. Dee, Hans Henrik Sievertsen, "The Gift of Time? School Starting Age and Mental Health", *NBER Working Paper* No. 21610, October 2015.

34 온디 터모너Ondi Timoner가 2009년에 연출한 〈위 리브 인 퍼블릭〉은 자기 삶 전체를 영화에 담기로 결심한 인터넷 백만장자 조시 해리스의 이야기를 다룬 훌륭한 다큐멘터리다.

35 이에 관한 내용은 다음 책에 잘 설명되어 있다. Jon Ronson, *The Psychopath Test: A Journey through the Madness Industry*, London: Picador, 2011.

36 Helen Keller, *The Story of My Life*, 1903.

37 T. S. Eliot, from 'Little Gidding', in *The Four Quartets*, London: Faber, 1944.

제3장 두뇌 유입: 뇌의 능력을 최대치로 끌어올리는 방법

1 Francis Galton, *Hereditary Genius: An Inquiry into Its Laws and Consequences*, London: Macmillan, 1869.

2 지능의 역사에 관한 토드 로즈의 깊이 있는 해석은 다음 도서 참조. Todd Rose, *The End of Average: How We Succeed in a World That Values Sameness*, London: Penguin Books, 2017.

3 Eric R. Kandel, *In Search of Memory: The Emergence of a New Science of Mind*, New York: W. W. Norton & Co., 2006. 캔들의 이론은 서로 완전히 다른 관점에서 인간의 지적인 능력에 관한 훌륭한 해석을 제시하는 다음의 두 도서에도 언급된다. Nicolas Carr, *The Shallows: How the Way the Internet is Changing the Way We Think, Read and Remember*, London: Atlantic, 2010; Andrew Solomon, *Far from the Tree: Parents, Children and the Search for Identity*, London: Scribner, 2012,

4 이 설명은 마르셀 프루스트의 『잃어버린 시간을 찾아서』에 나왔던 이미지다. 나는 이것을 묘사한 부분에서 '작은 일본 물꽃'이라고 영어로 번역된 것을 읽고 정확히 무엇을 말하는지 도통 이해하지 못했는데, 어느 날 내 아내의 대자^{godchildren}들이 그런 장난감을 가지고 노는 것을 보고 나서야 이해할 수 있었다.

5 이에 관한 학자들의 의견이 둘로 나뉘어 논쟁이 활발히 진행 중인데, 한쪽은 로버트 플로민같이 지능은 분명 유전적인 특질이라고 보는 사람들이고, 다른 쪽은 올리버 제임스처럼 이런 특질은 모두 후천적으로 배우는 것이라고 보는 사람들이다.

6 Peter Diamandis, "The Way We Learn Today is Just Wrong", *Huffington Post*, 19 June 2016. https://www.huffi ngtonpost.com/entry/ the-way-we-learn-today-is-just-wrong_us_5766c8c9e4b0092652d7a173

7 인공지능 연구의 선구자인 허버트 사이먼^{Herbert Simon}는 논문 「정보가 풍요한 사회를 위한 조직 설계^{Designing Organizations for an Information-Rich World}」(1971)에서 이렇게 설명한다. "정보가 풍요한 세계에서, 정보의 풍요는 다른 무언가의 결핍(정보가 소모하는 무언가가 부족해지는 것)을 의미한다. 정보가 무엇을 소모하는지는 어렵지 않게 추측할 수 있다. 정보는 정보 수신자들의 관심을 소모한다. 정보의 풍요는 관심의 결

핍을 초래하므로 우리는 정보의 과잉 속에서 관심을 효율적으로 할당하지 않으면 안 된다." Martin Greenberger, Computers, *Communication, and the Public Interest*, Baltimore: MD: The Johns Hopkins Press, pp. 40~41.

8   제이콥 와이스베르그[Jacob Weisberg]는 이 통계 자료를 다음 잡지 기사에 잘 정리해 두었다. "We Are Hopelessly Hooked", *New York Review of Books*, 25 February 2016. 나는 이 글과 이안 레슬리[Ian Leslie]의 "The Scientists Who Make Addictive Apps"(1843, October 2016) 덕분에 대단히 이해하기 까다로운 캡톨로지[captology]라는 분야에 조금이나마 관심을 갖게 되었다.

9   B. J. Fogg and Clifford Nass, "Silicon Sycophants: The Effects of Computers That Flatter", *International Journal Natural of Human–Computer Studies*, vol. 46, 1997, pp. 551~561.

10   무상급식 대상자라는 말은 가족들의 연소득이 16,190파운드(약 2,322만 원) 이하라는 뜻이다.

11   Steven Pinker, *The Blank Slate: The Modern Denial of Human Nature*, London: Penguin, 2002.

12   Eric R. Kandel, 앞의 책.

13   Gerald Eugene Myers, *William James: His Life and Thought*, New York: Yale University Press, 1986, p.204.

14   Daisy Christodoulou, *Seven Myths about Education*, Abingdon: Routledge, 2014.

15   지식에 큰 비중을 둔 교육이 어째서 오늘날에도 중요한지에 관해 더 깊은 내용이 궁금한 독자는 데이지 크리스토둘루의 『아무도 의심하지 않는 일곱 가지 교육 미신』을 찾아서 읽어보기 바란다. 이 책은 지식, 암기, 문화적 교양의 주제를 깊이 있게 다루면서 어째서 '생각하기' 위해서는 '알아야' 하는지를 설명한다.

16   Daniel Willingham, *Why Don't Students Like School?*, San Francisco: Jossey-Bass, 2009, p. 43.

17   위의 책, p. 48.

18   Christof van Nimwegen, "The Paradox of the Guided User: Assistance Can be

Counter-Effective", doctoral thesis, University of Utrecht, 2008. https://dspace.
library.uu.nl/handle/1874/26875

19 Peter Blatchford, "Reassessing the Impact of Teaching Assistants", London:
    Routledge, 2012.

20 Daniel Dennett, *From Bacteria to Bach and Back: The Evolution of Minds*,
    London: Allen Lane, 2017.

21 Lisanne Bainbridge, "Ironies of Automation", Automatica, vol. 19, no.6,
    November 1983, pp. 775~779. 다음 웹사이트 참조. http://www.bainbrdg.
    demon.co.uk/Papers/Ironies.html

22 E. L. Bjork and R. A. Bjork, "Making Things Hard on Yourself, But in a
    Good Way: Creating Desirable Difficulties to Enhance Learning", in M. A.
    Gernsbacher and J. Pomerantz, eds., *Psychology and the Real World: Essays
    Illustrating Fundamental Contributions to Society*, 2nd ed, New York: Worth,
    2014, pp. 59~68, https://teaching.yale-nus.edu.sg/wp-content/uploads/
    sites/25/2016/02/Making-Things-Hard-on-Yourself-butin-a-Good-
    Way-20111.pdf

23 Eleanor Maguire, "London taxi drivers and bus drivers: a structural MRI
    and neuropsychological analysis", https://www.ncbi.nlm.nih.gov/
    pubmed/17024677 studies of cabbies'brains.

24 스탠퍼드 설득적인 기술 연구소 홈페이지. http://captology.stanford. edu/ (2017년
    11월 15일에 접속)

25 Jacob Weisberg, 앞의 글.

26 Natasha Dow-Schüll, *Addiction by Design: Machine Gambling in Las Vegas*,
    Princeton: Princeton University Press, 2012.

27 위의 책, p. 167.

28 Gerald Maurice Edelman and Giulio Tononi, *A Universe of Consciousness:
    How Matter Becomes Imagination*, London: Penguin, 2000.

제4장 평생학습: 스스로 배우는 법을 가르쳐야 한다

1   *Time for Change: An Assessment of Government Policies on Social Mobility 1992~2017*, Social Mobility Commission, June 2017, https://www.gov. uk/government/uploads/system/uploads/attachment_data/file/622214/Time_ for_Change_report_-_An_assessement_of_government_policies_on_social_ mobility_1997-2017.pdf

2   Pascual Restrepo, "Skill Mismatch and Structural Unemployment", 2015, http:// pascual.scripts.mit.edu/ research/01/PR_jmp.pdf

3   Carl Benedikt Frey and Michael A. Osborne, "The Future of Employment: How Susceptible are Jobs to Computerisation?", September 2013, Oxford Martin Report, http://www.oxfordmartin.ox.ac.uk/downloads/academic/The_Future_ of_Employment.pdf

4   Joel Mokyr, Chris Vickers, Nicolas L. Ziebarth, "The History of Technological Anxiety and the Future of Economic Growth: Is This Time Different?", *Journal of Economic Perspectives*, Vol. 29 No.3 Summer 2015.

5   '고용주, 직원, 교육자들이 데이터에 기초한 결정을 내리는 데 도움을 주는 노동 시장 분석 서비스를 제공하는 회사'라고 자신들을 소개하는 버닝 글래스 테크놀로지 Burning Glass Technologies에서 확인한 내용을 기초로 한 것이다.

6   John Lanchester, "The Robots are Coming and They're Going to Eat All the Jobs", *London Review of Books*, vol. 37, no. 5, pp. 3~8.

7   더글러스 애덤스는 이 세계가 나아가는 방향에 상당한 영향력을 끼친 작가다. 그의 책 『은하수를 여행하는 히치하이커를 위한 안내서』는 분명 인류를 쓸모없는 존재로 만드는 연구에 열정적으로 파고드는 모든 인공지능 전문가들의 상상을 불러일으켰다.

8   J. R. R. 톨킨도 마찬가지이다.

9   조지 루카스도 마찬가지이다.

10 Scott Sayare, "A Computer Academy in France Defi es Conventional Wisdom", *New York Times*, 15 November 2013, http://www.nytimes.com/2013/11/16/world/europe/ in-france-new-tech-academy-defiesconventional- wisdom.html

11 Xavier Niel, "La Philosophie 42", http://www.42.fr/ledito/

12 Scott Sayare, 앞의 글.

13 http://www.kidzania.com/thecompany.html

14 Rebecca Mead, "A City Run by Children", *New Yorker*, 19 January 2015.

15 영국 교육개혁특구는 학교들이 지역사회 기업들과 파트너를 맺고 이 기업들의 혁신 사례에서 영감을 받아 가정 형편이 좋지 못한 학생들의 성취도를 향상시키겠다는 목표에서 출발한 정부 정책이다. 1990년대 말에 도입되었다가 얼마 지나지 않아 폐지되었다. 기초적인 수준에서는 약간의 긍정적인 효과도 있었다.

16 Carol S. Dweck, *Mindset: Changing the Way You Think to Fulfi l Your Potential*, rev. edn, London: Robinson, 2017.

17 이 책을 위해 조사하면서 나는 이튼 칼리지에서 아주 소중한 시간을 보냈다. 특히 영국 전 총리들의 흉상이 전시된 홀에서 열리는 교사 회의에 참석했던 경험은 기억에 깊이 남는다. 데이비드 캐머런 전 총리를 비롯해서 영국의 역대 총리 53명 중 17명이 이 학교 동문이다. 목재로 된 회의실 벽에는 낭만파 시인 퍼시 셸리 같은 동문들의 이름도 적혀 있다. 데이미언 루이스, 도미닉 웨스트, 에디 레드메인 같은 배우들도 이 학교 출신이다. 학업적인 측면에서 수준 높은 교육을 고집하는 전통 이외에도 학생들이 열정을 가지고 학교 공동체 안에서 각자의 위치를 찾을 수 있도록 교직원들이 얼마나 크게 헌신하고 노력하는지를 보고 나는 크게 감명받았다. 이 학교는 단순히 가장 똑똑한 학생들만 선발하는 것이 아니라 리더십, 창의력, 음악, 연극, 스포츠 등 다양한 재능으로 학교에 활기를 더할 수 있는 학생들을 찾는다. 이 남학생들은(이튼 칼리지는 남학교다) 각자 일생의 상당 기간 동안을 사회를 만들고 이끌어가는 데 크게 기여하면서 살아간다. 이 학교는 학생들이 관심을 갖는 여러 분야의 세계적인 전문가들을 초대해서 학생들과 함께 저녁을 먹으며 이야기 나누는 행사를 갖는데, 주영 이스라엘 대사에서 히드로 공항 최고경영자에 이르기까지

많은 전문가들이 이 초대에 응했다. 실제로 이 학교는 정규 교과외 활동의 성공으로 더 잘 알려져 있다.

18 Eric Schmidt, "How Google Manages Talent", *Harvard Business Review*, September 2014, https://hbr.org/2014/09/how-google-manages-talent

19 Harriet Agnew, "'Big Four' look beyond academics", *Financial Times*, 28 January 2016. https://www.ft.com/content/b8c66e50-beda-11e5-9fdb-87b8d15baec2

20 '인생학교'는 일상의 삶에 심리학, 철학, 문화를 접목해서 감성 지능을 키우는 세계적인 조직이다. 인생학교에서 제공하는 교육 과정들은 고결한 목표와 비싼 가격표를 내세운다.

21 싱가포르의 평생 교육 수당에 관한 내용은 싱가포르의 《스트레이츠 타임스》에 보도된 내용을 토대로 한 것이다. http://www.straitstimes.com/singapore/education/starting-jan-1-singaporeansaged-25-and-above-will-get-500-credit-to-upgrade

제5장 창의력: 상상은 지식보다 중요하다

1 Maria Montessori, *Discovery of the Child*, 1903.

2 더 자세한 사항은 다음 웹사이트에서 확인. http://iwantyoutowantme.org and http://wefeelfi ne.org

3 존 설의 중국어 방 실험에 관해 더 자세히 알고 싶다면, 다음의 논문 확인. John Searle, "Minds, Brains and Programs', *Behavioral and Brain Sciences*, vol. 3, no. 3, September 1980, pp. 417~424.

4 Benjamin Bloom(ed.), *Developing Talent in Young People*, New York: Ballantine Books, 1985.

5 Malcolm Gladwell, *Outliers: The Story of Success*, London: Penguin Books, 2008.

6   Adam Grant, *Originals: How Non-conformists Change the World*, London: Ebury, 2016, p. 9.

7   "How to Raise a Creative Child. Step One: Back Off", *New York Times*, 30 January 2016. 이 기사에서 애덤 그랜트는 존 S. 데이시의 다음 연구를 언급한다. John S. Dacey, "Discriminating Characteristics of the Families of Highly Creative Adolescents", *Journal of Creative Behaviour*, Volume 23, Issue 4, December 1989, pp. 263~271.

8   조나 레러Jonah Lehrer의 책 『이매진Imagine: How Creativity Works 』은 이에 관한 아주 훌륭한 설명을 제시한다.

9   Adam Grant, 앞의 책.

10 Adam Grant, 앞의 책.

11 Adam Grant, 앞의 책.

12 Adam Grant, 앞의 책.

13 Carol Dweck, *Mindset: Changing the Way You Think to Fulfil Your Potential*, London: Robinson, 2017.

14 K. Anders Ericsson, Ralf Th. Krampe and Clemens Tesch-Römer, "The Role of Deliberate Practice in the Acquisition of Expert Performance", *Psychological Review*, vol. 100, no. 3, 1993, pp. 363~406. http://projects.ict.usc.edu/itw/gel/EricssonDeliberatePR93.pdf

15 그와 상반되는 결과를 주장하는 연구들도 있다. 이들은 의도적인 연습의 중요성은 과장된 것이며, 최상위 결과의 18퍼센트만이 연습에 따른 것이라고 설명한다. 연습 외에도 환경 조건과 유전이 실력에 영향을 주는 것으로 밝혀졌는데, 때로는 의도적인 연습 능력조차 유전적 측면의 영향을 받는다고 한다.

16 Rebecca Jones, "Entries to arts subjects taken at Key Stage 4", Education Policy Institute. https://epi.org.uk/ report/entries-arts-subjects

17 "Schools Minister Makes No Apology for Sidelining the Arts." http://www.ahsw.org.uk/news.aspx?id=1540

18 Janet Murray, "Tony Blair's Advisor Starts a Free School", *Guardian*, 3 January

1964. https://www.theguardian.com/education/2012/jan/03/tony-blair-adviser-starts-free-school

2012. https://www.theguardian.com/education/2012/jan/03/tony-blair-adviser-starts-free-school

19 구글에서 검색해보니, 그 라틴어는 '독특한unique'이라는 뜻이었다.

20 OCED, "The Survey of Adult Skills", *Readers Companion*, 2nd edn, Paris, 2013. 다음 기사에 예로 언급되었다. Randeep Ramesh, "England's young people near bottom of global league table for basic skills", *Guardian*, 8 October 2013.

21 Richard Sennett, *The Craftsman*, London: Allen Lane, 2008, p. 105.

22 Marshall McLuhan, *Understanding Media: The Extensions of Man*, New York: Mentor, 1964.

23 나도 시도해봤지만, 12가지 방법까지 만들고 더 이상은 생각할 수가 없었다. 웹사이트를 검색해보고 나서야 내가 잘못 시도했다는 걸 알게 됐다. 나는 단순히 2차원 모델만 생각했는데, 나중에 알고 보니 너무나 당연하게도 블록을 3차원으로 만들 수 있었다.

24 Alain Badiou(trans. Peter Bush), *In Praise of Love*, London: Serpent's Tail, 2012.

제6장 교육계의 거장들: 모든 교사는 더 유능해져야 한다

1 이 장면은 '미래교실네트워크'에서 제작한 '거꾸로 교실'에 관한 동영상에 나온다.

2 나는 제멜바이스에 관한 이야기를 아툴 가완디의 《어떻게 일할 것인가》를 읽으면서 처음 알게 됐다. 꼭 한번 읽어볼 만한 훌륭한 책이다.

3 Ignaz Semmelweis(trans. K. Codell Carter), *Etiology, Concept and Prophylaxis of Childbed Fever* [1861], Madison: University of Wisconsin Press, 1983, pp. 1~49.

4 Howard Gardner, *Frames of Mind: Theory of Multiple Intelligences*, 2nd edn, London: Fontana, 1983.

5 Doug Lemov, *Teach Like a Champion: 49 Techniques That Put Students on the Path to Knowledge*, San Francisco: Jossey-Bass, 2010.

6　Ian Leslie, "The revolution that's changing the way your child is taught", *Guardian*, 11 March 2015.

7　Ian Leslie, 위의 글.

8　Doug Lemov. https://teachlikeachampion.com

9　Benjamin S. Bloom, "The 2 Sigma Problem: The Search for Methods of Group Instruction as Effective as One-to-One Tutoring", *Educational Researcher* vol. 13, no. 6, June-July 1984, pp.4~16.

10　John Hattie, *Visible Learning: A Synthesis of over 800 Meta-Analyses Relating to Achievement*, London: Routledge, 2009.

11　Charles Duhigg, "What Google Learned From Its Quest to Build the Perfect Team", *New York Times*, 25 February 2015.

12　John Hattie, 앞의 책.

13　Playing to the Gallery: Grayson Perry talk, at the Royal Festival Hall, 16 September 2014.

14　다른 논문도 많지만, 특히 이 논문을 참고하기를 권한다. Steven G. Rivkin, Eric A. Hanushek, and John F. Kain, "Teachers, Schools, and Academic Achievement", *Econometrica*, vol. 73, no. 2, March 2005, pp. 417~458.

15　Dylan Wiliam, "Assessment for Learning: why, what and how", Institute of Education. 2006년 9월 15일에 케임브리지 대학교 교육대학에서 열렸던 케임브리지 평가 네트워크 회의에서 발표한 내용.

16　Eric Hanushek, "The economic value of higher teacher quality", *Economics of Education Review*, 30, 2011, pp. 466~479.

17　The New Teacher Project, "The Mirage: Confronting the Hard Truth About Our Quest for Teacher Development", 2015.

18　Anders Ericsson, "The Making of an Expert", *Harvard Business Review*, July 2007.

19　John Hattie, 앞의 책.

제7장 빅데이터: 점수는 더 잘하기 위한 도구일 뿐이다

1 Amanda Ripley, "The World's Schoolmaster", *Atlantic*, July 2017.

2 OECD 웹사이트에는 국제학업성취도평가 문제 예시가 많이 나와 있어 시험 삼아 집에서도 각자 풀어볼 수 있다. 관심이 있는 사람은 다음의 인터넷 링크에 가서 한번 시도해보자. 만점을 받을 수 있기를 바란다. http://www.oecd.org/pisa/pisaproducts/pisa-test-questions

3 "On the World Stage U.S. Students Fall Behind", *Washington Post*, 6 December 2016.

4 Amanda Ripley, 앞의 글.

5 Michael Gove, "The benchmark for excellence: Can British schools catch up with other nations?", *Independent*, 6 January 2011.

6 Ju-Ho Lee, Hyeok Jeong, Song-Chang Hong, "Is Korea Number One in Human Capital Accumulation?: Education Bubble Formation and Its Labor Market Evidence", *KDI School of Pub Policy & Management Paper* No. 14-03, 9 August 2014.

7 Michel Foucault, *Discipline and Punish, Part Three, the Means of Correct Training* (1995), Discipline & Punish: The birth of the prison. [Trans. A. Sheridan, 1977.]. New York: Vintage Books, p. 184.

8 답은 5번이다.

9 Simon Mundy, "South Korea's Millionaire Tutors", *Financial Times*, 16 June 2014.

10 Sung-Wan Kim and Jin-Sang Yoon, "Suicide, an Urgent Health Issue in Korea", *Journal of Korean Medical Science*, 2013 Mar; 28(3): pp. 345~347.

11 나는 이 이야기를 아만다 리플리의 책을 읽고 처음 알게 되었다. Amanda Ripley, *The Smartest Kids in the World*, New York: Simon & Schuster, 2013.

12 Michael Horn, "Meister Of Korean School Reform: A Conversation With Lee

Ju-Ho", *Forbes*, 14 March 2014.

13 Milena Mikael-Debass, "Land of the Robots: Why South Korea has the highest concentration of robots in the world", 24 May 2017. https://news.vice.com/story/south-korea-hasthe-most-robot-workers-per-humanemployee-in-the-world

14 PISA 2012년 결과, PISA 2009년 결과는 다음 웹사이트들을 참조하라. https://www.oecd.org/pisa/keyfindings/pisa-2012-resultsoverview.pdf https://www.oecd.org/pisa/pisaproducts/46619703.pdf

15 이 글은 7세기에 '기' 왕조의 통치자이며, 공자의 전통을 따랐던 관중의 글이다.

16 Yong Zhao, *Who's Afraid of the Big Bad Dragon: Why China Has the Best (and Worst) Education System in the World*, San Francisco: Jossey-Bass, 2014.

17 Yong Zhao, 위의 책, 서문

18 Yuval Noah Harari, "Yuval Noah Harari on big data, Google and the end of free will", *Financial Times*, 26 August 2016.

19 "China Invents the digital totalitarian state", *The Economist*, 17 December 2016.

20 Daniel Koretz, *The Testing Charade: Pretending to Make Schools Better*, London: University of Chicago Press, 2017.

제8장 진정한 그릿: 품성 교육이 중심이 되어야 하는 이유

1   이와 관련한 내용은 다음 책들과 데이브 레빈과의 전화 인터뷰 내용을 바탕으로 쓴 것이다. Jay Mathews, *Work Hard, Be Nice: How Two Inspired Teachers Created the Most Promising Schools in America*, Chapel Hill, NC: Algonquin Books, 2009; Paul Tough, *How Children Succeed:Grit, Curiosity, and the Hidden Powerof Character*, London: Random House,2013,

2   Mike & Dave on Oprah, April 2006. https://vimeo.com/91438778

3   위의 영상.

4   Mike & Dave on 60 Minutes, August 2000. https://vimeo.com/91447154

5   맬컴 글래드윌의 『아웃라이어』에 이에 관한 설명이 나온다.

6   Sarah Montague, "Character Lessons", The Educators, BBC Radio 4, 30 May 2016.

7   유튜브에서 셀리그먼의 강연 동영상을 찾아보면 좀더 자세히 알 수 있다.

8   Martin Seligman, *Learned Optimism: How to Change Your Mind and Your Life*, New York: Random House, 2006, Chapter 1. iii. Depression.

9   Office for National Statistics, "Young people's well-being: 2017", https://www.ons.gov.uk/ peoplepopulationandcommunity/wellbeing/articles/youngpeopl eswellbeingandpersonalfinance/2017

10   다음 보고서 참조. 'Investing in Mental Health', a 2003 report by the World Health Organization, http://www.who.int/mental_health/media/ investing_mnh.pdf 세계보건기구(WHO)는 2017년 "Depression and Other Common Mental Disorders"라는 보고서에서 전 세계에서 현재 우울증을 앓고 있는 사람을 3억 명으로 추정한다.

11   애브너 오퍼Avener Offer가 했던 이 말은 다음 문헌에 인용된 것을 참조했다. Jen Lexmond and Richard Reeves, "Parents are the principal architects of a fairer society: Building Character", London: Demos, p.23.

12   Angela Duckworth, *Grit: The Power of Passion and Perseverance*, London: Vermilion, 2016, pp. 1~14. 이 부분 외에도 이 장에서는 책 『그릿』에 나오는 내용을 상당히 많이 참조했다.

13   위의 책, p. 15.

14   위의 책, p. 8.

15   위의 책, pp. 15~34.

16   Sarah Montague, 앞의 글.

17   Marty Seligman and Christopher Peterson, *Character Strengths and Virtues: A Handbook and Classification*, New York: American Psychological Association and Oxford University Press, 2004.

18   마시멜로 실험에 관한 내용은 다음 잡지에서 다룬 훌륭한 설명을 참조했다. Jonah

Lehrer, "Don't", *New Yorker*, 18 May 2009; Maria Konnikova, "The Struggles of a Psychologist Studying Self-Control", *New Yorker*, 9 October 2014; and Michael Bourne, "We Didn't Eat the Marshmallow. The Marshmallow Ate Us", *New York Times*, 10 January 2014.

19 Jonah Lehrer, 위의 글.

20 Jonah Lehrer, 위의 글.

21 예를 들어 다음 문헌을 참조하라. Steven M. Brunwasser, Jane E. Gillham, and Eric S. Kim, "A Meta-Analytic Review of the Penn Resiliency Program's Effect on Depressive Symptoms", Journal of Consulting and Clinical Psychology. Dec 2009; 77(6):1042~1054.

22 컴퓨터로 보는 이런 시험은 "모든 학생들의 학업 증진을 도모하고, 교사와 부모들이 해당 학생들의 성적 향상에 도움이 되는 결정을 내리는 데 도움을 주기 위해서" 기획된 것이다. 서울에서 나와 이야기 나누었던 승빈이 힘들어 했던 것처럼, 이런 시험은 많은 학생들에게 스트레스를 주기도 한다.

23 Emma Young, "Iceland knows how to stop teen substance abuse but the rest of the world isn't listening", *Mosaic*, 17 January 2017.

24 David Paunesku, Gregory M. Walton, Carissa Romero, Eric N. Smith, David S. Yeager, and Carol S. Dweck, "Mind-Set Interventions Are a Scalable Treatment for Academic Underachievement", *Psychological Science OnlineFirst*, published on 10 April, 2015.

25 대니얼 핑크의 책 『드라이브』는 동기를 새로운 시선에서 제시하는 아주 훌륭한 책이다. 핑크는 전통적으로 활용되어온 보상과 처벌 같은 외적 기법보다는 내적 동기가 최선이라고 주장한다. 사람들은 자율, 완벽한 습득, 목적을 경험하는 활동에서 동기를 가장 많이 느낀다.

제9장 마인드 컨트롤: 배움의 목적을 다시 생각하다

1   조슈아 웡의 변호사인 마이클 비들러는 "그는 아주 어리지만 아주 현명해서 시간을 많이 내어줄 수밖에 없다. ……그는 효심이 강하고, 정중하고, 원칙적이고, 열심히 노력하는 등 모든 면을 갖추었다"고 말한다. 비들러는 웡의 부모는 활동가가 아니라 "아주 조용하고 평범한 중산층 부모"라고 설명했다.

2   Joshua Wong, "Scholarism on the March", *New Left Review*, 92, March – April 2015. https://newleftreview.org/II/92/joshua-wong-scholarism-on-the-march

3   2017년에 발표된 넷플릭스 프로그램 중에 '우산 혁명: 소년 VS. 제국'이라는 제목의 다큐멘터리가 있다.

4   다음 책에서 인용했다. Katherine Boo, *Behind the Beautiful Forevers*, London: Portobello, 2014.

5   '교육의 신전'을 올라가는 상상은 톰 울프Tom Wolfe의 책 『필사의 도전The right stuff』에서 빌린 것이다.

6   Joshua Wong, 앞의 글.

7   무라카미 하루키의 예루살렘상 수상 기념 연설 중에서.《예루살렘 포스트the Jerusalem Post》2009년 2월 15일자에서 인용.

8   2010년 8월 테코노미 컨퍼런스Techonomy Conference에서 구글의 에릭 슈미트가 제기했던 예다.

9   이 모두가 계몽주의 시대에서 비롯되었다고 주장할 수도 있겠다. 마틴 루터와 그의 언어로 쓰인 성경, 그리고 르네 데카르트와 '나는 생각한다. 고로 존재한다cogito ergo sum'라는 그의 철학적 바탕은 천 년 동안 배움을 방해했던 교회의 반계몽주의적 전통에서 사람들을 해방시켰던, 인터넷 시대의 전조였다. 프랜시스 베이컨과 더불어 이들은 최초로 더 높은 권위가 아니라 개인적인 경험과 관찰 가능한 현상을 목표로 했다. 이런 움직임은 지식의 민주화를 불러일으켰지만, 그와 동시에 '이 나라에는 전문가가 이미 충분히 많다', '나는 교육받고 싶지 않다'라고 생각하는 사람들이 생겨나게 만들기도 했다.

10 Sam Wineburg, "Evaluating Information: The Cornerstone of Civic

Online Reasoning", November 2016. https://sheg.stanford.edu/upload/ V3LessonPlans/Executive%20 Summary%2011.21.16.pdf

11   Harroon Siddique, "Teach schoolchildren how to spot fake news, says OECD", *Guardian*, 18 March, 2017.

12   Hannah Arendt, *The Origins of Totalitarianism*, 1951.

13   Ben Quinn, "Nursery raised fears of radicalisation over boy's cucumber drawing", *Guardian*, 11 March 2016.

14   All from Maajid Nawaz, *Radical: My Journey from Islamist Extremism to a Democratic Awakening*, London: W. H. Allen, 2012, pp. 30~68.

15   Jon Ronson, *Them: Adventures With Extremists*, London: Picador, 2001.

16   런던 UCL의 사라-제인 블랙모어 교수 같은 선두적인 신경과학자들은 인간의 뇌가 청소년기에 또래의 사회적 영향에 특히 더 민감해지는 '민감한 시기'를 거친다는 사실을 증명했다. 이런 민감한 시기는 양날의 검이다. 그 말은 청소년기와 청년기에 뇌가 학습에 열려 있도록 만드는 장점이 있는 반면, 좋은 쪽으로든 나쁜 쪽으로든 또래들의 압박에 잠재적으로 큰 영향을 받을 수 있다는 뜻이다.

17   Steven Sloman and Philip Fernbach, *The Knowledge Illusion: Why We Never Think Alone*, London: Macmillan, 2017, p. 8.

18   http://www.newyorker.com/magazine/2017/02/27/why-facts-dont-change-our-minds

19   Daniel Kahneman, *Thinking, Fast and Slow*, New York: Farrar, Straus and Giroux, 2011.

20   Alexander Pope, in 'An Essay on Criticism', 1709.

21   나는 또한 이에 대한 프랜시스 베이컨의 입장에 동의한다. 그는 『신성에 대한 명상 Meditationes sacrae』(1597)에서 "얕은 철학은 사람의 마음을 무신론으로 기울게 하지만, 깊이 있는 철학은 사람의 마음을 무신론에서 종교로 향하게 한다"라고 말했다.

22   Steven Sloman and Philip Fernbach, 앞의 책, p. 5.

23   Bruno Latour, "Why Has Critique Run out of Steam? From Matters of Fact to Matters of Concern." http://www.bruno-latour.fr/sites/default/files/89-

CRITICAL-INQUIRY-GB.pdf

24 무라카미 하루키의 예루살렘상 수상 기념 연설 중에서.

25 Edward Bernays, *Propaganda*, 1928.

26 교육에 관한 놈 촘스키의 훌륭한 강연에서(온라인에서 시청할 수 있다), 고령의 좌익 지식인인 그는 1960년대에 사람들이 자유연애에 반응하는 방식과 관련한 흥미로운 이야기를 소개한다. 특히 소수 집단에서 두드러지게 나타났던 비트 세대의 지나친 자유와 독립성에 경각심을 느낀, 이름이 잘 알려지지 않은 두 남성이 모의를 꾸미고, 1970년대 중반에 학교를 포함한 모든 국가의 기관들이 국민들을 보다 나긋나긋한 사람들로 키워야 한다고 주장하는 글을 발표한다. '파웰 메모The Powell Memo' 라는 제목의 이 글은 세계 5대 담배 회사들이 담배 광고를 계속할 수 있는 권리를 변호했던 변호사가 쓴 글로, 교과서의 내용을 계속해서 감시해야 한다고 주장한다. 한편 '민주주의의 위기The Crisis of Democracy'라는 보고서는 민주주의의 통치 능력에 관한 보고서로, 사회를 안정화와 정치 계급화에 교육을 이용할 것을 권고한다.

27 Duff McDonald, *The Golden Passport: Harvard Business School, the Limits of Capitalism, and the Moral Failure of the MBA Elite*, New York: HarperCollins, 2017.

28 Tim Wu, *The Attention Merchants: The Epic Struggle to Get inside Our Heads*, London: Atlantic, 2017.

29 2013년 12월, 유럽연합 집행위원회 주최로 열렸던 디지털 시대의 교육에 관한 회의에서 그래이엄 브라운-마틴Graham Brown-Martin이 했던 말이다.

30 위키피디아에 나온 설명에 따르면, '맥아더 펠로우 프로그램, 맥아더 펠로우십, 지니어스 그랜트'는 매년 맥아더 재단의 존 D.와 캐서린 T.가 수여하는 상으로, 일반적으로 어떤 분야에서든 '창의적인 주제를 비범한 독창성과 집념으로 탐구하고 특출한 자율적인 연구 능력을 나타낸 20~30세 사이의 미국 거주자나 미국 시민'에게 수여하는 상이다.

31 George Saunders, "The Braindead Megaphone", *The Braindead Megaphone: Essays*, New York: Riverhead, 2007, pp. 203~204. 'The United States of Huck'.

32 John Hattie, *Visible Learning: A Synthesis of over 800 Meta-Analyses*

Relating to Achievement, London: Routledge, 2009.

33 넷플릭스 다큐멘터리 〈우산 혁명: 소년 vs. 제국〉에서.

34 Saunders, *The Braindead Megaphone*, p. 55.《뉴메카^{The New Mecca}》에서 발췌한 구문이다. 두바이에 관한 글 중에 이보다 더 훌륭한 것은 없으리라고 장담한다.

제10장 오픈 소스: 누구에게든, 무엇에서든 배울 수 있다

1 *The New Urban High School: A Practitioner's Guide*, Cambridge, Mass., Big Picture Co., 1998.

2 Seeing the future: http://newvistadesign.net/dnlds/NUHS%20Seeing%20the%20Future.pdf

3 벽에 걸려 있는 인용문 대다수가 그렇듯이 아이작 아시모프가 실제로 이 말을 했다는 증거는 없다.

4 이 인용문 역시 윈스턴 처칠이 했던 말이라고 널리 알려져 있지만, 그가 저술한 글 중에는 이런 구문을 발견할 수 없다.

5 2017년 3월 11일 런던 사우스뱅크 센터에서 앤절라 데이비스가 주디 켈리와 나눴던 대화 중에서.

6 데이지 크리스토둘루가 저서 『아무도 의심하지 않는 일곱 가지 교육 미신』에서 인용한 글에 따르면, 제롬 브루너는 이와 관련해 다음과 같은 아주 훌륭한 지적을 한다. "문화가 전수되는 방식을 떠나서 교육을 생각할 수는 없다. …… 하나의 생물로서의 인간의 의존성을 고려할 때, 오랜 기간 타인에 의존하는 인류의 습성이 오랜 기간에 걸쳐 수집한 것(즉 발견)을 되찾게 하는 가장 비효율적인 기술에 전적으로 맞춰져 있다는 것 역시 있을 수 없는 일이라고 생각한다."

7 Geoffrey West, 'Scaling: The surprising mathematics of life and civilization', *Medium*, October 2014. https://medium.com/sfi-30-foundations-frontiers/scaling-the-surprising- mathematics-oflife-and-civilization-49ee18640a8

8 Luís M. A. Bettencourt, José Lobo, Dirk Helbing, Christian Kühnert, and

Geoffrey B. West, "Growth, innovation, scaling, and the pace of life in cities", *PNAS*, 24 April, 2007, vol. 104 no. 17.

9   Jonah Lehrer, 앞의 글.

10   Jonah Lehrer, 앞의 글.

11   하버드 대학교 교수이자 세계은행 수석 연구원인 랜트 프리쳇Lant Pritchett은 저서 『교육의 부활The Rebirth of Education』 서문에서 이 주제를 다룬다. 그는 교육 체계가 자연의 위대한 눈속임 중 하나인 동일 구조 간의 흉내 내기(한 기관이 이득 때문에 다른 기관과 아주 비슷하게 진화하는 것)에 관해 설명한다. 현재의 교육 체계에서도, 아동의 학습에 확인 가능한 향상이 나타나지 않는 상황에서 지배와 관리 관행을 빌려 큰 비용을 들여 도입함으로써 그와 비슷한 상황이 나타나고 있다.

12   "Could do better: Bridge International Academies gets high marks for ambition but its business model is still unproven", *The Economist*, 28 January 2017.

13   https://www.theguardian.com/global-development/2017/may/05/beyond-justification-teachers-decry-ukbacking-private-schools-africa-bridgeinternational-academies-kenya-lawsuit

14   Atul Gawande, "Big Med", *New Yorker*, 13 August 2012.

15   Todd Rose, *The End of Average: How We Succeed in a World That Values Sameness*, London: Penguin Books, 2017.

16   J. K. Rowling, *Harry Potter and the Deathly Hallows*, Bloomsbury, 2007.

17   Alan Turing, "Intelligent Machinery: A Heretical Theory", 1948.

18   Gideon Lewis Kraus, "The Great A.I. Awakening", *New York Times*, 14 December 2016.

19   Gideon Lewis Kraus, 위의 글.

20   Anne-Marie Slaughter, "Discard Old Ideas of a Leader of the Free World", *Financial Times*, 17 June 2017.

에필로그

1   이 말은 미국의 뮤지션 퍼렐 윌리엄스가 2013년 뉴욕에서 열린 '이노베이션 언센 서드 컨퍼런스'에서 연설한 내용 중 일부다. 어머니가 평생 교육자로 일해서인지 퍼렐은 교육이라는 주제가 나오면 할 말이 많은 듯하다. 뉴욕 대학교 학위수여식 연설에서도 그는 "저는 영원한 학생이라고 말하고 싶습니다"라고 했다.

2   미국 NBC 드라마 〈웨스트 윙〉 시즌 1, 에피소드 18.

3   UNESCO Institute for Statistics, *More Than Half of Children and Adolescents Are Not Learning Worldwide*, Fact Sheet No. 46, September 2017. http://uis. unesco.org/sites/default/files/documents/fs46-more-than-halfchildren-not-learning-en-2017.pdf

4   *Learning to fulfil education's potential*, 2018 World Development Report.

5   George Saunders, *The Braindead Megaphone*, p. 55.

6   Praveetha Patalay and Emla Fitzsimons, "Mental ill-health among children of the new century: trends across childhood with a focus on age 14", September 2017. Centre for Longitudinal Studies: London.

7   다음 보고서 참조. "Investing in Mental Health", a 2003 report by the World Health Organization, http://www.who.int/mental_health/media/investing_mnh.pdf.

8   Kate Pickett and Richard G., The Spirit Level: Why More Equal Societies Almost Always Do Better, London: Penguin, 2009.

9   http://www.unesco.org/new/en/media-services/single-view/news/close_to_69_million_new_teachers_needed_to_reach_2030_educat

10 Amel Karboul, "The global learning crisis and what to do about it", TED talk, October 2017.

인명 찾아보기

ㄱ

가리 카스파로프 45, 54, 66, 475
궈타이밍郭台銘 65
기디온 루이스 클라우스 476

ㄴ

나타샤 다우셜 159
노먼 그래머지 383
노먼 앳킨스 267
놈 촘스키 440
니르 에얄 158
니콜라 사디락 177, 193, 491

ㄷ

다이앤 태브너 465, 471
다지아 코닉 264

다프나 바속 109
대니얼 데넷 156
대니얼 윌링햄 149
대니얼 카너먼 422
대니얼 핑크 540
대니얼 시겔 99
더그 레모브 268, 289
더프 맥도널드 440
데이브 레빈 349, 354, 386
데이비드 리카도 170
데이비드 예거 388
데이비드 포스터 월리스 161
데이지 크리스토둘루 147, 529, 544
뎁 로이 79, 110
도널드 카멘츠 386
딜런 윌리엄 286, 287

ㄹ

래리 로젠스톡 448
레베카 앨퍼 105, 106

레이 커즈와일 38

로라 베이츠 391

로버트 퍼트넘 75

루시 크레한 339

루이스 베탕쿠르 459

루이스 터먼 127

루이스 하비에르 라레스고티 181

루판 루오 106

루팔 파텔 79, 110

리라 멜비시 167, 175, 180

리산 베인브릿지 156

리처드 세넷 234, 240

린다 달링 하몬드 107

마리아 몬테소리 209

마빈 민스키 245

마셜 맥루한 239

마이크 골드스타인 462, 463

마이크 페인버그 350

마이클 미니 383

마이클 오스본 170, 499

마이클 토마셀로 82, 89, 456

마지드 나와즈 412

마지 웰리 93

마크 저커버그 473

마틴 셀리그만 355, 366

말랄라 유사프자이 302

맬컴 글래드웰 213

맥스 벤틸라 72

맥스 하이멘도르프 124, 139, 145, 151

멜비 쿰폴라인 216

미셸 푸코 322

미치 레스닉 249, 500

버나뎃 루카스 60

버락 오바마 5, 310

베니 타이 424, 430, 443

베티 하트 83, 108

벤자민 블룸 213, 273

브래드 러터 47

브렌트 매딘 291, 500

브렛 쉴케 37, 70

브뤼노 라투르 431

B. F. 스키너 128, 135, 136

B. J. 포그 134, 157

사울 알린스키 233, 234

사쿠 투오미넨 218, 226

사티아 나델라 190

살만 칸 57

샤를 푸리에 312

셉 캄바 210, 211

소토 고메즈 375

수가타 미트라 56, 196

스즈키 신이치 215

스티브 잡스 243

스티븐 슬로만 421, 422

스티븐 핑커 145, 457

시모어 페퍼트 245

ㅇ

아돌프 케틀레 312, 313, 466

아멜 카불 503

아툴 가완디 463

안드레아스 슐라이허 315, 338

알프레드 비네 126

애덤 그랜트 214

애덤 딘 411

애런 소킨 489

애런 스워츠 252

애브너 오퍼 357, 539

앤더스 에릭슨 213, 361

앤드루 맥아피 67, 69, 213

앤드루 솔로몬 130

앤마리 슬로터 478

앤절라 더크워스 360, 386, 398

앤절라 데이비스 455

앤절라 프로저 93

앨리슨 고프닉 86

앨리슨 홀리 365

앨버트 엘리스 378

야콥 콜레츄카 263

에드워드 버네이스 440

에리카 크리스타키스 109

에릭 브린욜프슨 67

에릭 슈미트 441

에릭 캔들 128, 145, 146

에릭 하누셰크 285, 286

에이미 추아 432

엘리자베스 비요크 156

오마르 바카리 413

올리 드 보통 230

올리버 제임스 382

용자오 337

월터 미셸 371

웬디 코프 477

윈디 피터슨 377, 338

윌리엄 제임스 87

유발 하라리 342

이그나츠 제멜바이스 262, 302

E. D. 허쉬 418

이주호 5, 6, 320, 323, 326, 394

일론 머스크 72

일포 키비부리 224

ㅈ

자비에 니엘 176

자비에 로페즈 안코나 181

장밍셩 334

정찬필 6, 298, 299

제니 샤프란 86

제럴드 에덜먼 162

제롬 브루너 82

제르 그라우스 182, 183

제이미 베릴리 267, 288

제임스 헤크먼 101

제프 리 391, 399

제프리 웨스트 458

조르지 아다 498

조슈아 웡 403, 423

조이 이토 245, 246

조지 손더스 442, 444

존 대너 49

존 볼비 95

존 카밧진 375

존 코이너스 215
존 해티 298
줄리 골드스타인 374

ㅋ

칼 프레이 170, 499
캐롤 드웩 190, 222
캐슬 오닐 207
캐시 허시파섹 86, 87, 106
켄 로빈슨 187
켄 제닝스 47
크리스토퍼 피터슨 367
크리스토프 반 님베헨 154
킴 스미스 246

ㅌ

토드 로즈 130, 312, 498
토마 피케티 429
T. 네빌 포슬스웨이트 313
팀 버너스 리 441
팀 우 441

ㅍ

퍼트리샤 쿨 108
페카 퓨라 275
프랜시스 골턴126
프레스턴 스미스 49
피터 디아만디스 131
피터 하이먼 230
필립 슈미트 241
필립 페른백 421

ㅎ

하워드 가드너 125
해리 할로 95
해리엇 볼 350
호러스 만 39
휴버트 드레이퍼스 45

영어 인명 찾아보기

Crehan, Lucy   339

Alinsky, Saul   233, 234

Alper, Rebecca   105, 106

Amy L. Chua   432

Ancona, Xavier López   181

Atkins, Norman   267

Bainbridge, Lisanne   156

Bakri, Omar   413

Ball, Harriet   350

Bassok, Daphna   109

Bates, Laura   391

Bernays, Edward   440

Bettencourt, Luis   459

Binet, Alfred   126

Bjork, Elisabeth. L.   156

Bloom, Benjamin   213, 273

Bowlby, John   95

Bruner, Jerome   82

Brynjolfsson, Eric   67

Chomsky, Noam   440

Christakis, Erica   109

Christodoulou, Daisy   147, 529, 544

Cornick, Da'jia   264~272

D

Danner, John   49

Darling-Hammond, Linda   107

Davis, Angela Y.   455

de Botton, Oli   230

Deen, Adam   411

Dennett, Daniel   156

Diamandis, Peter   131

Dow-Schüll, Natasha   159

Dreyfus, Hubert   45

Duckworth, Angela   360, 386, 398

Dweck, Carol   190, 222

E

Edelman, Gerald M.   162

Ellis, Albert   378

Ericsson, Anders   213, 361

Eyal, Nir   158

F

Feinberg, Mike   350

Fernbach, Philip   421

Fogg, B. J.   134, 157

Foucault, Michel   322

Fourier, Charles   312

Frey, Carl B.   170, 499

G

Galton, Francis   126

Gardner, Howard   125

Gawande, Atul   463

Gladwell, Malcolm   213

Goldstein, Julie   374

Goldstein, Mike   462, 463

Gopnik, Alison   86

Gramerzy, Norman   383

Grant, Adam   214

Graus, Ger   182, 183

 H

Haddad, Georges   498

Haimendorf, Max   124, 139, 145, 151

Hanushek, Eric   285, 286

Harari, Yuval   342

Harlow, Harry   95

Hart, Betty   83, 108

Hattie, John   298

Heckman, James   101

Hirsch, E. D.   418

Hirsh-Pasek, Kathy   86, 87, 106

Holley, Allison   365

Hyman, Peter   230

 I

Ito, Joi   245, 246

 J

James, Oliver   382

James, William   87

Jennings, Ken   47

Jobs, Steve   243

 K

Kabat-Zinn, Jon   375

Kahneman, Daniel   422

Kamentz, Donald   386

Kamvar, Sep   210, 211

Kandel, Eric   128, 145, 146

Karboul, Amel   503

Kasparov, Gary   45, 54, 66, 475

Khan, Salman   57

Kivivuori, Ilppo   224

Kolletschka, Jakob   263

Kopp, Wendy S.   477

Kounios, John   215

Kuhl, Patricia   108

Kumpulainen, Mervi   216

Kurzweil, Ray   38

 L

Laresgoiti, Luis Javier   181

Latour, Bruno   431

Lemov, Doug   268, 289

Levin, Dave   349, 354, 386

Lewis-Kraus, Gideon   476

Li, Jeff   391, 399

Lucas, Bernadette   60

Luo, Rufan   106

M

Maddin, Brent 291~295, 500

Mann, Horace 39

McAfee, Andrew 67, 69, 213

McDonald, Duff 440

McLuhan, Marshall 239

Meaney, Michael 383

Merbouche, Lilas 167~169, 175~178, 180

Minsky, Marvin 245

Mischel, Walter 371

Mitra, Sugata 56~59, 196

Montessori, Maria 209

N

Nadella, Satya 190

Nawaz, Maajid 412

Niel, Xavier 176

Nimwegen, Christof van 154

O

O'Neill, Castle 207

Obama, Barack 5, 310

Offer, Avener 357, 539

Osborne, Michael A. 170, 499

P

Papert, Seymour 245

Patel, Rupal 79, 110

Peterson, Christopher 367

Peura, Pekka 275

Pink, Daniel 540

Pinker, Steven 145, 457

Postlethwaite, T. Neville 313

Prodger, Angela 93~99

Putnam, Robert D. 75

Q

Quetelet, Adolphe 312, 313, 466

R

Resnick, Mitch 249, 500

Ricardo, David 170

Robinson, Ken 187

Rose, Todd 130, 312, 498

Rosenstock, Larry 448

Roy, Deb 79, 110

Rutter, Brad 47

S

Sadirac, Nicolas 177, 193, 491

Saffran, Jenny 86

Saunders, George 442, 444

Schilke, Brett 37, 70

Schleicher, Andreas 315, 338

Schmidt, Eric E. 441

Schmidt, Philipp 241

Seligman, Martin 355, 366

Semmelweis, Ignaz 262, 302

Sennett, Richard 234, 240

Shinichi, Suzuki 215

Siegel, Daniel J. 99

Skinner, B. F. 128, 135, 136

Slaughter, Anne-Marie 478

Sloman, Steven 421, 422

Smith, Preston 49

Solomon, Andrew 130

Sorkin, Aaron 489

Soto-Gomez, Maritza 375

Swartz, Aaron 252

T

Tai, Benny 424, 430, 443

Tavenner, Diane 465, 471

Terman, Lewis 127

Tomasello, Michael 82, 89, 456

Tuominen, Saku 218, 226

V

Ventilla, Max 72

Verrilli, Jamey 267, 288

W

Wallace, David Foster 161

West, Geoffrey 458

Whalley, Margy 93

Wiliam, Dylan 286, 287

Willingham, Daniel T. 149

Wong, Joshua 403, 423

Y

Yeager, David S. 388

Yousafzai, Malala 302

Z

Zhao, Yong 337

Zuckerberg, Mark E. 473

용어 찾아보기

로켓십 페르자 초등학교 48
릴레이 교육대학원 267, 287

ㄱ

개별화 학습 53, 59, 358
갤리온스 초등학교 433, 493
국제학업성취도평가PISA 313, 315
그릿Grit 359
극단주의 412
긍정 심리학 355, 378
기계와의 경쟁 67

ㄴ

내쉬 균형 337
노스 스타 아카데미 267
노키아 217

ㄷ

다중지능이론 125, 126, 264
데모시스토(홍콩중지당) 426
도움받은 사용자의 역설 154
동평중학교 259
디저트론Desertron 459
딘 연구소 420
또래 압박 457

ㄹ

러닝 랩Learning Lab 50, 63
런던의 택시 운전사들 157
로보사피엔스 71

ㅁ

마시멜로 실험 371
마음 챙김 376
막스 플랑크 진화 인류학 연구소 82
매치 에듀케이션 462
맥핵 IVMac Hack IV 45
멜로즈 초등학교 60
모라벡의 역설 67
모성보호연합 106
몬테소리 학교 207
무어의 법칙 65
무크MOOC 191
미래 일자리 499
미래교실네트워크 297

ㅂ

베이스캠프(학습 플랫폼) 473
브레이크스루 마그넷 스쿨 374
브릭BRICK 377
브릿지 인터내셔널 462
비판적 사고 149, 426

ㅅ

서밋 샤스타 고등학교 464
설득 기술 연구소 134
성취도 격차 387, 477
센트럴 점령(홍콩 시민운동) 424, 427
소득 불평등 318

소셜 머신   112

소셜 미디어   430, 442

송도국제도시   300, 307

수렴적 사고   214

수학능력시험   307, 320, 344

슈어 스타트Sure Start   93

스콜라리즘Scholarism   403

스쿨 21   230

스크래치(온라인 코딩 도구)   250

스킬스퓨처 크레디트SkillsFuture Credit   202

스탠퍼드-비네 방식   127

스트레스 호르몬   96

습관성 제품을 만드는 방법   158

6C 역량   110

싱귤래리티 대학교   41, 70

ㅇ

아동 철학P4C   436

아이디어코IDEAco   38

IQ 검사   125

아이패드   58, 60

아카데미아   18

아크ARK   147

알트스쿨AltSchool   72

애착 이론   95

에꼴 42   172, 191

에피타EPITA   194

에피테크Epitech   169

LA 통합교육구   58

MIT 미디어랩   241

MAP 시험   381

연산 능력   232, 310

오픈 유니버시티   426

옥스퍼드 마틴 스쿨 보고서   41, 170

와일드 로즈 몬테소리   207

와일드플라워 몬테소리   210

완항두루 초등학교   332, 393

왓슨   46

우산 혁명   427, 431

웹앳카데미   169, 176

템플 대학교 영유아 연구소   86, 104

이슬람주의   413

이슬람주의자   413

21세기 자본   429

이튼 칼리지   502

인간 행동 모델(B=mat)   159

인적자본지수   217

인지행동치료(CBT)   378

ㅈ

자기조직화 학습 환경(SOLE)   56

제이스토어 학술 도서관   252

죄수의 딜레마   335

중국어 방 실험   212

중등교육자격시험(GCSE)   21, 30, 69

ㅊ

체스 대결   44, 65, 475

첸의 실종   484

ㅋ

칸 아카데미   57

캡톨로지captology   135

KIPP 아카데미 349
코딩 교육 169, 196
퀼리암^{Quilliam} 411
키자니아 180
킹 솔로몬 아카데미(KSA) 124, 139

휴먼 스피치홈 프로젝트 111
히덴키벤 종합학교 216, 223, 485
히즈브 우트 타흐리르 413

ㅌ

타이거 마더 272, 431
2시그마 문제 273, 280, 466
티치 퍼스트 508
티치 포 아메리카 350
티치 포 올 477

ㅍ

파주영어마을 297, 514
페리 프리스쿨 프로그램 102
펜그린 유아교육센터 93, 189
평균의 종말 130, 312, 498
평생 유치원 254
표준화 시험 334
프라탐^{Pratham} 501
프로그레스8^{Progress 8} 140
피어슨 소프트웨어 58
PLP 플랫폼 467, 473

ㅎ

히드라^{Hydra} 66
하이테크 고등학교 447, 455, 480
헤크먼 방정식 101
행동의 시대 419
헌드레드^{HundrED} 219

"무엇이든 배우려는 사람learn-it-all은 타고난 능력은 부족할지 모르지만,
결국에는 뭐든 아는 체하는 사람know-it-all을 뛰어넘는다."

_사티아 나델라(마이크로소프트 CEO)

옮긴이 신동숙

끊임없이 배우고 탐구하는 삶이 좋아 번역가의 길을 걷기 시작했다. 주옥같은 글에 어울리는 우리말 옷을 입히는 과정에 큰 재미를 느끼며, 의식 성장에 도움이 되는 좋은 책을 많이 소개하고 싶다는 꿈을 품고 활동하고 있다. 고려대학교 영문과 대학원을 졸업하고 바른번역 소속 번역가로 활동하며 교육, 여성, 경제경영 등 다양한 분야의 책을 번역했다. 옮긴 책으로는 『고스트 워크』, 『학교에서 길을 잃다』, 『이퀄리아』, 『마초 패러독스』, 『경제의 특이점이 온다』, 『제리 카플란-인공지능의 미래』, 『인간은 과소평가 되었다』, 『인간은 필요 없다』, 『지금 당신의 차례가 온다면』 등이 있다.

앞서가는 아이들은 어떻게 배우는가

초판 1쇄 발행 2019년 10월 28일
초판 8쇄 발행 2021년 6월 29일

지은이 알렉스 비어드 **옮긴이** 신동숙
펴낸이 김종길 **펴낸 곳** 글담출판사 **브랜드** 아날로그

기획편집 이은지 · 이경숙 · 김보라 · 김윤아 · 안수영 **영업** 박용철 · 김상윤
디자인 엄재선 · 박윤희 **마케팅** 정미진 · 김민지 **관리** 박지웅

출판등록 1998년 12월 30일 제2013-000314호
주소 (04029) 서울시 마포구 월드컵로8길 41 (서교동 483-9)
전화 (02) 998-7030 **팩스** (02) 998-7924
블로그 blog.naver.com/geuldam4u **이메일** geuldam4u@naver.com

ISBN 979-11-87147-47-3 (03370)

만든 사람들 ———————

책임편집 김보라 **표지디자인** 김종민 **교정교열** 윤혜숙

글담출판에서는 참신한 발상, 따뜻한 시선을 가진 원고를 기다리고 있습니다. 원고는 글담출판 블로그와 이메일을 이용해 보내주세요. 여러분의 소중한 경험과 지식을 나누세요.